Die beliebtesten FREIZEITZIELE Deutschlands

Die Symbole kennzeichnen die herausragenden Sehenswürdigkeiten der einzelnen Touren.

Landschaftliche Schönheit, Besonderheit

Hafen

Stadtansicht, Bürgerhaus

Alte Mühle

Burg, Schloß, Ruine

Fernsicht, Aussichtsturm

Denkmal

Wasserfall

Windmühle

Vorgeschichtliche Stätte

Höhle, Grotte

Badesee, Freibad Strandbad, See

Seilbahn, Lift

Technische Sehenswürdigkeit

Historisches Kloster, Kirche, Kapelle

Quelle

Museum

Wildgehege

Genehmigte Lizenzausgabe für Praesent Verlag im
Weltbild Verlag GmbH, Augsburg 1995
© by Verlagsgruppe Fink−Kümmerly + Frey, Zeppelinstraße 29−31,
D-73760 Ostfildern 4
Alle Rechte vorbehalten
Nachdruck in jeder Form, sowie Wiedergabe
durch Fernsehen, Rundfunk, Film, Bild- und Tonträger,
oder Benutzung für Vorträge, auch auszugsweise,
nur mit Genehmigung des Verlages.
Einbandgestaltung: Peter Engel, München
Gesamtherstellung: Druckerei Ernst Uhl, Radolfzell
Printed in Germany
ISBN 3-89350-914-3
ISBN 3-89350-790-6

Die beliebtesten FREIZEITZIELE Deutschlands

220 Autotouren zwischen Flensburg und Freiburg

PRAESENT VERLAG

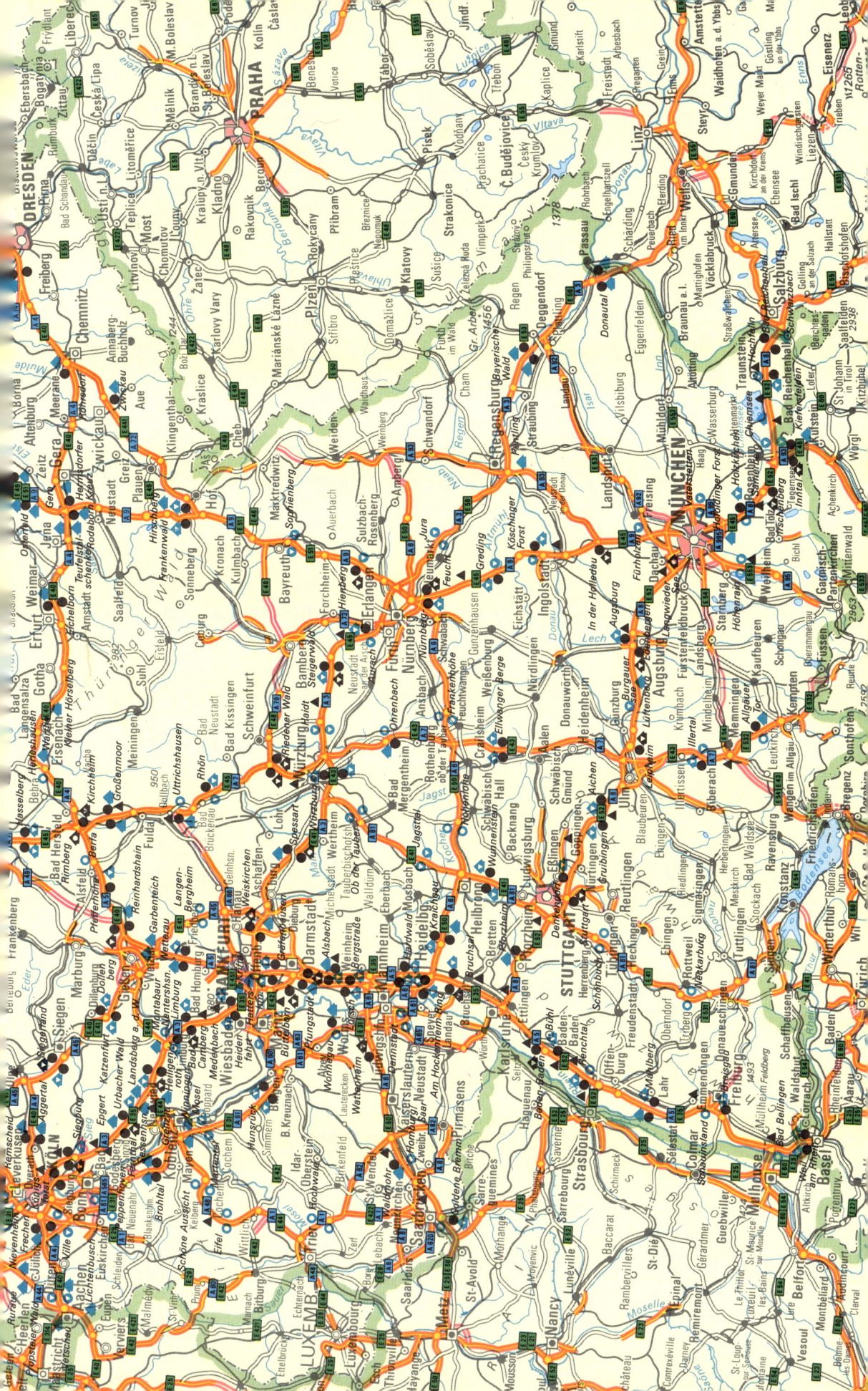

Vorwort

Möchten Sie Urlaub in Deutschland machen und kreuz und quer mit dem Auto durch das Land reisen: von der Nordsee bis zu den Alpen, vom Rhein bis an die Oder? Die sehenswertesten und lohnendsten Ausflugsziele wurden ausgewählt, die wichtigsten Informationen zusammengetragen und mit größter Sorgfalt zu abwechslungsreichen Tourenpaketen zusammengestellt.

Aus allem, was Deutschland an kulturellen Kostbarkeiten, faszinierenden Naturräumen und technischen Sehenswürdigkeiten zu bieten hat, wurden 220 Höhepunkte ausgesucht und auf 21 Autorundreisen oder Streckenfahrten verteilt. Die Glanzlichter jedes dieser Ziele werden in Wort und Bild auf einer Seite vorgestellt. Übersichtskarten zeigen, wie man die einzelnen Orte problemlos erreichen kann.

Eine kurze Einleitung geht auf die landschaftlichen und geographischen Besonderheiten der 21 Regionen ein. Darauf folgt eine doppelseitige Landkarte, in die der Streckenverlauf und alle Touren eingezeichnet sind. Die roten Ziffern stehen für die Hauptziele, und mit blauen Nummern sind die Sehenswürdigkeiten entlang der Route markiert, die einen Abstecher verdienen. Einen Überblick über sämtliche Stationen der Autotour in Form kurzer Beschreibungen gibt die nächste Doppelseite. Wer mehr über eine historisch oder kulturell für diesen Landschaftsraum bedeutende Epoche erfahren möchte, der findet dazu spannenden und unterhaltenden Lesestoff in einer Box.

Aber das Buch hat noch mehr Wissenswertes zu bieten: Anfahrtbeschreibungen, Adressen und Telefonnummern der Fremdenverkehrsvereine, Öffnungszeiten von Museen und Bauwerken.

Dank der neuesten Informationen läßt sich die Autoreise mühelos planen. Wir wünschen Ihnen Spaß und Freude beim Lesen unseres neuen Autoreisebuches, vor allem aber gelungene und unvergeßliche Ausflüge zu den schönsten Sehenswürdigkeiten landauf, landab in Deutschland.

Die Redaktion

Der große Autoreiseführer Deutschland

Inhalt

1	**Entlang der Nordseeküste und durch das Alte Land**	11

Übersichtskarte Autotour und Sehenswürdigkeiten 12
Die schönsten Ausflugsziele auf einen Blick 14
① In Husum war Theodor Storm zu Hause 16
② Zur Holländerstadt in Schleswig-Holstein 17
③ Schutzwall vor den Fluten der Nordsee 18
④ Büsum – Fischereihafen und Nordseeheilbad 19
⑤ Meldorf ist Dithmarschens Herz 20
⑥ Glückliche Fahrt nach Glückstadt 21
⑦ Malerische alte Stadt, liebenswertes Altes Land 22
⑧ Cuxhaven und die Weite des Meeres 23
⑨ Am Ostrand des Jadebusens 24
⑩ Unterwegs auf Störtebekers Spuren 25
⑪ In der Mitte Ostfrieslands: die »Hauptstadt« Aurich 26
⑫ Zwischen den Kanälen: Großefehn und Wiesmoor 27

2	**Schleswig-Holsteins Osten – Land der Gegensätze**	29

Übersichtskarte Autotour und Sehenswürdigkeiten 30
Die schönsten Ausflugsziele auf einen Blick 32
① Kleinod des Nordens: Schatzkammer Schleswig 34
② Die Hauptstadt mit Museumsdorf 35
③ Wo die Vergangenheit der Marine lebt 36
④ Zur Sonneninsel im Norden 37
⑤ Schleswig-Holsteins höchster »Gipfel« 38
⑥ Eutin, die kleine Residenz des Nordens 39
⑦ Wassersport im Naturpark Holsteinische Schweiz 40
⑧ Wald, Höhlen und Karl May 41
⑨ Lübeck – Zauber der Backsteingotik 42
⑩ Eine Stadt im Banne ihres Doms 43
⑪ Wo Eulenspiegel zu Hause war 44
⑫ Natur und Historie im Sachsenwald 45

3	**Felsen, Bodden und weiße Sandstrände**	47

Übersichtskarte Autotour und Sehenswürdigkeiten 48
Die schönsten Ausflugsziele auf einen Blick 50
① Rostock – Tor zur Ostsee 52
② Fischland, Darß, Zingst – Baden und Natur 53
③ Reiche Stadt am Strelasund 54
④ Hiddensee, das Sylt der Ostsee 55
⑤ Rügen, weiße Kliffs und feiner Sand 56
⑥ Greifswald, Gang durch die historische Altstadt 57
⑦ Lilienthalstadt Anklam – ehemalige Hansestadt 58
⑧ Stadt im »Dreistromland« – Demmin 59

4	**Zwischen Ems und Weser – Moore, Hügel, Heide**	61

Übersichtskarte Autotour und Sehenswürdigkeiten 62
Die schönsten Ausflugsziele auf einen Blick 64
① Vom Roland aus findet man überallhin 66
② Bad Zwischenahn – Kurort am Binnenmeer 67
③ Leer – Tor und Kleinod Ostfrieslands 68
④ Papenburg – die größte deutsche Fehnkolonie 69
⑤ Schloß und Hünengräber in den Hümmlinghügeln 70
⑥ Am Artland und im Bersenbrücker Land 71
⑦ In Deutschlands ältestem Museumsdorf 72
⑧ Rings um den großen Dümmersee 73
⑨ Am Busen der Natur: die Wildeshauser Geest 74
⑩ Museumsdampfzug nach Asendorf, bitte! 75
⑪ Pferdestadt mit Piepenbrink 76
⑫ Die Maler entdeckten Worpswede 77

5	**Lüneburger Heide, Altmark und das Umland**	79

Übersichtskarte Autotour und Sehenswürdigkeiten 80
Die schönsten Ausflugsziele auf einen Blick 81
① Im alten Kaufhaus lagerten einst Heringe 84
② Bad Bevensen – gestern und heute 85
③ Die weiten Wälder der Göhrde 86
④ Im einzigen Freilichtmuseum Sachsen-Anhalts 87
⑤ Wo die Mühlen um die Wette klappern 88
⑥ Wo einst Heinrich der Löwe residierte 89
⑦ Nonnen gingen sorglos mit ihren Brillen um 90
⑧ Schloß und Fachwerk: liebenswerte Stadt Celle 91
⑨ Im schönsten Dorf der Lüneburger Heide 92
⑩ Wilsede und sein Berg – Mittelpunkt der Heide 93

Inhalt

| 6 | **Schlösser, Herrenhäuser und glitzernde Wasserflächen** | 95 |

Übersichtskarte Autotour und Sehenswürdigkeiten 96
Die schönsten Ausflugsziele auf einen Blick 98
① Neubrandenburgs Stadtbefestigung 100
② Reuterstadt Stavenhagen – ein Dichter prägt eine Stadt 101
③ Liebliche Wasser- und Hügellandschaft 102
④ Wo der Bildhauer Barlach einst wirkte 103
⑤ Schwerin – Regierungssitz mit Tradition 104
⑥ Das mecklenburgische Versailles 105
⑦ Land der 1000 Seen – Waren an der Müritz 106
⑧ Ein Bilderbuch für historische Pfadfinder 107

| 7 | **Verborgene Schätze und Naturwunder** | 109 |

Übersichtskarte Autotour und Sehenswürdigkeiten 110
Die schönsten Ausflugsziele auf einen Blick 112
① Zum Museum technischer Kulturdenkmale 114
② Im romantischsten Tal Westfalens 115
③ Paradies für Vögel und Wassersportler 116
④ Schloß und Herrlichkeit Lembeck 117
⑤ Xanten – Kleinod auf römischem Boden 118
⑥ Krefelds Burg Linn – Flachsmarkt und Museen 119
⑦ Schloß Dyck – Juwel der Region 120
⑧ Zons – Idylle trotz Industrie 121
⑨ Wo die Wupper wild über Klippen wogt 122
⑩ In Wuppertal schwebt die Bahn 123
⑪ Villa Hügel – die Krupp-Residenz 124
⑫ Im Deutschen Bergbaumuseum 125

| 8 | **Das Weserbergland – Land der Märchen und Sagen** | 127 |

Übersichtskarte Autotour und Sehenswürdigkeiten 128
Die schönsten Ausflugsziele auf einen Blick 130
① Hameln – Höhepunkt der Weserrenaissance 132
② Bückeburgs prunkvolle Residenz 133
③ Auf den Spuren von Riesenechsen 134
④ Im Westfälischen Freilichtmuseum Detmold 135
⑤ Die Externsteine – Felsen mit Kultur 136
⑥ Paderborn – die Kaiserstadt Westfalens 137
⑦ Warburg – Stadt im Süden des Eggegebirges 138
⑧ Dornröschenschloß und Urwildpark 139
⑨ Ehemalige Reichsabtei Schloß Corvey 140
⑩ Auf Münchhausens Spuren – Besuch in Bodenwerder 141

| 9 | **Ausflugsmagnet im Norden – der Harz und sein Vorland** | 143 |

Übersichtskarte Autotour und Sehenswürdigkeiten 144
Die schönsten Ausflugsziele auf einen Blick 146
① Lebendige Vergangenheit in Goslar 148
② Das Okertal ist immer ein Erlebnis 149
③ Vom Silberbergbau zur Universität 150
④ Herzberg – gemütliche Kleinstadt am Harz 151
⑤ Wo Barbarossa schläft – der Kyffhäuser 152
⑥ Sangerhausen – Stadt der Rosen 153
⑦ Magdeburg – Domstadt an der Elbe 154
⑧ Das Bodetal – Fenster zur Geologie des Harzes 155
⑨ Wernigerode – die bunte Stadt am Harz 156
⑩ Der Brocken – Hexen im Harz 157

| 10 | **Visitenkarte Deutschlands – die Weltstadt Berlin** | 159 |

Übersichtskarte Autotour und Sehenswürdigkeiten 160
Die schönsten Ausflugsziele auf einen Blick 162
① Schloß und Kavaliersbau auf der Pfaueninsel 164
② Ein Jagdschloß wurde zum Museum 165
③ Spandau: Wo Berlin am ältesten ist 166
④ Von der Residenz zum Museum 167
⑤ Das Elefantentor – ein Wahrzeichen Berlins 168
⑥ Von der Siegessäule zum Alexanderplatz 169
⑦ Ein Mekka der Kunst- und Kulturgeschichte 170
⑧ Blaue Perle am Rande der Großstadt 171

Der große Autoreiseführer Deutschland

| 11 | **Spreewald, Märkische Schweiz und Berlins Umland** | 173 |

Übersichtskarte Autotour und Sehenswürdigkeiten 174
Die schönsten Ausflugsziele auf einen Blick 176
① Potsdam – einst preußisches Machtzentrum 178
② »Brennabor« – ehemalige slawische Grenzfeste 179
③ Oranienburg – Stadt mit holländischer Prägung 180
④ Der Choriner Endmoränenbogen 181
⑤ Ein Kleinod zwischen Oder und Spree 182
⑥ Grenzstadt und Tor zum Osten 183
⑦ Im Land der Fließe, Seen und Sorben 184
⑧ Zentrum der Reformation und Geisteswissenschaften 185

| 12 | **Unterwegs im Land der Berge und Täler** | 187 |

Übersichtskarte Autotour und Sehenswürdigkeiten 188
Die schönsten Ausflugsziele auf einen Blick 190
① Im schönsten Bergpark Europas 192
② Waldecks Ferienparadies – der Edersee 193
③ Kahler Asten – Vater der sauerländischen Berge 194
④ Erholung an Westfalens größtem See 195
⑤ Der »Alte Flecken« von Freudenberg 196
⑥ Der Westerwald hat eine Seenplatte 197
⑦ Wetzlar – Stadt der Museen 198
⑧ Rodelspaß am Hoherodskopf 199
⑨ Europas Musterstadt Alsfeld 200
⑩ Erbaut zu Ehren der heiligen Elisabeth 201

| 13 | **Luther, Goethe und die Segelflieger** | 203 |

Übersichtskarte Autotour und Sehenswürdigkeiten 204
Die schönsten Ausflugsziele auf einen Blick 206
① Beim heiligen Bonifatius zu Gast 208
② Eisenach, wo Luther einst die Bibel übersetzte 209
③ Wo sich der Rennsteig über die Berge windet 210
④ Erfurt, eine Hauptstadt zum Anfassen 211
⑤ Weimar, Wieland, Goethe und kein Ende 212
⑥ Festung Rosenberg in Kronach 213
⑦ Gastfreundliche Bierstadt Kulmbach 214
⑧ Vierzehnheiligen – ein »meisterhaftes Werk« 215
⑨ Coburg und seine berühmte Veste 216
⑩ Vom Armeleuteland zur Freizeitoase 217

| 14 | **Kunstschätze, Spielzeug und einzigartige Landschaft** | 219 |

Übersichtskarte Autotour und Sehenswürdigkeiten 220
Die schönsten Ausflugsziele auf einen Blick 222
① Moritzburg – ein sächsisches Eden 224
② Ein Paradies für Wanderer und Bergsteiger 225
③ Über 550 Jahre Zinnbergbau – Altenberg 226
④ Seiffen – Zentrum erzgebirgischer Volkskunst 227
⑤ Felsen, die die Bretter der Welt bedeuten 228
⑥ Plauen – Stadt der Spitzen und Gardinen 229
⑦ Altenburg – Stadt des Skats 230
⑧ Naturidylle und Kulturgeschichtsraum 231
⑨ Freiberg – die erste freie Bergstadt Deutschlands 232
⑩ Romantische Wein- und Porzellanstadt – Meißen 233

| 15 | **Streifzug durch Westerwald, Taunus und Eifel** | 235 |

Übersichtskarte Autotour und Sehenswürdigkeiten 236
Die schönsten Ausflugsziele auf einen Blick 238
① Koblenz und seine Kunstschätze 240
② Wo es im Taunus am gesündesten ist 241
③ Erlebnis Frankfurt am Main 242
④ Auf der Rheingauer Riesling-Route 243
⑤ Vom Mäuseturm zum Deutschen Eck 244
⑥ Zur »Geldscheinburg« Eltz 245
⑦ Eine lebende Legende – Reichsburg Cochem 246
⑧ Dauner Brot und Bitburger Pils 247
⑨ Tiere in freier Wildbahn – zum Greifen nahe 248
⑩ Mayen und Schloß Bürresheim 249

| 16 | **Vom mittleren Moseltal durch Pfalz und Saarland** | 251 |

Übersichtskarte Autotour und Sehenswürdigkeiten 252
Die schönsten Ausflugsziele auf einen Blick 254
① Vom Heiligen Rock zum Nacktarsch 256
② Mit dem Hämmerchen unterwegs 257
③ Im Kupferbergwerk zu Fischbach 258
④ Zur Wiege Franz von Sickingens 259
⑤ Beim König der Nordpfalz 260
⑥ Domstadt – Lutherstadt: Worms am Rhein 261
⑦ Von Wein zu Wein auf der Weinstraße 262
⑧ Auf Barbarossas Lieblingsberg 263
⑨ Aus der Römerzeit in die Unterwelt 264
⑩ Kloster und Keramik am Fluß 265

Inhalt

17	**Im Land der Dichter, Residenzen und des Weins**	267

Übersichtskarte Autotour und Sehenswürdigkeiten 268
Die schönsten Ausflugsziele auf einen Blick 270
① Schwäbische Stadt à la Louis XIV. 272
② Marbach – Mekka für Musenfreunde 273
③ In der Salz- und Münzstadt 274
④ Ansbach – die Stadt des fränkischen Rokokos 275
⑤ Schloß Schillingfürst auf der Frankenhöhe 276
⑥ Zum Kabinettstück des Mittelalters 277
⑦ Im Freilandmuseum von Bad Windsheim 278
⑧ Iphofen – das Weindorf in Stadtmauern 279
⑨ Würzburg – Metropole des Frankenlandes 280
⑩ An der Tauber und am Herrgottsbach 281
⑪ Kaiserpfalz über dem Neckar 282
⑫ Das Kloster mit allem Drum und Dran 283

18	**Paradies der Natur und Mekka der Glaskunst**	285

Übersichtskarte Autotour und Sehenswürdigkeiten 286
Die schönsten Autotouren auf einen Blick 288
① Ein Stadtbummel durch Frankens Metropole 290
② Pottenstein – das Herz der Fränkischen Schweiz 291
③ Im Oberpfälzer Freilandmuseum 292
④ Chammünster und sein Marienmünster 293
⑤ Zum Bodenmaiser Silberberg 294
⑥ Am Großen Arber und seinem See 295
⑦ Zum Glasmuseum in Frauenau 296
⑧ Der Pfahl ist überall im Bayerwald 297
⑨ In Straubing ist Altbayern noch lebendig 298
⑩ Wo die Donau die Alb durchbricht 299
⑪ Paradies Altmühltal mit seinem Naturpark 300
⑫ Tropfsteinhöhle, nach König Otto benannt 301

19	**Schwarzwald, Kaiserstuhl und Schwäbische Alb**	303

Übersichtskarte Autotour und Sehenswürdigkeiten 304
Die schönsten Ausflugsziele auf einen Blick 306
① Stuttgart – technisch betrachtet 308
② Klosterromantik – Ruinenromantik 309
③ An der Schwarzwald-Hochstraße 310
④ Der Schwarzwald im Museum 311
⑤ An Deutschlands Hitzepol 312
⑥ Die Hauptstadt des Schwarzwalds 313
⑦ Der höchste Schwarzwaldgipfel 314
⑧ Hohenzollern – eine Märchenburg 315
⑨ Sonnenbühls düstere Grotte 316
⑩ Die Wasserfälle der Schwabenalb 317
⑪ Der Blautopf und die Schöne Lau 318
⑫ Ein Meer, zu Stein geworden 319

20	**Vom Bodensee durch Schwaben ins Allgäu**	321

Übersichtskarte Autotour und Sehenswürdigkeiten 322
Die schönsten Ausflugsziele auf einen Blick 324
① Die Blumeninsel im Bodensee 326
② Badische Burg am Schwäbischen Meer 327
③ Deutschlands größte Barockkirche 328
④ Der Federsee – ein verlandender Moorsee 329
⑤ Barocker Prunk in Ottobeuren 330
⑥ An Pfarrer Kneipps Wirkungsstätte 331
⑦ Bayerisches Märchenschloß 332
⑧ Zum einsamen Wächter des Allgäus 333
⑨ Auf Oberstdorfs Sonnenterrasse 334
⑩ In der tosenden Breitachklamm 335
⑪ Bayerische Stadt am Schwäbischen Meer 336
⑫ Die Reichenau – eine reiche Au 337

21	**Oberbayern: von München in die Nördlichen Kalkalpen**	339

Übersichtskarte Autotour und Sehenswürdigkeiten 340
Die schönsten Ausflugsziele auf einen Blick 342
① Schleißheim – Schloß und Galerie 344
② Zu Gast im Biergarten des Klosters 345
③ Wieskirche: Krönung einer Karriere 346
④ Schloß Linderhof, das Märchenschloß 347
⑤ Zugspitze: das Dach Deutschlands 348
⑥ Der Tegernsee und sein Tal 349
⑦ Eine Fahrt zum Wendelstein 350
⑧ Kunst, Kultur und Wassersport 351
⑨ Die Kampenwand: Wächterin des Chiemgaus 352
⑩ Königssee: Bayerns schönstes Kleinod 353
⑪ Keine deutsche Burg ist umfangreicher 354
⑫ Altötting und seine uralte Heilige Kapelle 355

Register 356
Bildnachweis 360

Entlang der Nordseeküste und durch das Alte Land

Festlands- und Inselküsten locken zum Baden und Wattwandern. Küste, Watten und Marschen bilden den Rahmen der zu erkundenden Gegend, die entlang der Strecke viele Sehenswürdigkeiten zu bieten hat. Die ostfriesische Küstenregion und das Hinterland sind geprägt vom Gegensatz zwischen Sandinseln, Wattenmeer, Marsch und Geest und Moor.

Zwischen der Elbmündung und der Grenze nach Dänemark weist Schleswig-Holsteins Westküste vielerlei Eigenarten auf, zum Beispiel auch architektonische: Die vor allem auf der Halbinsel Eiderstedt heimischen Haubarge (wo Bauern ihr Heu mitten im Wohnhaus »bergen«) gehören zu den größten bäuerlichen Bauten der Welt. Ihre mit Reet (Schilfrohr) gedeckten Dächer schützen Mensch, Vieh und Futter gemeinsam. Leider werden diese traditionellen alten Bauernhäuser heutzutage immer seltener, weil sie die Anforderungen an einen modernen landwirtschaftlichen Betrieb nicht mehr erfüllen können.

An Nordfrieslands ziemlich geradlinig nach Norden ziehender Küste, die durch Deiche vor den hier nicht seltenen verheerenden Sturmfluten geschützt ist, gibt es kaum Badebetrieb. Dieser konzentriert sich auf so bekannte Seebäder wie Büsum oder St. Peter-Ording mit seinem breiten Sandstrand. Pellworm und Nordstrand haben dagegen keinen Sand-, sondern Grasstrand, sind flach und fast baumlos. Beide Inseln lohnen wegen ihrer schönen Kirchen einen Ausflug. Die von maritimer Romantik umwitterten Halligen, die nördlich dieser von hohen Deichen geschützten Marscheninseln liegen, sind den Sturmfluten stärker ausgeliefert. Hier sind es die Warften oder Wurften, aufgeschüttete Erdhügel, auf denen die Höfe vor schweren Winterstürmen und Überflutungen geschützt werden.

Eines der größten europäischen Obstanbaugebiete stellt das Alte Land dar. Hier stehen lange Baumreihen mit Äpfeln, Kirschen und Pflaumen an den Straßen Spalier. Besonders die Bewohner des nahen Großraumes Hamburg kommen gerne hierher, um sich am

Das Watt ist einer der wertvollsten Naturräume unserer Erde

Duft der blühenden Obstbäume im Frühjahr und später an denselben, nun reich tragenden Gehölzen zu erfreuen.

Wie ein breites Bollwerk ragt der deichbewehrte ostfriesische Festlandskopf zwischen Dollart und Jadebusen in die Nordsee. Vor der Küste dienen die sieben »Ostfriesen«, Inseln, die sich im Kampf gegen die Naturgewalten seit Jahrhunderten wacker schlagen, als Wellenbrecher. Wer nicht nur in der Brandung baden will, der kann bei Ebbe erholsame Wanderungen ins Watt hinaus machen – am besten unter fachkundiger Führung, um nicht von der Flut überrascht zu werden.

Zwischen den Inseln schuf sich das Wasser die »Gast« – niederdeutsch für Loch oder Tor – für den Durchfluß des Tidestroms, also der bei Flut in den Wattenraum einfließenden und bei Ebbe wieder hinausströmenden Wassermassen.

Das eingedeichte ostfriesische Festland wird von einem flachen Geestrücken durchzogen, der sich ostwärts ins Oldenburgische fortsetzt und auf dem auch, etwa im Mittelpunkt Ostfrieslands, die Stadt Aurich liegt.

Bevor die Seemarsch eingedeicht wird, entwässert man das gewonnene Land

Auskunft:
Fremdenverkehrsverband Schleswig-Holstein e. V.,
Niemannsweg 31,
24105 Kiel,
Tel.: 0431/560025,
Telefax: 0431/569810.

Öffnungszeiten:
Mo.–Do. 8–16 Uhr,
Fr. 8–13 Uhr.

Fremdenverkehrsverband Nordsee-Niedersachsen-Bremen e. V.,
Postfach 1820,
26104 Oldenburg,
Tel.: 0441/26104,
Telefax: 0441/9217 1190.

Übersichtskarte Autotour und Sehenswürdigkeiten

Deutsche Nordseeküste

Die schönsten Ausflugsziele auf einen Blick

Die Autotour

Ebbe und Flut, Wolken, Wind und eine steife Brise sind ständige Begleiter auf der Reise durch das Land der Deiche, Watten und Inseln. Saftiges Marschland und fruchtbare Obstplantagen prägen das Bild ebenso wie beschauliche Städtchen und das pulsierende Leben der modernen Hafenstadt Bremerhaven.

Gesamtlänge der Autorundreise: 480 km

Lahnungen, ins Meer gebaute Dämme

❶ Tourenvorschlag Husum
Zu den bedeutendsten Söhnen der Stadt gehört der berühmte Dichter Theodor Storm, der von 1817 bis 1888 lebte. Über Leben und Werk informiert das Storm-Museum in der Wasserreihe 31.

❷ Tourenvorschlag Friedrichstadt
Wie in der Miniaturausgabe von Amsterdam kommt man sich vor, wenn man die Häuser am Marktplatz betrachtet und durch die Grachten geht.

❸ Tourenvorschlag Eidersperrwerk
Seit 1973/74 verbindet das Eidersperrwerk die Halbinsel Eiderstedt mit Dithmarschen und reguliert den Wasserstand der Elbe.

❹ Tourenvorschlag Büsum
Tourismus und Fischfang sind die wichtigsten Wirtschaftszweige für den beliebten Ferienort an der »grünen« Küste. Vor allem in den letzten Jahren verwandelte sich das ehemals beschauliche Fischerdorf in eine Urlaubsmetropole mit steigenden Zuwachsraten.

❺ Tourenvorschlag Meldorf
Die malerische Stadt mit dem Dithmarscher Dom besitzt das sehenswerte Dithmarscher Landesmuseum und eine hübsche Altstadt.

❻ Tourenvorschlag Glückstadt
Das an der Unterelbe gelegene Hafenstädtchen besitzt den typischen sechseckigen Grundriß einer Festungsstadt. Von hier aus sollte der Handelsverkehr nach Hamburg kontrolliert werden.

❼ Tourenvorschlag Stade
Die mittelalterliche Stadt trägt voller Stolz den Titel »Rothenburg des Nordens«.

❽ Tourenvorschlag Cuxhaven
Das 1816 gegründete Nordseebad erstreckt sich am Westufer der hier fast 20 Kilometer breiten Elbemündung. Beliebt sind Abstecher durch das Watt zur Insel Neuwerk.

❾ Tourenvorschlag Butjadingen
Das Land »Buten (draußen) de Jade«, nordöstlicher Teil von Oldenburg zwischen Jade und Unterweser. Der Südostteil des Jadebusens ist Landschaftsschutzgebiet und Zufluchtsort für seltene Seevögel.

❿ Tourenvorschlag Störtebekerstraße
Die ostfriesische Küstenstraße von Emden nach Wilhelmshaven ist nach dem berüchtigten Seeräuber Klaus Störtebeker benannt.

⓫ Tourenvorschlag Aurich
Schloß und Lambertikirche überragen das Ortsbild der Residenz- und Verwaltungsstadt.

⓬ Tourenvorschlag Großefehn/Wiesmoor
In der Großefehner Kanalstraße Nord 82 steht die Windmühle, in deren Innerem eine Ausstellung zur Ortskunde und Moorkultivierung Raum gefunden hat.

Weitere interessante Sehenswürdigkeiten entlang der Route

❶ Nordstrand
Die Insel ist der Überrest der bei der Sturmflut von 1634 untergegangenen alten Insel Strand. Übrigens stammt von Nordstrand der »Pharisäer«, eine Kaffeespezialität: starker Kaffee mit Zucker, Rum und einer Haube aus Sahne.

❷ Hattstedt
Die Landschaft um Hattstedt bildete den Rahmen für Theodor Storms berühmteste Novelle »Der Schimmelreiter«. Zu den Sehenswürdigkeiten zählt eine romanische Backsteinkirche.

❸ St. Peter-Ording
Das Bad an der äußersten Spitze der weit in die Nordsee ragenden Halbinsel Eiderstedt besitzt als einziges Bad an der schleswig-holsteinischen Westküste einen herrlichen Sandstrand.

❹ Heide
Das Wirtschafts-, Verkehrs- und Kulturzentrum von Dithmarschen besitzt den größten Marktplatz Deutschlands. Leider wird er heute überwiegend als Parkplatz genutzt. Das Museum für Dithmarscher Vorgeschichte zeigt die Rekonstruktion des ersten bekannten Marschenhauses und vor dem Gebäude ein Megalithgrab.

❺ Brunsbüttel
Eine mächtige Schleusenanlage verbindet den 99 Kilometer langen Nord-Ostsee-Kanal bei Brunsbüttel mit der Nordsee; eine Besichtigung ist möglich. Die neuen Schleusenkammern sind 330 Meter lang und 45 Meter breit.

❻ Wilster
Eingebettet in die nach ihr benannte Marsch liegt Wilster. Das eingedeichte Land wurde mit Hilfe von Bückmühlen entwässert. Sie dienten dazu, das Wasser in die Kanäle zu heben.

Deutsche Nordseeküste

❼ Jork
Die »Hauptstadt« des Alten Landes kann sich zur Zeit der Baumblüte vor Besuchern kaum retten. Immerhin liegt die Großgemeinde im Zentrum des größten deutschen Obstanbaugebietes. Eine Augenweide sind die schmucken Bauernhäuser aus Ziegelfachwerk mit den prächtigen Brauttüren. Viele Giebel an den Gebäuden zeigen Auskragungen.

❽ Bremerhaven
Mit wenigen Schlagworten läßt sich die bedeutende Hafenstadt charakterisieren: Brücke nach Übersee, Stadt der Hochseefischerei. Immerhin besitzt Bremerhaven einen der größten Seefischmärkte Europas. Der angelandete Fisch wird hier gelöscht, versteigert und weiterverarbeitet.

❾ Varel
Die kleine Stadt besitzt eine sehenswerte Kirche aus dem 12. Jahrhundert mit einem prächtigen Altar. Wer sich für Windmühlen interessiert, sollte sich die Holländer-Windmühle von 1847 mit einer Sammlung zum Thema Windmüllerei ansehen.

❿ Wilhelmshaven
Der größte Ölumschlaghafen der Bundesrepublik befindet sich an der Jade. Im Küstenmuseum erfährt man Wissenswertes über die Vogelwelt der Nordsee.

⓫ Jever
Das vierflügelige Residenzschloß mit dem markanten Turm prägt das Gesicht der Stadt. Von hohem künstlerischen Rang ist die Kassettendecke im Audienzsaal.

⓬ Neuharlingersiel
Sammler von Buddelschiffen kommen in dem in Europa einzigartigen Buddelschiffmuseum voll auf ihre Kosten. Hier findet man die unterschiedlichsten Modelle. Wenn man die Meisterwerke betrachtet, vermag man sich kaum vorzustellen, wie sie in die Flasche gelangten.

⓭ Dornum
Zwei Attraktionen ziehen die Besucher von Dornum magnetisch an: die einzige Bockwindmühle Ostfrieslands aus dem Jahr 1626 mit einer Sammlung von Mühlengeräten und das barocke Wasserschloß.

⓮ Norden
Der Badeort zählt zu den traditionsreichsten Städten Ostfrieslands. Zu den besonderen Sehenswürdigkeiten gehört die St.-Ludgeri-Kirche mit ihrer berühmten Orgel und einer kunstvoll geschnitzten Kanzel.

⓯ Langeoog
Das Ferienparadies ist die fünfte in der Reihe der Ostfriesischen Inseln. Sie ist 15 Kilometer lang und für Autos gesperrt; die Osthälfte ist Vogelschutzgebiet. Auf Langeoog befinden sich die mit 21 Metern höchsten Dünen des Archipels.

Geschichte und Kultur

Von der Kogge bis zum U-Boot — die Geschichte der Seefahrt

»Karl von Bremen« ist ein einfaches Flußschiff. Es ist etwa zwanzig Meter lang und drei Meter breit, und es könnte sein, daß sich Karl der Große mit diesem Schiff seinen Wein aus dem Rheinischen hat an »die Front« ins rauhe Sächsische bringen lassen. »Karl von Bremen«, so wird das Schiff von den Experten des Deutschen Schiffahrtsmuseums in Bremerhaven genannt, wurde vor wenigen Jahren bei Bauarbeiten unweit der Böttcherstraße in Bremen gefunden. Holzproben ergaben, daß es sich um ein frühmittelalterliches Schiff aus karolingischen Zeiten handelte. Das Flußschiff wurde ins Schiffahrtsmuseum nach Bremerhaven gebracht, wo es in einer Konservierungsflüssigkeit liegt.

Das über 1200 Jahre alte Schiff ist aber nur einer der »Oldtimer«, die in Bremerhaven »vor Anker« gegangen sind. Prunkstück der Bremerhavener Sammlung ist die Hansekogge aus der Zeit um 1380, die im Jahre 1962 bei Baggerarbeiten in der Weser gefunden wurde. Der Fund erwies sich damals als schiffahrtsgeschichtliche Sensation; denn bis dahin kannte man Koggen nur von Abbildungen. Die Kogge aus der Weser war vermutlich ein Neubau gewesen. Sie hatte auf einem Helgen, einem Schiffsbauplatz, auf dem Teerhof in Bremen gelegen, hatte sich bei einem Sturm losgerissen, war weserabwärts getrieben und schließlich gesunken. Als sie Stück für Stück aus der Weser geborgen wurde, befanden sich an Deck noch Handwerkzeuge der Schiffbauer. Immerhin war das Schiff schon soweit fertig, daß sich auch eine außenbords hängende »Toilette« an Bord befand.

Zum Außenbereich des Museums gehört der Alte Hafen in Bremerhaven. In ihm liegen unter anderem die Bark »Seute Deern«, die ein buntes »Seefahrerleben« hinter sich hat.

Eine große Vergangenheit hat das Polarforschungsschiff »Grönland« aus dem Jahre 1867. Mit ihm gingen deutsche Seefahrtsleute im Jahre 1868 auf die Erste Deutsche Nordpolexpedition. Am 5. September erreichte das Schiff nordwestlich von Spitzbergen den nördlichsten Punkt, den bis dahin ein Schiff erreicht hatte. Feuerschiff »Elbe 3«, wie alle deutschen Feuerschiffe außer Dienst, und der Hochsee-Bergungsschlepper »Seefalke« liegen einträchtig in guter Nachbarschaft. Die »Seefalke« hat ein merkwürdiges Schicksal. Sie wurde Anfang 1945 in Kiel während eines Luftangriffs versenkt. Die Sieger wollten das Schiff unter Trümmerschutt begraben. Die im Bergungswesen erfahrene Reederei des Schleppers »entwendete« das Schiff jedoch trotz strengen Verbots und versenkte es in der Strander Bucht erneut. Später wurde das Schiff dann endgültig gehoben.

Walfanggeschichte erzählt die »Rau IX«, die im Jahre 1939 erbaut und bald darauf zum U-Boot-Jäger umgerüstet wurde. Er mußte nach 1945 an Norwegen abgeliefert werden, fuhr 20 Jahre unter norwegischer Flagge und jagte später von Island und von den Färöern aus Kleinwale. 1969 kam er als Museumsschiff nach Bremerhaven, wo er einträchtig neben dem Schnellboot »Kranich« (1958) liegt.

Reges Treiben herrschte schon vor 140 Jahren im Hafen

In Husum war Theodor Storm zu Hause

Die »Stormstadt« Husum besitzt wesentlich mehr an Sehenswürdigkeiten als lediglich die Stormstätten. Sehen Sie sich hier in aller Ruhe gründlich um!

Anfahrt:
Mit der Bahn oder über die Grüne Küstenstraße (B 5).

Auskunft:
Tourist-Information,
Großstr. 27,
25813 Husum,
Tel.: 04841/89870,
Telefax: 04841/4728.

Öffnungszeiten:
Stormhaus April – Okt. Di.–Fr. 10–12, 14–17, Sa., So., Mo. 14–17 Uhr. Sonst lediglich Di., Do., Sa. 15–17, im März auch So. 15–17 Uhr. Ostenfelder Bauernhaus im Sommer 10–12, 14–17 Uhr. Nordfriesisches Museum April – Oktober täglich 10–17 Uhr, sonst außer Sa. täglich 10–12, 14–16 Uhr. Schloß nur im Sommer außer Mo. 10–12, 14–17 Uhr, April/Mai und Oktober 10–12, 14–17 Uhr.

Als »graue Stadt am Meer« hat Theodor Storm, Lyriker und Novellendichter, seine Heimatstadt bezeichnet. So grau ist sie gewiß nicht. Aber Storm selbst hat sie ja in vielen seiner Novellen mit liebenswerten Einzelheiten geschildert, deren Ursprüngen man auch heute noch nachgehen kann. Stormerinnerung ist also ein Muß für einen Besucher Husums, wobei es drei Möglichkeiten gibt: das als Museum gestaltete einstige Wohnhaus Storms (Wasserreihe 31), weitere Häuser, in denen Storm zeitweise lebte, darunter sein Geburtshaus (Markt Nr. 9), und schließlich die Schauplätze von einigen seiner Novellen. Dafür gibt es einen eigenen Prospekt. Natürlich fehlt auch ein Stormdenkmal nicht.

Von Husums sonstigen Bauten ist das einstige Schloß am wichtigsten, das Ende des 16. Jahrhunderts entstand, neuerdings gut restauriert wurde und jetzt als Museum zugänglich ist. Besonders schön ist das Torhaus von 1612. Dicht dabei befindet sich ein kleiner Park, in dem im Frühjahr ein Teppich von blühenden Krokussen Husum zu einer bunten Stadt macht. Lebhaft geht es im Hafen mit seinen Krabbenkuttern zu. An ihm vorbei erreicht man Husums Strandbad mit zugehörigem Hotel und Campingplatz.

Neben dem Stormhaus lohnt auch der Besuch von zwei anderen bodenständigen Museen. Das Ostenfelder Bauern-

Am sehenswertesten ist Husum zur Zeit der Krokusblüte

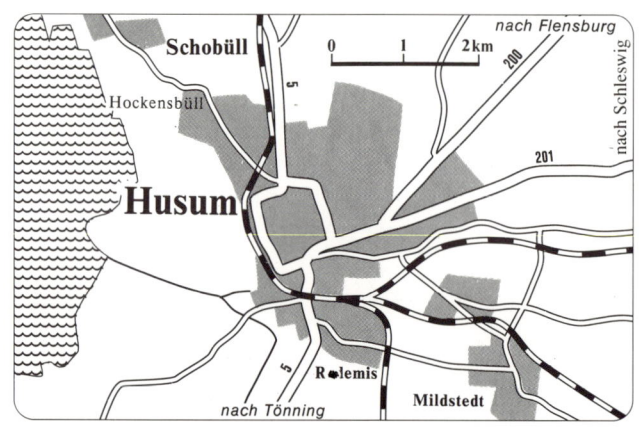

haus ist ein typisches Niedersachsenhaus und enthält bäuerlichen Hausrat und Gerät. Das Nissenhaus beherbergt ein reichhaltiges nordfriesisches Museum mit vielen Informationen über Geschichte und Eigenart Nordfrieslands. Wer nur durch die Stadt bummeln möchte, sollte auf ein paar alte Bürgerhäuser des 16. Jahrhunderts am Markt und in der Großen Straße achten. Das Rathaus entstand 1601, wurde jedoch 1702 erheblich verändert. Die Marienkirche ersetzte vor über 150 Jahren eine ursprüngliche gotische Kirche.

Zur Holländerstadt in Schleswig-Holstein

Friedrichstadt im Holland-Look ist ein Stück lebendig gebliebener Geschichte – ein Ausflugsziel, an dem man auf keinen Fall vorbeifährt.

Man muß erst einmal wissen, warum sich hier in Nordfriesland plötzlich eine Stadt mit Häusern und Grachten zeigt, als ob man mitten in Holland wäre. Denn immerhin sind es bis dorthin einige hundert Kilometer! Holsteins Herzog Friedrich III., nach dem die Stadt benannt ist, gründete sie 1621, um hier holländischen Remonstranten, die wegen ihrer Religion verfolgt wurden, ein Asyl zu schaffen. Tatsächlich war Friedrichstadt die erste deutsche Stadt, in der religiöse Toleranz herrschte, so daß im 17. Jahrhundert hier nicht weniger als sieben Religionen (heute »nur« noch fünf!) vertreten waren. Übrigens sind Holländer auch sonst als Fachleute für Deichbau und Entwässerung nach Nordfriesland geholt worden.

Daß neben den Häusern – typisch ist vor allem die Partie um den Markt – auch ein kleines System von Grachten entstehen konnte, ist der Tatsache zu verdanken, daß Eider und Treene unweit der Stadt verlaufen und in künstliche Wasserläufe abgeleitet werden konnten. Heute passen sich auch die Gastronomen der besonderen Note ihrer ungewöhnlichen Stadt an und setzen holländische Leibgerichte auf die Speisekarten.

Zu den bedeutendsten Sehenswürdidgkeiten der Stadt gehören die Alte Münze (1626), und das Paludanushaus (1637). 1627 wurde das Haus erbaut. Es gibt noch ein paar weitere bildschöne Häuser aus holländischer Zeit. Die ursprüngliche Kirche der Remonstranten mußte nach Zerstörung Mitte des vorigen Jahrhunderts neu errichtet werden. So ist die evangelische Kirche von 1643 bis 1649 die älteste. Betsaal und Friedhof der Mennoniten stammen von 1708 und liegen hinter der Alten Münze. Ein berühmter Maler wohnte auch in Friedrichstadt und ist mit einem Altargemälde aus dem Jahr 1675 in der evangelischen Kirche vertreten: Jürgen Ovens, aus Tönning stammend, war Rembrandtschüler.

Eine der typisch niederländischen Grachten »Schleswig-Hollandias«

Anfahrt:
Grüne Küstenstraße (B 5).

Auskunft:
Tourist Information, Am Mark 9, 25840 Friedrichstadt, Tel.: 04881/7240, Telefax: 04881/7093.

Öffnungszeiten:
Sommer, Ostern bis 30. 9.
Mo.–Fr. 8–17 Uhr
Sa. + So. 12.30–16 Uhr
Winter, restliche Zeit
Mo.–Do. 8–17 Uhr
Fr. 8–12.30 Uhr
Sa. + So. geschlossen.

Abstecher:
Friedrichstadt ist ein guter Standort für eine Entdeckung von Eiderstedt, für Fahrten zu Lundens Geschlechterfriedhof, zur Stormstadt Husum oder auch zu den Storchendörfern Bergenhusen, Seeth und Erfde. Auch ein Trip zur Insel Nordstrand ist nicht allzu weit.

Wandern:
Auf dem Deich der Eider bis nach Tönning und – gegebenenfalls – auf dem anderen Uferdeich wieder zurück.

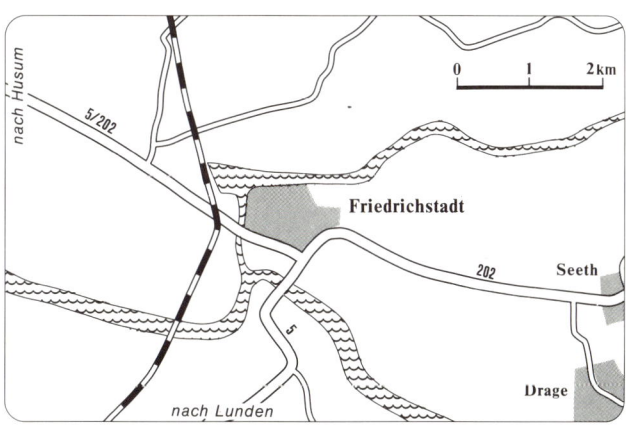

Deutsche Nordseeküste — Autotour ③

Schutzwall vor den Fluten der Nordsee

Das Eidersperrwerk, Deutschlands größtes Küstenschutzwerk, schützt 200 000 Hektar Marschland vor Überflutung.

Anfahrt:
Über die B 5 und von ihr bei Meldorf oder Heide über Wesselburen zum Sperrwerk. Weiterfahrt nach St. Peter-Ording.

Auskunft:
Kurverwaltung Tönning, Am Markt 1, 25832 Tönning, Tel.: 0 48 61/2 64, Telefax: 0 48 61/6 14 40.

Abstecher:
Nach der Fahrt über das Eidersperrwerk entweder zum Nordseeheilbad St. Peter-Ording oder zu anderen Punkten der Halbinsel Eiderstedt: Garding, Westerhever mit Leuchtturm, Witzwort mit Haubargen, Tönning.

Bemerkungen:
Bei der Fahrt durch Wesselburen gehört ein Blick auf die nach einem Brand des Jahres 1736 mit einem hierzulande ungewöhnlichen Zwiebelturm neu errichtete Kirche ebenso zum Muß wie ein Besuch im Hebbel-Museum.

Das 4,8 km lange Eidersperrwerk, Europas größter Küstenschutzbau

Dem hat das Eidersperrwerk ab 1973 ein Ende gemacht. Ein breiter, 4,8 Kilometer langer Damm spannt sich im Bogen übers Watt und bildet das größte Küstenschutzwerk Deutschlands. Mit Hilfe eines Siels und einer Schleuse für die Schiffahrt zwischen Eider und Nordsee (und umgekehrt) können die Flutunterschiede zwischen Eider und Nordsee ganz nach Bedarf ausgeglichen werden.

Die gewaltige Betonkonstruktion, die dem Wasserdruck zwischen Ebbe und Flut (vor allem auch Sturmflut) standhalten muß, enthält allein in den fünf Gründungspfeilern 25 000 Kubikmeter Stahlbeton. Bei Sturmflut wird nur soviel Wasser hindurchgelassen, wie die Eider innerhalb ihrer Ufer verkraftet. Wer das Sperrwerk kennenlernen will, muß freilich aussteigen und sich an Ort und Stelle umsehen. Für eine Ausguckplattform und Informationen ist dabei gesorgt.

Für den Laien ist es schwer vorstellbar, daß seit langem im Mündungsgebiet der Eider jede Sturmflut Gefahren für das Marschland verursachte. Noch 1962 sorgte die Sturmflut für verheerende Folgen im Bereich des Katinger Watts und seines Umlands. Immerhin ist die Eider der größte Fluß Schleswig-Holsteins, und die Mündung dehnt sich breit aus. So kamen die Fluten der Nordsee tief flußaufwärts ins Land.

Eine Attraktion ist die Natur- und Erlebnislandschaft Katinger Wald. Hier kommen Freizeitsportler (Angeln, Kanu fahren, Wandern) und Naturschützer voll auf ihre Kosten. 1978 wurde auf dem der Nordsee abgetrotzten Boden der erste Baum gepflanzt. Das ehrgeizige Experiment, in dieser Region Mischwald heimisch zu machen, scheint gelungen. Heute leben für den Mischwald typische Vogelarten – Amsel, Kuckuck und Kiebitz – einträchtig mit Möwen, Austernfischern und Seeschwalben zusammen. Auch in Zukunft soll die Natur und nicht der Massentourismus den Vorrang haben.

Büsum – Fischereihafen und Nordseeheilbad

Viele Badeurlauber an der schleswig-holsteinischen Westküste wünschen sich zusätzlich zur befestigten Grasküste, auf der die Strandkörbe wie bunte Tupfen wirken, feinen Sandstrand. Es gehört eben für die meisten »Landratten« dazu, am Strand Burgen zu bauen, zu buddeln und den Kindern in der »großen Sandkiste« freies Spielen zu ermöglichen. In der Büsumer Perlebucht wurde zu diesem Zweck eine künstliche Sandbank in die See hineingespült, die zusätzlichen Badegenuß verspricht. So kann man auf dem neuen Strand in der Brandung und in dem dahinter entstandenen Rückhaltebecken Kindern gefahrloses Plantschen erlauben. Das Wasser ist hier relativ flach und heizt sich bei Sonnenschein sehr schnell auf »Badetemperatur« auf.

Jedoch soll auch eine der typischsten Freizeitbeschäftigungen an der Nordsee nicht zu kurz kommen: das Wattwandern. Das weit der grünen Küste vorgelagerte Watt lädt zu ausgedehnten Wanderungen durch den wohltuenden Meeresschlick ein. Ob mit oder ohne Führung, hier wird eine solche Unternehmung zu einem unvergeßlichen Erlebnis. Wichtig ist jedoch, daß man sich nach den aktuellen Höchstständen der Gezeiten erkundigt und im Zweifelsfalle nur unter sachkundiger Führung den Reiz des Wattenmeeres zu erkunden versucht.

Für Feinschmecker ist natürlich der Fischereihafen interessant, wo neben den verschiedensten Seefischen auch die leckeren bekannten Büsumer Krabben angelandet werden. Wer sich im »Krabbenpulen« versucht, wird mit etwas Mühe das köstliche Fleisch auslösen können.

Bei einem Stadtbummel kann man die sehenswerte Kirche St. Clemens besichtigen. Der langgestreckte einschiffige Backsteinbau entstand anstelle der 1434 zerstörten Vorgängerkirche und birgt in seinem Innern interessante Ausstellungsstücke aus spätgotischer und barocker Zeit.

An der Südwestspitze der Norderdithmarscher Marschenhalbinsel liegt der bekannte Badeort mit künstlichem Sandstrand.

Anfahrt:
Büsum ist Endpunkt der B 203 von Heide; Bahnstation und Schiffsanlegestelle.

Auskunft:
Kurverwaltung,
Am Südstrand 11,
25761 Büsum,
Tel.: 0 48 34/90 90,
Telefax: 0 48 34/65 30.

Öffnungszeiten:
Öffnungszeiten der Kurverwaltung
Vom 1.5.–30.9. täglich geöffnet
Öffnungszeiten der zentralen Zimmervermittlung der Kurverwaltung
Täglich ab 9 Uhr geöffnet.

Abstecher:
Schiffsausflüge nach Helgoland direkt von Büsum aus, v. Mai–Sept. Spaziergänge auf dem Seedeich und ins Hinterland.

Modernes Wahrzeichen Büsums ist das Hochhaus am Strand

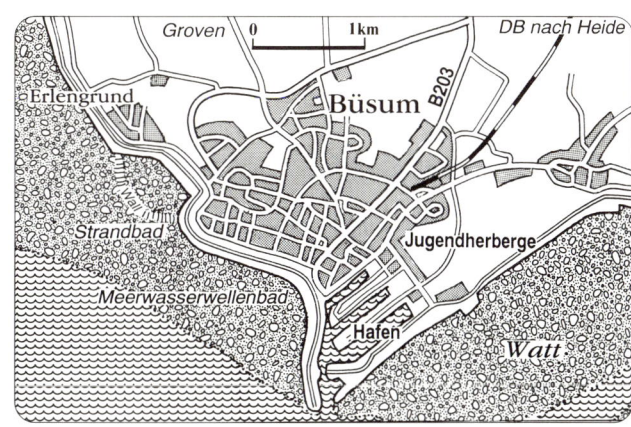

Meldorf ist Dithmarschens Herz

Dithmarscher Vergangenheit und Eigenart werden nirgends so deutlich wie in dieser schönen Stadt. Das zeigt sich nicht allein am großartigen Dom.

Anfahrt:
Mit der Bahn (90 Minuten ab Hamburg-Altona) oder mit dem Wagen auf der Grünen Küstenstraße (B 5). Ebenso ab Hamburg auf A 23 und B 204.

Auskunft:
Fremdenverkehrsverein Meldorf, Meldorfer Umland e. V., Nordermarkt 10, 25704 Meldorf, Tel.: 0 48 32/70 45 od. 70 46.

Öffnungszeiten:
Dithmarscher Landesmuseum März–Oktober Di.–Fr. 9–16.30 Uhr. Sa.–So. 9–16 Uhr. Landwirtschaftsmuseum Meldorf April–Oktober Di.–Fr. 9–17 Uhr, So. 11–17 Uhr. April–Oktober auch Sa. 11–17 Uhr.

Meldorfs Geschichte ist weithin auch die Geschichte Dithmarschens. Der inmitten des Marktes stehende hochragende Backsteindom, Dom der Dithmarscher genannt, war im 13. Jahrhundert Zeichen von Meldorfs Rang als Hauptstadt der Dithmarscher. Er löste eine schon im 9. Jahrhundert errichtete Feldsteinkirche ab. Dieser Dom ist zugleich der bedeutendste Kirchenbau der ganzen Nordseeküste, obwohl im vorigen Jahrhundert Restaurierung und ein neuer Turm den Bau abänderten. Es lohnt sich, das Innere zu betrachten, das einige schöne Kunstwerke enthält – darunter die 1603 gestaltete hölzerne Chorschranke.

Rings um den Markt und in den Nebenstraßen haben sich einige Fachwerkhäuser aus dem 16. bis 18. Jahrhundert erhalten, die einen Stadtbummel genußreich machen. Besonders hübsch ist das Alte Pastorat von 1601, typisch für die Marsch, das heute zu den Museumswerkstätten gehört. In ihnen werden Stoffe gewebt, die alte Dithmarscher Muster lebendig erhalten und die hier auch zu kaufen sind.

Bedeutendster Kirchenbau der Nordseeküste: der Meldorfer Dom

Die Werkstätten entstanden in Verbindung mit dem Dithmarscher Landesmuseum. In ihm befindet sich die reichste kulturgeschichtliche Sammlung an der Nordseeküste Schleswig-Holsteins. Hier wird auch die schöne Bauernstube (hierzulande Pesel genannt) des Marcus Swin aus dem Jahr 1568 gezeigt. Eine besondere Abteilung präsentiert seit einigen Jahren die aktuellen Einflüsse der Industrialisierung auf das hiesige Leben. Im Jahr 1986 wurde das Landwirtschaftsmuseum eröffnet. Anhand von Maschinen und Werkzeugen erlebt der Besucher, wie sich Landleben und Landarbeit im 19. und 20. Jahrhundert verändert haben.

Zu Zeiten Goethes erschien hier in Meldorf die von Heinrich Christian Boie herausgegebene Zeitschrift »Deutsches Museum«.

Glückliche Fahrt nach Glückstadt

Die alte Stadt an der Elbe war einst ein wohlhabendes Handelszentrum. Schöne Architektur erinnert an Vergangenes, Schlemmerfreuden repräsentieren die Gegenwart.

Zuerst: Gar so »alt« ist Glückstadt gar nicht einmal, denn planmäßig gegründet und aufgebaut wurde die Stadt erst Anfang des 17. Jahrhunderts durch Dänenkönig Christian IV. Er wollte hier ein Handelszentrum und zugleich einen militärischen Stützpunkt schaffen. An diese Anfänge der Stadt erinnern heute noch einige Bauten, die Glückstadt die Patina einer hoffnungsvollen Vergangenheit geben.

Zuerst ins Auge fallen im Umkreis des Marktes die um 1620 errichtete Stadtkirche und das um 1642/43 entstandene Rathaus, ein Backsteinbau der Spätrenaissance. Beide lohnen auch einen Blick ins Innere. Die Kirche besitzt beachtliche Kunstwerke aus Holz: Kanzel, Taufe, Grabmäler und darüber hinaus vier bedeutende Kronleuchter aus Messing. Im Rathaus befindet sich ein Gemälde von König Christian IV. Aber eine besondere Attraktion ist der Ratskeller, der seit langem (u. a. mit seinen Matjesgerichten) als eine der besten Küchen Schleswig-Holsteins bekannt und geschätzt ist. Auch eine gute Konditorei befindet sich unmittelbar am Markt! Bauten aus der Gründungszeit sind auch der Königshof, den der König 1638 seiner Geliebten Wiebke Kruse zur Verfügung stellte – bemerkenswert der vieleckige Treppenturm der Rückseite. Das Brockdorff-Palais, heute Sitz des Museums, entstand um 1631 für den damaligen Festungskommandanten und wurde im 18. Jahrhundert umgebaut. Jüngeren Datums, nämlich von etwa 1720, ist das Wasmer-Palais mit einem Festsaal, der auf einen Tessiner Künstler zurückgeht. Von den bürgerlichen Bauten hat die Stadtapotheke von 1633 besonders viel Kolorit.

Wasser spielt für Glückstadt eine wichtige Rolle: zuerst die nahe Elbe, obwohl die Fährstelle nach Wischhafen neuerdings ein paar Kilometer von der Stadt entfernt liegt. Dann der bis in die Innenstadt reichende Binnenhafen.

Anfahrt:
A 23, B 341 u. B 495.

Auskunft:
Fremdenverkehrsamt,
Königstr. 50,
25348 Glückstadt,
Tel.: 0 41 24/51 31,
Telefax: 0 41 24/51 32.

Öffnungszeiten:
Tägl. außer Mo.
10–18 Uhr.
Dethlefsenmuseum
(mit vorgeschichtlichen Funden, Folklore der Elbmarschen) Sa.
15.30–17.30 Uhr, So.
10–12 u. 15–18 Uhr.

Abstecher:
Ins Alte Land mit der Elbfähre nach Wischhafen. Sonst nach Itzehoe und zur bedeutenden Breitenburg. Nordwestlich auch nach Brunsbüttel mit Schleusen des Nord-Ostsee-Kanals.

Das malerische Glückstadt, eine Gründung des Dänenkönigs Christian IV.

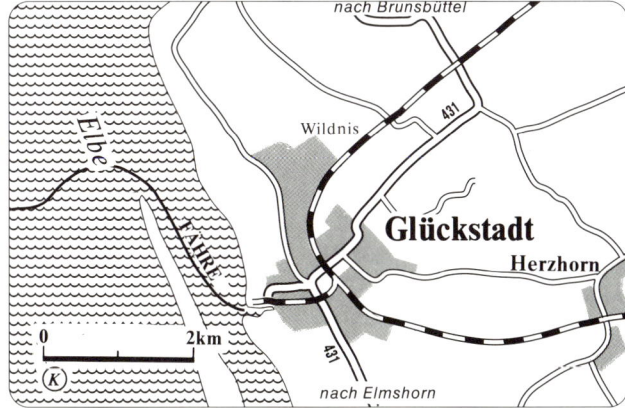

Deutsche Nordseeküste   Autotour ⑦

Malerische alte Stadt, liebenswertes Altes Land

Mit Stade und dem Alten Land besitzt der Norden zwei Höhepunkte zugleich: landschaftliche Schönheit und bauliche Tradition, wie man sie heute nur noch selten sehen kann.

Anfahrt:
Von Hamburg A 7; nach Passieren der Elbbrücke westlich auf dem »Obstmarschenweg«, der das Alte Land elbnah durchzieht.

Auskunft:
Fremdenverkehrsamt, Bahnhofstraße, 21682 Stade, Tel.: 0 41 41/40 15 50, Telefax: 0 41 41/ 40 14 57.

Öffnungszeiten:
Freilichtmuseum auf der Insel 1. 5.–30. 9. tägl. außer montags 10–13 Uhr, 14–17 Uhr. Heimatmuseum Inselstr. 12, tägl. außer montags, jeden 2. und 4. So. 10–13 Uhr. Schwedenspeicher-Museum u. Kunsthaus Di.–Fr. 10–17 Uhr, Sa. + So. 10–18 Uhr, Mo. geschlossen. Technik-Museum Di.–Fr. 10–16 Uhr, Sa. + So. 10–18 Uhr.

Abstecher:
Im Bereich des Alten Landes sind Guderhandviertel, Jork und Steinkirchen mit ihren Häusern die reizvollsten Ziele.

Die Stadt Stade, weniger als 50 Kilometer von Hamburg entfernt, ist so etwas wie ein Geheimtip. Viele fahren zu den berühmten mittelalterlichen Städten Süddeutschlands ohne zu ahnen, daß mit Stade eine ähnliche historisch-architektonische Perle in nächster Nähe liegt. Freilich: Ein Brand des Jahres 1659 setzte eine Grenze. Aber seitdem entstanden viele bildschöne und bezaubernde Fachwerkbauten wieder neu, an denen der Krieg zum Glück vorüberging.

Mittelalterlich sind die beiden Kirchen und das neuerdings restaurierte Kloster. Die gotische Wilhadikirche, deren Westturm Ende des 13. Jahrhunderts entstand, erhielt ihren barocken Turmhelm 1667. Gleiches geschah der backsteinernen Kirche St. Cosmae et Damiani, deren Turmhelm 1682 entstand. Als »Schiffermütze« bezeichnet der Volksmund die Wilhadi-Turmabdeckung. Auch das Rathaus wurde nach dem Brand erbaut. Seine Fassade verziert ein ideenreiches Portal.

Aber am beeindruckendsten ist der Bummel durch die Straßen der Stadt, insbesondere mit dem schönen Komplex Am Wasser West, dessen Häuser im letzten Jahrzehnt liebevoll aufgeputzt wurden. Hier am Wasser steht auch ein altes Wahrzeichen Stades: der 1661 errichtete Kran, den bürokratische Unvernunft 1898 abbrach und der in heutiger Zeit wieder neu erstand.

Stade gilt zu Recht als das Rothenburg Norddeutschlands

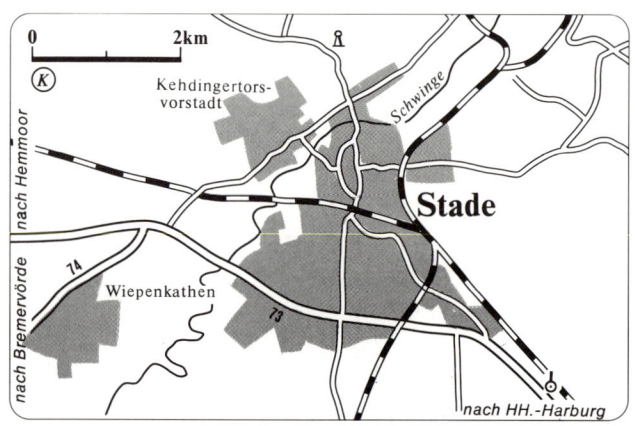

Stade ist die »Hauptstadt« des Alten Landes. So genannt, weil der Landstrich an der Elbe im Mittelalter von holländischen Deichbauern kultiviert wurde, die im Verlauf ihrer Arbeit den bereits fertiggestellten Teil als »altes Land« bezeichneten. Mönche waren die ersten Obstbauer in den fruchtbaren Ebenen. Heute ist das Alte Land mit den malerischen Ziegelfachwerk-Bauernhäusern eigenen Stils das größte zusammenhängende Obstanbaugebiet Nordeuropas: wenn die Apfelbäume blühen, ein kleines Paradies aus duftendem Weiß, so weit das Auge reicht.

Cuxhaven und die Weite des Meeres

Mit dem beliebten Seebad Cuxhaven an der Elbmündung verbindet sich zugleich die Atmosphäre der Seefahrt.

Wer aus dem Binnenland kommt, der empfindet in Cuxhaven, wo der Elbstrom sich kilometerbreit in die Nordsee ergießt, die ganze Atmosphäre von Seefahrt und Meeresromantik. Immerhin kann man von Cuxhaven aus täglich zum einsamen Felseneiland Helgoland schippern, und die berühmten Symbole Cuxhavens wie das Bollwerk Alte Liebe und die Kugelbake erinnern an die Zeiten, in denen Cuxhaven mit seinem Steubenhöft eine führende Rolle in der deutschen Schiff-

Anfahrt:
Ab Hamburg über die B 73 (120 km) oder ab Bremen Autobahn A 27 (ca. 90 km).

Auskunft:
Kurverwaltung, Cuxhavener Str. 92, 27476 Cuxhaven, Tel.: 04721/4040, Telefax: 04721/4040.

Öffnungszeiten:
Stadtmuseum mit Altem Bürgerhaus täglich 10.30–12.30 Uhr. Schloß Ritzebüttel täglich außer So. 9.30–13 Uhr.

Mit dem Pferdewagen im Watt zwischen Cuxhaven und der Insel Neuwerk

fahrt spielte. Heute liegt seine Bedeutung vor allem auch in der Fischerei, zu der der Seefischmarkt mit seinen Fischversteigerungen gehört.
Cuxhaven war lange Zeit eng mit Hamburg verbunden, das einen Ratsherrn vom Schloß Ritzebüttel aus das Gebiet verwalten ließ. Der berühmteste von ihnen, der Dichter Barthold Heinrich Brockes, gab dem Brockeswald den Namen. Hamburgisch ist übrigens auch heute wieder die kleine Insel Neuwerk vor Cuxhaven, da die Hansestadt hier einen Vorhafen plante und das 330 Hektar große Inselchen von Niedersachsen kaufte. Nach Neuwerk führt ein ungewöhnlich eindrucksvoller Wanderweg durchs Watt, wobei sich auf der Insel der 35 Meter hohe älteste Leuchtturm der Deutschen Bucht von Anfang des 14. Jahrhunderts befindet.
Cuxhaven besteht heute aus einer Vielzahl von Orten. Dabei bilden – neben Cuxhaven selbst mit seinem grünen Grasstrand – u. a. die Orte Duhnen, Döse und Sahlenburg das Nordseebad. Im Binnenland besitzen Altenbruch und Lüdingworth bedeutende Kirchen aus mittelalterlicher Zeit, wobei beide auch innen vom Reichtum der bäuerlichen Bevölkerung zeugen. Das Schloß von Ritzebüttel besteht aus einem stattlichen gotischen Wohnturm aus Backstein, an den im 18. Jahrhundert Anbauten erfolgten. Ritzebüttel hieß übrigens ursprünglich das ganze Gebiet, bis dieser Name durch Kuckshafen ersetzt wurde.

Abstecher:
Nach Altenbruch und Otterndorf (B 73), zu den Küstenbadeorten Dorum und Wremen und nach Bederkesa mit See und Roland.

Wandern:
Weg durchs Watt nach Neuwerk; mit Übernachtung oder Rückfahrt mit Schiff oder Wattwagen, der in einer Richtung etwa 2½ Std. benötigt. Ebbezeiten vorher genau erfragen.

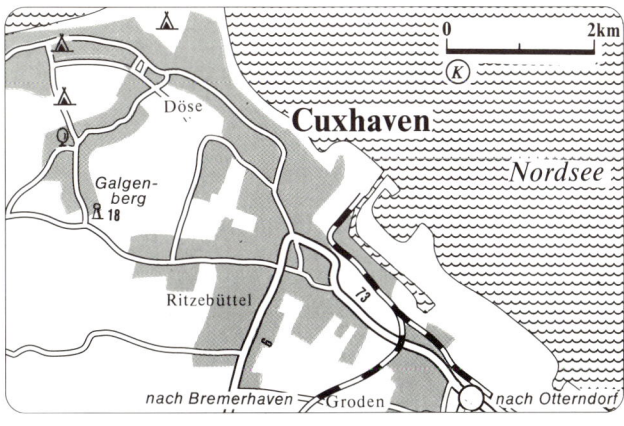

Am Ostrand des Jadebusens

Butjadingen oder »Buten de Jade« ist eine abseits des großen Verkehrs gelegene Idylle, die einen Besuch lohnt.

Anfahrt:
Auf der B 212 links (westlich) der Weser von Delmenhorst; von Bremerhaven mit der Weserfähre nach Nordenham oder auf der Störtebekerstraße von Wilhelmshaven um den Jadebusen herum (A 29 / B 437).

Auskunft:
Butjadingen Kur- und Tourist GmbH, Strandallee, 26969 Butjadingen,
Tel. 0 47 33/16 16,
Telefax: 0 47 33/18 60.

Öffnungszeiten:
Mo.–Fr. 8–18 Uhr, Mai bis Oktober Sa. 14.30–17.30 Uhr, Juli und August zusätzlich So. 10–12 Uhr.

Der nördlichste Teil des Oldenburger Landes schiebt sich als rundum eingedeichte Halbinsel Butjadingen zwischen den Städten Wilhelmshaven am anderen Ufer der Jade und Bremerhaven jenseits der Weser etliche Kilometer weit nach Norden vor.

Die Störtebekerstraße, deren westlichen Teil wir auf der Fahrt von Emden nach Wilhelmshaven kennenlernen, setzt sich hier als direkte Hinterdeichstraße fort und bringt den die Halbinsel umrundenden Gast von Ort zu Ort. Man verläßt dazu die B 437 östlich von Varel und taucht ein in das ruhige grüne Marschenland mit Pferde- und Rinderzucht, aber ohne Industrie und ohne Durchgangsverkehr. Am Ostdeich des rund 200 Quadratkilometer großen Jadebusens, der erst im Mittelalter durch Sturmflutkatastrophen entstand, geht die Fahrt nordwärts durch den ersten Butjadinger Erholungsort Stollhamm zur Wilhelmshaven gegenüberliegenden südwestlichen Landspitze mit dem kleinen Nordseebad Eckwarderhörne (Backsteinkirche aus dem 14. Jahrhundert).

Von Eckwarderhörne geht der Deich nun über in das größere Tossens (weiter Blick hinüber zum Ölhafen von Wilhelmshaven), dessen Meerwasserhallenbad und Backsteinkirche (15./17. Jahrhundert; Münstermannaltar von 1632) zum Besuch einladen. Am nördlichsten Punkt von Butjadingen

Flut und starke Winde wühlen die Nordsee auf und formen hohe Wellenberge

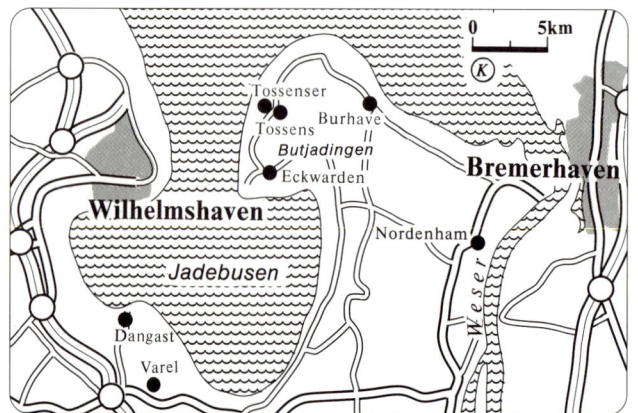

liegt das Wurtendorf Langwarden, vor der sich das Wattenmeer bis hinaus zum Seevogel-Schutzgebiet Alte Mellum ausdehnt. Burhave schließlich, am Butjadinger Nordostufer schon zur Wesermündung hin gelegen, gilt mit seiner Promenade, ganzjährig geöffneter Strandhalle und Badegelegenheit unabhängig von Ebbe und Flut als Hauptort der Halbinsel als staatlich anerkanntes Nordseebad.

Die Störtebeker-Uferstraße überquert dann bei Nordenham die Weser.

Man kann diese Touristenstraße natürlich auch andersherum befahren.

Unterwegs auf Störtebekers Spuren

Dicht hinter dem Deich verläuft eine der schönsten Touristenrouten Deutschlands: die nach dem berüchtigten Seeräuber benannte Störtebekerstraße.

Emdens schönes Rathaus wird nachts effektvoll angestrahlt

Die Störtebekerstraße führt an Greetsiel mit diesen Windmühlen vorbei

Die Störtebekerstraße ist die längste Autowanderstraße in Nordwestdeutschland. Sie erstreckt sich über den hier beschriebenen westlichen Teil im geplanten Naturpark Ostfriesische Inseln und Küste hinaus um die Halbinsel Butjadingen und noch weiter zwischen Weser und Elbe bis Stade. Da sie überall mal unmittelbar, mal etwas entfernter hinter dem Deich verläuft, ist der Blick vom Auto aus ständig nur landeinwärts in die flache Marschlandschaft frei. Wer übers Meer und auf die vorgelagerten Inseln schauen will, muß öfter mal anhalten, aussteigen und die Deichkrone erklimmen.

Die Störtebekerstraße verbindet alle Ausgangshäfen zu den sieben Ostfriesischen Inseln. Das beginnt schon in Emden mit der Borkumfähre und setzt sich in Norddeich (Juist, Norderney, Baltrum) fort. Auch von Neßmersiel geht es noch einmal nach Baltrum, dann von Bensersiel nach Langeoog, von Neuharlingersiel nach Spiekeroog und von Carolinensiel nach Wangerooge.

Aber auch für alle, die nicht zu den Inseln hinüberfahren wollen, gibt es viele Punkte an dieser Straße, die einen Halt lohnen. Sie können hier nur in Stichworten aufgeführt werden. Krummhörn-Pewsum mit dem Ostfriesischen Freilicht-Mühlen- und Burgenmuseum, Greetsiel, bekannt wegen des Hafenbilds und der Windmühlen. Interessant ist hier die Eindeichung der Leybucht. In Norden lohnen die St.-Ludgeri-Kirche, das Schöningsche Haus, das Heimatmuseum und das Tiergehege einen Besuch. Schloß Lütetsburg liegt vier Kilometer östlich. Norddeich ist ein sehr betriebsamer Fischerei- und Insel-Fährhafen. In Dornum (3 km landeinwärts) kann die einzige Bockwindmühle Ostfrieslands (Sammlung von Mühlengeräten) besichtigt werden. Neuharlingersiel wartet mit dem Buddelschiffmuseum und dem Museum für alte Seenot-Rettungsgeräte auf.

Anfahrt:
Zu den Endorten der Störtebekerstraße auf der B 70 von Lingen und B 72 ab Cloppenburg nach Emden oder auf der A 29 von Oldenburg nach Wilhelmshaven und A 1 Oldenburg–Emden.

Auskunft:
Verkehrsverein, Seehafen Emden e. V., Info-Pavillon am Stadtgraben, 26703 Emden, Tel.: 0 49 21/2 00 94, Telefax: 0 49 21/3 25 28.

Öffnungszeiten:
Museums-Feuerschiff »Deutsche Bucht« April–Okt., Mo.–Fr. 10–13 u. 15–17 Uhr, Sa. u. So. 11–13 Uhr.

Entfernungen:
Auf der Küstenstraße in abgerundeten Kilometerzahlen: Emden – Norden 50, Norden – Bensersiel 35, Bensersiel – Carolinensiel 20, Carolinensiel – Wilhelmshaven 40; Emden – Wilhelmshaven 145.

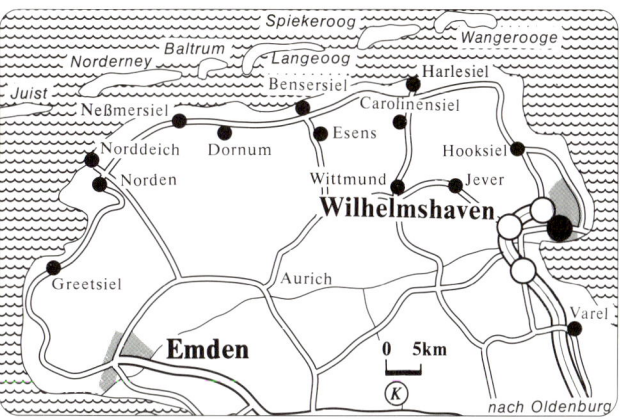

In der Mitte Ostfrieslands: die »Hauptstadt« Aurich

Wenn auch heute nur noch Sitz einer Außenstelle von »Weser-Ems«, bleibt die alte Residenz das sehenswerte Zentrum des Landes.

Anfahrt:
B 72 von Cloppenburg (Autobahnanschlußstelle der »Hansalinie« A 1) und B 210 von Wilhelmshaven (Autobahnkreuz A 29) über Jever-Wittmund.

Auskunft:
Verkehrsverein, Norderstr. 32, 26603 Aurich, Tel.: 0 49 41/33 64, Telefax: 0 49 41/1 06 55.

Öffnungszeiten:
Mo.–Fr. 8–18 Uhr, Sa. 8–13 Uhr.

Stadtführungen:
In der Hauptsaison vom Verkehrsverein aus.

Rundflüge:
Nach Anmeldung an Wochenenden und Feiertagen vom Flugplatz Aurich-Brockzetel (11 km östlich).

Niederdeutsche Renaissance: das Auricher Landschaftshaus

Von wo auch immer man nach Aurich hineinkommt, alle Fernverkehrsstraßen treffen sich am Rand der Alt- und Innenstadt, wo es auch einige Parkplätze gibt, und so liegt die Stadtbesichtigung auch für Durchreisende dicht am Weg. In der zum Teil als Fußgängerzone deklarierten »City« findet man unweit voneinander die Hauptsehenswürdigkeiten von Aurich.

Das 1852 anstelle einer alten Burg erbaute Schloß ist heute Behördensitz; von einer älteren Anlage steht noch das 1732 errichtete Kanzlei- und Marstallgebäude mit seiner Barockfassade.

Der freistehende Glockenturm der Lambertikirche stammt aus dem 14. Jahrhundert und ist das Wahrzeichen der Stadt. Im Innern des 1835 im klassizistischen Stil entstandenen Gotteshauses befindet sich ein sehenswerter spätgotischer Schnitzaltar aus dem 16. Jahrhundert.

Im 1897–1900 in niederdeutschem Renaissancestil errichteten Gebäude Ostfriesische Landschaft am Bürgermeister-Müller-Platz ist eine große Sammlung von Material über den ganzen ostfriesischen Küstenraum zusammengetragen. Im Fürstensaal findet man Deckengemälde von Stände- und Landeswappen sowie eine Bildergalerie ostfriesischer Regenten.

Aber auch andere besuchenswerte Punkte Aurichs (außerhalb der Innenstadt) sind nicht weit entfernt, ob nun die Stadthalle mit Kongreßzentrum, der Städtische Hafen am Ems-Jade-Kanal oder die Stiftskirche das Ziel sind. In der an der Oldersumer Straße gelegenen Mühle von 1858 wird ständig Korn mit Windkraft gemahlen; zu besichtigen ist hier eine Sammlung alter Mühlengegenstände.

Vier Kilometer südwestlich der Stadt findet man die Steinpyramide der Thingstätte Upstalsboom, ein Nationalheiligtum der Friesen, und 13 Kilometer nordwestlich das Ewige Meer, den größten deutschen Hochmoorsee.

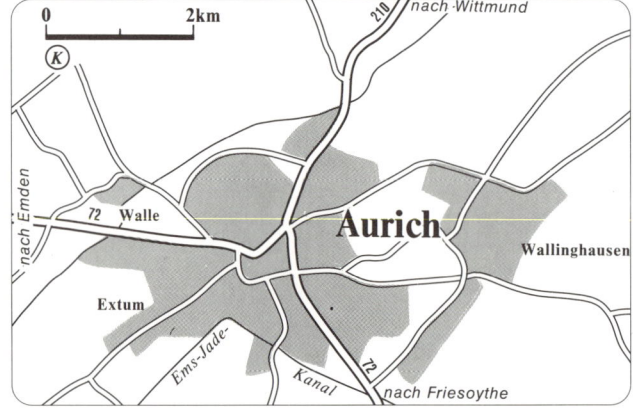

Zwischen den Kanälen: Großefehn und Wiesmoor

Ein Stück typisch ostfriesischer Kanallandschaft lernt man südöstlich von Aurich kennen, auch wenn die Zeiten der Moorkultivierung Vergangenheit sind.

Großefehn ist als Gemeinde erst 1972 aus 14 bis dahin selbständigen Ortschaften entstanden und stellt sich deshalb auch heute noch mehr als reizvolle Ostfriesenlandschaft mit Wallhecken, Niederungsmooren und vor allem vielen Kanälen (Brücken, Schleusen) dar. Zu Großefehn gehört auch der Flachmoorsee Boekzeteler Meer.

Dieser Ausflug wendet sich mehr dem vom Ems-Jade-Kanal im Norden und den Bundesstraßen 72 und 436 gebildeten Gebietsdreieck zu, an dessen Westrand – unweit östlich der B 72 – im Ortsteil Ostgroßefehn die dortige Windmühle an der Kanalstraße Nord 82 mit ihren Sammlungen zur Ortskunde, Fehngeschichte und Moorkultivierung zu Besuch und Besichtigung einlädt. Insgesamt liegen an der »Großefehner Mühlenstraße«, die in Nord-Süd-Richtung ostwärts parallel zur B 72 verläuft, noch fünf weitere Windmühlen.

moor. Wo noch vor etwa 75 Jahren einsames, sumpfiges Moor in einer Ausdehnung von fast 3000 Hektar die Landschaft prägte, liegt heute das »Blumenbeet Niedersachsens«. Und so sind die Hauptsehenswürdigkeiten von Wiesmoor denn naturgemäß auch die Blumen. Bei Interesse kann man viele Glashäuser, die 1500 Quadratmeter große Blumen- und Ausstellungshalle und große Freilandflächen besuchen.

Anfahrt:
B 72 Cloppenburg – Aurich (über Großefehn) und B 436 von Wilhelmshaven (über Wiesmoor) zur B 72. Verbindung zwischen beiden Orten auf mehreren Kanaluferstraßen.

Auskunft:
Verkehrsverein, Postfach 1150, 26633 Wiesmoor, Tel.: 0 49 44/91 98-0, Telefax: 0 49 44/91 98 99.

Öffnungszeiten:
Mitte März–Mitte Oktober tägl. 9–18 Uhr, So. u. Feiertag 10–18 Uhr.

Das Gebiet rings um Wiesmoor ist ein Land der Blumen

Freunde sakraler Sehenswürdigkeiten finden solche in den Kirchen der Ortsteile Aurich-Oldendorf nördlich von Ostgroßefehn (Barockkanzel vom Ende des 17. Jahrhunderts) sowie Bagband an der Gabelung B 72 / B 436 (frühgotische Madonna auf der Mondsichel, Mitte des 13. Jahrhundert) und Strackholt an der B 436 in Richtung Wiesmoor (Barockaltar von 1654 und der Bentheimer Taufstein aus dem 13. Jahrhundert).

Von Großefehn zieht eine Uferstraße am Großefehnkanal entlang direkt in den Nordteil des Nachbarortes Wies-

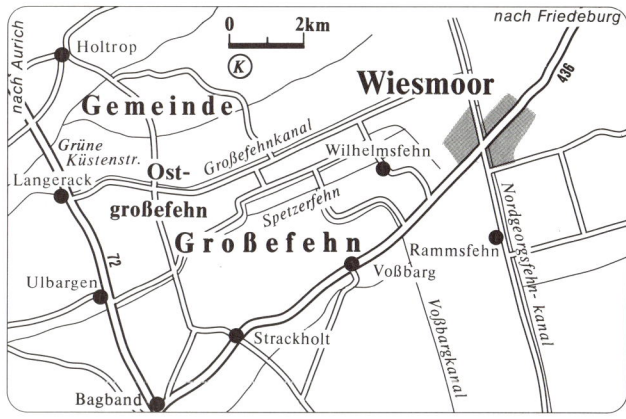

Schleswig-Holsteins Osten – Land der Gegensätze

Strände, Hügel, Seen und beschauliche alte Städtchen prägen das Landschaftsbild zwischen Lübeck und Flensburg. Nur wenige Gegenden Mitteleuropas sind so abwechslungsreich auf kleinstem Raum.

Welche deutsche Landschaft vereint so viele erholungsfreundliche Vorzüge wie die Ostseeküste zwischen Lübeck und Flensburg? Mit dem teilweise anschließenden Seen- und Waldgebiet der Holsteinischen Schweiz sowie den Lauenburgischen Seen und dem Sachsenwald zählt diese Region zu den beliebtesten Urlaubsgebieten Norddeutschlands.

Die 383 km lange Schleswig-Holsteinische Ostseeküste, die südlich an der Trave endet und im Norden nach Dänemark übergeht, besitzt annähernd zwei Dutzend bekannte Ostseebäder sowie mit Lübeck, Kiel, Schleswig und Flensburg einige der bedeutendsten Städte des Landes. Die Küsten sind überwiegend flach und sandig. Sie wechseln sich jedoch ab mit steileren Uferabschnitten. Nur stellenweise schließt sich an die Küste unmittelbar Wald an – häufiger sind Feld- und Knicklandschaften (Knicks sind Hecken, die Felder voneinander trennen und als Windbrecher dienen). Typisch sind neben langgezogenen Buchten fjordartige Einschnitte, die Förden, wie sie sich bei Kiel und Flensburg finden. Die am weitesten ins Land reichende Förde ist die 40 km lange Schlei, in der Ostseewasser bis nach Schleswig fließt.

Einzige Ostseeinsel Schleswig-Holsteins ist das 80 Quadratkilometer große Fehmarn, eine flache und durch Anbau von Weizen und Gemüse charakterisierte fruchtbare Insel, die seit 1963 durch die Fehmarnsundbrücke im Zug der Vogelfluglinie mit dem Festland verbunden ist.

Die Holsteinische Schweiz, die ihren werbewirksamen Namen um 1885 durch einen geschäftstüchtigen Hotelier erhielt, ist eine durch die letzte Eiszeit geschaffene, abwechslungsreiche

Zur Zeit der Rapsblüte erstrahlt die Landschaft goldgelb

Die Kliffs der Ostseeküste bieten herrliche Aussichtspunkte

und anmutige Moränen- und Seenlandschaft mit den schönsten deutschen Buchenwaldungen.

Doch die vielfältige Natur ist nicht das einzige, was den Besucher in Schleswig-Holsteins Osten erwartet – hier verstand man es auch, beachtliche kulturelle Akzente zu setzen. Die im Norden geschaffenen architektonischen Meisterleistungen der Backsteingotik zeigen sich in Lübeck und Flensburg mit einigen ihrer Höhepunkte. Große Meister der bildenden Kunst wie Bernt Notke oder Hans Brüggemann wirkten hier ebenso wie Homer-Übersetzer Johann Heinrich Voß und die Schriftsteller Thomas und Heinrich Mann oder Wilhelm Lehmann.

Prähistorische Zeugnisse (Hügelgräber, Oldenburger Wall) wechseln sich ab mit bedeutenden Renaissanceschlössern und stolzen Herrenhäusern als Kontrapunkte zu reetgedeckten Bauernkaten. Der Sachsenwald, mit dem Namen von Bismarck eng verbunden, stellt das größte Waldgebiet Schleswig-Holsteins dar und bildet im Nahverkehrsbereich von Hamburg eine grüne Oase für die Weltstadt.

Auskunft:
Fremdenverkehrsverband Schleswig-Holstein e. V., Niemannsweg 31, 24105 Kiel, Tel.: 04 31/56 00 25, Telefax: 04 31/56 98 10.

Auskunft:
Amt für Lübeck-Werbung und Tourismus, Beckergrube 95 und Markt, 23539 Lübeck, Tel.: 04 51/1 22 81 09, Telefax: 04 51/1 22 81 90.

Öffnungszeiten:
Mo.–Do. 8–16 Uhr, Fr. 8–13 Uhr.

Übersichtskarte Autotour und Sehenswürdigkeiten

Ostseeküste, Holsteinische Schweiz, Lauenburgische Seen

Die Autotour

Die Ostseeküste Schleswig-Holsteins bildet einen starken Kontrast zum Land an der Nordsee. Hier hat die Eiszeit Berge, Seen und Täler zurückgelassen. Und an der Ostseeküste wechseln sich sanfte Flachküsten, die zum Baden wie geschaffen sind, mit aufragenden Steilküsten ab.

Gesamtlänge der Autorundreise: 340 km

❶ Tourenvorschlag Schleswig
Die Stadt hat so viel zu bieten, allem voran den Brüggemann-Altar im Dom. Schloß Gottorf beherbergt das weltbekannte Landesmuseum für Vor- und Frühgeschichte.

❷ Tourenvorschlag Kiel
Die schleswig-holsteinische Landeshauptstadt mit dem bekannten Oslo-Kai ist ein wichtiger Fährhafen für Nordlandreisende. In Kiel-Rammsee befindet sich das Freilichtmuseum mit 55 Bauernhäusern.

❸ Tourenvorschlag Laboe
Das Marineehrenmal, das zwischen 1927 und 1936 errichtet wurde, diente lange als Seezeichen. Vom Aussichtsturm hat man einen schönen Blick über das Meer.

❹ Tourenvorschlag Fehmarn
Hauptstadt der Ostseeinsel ist Burg. Einen Besuch wert sind die vier mittelalterlichen Kirchen und das Mühlenmuseum in Lemkenhafen.

❺ Tourenvorschlag Bungsberg
Mit 168 Metern ist der Bungsberg die höchste Erhebung Schleswig-Holsteins. Gute Aussicht hat man von der Plattform des Fernmeldeturms.

❻ Tourenvorschlag Eutin
Man bezeichnet die herrlich am See gelegene Stadt auch als »Weimar des Nordens«. In dem sehenswerten Schloß ist eine Gemäldesammlung untergebracht.

❼ Tourenvorschlag Plön
Das bezaubernde Renaissanceschloß (1633–36) mit seinem Park liegt im Großen Plöner See. Wer Lust auf Natur hat, begibt sich auf eine Fünf-Seen-Fahrt nach Malente.

❽ Tourenvorschlag Bad Segeberg
Bekannt wurde die in der südlichen Holsteinischen Schweiz gelegene Kreisstadt durch die alljährlichen Karl-May-Festspiele.

❾ Tourenvorschlag Lübeck
Die schönste deutsche Stadt der Backsteingotik. Der Dichter Thomas Mann setzte der ehemaligen Hansestadt durch die »Buddenbrooks« ein Denkmal.

❿ Tourenvorschlag Ratzeburg
Waldumsäumte Seen umrahmen die Stadt. An die Werke des berühmten Bildhauers Ernst Barlach erinnert ein Museum.

⓫ Tourenvorschlag Mölln
Im Zentrum der Lauenburgischen Seenplatte, zwischen Wäldern und Seen, liegt die »Eulenspiegelstadt«. Die Nikolaikirche überragt das sehenswerte Stadtbild.

⓬ Tourenvorschlag Friedrichsruh
Der Sachsenwald, das größte Waldgebiet Schleswig-Holsteins (68 km²) wurde 1871 vom Kaiser an Bismarck geschenkt.

Hügellandschaft in Ostholstein

Weitere interessante Sehenswürdigkeiten entlang der Route

❶ Flensburg
Die malerische Stadt liegt in unmittelbarer Nähe der dänischen Grenze. Neben der Spirituosenindustrie spielen Schiffbau und Eisenverarbeitung eine wichtige Rolle im Wirtschaftsleben der Stadt.

❷ Geltinger Birk
Die Halbinsel mit dem Naturschutzgebiet Geltinger Birk ragt weit in die Ostsee hinein. Auf naturkundlichen Führungen lernt man die Vogelwelt und botanische Besonderheiten kennen.

❸ Kappeln
Das kleine Städtchen erstreckt sich am äußeren Rand der Schlei. Zu den Attraktionen gehört der sogenannte Heringszaun. Wenn die Schwärme in die Ostsee ziehen, verfangen sie sich in den geflochtenen Reusen.

❹ Eckernförde
Das älteste Osteebad an der Nordmark erstreckt sich an der tief ins Land einschneidenden Eckernförder Bucht. Im Kontrast zum schlichten Äußeren der Nikolaikirche stehen die kostbaren Schnitzarbeiten von Kanzel und Altar.

❺ Aschberg/Hüttener Berge
Stolze 98 Meter hoch ist der Aschberg, zweithöchste Erhebung der Hüttener Berge. Auf dem Gipfel erhebt sich eine Bismarckstatue, die bis 1918 auf dem Knivsberg in Dänemark stand.

❻ Schilksee
Berühmtheit erlangte der Bade- und Segelort durch die Olympischen Spiele 1972. Seit 1882 findet im Juni die Kieler Woche statt, eine Segelregatta mit internationaler Besetzung.

❼ Naturpark Westensee
Wälder und Seen, Weiden und Äcker prägen das Landschaftsbild des Naturparks. Die idyllischen Gewässer sind ein Eldorado für Angler.

8 Hohwacht
Ursprünglich ein kleines Fischerdorf, zieht sich der heute als Familienbad beliebte Ort am Sandstrand entlang. Wahrzeichen sind der durch Sandbänke geschützte Strand und die ausgedehnten Wälder im Hinterland.

9 Heiligenhafen
Ein lebendiger Fischerhafen und ein modernes Ferienzentrum. Besonders reizvoll ist die Lage durch die vorgeschobenen Dünenhalbinseln Steinwarder und Graswarder (Vogelschutzgebiet).

10 Dahme
Der flache Sandstrand und die Lage abseits großer Straßen machen den Ort zu einer Oase für Ruhesuchende. Buchen- und Eichenwälder auf der Landseite bieten Schutz vor frischen Westwinden.

11 Grömitz
Als »Bad an der Sonnenseite« der Ort an der Nordküste der Lübecker Bucht. In der Umgebung von Grömitz befindet sich das Kloster Cismar. Heute hat es sich zu einem Künstler- und Museumszentrum entwickelt.

12 Malente
Das Kneippheilbad liegt im Herzen des Naturparks Holsteinische Schweiz. Das Heimatmuseum, eine hierher versetzte Räucherkate aus dem 17. Jahrhundert, beherbergt eine Ausstellung haus- und landwirtschaftlicher Geräte.

13 Timmendorfer Strand
An der Lübecker Bucht hat sich die kleine Stadt, zusammen mit Niendorf zu einem der beliebtesten Bäder an der Ostseeküste entwickelt. Von Timmendorfer Strand aus lohnt sich ein Spaziergang zum Brodtener Steilufer.

14 Bad Schwartau
Das Heilbad besitzt die stärkste Jod-Quelle Norddeutschlands. Wer nicht zum Baden aufgelegt ist, sollte bei einem Rundgang die Kunstschätze würdigen: die Rensefelder Kirche, die Siechenkapelle und »Alt Lübeck«, die Ausgrabungen der Wendensiedlung.

15 Ratzeburger See
Seit der Vereinigung gewinnt der bisher im Schatten des Küchensees stehende Ratzeburger See zunehmend an Bedeutung für die Kreisstadt Ratzeburg.

16 Schaalsee
Nur ein gutes hatte die früher mitten durch den See verlaufende Demarkationslinie zwischen den beiden deutschen Staaten: Sie schuf einen ungestörten Lebensraum für Flora und Fauna.

17 Hellbachtal
Wer den Naturpark Lauenburgische Seenplatte von seiner idyllischsten Seite kennenlernen möchte, der sollte das Hellbachtal besuchen, südlich des Krebssees gelegen.

Geschichte und Kultur

Die Hanse — Modell für die Europäische Gemeinschaft

Ein Gründungsjahr gibt es nicht für die »dudesche Hanse«, die deutsche Hanse. Der Name ist aus der gotischen Sprache abgeleitet, in der Hanse so etwas wie Schar oder Genossenschaft bedeutete. Sehr früh schon, im 10. Jahrhundert, als die spätere »Königin« des Hansebundes, Lübeck, noch gar nicht existierte, schlossen sich deutsche Kaufleute, die im Ausland zu tun hatten, zu Hansen zusammen. Erst im 13. Jahrhundert fanden sich niederdeutsche Städte zur Wahrung ihrer wirtschaftlichen Interessen im Hansebund. Es dauerte noch bis zum Jahre 1359, bis Lübeck die zum Bund der deutschen Hanse gehörenden Städte zu einer Tagung einlud, zu einer Tagfahrt.

Lübeck galt von Beginn an als Haupt dieser Gemeinschaft. Infolgedessen stieg das Ansehen der Stadt im Reich, und noch heute spüren wir bei einem Spaziergang durch Lübeck der einstige Größe: Das gotische Rathaus mit dem Schmuck aus der Renaissance, das mächtige Holstentor aus dem 15. Jahrhundert, das Tor und Verteidigungswerk gleichermaßen war, die Salzspeicher, die Kirchen, allen voran der von Heinrich dem Löwen gegründete Dom, das älteste Baudenkmal der Stadt, das Haus der Schiffergesellschaft, die Patrizierhäuser, die von Wohlstand und Behaglichkeit zeugen. In einem dieser Häuser sind Heinrich und Thomas Mann aufgewachsen. Thomas Mann hat dem Lübecker Patrizier mit seinem Roman »Die Buddenbrooks« ein unvergängliches Denkmal gesetzt. Reizvoll aber ist es auch, durch die Gängeviertel zu streifen, und die idyllischen Höfe zu besuchen. Es sind Stiftshöfe, von Kaufleuten angelegt für Witwen von Schiffern und Kaufleuten. Auch hier lebt der hansische Gedanke, das einer für den andern da ist.

Aber das reiche Lübeck stand in der Hanse nicht allein. Es war nur, wie es hieß, der »Vorort des wendischen Viertels«, wie Köln der des »westfälischen«, Danzig der des »preußischen« und Braunschweig der des »sächsischen Viertels« war. Zu den bedeutenden Hansestädten aber gehörten auch Bremen und Hamburg, wobei die Rangfolge dieser beiden Städte nicht ganz unumstritten war. Köln, soviel stand fest, nahm den zweiten Platz in der Hanse hinter Lübeck ein. Hamburg und Bremen stritten um den zweiten Platz.

In der Blütezeit der Hanse gehörten zeitweise mehr als 160 Städte zu dieser wirtschaftlichen Interessengemeinschaft, die als ein Vorläufer der Europäischen Gemeinschaft gilt und ihre Ziele nicht selten mit politischen Mitteln durchsetzte, auch nicht vor kriegerischen Auseinandersetzungen zurückschreckte.

Im 16. Jahrhundert, mit dem Erstarken der See- und Großmächte, bröckelte die Macht der Hansestädte. Lübeck, Hamburg und Bremen schlossen im Jahre 1630 einen engeren Bund, um sich gegen die aufkommenden Mächte behaupten zu können. Sie haben ihre Sonderstellung auch bei der Auflösung des Heiligen Römischen Reiches deutscher Nation behaupten können, als das Ende der freien Reichsstädte gekommen war.

Kaiser Karl IV. besucht die Hansestadt Lübeck (1375)

Kleinod des Nordens: Schatzkammer Schleswig

Wenn es Lübeck mit seiner Backsteingotik nicht gäbe, wäre Schleswig unumstritten Schleswig-Holsteins schönste und bedeutendste Kunst- und Kulturstadt.

Anfahrt:
Autobahn A 7, Ausfahrt Jagel; von dort nur noch ca. 6 km.

Auskunft:
Touristinformation, Plessenstraße 7, 24837 Schleswig, Tel.: 04621/24878, Telefax: 04621/20703.

Öffnungszeiten:
Dom im Sommer Mo.–Do. 9–17 Uhr, Fr. 9–15 Uhr, Sa. 9–17 Uhr, So. 13–17, Dom im Winter Mo.–Do. 10–16 Uhr, Fr. 10–15 Uhr. Die beiden Museen sind von April – Oktober jeweils Di.–So. 9–17 Uhr, montags teilweise geöffnet. Wikinger Museum Haithabu April – Oktober täglich 9–18 Uhr, November – März Di.–Fr. 9–17 Uhr, Sa.–So. 10–18 Uhr, 24., 25. Dezember und 1. Januar geschlossen.

Abstecher:
Nach Haithabu, der einstigen Wikingerstadt, und zum Danewerk, der mittelalterlichen Befestigungsmauer zwischen Schlei und Eider.

Anders als Lübeck ist Schleswig keine Großstadt geworden. Seine 27000 Einwohner lassen der Stadt am äußersten Ende der Schlei den beschaulichen Rahmen für ungewöhnliche Eindrücke. Hier, wo schon im 9. bis 11. Jahrhundert skandinavische Wikinger siedelten und weithin Handel trieben, wuchs im 12. bis 15. Jahrhundert ein erst romanischer, dann spätgotischer Dom empor, der seinen Turm freilich erst sehr spät im Jahre 1894, erhielt. Dieser Dom besitzt eine Kostbarkeit, die allein schon den Ausflug nach Schleswig rechtfertigt: der 1521 von Meister Hans Brüggemann vollendete Bordesholmer Altar kam 1666 hierher. Der 16 Meter hohe und mit 400 holzgeschnitzten Figuren versehene Altar ist ein einmaliger Höhepunkt der Dürerzeit. Auch ein mächtiger Christophorus von Brüggemann, der später Barlach beeinflußte, steht hier im Dom. Aber auch darüber hinaus erweist sich dieser zum Glück vom Krieg verschonte Dom mit seinem dreiflügeligen Kreuzgang, der Ausmalung, der hölzernen Kanzel von 1560, dem Dreikönigsaltar und vielerlei Grabmälern als eine beeindruckende Folge künstlerischer Erlebnisse.
Für den Landesteil Schleswig war die Residenz mit ihrem Schloß Gottorf zwischen 1544 und 1713 politischer und kultureller Mittelpunkt. Die heutige Anziehungskraft verdankt das Schloß seinen beiden Museen, die zu

Schleswig liegt an den Ufern der weit ins Land reichenden Schlei

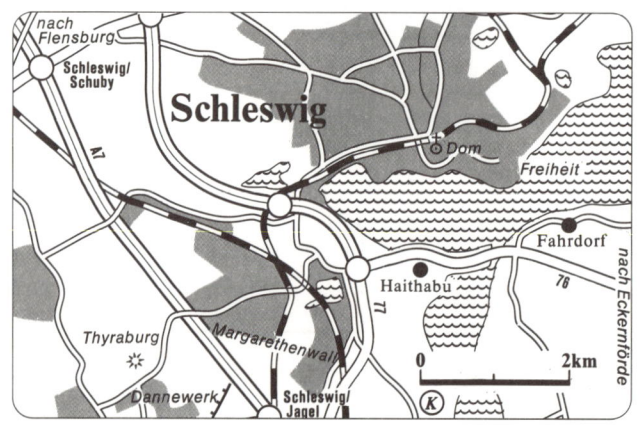

den bedeutendsten auf deutschem Boden gehören. An erster Stelle zu nennen ist das Archäologische Landesmuseum der Christian-Albrecht-Universität, dessen bedeutendstes Exponat das Nydamschiff ist, ein 23 Meter langes Ruderboot aus dem 4. Jahrhundert. Es ist Deutschlands größtes prähistorisches Museum. Darüber hinaus aber enthält das Schloß in 60 Räumen, die an sich schon sehenswert sind, das Schleswig-Holsteinische Landesmuseum mit einem einzigartigen Querschnitt durch Kunst, Kultur und Volkskunde des Landes.

Autotour ②   Ostseeküste, Holsteinische Schweiz, Lauenburgische Seen

Aus architektonischer Sicht kann sich Kiel mit der gotischen Backsteinstadt Lübeck gewiß nicht vergleichen. Die zu wilhelminischer Zeit als Kriegshafen ausgebaute Stadt wurde im Zweiten Weltkrieg erheblich zerstört. Ihr sehenswerter Vorzug besteht dagegen in der reizvollen Lage im Inneren der nach Kiel benannten Förde, an der im Stadtteil Holtenau der Nord-Ostsee-Kanal endet bzw. beginnt. Er wird von den beiden etwa 45 Meter hohen Hochbrücken überspannt, von denen aus man das Passieren der Schiffe durch die Holtenauer Schleusen aus der Vogelperspektive beobachten kann.

Von Kiels Häfen, insbesondere vom Oslo-Kai gegenüber dem wiederaufgebauten Schloß, führt Fährverkehr nach Dänemark und Norwegen. Besonders reizvoll ist die Ausfahrt der stattlichen Fährschiffe um die Mittagszeit. Ein Bummel durch Kiels lebendige Innenstadt führt zur ursprünglich gotischen,

Die Hauptstadt mit Museumsdorf

Schleswig-Holsteins Landeshauptstadt Kiel besitzt neben vielem anderen in Molfsee bei Kiel eines der bedeutendsten und schönsten deutschen Museumsdörfer.

Pfarrhaus aus dem Jahr 1569 besichtigen, das ursprünglich im ostholsteinischen Dorf Grube stand. Im Freilichtmuseum hat man das ländliche kulturelle Erbe Schleswig-Holsteins zusammengetragen. Alle Haustypen sind vertreten. Wie die Menschen in früheren Jahrhunderten in diesen Häusern wohnten und wirtschafteten, wird anschaulich durch Mobiliar, Hausrat und altes Gerät dargestellt.

Anfahrt:
Ab Hamburg A 7, ab Abzweig vom Bordesholmer Autobahn-Dreieck A 215. Alternativ B 4, die direkt am Freilichtmuseum vorbeiführt.

Auskunft:
Touristik Information, Sophienblatt 30, 24103 Kiel, Tel.: 04 31/6 79 10-0, Telefax: 04 31/67 54 39.

Öffnungszeiten:
Freilichtmuseum: 1.4.–31.10. Di.–Sa. 9–17 Uhr, 1.11.–31.3. nur So.- u. feiertags bei gutem Wetter von 10 Uhr bis zur Dämmerung, spätestens bis 18 Uhr.

Abstecher:
Von Kiel über die B 503 in den Dänischen Wohld mit dem Ostseebad Schwedeneck. In südöstlicher Richtung mit B 78 nach Preetz mit seinem Kloster, dessen Kirche des 14. Jahrhunderts vor allem innen bedeutend ist.

Kiels beliebtestes Ziel ist das schöne Freilichtmuseum in Molfsee

nachträglich stark veränderten Nikolaikirche am Alten Markt, an der Ernst Barlachs Plastik »Der Geistkämpfer« steht.

Südlich der Stadt, im Vorort Molfsee, befindet sich das Schleswig-Holsteinische Freilichtmuseum e. V., das seit 1961 aufgebaut wird. Auf einem Gelände von 60 Hektar stehen 60 Häuser, Wirtschaftsgebäude und Werkstätten, die auf das 16. bis 19. Jahrhundert zurückgehen. Sie wurden aus Dörfern aller Landesteile hierher gebracht und damit vor der Vernichtung bewahrt. Als ältestes Gebäude kann man ein

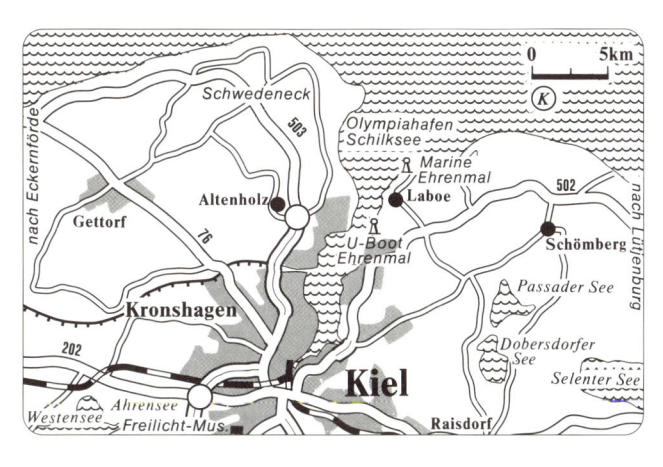

Wo die Vergangenheit der Marine lebt

Mit dem Marineehrenmal und einem U-Boot, das besichtigt werden kann, finden »Landratten« und »Seebären« im Ostseebad Laboe ein Stück deutscher Seefahrtstradition.

Anfahrt:
Von Kiel oder aus Richtung Lütjenburg über die B 502 mit Stichstraße nach Laboe.

Auskunft:
Kurverwaltung, Strandstr. 25, 24235 Laboe, Tel.: 04343/7353, Telefax: 04343/1781.

Öffnungszeiten:
Marineehrenmal Mo.–Sa. zwischen 9 und 17.30, So. 9-18 Uhr. Es wird Eintrittsgeld erhoben. Gleiche Öffnungszeiten für das U-Boot.

Abstecher:
Im Zug der B 502 zu den Ferienzentren Holm mit Stränden Kalifornien und Brasilien und zur Marina Wendtorf, einem Jachthafen.

Wandern:
Von Laboe in südlicher Richtung entlang der Förde auf dem Förde-Wanderweg nach Möltenort und Heikendorf bis zur Anlegestelle Mönkeberg hinter dem Sporthafen Mönkeberg. Wegstrecke etwa 7 km (ohne Rückweg), Gehzeit 2 Stunden.

Idyllischer Sandstrand in der Nähe des Marineehrenmals von Laboe

Nur einen Katzensprung von Kiel entfernt erstreckt sich am Ausgang der Kieler Förde das kleine Ostseebad Laboe, das zugleich zur Stätte der Besinnung auf die deutsche Marinevergangenheit wird. Das Marineehrenmal, dessen ungewöhnliche Form einem Schiffssteven nachempfunden ist, entstand zwischen 1927 und 1936. Von seinem 87 Meter hohen Turm bietet sich eine umfassende Aussicht über Kiels Förde und das Umland. In einer Ehren- und Weihehalle wird der 35000 Marinesoldaten im Ersten und 120000 im Zweiten Weltkrieg gedacht, die im Seekrieg ihr Leben verloren. Darüber hinaus vermittelt die Historische Halle einen Überblick über die Geschichte der Seefahrt von den Wikingern bis in die Gegenwart. Auf einen besonderen Aspekt der Kriegsführung zur See weist das Unterseeboot U 995 hin, das vor dem Marineehrenmal zu besichtigen ist. Mit ihm wird der gewaltigen Zahl von 736 versenkten U-Booten mit über 27000 Mann Besatzung gedacht, die der Zweite Weltkrieg sinnlos verschlang. Ein Gang durch dieses U-Boot macht deutlich, wie hart und unbequem das Dasein an Bord eines solchen Schiffes war.

Wer die beklemmende Stimmung des Ehrenmals hinter sich gelassen hat, wird sich am Badeleben des Strandes von Laboe erfreuen. Zu den Besonderheiten von Laboe gehört die Tatsache, daß die Badenden zugleich den Blick auf den Schiffsverkehr des Nord-Ostsee-Kanals haben. Er führt von hier 99 Kilometer weit zur Nordsee bei Brunsbüttel und erspart den Schiffen den weiten Weg durch das Skagerrak. Ein Zahlenbeispiel ist besonders imponierend: Alljährlich passieren etwa 60000 Schiffe den Kanal und damit die Kieler Förde – mehr, als Suez- und Panamakanal zusammen zu bewältigen haben. Ein Lokal in Laboe macht nach Art der Schiffsbegrüßungsanlage von Schulau an der Elbe mit Herkunft und Art der vorbeifahrenden Schiffe bekannt.

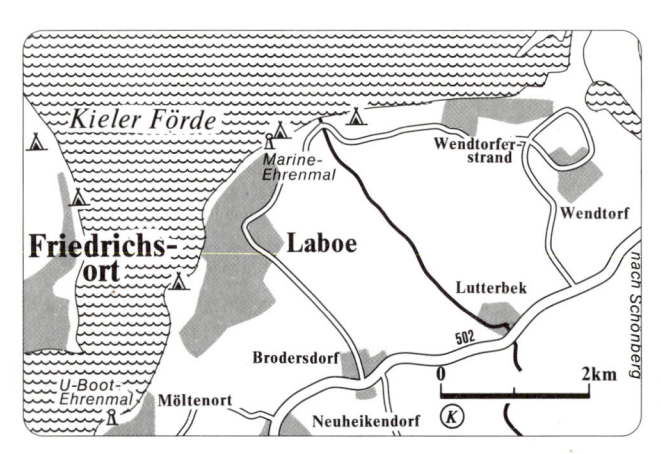

Zur Sonneninsel im Norden

Bis zum Jahr 1963 war die Insel über ein Trajekt nur recht mühsam zu erreichen. Seitdem sorgt die Fehmarnsundbrücke, eine markante Stabbogenkonstruktion, dafür, daß der Weg vom Festland auf die Insel zügig zurückgelegt werden kann. Denn Fehmarn ist mit seinem Fährhafen Puttgarden, von wo aus mit dem Fährschiff in einer knappen Stunde das dänische Rødbyhavn auf der Insel Lolland erreicht wird, wichtige Etappe der Vogelfluglinie. Die Insel umfaßt 185 Quadratkilo-

Die Insel Fehmarn gehört zu den niederschlagsärmsten Gebieten der Bundesrepublik und besitzt wunderschöne Strände aller Kategorien; außerdem gibt es hier viel zu sehen.

Die Fehmarnsundbrücke verbindet die Insel mit dem Festland

meter und ist damit größer als Sylt oder Föhr in der Nordsee, aber kleiner als Rügen und Usedom.
Hauptstadt Fehmarns ist das urwüchsige Städtchen Burg, um das herum 40 Dörfer die Insel bevölkern. Burg mit seinem alten Kopfsteinpflaster und den ebenso betagten Linden ist ein norddeutsches Idyll. Hier steht neben der mittelalterlichen Kirche St. Nikolai (in der man die letzten Worte Christi am Kreuz in Plattdeutsch lesen kann!) ein Heimatmuseum, das über Fehmarner Traditionen und Besonderheiten informiert. Museumsgründer Peter Wiepert richtete an Fehmarns Südküste auch ein Mühlenmuseum in der letzten in Europa noch erhaltenen Segelwindmühle ein.
Nur einige Kilometer von Burg entfernt liegt ein Ferienzentrum mit einem schönen breiten Sandstrand. Aber uriger ist der kleine Fischerhafen von Burgstaaken, wo häufig fangfrischer Fisch verkauft wird.
Wenige Inselbesucher wissen, daß es auf Fehmarn insgesamt vier mittelalterliche Kirchen mit Kolorit gibt. Außer in Burg stehen sie in Landkirchen, Petersdorf und Bannesdorf. Sie stammen alle aus dem 13. Jahrhundert. Landkirchens Kirche enthält 60 originelle alte Betschemel und den traditionsreichen alten Landesblock der Fehmarner Gerichtsbarkeit, eine mächtige Lade. Daneben beeindruckt vor allem die reichhaltige Ausstattung aus Mittelalter und Barock.

Anfahrt:
A 1 und ab Oldenburg B 207.

Auskunft:
Insel-Information, Zentrale Zimmervermittlung, Breite Str. 28, 23763 Burg auf Fehmarn,
Tel.: 0 43 71/30 54 und 30 55,
Telefax: 0 43 71/06 81

Öffnungszeiten:
Peter-Wiepert-Museum in Burg und Mühlenmuseum in Lemkenhafen Juni – September Mo.–Sa. 10–12 u. 15–18 Uhr sowie an Regennachmittagen und laut Anschlagtafel am Museum. Auskunft 0 43 71/96 27.
Burgs Kirche ist an Wochentagen von 9–18 Uhr zugänglich. Kirchenführung jeden Dienstag 11 Uhr. Bannesdorfs Kirche ist von 8–16 Uhr zugänglich.

Weitere Ziele:
Niobedenkmal am Gammendorfer Strand, Burgruine Glambeck am Strand von Burgtiefe, Leuchtturm von Flügge (keine Besichtigung möglich).

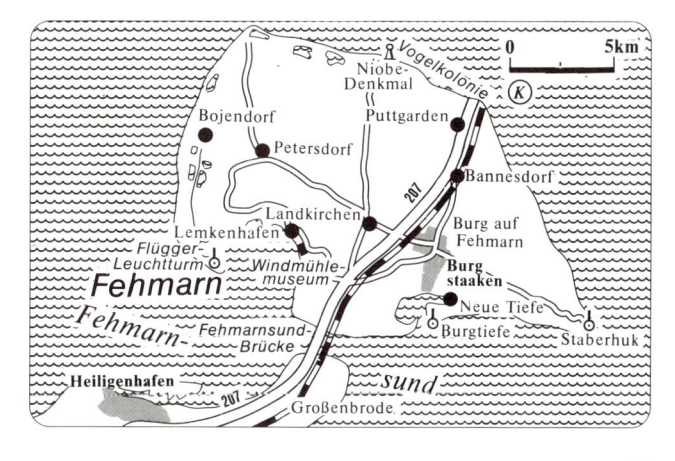

Schleswig-Holsteins höchster »Gipfel«

Mit seinen 168 Metern ist der Bungsberg gewiß kein Bergriese, aber im sonst flachen Schleswig-Holstein kann er sich, zumal in Küstennähe, schon sehen lassen.

Anfahrt:
A 1, Ausfahrten Neustadt-Nord oder Lensahn; in beiden Fällen weiter über Schönwalde.

Auskunft:
Verkehrsverein, Am Lachsbach 5, 23744 Schönwalde a. B., Tel.: 0 45 28/3 64.

Abstecher:
Zu Schleswig-Holsteins höchstgelegener Kirche (116 m) in Kirchnüchel (13. Jh.). Bedeutende Grabkapelle von 1697. In Richtung Lensahn zum Herrenhaus Güldenstein von 1726–28, wichtigster spätbarocker Bau des Landes.

Wandern:
Rings um den Bungsberg; markierter Rundweg mit Ausgangspunkt an Wanderorientierungstafel 1,5 km von Schönwalde in Richtung Lütjenburg. Weglänge 5 km; Gehzeit im Wald knapp 2 Std. Am Bungsberg Trimmpfad für Kinder.

Selbst manchem Schleswig-Holsteiner fällt es nicht ganz leicht, auf die Frage nach dem höchsten Berg des Landes die Antwort bereit zu haben. Dabei besitzt der 168 Meter hohe Bungsberg am Rande der Holsteinischen Schweiz sogar einen Skilift, der in schneereichen Wintern (die es durchaus gibt) emsig in Betrieb ist, auch wenn die Abfahrt nicht unbedingt »alpin« wirkt.

Markanter und von weitherher zu sehen ist der Beton-Fernmeldeturm, der auf der Gipfelhöhe steht. Schon in den Anfängen des Fernsehens mußte der Bungsberg mitwirken, damit die britische Königskrönung des Jahres 1953 auch nach Dänemark übertragen werden konnte: Hier stand eine Relaisstation, die das Fernsehbild über die Ostsee sendete. Inzwischen steht auf dem Bungsberg bereits der dritte Fernmeldeturm, 75 Meter hoch, und mit einer Aussichtsplattform 45 Meter über der Berghöhe. Kein Wunder, daß man von hier weit über Schleswig-Holstein und bis zu den dänischen Inseln schauen kann. Demgegenüber spielt der 1864 errichtete und später auf 23 Meter Höhe aufgestockte Elisabethturm nur noch eine Statistenrolle in der Nachbarschaft eines »Bergrestaurants«.

Der Name des Berges leitet sich – so heißt es – von einem »Bung« (= Gong) ab, der im Mittelalter von der Berghöhe für die in Diensten des Klosters Cismar

Der Bungsberg liegt inmitten der »Holsteinischen Schweiz«

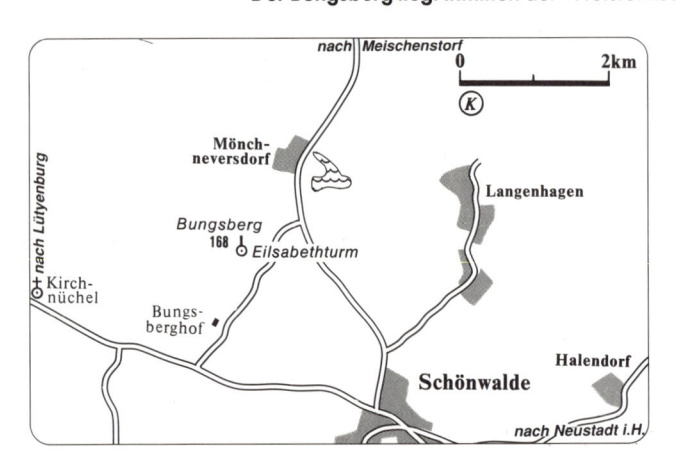

stehenden Leute ertönte. An alten Klosterbesitz erinnert der Name des nächsten Dorfes: Mönchneversdorf. Nächster größerer Ort in Bungsbergnähe ist Schönwalde, das die Bezeichnung a. B., am Bungsberg, im Ortsnamen führt und als Urlaubsziel beliebt ist. Geologisch bildet der Berg den höchsten Punkt einer stattlichen Endmoräne der letzten Eiszeit, die sich als Ganzes mehrere Kilometer weit hinzieht, oberhalb der nicht weit entfernten Ostsee. Am Bungsberghang entspringt die Schwentine, die in ihrem Lauf die Seen der Holsteinischen Schweiz berührt.

Eutin, die kleine Residenz des Nordens

Weimar des Nordens hat man Eutin ein wenig schönfärberisch schon genannt. Ganz war es das wohl nicht, aber Kultur war in dieser Residenzstadt immer zu Hause. Im späten 18. Jahrhundert mit Johann Heinrich Voß, der hier im Norden nach der Odyssee Homers Ilias in eine gültige deutsche Form brachte. Zugleich mit Zeitgenossen wie Graf Stolberg, Heinrich Jacobi oder Goethe-Maler Tischbein, die der herzogliche Hof herrief. In unserem Jahrhundert ist Eutin verbunden mit dem Eutiner Dichterkreis und den seit über 30 Jahren stattfindenden Freilichtspielen im Schloßpark, die dem Gedächtnis des in Eutin geborenen Carl Maria von Weber gewidmet sind.

Eutin kann man das ganze Jahr über besuchen, aber im Sommer erhält der Aufenthalt einen Höhepunkt durch die Freilicht-Opernaufführungen im Schloßpark.

Idyllisch über dem Seeufer liegt Eutins Schloß mit seinem Park

Wer nach Eutin kommt, wird wohl zuerst von der Seenlage begeistert sein. An den Schloßpark grenzt der Große Eutiner See mit herrlichen Rundwegen, nahe liegen Keller- und Ukleisee. Wichtigstes Gebäude der Stadt ist das Schloß, das um 1720 aus einer Burg des 13. Jahrhunderts in seiner heutigen Form entstand. In ihm ist heute eine große Gemälde- und Porträtsammlung zu besichtigen.

Das alte Eutin schmiegt sich eng an seinen Markt, an dem die mittelalterliche Michaeliskirche mit ihrem 67 Meter hohen Turm steht. Sie ist innen recht sehenswert. Dicht dabei befindet sich die Stolbergstraße, deren ehemalige Kapitelhöfe an die Glanzzeit der Stadt erinnern, als in beinahe jedem der stilvollen Häuser eine geistige Größe des Hofes wohnte. Nur wenig weiter ist es zum Voßhaus, wo der Dichter seinen Homer übersetzte und seine eng mit der Landschaft der Holsteinischen Schweiz verbundenen Idyllen schuf – eine von ihnen regte Goethe zu seiner Hermann und Dorothea an. Heute wird das Voßhaus als Hotel-Restaurant betrieben. Selbstverständlich hängt auch an Carl Maria von Webers Geburtshaus (Lübecker Straße), heute Café, ein Hinweisschild auf den Dichter.

Anfahrt:
A 1 ab Hamburg, Ausfahrt Eutin. Von Kiel wie auch von der Lübecker Bucht auf der B 78.

Auskunft:
Kurverwaltung Eutin, Haus des Kurgastes, 23701 Eutin, Tel.: 0 45 21/31 55, Telefax: 0 45 21/35 97.

Öffnungszeiten:
Ostholstein-Museum Mai–August, Mo. geschlossen, Di., Mi., Fr., Sa., So. 10–13 Uhr, 14–17 Uhr, Do. 10–13 Uhr, 14–19 Uhr. September–Januar, März, April, Di.–Mi., Fr., Sa. 15–17 Uhr, Do. + So. 10–12 und 15–17 Uhr.

Abstecher:
In die Holsteinische Schweiz, nach Plön und Malente. Zum Bungsberg sind es von hier 15 km. Über das Dörfchen Sielbeck am Kellersee zum Ukleisee, den Geibel stimmungsvoll bedichtete.

Wandern:
Lohnt sich besonders rund um den Großen Eutiner See. Wanderstrecke um den Großen See beträgt 10 km.

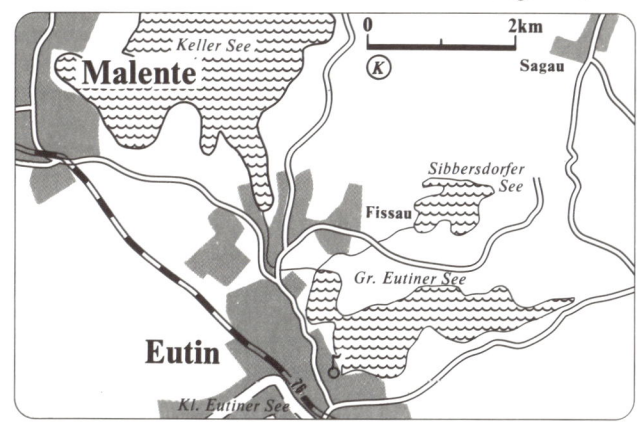

Ostseeküste, Holsteinische Schweiz, Lauenburgische Seen — Autotour (7)

Wassersport im Naturpark Holsteinische Schweiz

Die kultur- und geschichtsträchtige Stadt Plön liegt inmitten zahlreicher idyllischer Seen und ist idealer Ausgangspunkt für die verschiedensten Aktivitäten am und im Wasser.

Anfahrt:
A 7 Abzw. Neumünster über die B 430, A 1 über Eutin auf der B 76 oder von Kiel auf der B 76, Bahnstation.

Auskunft:
Kurverwaltung,
Postfach 46,
24301 Plön,
Tel.: 0 45 22/27 17,
Telefax: 0 45 22/22 29.

Öffnungszeiten:
1.10.–30.4. Mo.–Do.
9–13 Uhr, 14–17 Uhr,
Fr. 9–13 Uhr.
1.5.–30.9. Mo.–Fr.
8.30–17.30 Uhr, Sa.
10–13 Uhr.

Bootsverleih:
In Plön, Bosau, Ascheberg, Preetz, Malente-Gremsmühlen.

Direkt am Großen Plöner See erhebt sich das prachtvolle Schloß

Die letzte große Eiszeit schuf hier, im Norden Deutschlands, eine Vielzahl von kleinen und großen Seen, die entweder natürlich oder durch von Menschen angelegte Flüsse oder Kanäle miteinander verbunden sind.
Der Plöner See, größter See Schleswig-Holsteins, ist das ideale Revier für Segler, Surfer und Wasserwanderer. Zahllose Bootsverleihe in den Orten, die sich entlang der schilfbestandenen Ufer aufreihen, bieten dem Urlauber auch für mehrere Tage das gewünschte Wasserfahrzeug an. Wer sich mit dem stets frischen Seewind messen will, der findet auf den größeren Gewässern wie dem Großen Plöner See, Behler See, Dieksee und Kellersee die richtige Arena, um mit dem Segelboot oder dem Surfbrett die Wellen zu kreuzen. Wer die Natur liebt, der durchwandert mit Kanu oder Kajak die stillen Buchten und schmalen Verbindungskanäle zwischen den Seen. An den Ufern reihen sich reizvoll gelegene Campingplätze, an denen man für ein oder zwei Nächte vor Anker gehen kann. Unerschöpflich sind auch die Bademöglichkeiten in den herrlich sauberen Seen.
Ruhe und Muße warten auch auf Petrijünger, die entweder vom Steg oder vom Boot aus »auf die Jagd« nach den zahllosen Fischen gehen können. Wem jedoch all diese aktiveren Freizeitbeschäftigungen nicht zusagen, der läßt sich auf einem der Ausflugsschiffe den Reiz der unvergleichlichen Wasserlandschaft näherbringen.
Für Schlechtwettertage bietet sich ein Besuch der kulturellen Sehenswürdigkeiten Plöns an. Hierbei verdient vor allem das im Stil des Manierismus erbaute Schloß einen Besuch. Die dreiflügelige, giebelreiche Anlage entstand von 1633 bis 1633 und diente bis 1761 als Residenz der Plöner Herzöge. Eine der schönsten Parkanlagen Norddeutschlands umgibt das hoch über dem See gelegene Anwesen. Heute ist das Schloß ein Internat und nicht zu besichtigen.

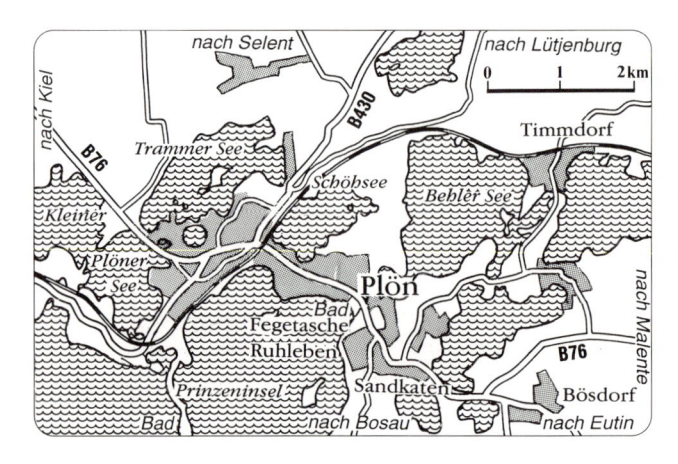

40

Autotour ⑧　　　　　　　　　　Ostseeküste, Holsteinische Schweiz, Lauenburgische Seen

Wald, Höhlen und Karl May

Bad Segeberg mit seiner Seenlandschaft hat tatsächlich für jeden etwas zu bieten: nicht nur Karl-May-Spiele, sondern vor allem viel Landschaft.

Ein Kurbad, das zur Heilung aufgesucht wird, ist Bad Segeberg heutzutage nicht mehr. Aber die an die Holsteinische Schweiz anschließende Umgebung verleiht der Stadt dennoch viel Anziehungskraft. Das beginnt mit den Seen, die bis dicht an die Stadtmitte reichen. Dazu die Trave, die um Bad Segeberg einen umarmenden Bogen schlägt. Der Segeberger Forst gehört zu den größten Waldgebieten Schleswig-Holsteins. Aber darüber hinaus hat Bad Segeberg eine im Norden Deutschlands ziemlich einmalige Besonderheit: die Höhlen im 91 Meter hohen Kalkberg. Sie sind auf einer Länge von 800 Metern begehbar. Mit dem Kalkberg ist eine Freilichtbühne verbunden. Auf ihr finden außer Musikveranstaltungen alljährlich die Karl-May-Spiele statt, wobei vor einer romantischen Naturkulisse die Welt der Indianer und Trapper lebendig wird. Auch für Konzerte unter freiem Himmel bildet der Kalkberg einen eindrucksvollen Hintergrund. Zu den Höhepunkten des kulturellen Sommerprogramms gehören die Konzerte und Veranstaltungen des Schleswig-Holstein-Musikfestivals. Weniger bekannt ist dagegen die Tatsache, daß Bad Segebergs im Jahr 1160 erbaute romanische Marienkirche damals der erste große Kirchenbau aus dem neuen Material des Backsteins war. Hier wurde sozusagen die Technik ausprobiert, die danach unter anderem in Lübeck so großartige Bauten gestalten half. Allerdings hat die Kirche vielerlei Veränderungen erfahren. Dennoch ist ihr romanischer Kern erhalten geblieben. Innen ist ein Schnitzaltar von 1515 zu bewundern.

Wer das alte Bad Segeberg kennenlernen will, kann das im Heimatmuseum des Alt-Segeberger Bürgerhauses tun, das aus der Mitte des 16. Jahrhunderts stammt und vielerlei Gerät aus alter Zeit enthält. Auch das einstige Amtshaus von 1750/60 verdient Beachtung. In der Nähe befindet sich im Segeberger Forst das Wildgehege Eekholt.

Die Landschaft um Bad Segeberg hat schon einiges zu bieten

Anfahrt:
Von der A 7 über die B 206 (29 km), Ausfahrt Bad Bramstedt. Von der A 1, Ausfahrt Bargteheide, über die B 404 (etwa 30 km).

Auskunft:
Tourist-Information, Oldesloer Str. 20, 23795 Bad Segeberg, Tel.: 0 45 51/5 72 33, Telefax: 0 45 51/5 72 31.

Öffnungszeiten:
Alt-Segeberger Bürgerhaus April–Oktober Di.–Fr. 10–17 Uhr, Sa.–So. 14.30–17 Uhr; Städtische Kunsthalle Otto Flath Di.–Fr. 10–17 Uhr, Sa.–So. 14.30–17 Uhr. Kalkberghöhlen April, Mai, September Mo.–Fr. 11.30–15.30 Uhr, Sa./So./Feiertag 10–16 Uhr. Juni, Juli, August tägl. 10–18 Uhr.

Abstecher:
Nördlich nach Kiel (Freilichtmuseum, Hafen) und Trappenkamp (Wildpark), westlich nach Bad Bramstedt und zum Wildpark Eekholt, östlich nach Lübeck, zur Ostsee südlich nach Hamburg.

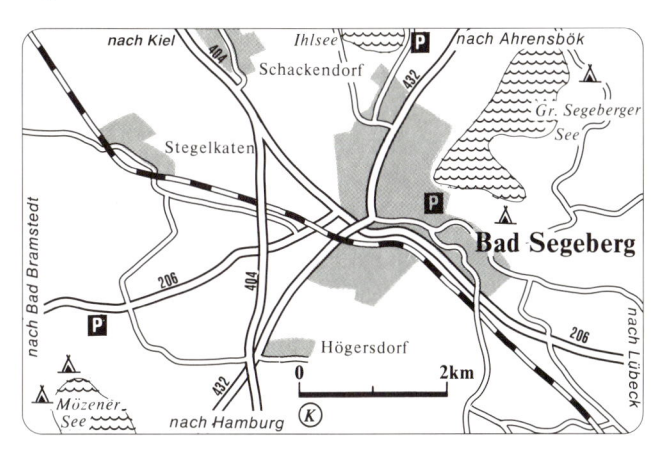

Lübeck – Zauber der Backsteingotik

Nach schweren Kriegszerstörungen in alter Eigenart wiederhergestellt, ist Lübeck als Zentrum norddeutscher Backsteingotik eine der schönsten deutschen Städte.

Anfahrt:
Autobahn A 1, Ausfahrt Lübeck-Mitte.

Auskunft:
Amt für Lübeck-Werbung und Tourismus, Beckergrube 95 und Markt, 23539 Lübeck, Tel.: 04 51/1 22 81 09, Telefax: 04 51/1 22 81 90.

Öffnungszeiten:
Besichtigung mit Führung (Rathaus) Mo.–Fr. 11, 12 und 15 Uhr. Das Museum für Kunst- und Kulturgeschichte ist mit Ausnahme von Mo. von April – Oktober 10–17 Uhr, von Oktober – März 10–16 Uhr geöffnet.

Abstecher:
Zum nur 4 km entfernten Bad Schwartau mit starker Natrium-Jod-Quelle und 72 m hohem Pariner Berg.

Bemerkung:
Ein Besuch von Lübeck kann für einen ersten flüchtigen Eindruck etwa zwei Stunden umfassen. Wer mehr sehen will, sollte schon einen ganzen Tag einplanen oder sich auch mehrere Tage Zeit lassen.

Woher man auch kommt – wichtigstes Ziel in Lübeck ist immer die Altstadt. Von der Autobahn A 1 aus passiert man auf dem Weg dort hin das malerische Holstentor und die Giebelfronten der Salzspeicher an der Trave. Am Markt steht das zwischen 1230 und 1570 allmählich gewachsene Rathaus mit seiner großen gotischen Schaugiebelwand und einer reizvollen Renaissancelaube.

Es lohnt sich, genügend Zeit für eine Innenbesichtigung einzuplanen. Dicht dabei erhebt sich die großartige Marienkirche, Vorbild für viele Kirchen der Backsteingotik im Ostseeraum, die zwischen 1260 und 1351 entstand. Leckermäuler versäumen es nicht, das nahe Café Niederegger wegen des berühmten Lübecker Marzipans aufzusuchen.

Nahebei, in der Mengstraße, steht das Buddenbrookhaus, in dem Thomas Mann jedoch nie wohnte. Am Ende der Breiten Straße (Fußgängerzone) erinnert vor einem Bankgebäude eine Stelle an das abgerissene Wohnhaus, in dem Thomas und Heinrich Mann ihre Jugend verbrachten.

Die acht Türme der Stadt stammen von nur sieben Kirchen, da Marienkirche und Dom je zwei Türme besitzen, während die Katharinenkirche nach den Regeln der Franziskaner keinerlei Turm aufweist. Wer den Blick über Lübeck genießen will, kann das am besten von der Aussichtsplattform der marktnahen Petrikirche. Der etwas abseits stehende Dom birgt die Werke Bernt Notkes und den Passionsaltar Memlings. Die Westfassade der Katharinenkirche zieren moderne Terrakottafiguren von Ernst Barlach (3) und Gerhard Marcks (6).

Zu den vielen Schätzen Lübecks gehören außerdem nicht nur zahlreiche gut restaurierte Wohnhäuser und verschwiegene Höfe (Gänge genannt), sondern auch das reichhaltige Museum für Kunst- und Kulturgeschichte.

Lübecks herrliches Rathaus ist ein Paradebeispiel der Backsteingotik

In der Altstadt scheint die Zeit trotz Großstadt stillzustehen

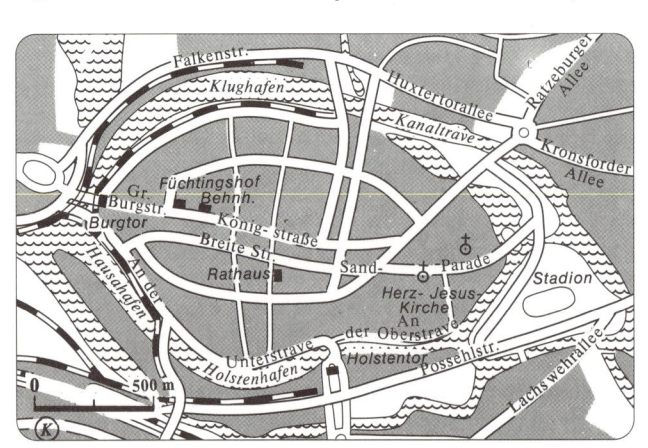

Eine Stadt im Banne ihres Doms

Ratzeburg, lange als Ruderstadt berühmt, verdankt seinen künstlerischen Rang dem Dom und seinem berühmten Sohn: Ernst Barlach.

Auch wenn der Ratzeburger See den Namen der Stadt trägt und mit dem nördlichen Ostufer an Mecklenburg-Vorpommern grenzt, war lange Zeit ein anderer See bei Ratzeburg weit bekannter: der Küchensee, wo der berühmte Goldachter der Ruderer trainierte und gewann. Seen dehnen sich rund um Ratzeburg aus, und die Stadt selbst liegt tatsächlich auf einer Insel. Erst 1847 wurde diese Insel durch einen festen Damm – heute gibt es drei davon – mit dem Festland verbunden. Bis dahin gab es nur eine Holzbrücke.

Daß Ratzeburg schon im Mittelalter große Bedeutung besaß, beweist der Dom, der auf Veranlassung von Heinrich dem Löwen Ende des 12. Jahrhunderts erbaut wurde. Er lieferte den Beweis, daß sich auch aus dem norddeutschen Backstein der Stil der Romanik (und später sogar der Gotik) gestalten ließ. Ratzeburgs Dom steht mit am Anfang der norddeutschen Backsteinbauweise, die ihren Höhepunkt in Lübeck erlebte.

Zugleich aber steht in Ratzeburg das Elternhaus des Bildhauers und Dichters Ernst Barlach, und hier liegt der Künstler auch begraben. Sein Elternhaus dient heute als Museum, in dem man Leben und Werk Barlachs kennenlernen kann. Zugleich besitzt Ratzeburg auch das A. Paul Weber-Haus mit Werken des 1980 verstorbenen satirischen Graphikers.

Ratzeburg ist auch ohne seine Berühmtheiten eine anheimelnde Stadt mit der Alten Wache von 1720 und dem Herrenhaus der Mecklenburger Herzöge von 1660, das 1765 erneuert wurde. In ihm ist heute das Kreismuseum untergebracht, das in den Rokokoräumen einen bunten Querschnitt von der Prähistorie bis zur Gegenwart enthält. Im nahen Einhaus erinnert das Ansveruskreuz vom Beginn des 15. Jahrhunderts an den Abt des Klosters vom Georgsberg, der gesteinigt wurde, als er um 1066 hier das Christentum predigte.

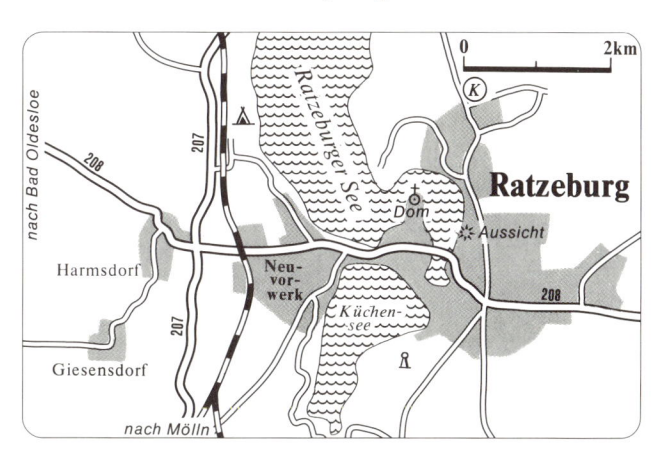

Ratzeburgs Dom ist das berühmteste Beispiel der Backsteinromanik

Anfahrt:
Von Lübeck B 207 (rund 20 km), von Hamburg entweder B 207 oder A 1 bis Abzweig Bad Oldesloe und ab hier B 208.

Auskunft:
Ratzeburg-Information, Schloßwiese 7, 23909 Ratzeburg, Tel.: 04541/8000 + 8081, Telefax: 04541/5327.

Öffnungszeiten:
Barlach-Museum außer Montag täglich 10–12 Uhr, 15–18 Uhr. Kreismuseum außer Montag täglich 10–13 Uhr, 14–17 Uhr. A. Paul Weber-Museum außer Montag täglich 10–13 Uhr, 14–17 Uhr.

Abstecher:
Zuerst nach dem nahen Mölln oder nach Lübeck. Vor allem aber auch in den in Ratzeburg beginnenden Naturpark Lauenburgische Seen mit Seedorf und seiner Kirche aus der Mitte des 13. Jahrhunderts.

Wo Eulenspiegel zu Hause war

Mölln ist an allen Seiten von Seen und Wäldern umgeben. Ein reizvoller Rahmen für den sehenswerten alten Markt.

Anfahrt:
Von Lübeck südwärts auf der B 207 (ca. 30 km). Von Hamburg auf der B 207 über Schwarzenbek (ca. 60 km).

Auskunft:
Kurverwaltung und Zentrale Zimmervermittlung, Hindenburgstraße, 23879 Mölln, Tel.: 0 45 42/70 90, Telefax: 0 45 42/8 86 56.

Öffnungszeiten:
Möllner Heimatmuseum (Vorgeschichte, bürgerlicher Wohnraum, Eulenspiegel-Museum im Sommer '95 Neueröffnung.

Eulenspiegel ist zur Visitenkarte der Stadt Mölln geworden, deren Name verrät, daß sie ein Ort der Mühlen war. Dieser Eulenspiegel ist, wie der Grabstein neben dem Westportal der Kirche angibt, schon 1350 hier an der Pest gestorben. So lange es auch her ist – die Stadt hat ihrem Schalksnarren ein Denkmal gesetzt und auch einen leibhaftig lebendigen »Eulenspiegel« in ihren Dienst gestellt.

Freilich hätte Mölln diese Werbefigur nicht einmal nötig, denn zwei Vorzüge (mindestens) sprechen für die Stadt: Sie grenzt so gut wie überall an Wald und Seen, so daß man aus der Stadt rasch in schönster Natur ist. Was denn auch dazu geführt hat, daß Mölln seit geraumer Zeit als Kneippkurort Ansehen gewinnt. Ein nicht minder großer Schatz für Mölln ist jedoch sein alter Markt. Über ihn ragt die Nikolai-Backsteinkirche empor, die in der zweiten Hälfte des 14. Jahrhunderts gebaut wurde. An sie schließen sich anheimelnde Fachwerkhäuser aus dem 16. Jahrhundert an, von denen eines aus dem Jahr 1582 künftig das Eulenspiegelmuseum beherbergt. Gegenüber rundet das Backsteinrathaus den Eindruck einer mittelalterlichen Kulisse ab: Es ist das einzige Rathaus Schleswig-Holsteins im Stil

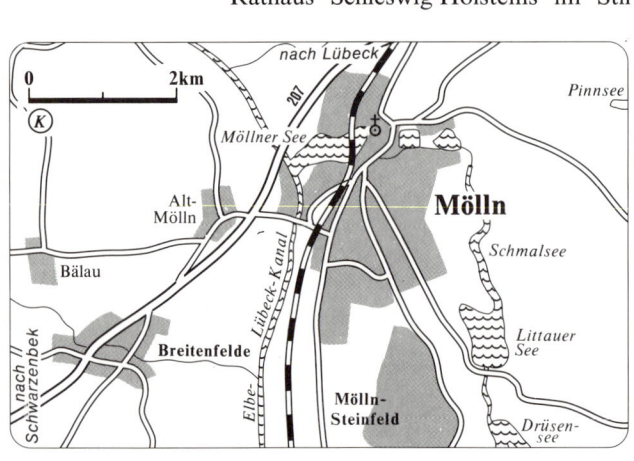

Möllns Wahrzeichen ist, wie könnte es anders sein, der Eulenspiegelbrunnen

der Gotik und entstand schon im 14. Jahrhundert. Bloß schade, daß die Möllner vor knapp 200 Jahren ihre Stadtmauer mit Türmen abrissen. Die Stadt wäre heute noch romantischer. Aber Eulenspiegel ist anscheinend dabei lebendig geblieben...

Südlich von Mölln bildet die Pinnau eine Kette von Seen – Schmalsee, Lüttauer See, Drüsensee –, die in den bis zur mecklenburgischen Grenze reichenden Naturpark Lauenburgische Seen führen. Zugleich beginnt, unweit des idyllischen Krebssees, das Hellbachtal, die naturschönste Strecke des Naturparks. Alles in allem umranden mehr als ein Dutzend Seen die Stadt Mölln und machen sie zum idealen Zentrum für ausgedehnte Ausflüge.

Natur und Historie im Sachsenwald

Als durch Bismarcks Politik 1871 das Deutsche Reich entstanden war, machte ihm der preußische König (und Kaiser) den 65 Quadratkilometer umfassenden Sachsenwald zum Geschenk. Hier baute sich Bismarck in Friedrichsruh das Haus, in dem er nach seiner Abdankung ab 1891 lebte, bis er 1898 starb. Das danach eingerichtete Museum ist bedauerlicherweise durch Fliegerbomben im letzten Krieg zerstört worden. Dennoch hat man inzwischen ein neues, bescheideneres Museum mit vielen Erinnerungsstücken eingerichtet. Besucher werden zugleich auch das nahe Mausoleum des Ehepaares Bismarck besichtigen, dessen Marmorsarkophage inzwischen wie geschichtliche Symbole wirken. In Friedrichsruh leben heute noch die Nachkommen der Familie Bismarck.

Der Sachsenwald ist uraltes Siedlungsgebiet. Insbesondere zu beiden Seiten des hier fließenden Flüßchens Bille finden sich vielerlei Grabstätten aus der jüngeren Stein- und aus der Bronzezeit. Von »Riesenbetten« spricht man dabei, weil die mächtigen Grabkammern daran erinnern. Übrigens lassen Gräber und Siedlungsreste vermuten, daß der Wald erst wuchs, als nach der Völkerwanderung das verlassene Gebiet zu veröden begann. Wer durch den Sachsenwald wandert, der wird in ihm besonders häufig auf sogenannte Schalensteine stoßen, die in der jüngeren Steinzeit als Opfersteine verwendet wurden. Reich ist der Sachsenwald auch an Wild. Der Wanderer kann insbesondere Schwarzwild sowohl in freier Wildbahn (wo es mit Vorsicht zu beachten ist) begegnen, wie es auch am Saugatter in der Umgebung des Jagdhauses Riesenbett und in dem Gehege von Aumühle zu beobachten ist. Neben Aumühle als besonders beliebtes Ziel wird auch die nördlich anschließende Stormarner Schweiz gern besucht. Hier erschließen sich dem Besucher ausgedehnte Wanderwege durch die herrliche Erholungslandschaft.

Weite Wälder und die Erinnerung an das Wirken Bismarcks verbinden sich mit Friedrichsruh und dem Sachsenwald.

Der Sachsenwald, einst Bismarcks Ruhesitz, heute Ausflugsziel

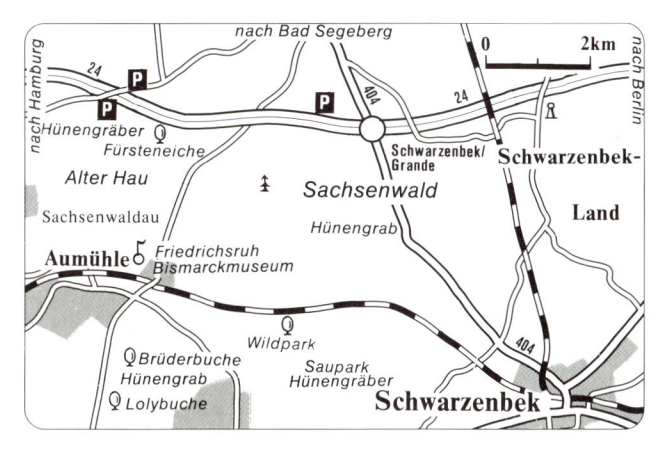

Anfahrt:
Von Hamburg aus entweder über die B 5 oder die Autobahn A 24. Aber auch Anfahrt über die A 1 in Richtung Lübeck mit Abzweigen in Ahrensburg oder Bargteheide (ab hier B 404). Nach Aumühle besteht ab Hamburg regelmäßiger S-Bahn-Verkehr.

Auskunft:
Gemeinde Aumühle, Bismarckallee 21, 21521 Aumühle, Tel.: 0 41 04/69 00, Telefax: 0 41 04/6 90 13.

Öffnungszeiten:
Bismarck-Museum im Sommer Mo. 14–18 Uhr, Di.–So. 9–18 Uhr; im Winter Mo. geschlossen, Di.–Fr. 9–16 Uhr, Sa. u. So. 10–16 Uhr.

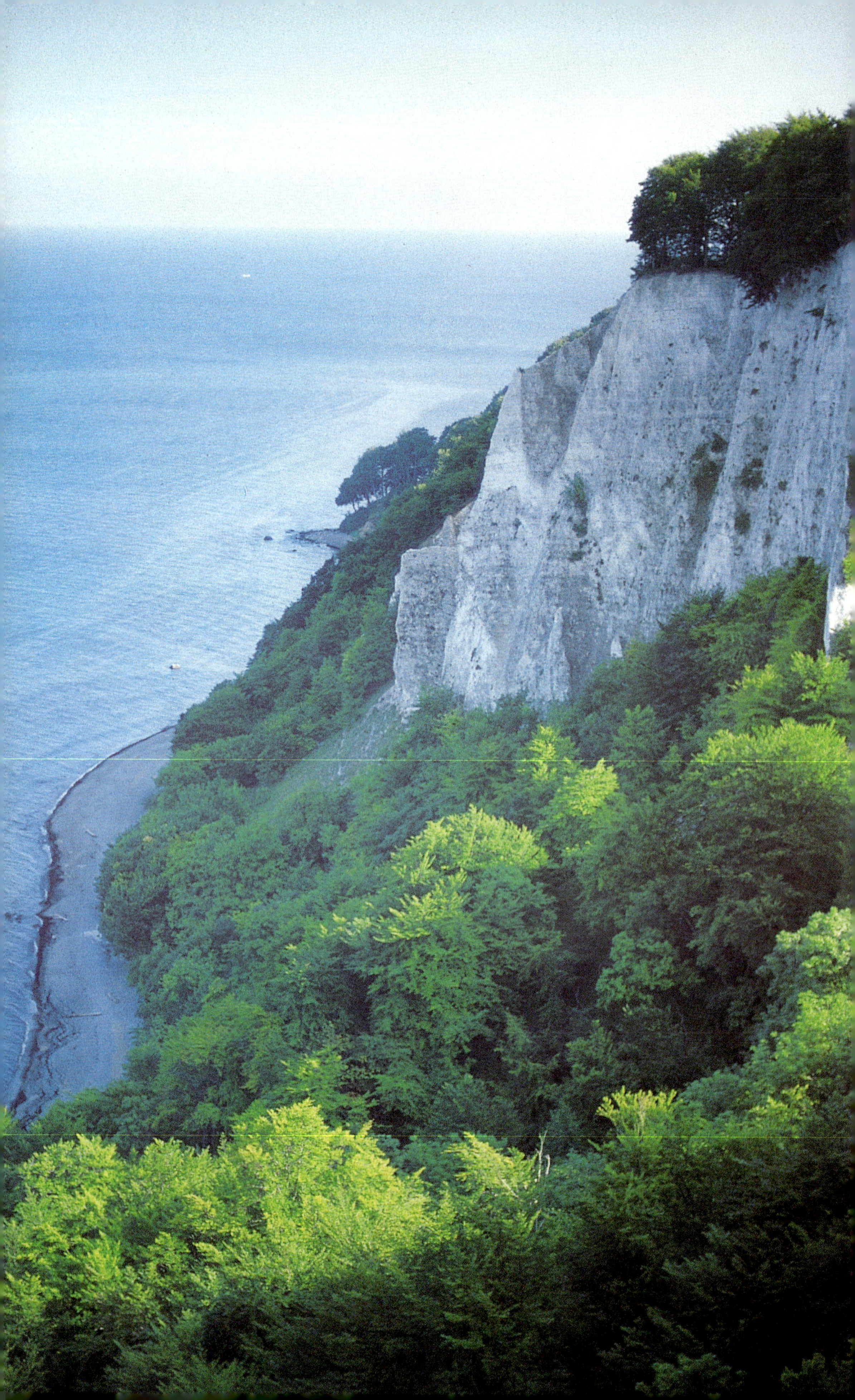

Mecklenburgische und Vorpommersche Ostseeküste

Felsen, Bodden und weiße Sandstrände

Diese Tour führt uns an einen der schönsten Küstenabschnitte der gesamten südlichen Ostseeküste. Die durch die letzte Eiszeit und die immerwährenden Gezeitenströme geschaffenen Bodden auf der Landseite der Halbinsel kontrastieren zu den herrlich weißen Sandstränden auf der dem Meer zugewandten Seite.

Die Boddenausgleichsküste ist geologisch gesehen noch sehr jung. Nach der letzten Eiszeit blieb hier ein Relief zurück, das dem heutigen Festland sehr ähnlich gewesen sein muß. Mit einem schnellen Anstieg des Weltmeeresspiegels begann vor etwa 8000 Jahren die Abtragung und Umformung dieser Erdmassen. Hochflächen wurden so zu Inseln, an denen fortan Material an der einen Stelle abgetragen und an anderer wieder angelagert wurde. So entstanden und entstehen auch heute noch steile Küstenabschnitte, die Kliffs, an denen erodiert, also abgetragen, wird und andere, an denen sich das Material wieder anlagert, die Nehrungen. Letztere zeichnen sich durch feine, weiße Sandwälle aus, die heute zum Beispiel die ehemaligen Inseln Darß und Zingst miteinander verbinden. Solche Prozesse werden Küstenausgleich genannt. Durch sie ist auch das Abschnüren der zwischen Inseln und Festlandsküste gelegenen Bodden bedingt. Erst im vorigen Jahrhundert kam es so zum Versanden des Prerow-Stromes.
Diese Dünenabschnitte und Feinsandbereiche bieten sich als ideale Badestrände an und werden auch auf vielfältige Art genutzt. Weit verbreitet sind Strandbereiche, wo FKK-Anhänger voll auf ihre Kosten kommen. Daneben sind diese Gebiete natürlich bei vielen Seglern und Surfern gleichermaßen beliebt.
Auch für ausgiebige Wanderungen, auf denen man manchmal stundenlang keinen Menschen trifft, sind besonders die Steilküstenabschnitte geeignet. Hier kommt man dann zu so interessanten Erscheinungen wie den Kreidefelsen auf der Insel Rügen, von denen die Stubbenkammer wohl der berühmteste Ort der Insel ist. Caspar David Fried-

Steil erheben sich die Kreidefelsen im Norden Rügens

Zwischen den Kliffabschnitten gibt es schöne Sandstrände

rich malte die steil ins Meer abfallende schneeweiße Kliffwand in der Nähe des Ortes Saßnitz. Diese Art von Malerei war es, die dem Anfang des 19. Jahrhunderts dort einsetzenden Tourismus entscheidende Impulse gab. Trotz des heute relativ starken Fremdenverkehrs kann der ruhesuchende Gast Gebiete finden, in denen, abseits des Tourismusrummels, in oft noch unverfälschter Natur Erholung möglich ist. Selbst auf Rügen gibt es Küstenstriche, an denen der Mensch noch eins mit der Natur zu sein scheint. Oder aber man fährt auf die fast autofreie Insel Hiddensee, auf der schon Gerhart Hauptmann Ruhe suchte und schließlich dort begraben wurde. Sein Grab entwickelte sich zu einem Hauptziel der Touristen. Jedoch auch die kulturhungrigen unter den Reisenden kommen in dieser Region auf ihre Kosten. Geschichtsträchtige Städte wie Rostock, die größte Hafenstadt Ostdeutschlands, oder Stralsund mit seinem einzigartigen Ensemble an wertvollen Baudenkmälern aus verschiedenen Stilepochen, vor allem der Backsteingotik, sind jederzeit einen Besuch wert.

Auskunft:
Rostock-Information,
Schnickmannstr. 13/14,
18055 Rostock,
Tel.: 03 81/4 59 08 60,
Telefax: 03 81/4 93 46 02.

Stralsund-Information,
Amt für Tourismus und Werbung,
Ossenreyerstr. 1/2,
18408 Stralsund,
Tel.: 0 38 31/25 22 51,
Telefax: 0 38 31/25 21 95.

Übersichtskarte Autotour und Sehenswürdigkeiten

Mecklenburgische und Vorpommersche Ostseeküste

Die Autotour

Zerlappte Halbinseln und weiße Sandstrände charakterisieren das wohl beliebteste Feriengebiet Ostdeutschlands. Aber nicht nur die beschauliche Atmosphäre der Badeorte auf Rügen und Hiddensee schlägt die Besucher in ihren Bann, auch die landschaftliche Schönheit des Hinterlandes ist eine Entdeckungsreise wert.

Gesamtlänge der Autorundreise: 380 km

❶ Tourenvorschlag Rostock
Ehemalige Hansestadt, kulturelles und wirtschaftliches Zentrum. Die Bedeutung vergangener Epochen spiegeln Marienkirche, Kröpeliner Tor und die »Rostocker Münze« wider, in der Kupfer-, Silber- und Goldmünzen geprägt wurden.

❷ Tourenvorschlag Halbinsel Zingst
Einzigartige Naturlandschaft, die erst 1872 durch Sandanschwemmungen bei einer schweren Sturmflut mit der Nachbarhalbinsel Darß zusammengewachsen ist.

❸ Tourenvorschlag Stralsund
Ehemalige Hansestadt am Strelasund. Die Altstadt steht unter Denkmalschutz und besitzt bedeutende Bauwerke aus verschiedenen Epochen.

❹ Tourenvorschlag Insel Hiddensee
Lange Zeit galt das idyllische Refugium von Dichtern und berühmten Künstlern als Geheimtip. Ein wahres Kleinod, dieses Eiland mit seinen Kliffen und Dünenheiden.

❺ Tourenvorschlag Rügen
Schon der bekannteste Maler der Romantik, Caspar David Friedrich, erlag dem Zauber, der von der wildzerklüfteten Steilküste ausging.

❻ Tourenvorschlag Greifswald
Universitätsstadt, kulturelles und wirtschaftliches Zentrum Vorpommerns. Der »kulturgeschichtliche Pfad« führt vorbei an den herausragenden Sehenswürdigkeiten der Stadt.

❼ Tourenvorschlag Anklam
Berühmtester Sohn der Stadt ist der Flugpionier Otto Lilienthal, dem ein Museum gewidmet ist. Zu den schönsten Ausstellungsstücken gehört ein Modell des Luftschiffes Minerva von 1807.

❽ Tourenvorschlag Demmin
Die mittelalterliche Stadtanlage liegt auf einer Sandbank im sogenannten »Dreistromland«. Hier vereinigen sich Peene, Trebel und Tollense.

Halbinsel Zingst: der Hafen von Wustrow

Weitere interessante Sehenswürdigkeiten entlang der Route

❶ Rostock-Warnemünde
Urkundlich 1195 erstmals erwähnt, wurde der Hafenort an der Warnowmündung 1323 von der Stadt Rostock erworben. Die günstige Lage sorgte für einen schnellen Aufstieg des ehemaligen Fischerdörfchens. Heute besitzt Warnemünde einen bedeutenden Fischerei- und Überseehafen. Daneben spielt der Fährverkehr nach Skandinavien eine wichtige Rolle.

❷ Ostseebad Dierhagen
Seebad am Saaler Bodden, das bereits 1311 urkundlich erwähnt wird. Das alte Ortszentrum liegt am Bodden, während Neuhaus, Strand und Dierhagen-Ost direkt an der Ostseeküste aufgereiht sind.

❸ Kliffranddüne bei Ahrenshoop
Der als Naturdenkmal ausgewiesene Küstenabschnitt liegt in Höhe des südlichen Ortsendes von Ahrenshoop-Althagen. Bis zu 18 Meter hoch ragen hier Grundmoränen und eiszeitliche Sande auf.

❹ Halbinsel Darß
Der Mittelteil der Halbinsel Fischland-Darß-Zingst ist ein ehemals fast unpassierbares Waldgebiet, das durch seine Urwüchsigkeit und seinen Wildreichtum besticht. Ein schier unerschöpflicher Badestrand bildet den Übergang zur offenen See.

❺ Vogelinseln Oie und Kirr
Die beiden im Barther Bodden gelegenen Eilande sind unberührte Landschaften und stehen unter Naturschutz. Viele vom Aussterben bedrohte Vogelarten haben hier ein geschütztes Refugium gefunden.

❻ Kap Arkona
Der nördlichste Punkt Ostdeutschlands ist ein weithin sichtbarer Kreidefelsen. Hier erhebt sich ein von Friedrich Schinkel entworfener Leuchtturm aus dem Jahre 1827. Ab 1902 diente ein neuer Turm als Wegweiser für die Schiffahrt.

❼ Schloß Ralswiek
Das im französischen Renaissancestil errichtete Schloß erhebt sich inmitten eines großzügig angelegten Landschaftsparks. 1891 wurde es von einem schottischen Grafen angelegt.

❽ Schloß Granitz
Auf dem 107 Meter hohen Tempelberg in den Höhen der Granitz steht das gleichnamige Jagdschloß. Vom 38 Meter hohen Aussichtsturm hat man einen beeindruckenden Blick auf die gesamte Insel Rügen. Der Weg zur Plattform führt über eine von Schinkel entworfene und im Innern des Turmes kühn angebrachte Eisenkonstruktion.

❾ Ostseebad Göhren
Hier ist der Endpunkt der letzten noch auf Rügen verkehrenden Schmalspureisenbahn, des »Rasenden Rolands«. Schon seit 1878 führt der schön gelegene Ort an der Ostküste der Insel die Bezeichnung Seebad.

❿ Garz
Das als ältester Ort Rügen geltende Garz ist der Geburtsort von Ernst Moritz Arndt (1769–1860). Das gleichnamige Museum informiert über Leben und Wirken des Dichters.

⓫ Kormorankolonie bei Niederhof
Der Bereich des ehemaligen Gutsparks bei Niederhof ist als Naturschutzgebiet ausgewiesen. Früher brüteten hier über 1000 Brutpaare dieser schlanken schwarzen Tauchvögel, heute nur noch etwa 150 Paare.

⓬ Grimmen
Die kleine Kreisstadt besitzt ein gotisches Rathaus aus dem 14. Jh. Beachtenswert ist der auf achteckigen Säulen ruhende Staffelgiebel und der barocke Turm. Das Chorgestühl der Kirche St. Marien stammt aus dem 16. Jh.

⓭ Schloß Ludwigsburg
Das bei Loissin liegende Renaissanceschloß entstand im 16. Jh. In der weiträumigen Hofanlage stehen mehrere aus dem 18. Jh. stammende Fachwerkhäuser. Sehenswert ist die in Teilen erhaltene barocke Parkanlage mit Baumalleen, Hecken und Rundtempel.

⓮ Loitz
Von der ehemals planmäßig in der Peeneniederung angelegten Siedlung sind noch Teile der ursprünglichen Befestigung erhalten. Die aus dem 14. Jh. stammende Kirche beherbergt in ihrem Innern eine kleine Heimatstube, die sich mit der Entwicklung der Stadt beschäftigt.

⓯ Bad Sülze
1907 wurde hier die seit dem frühen 13. Jh. betriebene Salzproduktion eingestellt. In der Stadt gibt es einige Gebäude, die noch heute Zeugnis ablegen von der Macht und der Bedeutung der ehemals größten Saline.

Geschichte und Kultur

Bilder der menschlichen Seele in Vorpommern

Welche Stadt blickt nicht stolz auf ihre Vergangenheit, welche hat nicht die lebendigen Zeugen einer Ahnengalerie parat?
Im Konzilsaal der Greifswalder Universität hängen die großen Köpfe, die den wissenschaftlichen Fortschritt in Vorpommern, und manchmal darüber hinaus, bestimmten: Chemiker, Physiker, Pharmazeuten, Botaniker, Zoologen, Mediziner.
Heinrich Rubenow, Bürgermeister und Jurist, hatte die Universität gerade gegründet, da wurde er von einem gedungenen Mörder erschlagen, weil er städtische Rechte nicht preiszugeben gewillt war. Ernst Moritz Arndt zog gegen die Unfreiheit im eigenen Land und gegen Napoleon zu Felde und mußte fliehen.
Dem abseits politischer Händel stehenden Künstlerkreis um Johann Gottfried Quistorp hätten Stadt und Land gewogener sein können. Als Baumeister hinterließ Quistorp einige klassizistische Bauten, als Zeichenlehrer entdeckte er früh die Begabung Runges und Friedrichs.
Caspar David Friedrich hat die ersten 20 Lebensjahre in Greifswald verbracht. Das Seifensiederhaus, in dem er als sechstes von zehn Kindern aufwuchs, brannte 1902 ab. Die Stadt richtete ihrem ersten Künstlersohn einen Raum im ehemaligen Zisterzienserkloster Eldena ein. Von diesem mächtigen Kulturdenkmal aus dem 13. Jh. würde heute kein Stein mehr stehen, hätte Friedrich sich nicht persönlich für die Erhaltung eingesetzt.
Nach dem Studium an der Kunstakademie in Kopenhagen ließ sich Friedrich in Dresden nieder. Dort lebte er vom Erlös seiner heimatlichen Landschaftsbilder. Nur zu Arbeitsbesuchen kehrte er in regelmäßigen Abständen nach Hause zurück Friedrich brauchte die weite pommerische Landschaft wie kein anderer. Er griff mit allen Sinnen nach ihren dramatischen Zuspitzungen. Wenn der Blitz einen Eichbaum traf, eilte er auf ihn zu und murmelte: »Wie groß, wie mächtig, wie herrlich!«. Er suchte die Standorte auf, die dem Naturgeschehen am nächsten waren. Er stürzte halsbrecherisch über Klippen, Steininseln, Grate und Einschnitte, um Naturzustände zu »besitzen«, die »totale Offenbarungen« boten. Er war vom Drama der Natur fasziniert, aber er malte die nachträgliche Stille: den Regenbogen, die sich glättende See, die Schleier über dem Sumpf, Sonnenaufgang und Sonnenuntergang, das Wandern des Mondes. Stille, Verweilen, Augenblick und Ewigkeit begriff er als Zeichen der Versöhnung, der Befriedigung – letztlich als Evolution der Natur.
In Friedrichs Bildern haben die Menschen, zumeist Stadtleute, tragende Funktionen. Sie schauen, dem Betrachter abgewandt, in die Landschaft, fragend, abwartend, suchend, staunend – so, als erwarteten sie von ihr Wahrheit, Zu-Sich-Finden, Sicherheit. Landschaften der Seele entsprachen gar nicht dem Zeitgeschmack. Wenige wußten damit etwas anzufangen, Kunstkenner mystifizierten sie, die Masse verstand sie nicht. In der Tat sind die Bilder bedachtsam voller Assoziationslücken.

Zerklüftete Felsen, bizarre Bäume, bekannte Motive Caspar David Friedrichs

Mecklenburgische und Vorpommersche Ostseeküste — Autotour ①

Rostock — Tor zur Ostsee

Die herausragende Stellung an der Warnowmündung haben Rostock auf den Wogen der Geschichte nicht nur getragen, die alte Hansestadt versank auch mehrfach oder triftete dahin.

Anfahrt:
Von Lübeck auf der B 104 und B 105. Von Hamburg über die Autobahn A 24 Richtung Berlin bis Wittstock, weiter auf der A 19. Von Berlin über die Autobahn A 10, A 24 und ab Wittstock A 19.

Auskunft:
Rostock-Information, Schnickmannstr. 13/14, 18055 Rostock, Tel.: 03 81/4 59 08 60, Telefax: 03 81/4 93 46 02.

Öffnungszeiten:
Mai–September
Mo.–Fr. 10–18 Uhr, Sa./So. 10–14.30 Uhr.
Oktober–April
Mo.–Fr. 10–17 Uhr, Sa. 10–14.30 Uhr.

Als ein Zentrum der Rüstungsindustrie wurde es schon im April 1942 zur Hälfte zerbombt und verlor die meisten Schätze seiner hanseatischen Baupracht. Die St. Marienkirche schräg gegenüber dem Rathaus ist unversehrt geblieben. Heute wirkt das gotische Bauwerk eher zierlich vor dem von Hochhäusern, Werftkranen und vorüberziehenden Schiffen beherrschten Stadtpanorama.

Schaut man mit des Küsters Erlaubnis von der Plattform des Kirchturmes, erfaßt der Rundumblick sogleich, daß Rostock aus alten Orten und neuen Stadtteilen zusammengewachsen ist. Nur zu Füßen der Kirche krümmen sich Reste der Altstadt: die schmucken Giebelhäuser im Wechsel der Baustile auf der Kröpeliner Straße bis hin zum Tor, der Universitätsplatz, das Kloster zum Heiligen Kranz. Aus der Vogelperspektive nimmt man die außergewöhnlich ausladende Kreuzform der Basilika wahr. Das mächtige Querschiff wurde um 1290, sechzig Jahre nach Baubeginn, in den architektonischen Körper eingefügt. Aus derselben Zeit stammt das älteste Ausstattungsstück, ein bronzenes Taufbecken von knapp drei Meter Höhe und einem Meter Durchmesser. Man sieht an solchen

Das Kröpeliner Tor stammt aus dem 13. Jh. und wurde im 14. Jh. aufgestockt

Ausmaßen, daß Täuflinge seinerzeit ein ganzes Tauchbad über sich ergehen lassen mußten. Das Gewirr von Figurengruppen auf der Gefäßwandung zeigte den neuen Erdenbürgern, welche christlichen Pflichten ihrer harrten.

Im Kapellenkranz ist seit 1472 eine astronomische Uhr aufgestellt, einst Orientierung für Handel und Schiffahrt, heute eine Attraktion für Schaulustige. Das Chronometer zeigt fast alle auf unserem Erdball vorkommenden meßbaren Zeiteinheiten.

Damit man sich auch in der Nacht zurechtfindet, ist das äußere Zifferblatt in 24 Stunden aufgeteilt. Die Monate erscheinen als Tierkreiszeichen, kreisrunde Fenster offenbaren die Mondphase.

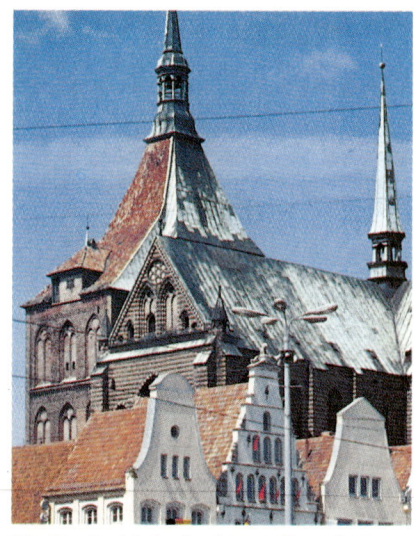

Die Marienkirche ist das größte erhaltene mittelalterliche Bauwerk der Stadt

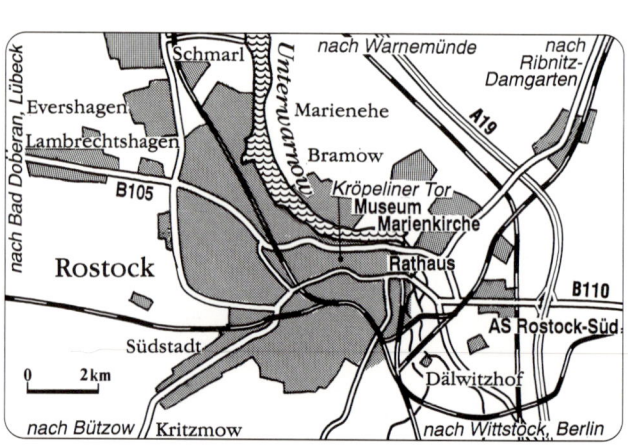

Fischland, Darß, Zingst – Baden und Natur

Wer weiß, ob die Halbinselgruppe heute ein Urlaubsparadies wäre, wenn nicht ausgangs des 14. Jahrunderts Rostock und Stralsund die Hafenanlagen von Ahrenshoop und Wustrow zerstört hätten.

Die Landzunge war ursprünglich eine dreiteilige Inselgruppe, die durch natürliche Versandung und Deichbau zusammengewachsen ist. Das Fischland reicht vom Permin bis zum Grenzgraben in Ahrenshoop, wo ehedem die mecklenburgisch-pommersche Grenze verlief.

Nicht alle Bodenwellen und Hügel, auf denen Wustrow ruht, sind natürlicher Art. Um den aufgeschütteten Kirchhügel, einem wendischen Schutzwall gegen Sturmfluten, ranken sich Mythen und Legenden. Wie Seismos die Insel Delos aus dem Meere hob, hat der wendische Gott Swantevit mit Hilfe eines Schimmels die Erhebung zustande gebracht.

Swante-Wustrow (= Heilige Insel) wurde später auf ganz Fischland bezogen. Wustrow hat trotz touristischer Öffnung vieles von seiner Urtümlichkeit bewahrt. Die Büdnerhäuser, deren Rohrdächer wie Pudelmützen über das Dach bis zu den Fenstern gestülpt sind, stehen in der Landschaft jurtendicht, als wolle das eine im Weidschatten des anderen hocken bleiben.

Nördlich des Grenzgrabens ragt der Darß spitz ins Meer. Sein Weststrand ist seit Jahrtausenden ein Kampfplatz der Elemente, jeder Meter eine andere Landschaft: flache wechseln mit steilen Abschnitten, sandige mit steinigen. Totes Holz, von der See umspült oder vom Sturm weggerissen in Massen. Jahr für Jahr frißt das Meer einige Meter des Sandes, trotz Dünenbegrenzung. Zwischen Strand und Waldesrand, der von bizarren Windflüchtern gesäumt wird, liegen kleine Binnenseen.

Im Darßer (Ur-)Wald dominiert die Kiefer. Heidekraut, Blaubeeren und Pilze ruhen zu ihren Füßen. Nirgendwo an der Ostsee ist der Strand breiter, der Sand feiner, als wenn man nach Prerow zugeht. Jenseits des Prerowstroms, der bis 1873 den Bodden mit dem offenen Meer verband, beginnt der Zingst. Auf den beiden unter Schutz gestellten Inseln Groß Kirr und Oie brüten seltene Vogelarten.

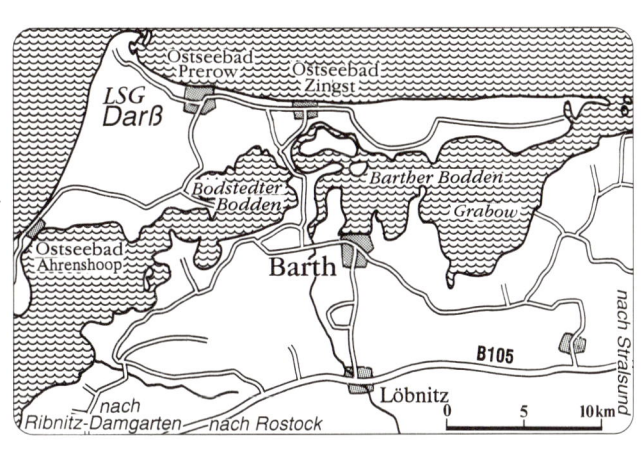

An einsamen Strandabschnitten läßt sich ein Sonnenuntergang am besten genießen

Anfahrt:
Von Rostock auf der B 105 bis Ribnitz-Damgarten und dann weiter auf Nebenstrecken. Von Stralsund auf der B 105 bis Löbnitz und dann weiter auf Nebenstrecken nach Barth.

Auskunft:
Kurverwaltung Zingst,
Klosterstr. 21,
18374 Zingst,
Tel.: 038232/231,
Telefax: 038232/633.

Öffnungszeiten:
1. Mai–20. Oktober
Mo.–Fr. 8–18 Uhr,
Sa. 10–12 Uhr, 14–17 Uhr. 21. Oktober–30. April Mo.–Fr. 10–16 Uhr.

Mecklenburgische und Vorpommersche Ostseeküste — Autotour ③

Reiche Stadt am Strelasund

Stralsund glich früher eher einer Festungsinsel denn einer Stadt. Nach dem Zweiten Weltkrieg hat sie sich ausgedehnt und zu einer modernen Industriestadt entwickelt.

Anfahrt:
Stralsund ist zu erreichen von Greifswald über die B 96, von Demmin auf der B 194 und von Rostock auf der B 105; Bahnanschluß.

Auskunft:
Stralsund-Information, Amt für Tourismus und Werbung, Ossenreyerstr. 1/2, 18408 Stralsund, Tel.: 03831/252251 Telefax: 03831/252195.

Öffnungszeiten:
Mai–Sept. Mo.–Fr. 9–18.30 Uhr, Sa., So. 9–13 Uhr, Okt.–April, Mo.–Fr. 10–17 Uhr, Sa. 10–13 Uhr.

Vom Strelasund und Seen (fast) umschlossen, von überdimensionalen Wällen und Mauern umgürtet, hat es sich gegen hanseatische oder fürstliche Begehrlichkeiten mannhaft gewehrt. Doch in Abständen ist es immer wieder abgebrannt, weil es sich vor lauter Befestigungen vom Löschwasser abgeschnitten hatte.

Im Wandel der Baustile säumten die mittelalterlichen Straßenzüge mehr und mehr Backsteinhäuser. 600 stehen noch heute auf engstem Raum unter Denkmalschutz. Von den Festungswerken, die im 19. Jahrhundert geschleift wurden, hat man hinter dem Kampischen Hof einige Reste wiederhergestellt: Mauern mit Wehrgängen, Schießscharten, Pechnasen, sogar ein Wiekhaus, in dem man Kaffee und Wein trinkt. Von elf stolzen Toren sind die weniger imposanten, das Kniepertor und das Kütertor, erhalten worden. Vor dem Tor wurde die Kunst buchstäblich aus dem Sumpf gezogen. Ein Theater ruht auf dem Fundament von 800 Eichenpfählen.

Auf dem Marktplatz prangt das spätgotische Rathaus. Die komplexe Grundrißbebauung verrät, daß es Regierungs- und Handelszentrum in einem war. Zwei Langhäuser sind mit Quergebäuden zu einem Rechteck gefügt, so daß ein langgestreckter Innenhof entsteht. Um den Innenhof zieht sich eine von Säulen getragene (1680 nachgebaute)

Blick von der Marienkirche über Stralsund hinüber nach Rügen

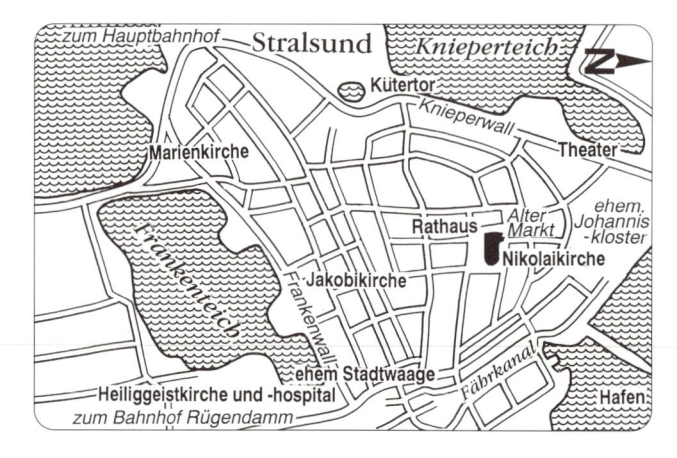

barocke Galerie. Der heutige Besucher kann das Bauwerk unterwandern, ohne die Innenräume betreten zu müssen. Den Kaufleuten früher boten die Bögen und Gewölbe sichere Zwischenlager für ihre Waren.

Nach außen ist der Funktionalbau ganz Repräsentation. Die gegliederte Flächigkeit der auf Schau gestellten Vorderfront verfehlt nie ihre Wirkung: Die Türmchen und Giebel ragen in den Himmel, als wollten sie die Wolken kitzeln, die Sternblumen spiegeln sich im Licht; Säulengewände und Rippen bringen virtuose Formen zustande.

Hiddensee, das Sylt der Ostsee

Der verkürzten Legende nach ist zur Zeit der Missionierung die Habgier eines Fischweibs mit der Abtrennung ihres Besitzes vom Festland bestraft worden.
Die Natur hat das Eiland in zwei Teile gegliedert. Im Norden haben Stauchmoränen den bis zu 72 Meter aus dem Meer ragenden Dornbusch zusammengeschoben. Die südliche Dünenlandschaft entstand durch Ablagerung von Sandwällen. An einigen Stellen trennen Bodden und Meer nur 125 Meter.

Hiddensee bildet einen 17 Kilometer langen Wellenbrecher vor der Westküste der Insel Rügen. Es soll mit ihr wie auch mit dem Zingst verbunden gewesen, sodann durch Sturmflut getrennt worden sein.

Anfahrt:
Die Insel ist von Stralsund oder Schaprode (Rügen) aus mit der Fähre zu erreichen.

Auskunft:
Tourist-Information, Nordende 162, 18565 Vitte/Insel Hiddensee,
Tel.: 03 83 00/ 6 42 26/27/28, Telefax: 03 83 00/6 42 25.

Öffnungszeiten:
Mo.–Fr. 8–12 Uhr und 12.30–17 Uhr.

Sanft gewellt und grün – so zeigen sich weite Teile Hiddensees

Vom Bakenberg aus, wo der Leuchtturm steht, gewinnt man die beste Aussicht: westwärts nur die schäumende Flut des Meeres; die nahe gelegene dänische Insel Möen malt einen weißen Strich auf den Horizont; ostwärts die Bodden und das vielgestaltige Rügen. Im Süden sieht man die Türme von Stralsund und Barth. Am Standort selbst fällt das Ufer voller Schluchten und Einschnitte schroff ab. Die See zischt über die Steinbarriere und züngelt Meter für Meter an der Steilküste. Auf dem Inselland senken sich wellenweise Weidekoppeln bis zur Nordspitze. Der Badestrand ist dort sandig und weniger windanfällig, weil von Dünen geschützt.
Der geschlossene Waldbestand um Kloster wurde im Dreißigjährigen Krieg vernichtet. Kleinere Nachforstungen und viel wilder Ginster bedecken die Hügelkette. Kloster ist ein günstiger Anlandeplatz. Der Ort hat seit Beginn des deutschen Bäderbetriebes viele Künstler angezogen. Der prominenteste ist gewiß Gerhart Hauptmann, der im Haus »Seedorn« eine Bleibe fand. Die Wohn- und Arbeitsstätte ist vollständig original bewahrt. Jedermann kann sich überzeugen, daß Hauptmanns minutiöse Darstellungsweise der peinlichen Ordnung im Arbeitszimmer durchaus entspricht.
Südwärts über Vitte, Neuendorf bis zur Luchte flacht das Land zur lagunenartigen Dünenheide ab, bis es ganz Wiesen- und Sandebene wird.

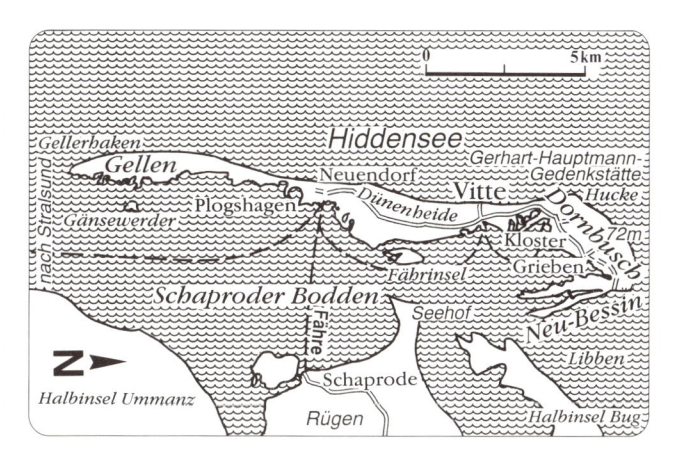

Rügen, weiße Kliffs und feiner Sand

Tausende von Urlaubern, die jährlich Damm und Zugbrücke über den Sund passieren, um Deutschlands größte Ostseeinsel zu erreichen, haben gewöhnlich einen der begehrten Badeorte zum Ziel.

Anfahrt:
Von Stralsund auf der B 96 über den Strelasund nach Rügen; Bahnanschluß bis Saßnitz.

Auskunft:
Stralsund-Information, Amt für Tourismus und Werbung, Ossenreyerstr. 1/2, 18408 Stralsund, Tel.: 0 38 31/25 22 51, Telefax: 0 38 31/25 21 95.

Öffnungszeiten:
Mai–Sept. Mo.–Fr. 9–18.30 Uhr, Sa., So. 9–13 Uhr, Okt.–April, Mo.–Fr. 10–17 Uhr, Sa. 10–13 Uhr.

Schon Caspar David Friedrich malte Rügens Kreidefelsen

bei Garz, Poseritz und Dreschvitz frei. Binnenseen – wie der Schwarze See im Granitzer Ort – entstanden aus zugeschütteten Eisblöcken, die langsam abgeschmolzen und so Vertiefungen bildeten, die später mit Wasser aufgefüllt wurden. Findlingsblöcke blieben liegen, wo der Eisdruck die Gesteinsmassen nicht mehr fortbewegen konnte. Die Ablagerungen von Feuerstein auf der Schmalen Heide ermunterten unsere Vorfahren zu ersten Produktionsstätten menschlicher Zivilisation.

Schönes Wetter, ein sandiger Strand, halbwegs sauberes Wasser – Herz, was willst du mehr?
Rügen bietet zu jeder Zeit mehr als das: Umschlossen von 573 Kilometer Küste, Grundmoränen bilden fruchtbare Ebenen, Stauch- und Endmoränen hinterließen Wälle und Hügel auf der Halbinsel Mönchgut. Abfließende Schmelzwasser gaben während der Mitte der letzten Eiszeit die Wallberge

Die rügenschen Wahrzeichen an den nördlichen Spitzen Arkona und Stubbenkammer verkünden weithin sichtbar, daß die Insel hier auf Kreide »gebaut« ist. Vor 100 Millionen Jahren war das Gebiet von Norwegen bis zum Alpenrand von einem Kreidemeer überflutet. 99 Millionen Jahre vergingen, ehe sich skandinavische Eismassen darüberschoben und tektonische Bewegungen die Kreidetafeln zerbrachen. Eisdruck brauchte nur mehr die Bruchschollen schräg nach oben zu stellen und schon hatte Mutter Natur Gebilde modelliert, die auf künstlerische Verklärung warteten. Von hier herab »Schaut glanzberauscht das Auge in die Unendlichkeit« (Kosegarten). Mehr noch wurde die »unendliche Landschaft« gemalt. Hackert, Runge und Menzel haben es versucht, Caspar David Friedrich hat es gekonnt. Seine Menschen stehen staunend vor solcher Weltschöpfung – wie am ersten Tag! Friedrichs Intention ist auf die geographische Vielgestaltigkeit der ganzen Insel übertragbar.

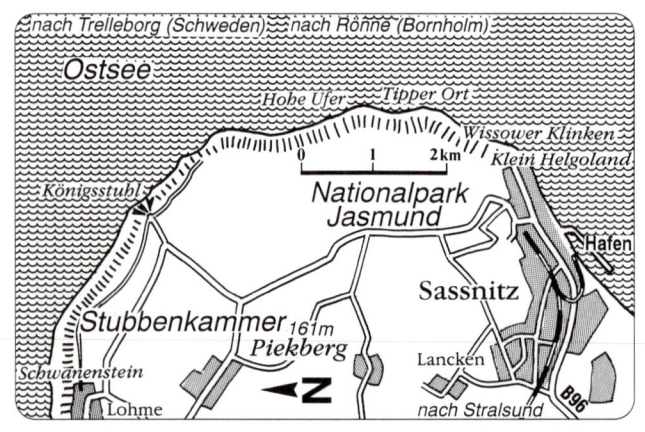

Autotour (6) Mecklenburgische und Vorpommersche Ostseeküste

Greifswald, Gang durch die historische Altstadt

Das ovale Rund des alten Stadtkerns war umgeben von Mauern, Wällen, Gräben, Türmen und Toren, deren Überreste noch zu besichtigen sind. An der nördlichen Längsachse bot zusätzlich die Ryckmündung Schutz.

Das historische Greifswald wird flankiert von Marien- und Jakobikirche. St. Marien ist eine schlichte frühgotische Backsteinhalle (erbaut um 1250) mit angefügtem strengem Ostgiebel. Ganz ohne Chor entsprach sie dem frühen stadtbürgerlichen Glaubensbekenntnis, daß zwischen Gemeinde und Priesterschaft weder lokale noch geistige Distanz herrschen sollte.

Folgt der Besucher dem kulturhistorischen Lehrpfad, wird er an zahlreichen Punkten auf die 1456 gegründete Universität treffen. Das Hauptgebäude, ein um 1750 erweiterter Barockbau mit breitgezogener, streng symmetrischer Fassade, prangt in der Domstraße. Hier lernten und lehrten Ulrich von Hutten, Ernst Moritz Arndt, Friedrich Ludwig Jahn sowie eine Reihe bedeutender Naturforscher aus dem 19. Jahrhundert. Die Universität hat der Stadt immer eine besondere Atmosphäre verliehen. Alt-Greifswald blieb ein »reizendes Nest«, in dem Kleinstadt und Gelehrtenwelt gut miteinander auskamen, der Natur- dem Bildungsraum stets genügte, weil die Welt auf vielen Wissenschaftsgebieten erfinderisch hereingeholt wurde.

Greifswald war eine blühende Hansestadt. Vom ertragreichen Handel mit Salz, Fisch, Getreide, Holz und Erz zeugen die stattlichen Wohnspeicherhäuser der Kaufleute im Umkreis des Rathauses. Die Giebel, an der Vorderfront reich verziert, die Rückseite vorwiegend als Fachwerk, reichen von der frühen Gotik bis zum späten Barock. Der Treppenpfeilergiebel aus vorzugsweise glasierten Back- und Formsteinen (im Haus, Platz d. Freundschaft Nr. 11) erhebt sich über sechs Giebelgeschosse ein Maßwerk aus Spikbogenblenden und bekrönten Pfeilern.

Greifswald ist nicht, wie die meisten Ostseestädte, aus einer slawischen Siedlung, sondern aus einem Kloster hervorgegangen.

Anfahrt:
B 96 von Stralsund und aus Richtung Süden von Neubrandenburg, B 109 von Anklam; Bahnanschluß.

Auskunft:
Fremdenverkehrsverein der Hansestadt Greifswald und Land, Schuhhagen 22, 17489 Greifswald, Tel.: 0 38 34/34 60, Telefax: 0 38 34/37 88.

Öffnungszeiten:
Mo.–Fr. 8–12 Uhr und 12.30–17 Uhr.

Zentrum der historischen Altstadt ist der Markt

Lilienthalstadt Anklam — ehemalige Hansestadt

Die Stadt, unweit der Peenemündung, liegt in einem seit dem Mittelalter hauptsächlich landwirtschaftlich genutzten Gebiet, am Rande mooriger Niederungen. Sie wurde im 13. Jahrhundert gegründet.

Anfahrt:
Von Neubrandenburg auf der B 197, B 109 von Greifswald, auf der B 110 von Demmin; Bahnanschluß.

Auskunft:
Anklam-Information, Kleiner Wall 11, 17389 Anklam, Tel.: 0 39 71/21 05 41.

Öffnungszeiten:
Lilienthalmuseum Di.–Fr. 9–16 Uhr, So. 14–17 Uhr, von Mai bis Okt. auch Sa. von 14–17 Uhr.

Der neugestaltete Marktplatz der ehemaligen Hansestadt Anklam

Daß hier keine großen Sprünge zu machen waren, bekam Otto von Lilienthal von Kindesbeinen an zu spüren. Er und sein jüngerer Bruder Gustav beobachteten auf den Wiesen vor der Stadt die mühelosen Segelversuche der Störche, Bussarde und Möwen. Sie meinten, daß die Menschen es ihnen nachtun müßten.
Vierzehn- und zwölfjährig, bauten die Brüder 1862 ihren ersten Flugapparat, einen vier Meter langen Spannflügel aus Kiefernleisten, Buchenspanbrettchen und Leinwand. Mit knurrendem Magen, dazu noch den Spott ihrer Schulkameraden gewärtig, übten sie nachts Gleit- und Ruderflugversuche, doch erfolglos!
Völlig mittellos mußte Otto das Anklamer Gymnasium verlassen und in die Gewerbeschule nach Potsdam wechseln.
1867 entwickelte Otto von Lilienthal einen vorwiegend aus Gänsefedern bestehenden Schlagflügelmechanismus, der durch die Kraft der Beine bewegt werden mußte. Der meßbare Auftrieb ging beim Aufschlag wieder verloren. Lilienthal merkte zudem bald, daß Schwingflugmodelle im freien Flug nicht sicher zu stabilisieren seien, so daß Abstürze bei zunehmender Höhe lebensgefährlich werden konnten. Aber der Nachweis war erbracht, daß der Mensch sich mit eigener Kraft in der Luft halten konnte.
In den folgenden Jahren gelang der berufliche Aufstieg. Die erwirtschafteten Mittel setzte Lilienthal für systematische Gleitflugversuche ein. Der patentierte Bau eines steuerungsfähigen Eindeckers, der weltweit Verbreitung fand, erlaubte Flüge bis zu 300 Metern weit. Gleichzeitig arbeitete Lilienthal an der Entwicklung eines Doppeldeckers.
Bei der Erprobung seines ersten Motorflugapparats fand Lilienthal 1896 auf den Rhinower Höhen den Tod.
Wie er den Traum vom Fliegen verwirklichte, ist im Lilienthalmuseum, Ellbogenstraße 1 a zu besichtigen.

Autotour ⑧　　　　　　　　　　　　　Mecklenburgische und Vorpommersche Ostseeküste

Stadt im »Dreistromland« – Demmin

Schon im Jahre 1170 beschreibt der Chronist Adam von Bremen »Dymin« als einen bedeutenden Ort in Liutizenland. Ausschlaggebend für die Bedeutung des bereits 1249 mit Lübecker Stadtrechten verliehenen Demmins war die strategisch günstige Lage.
Der Ort wurde im Schnittpunkt damals wichtiger bekannter Handelswege und an einem für die Überquerung des feuchten und vermoorten Tales günstigen Punkt gegründet. Auf einer Sandscholle inmitten des Zusammenflusses der drei genannten Flüsse erhebt sich nur wenig über dem Wasserspiegel die geschichtsträchtige Kreisstadt. Die von der Silhouette der Pfarrkirche St. Bartholomäi geprägte Stadt zählte seit spätestens 1358 zu den Hansestädten. Im selben Jahrhundert entstand die im gotischen Stil errichtete Backstein-Hallenkirche. Kennzeichen des dreischiffigen mit Kreuzgewölben versehenen Baus sind zwei an den Seiten befindliche Kapellen. Der obere Turmteil,

Am Zusammenfluß von Trebel, Tollense und Peene liegt im Tiefland Mecklenburg-Vorpommerns das kleine Landstädtchen.

Mühltor, Greifswalder Tor, das Luisentor wird als Jugendherberge genutzt.
Bei einem Stadtrundgang erreicht man den mitten im Zentrum angelegten Park »Marienhain«.
Am Hafen stehen noch mehrere Speichergebäude, die einen Eindruck von der Bedeutung Demmins als Umschlagplatz landwirtschaftlicher Erzeugnisse Mecklenburg-Vorpommerns vermitteln.

Anfahrt:
Demmin liegt im Kreuzungspunkt der B 110 und 194, Haltepunkt an der Bahnstrecke Berlin – Stralsund.

Auskunft:
Stadtinformation Demmin, Am Markt 23, 17109 Demmin, Tel.: 03998/225031, Telefax: 03998/223134.

Öffnungszeiten:
Mo. Mi. Do. 9–12 Uhr, 14–16.30 Uhr, Di. 9–12 Uhr, 14–17.45 Uhr, Fr. 9–12 Uhr.

Saftiggrüne Wiesen charakterisieren das Land um Demmin

1853 bis 1854 errichtet, entspricht dem neugotischen Baustil.
Die günstige Lage am Übergang durch das Sumpfgebiet erwies sich nicht immer als Vorteil. Mehrere Kriege führten immer wieder zu Zerstörungen des Ortes. Besonders die Kriege des 17. und 18. Jahrhunderts sorgten dafür, daß Demmin ruiniert war und Konkurs anmelden mußte.
Von den Befestigungsanlagen, die die Stadt ursprünglich schützten, sind heute lediglich Teile der Stadtmauer und der Pulverturm erhalten. Daneben existieren nicht mehr das Stralsunder Tor,

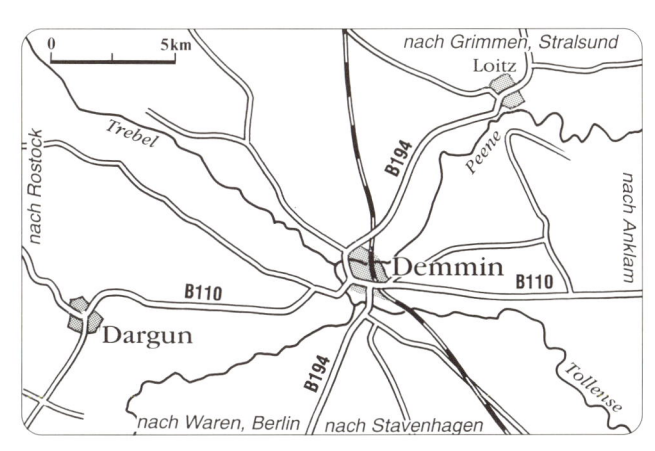

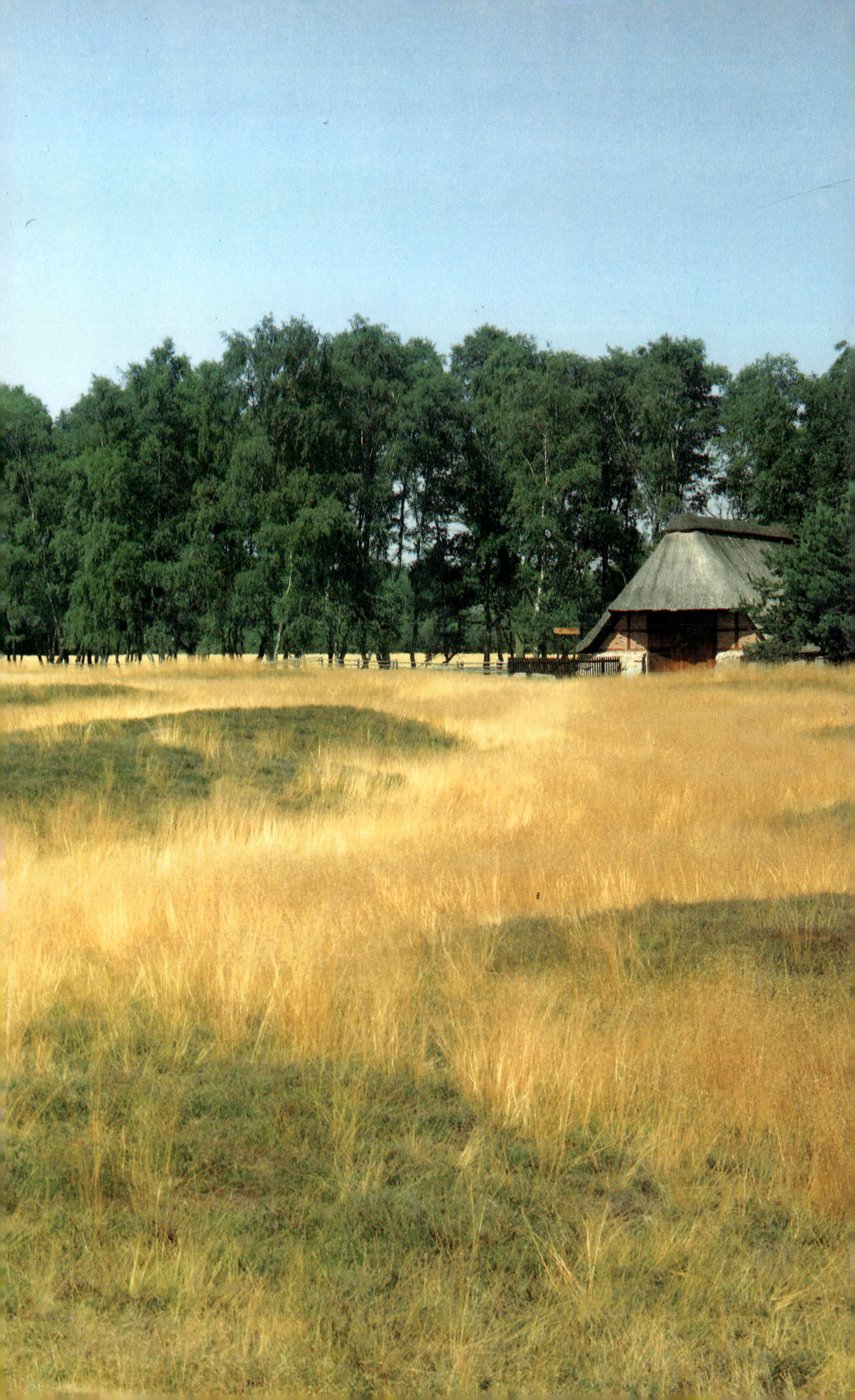

Zwischen Ems und Weser — Moore, Hügel, Heide

Die Weite des Nordwestdeutschen Tieflands mag auf den ersten Blick einen Eindruck von Eintönigkeit vermitteln. Das ist jedoch weit gefehlt, denn Moränenhügel, Heiden und Seen sorgen für willkommene Abwechslung. Und dann sind da noch die zahlreichen sehenswerten und geschichtsträchtigen Städte.

Was hinter den Deichen Ostfrieslands beginnt, setzt sich in diesem Ausflugsgebiet nach Süden fort: die weite Landschaft des niedersächsischen Nordwestens zwischen Ems und Weser. Durch die Ausbuchtung der Grenze dieses Bundeslandes im südlichen Emsland nach Westen und das weite Ausholen des Weserlaufes nach Osten zwischen Bremen und Nienburg verbreitert sich dieser Teil des Weser-Ems-Gebietes stellenweise auf über 150 Kilometer, während wir in Nord-Süd-Richtung vom Küstenkanal bis an die Landesgrenze zwischen Niedersachsen und Nordrhein-Westfalen (ohne deren Osnabrücker Südzipfel) rund 75 Kilometer messen.

Ganz im Gegensatz zum nördlichen Teil des nordwestdeutschen Tieflands, wo Großstädte wie Oldenburg als Sitz des Regierungsbezirkes Weser-Ems und Wilhelmshaven als Marine- und Ölhafen Bebauungsschwerpunkte setzen, beherrscht in diesem Gebiet nur eine Vielzahl von mittelgroßen Städten die Landschaft, wenn man von Delmenhorst als Ausläufer des Bremer Großraumes einmal absieht. Aus den flachen Geestplatten um Delmenhorst und um Wildeshausen mit der Ahlhorner Heide gehen die Oberflächenformen hier stellenweise auch zu leichten Höhenzügen über, die beispielsweise im Hümmling mit dem Windberg 73 Meter und – weiter südlich – in den Ankumer Bergen bereits über 100 Meter sowie schließlich in den Dammer Bergen mit dem Signalberg sogar 145 Meter erreichen.

Einige dieser Landschaften und Höhen wurden wegen ihrer Schönheit und Unberührtheit als Naturparks ausgewiesen. Der erste, den wir in diesem Kapitel vorstellen möchten, ist der Naturpark Dümmer, der den Namen des in dieser Region größten Sees trägt. Hier handelt es sich um ein ideales Segelparadies und schützenswertes Naturreservat gleichermaßen.

Ein weiterer Park ist der Naturpark Wildeshauser Geest, der sich beiderseits der Autobahn Hansalinie zwischen Oldenburg, Bremen und Vechta erstreckt.

Zu den Sehenswürdigkeiten dieses südlichsten Teils des Gebietes zwischen Ems und Weser zählen neben der landschaftlichen Schönheit und einigen bemerkenswerten Museen – darunter die Museumseisenbahn von Bruchhausen-Vilsen und das Museumsdorf Cloppenburg – vor allem auch eine große Zahl von vorgeschichtlichen Steingräbern, die unsere Vorfahren aus Findlingsblöcken errichteten.

Weitere Höhepunkte auf dieser Route sind die altehrwürdige Hansestadt Bremen mit ihren charakteristischen Wahrzeichen sowie ein Besuch der Künstlerkolonie im Moor bei Worpswede. Über birkengesäumte Straßen erreicht man von Bremen aus das heutige »Weltdorf der Kunst«.

Das Nordwestdeutsche Tiefland wird von Kanälen durchzogen

Die Geest ist seit jeher besiedelt. Die Pestruper Gräber beweisen es

Auskunft:
Fremdenverkehrsverein Nordsee – Niedersachsen-Bremen – e. V., Bahnhofstr. 19–20, 26104 Oldenburg, Tel.: 0441/92 17 10, Telefax: 0441/9 21 71 90.

Öffnungszeiten:
Mo.–Do. 8–17 Uhr, Fr. 8–16 Uhr.

Übersichtskarte Autotour und Sehenswürdigkeiten

Bremen, Emsland

Die schönsten Ausflugsziele auf einen Blick

Die Autotour

Die Menschen aus der Steinzeit haben mit ihren Hünengräbern Zeugnisse ihrer frühen Anwesenheit hinterlassen; in sicherem Abstand zum bedrohlichen Meer besiedelten sie schon vor 2 Millionen Jahren diese Gegend. Heute lebt hier, wer die Beschaulichkeit und Herbheit abgelegener Landstriche sucht.

Gesamtlänge der Autorundreise: 470 km

❶ Tourenvorschlag Bremen
Die Stadt ist voller Sehenswürdigkeiten – vom Rathaus und dem Marktplatz mit dem berühmten Roland über die Böttcherstraße bis hin zu bedeutenden Museen.

❷ Tourenvorschlag Bad Zwischenahn
Der beliebte Kurort weist neben den Kuranlagen und Sporteinrichtungen auch einige Sehenswürdigkeiten auf, so unter anderem das älteste deutsche Freilichtmuseum »Ammerländer Bauernhaus«.

❸ Tourenvorschlag Leer
Hauptsehenswürdigkeit der Stadt an dem Flüßchen Leda sind das Rathaus mit einem Glockenspiel, sehr schöne Bürgerhäuser am Hafen (Waage, Samson) und das Heimatmuseum.

❹ Tourenvorschlag Papenburg
Kilometerlang an Schiffskanälen entlangziehende Straßen prägen das Bild dieser größten deutschen Fehnkolonie (Moorkultivierung).

❺ Tourenvorschlag Sögel
Am Ostrand des Ortes liegt Schloß Clemenswerth, das 1737–50 als Jagdschloß für den Kurfürsten errichtet wurde.

❻ Tourenvorschlag Bersenbrücker Land
Landschaft im Norden von Osnabrück; westlich geht das Bersenbrücker Land in die Ankumer Berge, im Osten in das Gebiet des Naturparks Dümmer über.

❼ Tourenvorschlag Cloppenburg
Das Städtchen ist vor allem wegen seines Museumsdorfes berühmt; das Freilichtmuseum verfügt unter anderem über 50 Originalgebäude des niederdeutschen und ostfriesischen Haustyps.

❽ Tourenvorschlag Dümmer See
Mit 18 Quadratkilometern ist er einer der größten norddeutschen Binnenseen; er wird von der Hunte durchflossen und liegt im gleichnamigen Naturpark südlich von Diepholz.

❾ Tourenvorschlag Wildeshausen
Die kleine Stadt an der Hunte weist eine große gotische Kirche aus dem 14. Jahrhundert sowie ein sehenswertes Rathaus (am Marktplatz) auf. Die Wildeshauser Geest ist ein beliebtes Ausflugsziel.

❿ Tourenvorschlag Asendorf
Museumseisenbahn des Deutschen Eisenbahnvereins mit wertvollen historischen Fahrzeugen.

⓫ Tourenvorschlag Verden
Verden ist als »Pferdestadt« bekannt, darüber hinaus gehört es aber auch zu den Städten, die ihr mittelalterliches Gesicht weithin bewahren konnten.

⓬ Tourenvorschlag Worpswede
Das Dorf verdankt seinen großartigen, weit über deutsche Grenzen verbreiteten Ruf einer ganzen Reihe namhafter Künstler.

Das Schnoorviertel in Bremen

Weitere interessante Sehenswürdigkeiten entlang der Route

❶ Hude
Die Ruine der 1232 erbauten Zisterzienserklosterkirche ist ein eindrucksvolles Backsteinmonument der Frühgotik und gibt ein Zeugnis mittelalterlicher Ordensbaukunst.

❷ Oldenburg
Die ehemalige großherzogliche Residenz ist voller sehenswerter Bauten und Museen; zum Beispiel die evangelische Pfarrkirche St. Lamberti, das herzogliche Schloß, die St.-Gertruden-Kapelle und das Stadtmuseum.

❸ Westerstede-Ocholt
Lohnend ist ein Besuch der alten Howieker Wassermühle mit dem Ammerländer Fachwerkhaus und einer bekannten Freilichtbühne.

❹ Edewecht-Westerscheps
Hauptattraktion ist das Freilichtmuseum »Tollhus up'n Wurnbarg«; an der Hauptstraße befindet sich das ehemalige Zollhaus mit bäuerlichen Nebenbauten und Einrichtungen.

❺ Detern-Stickhausen
Im Museum der Burg Stickhausen befinden sich Ausstellungsstücke zur Naturkunde und Kulturgeschichte sowie zur Vogelkunde des Ortes und der Umgebung; Vogeleiersammlung.

❻ Weener
Ausstellungen zur Vor- und Kulturgeschichte sowie zur Volkskunde des Rheiderlandes befinden sich im Grenzlandmuseum Rheiderland (Neue Straße). Zu bewundern sind ein gotischer Schnitzaltar und antike Waffen.

❼ Rhauderfehn
Fehn- und Schiffahrtsmuseum für Ostfriesland und das Saterland: Sammlungen zur Fehn- und Moorbesiedlung, zur Kultur der »Fehntjer« sowie der Schiffahrt.

Bremen, Emsland

❽ Surwold
Im Waldmuseum im Erholungsgebiet ist umfangreiches Anschauungsmaterial zum Beispiel über die heimische Tierwelt zu betrachten.

❾ Meppen
Hafen und Schleusen der Stadt am Dortmund-Ems-Kanal sind ebenso wie die zahlreichen historischen Gebäude der Altstadt einen Besuch wert.

❿ Haselünne
Die Ackerbürgerhäuser von 1749 zeugen von der Wohnkultur und der Arbeitsweise dieser Zeit. In der gotischen Kirche St. Vincentius (15. Jh.) sind einige sakrale Kunstgegenstände zu besichtigen.

⓫ Fürstenau
Das Fürstenauer Schloß entstand weitgehend im 14. Jh.; der Bergfried wurde 1555 erbaut, die Haube stammt aus dem 18. Jh.

⓬ Bersenbrück
Das Kreismuseum befindet sich im ehemaligen Zisterzienserkloster. Es dokumentiert die Siedlungs- und Ortsgeschichte, die bäuerliche und handwerkliche Kultur sowie die heimatliche Geologie und Zoologie.

⓭ Quakenbrück
Eine Apotheke und eine Drechslerwerkstatt sind die Schmuckstücke des Heimatmuseums in der Alenconerstraße. Es beherbergt Sammlungen zur heimatlichen Kultur.

⓮ Stausee Thülsfeld
Mit der einzigen Talsperre in Nordwestdeutschland wird nordwestlich von Cloppenburg die Soeste gestaut; sie ist zugleich Erholungs- und Naturschutzgebiet.

⓯ Lembruch
Am Ostufer des Dümmer Sees lädt das Dümmermuseum zu einem Besuch ein: Sammlungen zur Heimat- und Naturkunde der Umgebung.

⓰ Goldenstedt-Ambergen
Ostdeutsche Heimatstube (Wildeshauser Straße): künstlerische Arbeiten, Trachten und Dokumente aus dem deutschen Osten.

⓱ Visbeker Braut
Nahe der Autobahn-Anschlußstelle Wildeshausen-West liegt mit der »Visbeker Braut« neben dem gleichnamigen »Bräutigam« eines der größten prähistorischen Steingräber Deutschlands.

⓲ Bassum
Lohnend ist ein Besuch der ehemaligen Klosterkirche, die im gotischen Stil im 13. und 14. Jh. erbaut wurde; heute ist sie evangelisch.

⓳ Fischerhude
Ländlich-idyllisches Künstlerdorf; hier sollte man unbedingt einen Besuch im Otto-Modersohn-Museum in der Bredenau einplanen.

Geschichte und Kultur

Worpswede – Künstler im Banne einer Landschaft

Noch vor 150 Jahren kannte wohl kaum jemand in Niedersachsen oder gar der weiteren Umgebung das kleine Dorf Worpswede, gelegen im »Teufelsmoor«, das bis heute diesen Namen trägt. »Wede« bedeutet soviel wie Wald, also der Wald auf dem »Worp«, dem aufgeworfenen Hügel.

Die Moorleute gruben den Torf ab und verkauften ihn an die Bewohner der großen Stadt Bremen. Die Torfbauern genossen jedoch trotz ihres Fleißes wenig Ansehen und waren oft der Spott der Stadtbewohner. Erst Jürgen Christian Findorff brachte neues Leben in das Dorf. Er gründete Siedlungen im Moor um Worpswede und baute 1759 die Zionskirche, die er »für höchstnötig« erachtete.

Im Jahre 1884 fuhr die Worpsweder Kaufmannstochter Emilie Stolte zu Verwandten nach Düsseldorf und lernte dort Fritz Mackensen kennen, einen Studenten der Kunstakademie. Sie erzählte ihm begeistert von ihrer Heimat, einem kleinen Moordorf in Norddeutschland, und noch im selben Jahr folgte Mackensen ihrer Einladung nach Worpswede. Überwältigt von der Unberührtheit der Natur schrieb er noch am Abend an seine Mutter: »Hier male ich mein erstes Bild.« Im Jahre 1889 folgten ihm Otto Modersohn, ein alter Studiengenosse aus Düsseldorf, und Hans am Ende nach, den er 1888 bei einer Leutnantsübung in Ingolstadt kennengelernt hatte. Die ungewöhnliche Schönheit dieser Moorlandschaft übertraf alle Erwartungen, die Mackensen durch seine Schilderungen geweckt hatte. Die jungen Maler lebten sich bald ein und entdeckten auf ihren Wanderungen durch das Moor Worpswede für die Kunst. Im Herbst desselben Jahres beschloß man auf der alten Brücke in Bergedorf, auch den Winter über in Worpswede zu bleiben. Das war die Geburtsstunde der Worpsweder Künstlerkolonie. Fritz Mackensen, Otto Modersohn und Hans am Ende waren ihre Begründer. Was war es, was die jungen Künstler in jenem abgelegenen Dorf festhielt? Sie hatten den öden Atelierbetrieb und das Leben in der Großstadt satt.

Auch besuchten Studienfreunde aus Düsseldorf die Worpsweder. Zwei kamen, sahen und blieben. Beide aus Bremen gebürtig und große Künstler: Fritz Overbeck im Jahre 1892 und Heinrich Vogeler 1894. Die Eigentümlichkeit dieser Moorlandschaft, die gewaltige Unendlichkeit des von Wolken und Lichtwundern belebten Himmels berührte sie tief. Sie malten die Natur und die Menschen, aber auch die Stimmung, die diese Landschaft in der Seele eines jeden hinterläßt. Als Vereinigung Worpsweder Künstler stellten die Maler im Winter 1894/95 in Bremen aus. Bald folgte eine Ausstellung im Münchner Glaspalast, die den großen Durchbruch brachte. Unter den Studenten und Künstlern, die in der Folge in Scharen in das kleine Dorf pilgerten, war auch Paula Modersohn-Becker, die von Worpswede so beeindruckt war, daß sie nach Abschluß ihrer Berliner Studien zurückkehrte. Ihr Werk war bahnbrechend für die moderne Kunst.

Selbstbildnis von Paula Modersohn-Becker, der berühmten Malerin

Bremen, Emsland — Autotour ①

Vom Roland aus findet man überallhin

In der Freien Hansestadt Bremen, die sich an der Weser ausbreitet, kann man noch viele kostbare Zeugen einer großen Vergangenheit besichtigen.

Anfahrt:
Autobahn Hansa-Linie, Abfahrt Hemelingen; Autobahn 27, Richtung Bremerhaven, Abfahrt Bremen-Vahr.

Auskunft:
Verkehrsverein der Freien Hansestadt Bremen e. V., Hillmannplatz 6, 28195 Bremen, Tel.: 0421/308000, Telefax: 0421/3080030.

Öffnungszeiten:
Museen der Böttcherstraße: Di.–So. 11–17 Uhr. Schifferhausmuseum im Schnoorviertel: nach Vereinbarung (Tel.: 324274).

Bemerkungen:
Der aufgezeichnete Rundgang allein macht Bremen nicht aus. Unbedingt empfehlenswert: Bremer Stadtmusikanten, Plastik von Gerhard Marcks am Rathaus, Überseemuseum am Hauptbahnhof, Fockemuseum in Schwachhausen und die Häfen.

Beim Roland fängt man am besten an, denn von dort findet man überallhin, wenn man sich einen Überblick über die Freie Hansestadt verschaffen will. Der Roland, dieses trutzige, 1404 erbaute und alles in allem gut zehn Meter hohe Standbild, ist Wahrzeichen der Stadt und Symbol bürgerlicher Freiheit.

Gleich neben ihm steht das Rathaus. Es ist gotischen Ursprungs (1405–1409). Um 1610 wurde es umgestaltet. Seine Fassade gilt als eines der schönsten Beispiele der Weserrenaissance. Zu den Kostbarkeiten des Rathauses gehören die Obere Halle mit Güldenkammer und Schiffsmodellen und der Ratskeller, in dem nur deutsche Weine ausgeschenkt werden.

Der fast tausendjährige Dom ist vor allem im Innern eines der bemerkenswertesten Gotteshäuser im Norden Deutschlands. Im Dombereich befindet sich das Dommuseum mit dem Bleikeller, in dem uralte mumifizierte Leichen liegen. Gegenüber vom Rathaus steht der Schütting, das Haus der Kaufleute, ebenfalls ein Werk aus der Zeit der Weserrenaissance. Links am Schütting vorbei geht es in die Böttcherstraße. Es ist die »heimliche Hauptstraße« der Bremer, eine alte Handwerkergasse, die von einem Kaffeekaufmann vor dem Verfall bewahrt und neu gestaltet wurde. Sie gilt als ein Denkmal niederdeutscher Kunst und Kultur.

Ein Fußgängertunnel führt an die Weser. Dort geht es nach links bis zu einem Tunnel, der zum Schnoorviertel führt. In diesem mehrhundertjährigen Quartier haben einst Professoren und Bürgermeister gewohnt, dann entwickelte es sich zu einem Kleine-Leute-Viertel. Ende der fünfziger Jahre wurde es restauriert, und Kunsthandwerker und Künstler zogen in seine schmalgiebeligen Zweistockhäuschen.

Die Stadtmusikanten sind nur eines der Wahrzeichen Bremens

Vor dem Rathaus steht der Roland

Bad Zwischenahn – Kurort am Binnenmeer

Ein Besuch im Ammerland wird immer das Zwischenahner Meer und Bad Zwischenahn zum Ziel haben, wo sich Landschaft, Kureinrichtungen und Sportmöglichkeiten ideal verbinden.

Vorbeifahren kann man eigentlich nicht, denn auf der Autobahn A 28 von Oldenburg in Richtung Emden erinnert die Anschlußstelle Zwischenahner Meer rechtzeitig an die Abfahrt zum nur 2 Kilometer entfernten Nordufer und weiter nach Bad Zwischenahn, das am Südrand des 526 Hektar großen Sees liegt. Bei Benutzung der alten Hauptstraße von Oldenburg nach Westerstede kommt man automatisch durch den Badeort.

Das Zwischenahner Meer, das einen Durchmesser von rund 3 Kilometern in Nord-Süd- und von etwa 2 Kilometern in West-Ost-Richtung besitzt, ist durch den Einbruch eines unterirdischen Salzlagers entstanden. Es wird heute von fünf Bächen gespeist. Die Wassertiefe beträgt im allgemeinen 3,30 Meter, jedoch lagert darunter eine Faulschlammschicht von vier bis sechs Metern Dicke.

Der Hauptbetrieb mit allem, was zu der sehenswerten Umgebung gezeigt. Zu den Sehenswürdigkeiten gehört außerdem der 40 Meter hohe, 1937 errichtete Wasser- und Aussichtsturm am Dränkweg (180 Stufen) mit einer ostdeutschen Heimatstube. Als beachtenswertes Baudenkmal gilt die St.-Johannes-Kirche von 1124, zu deren Ausstattung ein geschnitzter Flügelaltar und eine alte Kanzel (1653) gehören.

Nur knapp über 3 m tief ist das fischreiche Zwischenahner Meer

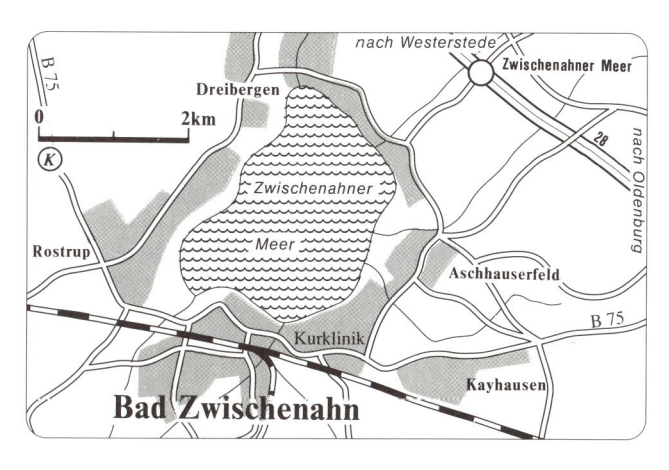

einem modernen Kurort gehört, spielt sich in Bad Zwischenahn ab, wo es neben Kuranlagen und Sporteinrichtungen (Wellenhallenbad und Badepark) auch etliches zu sehen gibt. An der Spitze der besuchenswerten Punkte steht dabei das Freilichtmuseum Ammerländer Bauernhaus, Am Hogen Hagen. Das 1910 aus zwei alten Bauernhäusern errichtete Hauptgebäude ist das älteste deutsche Freilichtmuseum. Jetzt werden dort neben Wohn- und Wirtschaftsgebäuden (Schmiede, Töpferei) sowie einer Windmühle auch Sammlungen zur Geschichte von Ort und

Anfahrt:
Über Oldenburg (Autobahnkreuz Oldenburg-Ost A 28 / A 29) und von dort auf der A 28 über Autobahnkreuz Oldenburg-West bis zur Anschlußstelle Zwischenahner Meer.

Auskunft:
Bad Zwischenahner Fremdenverkehrs-GmbH,
Unter den Eichen 18,
26160 Bad Zwischenahn,
Tel.: 04403/590812,
Telefax: 04403/61158.

Öffnungszeiten:
Kurverwaltung Mai bis September Mo.–Fr. 8–12 Uhr und 13–18 Uhr, Sa. 9–12 Uhr und 15–18 Uhr. Oktober bis April Mo.–Fr. 8–12 Uhr und 13–17 Uhr, Sa. 9–12 Uhr.

Bemerkungen:
Das Befahren des Zwischenahner Meeres ist nur mit Genehmigung und gegen Gebühr gestattet. Es gibt Bootsvermietungen in Bad Zwischenahn und in Dreibergen.

Leer – Tor und Kleinod Ostfrieslands

Wo die Leda in die Ems mündet, erwartet eine alte Hafenstadt, überraschend reich an Sehenswürdigkeiten, ihre Besucher.

die meisten der baulich und historisch interessanten und berühmten Stätten beieinander.

Auf der Westseite der Dr.-vom-Bruch-Brücke, die den an die Leda angeschlossenen Handelshafen überquert, stehen in enger Nachbarschaft die Waage von 1714 (norddeutscher Barockstil; Restaurant), das Haus Samson (1643; Wohnkultur 18./19. Jahrhundert), das Rathaus (1894; Glockenspiel) und das Heimatmuseum (Gebäude an der Neuen Straße von 1791;

Am Hafen von Leer stehen die alte Waage und das schöne Rathaus

Anfahrt:
Die Stadt ist Kreuzpunkt der neuen A 28 mit der A 31. Schnittpunkt der B 70 und B 75.

Auskunft
Reise- und Verkehrsbüro, Am Denkmal, 26789 Leer, Tel.: 0491/6 60 06, Telefax: 0491/56 28.

Da der Fernverkehr die Innenstadt von Leer auf einem nördlichen Stadtring umfährt, muß man zum Besuch der sehenswerten Bauten in der Altstadt auf jeden Fall vom Verlauf der Bundesstraßen 70 oder 75 stadteinwärts abzweigen. Am Westende der Fußgängerzone Mühlenstraße findet man dann aber auch – von einer Reihe meist kleinerer Parkplätze umgeben –

mit Sammlungsschwerpunkten Wohnkultur, Schiffahrt, Vogelwelt).

In einem Umkreis von wenigen hundert Metern liegen um diesen zentralen Komplex herum dann Amtsgericht, Reformierte Kirche, Katholische Kirche, Lutherkirche und Haneburg, eine der wenigen erhaltenen Renaissanceburgen in Ostfriesland. Nördlich und nordwestlich schließen sich Harderwykenburg (1571 als Häuptlingssitz erbaut), Krypta (Unterkirche, um 1190) und der Plytenberg an, der einen Durchmesser von 80 Metern hat, 9 Meter hoch ist und dessen historische Bedeutung noch nicht endgültig geklärt werden konnte.

Lediglich Philippsburg (1730) und Evenburg (1650) fallen ganz aus dem altstädtischen Rahmen und müssen gut 2 Kilometer ostwärts des Zentrums im Ortsteil Loga besucht werden. Hier in Loga wie in Bingum (auf dem Westufer der Ems), in Logabirum und in Nüttersmoor gibt es auch weitere beachtenswerte Kirchenbauten.

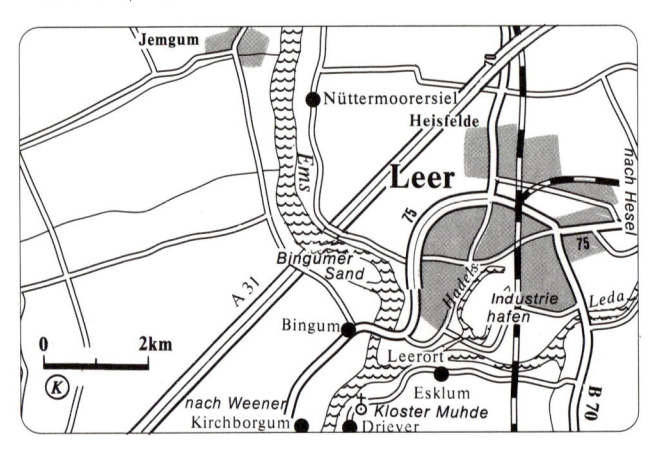

Papenburg – die größte deutsche Fehnkolonie

Im Jahr 1631 wurde im Moor bei der Wasserburg »Papenborg« nach holländischem Beispiel eine Fehnkolonie gegründet. Von der Ems ausgehend, wurden Kanäle in das Moor gegraben, die sowohl der Entwässerung als auch der Torfabfuhr dienten. Wenn diese Kanäle auch jetzt nicht mehr von »Torfpünten« befahren werden, so ergänzen neben zahlreichen zum Teil erneuerten Klappbrücken doch eine Reihe von nach Originalplänen konstruierten Schiffsnachbauten das reizvolle Bild der Kanallandschaft auch in historischer Richtung. Erinnern sie doch mit daran, daß es hier 1795 neunzehn Schiffswerften gab und daß 1842 auf allen Weltmeeren über 150 Schiffe unter Papenburger Flagge segelten. An diese Tradition knüpft die Stadt als am weitesten binnenwärts gelegener Seehafen noch heute an. Durch den Sielkanal und die Seeschleuse sind die Hafenbecken mit der Ems verbunden.

Der Ort hat sich seinen Charakter aus der Zeit der Moorbesiedlung bis heute weitgehend erhalten, wenn auch die 40 Kilometer Binnenkanäle nicht mehr – wie einst – der Schiffahrt dienen.

am Splittingkanal noch die romanische St.-Michael-Kirche mit dem »Alten Turm« als Gedenkstätte und das 1981 renovierte Papenbörger Hus.
Westlich der B 70 fährt man am besten vor bis zum Aussichtsturm an der Seeschleuse und genießt den Hafenüberblick von oben oder besucht in der Straße An der Marktkirche das Heimatmuseum.

Anfahrt:
B 70 sowie B 401 von Oldenburg entlang des Küstenkanals.

Auskunft:
Fremdenverkehrsverein Papenburg e. V.,
Postfach 17 55,
26857 Papenburg,
Tel.: 0 49 61/8 22 21
Telefax: 0 49 61/8 23 30.

Nachbauten alter Schiffe zeigt das Binnenschiffahrtsmuseum Papenburgs

Die B 70 durchzieht Papenburg von Nordost nach Südwest. In der Stadtmitte führt sie direkt an der gotischen St.-Antonius-Kirche (1877) und am barocken Rathaus vorbei; zum Besuch aller anderen Sehenswürdigkeiten muß man die Hauptstraße verlassen. Dabei findet man unweit ostwärts am Kanal das neue Binnenschiffahrts-Freilichtmuseum mit Nachbauten Papenburger Schiffstypen und eine Bockwindmühle. Von diesem ältesten in Deutschland gebräuchlichen Mühlentyp ist es die letzte im Emsland. Weiter entfernt liegen inmitten der Moorkultivierungsflächen

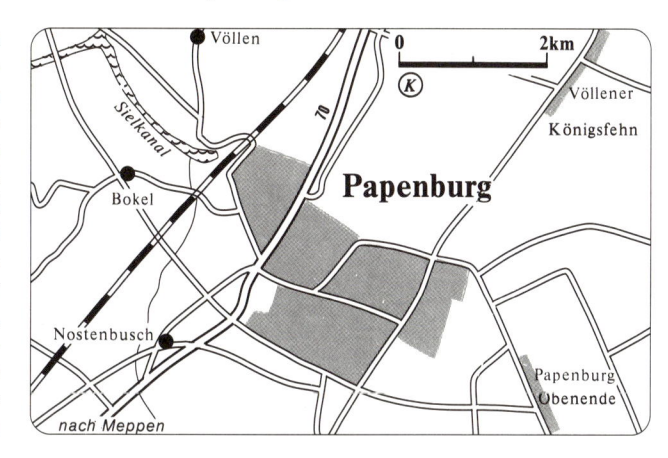

Schloß und Hünengräber in den Hümmlinghügeln

Die waldreiche Hügellandschaft östlich der Ems erreicht im Windberg immerhin eine »Gipfelhöhe« von über 70 Metern. Hier verstecken sich zahlreiche Hünengräber und Schloß Clemenswerth.

Anfahrt:
Auf zahlreichen Nebenstraßen, die von den Bundesstraßen 70 (Emstalstraße) zwischen Meppen und Papenburg, 401 (Küstenkanalstraße) zwischen den Kreuzungen mit den Bundesstraßen 70 und 72, 213 (Europastraße E 72) zwischen Cloppenburg und Löningen sowie 402 im Abschnitt Löningen – Haselünne – Meppen in Richtung Börger, Sögel und Hüven abzweigen.

Auskunft:
Fremdenverkehrsamt, Clemens-August-Straße 39, 49751 Sögel, Tel.: 0 59 33/66 47.

Öffnungszeiten:
Emslandmuseum
1. April – 1. November tägl. (außer Mo.) von 10–12.30 u. 14–18 Uhr.

Zentraler Punkt des Hümmlings, durch dessen Wälder und Hügel, Heiden und Moore sich kilometerlang landschaftlich besonders reizvolle Straßen mit meist relativ geringer Verkehrsdichte ziehen, ist Sögel. Und hier liegt am Ostrand des Ortes auch die Hauptsehenswürdigkeit dieses Gebietes, Schloß Clemenswerth. Es wurde 1737–49 als Jagdschloß für den Kurfürsten Clemens August errichtet und zeigt sich als originelle Anlage mit acht Pavillons, die sternförmig um das Hauptgebäude angeordnet sind. In einigen dieser Pavillons ist heute das Emslandmuseum untergebracht. Es umfaßt Sammlungen zur Vor- und Frühgeschichte, zur Landesgeschichte und zur Volkskunde des Emslandes sowie zur Jagd und zum Jägerbrauchtum. Außerdem gibt es hier Sonderausstellungen von zeitgenössischer Kunst und Kunsthandwerk.

Von Sögel und Clemenswerth kann man in südlicher Richtung nach Hüven gelangen, wo sich eine einzigartige kombinierte Wind- und Wassermühle dreht. Die einstige Korn- und Ölmühle aus der Zeit um 1800 liegt malerisch in den Wiesen der Mittelradde. Von den zahlreichen prähistorischen Stein- und Hügelgräbern dieser Landschaft findet man am nördlichen Dorfrand von Hüven – östlich der Straße nach Eisten –

Schloß Clemenswerth, die Perle des abgelegenen Hümmlings

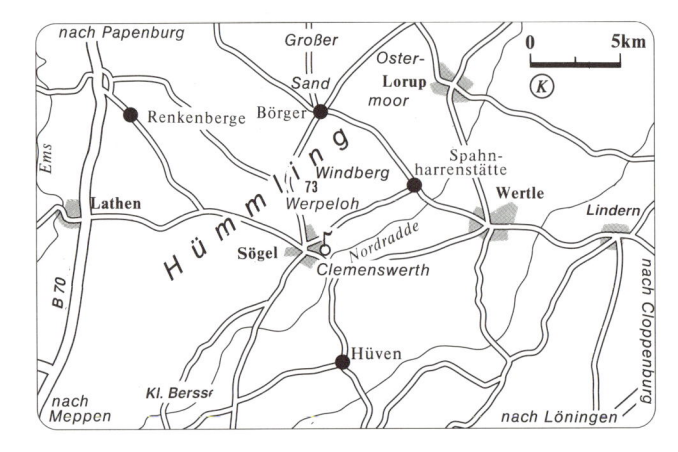

ein Steingrab mit neun Decksteinen, an der Straße nach Groß-Berßen ein Königssteingrab mit Kammer.

Auch auf der höchsten Erhebung des Hümmlings, dem östlich von Werpeloh gelegenen Windberg, liegen Hügelgräber und drei Steingräber. Zu den besuchenswerten Orten im Nordteil des Gebietes gehören Börger und Lorup, wo Opferstein, gewaltiger Granitfindling, weitere Steingräber sowie ein Wacholderhain mit Schafstall in dem einen und ein großer Eichenbrink mit Fischteichen im anderen Ort zu den Anziehungspunkten gehören.

Am Artland und im Bersenbrücker Land

Die Namensvielfalt irritiert: Aber schnell wird klar, daß die Artland-Route auch Bersenbrücker Land und Ankumer Höhen durchstreift und alles im Osnabrücker Nordland liegt.

Anfahrt:
B 68 und B 214, die sich in Bersenbrück kreuzen; Ankum liegt an der B 214, 6 km westlich von Bersenbrück und 14 km östlich von Fürstenau (B 218 / B 204). Für die Zufahrt geeignete Autobahnanschlüsse der Hansalinie A 1 sind Lohne/Dinklage, Holdorf und Neuenkirchen/Vörden.

Auskunft:
Stadtverwaltung, Lindenstr. 2, 49593 Bersenbrück, Tel.: 0 54 39/62 42, Telefax: 0 54 39/62 88.

Öffnungszeiten:
Mo.–Fr. 8–12.30 Uhr, Do. 14–17.30 Uhr.

Wenn man bedenkt, daß das Gebietsdreieck zwischen Fürstenau, Ankum und Stift Börstel auch noch der nördlichste Zipfel des großen Naturparks Nördlicher Teutoburger Wald/Wiehengebirge ist und daß die Ankumer Höhen auf einigen Karten auch als Fürstenauer Berge bezeichnet werden, dann scheint es notwendig, sich für eine Rundfahrt durch dieses Gebiet am besten an eine feste Route zu halten. Und da bietet sich die Artland-Route an, auf deren Westteil wir nun von Ankum aus

Schnurgerade Straßen, von Birken gesäumt, verbinden die Orte miteinander

auf überwiegend landschaftlich besonders reizvollen Nebenstraßen durch den Naturpark fahren wollen. Zuvor aber sehen wir uns noch im Ort selbst um, der mit dem Artländer Dom, einer romanischen, nach einem Brand Ende des vorigen Jahrhunderts neu errichteten Kirche eine besondere Sehenswürdigkeit besitzt. Das Kircheninnere wurde in jüngster Zeit restauriert. Ein Freizeit- und Sportzentrum ist am Ankumer See entstanden.

Die Fahrt geht in nordwestlicher Richtung vom Rittergut Eggermühlen (mit Hünengrab und Wassermühle) ab nach Bippen, das mit seiner 1000jährigen Kirche zu den schönsten Orten hier gehört. In seinem Wald- und Erholungsgebiet Maiburg findet man neben mehreren Großsteingräbern auch einen bemerkenswerten Waldlehrpfad namens Vosspäddken (ein hölzerner Fuchs weist hier den Weg). Der nächste Ort ist Berge, dessen Hauptsehenswürdigkeit aber noch einige Kilometer weiter nördlich liegt; es ist das ehemalige Zisterzienserkloster und Damenstift Börstel, das 1251 erbaut wurde (Stiftsmuseum).

In Börstel verläßt die Route den Naturparkbereich und führt durch das Artland und Bersenbrücker Land über Quakenbrück (zahlreiche sehenswerte Bauten), Dinklage (große Wasserburg) und Bersenbrück (Kreismuseum) zurück nach Ankum.

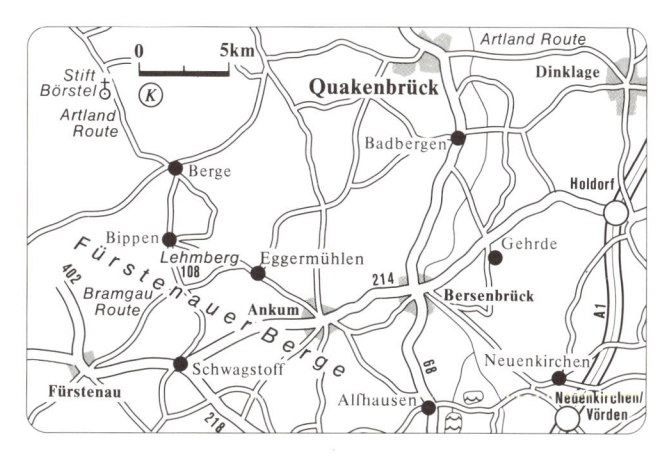

In Deutschlands ältestem Museumsdorf

Auf 15 Hektar baumbestandener Dorffläche wurden in Cloppenburg an die 53 alte Gebäude wiederaufgebaut und mit Gegenständen und Geräten ihrer Zeit milieugerecht eingerichtet.

Deutschlands ältestes Freilichtmuseum ist weit über die Grenze des Landes hinaus bekannt und mit jährlich 250 000 Besuchern daher auch das meistbesuchte kulturhistorische Museum in Niedersachsen. Seit mehr als 40 Jahren sieht man hier hervorragende Beispiele des niederdeutschen Hallenhaus- und des ostfriesischen Gulfhaustyps aus den Zeiten des 16. bis 19. Jahrhunderts: sowohl komplette Hofanlagen mit Nebengebäuden und Handwerkerhäuser als auch mehrere Windmühlen, Dorfschule und Dorfkirche (von 1698) sowie inmitten der Anlagen einen bewirtschafteten »Dorfkrug«. Im Backhaus wird täglich kräftiges Bauernbrot gebacken; in der Töpferei kann man die Entstehung von Tonwaren miterleben.

In der Ausstellungshalle Münchhausen-Scheune (von 1561) und dem Ausstellungsgebäude Herrensitz Arkenstede (um 1680) lernt man Sammlungen zur nordwestdeutschen bäuerlichen Bau- und Wohnkultur, zum historischen Handwerk, zur Volkskunst und zur sakralen Kunst des Oldenburger Landes kennen.

Natürlich ist es nicht möglich, hier alle Objekte des am Ortsrand von Cloppenburg gelegenen Museumsdorfes einzeln vorzustellen, doch soll wenigstens auf die interessante Gegenüberstellung der verschiedenen Mühlentypen und auf das bäuerliche Gehöft Wehlburg im Ostteil der Anlage hingewiesen werden. Dieser Artländer Hof gilt als Glanzpunkt ländlicher Baukunst in Niedersachsen.

Über das Museumsdorf sollte man aber auch die Stadt Cloppenburg nicht vergessen, deren Zentrum ebenfalls besuchenswert ist. Die an der Kreuzung alter Handelsstraßen hier ursprünglich gegründete Burg existiert leider nicht mehr. In der St.-Andreas-Kirche von 1729 findet man eine üppige spätbarocke Ausstattung.

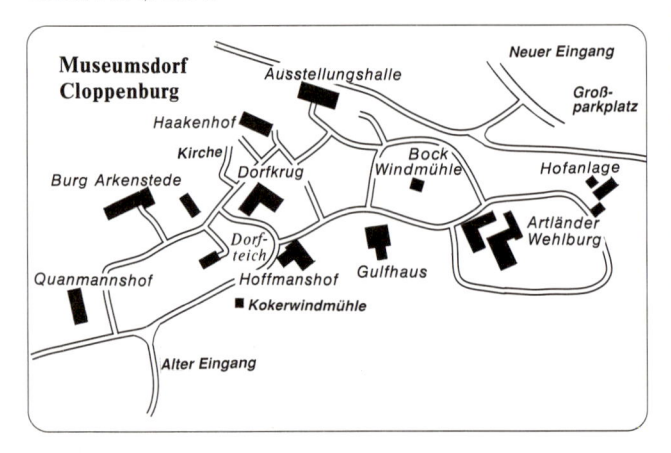

Gerne besucht: das alte Schulhaus in Cloppenburgs Freilichtmuseum

Anfahrt:
Auf den Bundesstraßen 68, 72 und 213 (E 72), Die Autobahn-Anschlußstelle Cloppenburg liegt an der Hansalinie A 1.

Auskunft:
Museumsdorf,
49661 Cloppenburg,
Tel.: 0 44 71/94 84-0,
Telefax: 0 44 71/94 84 74.

Autotour ⑧ Bremen, Emsland

Südlich von Diepholz stößt man auf den mit gut 15 Quadratkilometern zweitgrößten See in Nordwestdeutschland. Er ist ein Flachsee – im Schnitt nur 1,30 Meter tief, maximal 2 Meter –, der von der Hunte durchflossen wird und als »aufgefüllte Ausblasungswanne« der Nacheiszeit entstanden ist. Zu dem nach ihm benannten 40 000 Hektar großen Naturpark gehören auch die Dammer Berge im Westen (was für Ortsfremde natürlich immer leicht zu Namensverwechslungen zwischen Dammer und Dümmer führt), die im Signalberg eine Höhe von 145 Meter erreichen, und dem südöstlich des Sees gelegenen Stemweder Berg, der sogar 170 Meter überschreitet. Für geologisch interessierte Besucher sei noch darauf hingewiesen, daß es sich bei den Dammer Bergen um einen Endmoränenzug und beim Stemweder Berg um eine Kalksteinhöhe handelt.
Während das mit seinen Wasserpflanzen und Vögeln unter Naturschutz stehende moorige Westufer des Dümmersees nur im Nordteil eine Zufahrt bei Dümmerlohausen besitzt, liegen auf der Ostseite die Orte Lembruch und Hüde als Besucherzentren. Sie gehören zur Samtgemeinde Lemförde.
In Lembruch findet man im Dümmermuseum, das in einem strohgedeckten Gebäude untergebracht ist, Sammlungen zur Heimat- und Naturkunde des Gebietes und kann in einer 20 Meter langen Aquarienfront alle Fischarten des Sees (unter anderem Aal, Brasse, Hecht, Rotfeder, Schleie) kennlernen. Außerdem werden Werke aus dem Kunstschaffen am Dümmer ausgestellt.
Eine Wanderung rund um den See ist völlig problemlos. Sie führt auf dem 18 Kilometer langen Uferdeich an Segelboothäfen und Clubhäusern sowie mehreren Campingplätzen vorbei und am Westufer dann durch das schon erwähnte Naturschutzgebiet.

Rings um den großen Dümmersee

Wenn der Dümmer auch nur einen kleinen Teil des ausgedehnten Naturparks bedeckt, der seinen Namen trägt, so gilt der herrlich gelegene See doch zu Recht als Kleinod dieser Landschaft.

Anfahrt:
A 1 Hansalinie, Anschlußstellen Holdorf und Neuenkirchen, sowie B 51 Diepholz – Osnabrück und B 214 Lingen – Nienburg.

Auskunft:
Fremdenverkehrsamt, Große Straße 142, 49459 Lembruch, Tel.: 0 54 47/2 42.

Nur bis zu zwei Meter tief ist der Dümmer, der zweitgrößte See im Norden

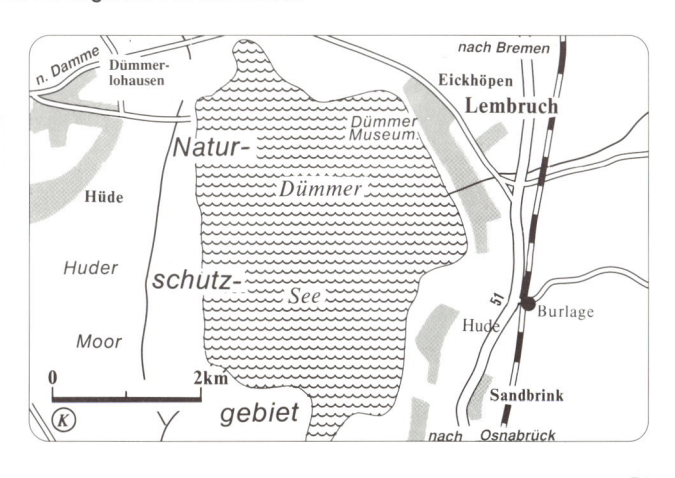

Am Busen der Natur: die Wildeshauser Geest

Rund um die Stadt Wildeshausen erstreckt sich ein ausgedehntes Erholungsgebiet, der »Naturpark Wildeshauser Geest«.

Anfahrt:
A 1 Hansalinie mit den Anschlußstellen Wildeshausen-Nord und Wildeshausen-West.

Auskunft.
Stadtverwaltung,
Wildeshausen,
Postfach 16 64
27793 Wildeshausen,
Tel.: 0 44 31/8 80,
Telefax: 0 44 31/8 88 08.

Der Naturpark dehnt sich von den Ohsenbergen im Norden bis zur südwärtigen Linie Goldenstedt – Twistringen und von Großenkneten/Ahlhorn/Visbek am Westrand bis zum Hohen Berg bei Syke aus. Diese Landschaft im südlichen Oldenburger Land weist eine Vielzahl von besuchenswerten Zielen auf.

Beginnen wir im Westen mit einem Blick auf die Ahlhorner Fischteiche sowie auf die Naturschutzgebiete Sager Meer (nördlich davon) und Baumweg, das südlich an die Teichwirtschaft anschließt und bis zur B 213 reicht. Es gehört zu den »Urwäldern« des Oldenburger Landes. Alle drei Ziele liegen noch westlich der neuen Autobahn A 29, die vom Ahlhorner Dreieck nach Oldenburg führt.

Die Ahlhorner Heide ist vor allem durch ihre zahlreichen eindrucksvollen Grabdenkmäler aus der Zeit zwischen 2500 und 2000 v. Chr. (Jüngere Steinzeit) bekannt.

Die bedeutendsten vorgeschichtlichen Stätten liegen südlich der Schnellstraße und tragen zum Teil bereits den Namen des dortigen Ortes Visbek. »Opfertisch« und »Visbeker Bräutigam« findet man dicht an der Autobahn bei Engelmannsbäke, die »Visbeker Braut« nahe der Anschlußstelle Wildeshausen-West. Südlich der an der Hunte

Visbeker Bräutigam nennt sich dieses jungsteinzeitliche Grabdenkmal

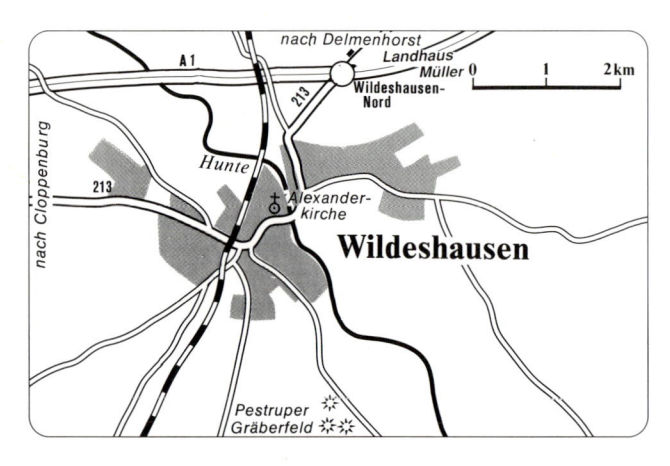

liegenden Stadt Wildeshausen, deren 1100jährige Alexanderkirche zu den bedeutendsten Baudenkmälern des Oldenburger Landes gehört, bildet dann das Pestruper Gräberfeld mit zahlreichen Grabhügeln aus der Bronzezeit (1800 – 800 v. Chr.) einen weiteren Anziehungspunkt.

Das sind nur ein paar Beispiele von sehenswerten Plätzen in dieser Erholungslandschaft, zu deren zentralem Gebiet auch Großenkneten mit dem Großen Moor und Dötlingen mit dem Naturschutzgebiet Glaner Heide und der »Glaner Braut« gehören.

Museumsdampfzug nach Asendorf, bitte!

Wenn es in Bruchhausen-Vilsen auch noch andere besuchenswerte Ziele gibt, so gilt das Hauptinteresse hier der »Ersten Museums-Eisenbahn Deutschlands«.

Die Museums-Eisenbahn des Deutschen Eisenbahn-Vereins besitzt historisch wertvolle Fahrzeuge aus verschiedenen Gebieten Deutschlands, darunter mehrere Dampflokomotiven, Waggons mit offener Plattform, Güterwagen sowie Pack- und Postwagen. Die Züge verkehren in unterschiedlicher Zusammenstellung in der Zeit von Mai bis Anfang Oktober an Sonn- und Feiertagen, ab Juli auch samstags. Die genauen Fahrzeiten findet man im Kursbuch der Deutschen Bundesbahn.

Der Dampfzug der Museums-Eisenbahn ist wirklich ein sehenswerter Veteran

Anfahrt:
B 6 Syke – Nienburg mit Abzweigung in Richtung Hoya sowie B 215 östlich der Weser zwischen Verden und Nienburg mit Zufahrt über Hoya.

Auskunft:
Samtgemeinde, Lange Straße 11, 27305 Bruchhausen-Vilsen, Tel.: 0 42 52/39 11 11, Telefax: 0 42 52/33 18.

Museums-Eisenbahn:
Verkehrt (meist als Dampfzug) an den angegebenen Wochentagen im allgemeinen viermal täglich; die Fahrzeit beträgt 35–40 Minuten in jeder Richtung.

Öffnungszeiten:
Mo.–Fr. 8.30–12 Uhr, Mo.–Mi. 14–16 Uhr, Do. 14–18 Uhr.

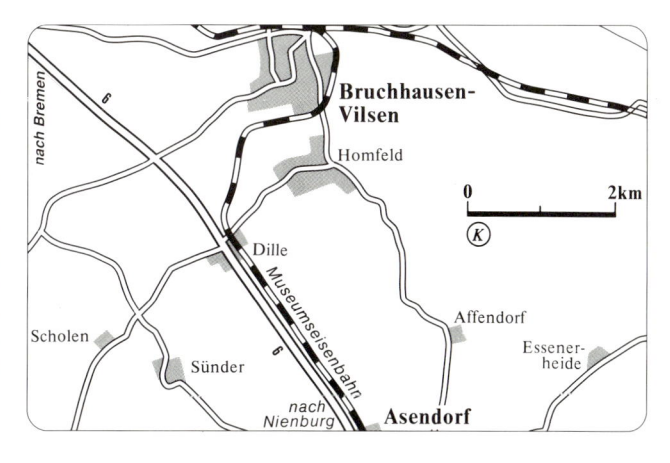

Die acht Kilometer lange Schmalspurstrecke beginnt am Bahnhof von Bruchhausen-Vilsen und führt über die jeweils etwa einen Kilometer voneinander entfernten Stationen Vilsen Ort, Wiehe-Kurpark, Vilser Holz, Heiligenberg, Klosterheide und Arbste nach Asendorf. Hier können die Eisenbahnfreunde gleich auch zum Oldtimer-Interessenten werden, denn nur wenige Minuten sind es vom Museumsbahnhof zum an der B 6 gelegenen Automobil-Museum Asendorf.

Haupt-Zwischenstation der Museums-Eisenbahn aber ist Heiligenberg, zu dessen von schönen Wanderwegen miteinander verbundenen Sehenswürdigkeiten alte Wassermühlen, Hügelgräber und eine frühgeschichtliche Ringwallanlage sowie ein Waldlehrpfad mit Lehrpfad gehören. Die Obere Klostermühle am Heiligenberg ist eine ehemalige Wassermühle des 1216 gegründeten gleichnamigen Stifts. Sie dient jetzt einer Töpferin als Arbeits- und Ausstellungsraum. Der einen Kilometer lange Waldlehrpfad beginnt am Parkplatz in der Nähe des Hotels und Restaurants »Forsthaus Heiligenberg« und zieht durch den Forst Heiligenberg.

Zu den besuchenswerten Punkten in Bruchhausen-Vilsen zählen aber auch der Ortskern mit zahlreichen alten Fachwerkhäusern und die romanische Vilser St.-Cyriakus-Kirche.

Pferdestadt mit Piepenbrink

Verden an der Aller hat noch weit mehr zu bieten als seine Pferdeauktionen und Reitturniere: ein altertümliches und sehenswertes Stadtbild.

Anfahrt:
Von Bremen über die A 27, von Hannover entweder über die A 7 und dann A 27 oder direkt (über Nienburg) auf die B 6 und B 215.

Auskunft:
Tourist-Information, Ostertorstr. 7 a, 27283 Verden/Aller, Tel.: 0 42 31/1 23 17, Telefax: 0 42 31/1 22 02.

Öffnungszeiten:
Deutsches Pferdemuseum außer Mo. täglich 9–16 Uhr. Historisches Museum Verden Di.–So. 10–13 Uhr und 15–17 Uhr.

Abstecher:
Insbesondere nach dem 35 km südlich gelegenen Nienburg an der Weser mit Tradition und Kolorit (Rathaus im Stil der Weserrenaissance). Außerdem zum 25 km entfernten Vogelpark Walsrode.

Es ist natürlich nichts anderes als Zufall, daß sich der Name Verden mit den Pferden reimt, die hier heimisch sind und die in Verden eine große Rolle spielen. In Wahrheit weist der Name auf eine Fährstelle hin, die schon im 1. Jahrhundert am Zusammenfluß von Aller und Weser bestand. Hier soll dereinst ein schreckliches Gemetzel stattgefunden haben. Karl der Große ließ 4500 als Geiseln genommene Edelmänner der Sachsen bei Verden enthaupten – eine der unvorstellbaren Grausamkeiten der Geschichte. Heute freilich zeigt sich Verden von einer freundlicheren Seite. Die Stadt hat nämlich, was gar nicht allgemein bekannt ist, ihr mittelalterliches Gesicht an einigen Stellen bewahrt. So zeigt die Häuserfront zur Aller hin ein ganz altertümliches Bild. Auch Reste der Befestigung, so der Turm »Piepenbrink« und ein Turm des Mühlentors, blieben erhalten. Bürgerhäuser des 16. bis 19. Jahrhunderts stehen noch in einigen Altstadtstraßen.

Mittelalterlich sind auch drei Kirchen. Zuerst der Dom, dessen ursprünglicher Backsteinbau aus dem 12. und 13. Jahrhundert manche Veränderungen erfuhr. Aus spätromanischer Zeit ragt freilich heute noch der Glockenturm empor – unten Sandstein, oben Backstein. Der Dom selbst ist gotisch. Aus

Sinnfälliger hätte sich der Eingang des Pferdemuseums nicht gestalten lassen

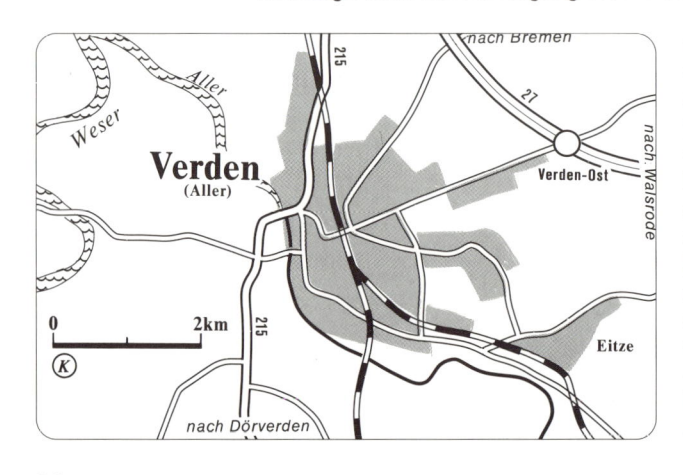

dem 13. Jahrhundert stammt die Andreaskirche, während die Backsteinkirche St. Johannis (innen ein farbiges Stuckrelief von 1595) im 12. Jahrhundert entstand.

Es gehört sich wohl, daß die Pferdestadt auch ein Deutsches Pferdemuseum hat. Es wird vom Hippologischen Institut betreut und informiert nicht nur über Pferde vieler berühmter Gestüte, sondern zeigt auch Pferdewagen und -geschirre und alles, was mit Pferden zu tun hat. Das Heimatmuseum beschäftigt sich mit sakraler Kunst und der Frühgeschichte.

Die Maler entdeckten Worpswede

Heute zieht die herbe Landschaft ums Teufelsmoor, kombiniert mit dem Charme Worpswedes, viele Besucher an, die nicht unbedingt den schönen Künsten huldigen.

Als der Düsseldorfer Maler Fritz Mackensen (1866–1953) gegen Ende des vorigen Jahrhunderts die eigenartige Schönheit der Landschaft um Worpswede »entdeckt« hatte, folgten ihm nicht wenige Kollegen nach. Worpswede wurde noch vor dem Ersten Weltkrieg zur Malerkolonie, die 1895 bei einer Ausstellung im Münchener Glaspalast weithin Erfolg errang und Aufmerksamkeit erregte. Außer Mackensen gehörten Otto Modersohn, Heinrich Vogeler, Fritz Overbeck und – heute zu größtem Ruhm gekommen – Paula Modersohn-Becker (1876–1907) zu diesem Kreis. Aber auch Dichter wie Rilke, Carl Hauptmann und in unserer Zeit Manfred Hausmann fühlten sich von Worpswede angezogen.

Allerdings hat sich Worpswede in beinahe 100 Jahren doch erheblich gewandelt. Zwar sind Teufelsmoor und Bäume nicht verschwunden, aber der Ort selbst hat mit den »Villen« städtischer Neubürger, mit Ausflugslokalen und Kunstgewerbegeschäften einen eher kommerziellen als künstlerischen Zuschnitt erhalten. An Wochenenden wimmelt es von Besuchern aus Bremen oder Hamburg, von denen viele mehr Zerstreuung als Berührung mit der Kunst suchen. Letztere wird vor allem von Vogelers Haus im Schluh und von der Großen Kunstschau geboten. In ihr werden die »Alten Worpsweder« mit ihren Werken gezeigt – darunter heute allein 22 Arbeiten von Paula Modersohn-Becker. Das »Haus im Schluh« enthält vor allem Heinrich Vogelers Arbeiten, typisch für den Jugendstil. Ein drittes Museum ist das Ludwig-Roselius-Museum für Frühgeschichte, eines der bedeutendsten deutschen prähistorischen Museen, das bis in die Zeit der Wikinger reicht. Ein Fachwerkhaus aus dem Teufelsmoor zeigt 12 alte Wind- oder Wassermühlen, und Worpswede selbst besitzt eine Mühle von 1938.

Die Schönheit der Landschaft um Worpswede entdeckte der Maler Fritz Mackensen

Anfahrt:
Von Bremen B 74 bis Osterholz-Scharmbeck. Dort rechts ab nach Worpswede (12 km).

Auskunft:
Fremdenverkehrsamt, Bergstraße 13, 27726 Worpswede, Tel.: 04792/3011.

Öffnungszeiten:
Heinrich-Vogeler-Sammlung im »Haus im Schluh« täglich 14–18 Uhr; Große Kunstschau täglich 10–18 Uhr; Ludwig-Roselius-Museum für Frühgeschichte ebenfalls täglich 10–18 Uhr.

Abstecher:
Ins Teufelsmoor, das nordwestlich bei der Hamme, jenseits von Neu-Helgoland, beginnt. Osterholz-Scharmbeck mit mittelalterlicher Marienkirche und dem Herrenhaus des ehemaligen Rittergutes Sandbeck aus der Zeit um 1570/80.

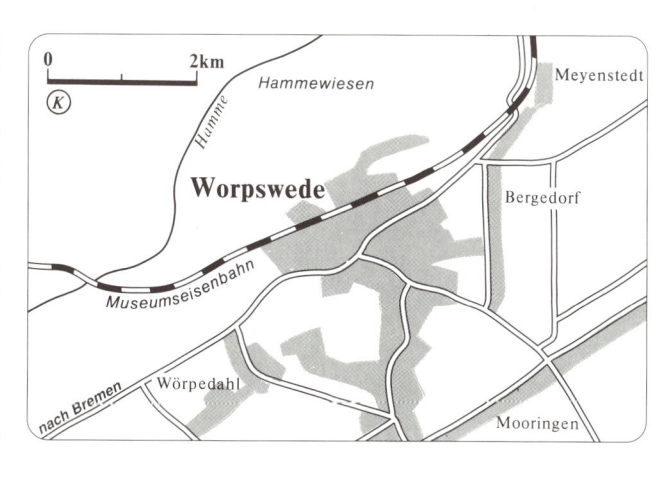

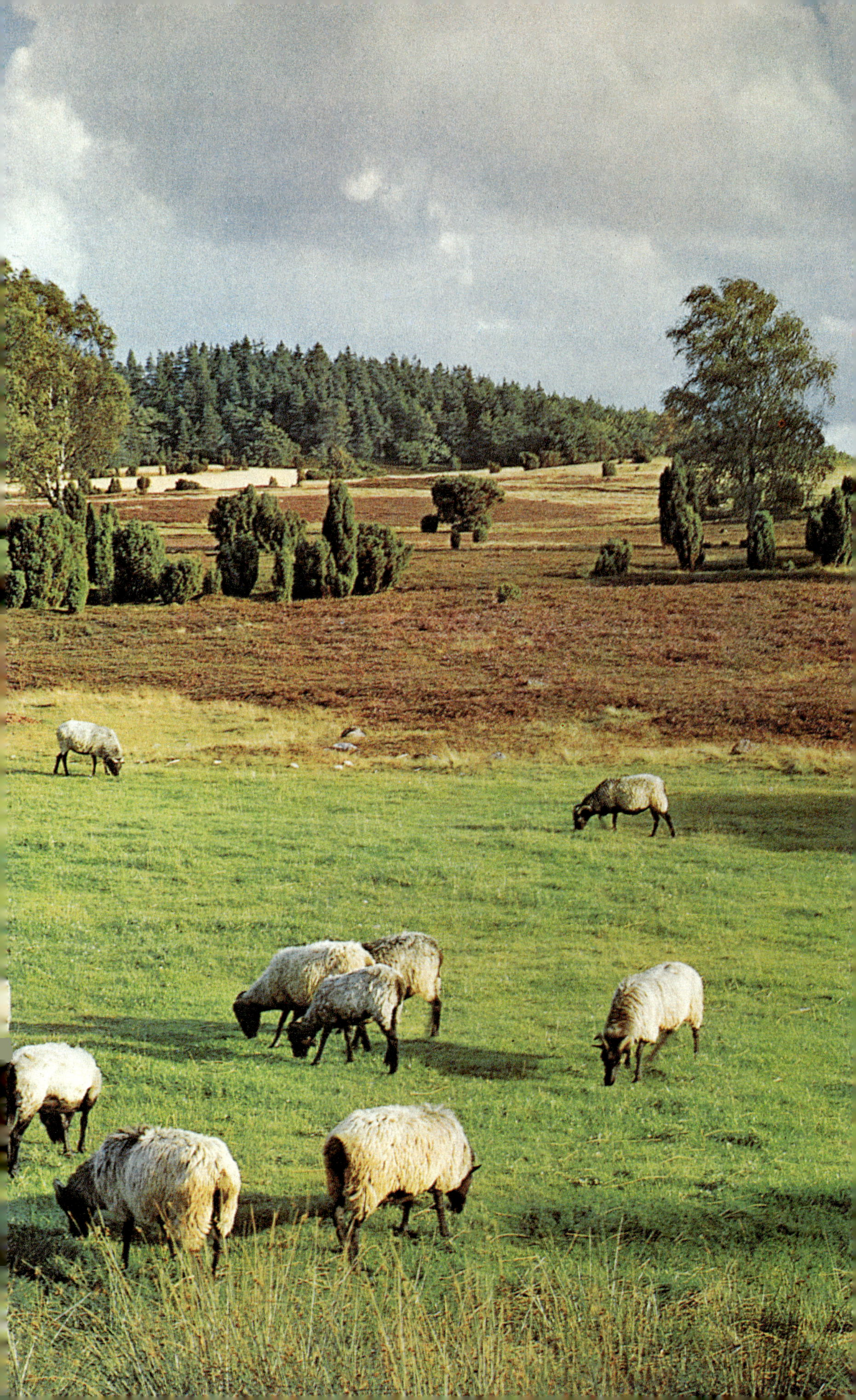

Lüneburger Heide, Altmark und das Umland

Die Lüneburger Heide ist schon längst nicht mehr so, wie der Dichter Hermann Löns sie einst kannte. Wo früher weite, violett blühende Heideflächen das Bild prägten, stehen heute große Kiefernwälder. Dennoch ist es hier wie auch in der Altmark gelungen, das romantische Landschaftsbild zu erhalten.

Die Begriffe »Lüneburger Heide« und »Altmark« bedeuten für viele Menschen, auch außerhalb Norddeutschlands, die Vorstellung von Einsamkeit, Stille und Urwüchsigkeit. Das ist auf der einen Seite richtig, auf der anderen wiederum nicht. Denn heute ist diese Landschaft längst das Ziel der Großstädter aus allen Himmelsrichtungen, sind Teile dieses Gebietes zu Truppenübungsplätzen zweckentfremdet worden. Die Heide ist heute ein Ziel des Massentourismus, und auch die weltweite Luftverschmutzung zollt der Heide keinen Tribut, sondern setzt ihr mit saurem Regen zu. Wer denkt schon noch daran, daß zu Beginn des vorigen Jahrhunderts die Heide als Sandeinöde gemieden wurde?

Die Altmark fällt ihrem Besucher vor allem durch ihre grünen Konturen, saftigen Weiden, flüßchendurchzogenen Niederungen und die vielen kleinen und größeren Waldungen auf. Das Erscheinungsbild dieser Landschaft entstand zur selben Zeit wie das der Lüneburger Heide. Während der vorletzten großen Eiszeit wurde das hügelige Relief, das sich heute dem Betrachter bietet, von den skandinavischen Eismassen herausgearbeitet.

Beinahe grotesk mutet es an, daß die »richtige« Heide, das Produkt weidender Heidschnuckenherden, heutzutage mühsam geschützt und betreut werden muß. Denn von beinahe einer halben Million Heidschnucken, so nennt man liebevoll die dort beheimatete Schafrasse, vor einem Jahrhundert sind bis heute nur ein paar tausend Tiere übriggeblieben. Heide bleibt nur dort erhalten, wo Schnuckenherden die zwischen dem Heidekraut sprießenden Bäume und Sträucher auch heute noch emsig beseitigen. Dort, wo die Heidschnuckenzucht aufgegeben wurde, entstanden anstelle der Heide dichte Wälder. Sicher ein Vorzug für Wanderer und Naturfreunde. Aber die »echte« Heide mit ihren im August und September violett blühenden kleinen Blütenglocken ist in größerem Zusammenhang nur noch im Naturschutzpark Lüneburger Heide erhalten geblieben.

Als »Perle der Altmark« zieht der Arendsee vor allem in den Sommermonaten ganze Besucherscharen von nah und fern an. Salzauslaugung im Untergrund hat hier ein Wasserreservat geschaffen, das von Menschen und Tieren gleichermaßen genutzt wird.

Auch einige bedeutende Städte gehören zu dieser Landschaft: Celle und die alte Salzstadt Lüneburg begeistern durch ihre Fachwerkhäuser, was auch für Teile von Braunschweig und Gifhorn gilt. Und wer erwartet schon, ausgerechnet in diesem Teil Deutschlands Klöster zu finden, wie sie in Ebstorf, Wienhausen oder Isernhagen erhalten geblieben sind? Weit über die Region hinaus bekannt sind die Museen von Lüneburg, Wilsede, Gifhorn, Diesdorf und Braunschweig.

Am schönsten ist ein Besuch, wenn die Heide violett blüht

Früher ein vertrautes Bild, heute eine Seltenheit: eine Heidschnuckenherde

Auskunft:
Fremdenverkehrsverband Lüneburger Heide e. V., Postfach 25 40, 21315 Lüneburg, Tel.: 04131/309-593, Telefax: 04131/309-598.

Öffnungszeiten:
Rathausführungen: dienstags bis sonntags. Montags Ruhetag.

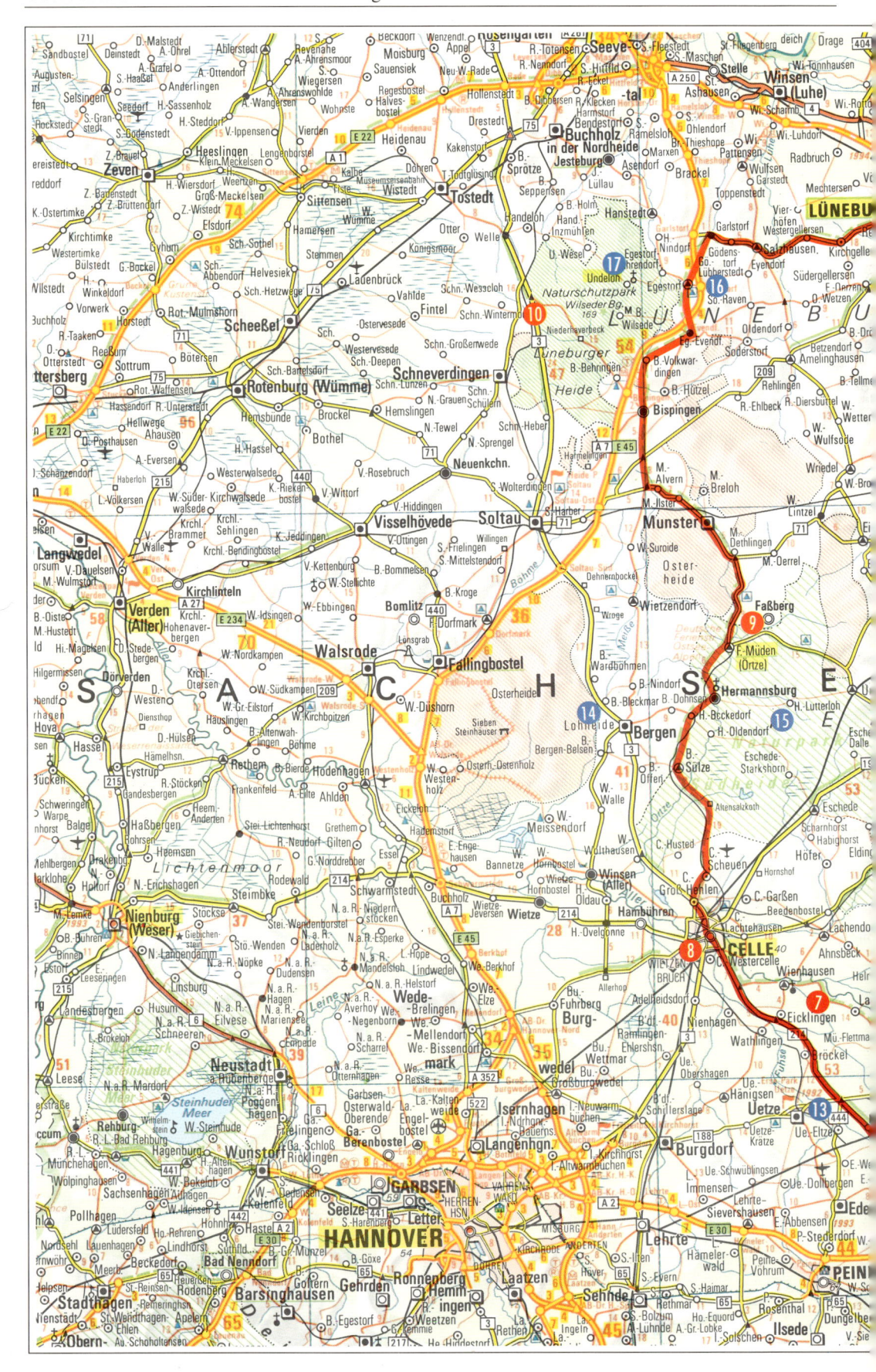

Übersichtskarte Autotour und Sehenswürdigkeiten

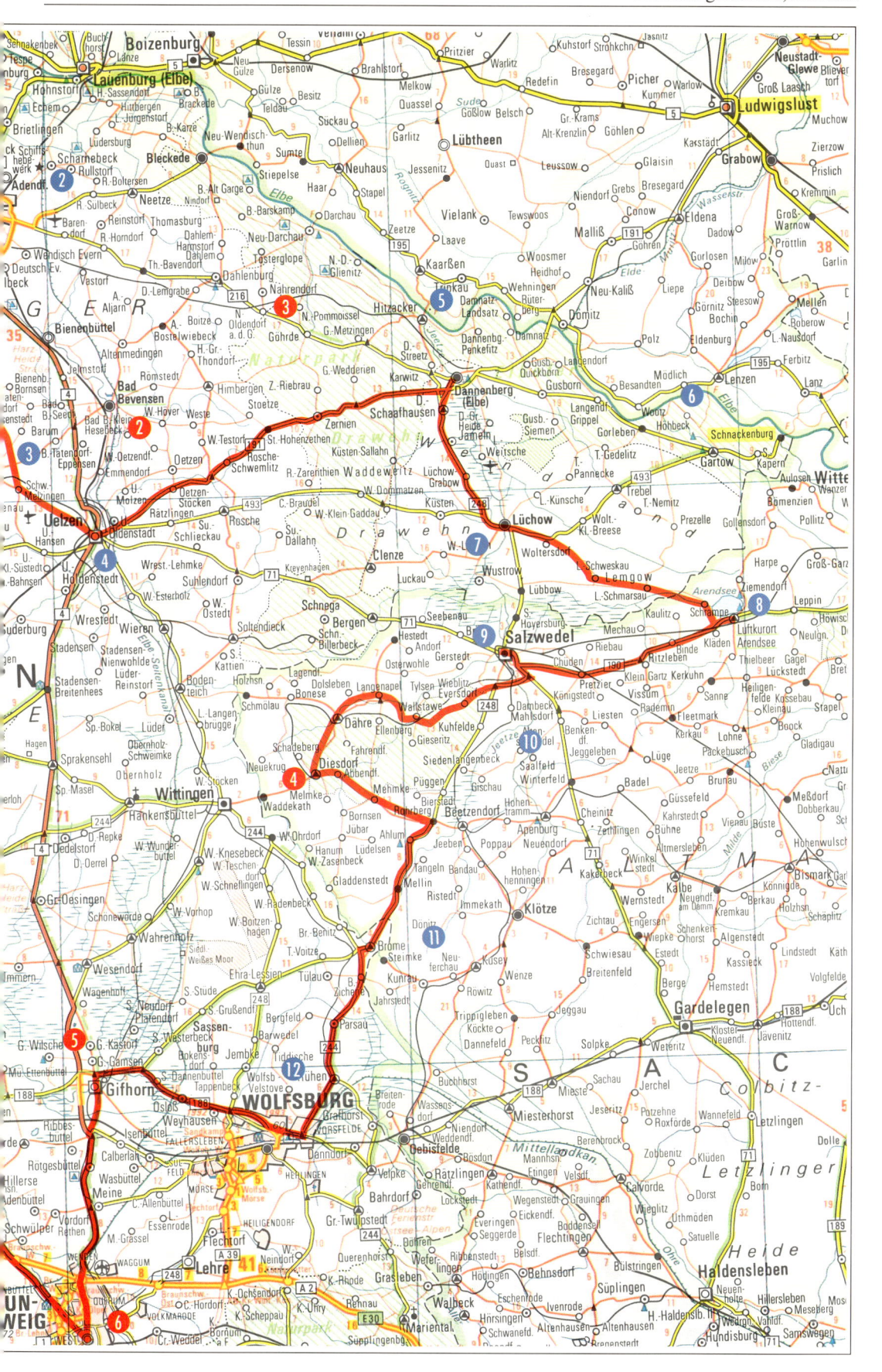

Lüneburger Heide, Altmark

81

Die schönsten Ausflugsziele auf einen Blick

Die Autotour

Wälder bedecken heute wieder weite Flächen, wo einst das Heidekraut vorherrschte. Das ist nur recht und billig. Schließlich hatte man die bewaldeten Flächen der Lüneburger Heide aus wirtschaftlichen Gründen abgeholzt. Wer Ruhe und Abgeschiedenheit sucht, der sollte dem Arendsee einen Besuch abstatten.

Gesamtlänge der Autorundreise: 400 km

❶ Tourenvorschlag Lüneburg
Eine der schönsten mittelalterlichen Städte Deutschlands. Reiche Salzvorkommen in der Umgebung sicherten der ehemaligen Hansestadt ihre wirtschaftliche Unabhängigkeit.

❷ Tourenvorschlag Bad Bevensen
Im nördlichen Ortsteil Medingen, des bekannten Kurortes in der Ostheide, erhebt sich ein schönes Nonnenkloster. Vor 200 Jahre brannte ein Großteil der interessanten Gebäude ab.

❸ Tourenvorschlag Göhrde
Besonders empfehlenswert ist ein Besuch der weiten Wälder dieses am westlichen Rand des Naturparks Elbufer-Drawehn gelegenen Naturraums und der südlichen Lüneburger Heide.

❹ Tourenvorschlag Diesdorf
Außer den Gebäuderesten des ehemaligen Klosters verdient hier vor allem das einzige Freilichtmuseum der Altmark mit seinen wertvollen Bauernhäusern einen ausführlichen Besuch.

❺ Tourenvorschlag Gifhorn
Stattliche Bürgerhäuser aus dem 16. bis 18. Jahrhundert und das schön renovierte Schloß allein sind schon sehenswert, aber die eigentliche Attraktion ist das Internationale Mühlenmuseum.

❻ Tourenvorschlag Braunschweig
Die bedeutende Kunststadt verdankt ihre anfängliche Blüte Heinrich dem Löwen. Trotz schwerster Zerstörungen im letzten Krieg sind heute die bedeutendsten Bauwerke wiederhergestellt.

❼ Tourenvorschlag Wienhausen
Die teilweise noch mittelalterliche Klosteranlage wurde für Zisterziensermönche errichtet und nach der Reformation von einer protestantischen Frauengemeinschaft genutzt.

❽ Tourenvorschlag Celle
Die vom Zweiten Weltkrieg verschont gebliebene Stadt hat in ihrer Altstadt zahlreiche Fachwerkbauten, zu denen Kirche, Schloß und Rathaus gehören.

❾ Tourenvorschlag Müden/Örtze
Das Dorf an der Örtze ist mehrfach als eines der schönsten Dörfer in der Lüneburger Heide gepriesen worden. In der Nähe ist der Lönsstein ein beliebtes Ziel für einen Spaziergang.

❿ Tourenvorschlag Wilseder Berg
Der 169 Meter hohe »Gipfel« bildet den Mittelpunkt des Naturschutzparks Lüneburger Heide. Da er für den Straßenverkehr gesperrt ist, kommen Wanderer hier voll auf ihre Kosten.

Der »Alte Kran« in Lüneburg (1332)

Weitere interessante Sehenswürdigkeiten entlang der Route

❶ Bardowick
Der einst bedeutende Ort besitzt einen großartigen Dombau aus dem 13. Jh. Im Innern befinden sich gotische Grabtafeln, der Chor weist ein Taufbecken (1367), einen zweiflügeligen Schnitzaltar und ein geschnitztes Gestühl auf.

❷ Scharnebeck
Das Schiffshebewerk am Elbe-Seitenkanal ist mit seinen 38 Metern Hubhöhe eines der größten Ingenieurleistungen der Welt.

❸ Ebstorf
Hier erheben sich bedeutende mittelalterliche Bauten des früheren Benediktiner-Nonnenklosters von 1197. Im Innern wird eine Nachbildung der Ebstorfer Weltkarte von 1284 aufbewahrt. Das Original wurde im Zweiten Weltkrieg leider zerstört.

❹ Uelzen
Das »Goldene Schiff« in der Marienkirche ist das Wahrzeichen der ehemaligen Hansestadt. Das Rathaus der Stadt ist gotischen Ursprungs und stammt aus dem Jahre 1347. Im Vorort Oldenstadt sind die Ruinen einer Benediktinerabtei aus dem 12. Jahrhundert zu sehen.

❺ Hitzacker
Lange Zeit Grenzstädtchen, heute mitten in Deutschland: Hitzacker an der Elbe zeichnet sich durch seine Fachwerkidylle aus. Mit dem gegenüberliegenden Ort Bitter ist Hitzacker durch eine Personenfähre verbunden.

❻ Höhbeck
Vom Aussichtsturm auf der Geestinsel bieten sich herrliche weite Ausblicke über die Elblandschaft.

❼ Lüchow
In dem Landstädtchen im südlichen Wendland wird das Straßenbild von hübschen Fachwerkbauten bestimmt.

⑧ Arendsee
Die »Perle der Altmark« ist ein beliebtes Ausflugsziel, deren Besucher auch aus dem niedersächsischen Raum kommen. Der See entstand durch Salzauslaugung im Untergrund. Selbst in strengen Wintern friert der See aufgrund seiner Tiefe selten zu.

⑨ Salzwedel
Die alte Stadt an der Jeetze geht ursprünglich auf eine erstmals 1112 erwähnte Burg zurück. Von der Stadtbefestigung sind Teile der Stadtmauer und die Stadttore erhalten.

⑩ Dambeck
Südlich des Ortes liegt das ehemalige Benediktinerinnen-Kloster. Gründungszeit war das Jahr 1242. Das barock umgestaltete Innere birgt zahlreiche Stücke aus dem 15. und 16. Jahrhundert.

⑪ Brome
Der erstmals 1203 urkundlich erwähnte Marktflecken hat in der Burg Brome ein sehenswertes und interessantes Museum eingerichtet.

⑫ Wolfsburg
Die Stadt wird vorwiegend mit einem Auto in Verbindung gebracht – dem Volkswagen. Im VW-Museum werden neben alten auch neuere Modelle des Konzerns ausgestellt. Das Schloß (13./14. Jh.) im Norden der Stadt beherbergt das Heimatmuseum sowie die Städtische Galerie für Kunst und moderne Grafik.

⑬ Erse-Park Uetze
Vor allem Kindern macht ein Besuch dieses Märchen- und Freizeitparks viel Spaß. Neben herrlich angelegten Blumenrabatten sorgen viele Fahrattraktionen für die Unterhaltung der Besucher.

⑭ Bergen-Belsen
Traurige Berühmtheit erlangte der Ortsteil Belsen durch ein Konzentrationslager aus der Nazi-Zeit. Zum Gedenken an diese Zeit ist ein Mahnmal errichtet worden.

⑮ Hermannsburg
Die Sommerfrische in der Südheide informiert in der evangelischen Mission im Ludwig-Harms-Haus über den Heidepastor Harms und seine Missionsziele.

⑯ Egestorf
In der schlichten Fachwerkkirche von 1645 predigte der Heidepastor Bode, der sich um die Rettung der Heide bemüht hatte und dem die Errichtung des Naturschutzparks zu verdanken ist.

⑰ Undeloh
Besonders schön gelegenes Dorf am Rande des Naturschutzparks Lüneburger Heide mit zahlreichen Wandermöglichkeiten. Von hier aus starten Pferdekutschen auf gemütlichen Wegen zum nahe gelegenen Heidedorf Wilsede. Zur Zeit der Heideblüte herrscht hier großstädtisches Treiben.

Geschichte und Kultur
Heinrich der Löwe und sein Vermächtnis

Der mächtige Herzog gründete Lübeck im Norden und München im Süden Deutschlands. Aber »seine« Stadt ist Braunschweig – die Stadt des Löwen. Heinrich der Löwe, eine der faszinierendsten Gestalten der deutschen Geschichte, hat nirgendwo so deutliche Spuren hinterlassen wie in Braunschweig. Dort steht seine Burg Dankwarderode, dort erhebt sich der Löwe, Symbol der Welfen, und dort liegt der Herzog, zusammen mit seiner Frau Mathilde, im Dom begraben. Den Grundstein zum St.-Blasius-Dom legte Heinrich im Jahr 1173 selber.

Heinrich der Löwe verlagerte das Schwergewicht welfischer Herrschaft nach Norden und vergrößerte seine Macht durch Erbschaften, durch die Überwachung von Märkten, durch die Gründung von Handelsplätzen. Als im Jahre 1152 Friedrich I., später Barbarossa genannt, zum Kaiser gewählt wurde, begann eine Zeit enger Zusammenarbeit und Freundschaft zwischen den Staufern, denen Friedrich angehörte, und den Welfen, wovon beide profitierten.

Der Herzog förderte vor allem im Norden die Entwicklung der Städte. Schwerin, Stade, Bremen, Lüneburg – ihre Geschichte ist mit dem Namen des Herzogs eng verbunden. In Braunschweig baute er sich die Burg Dankwarderode. Er hatte damit eine feste Residenz – im Gegensatz zum Kaiser, der durchs Land zog.

Herzog Heinrich muß ein selbstbewußter Herr gewesen sein. Welchen Grund könnte es dafür geben, daß er im Jahre 1166 im Burgbezirk von Dankwarderode ein Löwendenkmal errichten ließ? Es sollte Macht und Größe des Löwengeschlechts demonstrieren. Die Welfen führten den Löwen im Wappen. Außerdem war er Gerichtsmal.

Der Braunschweiger Löwe ist die erste frei im Raum stehende Großplastik des Mittelalters. Mit dem Denkmal verbindet sich eine Sage. Danach soll Heinrich aus dem Heiligen Land einen Löwen mitgebracht haben, der sich nach dem Tode des Herzogs an dessen Grab niedergelassen haben und vor Kummer gestorben sein soll.

Ausdruck seines Selbst- und Machtbewußtseins ist aber auch das heute weltberühmte Evangeliar, das möglicherweise im Jahre 1188 im Benediktinerkloster Helmarshausen – in der Nähe des heutigen Karlshafen gelegen – entstand. Ein Evangeliar ist ein für den Altardienst bestimmtes liturgisches Buch. Zur Zeit Heinrichs war es nicht mehr üblich, die weltlichen Herrscher darzustellen. Dieses Evangeliar bildet eine Ausnahme. Es ist im Ausdruck für den Herrscherwillen und Ehrgeiz Heinrichs. Ebenso beeindruckend sind auch die prunkvolle Ausführung und die Größe des Evangeliars.

Heinrichs Macht endete nach einem Zerwürfnis mit Friedrich Barbarossa. Er wurde verbannt, mußte das Reich verlassen und ging nach England.

Sein Einfluß im Norden des Reiches blieb jedoch bestehen. Er war immerhin so stark, daß er es wagen konnte, die mächtige Stadt Bardowick, die sich bei seinem Sturz von ihm abgewandt und ihn sogar verspottet hatte, zerstören zu lassen.

Reitersiegel Heinrichs des Löwen (1129–1195)

Lüneburger Heide, Altmark Autotour (1)

Im alten Kaufhaus lagerten einst Heringe

Die Bürger Lüneburgs wurden durch Salz reich. Sie nutzten das Geld, um ihre Stadt zu einem Schmuckstück zu machen.

Anfahrt:
Autobahn 7, Ausfahrt Garlstorf.

Auskunft:
Fremdenverkehrsverband Lüneburger Heide e. V., Postfach 25 40, 21315 Lüneburg, Tel.: 0 41 31/3 09-5 93, Telefax: 0 41 31/3 09-5 98.

Öffnungszeiten:
Glockenspiel im Sommer 8, 12 und 18 Uhr, sonntags 12 Uhr. Rathausführungen: dienstags bis sonntags. Montags Ruhetag.

Abstecher:
Etwa zwei Kilometer entfernt liegt das Kloster Lüne (1172 gegründet), das besichtigt werden kann. Im August: Teppichausstellung.

Spaziergang:
Für einen Spaziergang empfiehlt sich der Kurpark. An seinem Nordende liegt das Kurzentrum, das ebenfalls besichtigt werden kann.

Am Sande erhebt sich die aus dem Lot geratene Johanniskirche

Einer der eindrucksvollsten alten Stadtplätze in Deutschland ist »Am Sande« in Lüneburg. Der großräumig angelegte Platz wird umsäumt von Patrizierhäusern, die durch ihre Giebel bestechen. Gotik, Renaissance und Barock geben sich hier ein buntes Stelldichein. Beeindruckend aber erhebt sich der 108 Meter hohe Turm der St.-Johannis-Kirche an der Ostseite des Platzes. Der Turm, der nach einem Brand 1406 neu hochgezogen wurde, ist an der Spitze 2,12 Meter aus dem Lot. Es heißt, der verantwortliche Baumeister habe sich aus Gram darüber vom Turm gestürzt.

In Lüneburg spürt man auf Schritt und Tritt den alten Reichtum, den die Lüneburger dem Salz verdanken. Das gilt auch für das Rathaus der Stadt, das zum Markt hin barock ist, das aber aus mehreren Gebäudeteilen besteht, die im Laufe von Jahrhunderten zusammengewachsen sind. Im Innern besitzt dieses Rathaus eine Fülle von Sehenswürdigkeiten. Dazu gehören die gotische Gerichtslaube (um 1330), die Große Ratsstube (16. Jahrhundert) und die Bürgermeister-Körkammer mit der kostbaren Holzbalkendecke. In der Körkammer wurden die Bürgermeister in geheimer Wahl gewählt. Im Turm des Rathauses befindet sich seit 1956 ein Glockenspiel aus Meißner Porzellan.

Die Straße an der Nordfront des Rathauses heißt Am Ochsenmarkt. Dort steht das »Heine-Haus«, ein Patrizierhaus von 1560, in dem die Eltern Heinrich Heines von 1822 bis 1828 wohnten. Auch Heine selbst war dort gelegentlich zu Gast und hat in diesem Haus seinen Gedichtzyklus »Die Heimkehr« geschrieben.

Wer in Lüneburg weilt, der sollte den alten Hafen an der Ilmenau besuchen. Dort stehen ein alter Kran, der 1346 zum ersten Male erwähnt wurde und in seiner jetzigen Gestalt aus dem 18. Jahrhundert stammt, und das Kaufhaus, ein ehemaliger Heringsspeicher.

Bad Bevensen – gestern und heute

Noch jung ist die Geschichte Bad Bevensens als Heilbad. 1968 erbohrte man bei der Suche nach Erdgas eine jodhaltige Thermalsole. Inzwischen ist aus dem Luft- und Kneippkurort ein bekanntes Heilbad mit modernem Kurzentrum geworden, dessen ländlicher Charme erhalten blieb.

Bis in die Steinzeit reicht hingegen der historische Hintergrund Bad Bevensens. Steinzeitliche Dolmengräber, über siebzig bronze- und eisenzeitliche Hügelgräber in unmittelbarer Nähe (Haaßel, Bünstorf, Addenstorf) sind Zeugen einer frühzeitigen Besiedlung der reizvollen, waldreichen Landschaft der östlichen Lüneburger Heide. Sehenswert ist der barock-klassizistisch geprägte, 1788 entstandene Neubau des 1336 in Bevensen-Medingen erbauten Zisterzienser-Nonnenklosters, das 1781 abbrannte und seit der Reformation ein evangelisches Damenstift ist. Neben dem Kloster steht das 1541 errichtete Schlößchen des braunschweigisch-lüneburgischen Herzogs Ernst, auch der Bekenner genannt.

Von hier ist es nicht weit zum Forst Rießel, durch den ein 2,6 Kilometer langer Naturlehrpfad führt. Die »Rießelmannskuhle« erinnert an den sagenhaften Ritter Rießel; die Sage kann man auf einem Schild nachlesen.

Das Museum Schliekau zeigt eine Fülle interessanter Exponate aller Epochen aus dem Bad Bevenser Raum; die naturkundliche Ausstellung »Aus dem Walde« im Forstamt gibt einen weitgespannten Blick über Fauna und Flora.

Das junge Heilbad an der Ilmenau in der östlichen Lüneburger Heide ist stolz auf seine traditionsreiche Vergangenheit und verdankt seine heutige Bedeutung als Mineralheilbad der Suche nach Erdgas.

Einen weiteren neuen Akzent setzt der an Bad Bevensen vorbeiführende Elbeseitenkanal, der 125 Kilometer lang ist und Elbe und Mittellandkanal verbindet. Vom Bad Bevenser Kanalhafen starten im Sommer täglich Schiffsrundfahrten. Ein besonderes Erlebnis ist eine Fahrt mit dem Rad entlang des Kanals. Von erhöhter Warte reicht der Blick weit ins Land hinein.

Kloster Medingen birgt wertvolle Schätze aus vergangenen Tagen

Das Kurbad von Bad Bevensen ist weithin bekannt

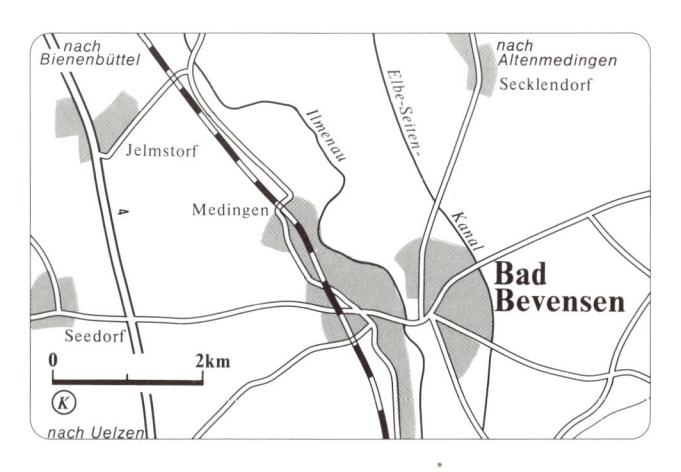

Anfahrt:
A 7, Abfahrt Soltau-Ost oder Garlstorf. 3 km östl. der B 4 zwischen Lüneburg und Uelzen gelegen. Mit der Bahn 45 Min. von Hamburg, 1 Std. von Hannover.

Auskunft:
Kurzentrum, Dahlenburger Straße, 29549 Bad Bevensen, Tel.: 05821/570, Telefax: 05821/5766.

Öffnungszeiten:
Mo.–Fr. 8–12 Uhr, Sa./So. u. Feiertag 8–20 Uhr.

Abstecher:
Nach Altenmedingen (nicht verwechseln mit Medingen!) zur gotischen Kirche aus Feld- und Backstein und zu den benachbarten Großsteingräbern, sogenannten Königsgräbern, von Haaßel. Nach dem südlich gelegenen Uelzen (rund 15 km).

Lüneburger Heide, Altmark   Autotour ③

Die weiten Wälder der Göhrde

Wo einst Könige und Herzöge jagten, läßt sich heute in einem prächtigen Waldgebiet nach Herzenslust wandern.

Anfahrt:
Auf der B 216 von Lüneburg (35 km).

Auskunft:
Samtgemeinde Dahlenburg, Am Markt 17, 21368 Dahlenburg, Tel.: 0 58 51/8 60, Telefax: 0 58 51/86 40.

Öffnungszeiten:
Jeden Sommersonntag 10–12 Uhr und nach Vereinbarung.

Abstecher:
Von der Göhrde nach Hitzacker (»Sommerliche Musiktage«), Dannenberg mit Waldemarsturm oder nach Bad Bevensen/Medingen (Tour 2).

Wandern:
Kreuz und quer in der ganzen Göhrde auf zahllosen Waldwegen. Der Ort Göhrde läßt sich in einer Stunde umrunden. Eine schöne Wanderung führt vom Göhrdedenkmal an der B 216 über Breese, Pommoissel, Lüben und zurück und dauert reichlich 2 Std.

Das Heimatmuseum befaßt sich mit Geschichte und Kultur der Göhrde

Westlich der Elbe und südöstlich der Stadt Lüneburg, am Ostrand der Heide, erstreckt sich das 6000 Hektar große Waldgebiet der Göhrde: in östlicher Richtung viele Eichen, nach Westen überwiegend Kiefern.
Zu Beginn des 18. Jahrhunderts bauten die Herzöge von Lüneburg inmitten dieses Waldes beim heutigen Ort Göhrde ein Jagdschloß. Es war ein prächtiger Bau mit drei Stockwerken und zwei Flügeln. Allein der Marstall konnte 300 Pferde aufnehmen. Es gab unter den Nebengebäuden eine Pastetenbäckerei und sogar ein Theater. Hier begegneten sich 1726 König Georg von England (früherer Kurfürst von Hannover) und Preußens König Friedrich Wilhelm I. 700 Menschen und 1000 Pferde sollen sich dabei in der stillen Göhrde getummelt haben. Aber dieses Jagdschloß wurde abgerissen. Was heute als »Schloß« bezeichnet wird, ist lediglich der als Volkshochschule genutzte einstige Marstall. Sehenswert in Göhrde ist das Waldmuseum.
Die Göhrde spielte auch im Krieg von 1813 eine Rolle. In der Schlacht bei der Göhrde schlugen Hannoveraner, Preußen, Engländer und Russen gemeinsam die napoleonischen Truppen. Wer nach Dahlenburg fährt, kann hier die Schlacht in zierlichen Zinnfiguren gestaltet sehen: jeden Sommersonntag von 10 bis 12 Uhr.
Heute bildet der Ort Göhrde mit Forsthaus und Lokalen einen idealen Standort, um von hier aus entweder die weiten Göhrdewälder oder den ganzen Naturpark Elbufer-Drawehn zu durchstreifen. Dabei erinnern Ortsnamen wie Pommoissel, Nieperfitz, Großwittfeitzen und ähnliche an die einst wendischen Bezeichnungen. Weiter südlich steigt das Gelände erheblich an. Der Hohe Mechtin erreicht eine Höhe von 137 Metern. Wer am »Hotel zur Göhrde« haltmacht, wird dort seine Freude an den Wildschweinen haben, die sich in einem Gehege tummeln.

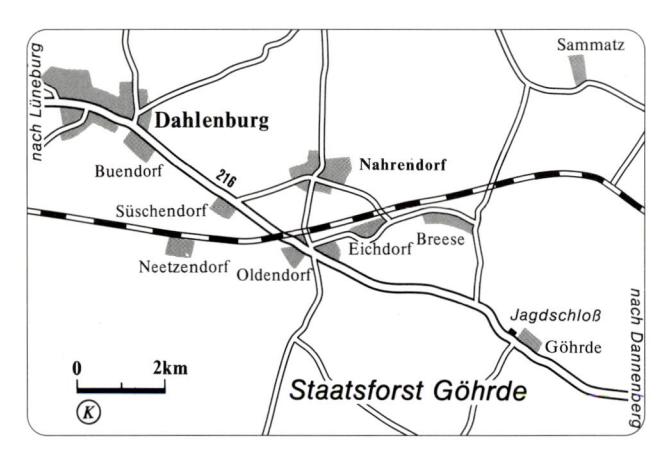

Im einzigen Freilichtmuseum Sachsen-Anhalts

Im äußersten Westen der Altmark liegt der kleine Ort Diesdorf, der in seiner Geschichte so manchen Wandel erfahren hat. 1161 ist nur eine Jahreszahl, die in der Dorfchronik einen wichtigen Stellenwert einnimmt. Das Augustiner-Chorherren- und Nonnenkloster wird unter dem Grafen Hermann von Lüchow und Warpke gegründet. Bis zu seiner Auflösung im frühen 19. Jahrhundert prägten Amt und Stift die Entwicklung Diesdorfs. Heute erinnern nur noch die größtenteils erhalten geblieben Klostermauer und die Klosterkirche mit einigen Nebengebäuden an die großartige Anlage.

Das ehemalige Kloster von Diesdorf stammt aus dem 12. Jahrhundert, und das Museum ist in seiner Art eines der ersten Deutschlands.

Die niederdeutschen Hallenhäuser sind aus starkem Eichenholzgefache errichtet.

1911 kam es im Südwesten des Ortes zur Gründung des Freilichtmuseums. Initiator war der Diesdorfer Landarzt Dr. Georg Schulze, der sich zusammen mit dem Diesdorfer Wohlfahrtsverein e. V. der Schaffung der kulturhistorischen Schauanlage widmete.
Aus der anfangs nur aus drei Gebäuden bestehenden Anlage wurde mit der Zeit ein schönes, den altmärkischen Ursprung repräsentierendes Fachwerkensemble mit heute 13 ländlichen Gebäuden aus dem 17. bis 19. Jahrhundert.
Die Gebäude und ihre Einrichtung vermitteln dem Besucher auf anschauliche Weise die Kultur- und Lebensweise der altmärkischen Bauern. Das gesamte Museum ist eine lebendige Einrichtung; zu bestimmten Anlässen wird von der Bevölkerung des Ortes gesponnen, gewebt, gebacken und das Schmiedehandwerk vorgeführt.
Höhepunkte stellen die in den Sommermonaten aufgeführten Musik- und Folkloretage dar. Dabei treten in der herrlichen Kulisse des Museums Tanzgruppen in ihren zum Teil längst vergessenen Trachten auf. Dazu werden typische altmärkische kulinarische Spezialitäten wie Hochzeitssuppe, Tiegelbraten und Zungenragout gereicht. Gemüse und andere Leckereien stammen aus dem nach Überlieferungen angelegten historischen Bauerngarten.

Anfahrt:
B 4, dann über Wittingen nach Diesdorf; B 71 Abzweigung Klötze oder Salzwedel; Museum 1 km Richtung Molmke.

Auskunft:
Freilichtmuseum, 29415 Diesdorf/Altmark,
Tel.: 03902/410,
Telefax: 03902/450.

Öffnungszeiten:
Ganzjährig tägl. außer Montag (bis auf Feiertage im Sommerhalbjahr, dann Montag auch geöffnet), April–Oktober 10–18 Uhr, November–März 10–17 Uhr (bzw. bis Einbruch der Dunkelheit).
Museumsgaststätte: Tägl. ab 11 Uhr geöffnet, montags geschlossen – bis auf Anmeldung.

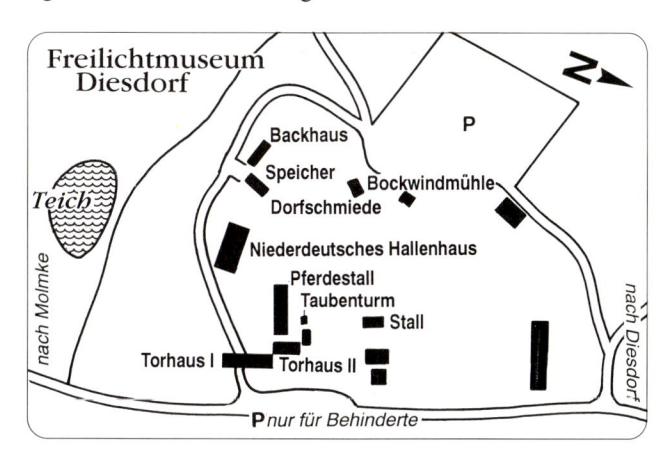

Lüneburger Heide, Altmark

Autotour 5

Wo die Mühlen um die Wette klappern

In Gifhorn glauben die Besucher des einzigartigen internationalen Mühlenmuseums noch einen Hauch der Romantik zu spüren, die das Müllerhandwerk früher prägte.

Anfahrt:
Gifhorn liegt im Kreuzungspunkt der B 4 und 188.

Auskunft:
Tourist-Information, Cardenap 1, 38518 Gifhorn
Tel.: 0 53 71/8 81 75, Telefax: 0 53 71/8 82 58.

Abstecher:
In den Ortsteil Winkel zum Naturschutzgebiet »Gifhorner Schweiz« mit schönen Heideflächen. Im »Lönskrug« hielt sich der Heidedichter Hermann Löns mehrere Male auf.

Öffnungszeiten:
Internationaler Mühlenpark, Bromer Straße 15. März–31. Oktober täglich 10–18 Uhr, 1.–30. November tägl. 10–17 Uhr, 1.–31. Dezember nur Sa. u. So. 10–17 Uhr. 1. Januar–15. März geschlossen, Gruppen nach Voranmeldung.
Historisches Museum der Stadt Gifhorn im Schloß, Di.–Fr. von 14–18 Uhr, Sa./So. von 11–17 Uhr.

Da, wo das liebliche Heideflüßchen Ise das Renaissanceschloß Gifhorn passiert, stößt man auf die Attraktion der kleinen Kreisstadt. Reizvoll gelegen, am Nordufer des Mühlensees, befindet sich das schön angelegte Museumsgelände.

Schon von weitem grüßen die Flügel der riesigen holländischen Originalwindmühle »Sanssouci«. Im Eingangsbereich stehen weitere Originale aus verschiedenen Ländern der Welt. Eine absolute Rarität ist die griechische Windmühle, die sich auf einer kleinen Halbinsel im See neben der portugiesischen Mühle erhebt. Man fühlt sich beinahe in die bizarre Ägäislandschaft versetzt, wenn an schönen Sommertagen die weißen Tuchbespannungen der Flügel in den blauen Himmel hineinragen.

Durch die Erdholländer-Kellermühle »Immanuel« betreten Besucher das Gelände. In den modernen Ausstellungsgebäuden geradeaus sind über 40 Wind- und Wassermühlenmodelle aus aller Herren Länder maßstab- und naturgetreu aufgebaut. Daneben geben Fotos und Bilder Einblicke in das Leben der Müllerei. Wieder auf dem Freigelände steht man vor dem Original einer hölzernen Bockwindmühle, die 1980, im Gründungsjahr des Museums, als erste aufgestellt wurde.

Die Anlage des Mühlenparks ist einzigartig auf der Welt

Im ehemaligen Wasserschloß befindet sich das Historische Museum

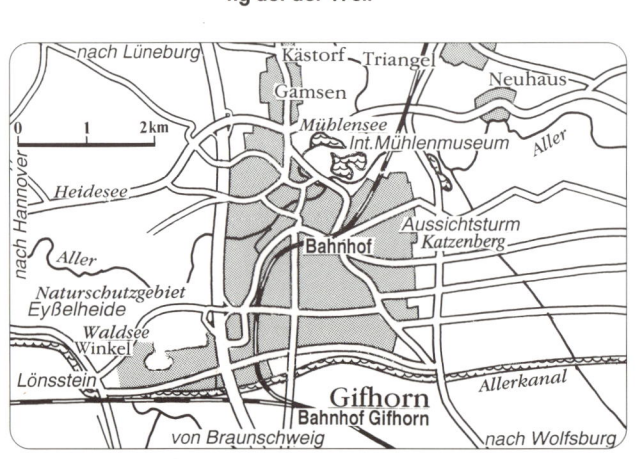

Eine neue »Mühlen-Attraktion« ist dagegen die im Mühlensee vertäute Schiffsmühle, die wie alle anderen Originalmühlen funktionstüchtig ist. Eine andere Wassermühle, die Tiroler Wassermühle, versteckt sich in einer kleinen Senke hinter dem hübsch angelegten Mühlenteich. Die auf etwa 300 Jahre geschätzte Mühle ist ganz aus handbehauenen Lärchenstämmen gebaut. In der östlichsten Ecke des Geländes steht die schlanke ukrainische Windmühle »Natascha«. Sie ist der Nachbau eines Originals aus Korsun-Schewtschenkowski.

Autotour 6 · Lüneburger Heide, Altmark

Wo einst Heinrich der Löwe residierte

Braunschweigs Wahrzeichen, der bronzene Löwe, reckt sich stolz der Burg Dankwarderode entgegen. Das Landesmuseum präsentiert Sammlungen zur Geschichte des alten Landes Braunschweig.

Braunschweig, einst Hansestadt und mittelalterliche Großstadt, hat ihre Wurzeln vermutlich auf dem heutigen Burgplatz. In der Nähe des Schnittpunktes mehrerer bedeutender Handelsstraßen entstand vor mehr als 1000 Jahren die Keimzelle der heutigen Großstadt Braunschweig.

Der Platz gehört zu den traditionsreichsten der Stadt und beeindruckt durch ein mittelalterliches Gebäudeensemble. Umrahmt wird der Burgplatz von der im Grundriß 1175 entstandenen Residenz Heinrichs des Löwen, dem Gegenspieler König Barbarossas, Burg Dankwarderode, dem klassizistischen Viehweghaus und prächtigen Fachwerkhäusern. An der Südseite erhebt sich als dreischiffige Gewölbebasilika der schöne Dom St. Blasii.

Heinrich der Löwe ließ ihn in den Jahren 1173 bis 1195 nach der Rückkehr von seiner Palästinafahrt errichten. Besondere Beachtung verdient die Inneneinrichtung der Kollegiatsstiftskirche. Der riesige siebenarmige Bronzeleuchter, geziert mit Grubenschmelzeinlagen und von Drachen, die sich auf vier liegenden Löwen erheben, ist eine Stiftung von Heinrich dem Löwen. Das Wappentier des mächtigen Welfenherzogs war der Löwe. In der Domhalle befindet sich der Zugang zur Gruft.

Das riesige Standbild auf der Mitte des Platzes ist zwar nur eine Kopie, das Original befindet sich in der Burg, aber auch diese verfehlt ihre Wirkung auf den Betrachter nicht. Das Standbild gilt als erste monumentale Freifigur des Mittelalters. Die Burg unterhält die mittelalterliche Abteilung des ebenfalls in Braunschweig befindlichen Herzog-Anton-Ulrich-Museums. Im Knappensaal der Burg werden in einer ständigen Ausstellung Reliquien und Kunstgegenstände sowie liturgische Geräte jener Zeit ausgestellt. Eine Abteilung eines der größten historischen Museen Deutschlands ist im Viehweghaus untergebracht.

Burg Dankwarderode ist eines der schönsten Gebäude am Burgplatz

Anfahrt:
Autobahnen A 2 oder A 395; B 4, 214, 1, 248, 79; Flughafen; Bahnanschluß.

Auskunft:
Städtischer Verkehrsverein,
Langer Hof 6,
38100 Braunschweig,
Tel.: 05 31/2 73 55-0,
Telefax: 05 31/2 73 55 19.

Abstecher:
Zum Europareservat Naturschutzgebiet »Riddagshausen«. Am östlichen Stadtrand beim gleichnamigen Zisterzienserkloster liegt dieses für durchziehende Vögel wichtige Rastgebiet.

Öffnungszeiten:
Dom St. Blasii, Mo.–Sa. von 10–13 und 15–17 Uhr.
Burg Dankwarderode, täglich außer Mo. von 10–17 Uhr, Braunschweigisches Landesmuseum, täglich außer Mo. von 10–17 Uhr, Do. 10–20 Uhr.

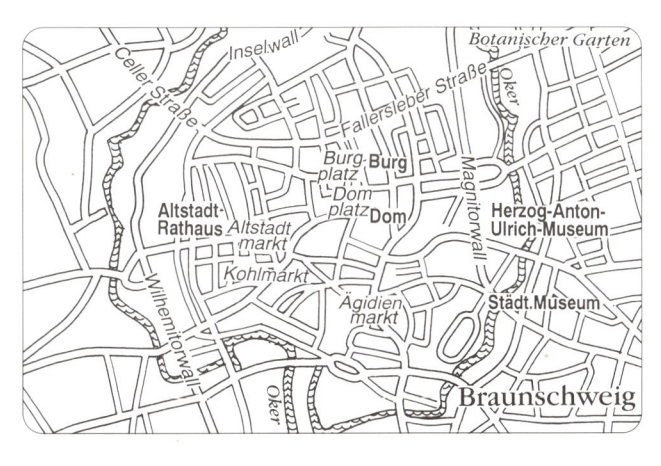

Nonnen gingen sorglos mit ihren Brillen um

Das Kloster Wienhausen bei Celle ist wegen seiner idyllischen Lage und seiner großen Schätze eines der berühmtesten Heideklöster.

Anfahrt:
Von Celle B 214 nach Südsüdost. Nach etwa 6 km nach links. Von dort etwa 4 km bis Weinhausen.

Auskunft:
Fremdenverkehrsverein Flotwedel, Hauptstraße 7, 29342 Wienhausen, Tel.: 0 51 49/88 99.

Öffnungszeiten:
Mo.–Do. 8–17 Uhr, Fr. 8–13 Uhr. Führungen wochentags und sonntags beinahe stündlich.

Spaziergang:
Das Kloster liegt auf einer Insel, die von der Aller und einem Mühlengraben gebildet wird. Daran schließt sich ein Park an. Im Ort befinden sich mehrere alte Bauernhöfe und eine Wassermühle von 1591.

Bemerkungen:
Die berühmten Bildteppiche des Klosters, der älteste ist aus der Zeit um 1300, werden alljährlich in einer elftägigen Sonderausstellung jeweils von Freitag nach Pfingsten an gezeigt.

Die Ankunft gehört immer wieder zu den schönsten Erlebnissen. Das Kloster Wienhausen liegt im Wiesental der Aller unter alten Eichen, und man wird sofort eingenommen von den hochragenden Backsteintreppengiebeln der Klostergebäude.

Gleich zu Beginn eines Rundganges durch das Kloster steht man vor einer überlebensgroßen Statue der Agnes

Auch in der Umgebung des Klosters findet man die Besenheide

von Meißen. Sie war die Schwiegertochter Heinrichs des Löwen und hat im Jahre 1231 das Zisterzienserinnenkloster, das sie zehn Jahre zuvor unweit Nienhagens, südlich von Celle, gegründet hatte, nach Wienhausen verlegt. Es war damals schon ein ansehnlicher Marktflecken, zu dem auch Celle gehörte. Heute ist es umgekehrt.

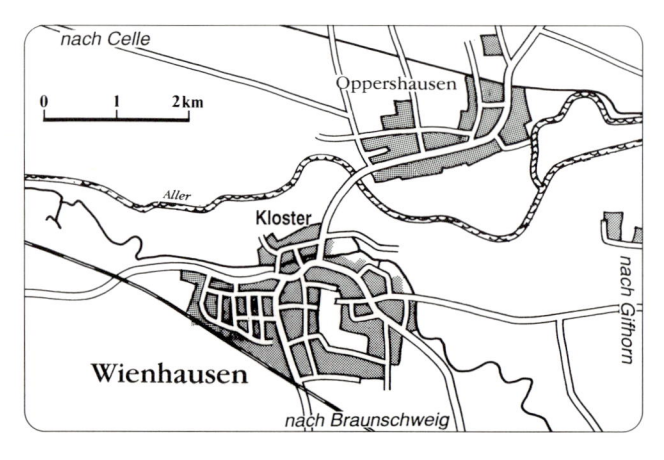

Allein schon ein Rundgang durch die Anlagen des Klosters ist erlebnisreich. Doch der Besucher wird außerdem verwöhnt mit einer Vielzahl von Kunst- und Kulturgegenständen, die bei Führungen liebevoll erläutert werden. In der Auferstehungskapelle zum Beispiel befinden sich die »Wienhäuser Madonna« und der »Auferstandene Christus«. Beide Arbeiten wurden um 1290 geschaffen; die Künstler sind unbekannt. Der wichtigste Raum des Klosters ist der im Obergeschoß liegende Nonnenchor, der um 1300 entstanden ist. In ihm befinden sich Malereien aus der Zeit der Erbauung; Märtyrer, Glaubenshelden und alttestamentarische Szenen. Auch das Chorgestühl stammt noch aus den ersten Jahren. In der Mitte steht das »Heilige Grab«. Es ist ein hölzerner Schrein von 1445, in dem eine um 1280 entstandene Christusfigur mit Wundmalen aufgebahrt ist.

Zu den liebenswerten Details, die im Kloster aufbewahrt werden, gehören religiöse Bilder und Schriften und die ältesten uns bekannten Brillen. Sie sind aus dem 14. und 15. Jahrhundert. Diese Gegenstände wurden bei Restaurierungsarbeiten unter dem Chorgestühl gefunden.

Die Backsteingiebel des Klosters sind kostbar verziert

Autotour ⑧ Lüneburger Heide, Altmark

Schloß und Fachwerk: liebenswerte Stadt Celle

Die alte Stadt ist durch ihre Hengstparade ebenso bekannt wie durch ihre stilvollen Bauten – darunter das berühmte Schloß.

Das Hoppener Haus zählt zu den schönsten in ganz Celle

Daß Celle, als Südtor zur Lüneburger Heide bezeichnet, vom Krieg verschont blieb und sein Gesicht weithin unversehrt in die Gegenwart hinüberretten konnte, ist ein wahres Glück. Residenz war Celle über mehr als 300 Jahre, und noch heute liegt die hübsche Altstadt mit ihren reizvollen Fachwerkfassaden wie eh und je zu Füßen des etwas erhöht stehenden prachtvollen Schlosses.
Dieses Schloß, heute mehrfach genutzt, geht auf eine Burg des 13. Jahrhunderts zurück, deren Turm auch heute noch erkennbar ist. Renaissance und Barock hatten an der heutigen Gestalt des Schlosses, in dem die Herzöge zu Braunschweig und Lüneburg von 1388 bis 1705 residierten, ihren Anteil. Das Schloßtheater, das im Jahre 1675 entstand, ist das älteste noch bespielte Theater Deutschlands. Bedeutendster Raum des Schlosses ist jedoch die großartige Renaissancekapelle mit ihrer reichen Ausstattung.
Eng beieinander stehen zwei weitere wichtige Bauten Celles: Rathaus und Stadtkirche. Die um 1300 erbaute Backsteinkirche wurde Ende des 17. Jahrhunderts barock umgestaltet. Sehenswert im Inneren sind der restaurierte Altar, die Gruft unterm Chor mit Grabsteinen und die Ausstattung des Chors. Das Rathaus wurde im 16. Jahrhundert erweitert, wobei frühere gotische Teile Verwendung fanden.
Celle hat einen geschlossenen Altstadtkern mit bunten Fachwerkhäusern aus verschiedenen Jahrhunderten, das älteste Haus datiert aus dem Jahre 1526.

Fast alle Häuser besitzen hübsche Erker mit Inschriften und Ornamenten. Schuhstraße, Neue Straße, Großer Plan gehören zu den schönsten Teilen. Celle besitzt auch eine barock ausgestattete Synagoge, die einzige Norddeutschlands. Das Bomannmuseum mit einem alten Bauernhaus und Bauern- und Bürgerhausrat wird von einem Museum für Imkereiwesen ergänzt.

Fast die gesamte Altstadt wird aus schmucken Fachwerkhäusern gebildet

Anfahrt:
Von Hannover über die B 3. Von Hamburg auf der A 7 bis Soltau-Süd und hier auf der B 3 48 km bis Celle.

Auskunft:
Verkehrsverein Celle e. V., Markt 6, 29221 Celle, Tel.: 0 51 41/12 12, Telefax: 0 51 41/1 24 59.

Öffnungszeiten:
Herzogschloß April–Oktober täglich außer montags ab 10 (jede Std.) bis 12 Uhr und 14–16 Uhr (jede Std.). Bomann-Museum April–Oktober Di.–So. 10–17 Uhr, November–März Di.–Sa. 10–17 Uhr, So. 10–13 Uhr.

Bemerkungen:
Altencelle ist die Wiege Celles, verlor jedoch 1292 seinen Rang als Stadt. Die heutige Gertrudenkirche war die frühere Stadtkirche, die nach beginnendem Verfall im 14. Jahrhundert erneuert wurde. Der hölzerne Glockenturm des 15. Jahrhunderts mußte inzwischen mehrfach erneuert werden.

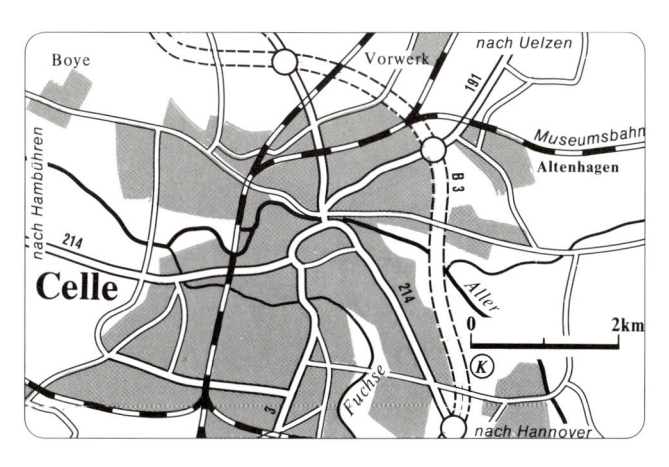

Lüneburger Heide, Altmark   Autotour ⑨

Im schönsten Dorf der Lüneburger Heide

Für viele Heidekenner gilt Müden an der Örtze als malerischstes Heidedorf. Deshalb sollte man dieses Ausflugsziel auf keinen Fall auslassen.

Anfahrt:
Von der A 7, Anschlußstelle Soltau-Süd, zuerst auf der B 3 südwärts und nach 4 km östlich über Wietzendorf nach Müden. Von der B 71 zwischen Munster und Uelzen 10 km südwärts.

Auskunft:
Verkehrsverein Müden (Örtze) e. V.,
Hauptstr. 6,
29328 Müden Ö.,
Tel.: 0 50 53/03 29,
Telefax: 0 50 53/16 09.

Öffnungszeiten:
November-April
Mo.–Fr. 8.30–12 Uhr,
Mai–Juli Mo.–Fr.
8.30–12 Uhr u. Oktober 14–17 Uhr, Juni–Oktober Sa. 10–12 Uhr,
August–September
Mo.–Fr. 8.30–18 Uhr,
August/September
So. 10.30–12.30 Uhr.

Wandern:
Von Müden zum Wietzer Berg, zur Tillilinde bei Willighausen und über Baven zurück (Gehzeit etwa 3 Std.). Zum 119 m hohen Hausselberg, von dem aus Gauß 1828 Vermessungen durchführte, und zurück.

Wacholder und Kiefern sind typische Heidepflanzen

Dichte Bäume umrahmen den Richard-Linde-Stein bei Müden

Aus dem stillen Heidedorf im Naturpark Südheide ist längst ein vom Tourismus geschätzter Ort geworden. Aber sein einstiges Gesicht hat das Dorf dennoch weitgehend bewahrt. Hier ist – sozusagen – die Welt noch in Ordnung.
Mittelpunkt des Ortes ist die ursprüngliche Laurentiuskapelle, 1450 als Kirche ausgebaut. Der 24 Meter hohe hölzerne Glockenturm wurde erst 1729 freistehend daneben aufgestellt. Wer sich im Chor genau umsieht, wird noch Reste einstiger Ausmalung entdecken. Von der Ausstattung ist die Bronzetaufe von 1473 ein wertvolles Werk. Ältestes Bauwerk des Dorfes außer der Kirche ist der strohgedeckte Treppenspeicher von 1706 am Ohlshof.
Wie heidetypisch Müden ist, beweist die Tatsache, daß Felicitas Rose, die Verfasserin des einst vielgelesenen Romans vom »Heideschulmeister Uwe Karsten« (auch verfilmt), sich in Müden niederließ. Ihr einstiges Haus steht im Wiesenweg 19. Die Schriftstellerin ist hier auch begraben. Auch Hermann Löns war in Müden, und zwar in den Jahren 1900 und 1901; daran erinnert eine Tafel am Haus Salzmoor 2. Ebenso besitzt der nahe Wietzer Berg einen Lönsstein. Er steht in 102 m Höhe, umgeben von einem idyllischen Wacholderhain, und oft weidet hier eine Heidschnuckenherde. Ganz in der Nähe befinden sich einige sehenswerte Hügelgräber und ein typischer strohgedeckter Schafstall. Mancher Besucher, der vom unterhalb an der Straße angelegten Großparkplatz hinaufsteigt, wird mit Überraschung aus den Inschriften am Lönsstein entnehmen, daß der Heidedichter ursprünglich aus Westpreußen stammte. Ein Bild von ihm hängt übrigens in der nach ihm benannten Jugendherberge in Müden.
Wer sich in Müden noch etwas umsieht, wird den Wildpark mit heimischem Wild besuchen.

Wilsede und sein Berg – Mittelpunkt der Heide

Rund um den Wilseder Berg ist die Welt der Heide noch in Ordnung. Heidekraut und Heidschnucken bestimmen das Landschaftsbild.

Der Naturschutzpark Lüneburger Heide, der rund 200 Quadratkilometer ursprünglichen Heidelandes umfaßt, hat seinen Mittel- und Höhepunkt im Wilseder Berg, unweit des Dorfes Wilsede. Heute ist der Naturschutzpark größtenteils für Autos gesperrt. Man erreicht Dorf und Berg entweder zu Fuß oder im Pferdewagen, insbesondere von Niederhaverbeck und von Undeloh aus. Dieser Naturschutzpark war der erste auf deutschem Boden und entstand 1909, was beweist, daß die Bewahrung von Natur und Umwelt nicht erst ein Thema der Gegenwart ist. Der Wilseder Berg ist ein Moränenhügel aus dem Eiszeitalter und mit 169 Metern die höchste Erhebung im gesamten Nordwestdeutschen Tiefland.

Die Berghöhe trug zu Napoleons Zeiten einen Zeigertelegraphen. 1822 nahm der berühmte Mathematiker Gauß von hier Vermessungen vor. Heute wird der Berg wegen seiner großartigen Aussicht besucht. Er besitzt eine Schutzhütte und einen Feuerwachturm. Rings um den Gipfel grasen nicht selten Heidschnucken.

Das Dorf Wilsede besitzt neben den notwendigen Einkehrmöglichkeiten (auch Übernachtung möglich, wobei das Gepäck mit dem Pferdewagen abgeholt wird) ein Heidemuseum mit dem Namen »Dat ole Huus«, das als echtes Heidehaus eingerichtet ist und – neben prähistorischen Funden – das Dasein der Heidebauern von einst anschaulich darstellt. Häufig von Wilsede aus aufgesuchtes Ziel ist der Totengrund, eine Tallandschaft mit ungewöhnlich eindrucksvollen Wacholdern. Dieser Totengrund gehörte zu den ersten Ankäufen, die dem Heidepastor Bode aus Egestorf, dem geistigen Vater des Naturschutzparks, gelangen. Es ist unklar, ob der Totengrund seinen Namen den feierlichen Wacholdergruppen verdankt oder der Tatsache, daß früher die Toten Wilsedes auf diesem Weg zum Friedhof nach Sellkorn getragen worden sind.

Die Stille im Totengrund mag mit ein Grund für dessen Namensgebung gewesen sein

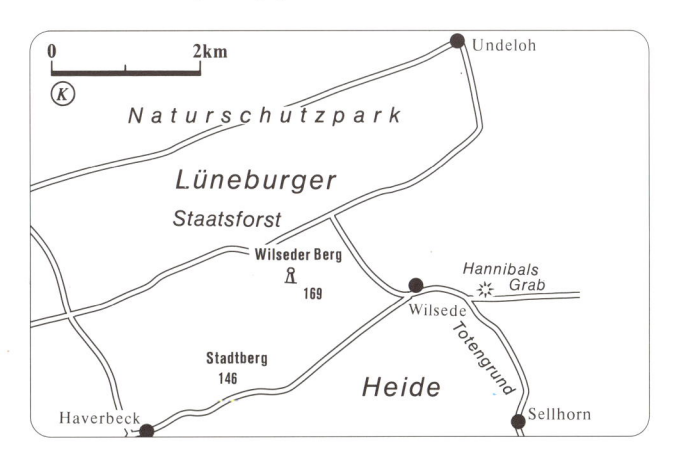

Anfahrt:
Auf der A 7 zur Ausfahrt Egestorf oder Evendorf oder auf der B 3 und bis Wintermoor und von dort nach Haverbeck.

Auskunft:
Verein Naturschutzpark e. V., Niederhaverbeck Nr. 7, 29646 Bispingen, Tel.: 05198/408, Telefax: 668.

Öffnungszeiten:
Das Museum »Dat ole Huus« ist von Mai bis Oktober täglich von 10–13 u. 14–17 Uhr geöffnet.

Wandern:
Zu den schönsten Wanderungen gehört der Weg von Undeloh auf den Wilseder Berg und über Heimbuch nach Undeloh zurück. Gehzeit reichlich 3 Std. Von Döhle läßt sich über Wilsede in den Totengrund wandern und durch ihn über Sellhorn zurück. Wanderzeit 3 Std.

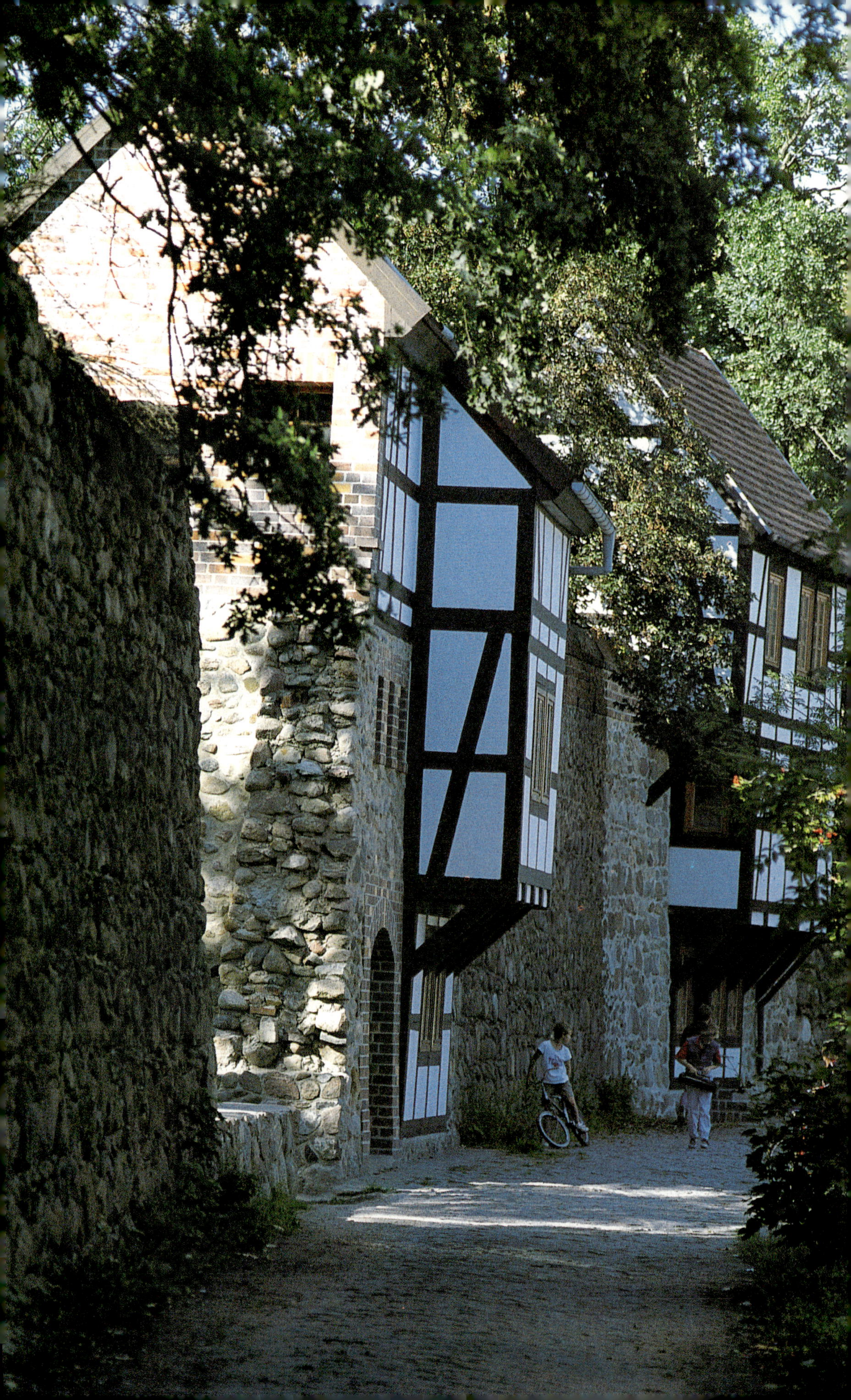

Mecklenburgische Seenplatte

Schlösser, Herrenhäuser und glitzernde Wasserflächen

Seit jeher bestimmen ausgedehnte landwirtschaftliche Flächen mit großzügigen Anwesen und zahlreichen großen und kleinen Seen das Bild Mecklenburg-Vorpommerns. Reichskanzler Otto von Bismarck soll einmal gesagt haben: »Wenn Weltuntergang ist, dann gehen wir nach Mecklenburg, da kommt er dann 100 Jahre später.«

Diese Aussage beweist, daß dieser Teil Mecklenburg-Vorpommerns schon damals eines der am dünnsten besiedelten Gebiete war. Auch heute noch ist diese Region zum größten Teil landwirtschaftlich geprägt. In jüngster Zeit hat jedoch der Tourismus in dieser einzigartigen Naturlandschaft Einzug gehalten. Der besondere Reiz dieser Gegend liegt im unmittelbaren Nebeneinander von Seen und Wäldern, dem Wechsel von hügeligen zu flachen Bereichen und der stattlichen Anzahl von Gutshöfen und Herrenhäusern, die teilweise von idyllischen Parks umsäumt werden.

Entstanden ist diese reiche Naturlandschaft hauptsächlich während der letzten Vereisung, der sogenannten Weichseleiszeit. Skandinavische Gletscher haben bei mehrmaligen Vorstößen Ablagerungen zurückgelassen, die heute als Hügelketten die Landschaft durchsieben. Manchmal staute sich zwischen zwei solchen mächtigen Hinterlassenschaften des Eises beim Abschmelzen der gewaltigen Eismassen das Wasser, bevor es ablaufen konnte, an anderen Stellen brachen ganze Eisschollen ab und wurden von Schmelzwassersanden überdeckt. Diese Toteisstücke tauten mit der Zeit ab und hinterließen große Löcher, die schließlich mit Wasser aufgefüllt wurden. Durch die Kraft des vordringenden Eises wurden aber auch regelrechte Wannen und Rinnen ausgehobelt, die sich ebenfalls mit Wasser füllten und zu Seen wurden.

Durch die teilweise großen Höhenunterschiede, zum Beispiel im Bereich der Mecklenburgischen Schweiz, erhielt die Landschaft ein abwechslungsreiches und interessantes Relief. Liegen Malchiner und Kummerower See fast auf Meeresniveau, reicht der Gipfel des Hardtbergs bis auf 123 Meter. Man fühlt sich schon irgendwie an die Schweiz erinnert, wenn man auf Wanderungen durch dieses einzigartige Gebiet die Höhen »erklimmt«. Wer will, der kann natürlich auch in einem der unzähligen Seen baden oder mit dem Segelboot das klare Wasser durchkreuzen. Die Müritz, der größte See, sollte dabei wegen seiner starken Strömungen und des Windes jedoch nicht unterschätzt werden.

Fast alle Seen sind untereinander mit Kanälen und durch Schleusen verbunden. Man kann praktisch »grenzenlos« diese einzigartige Naturlandschaft genießen. Immer wieder stößt man auf prächtige Herrenhäuser und ehemalige Junkersitze, die von einer Zeit künden, als der größte Teil der Bevölkerung durch Bauernlegen und Leibeigenschaft unterdrückt wurde.

Das ist heute natürlich nicht mehr der Fall. Wer aber mit offenen Augen durch dieses Land fährt, der wird so manch einen dieser versteckt liegenden ehemaligen Landsitze entdecken, die mit der Zeit wieder in neuem Glanz erstrahlen werden.

Wie hier in Plau gibt es noch Klappbrücken über Flüsse und Kanäle

Die Wiekhäuser von Neubrandenburg sind Teile der erhaltenen Stadtmauer

Auskunft:
Fremdenverkehrsamt/
Schwerin-Information,
Am Markt 11,
19055 Schwerin,
Tel.: 03 85/56 09 31,
Telefax: 03 85/56 27 39.

Güstrow-Information,
Gleviner Str. 33,
18273 Güstrow,
Tel.: 0 38 43/68 10 23.

Fremdenverkehrsverband e. V., Touristik-Information,
Turmstr. 11,
17033 Neubrandenburg,
Tel.: 03 95/5 82 22 67,
Telefax: 03 95/5 82 22 67.

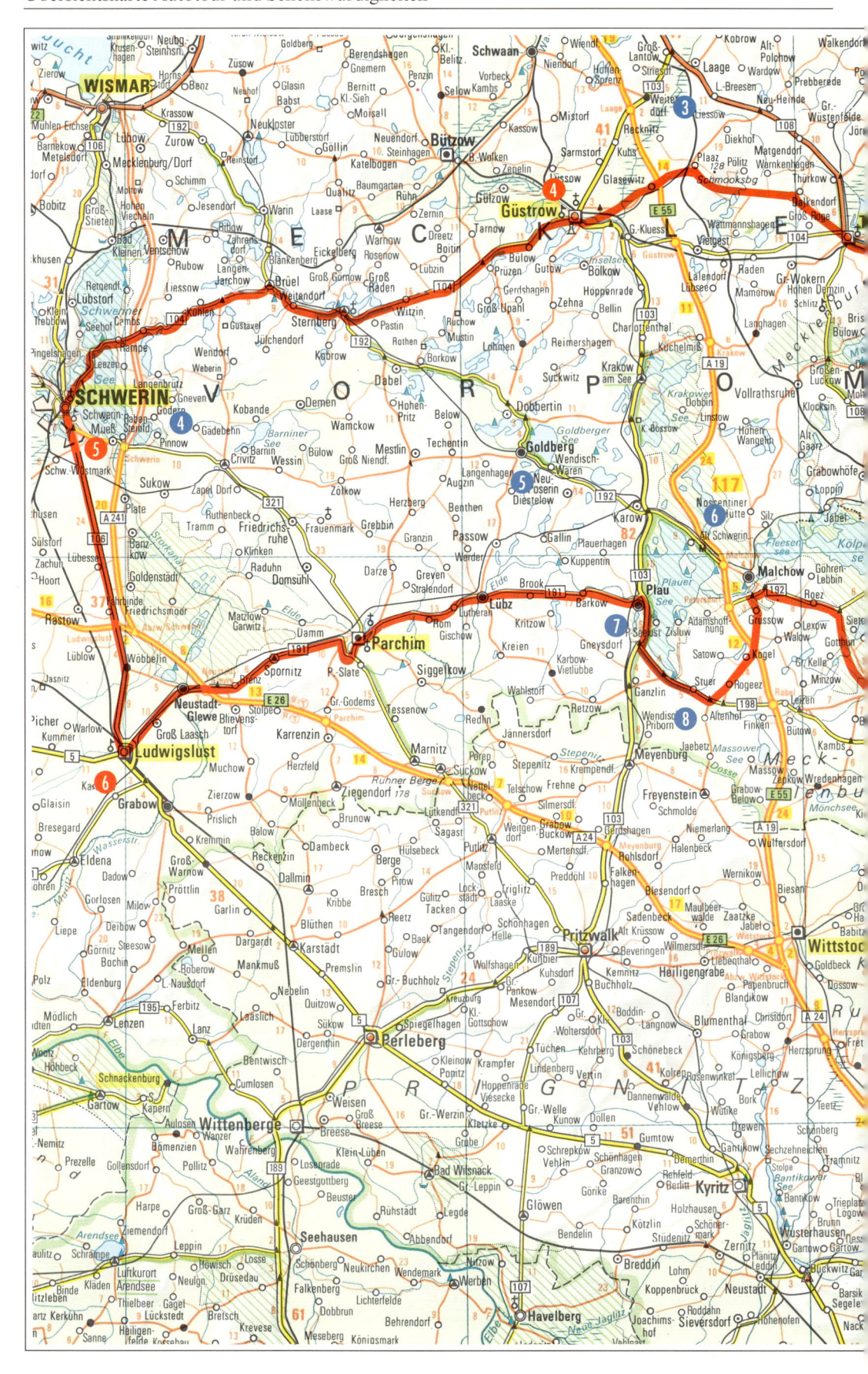

Übersichtskarte Autotour und Sehenswürdigkeiten

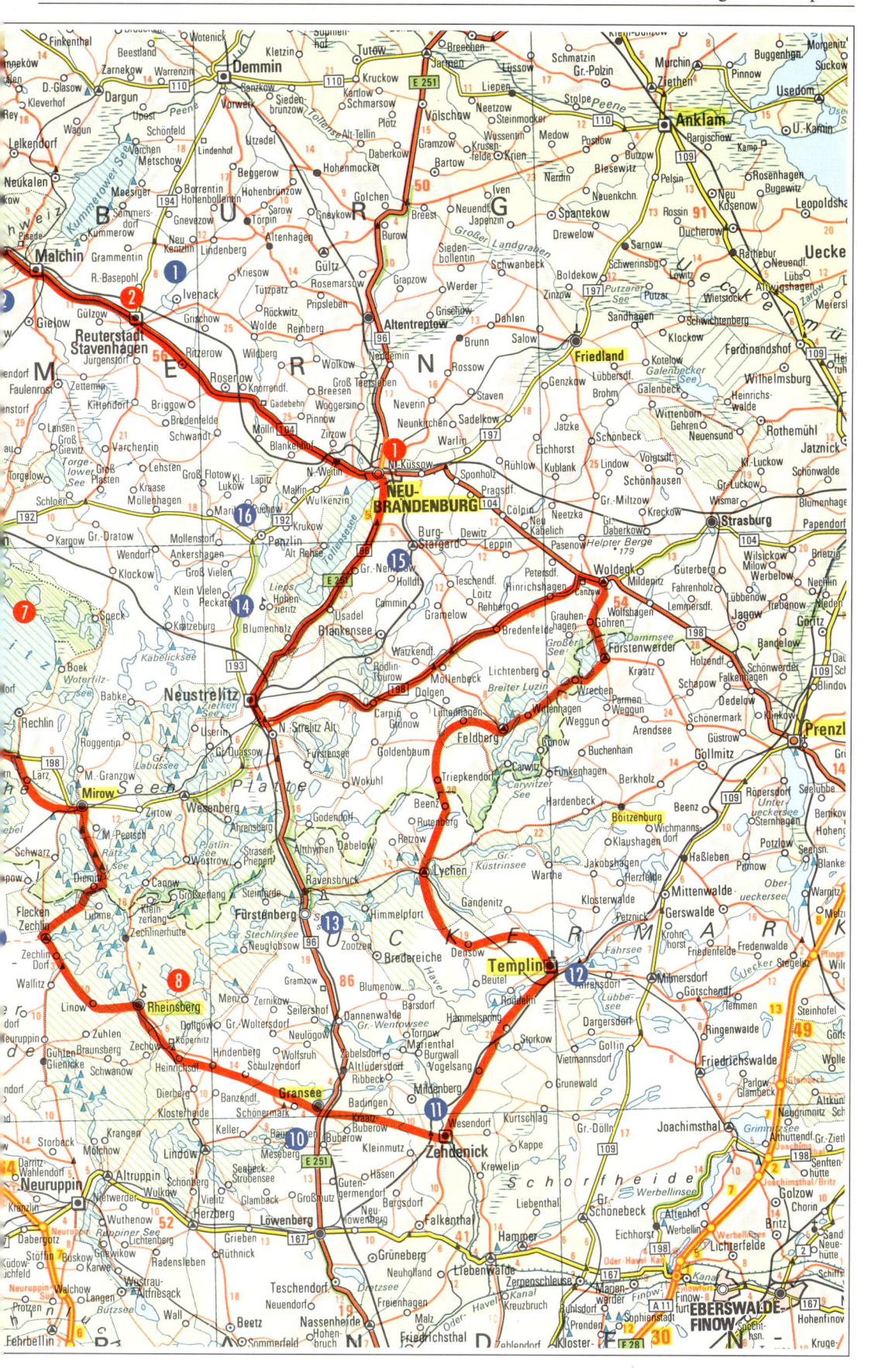

Mecklenburgische Seenplatte

97

Die schönsten Ausflugsziele auf einen Blick

Die Autotour

Ein grandioses Ferienparadies, das von mehr als tausend großen und kleinen Seen gebildet wird, die in eine wellige Landschaft eingepaßt sind, erwartet seine Besucher. Es ist auch das Land der ehemaligen Junker- und Herrensitze, mit zum Teil prächtigen, guterhaltenen Schlössern.

Gesamtlänge der Autorundreise: 460 km

❶ Tourenvorschlag Neubrandenburg
Die »Hauptstadt« der Mecklenburgischen Seenplatte hat eine sehenswerte Stadtbefestigung. Vor allem die in die Stadtmauer eingelassenen Wiekhäuser zeugen eindrucksvoll von der Wehrhaftigkeit vergangener Tage.

❷ Tourenvorschlag Reuterstadt Stavenhagen
Im Geburtsort des plattdeutschen Dichters (1810–1874) befindet sich das gleichnamige Literaturmuseum mit Werken des großen Dichters und anderer Schriftsteller des 19. und 20. Jahrhunderts.

❸ Tourenvorschlag Mecklenburger Schweiz
Die durch beträchtliche Höhenunterschiede gekennzeichnete Naturlandschaft ist ein beliebtes Wandergebiet. Einen Besuch verdient die Burg Schlitz, die sich stolz aus der Landschaft heraus erhebt.

❹ Tourenvorschlag Güstrow
Sehenswert sind unter anderem der Dom und die Ernst-Barlach-Gedenkstätte. Das Schloß zählt zu den schönsten Renaissancebauten Ostdeutschlands.

❺ Tourenvorschlag Schwerin
Landeshauptstadt von Mecklenburg-Vorpommern mit prunkvollem Schloß aus verschiedenen Stilepochen, das auch heute wieder Sitz der Regierung des neu gebildeten Bundeslandes ist.

❻ Tourenvorschlag Ludwigslust
Ehemalige Residenzstadt mit spätbarockem, im 18. Jahrhundert errichteten Schloß in großartig angelegtem Park. Bemerkenswert ist der Kanal mit Wasserspielen und 24 Sprüngen.

❼ Tourenvorschlag Müritz
Der größte See Ostdeutschlands bietet ideale Bedingungen für die verschiedensten Freizeitgestaltungen und ist zudem Lebensraum selten gewordener Vogelarten.

❽ Tourenvorschlag Schloß Rheinsberg
Auf den Resten einer aus dem 12./13. Jahrhundert stammenden Befestigungsanlage entstand die repräsentative Anlage mit weitläufigem Park.

Ein Ausflug auf der Müritz lohnt sich

Weitere interessante Sehenswürdigkeiten entlang der Route

❶ Schloß Ivenack
Auf den Grundmauern eines aus dem 13. Jh. stammenden Zisterzienserklosters wurde im 16. Jahrhundert ein Renaissancebau errichtet.

❷ Schloß Basedow
Am Osterufer des Malchiner Sees erhebt sich das als typischer Herrensitz geltende Schloß. Die im Renaissancestil errichtete Anlage war die Residenz der Grafen von Holm.

❸ Recknitz
Die Dorfkirche stammt aus der Mitte des 13. Jahrhundert. Der zweischiffige Granitbau zeigt Merkmale der Romanik und der Gotik. Beachtenswert ist der spätgotische Flügelaltar aus dem 15. Jahrhundert.

❹ Raben Steinfeld
Ein als Naturschutzgebiet ausgewiesener Steilabschnitt des Schweriner Sees bietet herrliche Ausblicke über den See. Im Frühjahr blühen hier zahlreiche Orchideenarten und andere schützenswerte Pflanzen.

❺ Goldberg
Am Rande der Schwinzer Heide und am Westufer des Goldberger Sees liegt die kleine Stadt Goldberg. In der Nähe befindet sich das Landschaftsschutzgebiet »Goldberg-Dobbertiner Seenlandschaft«.

❻ Alt Schwerin
Das Agrarhistorische Museum informiert über die landwirtschaftliche Entwicklung in Mecklenburg. Dabei liegen die Schwerpunkte im 19. und 20. Jahrhundert.

❼ Plau
Das Wahrzeichen der am höchsten gelegenen Stadt Mecklenburgs ist der Turm der nur noch in Resten erhaltenen Burg Plau. Die reizvolle Lage am Ufer des Plauer Sees und die vielen winkligen malerischen Gassen geben diesem Ziel einen besonderen Charakter.

⑧ Bad Stuer
Hier ist in eine Endmoräne des Frankfurter Stadiums vom Stuerer Bach ein steiles Tälchen erodiert worden. Bei der Hintermühle erhebt sich eine steile Abbruchkante, die in ihrem oberen Bereich kleine Löcher aufweist. Es sind Bruthöhlen von Eisvögeln, die in diesem unter Schutz stehenden Gebiet ihren Lebensraum haben. Mit Geduld kann man die bunt schillernden Vögel auf ihren Streifzügen durch das Biotop beobachten.

⑨ Zechlin
Im Flecken sind Überreste eines mehr als 700 Jahre alten Klostergebäudes erhalten. Im Dorf Zechlin steht als rechteckiger Barockbau mit Dachturm die 1775 entstandene Kirche mit Kanzelaltar und Kreuzigungsgruppe von 1650.

⑩ Gransee
Die Stadtbefestigung der mittelalterlichen Festungsstadt ist vollständig erhalten. Neben der sechs Meter hohen Stadtmauer beeindrucken noch das Ruppiner Tor und der Pulverturm. Beide stammen aus dem 15. Jahrhundert.

⑪ Zehdenick
Hier stehen die Überreste eines 1801 abgebrannten Zisterzienser-Nonnenklosters aus dem Jahre 1230. Ein bekanntes Hungertuch aus der Gründungszeit befindet sich heute im Märkischen Museum in Berlin.

⑫ Templin
Inmitten von acht größeren Seen liegt dieser Luftkurort, umrahmt von Hügeln, die Höhen bis zu 120 Meter erreichen. Südlich schließt sich das Gebiet der Schorfheide an. Im Stadtbereich fällt die vollkommen erhaltene mittelalterliche Befestigungsanlage auf. Neben den drei schönen Stadttoren gibt es 51 Mauertürme und mehrere Wiekhäuser. Die Mauer stammt noch zum großen Teil aus dem 13. Jahrhundert.

⑬ Schloß Fürstenberg
1741–52 durch den bekannten Baumeister Löwe errichtetes Barockschloß mit reich verzierter Fassade. Die Anlage hat die Form eines Hufeisens.

⑭ Schloß Hohenzieritz
Das 1746–51 erbaute Barockschloß diente Königin Luise von Preußen als Sommerresidenz. Beachtenswert ist der 1790 zu einem Landschaftspark im englischen Stil erweiterte ehemalige Park mit dem Luisentempel (1815).

⑮ Burg Stargard
Die Mitte des 13. Jahrhunderts entstandene Anlage erhebt sich auf einer leichten Hochfläche am Rande eines kleinen Tals.

⑯ Penzlin
In der Alten Burg befindet sich der »Hexenkeller«, in dem Gefangene angeschmiedet und gefoltert wurden.

Geschichte und Kultur

Das Paradies am Ende der Welt

Ausgerechnet in dem letzten Winkel Mecklenburgs, in das Gebiet der Feldberger Seen, hat Fritz Reuter die Schöpfungsgeschichte verlegt. Es scheint aber so, als habe nicht der Schöpfer selbst, sondern die etwas nachlässigen Erzengel Michael und Gabriel das Paradies zustande gebracht. Nachdem sie die Landschaft zu Halbinseln, Buchten, Werdern und Hügeln geformt haben, werden sie nach Dänemark gesandt, um auch das Land »mit 'n Zippel« zu versehen.

Um die Zippel fließt fast alles. Allein um Feldberg sind acht Hauptseen miteinander verbunden. Im Norden liegt der Breite Luzin, der tiefste See Mecklenburgs, mit 59 Meter immerhin noch tiefer als die östliche Ostsee. Diese Messung ist neueren Datums. Früher hat man auf das Wort des Dichters Soltau gehört, der die unberührte Natur sich selbst überlassen wollte.
»Nicht so laut!
Schweigt und schaut,
schaut und schweigt!
Wollt' mit schreien,
wollt' mit lärmen
Ihr des Sees Seele härmen?
Stimmen ob den Wassern ziehen,
horch' sie fliehen: ›Lat sin, lat sin.‹«
Daher hat also der Breite Luzin seinen Namen bekommen. Weitsichtig ist hier das Land nicht. Wo sonst gotische Kirchenschiffe und Stadttore in den mecklenburgischen Himmel ragen; hier sind es Säulen aus uralten Buchen, die durch ihr geschlossenes Kronendach keinen himmlischen Blick gewähren. Oder es versperrt ein Berg die Sicht. Die Halbinsel um den Breiten Luzin war ein Zentrum mecklenburgischer Siedlungsgeschichte.

Die Deutschen, die aus dem Harz, der Altmark und Brandenburg gekommen waren, bauten zu ihrem Schutz auch eine Burg und besetzten sie mit dem Herrschaftsgeschlecht der Feldberg.
Im Deutschen Haus steht der Stammtisch des Aussteigers Hans Fallada, in der Straße Zum Eichholz Nr. 3 sein Archiv. Merkwürdig muten die Dokumente an, die belegen, wie der Autor seine Neigung zum Faulenzen mit pedantischen Sammlungsaktionen zu bekämpfen suchte. Er schrieb in elf Jahren nicht weniger als ein Dutzend Bücher, darunter so bekannte wie »Wer einmal aus dem Blechnapf frißt« und »Wolf unter Wölfen«. Außerdem hat Fallada nicht nur geschrieben. Eine Carwitzer Urkunde weist ihn als Landwirt aus. Er bewirtschaftete sechs Hektar Land und versorgte, wenn er nicht gerade in einer Nervenklinik oder Entzugsanstalt weilte, ein Pferd, eine Kuh, Geflügel, eine Magd und eine Familie. »Carwitz«, schrieb Fallada in »Heute bei uns zu Hause« liegt »ganz abseits, keine größere Straße führt auch nur in der Nähe vorbei, keine Fremden, kein Durchgangsverkehr bringen frisches Leben in den Ort«.
So sehr Fallada die Abgeschiedenheit brauchte, um zu schreiben, die Friedhofsruhe verkraftete er nicht.
1945 ließ er sich als Bürgermeister von Feldberg einsetzen. Später ging er nach Berlin, wo er 1947 starb. Seine Urne ruht seit einigen Jahren auf dem Carwitzer Dorffriedhof.

Buchten und Werder prägen die Seen Mecklenburgs

Neubrandenburgs Stadtbefestigung

Neubrandenburg ist in seiner 750jährigen Geschichte durch Kriegseinwirkung und Feuersbrünste viermal fast völlig zerstört worden.

Anfahrt:
Kreuzungspunkt der B 96 Neustrelitz-Greifswald und der B 140 Reuterstadt – Stavenhagen – Pasewalk; Bahnanschluß.

Auskunft:
Fremdenverkehrsverband e. V. Touristik-Information,
Turmstr. 11,
17033 Neubrandenburg,
Tel.: 0395/582267,
Telefax: 0395/582267.

Öffnungszeiten:
1. April–30. September Mo.–Fr. 9–18 Uhr, Sa. 9–12 Uhr, 1. Oktober–31. März Mo.–Fr. 10–17 Uhr, Sa. 9–12 Uhr.

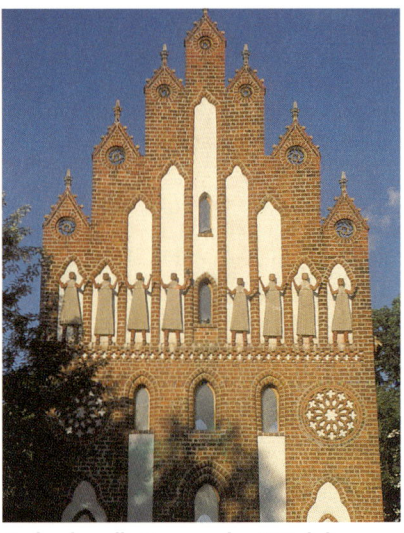

Eindrucksvolle Zeugen des Mittelalters sind die erhaltenen Stadttore

Das Neue Tor (links) und das Friedländer Tor sind Teil der Mauer

Von der historischen Substanz hat nur die Stadtbefestigung allen Gewalten widerstanden.
Doppelte Gräben und Wälle boten natürlichen Schutz. Die Zeiten haben sich geändert. Heute schützt an deren Stelle ein Grüngürtel. Die Wehrmauer – 7,5 Meter hoch – aus Feldsteinen und (die Bekrönung) Hartziegeln gefügt, umschloß das mittelalterliche Stadtrund von 700 Metern Durchmesser. Das gitterförmige Straßennetz hat man beim Neuaufbau nicht angetastet. Scharf hebt sich die intakte Wehranlage aus dem 13. bis 15. Jahrhundert gegen den modernen Stadtkern ab.
Wo die alten Handelsstraßen auf die Stadt mündeten, wurde die Ringmauer von vier Toren unterbrochen: zwei im Osten (Friedländer und Neues Tor), eines im Westen (Treptower Tor) und eines im Süden (Stargarder Tor). Jedes Stadttor ist ein architektonisches Ensemble in sich, bestehend aus Vor- und Außentor. Beiderseits der Tore ziehen sich Zwingmauern über die ehemaligen Wassergräben. Derb, aber feingliedrig, streben die Außentore in die weite Landschaft und künden vom Trutz der hanseatischen Stadtbürger. Die der Stadt zugewandten Vortore geben Rätsel auf, wie aus dem rohen, ungefügen Backstein eine solch gegliederte Flächigkeit der Fassaden und Giebel entstehen konnte, so daß stündlich neue Lichtspiele hervorgezaubert werden.
An der nördlichen Ausfallstraße (gegenüber dem Bahnhof), wo kein Stadttor die Wehranlage teilt, befand sich ein Franziskanerkloster, befestigt von zwei Rundtürmen, von denen der sogenannte Mönchsturm noch steht. Auf der 2300 Meter langen Ringmauer verläuft nicht der in Süddeutschland übliche Wehrgang. Anstelle dessen hat man gleichmäßig, über 53 Punkte verteilt, Wiekhäuser in die Mauer eingesetzt. Sie wurden im 18. Jahrhundert zu Wohnungen ausgebaut.

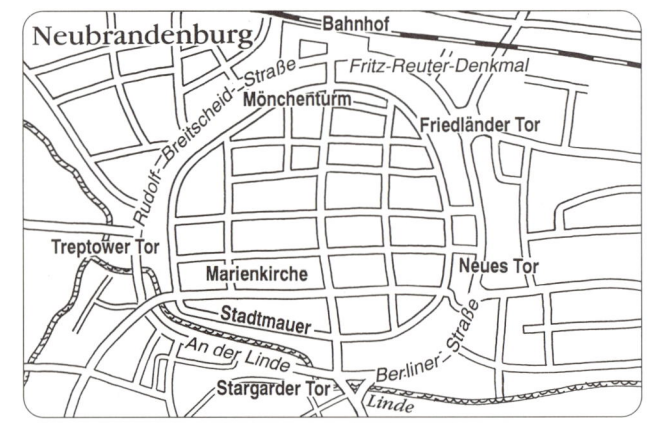

Autotour ②   Mecklenburgische Seenplatte

Reuterstadt Stavenhagen
ein Dichter prägt die Stadt

Vor Jahren räumte die Stadtverwaltung aus freien Stücken das Rathaus, in dem der Bürgermeisterspößling Fritz Reuter 1810 zur Welt kam, pflanzte ein Denkmal auf den Markt und überzog Ort und Umgebung mit Erinnerungstafeln.

Das Reutermuseum ist biographisch-didaktisch gestaltet. Raum für Raum hat man Gelegenheit, Reuters Lebensstationen zu durchmessen: wie der Junge in behüteten Verhältnissen aufwächst, die kleine heile Welt des ver-

Stavenhagen ist Reuterstadt. Das Städtchen mit knapp 10 000 Einwohnern hat sich ganz auf den mecklenburgischen »Nationaldichter« eingestellt.

Anfahrt:
Kreuzungspunkt B 104 Güstrow – Brandenburg mit der B 194 Demmin – Reuterstadt Stavenhagen.

Auskunft:
Stadtverwaltung Stavenhagen, Am Markt 3 (Schloßberg), 17153 Stavenhagen, Tel.: 03 99 54/2 20 77, Telefax: 03 99 54/2 20 55.

Öffnungszeiten:
Literaturmuseum: Mo.–Fr. 9–17 Uhr, Do bis 20 Uhr, Sa. u. So. 10–17 Uhr, Führung: tägl. 14 Uhr.

Viele Originale geben einen Einblick in das Werk des Dichters

schlafenen Landstrichs bald als rissig erfährt, sich als Student der Rechte in Rostock und Jena für die politischen Ziele des jungen Deutschlands erwärmt, sich der Burschenschaftsbewegung anschließt, verhaftet, zum Tode verurteilt und zu dreißig Jahren Festungshaft begnadigt wird, von denen er sieben absitzen muß.

Als Reuter 1840 aus der Festung Dömitz entlassen wird, ist er ein gebrochener Mann, der um Lebenswillen schreiben muß. Das soziale Milieu als mecklenburgische Erfahrungswelt wird sein Thema. In Treptow gelangt er zu ersten literarischen Erfolgen, in Neubrandenburg zu Ruhm.

Die Stavenhagener haben auf ihre Weise Reuters Werk aufgearbeitet. Figuren, Schauplätze und Episoden, die in den Romanen zuhauf dem lokalen Leben abgeschaut sind, wurden an Ort und Stelle identifiziert. So kann man am Markt 4, wo Ratsherr Herse wohnte, »Unkel Hers'« »besuchen«, bei »Farwer Meinswegens«, einem Mecklenburger Handwerkeroriginal, sollte

man wenigstens vorbeischauen. Die ovalen Metalltafeln weisen dem Ortsunkundigen den Weg. Auch lohnt es sich, zu den Ivenacker Eichen zu wandern: In dem einstigen Tiergarten der Grafschaft ist ein mächtiger, 70 Hektar großer Wald herangewachsen. Zwischen tausendjährigen und jüngeren Eichen tummelt sich, durch Einzäunung geschützt, allerlei Wild, das auch schon zur Reuterzeit hier heimisch war.

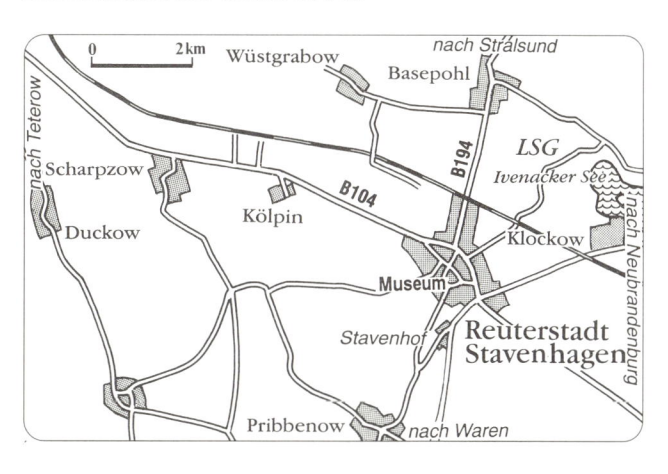

101

Mecklenburgische Seenplatte — Autotour ③

Liebliche Wasser- und Hügellandschaft

Ob die bewegte Landschaft von ausgedehnten Wäldern, Seen, Feld- und Wiesenhängen um Teterow den Namen »Mecklenburgische Schweiz« verdient, soll jeder Besucher vor Ort selbst prüfen.

Anfahrt:
Kreuzungspunkt B 104 und B 108 Güstrow – Laage. Von Süden B 108 von Waren, von Osten B 104 von Neubrandenburg.

Auskunft:
Fremdenverkehrsamt Mecklenburgische Schweiz, Südliche Ringstr. 1, 17166 Teterow, Tel.: 03996/1720 28, Telefax: 03996/172203.

Öffnungszeiten:
Mo.–Do. 9–18 Uhr, Fr. 9–16 Uhr.

Graf Hans von Schlitz, preußischer Diplomat, Onkel Achim von Arnims, hat ihn in Erinnerung an seine Schweizer Reisen in die Welt gesetzt. Die Einheimischen haben ihn aufgenommen, stolz darauf, daß die aus dem Teterower See emporragenden Stauchendmoränen (Hardberg 122 m, Heidberg 39 m) solch attraktivem Vergleich standhalten. Acht Kilometer südlich von Teterow erstreckt sich längs der B 108 das Panorama einer parkähnlichen Landschaft, größtenteils selbst aus der Natur herausgewachsen, teils von Menschenhand behutsam reguliert. In den Anlagen wurden fremdländische Hölzer wie Eßkastanie, Libanonzeder, Weißtanne oder Ginkgo kultiviert. Alleen, Wanderwege, Ringelpfade durchqueren das Areal, um die wechselnden Perspektiven der Landschaft wirklich genießen zu können.

Der Graf hat auf Schloßpark, Wald und Straße (nach Teterow) rund drei Dutzend Denkmale verteilt und mit sinnigen bis überflüssigen Inschriften versehen. Spätere Zeitzeugen, allen voran der Dichter Fritz Reuter, fühlten sich zu launigen Persiflagen herausgefordert.

Das trifft freilich nicht auf den Nymphenbrunnen im vollendeten Jugendstil zu, der sich erst 1903 hinzugesellte. Nach dem Willen der Parkgestalter im 18. Jahrhundert waren Denkmale verschönernde und aufklärende Teile der

Weite, sattgrüne Wiesen wechseln sich ab mit baumbestandenen Höhen

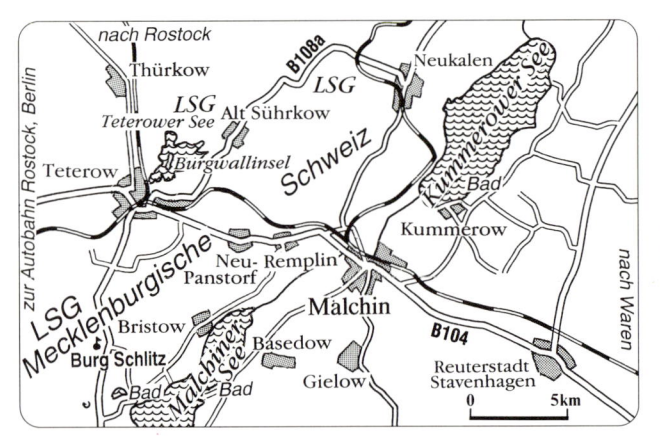

sich selbst schaffenden Natur. Graf Schlitz hat diesen Grundsatz auf seine Weise befolgt, indem er Denkmale in den Wald hineinversteckte. Diese späte Variante der gestalteten Parklandschaft enthält schon einen gehörigen Anflug von romantischer Verklärung, die im spätgotischen Rittersaal des Schlosses noch verstärkt wird. Das Schloß, unweit der abgetragenen Burganlage zwischen 1806 und 1823 errichtet, ist ein Muster an klassizistischer Vielgestaltigkeit. Eine Freitreppe, flankiert von bronzenen Löwen und ionischen Säulen, führt zum Hauptgebäude.

Wo der Bildhauer Barlach einst wirkte

Güstrow ist das Herz Mecklenburgs, eingebettet in eine reiche Seenlandschaft, reich an Geschichte und Kultur.

Die ehemalige Residenz (1555–1605) hat eine der für Norddeutschland mächtigsten Schloßanlagen hinterlassen, einen Renaissancestammbau, an den, im Zuge des wechselnden Besitzes, ein Baustil an den anderen gefügt wurde. Wallenstein hat von hier aus das Schicksal des Dreißigjährigen Krieges bestimmen wollen. Seine Regentschaft wurde aber nur ein Gastspiel.

Der Dom ist das älteste Gebäude der Stadt. Er wurde 1226 von Heinrich Borwin II., Enkel Heinrichs des Löwen, gestiftet. Spätestens hier, im südlichen Seitenschiff, trifft man auf Barlachs Spuren. Aufrührend durchstößt wie ein Keil sein Gefangenendenkmal »Der Schwebende« den Raum, »hängend«, weil der irdischen Beweglichkeit entrückt. Barlach hat sich Güstrow als künstlerische Heimat (1908–1938) mit Bedacht gewählt. Güstrow hat es ihm mit zwei großzügigen Museen gedankt. Die Gertrudenkapelle auf dem gleichnamigen Friedhof bewahrt Barlachs Plastiken »Der lesende Klosterschüler«, »Der Zweifler«, »Der Wanderer im Wind« – in ihrer Formensprache des Nicht-Sagbaren unübertreffbar. Das Atelier-Haus auf dem Heidberg oberhalb des Inselsees ist der ganzen Künstlerpersönlichkeit zugeeignet. Aus dem bildnerischen Werk, insbesondere des Nachlasses, sind Plastik, Zeichnung und Druckgraphik zu besichtigen. Manche Roman- und Dramenfigur – solche hat Barlach auch geschaffen – bezieht ihre Assoziationskraft aus dem Güstrower Kleinstadtmilieu. Über Barlach sollten aber nicht Güstrows Künstlersöhne vergessen werden.

In der Hollstraße steht das Geburtshaus Georg Friedrich Kerstings (1775–1847), des Malers, der den Weg von der Romantik zum Biedermeier wies und weltbekannte Dekors für das Meißner Porzellan schuf. Nicht vergessen werden darf der Heimatdichter John Brinkmann (1814–1870).

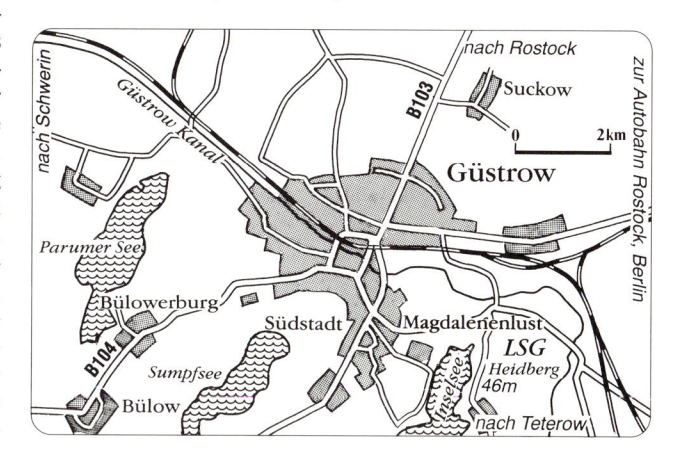

Anfahrt:
Autobahn E 55 Berlin – Rostock; Kreuzungspunkt der B 103 Rostock – Pritzwalk und der B 104 Schwerin – Neubrandenburg; Bahnanschluß.

Auskunft:
Güstrow-Information, Gleviner Str. 33, 18273 Güstrow, Tel.: 0 38 43/68 10 23.

Das Güstrower Schloß gilt als der bedeutendste Renaissancebau Norddeutschlands

Schwerin – Regierungssitz mit Tradition

Als Heinrich der Löwe 1160 Schwerin als erste ostelbische Stadt gründete, hat er sich offenbar von den Naturschönheiten leiten lassen.

Anfahrt:
Von Westen A 24, B 106 nach Norden.
Von Wismar B 106 nach Süden.

Auskunft:
Fremdenverkehrsamt – Schwerin Information
Am Markt 11
19055 Schwerin,
Tel.: 0385/560931,
Telefax: 0385/562739.

Öffnungszeiten:
April–Okt. Mo.–Fr. 10–18 Uhr, Sa. 10–16 Uhr, So. 10–14 Uhr.
Okt.–April Mo.–Fr. 10–18 Uhr, Sa. 10–14 Uhr.

Schwerin kommt vom slawischen sveřina und heißt soviel wie Tierpark, Paradies. Obschon nur wenige Jahre später Grafschaft und Bistum folgten, erlangte Schwerin weder politische noch wirtschaftliche Bedeutung. Es lag abseits der großen Handelsstraßen und fristete eine kümmerliche Existenz, bis im Jahre 1837 der Hof von Ludwigslust zurückverlegt wurde. Die fähigsten Architekten dieser Zeit (Demmler, Semper, Stüler) machten sich nach dem Willen des repräsentationsbeflissenen Großherzogs daran, Schwerin dem Standard europäischer Residenzen anzupassen. Die Fassade des Altstädtischen Rathauses am Markt, bestehend aus vier Fachwerkhäusern, wurden von Demmler vereinheitlicht. Das quer gelegene, ebenso längst fertige neue Gebäude erhielt 14 dorische Säulen, darauf ein Mansardendach. Der klassizistische Bau von gedrungener Eleganz hebt sich konturenscharf gegen den dahinter aufstrebenden gotischen Dom (begonnen 1270) ab.

Prunkstück wurde das der Anlage von Chambord südwestlich von Orleans nachgestaltete Schloß. Platz und Feste der slawischen Wasserburg wurden genutzt, das alte Schloß größtenteils abgerissen und erheblich erweitert, in Neorenaissancebauweise neu aufgeführt. Der mächtige Schloßkomplex erhielt einen dominanten Turm, Terrakottaschmuckgiebel und weitläufige Terrassen zur Seeseite hin. Ähnliches gilt für innen. Zierde des Labyrinths von Räumen ist der Thronsaal, der die komplette Ahnengalerie bewahrt.

Eng um das Schloß schmiegt sich der Burggarten mit exotischen Gehölzen, einer Grotte und einer Orangerie, flankiert von Plastiken. Eine Brücke führt in den Schloßgarten, eine geometrisch ausgezirkelte Barockanlage aus dem 18. Jahrhundert, deren Hauptachse ein Kreuzkanal bildet. Gartenplastiken von Permoser säumen die Wasserläufe.

Das ehemalige mecklenburgische Residenzschloß ist heute Sitz der Landesregierung

Das mecklenburgische Versailles

In dieser »griesen Gegend« Mecklenburgs, wo kleine Seen und Sand zum Versinken die Landschaft bestimmen, versteckt sich ein städtebauliches Kleinod.

Städte wurden auch schon vor 200 Jahren einfach in den Sand gebaut, wenn statt eines Planes ein fürstlicher Wille (was gelegentlich dasselbe ist!) regiert. Herzog Friedrich von Schwerin wollte mit Regierungsantritt 1757 seinem Levitzer Jagdrevier näher sein und beschloß daher, die Residenz in das Dörfchen Klenow, das im Anschluß an des Vaters Jagdleidenschaft Ludwigslust getauft wurde, zu verlegen.
Der kenntnisreiche Hofbaumeister J. J. Busch erarbeitete die Pläne, und so entstand binnen 20 Jahren eine barocke Schloß- und Gartenanlage nebst Wohnhäusern. Eigens zur Betreibung der Wasserspiele mußte ein 28 Kilometer langer Kanal herangegraben werden.

lich des Schlosses bezog die Garnison Quartier in Fachwerkbauten.
Zu Beginn des 19. Jahrhunderts wurde das städtebauliche Ensemble durch klassizistische Häuser erweitert. Nach Norden und Westen erstreckt sich der 135 Hektar große Schloßpark. D. J. Lenné hat ihn in der Mitte des 19. Jahrhunderts aus einer ehemaligen Barockanlage geschaffen.

Anfahrt:
Kreuzungspunkt B 106 und B 5 Schwerin – Perleberg. Von Westen B 5 von Lauenburg. Von Osten B 191 von Parchim.

Auskunft:
Ludwigslust-Information, Schloßfreiheit 8, 19288 Ludwigslust, Tel.: 0 38 74/2 90 76, Telefax: 0 38 74/2 90 76.

Schloß Ludwigslust gab der Stadt den Namen

Residenzwürdig, aber kostensparend sollte gebaut werden. Also wurde auf der Mitte der Hauptachse ein Schloß aus Backstein mit Sandsteinverkleidung errichtet.
40 überlebensgroße Statuen – sie versinnbildlichen des Fürsten technische Neigungen – und 14 Vasen auf der Attika schmücken die Repräsentationsfassade. Die Schloßsäle sind prächtig dekoriert, zumindest dem Anschein nach. Schnipst man mit dem Finger an diese und jene Figur oder an die Marmorgewandung, klingt es merkwürdig hohl. Die Herzogliche Cartonfabrik hat Kunstwerke aus Pappmaché gefertigt. Ständekonform wurden die Straßenzüge ausgebaut. Im örtlichen Umkreis des Schlosses wohnten die Angehörigen des Hofes, je nach Stellung in ein- oder zweigeschossigen Reihen- oder Einzelhäusern aus Backstein. Süd-

Im Land der 1000 Seen – Waren an der Müritz

Dank des milden, heilsamen Seeklimas pflegt Waren den Kur-Bäderbetrieb seit über 150 Jahren. Das beliebte Bad liegt an der Müritz, dem größten See der Mecklenburgischen Seenplatte.

Anfahrt:
Autobahn E 55 Berlin – Rostock; B 192 Neubrandenburg – Malchow; Bahnanschluß, Schiffsanlegestelle.

Auskunft:
Fremdenverkehrsamt, Neuer Markt 19, 17192 Waren, Tel.: 03991/4172, Telefax: 03991/4172.

Öffnungszeiten:
Mai–September
Mo.–Fr. 9–20 Uhr,
Sa./So. 10–17 Uhr.
Oktober–April
Mo.–Fr. 10–16 Uhr.

Das malerische Waren am Nordufer der Müritz hat gleich zwei Rathäuser: ein Fachwerkbau aus dem 17. Jahrhundert und eines im Geschmack der Tudorgotik (erbaut 1795). Etwas abseits des Ortes ragt Schloß Klink in den See, ein seltenes Neorenaissancebauwerk mit Terrakotta-Schmuckelementen.

Südlich der Stadt erstreckt sich in einem Karree von 5000 Hektar, begrenzt durch die Müritz, die B 192, 193 und 198, Deutschlands größtes Naturschutzgebiet, vermutlich auch das bestintakte. Hier leben mehr als 600 Blütenpflanzen sowie 240 Brut- und Rastvogelarten, darunter die bedrohten See-, Fisch- und Schreiadler, Wanderfalken, Kraniche und Schwarzstörche.

Am sanften Ostufer der Müritz (der Name stammt aus der slawischen Besiedlungszeit – Morcze = kleines Meer) wurde vor 200 Jahren der Seegrund gesenkt, um Wirtschaftsraum zu gewinnen. Das Unternehmen kann nicht sehr erfolgreich gewesen sein. Zwischen Spukloch, Teufelsbruch und Boeker Schlamm entstanden ausgedehnte Wiesen, Sumpf-, Moor- und Rohrflächen. Übrig blieben von dem durchgehenden Müritzsee zwei Blasen: der Rederang- und der Specker-See. Rahmende Waldnischen verjüngten sich selbst oder wurden auf den nährstoffarmen Sandböden angepflanzt. Hier muß man nicht lange warten, bis

Der größte Teil des Müritz-Nationalparks ist heute nicht mehr zugänglich.

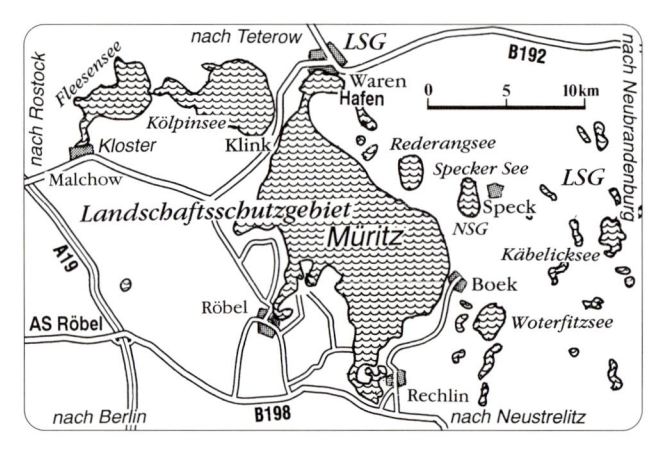

ein Rudel Rothirsche vorbeizieht, ein Sprung Rehe äsend die Wiese streift. Über den Riedflächen balzen in Zickzackrouten die langschnäbligen Bekassinen (Schnepfenvögel). Ein Seeadler schleppt einen ganzen Knüppelwald auf eine Eichenkrone. Ein paar Wochen später werden die Jungvögel aus dem Horst krächzen.

Diesen Naturraum muß man auf Dauer schützen, ohne ihn dem Menschen vorzuenthalten. Geschützte Wanderwege und etwas Einsicht der Besucher sind Grundvoraussetzungen für einen sanften Tourismus.

Autotour (8)　　　　　　　　　　　　　　　　　　　　Mecklenburgische Seenplatte

Ein Bilderbuch für historische Pfadfinder

Der Dichter Kurt Tucholsky fand das Rheinsberger Land wie geschaffen für Verliebte. Hinter Rheinsberg beginnt eine dichte, langgestreckte Seenkette von Endmoränen bis 70 Meter Höhe eingefaßt.

Die Hügel sind reich mit Buchen- und Mischwald bewachsen. Da fühlen sich Menschen gemeinhin wohl, verliebt wenigstens in das Naturidyll. Warum sollte die Stimmung nicht auf die Kulturlandschaft der Stadt zu übertragen sein?

Rheinsberg liegt am Ausfluß des Rhins aus dem Grienericksee. Auf der Seeseite geht kein Blick an Schloß und Parkanlagen vorbei. König Friedrich Wilhelm I. kaufte im Jahre 1734 die Wasserburginsel und schenkte sie seinem Kronprinzensohn, dem späteren Großen Friedrich. Der ließ von G. W. von Knobelsdorff eine zweigeschossige Dreiflügelanlage errichten. Zwei Flügel erhielten see- und gartenseits je einen bulligen Rundturm. Eine Kolonnade verband die Flügel. Der Mittelrisalit mit zwei Eckpavillons wurde 1786 angebaut. Es war wohl gewollt, daß die zurückhaltende barocke Fassade sich als Beispiel preußischer Zucht in die Landschaft hineindrängte. Nach innen fiel die Ausstattung etwas großzügiger aus. Reiche Deckengemälde von A. Pesne zieren den barocken Spiegel-, Ritter- und Turmsaal. Umbauten im vergoldeten Rokoko kamen höheren Repräsentationsansprüchen im Muschelsaal und in der Bibliothek nach.

Als im Jahre 1740 die Stadt völlig ausbrannte, wurde die Gelegenheit beim Schopfe ergriffen, das friderizianische Bauensemble zu vervollständigen. Die Straßenzüge wurden geometrisch genau in Gitternetze gepaßt, die wiederum in Karrees unterteilt, so daß endlich einer heilen Ordnung Genüge getan werden konnte. Passend zum Schloß baute man Ein- und Zweistubenhäuser für die niederen Chargen.

Der vollkommene Architekturkreis schließt sich mit der Bewahrung geschichtlicher Heldentaten. Gegenüber dem Schloß, am jenseitigen Seeufer erhebt sich der Obelisk zum Ruhme des Siebenjährigen Krieges. Wohin man schaut, drängen sich Erinnerungen auf, die Funken sprühen.

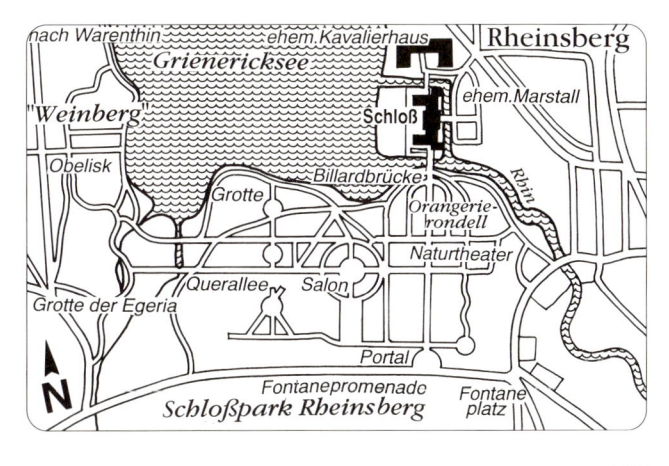

Auf einer kleinen Insel erhebt sich Schloß Rheinsberg

Anfahrt:
Bundesstraße 96 Oranienburg – Fürstenberg, Abzw. in Gransee oder Fürstenberg; B 167 Neuruppin – Löwenberg, Abzw. in Neuruppin oder Herzberg; Bahnanschluß.

Auskunft:
Fremdenverkehrsverein, Markt,
16831 Rheinsberg,
Tel.: 03 39 31/20 59,
Telefax: 03 39 31/20 59.

Öffnungszeiten:
Mo.–Sa. 9.30–16 Uhr,
So. 10–14 Uhr.

107

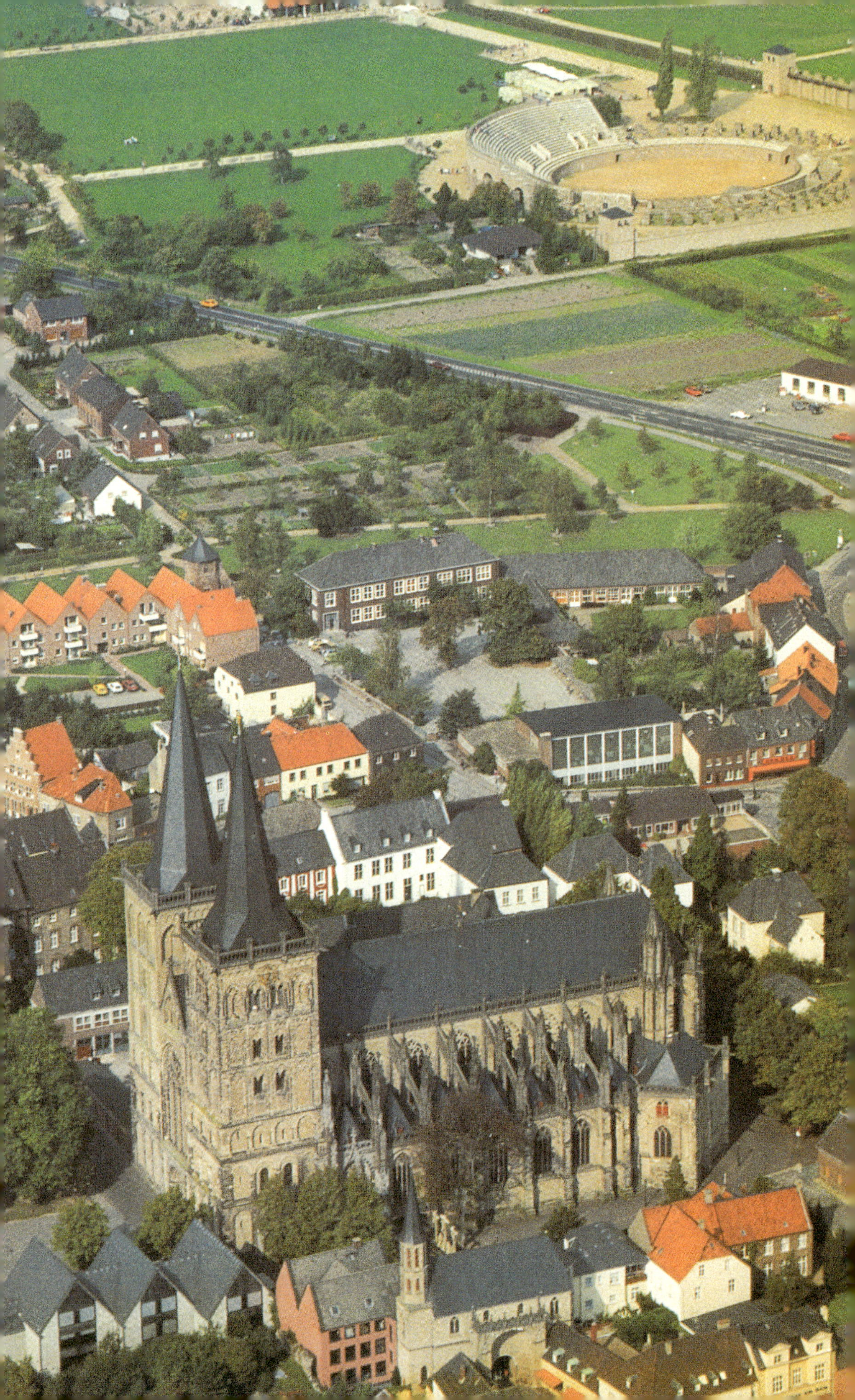

Ruhrgebiet und Münsterland

Verborgene Schätze und Naturwunder

Während in der Industrielandschaft zwischen Ruhr und Lippe bemerkenswerte Ausflugsziele eher im verborgenen gesucht werden müssen, begegnet man im Umland dieses Ballungsgebietes einer Vielzahl von einzigartigen und teilweise unberührten Erholungszielen.

Von der Oberflächengestalt und den erdgeschichtlichen Bedingungen her ist die Westfälische Bucht relativ einheitlich und übersichtlich gestaltet: Der Gesteinsuntergrund des gesamten Raums rechts des Niederrheins und nördlich des südlich aufsteigenden Sauerlandes besteht weitgehend aus in der Kreidezeit gebildeten, heute im Zentrum eingetieften und an den Rändern teller- oder schüsselförmig hochgebogenen Kalk-, Mergel- oder Sandsteinbänken. Daraus haben vor allem die Flußsysteme von Ems und Lippe im Laufe von Jahrmillionen eine Schichtstufenlandschaft herauspräpariert. Sein Feinrelief erhielt dieser Raum dann während des Eiszeitalters durch das Inlandseis, seine Moränen und Schmelzwassersande.

Siedlungs-, wirtschafts- und kulturgeographisch zeigt die Westfälische Bucht dagegen, bedingt durch die Zugänglichkeit vorhandener Bodenschätze und zu einem nicht geringen Teil auch durch territorialgeschichtliche Bindungen, ein sehr unterschiedliches Bild: Wirtschaftlicher Kernraum ist hier zweifellos das Ruhrgebiet, das sich – zu einem großen Teil identisch mit der 1666 endgültig preußisch gewordenen Grafschaft Mark – schon früh zu der industriell fortgeschrittensten Provinz des preußischen Staates entwickelt hat. Als es gelang, mit Hilfe von Schachtanlagen das Kreidedeckgebirge bis zu den flözführenden Karbonschichten zu durchstoßen und, begünstigt durch den gleichzeitigen Eisenbahnbau, auf der Grundlage verkokbarer Fettkohle blühende Hüttenindustrie zu gründen, begann der wirtschaftliche Aufschwung der ganzen Region.

Die geistlichen Staaten, allen voran das ehemalige Fürstbistum Münster, erleb-

Xanten war schon zu Zeiten der Römer besiedelt

Die Rheinaltarme bei Xanten

ten dagegen eher eine kulturelle Blüte, deren Träger, der einheimische Stiftsadel, wie auch die Herren der noch bestehenden eingesprengten Kleinterritorien, eine reiche geistige und künstlerische Entwicklung einleiteten. Im Ergebnis behielt so das Münsterland seinen noch ausgeprägt ländlichen Charakter und wurde mit seinen urigen Bauernwirtschaften, idyllischen Kirchdörfern und Beschaulichkeit ausstrahlenden Landstädtchen zu einem Erholungsraum für das Ruhrgebiet.

Das Ruhrgebiet selbst besitzt jedoch auch seine Reize. Hier sind es vor allem die Sehenswürdigkeiten, die auf die Industrie und ihre Historie zurückgehen. Naturliebhaber finden im nördlich gelegenen Niederrheinischen Tiefland eher die Landschaftselemente, die einen Besuch so lohnenswert machen: von Pappeln und Kopfweiden gesäumte, sattgrüne Geländemulden mit verträumten Altwässern und nebelreichen Kolken zwischen den tischebenen Akkerfluren der Niederterrassen. Wer will, der kann auch unter die Erde steigen. Und zwar in die Dechenhöhle, am Rande des Lennegebirges gelegen.

Auskunft:
Landesverkehrsverband Westfalen e. V.,
Friedensplatz 3,
44135 Dortmund,
Tel.: 0231/527506/07,
Telefax: 0231/524508.

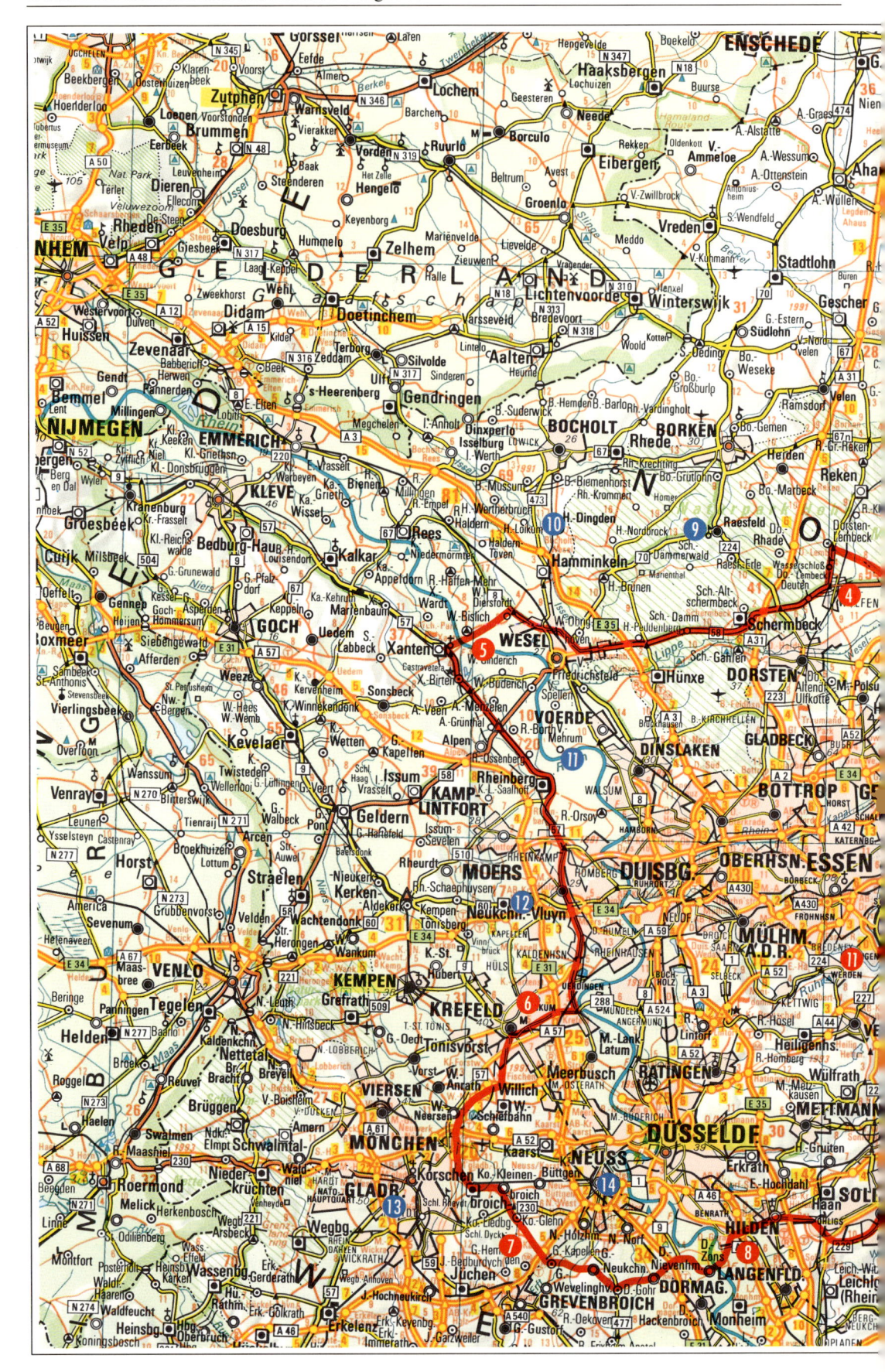

Übersichtskarte Autotour und Sehenswürdigkeiten

Ruhrgebiet und Münsterland

Die schönsten Ausflugsziele auf einen Blick

Die Autotour

Ein Landstrich wehrt sich gegen ein Vorurteil: Nach wie vor wird das Land um Ruhr und Rhein als eine Ansammlung von giftigen Schloten angesehen. Doch nur wenige Kilometer von den Industriestandorten entfernt breiten sich mit Naturparks, Seen und erstaunlich sauberen Flüssen Oasen der Erholung aus.

Gesamtlänge der Autorundreise: 430 km

❶ Tourenvorschlag Hagen
Interessant sind in der Industriestadt vor allem zwei Museen: das Karl-Ernst-Osthaus-Museum mit Exponaten aus dem 19. und 20. Jahrhundert sowie das Westfälische Freilichtmuseum.

❷ Tourenvorschlag Hönnetal
Dieses romantische Tal am nordwestlichen Rand des Naturparks Homert ist tief in das umliegende Gebiet eingeschnitten und reich an Höhlen und Kalkfelsen.

❸ Tourenvorschlag Möhnesee
Das Vogelparadies liegt im Naturpark Arnsberger Wald. Im Westen beschreibt der See eine langgezogene Kurve in das Hevetal.

❹ Tourenvorschlag Lembeck
Schloß Lembeck ist ein imposanter Barockbau mit interessanten Museumsräumen und einem besonders schönen Park aus dem Beginn des 19. Jahrhunderts.

❺ Tourenvorschlag Xanten
Die Stadt am linken Ufer des Niederrheins wurde im 1. Jahrhundert v. Chr. von den Römern gegründet.

❻ Tourenvorschlag Krefeld
Hauptattraktion der Stadt ist die Burg Linn im gleichnamigen Stadtteil. In dem hier einquartierten Museumszentrum sind u. a. Funde aus römischen und fränkischen Gräbern zu bewundern.

❼ Tourenvorschlag Schloß Dyck
Schloß Dyck bei Jüchen-Bedburdyck ist das größte Wasserschloß am Niederrhein mit einer bemerkenswerten Ausstattung (Jagdwaffensammlung, chinesische Tapeten) und einem englischen Garten.

❽ Tourenvorschlag Zons
Die kurkölnische Zollstadt wurde im Jahre 1373 gegründet. In der Altstadt blieb die mittelalterliche Idylle weitgehend erhalten.

❾ Tourenvorschlag Müngstener Brücke
Die monumentale Stahlkonstruktion verbindet seit 1897 Remscheid und Solingen über das Tal der Wupper hinweg.

❿ Tourenvorschlag Wuppertal
Die Stadt an der Wupper ist wegen ihrer Schwebebahn weltberühmt geworden. Die an einer 13,3 Kilometer langen Stahlkonstruktion hängende Bahn ist das sicherste Verkehrsmittel der Welt.

⓫ Tourenvorschlag Villa Hügel
Einst war sie die Residenz eines der größten Industriemagnaten der Welt, heute steht das Anwesen der Öffentlichkeit als Museum zur Verfügung.

⓬ Tourenvorschlag Deutsches Bergbaumuseum
Schon von weitem läßt sich das Fachmuseum erkennen. Der alte Förderturm dient jetzt den zahlreichen Besuchern als Aussichtsturm.

Xanten, römisches Kastell

Weitere interessante Sehenswürdigkeiten entlang der Route

❶ Altena
Diese alte Stadt im Lennetal besitzt eine sehr fotogene Burg, die Stammhaus aller Jugendherbergen ist. Die schön restaurierte Burg stammt zum großen Teil aus dem 13. Jahrhundert. Daneben sind in der Anlage mehrere Museen untergebracht.

❷ Letmathe
Die Dechenhöhle gehört zu den größten und schönsten Tropfsteinhöhlen Deutschlands. Von den insgesamt 870 Meter langen Gängen sind über 400 für Führungen begehbar gemacht worden. Ein Höhlenkundemuseum informiert über die Entstehung und den Ausbau der Höhle.

❸ Neuenrade
Das Kohlberghaus, in dem sich ein Hotel und eine Gaststätte befinden, ist Ausgangspunkt für zahlreiche Wanderungen in die schöne Umgebung. Vom Aussichtsturm bietet sich eine herrliche Aussicht.

❹ Arnsberg
Die malerische Altstadt liegt auf einem Bergrücken; hier stehen auch viele bemerkenswerte Bauten. Daher wird Arnsberg auch »Perle des Sauerlandes« genannt. Im nahe gelegenen Wildpark Voßwinkel kann man die hier heimischen Wildarten beobachten.

❺ Soest
Die mittelalterliche »heimliche Hauptstadt Westfalens« wurde bereits im 7. Jahrhundert gegründet. Ihre Kunstschätze haben alle Kriege weitgehend überlebt. Von großer kunsthistorischer Bedeutung sind die zahlreichen Kirchen.

❻ Schloß Westerwinkel
Der Frühbarockbau der Grafen von Merfeldt besitzt ein sehr sehenswertes Museum sowie einen im englischen Stil errichteten Park.

❼ Venner Moor

Diese reizvolle Moorlandschaft erstreckt sich auf nur kleiner Fläche zwischen dem südlichen Stadtrand von Münster und nördlich von Ascheberg. Das ungefähr 6000 Jahre alte Hochmoor ist wie ein Uhrglas gewölbt. In den zahlreichen wassergefüllten Löchern wachsen typische Pflanzen wie das Wollgras.

❽ Lüdinghausen

Die malerische Mantelmauerburg Vischering im Norden der Stadt wurde im 16. Jahrhundert im Renaissancestil erbaut und beherbergt das Münsterlandmuseum. Sehenswert sind auch das ehemalige Amtshaus und die Pfarrkirche St. Felicitas.

❾ Raesfeld

In einem See erhebt sich das barocke Wasserschloß, ein westfälisches Meisterwerk, das 1606 erbaut wurde. Bemerkenswert ist der riesige Dachstuhl mit vier sich nach oben verjüngenden Stockwerken.

❿ Hamminkeln-Ringenberg

In der Kunststätte Schloß Ringenberg, in den Resten einer alten Wasserburg, finden Künstler mit sieben Ateliers Produktions- und Ausstellungsmöglichkeiten.

⓫ Rheinberg

Eine stark befestigte kurkölnische Festung und Zollstätte mit zum Teil erhaltenem Stadtkern und alten Festungswällen aus verschiedenen Epochen. Das Rathaus und der Kamper Hof stammen aus der Gotik.

⓬ Moers

Funde aus dem römischen Reiterkastell Asci-burgium (Asberg) sind im Heimatmuseum (Grafschafter Museum) untergebracht.

⓭ Rheydt

Das heute im Renaissancestil erscheinende Schloß wird von einem großartigen Park umgeben, in dem auch öffentliche Gärten und Friedhöfe miteinbezogen sind. Sammlungen zur Adelskultur vom 16. bis 18. Jahrhundert und eine umfangreiche Ausstellung sind die Schwerpunkte des Städtischen Museums Schloß Rheydt.

⓮ Hombroich

Zwischen Neuss und Grevenbroich liegt auf einer idyllischen Aue im Flüßchen Erft die Insel Hombroich. Auf dem 170 000 Quadratmeter großen Gelände ist eine spektakuläre Museumslandschaft entstanden, die vom Zusammenspiel ökologisch gestalteter Natur mit Bildern, Skulpturen, Vasen und Collagen bekannter Künstler lebt.

⓯ Herdecke

Lohnenswert ist in der kleinen Industriestadt ein Besuch der romanischen Kirche aus dem 13. Jahrhundert, die über einer früheren karolingischen Basilika aus dem 9. Jahrhundert errichtet worden ist.

Geschichte und Kultur

Die Krupps – Erfolgsstory im Ruhrgebiet

Auch heute noch gilt das Ruhrgebiet als die bedeutendste Industrieregion Deutschlands. Die Zusammenballung einer großen Zahl von Industrien, deren Schwerpunkt in der Stahl- und Eisenerzeugung liegt, verdankt es dem riesigen Steinkohlevorkommen, die es durchziehen.

Das Ruhrgebiet ist reich an außergewöhnlichen Erzählungen über Aufstieg und Fall großer Familien und Industrieimperien. Besonders typisch und sicher am bekanntesten ist die Geschichte des Hauses Krupp.

1587 wanderte Arndt Krupp, der Stammvater der Dynastie, aus dem Rheinland nach Essen ein. Der geschäftstüchtige Protestant gründete ein Handelsunternehmen und kaufte die während der großen Pest zu Panikpreisen angebotenen Grundstücke auf. Sechs Generationen lang gehörten die Krupps zu den wohlhabendsten und mächtigsten Familien der Stadt Essen. In der siebten Generation erbte Friedrich Krupp das bedeutende Vermögen der Familie.

Von seiner Großmutter Amalia erhielt der junge Mann die »Hütte zu guten Hoffnung«. Sein Einstieg in die Schwerindustrie wurde Friedrichs erster geschäftlicher Mißerfolg, die Hütte wieder verkauft. Besessen von der fixen Idee, das »Geheimnis des Stahlgusses« zu finden, gründete er 1811 die Firma Fried. Krupp. Als seine Familie sich weigerte, weitere Gelder in die unersättliche Gußstahlfabrik einzubringen, begann der unaufhaltsame Niedergang.

Als er 1826 starb, erbte sein 14jähriger Sohn Alfred Schulden von 10 000 Talern und eine konkursreife Fabrik mit gerade noch vier Arbeitern. Erst der 1834 errichtete deutsche Zollhandelsverein und der Aufstieg Preußens zur deutschen Führungsmacht boten Alfred Krupp eine Chance. Er nutzte sie gut. Alfred schuf einen weltumspannenden Konzern. Er war der erste Industrielle, der sich um die sozialen Belange seiner Arbeiter kümmerte.

Als äußeres Zeichen seines Erfolgs errichtete Alfred Krupp nach eigenen Plänen 1873 auf dem Hügel über dem Baldeneysee, inmitten eines herrlichen Parks, ein schloßähnliches Haus mit etwa 200 Zimmern: die Villa Hügel. Der Bauherr litt unter einer manischen Angst vor Feuer, deshalb bestand die Villa ursprünglich nur aus Stein und Stahl.

Alfreds Sohn Fritz, der Name, Firma und Villa Hügel 1887 erbte, füllte das Haus mit Teppichen, Holzvertäfelungen und Gemälden. Fritz Krupp, bereits äußerlich das Gegenbild seines asketischen Vaters, opferte seine Neigung zu Wissenschaft und Kunst der Pflicht. Unter seiner Leitung erfand Krupp den berühmten »Kruppstahl«. Kaiser und Könige gingen in der Villa Hügel aus und ein.

Nach Kriegsende folgten der Zusammenbruch und Neuanfang der Firma Krupp. Der letzte Krupp, Alfried, wurde im Nürnberger Prozeß verurteilt, enteignet und später begnadigt. Gemeinsam mit dem ihm wiedergegebenen Firmenvermögen wurde der Hügel nach seinem Tod 1967 in eine gemeinnützige Stiftung eingebracht und dient heute als Museumsort.

Die Villa Hügel in Essen, Stammsitz der Industriellenfamilie Krupp

Ruhrgebiet und Münsterland | Autotour ①

Zum Museum technischer Kulturdenkmale

Westfälisches Handwerk, Manufaktur und Industrie im Wechsel der Jahrhunderte von Karl dem Großen bis zur Gründerzeit werden in diesem einzigartigen Freilichtmuseum dargestellt und erläutert.

Anfahrt:
A 46 bis Hagen-West, weiter auf B 54 durch die Stadt Richtung Siegen, im Ortsteil Eilpe rechts und 3 km talauf; A 45 bis Ausfahrt Hagen/Hohenlimburg. Ab Hbf Busse zum Museum. Von Station und Parkplatz 10 Min. Fußweg.

Auskunft:
Hagen-Information, Friedrich-Ebert-Platz, 58095 Hagen, Tel.: 0 23 31/2 07 33 83.

Öffnungszeiten:
Täglich außer Mo. 9–18 Uhr. November bis März geschlossen.

Wandern:
Vom Parkplatz aus (Informationstafel).

Abstecher:
Ins waldreiche, schöne Volmetal über B 54 Richtung Siegen; über Zurstraße nach Brekkerfeld (alte Hansestadt, weite Fernsichten).

Typisches Gebäudeensemble im Museum von Handwerk und Technik

Am südlichen Stadtrand von Hagen verbirgt sich in einem Seitental der Volme das »Westfälische Freilichtmuseum von Handwerk und Technik«. Vom Berghang grüßt eine alte Windmühle die Besucher. In einem anmutigen Tälchen drängen sich Häuser einzeln und in Gruppen um den Bach oder an die Hänge. Die Handwerksstuben oder kleinen Fabriken standen einst irgendwo im Sauerland, meist an den wasserreichen Bächen. In den Räumen stellten fleißige Hände Artikel her, die den Ruf des Berglandes weit verbreiteten. Als die industrielle Entwicklung andere Wege einschlug, drohten die alten Werke zu verfallen. Dr. Sonnenschein aus Hagen kam auf die Idee, diese vergangenen Zeugen in einem Museum zusammenzustellen. Stein für Stein trug man die Gebäude ab und baute sie im Mäckinger Tal original mit viel Liebe wieder auf. Doch dem Gründer des Museums ging es nicht nur darum, Gebäude vorzustellen: Er wollte auch zeigen, wie darin gearbeitet wurde. Da stellt ein Bäcker nach alten Rezepten Brot her, das man auch kaufen kann, hier fabriziert man Büttenpapier und druckt alte Urkunden, die einen großen Andenkenwert haben. In anderen Gebäuden werden Seile gereept, Ketten und Anker geschmiedet, Drähte gezogen. Im Museumsgelände staute man Teiche an und schuf künstliche Wasserrinnen, die Mühlräder antreiben. Ein herrliches Patrizierhaus im landesüblichen Stil zeigt, wie einst vermögende Fabrikanten wohnten. Das Museum wurde inzwischen zu einem Zentrum der Maschinen- und Sozialgeschichte ausgebaut. Daneben werden oft verschiedene Sonderausstellungen durchgeführt.

Das landschaftlich reizvolle Gelände, eng umsäumt von Wald, verlangt von seinen Besuchern etwas Kondition, denn man muß schon einige Fußwege in Kauf nehmen.

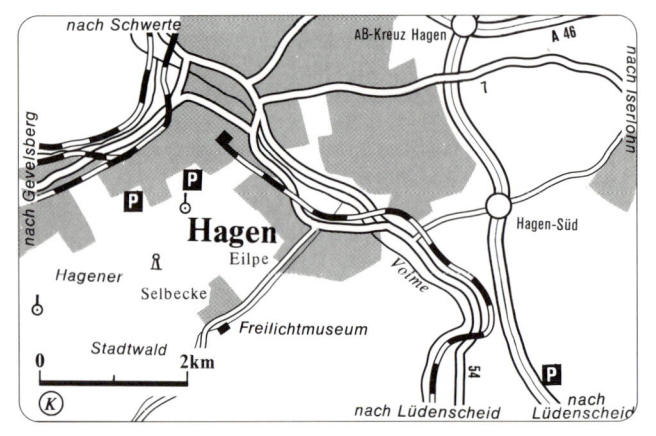

Im romantischsten Tal Westfalens

»Das romantischste Tal Westfalens« nannte Ferdinand Freiligrath das Hönnetal. Die Hönne, ein bescheidenes Flüßchen, schneidet sich zwischen Balve und Lendringsen tief in das Kalkgestein ein. An einigen Stellen treten die weißgrauen Felsen so eng zusammen, daß kaum Platz bleibt für Bahn, Straße und Fluß. Durch die schönsten Teile des Tales führt ein markierter Wanderpfad. Auf dem Kalkboden gedeihen seltene Pflanzen.

Das Hönnetal ist uraltes Siedlungsgebiet. Als anderswo noch wilde Tiere hausten, wohnten in den Höhlen an der Hönne schon Menschen. Ihre Knochen und Werkzeuge entdeckte man in den zahlreichen Klüften und Hohlräumen, in denen sie Schutz fanden. Heute sind alle Funde aufbewahrt in den Heimatmuseen Balve und Menden. Der alte, historisch bedeutsame Ort Balve bietet eine besondere Attraktion: die Balver Höhle, eine der größten Deutschlands. Sie ist geräumig und hat eine so vorzügliche Akustik, daß Symphonie- und Jazzkonzerte in ihr stattfinden. Besichtigen läßt sie sich auch, ebenso wie die Feldhof- und die Reckenhöhle, in der zauberhafte Tropfsteingebilde zu bewundern sind. Im Hönnetal geht man also in die Erde, manchmal sogar der Fluß, der an einigen Stellen im Kalkstein versickert. Sieben Jungfrauen kann man hier sehen, allerdings aus Stein: fast senkrechte Felsen, die steil neben der Straße aufragen und trotz des amtlichen Verbotes, vielleicht auch eben deshalb, von Kletterern erstiegen werden. Gegenüber klebt auf steiler Felsnase Burg Klusenstein. 5 Kilometer abseits des Tales in Richtung Iserlohn liegt in Hemer die sehenswerte Heinrichshöhle. Von da geht man nur wenige Schritte ins berühmte Felsenmeer. Hier stürzten vor Jahrmillionen unterirdische Hohlräume ein; ein Felslabyrinth blieb zurück, dessen Zwischenräume vom Wasser ausgewaschen wurden und in dem man sich leicht verlaufen kann.

Felsen- und Höhlenfreunde kommen im Hönnetal auf ihre Kosten. Das Flüßchen hat sich tief in die Kalkfelsen eingeschnitten und eine wilde Schlucht geschaffen.

Das Felsenmeer bei Hemer: sehenswertes Chaos im Buchenwald

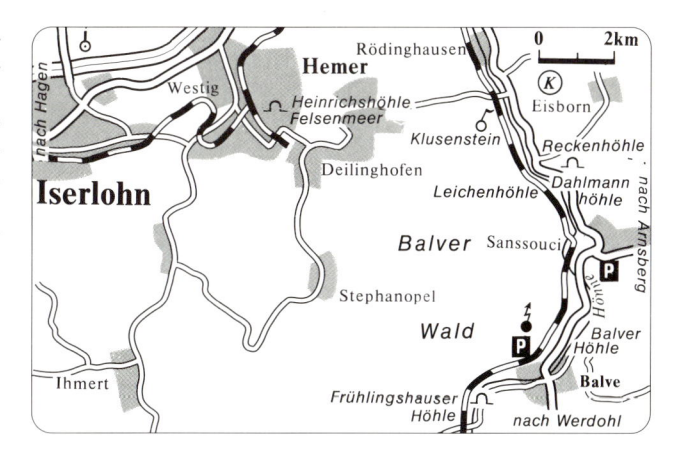

Anfahrt:
Von Iserlohn bzw. Menden die B 7 und B 515, von Arnsberg und Werdohl B 229. Bundesbahn ab Fröndenberg (nur werktags).

Auskunft:
Arbeitsgemeinschaft der Verkehrsvereine, Neumarkt 6, 59821 Arnsberg, Tel.: 0 29 31/40 55, Telefax: 0 29 31/1 23 31.

Wandern:
Vom Felsenmeer bei Hemer bis Sanssouci im Hönnetal; markierter Weg (Zeichen X 4 und X 1). Wanderzeit 2 Std.

Öffnungszeiten:
Mo.–Fr. 9–12 Uhr, 14–16 Uhr, Mai–Okt. Sa. 10–12 Uhr. Tropfsteinhöhle bei Balve und Reckenhöhle täglich mit Führung. Eintritt.

Ruhrgebiet und Münsterland | Autotour ③

Paradies für Vögel und Wassersportler

Erholung im Naturpark Arnsberger Wald, einem der wald- und wildreichsten Gebiete in Nordrhein-Westfalen. Frisches Wildbret gibt es in vielen Gaststätten rund um den Möhnesee.

Anfahrt:
BAB Ruhrgebiet – Kassel bis Ausfahrt Soest, dann B 229 Richtung Arnsberg.

Auskunft:
Arbeitsgemeinschaft der Verkehrsvereine, Neumarkt 6, 59821 Arnsberg, Tel.: 0 29 31/40 55, Telefax: 0 29 31/1 23 31.

Öffnungszeiten:
Mo.–Fr. 9–12 Uhr, 14–16 Uhr, Mai–Okt. Sa. 10–12 Uhr.

Schwimmbäder:
In Wamel, Körbecke und Delecke (mit Parkplätzen).

Wandern:
Von zahlreichen Parkplätzen aus (markierte Wege).

Abstecher:
Zum mittelalterlichen, ehrenreichen Soest (10 km), zum Regierungssitz Arnsberg (12 km), zur Kapelle in Drüggelte an der B 229, gebaut nach dem Vorbild der Grabeskirche in Jerusalem.

Mit zu den ältesten Talsperren des Sauerlandes zählt der Möhnesee. Angelegt in den Jahren 1908–1912, behauptet er seitdem seinen Spitzenplatz als beliebtes Ausflugsziel im nördlichen Sauerland. Im Süden dehnen sich kilometerweit die riesigen Forsten des Naturparks Arnsberger Wald, nördlich grenzt die milde Ackerbaulandschaft des Haarstrangs an, die sich fortsetzt zu den sehr fruchtbaren Böden der Soester Börde. Der See liegt so zwischen Wald und Ackerland, ein großes, spiegelndes Auge, 10 Kilometer im Möhnetal, 5 Kilometer im Hevetal. 135 Millionen Kubikmeter Wasser faßt das Becken, und die mächtige Mauer aus fugenlosen Bruchsteinen ist 650 Meter lang. Überregional bekannt ist der See durch die große Katastrophe von 1943 geworden, als englische Bomben ein breites Loch in die Mauer rissen und das Möhnetal bis weit hinab an die Ruhr unter Wasser stand. Heute tummeln sich Erholungssuchende am See, campen, angeln, schwimmen, surfen, rudern und segeln dort. Wer es ruhiger

Gemütliche Gartenlokale laden am Möhnesee zur Einkehr

Manches altwestfälische Fachwerkhaus besitzt noch ein solches Portal

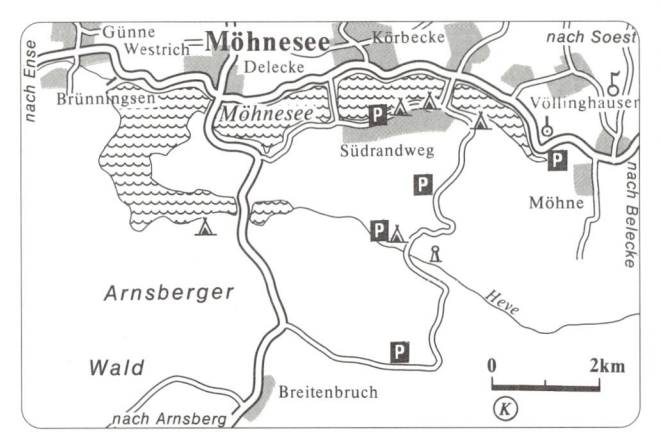

liebt, der fährt mit einem Boot. Viele um den See angelegte Parkplätze, zahlreiche Gaststätten nehmen die Besucher auf, die meist aus dem Ruhrgebiet kommen. Auch im Winter, wenn häufig Eis die weite Fläche des Sees bedeckt, sind zahlreiche Gäste da. Sie allerdings kommen aus dem hohen Norden: Wasservögel, die an der Möhnetalsperre überwintern. Tausende von Enten, Gänsen, Möwen, Reihern und Schwänen bevölkern die offenen Wasserteile und können leicht von den Ufern aus beobachtet werden.

Südlich der Talsperre erstreckt sich bis zur Ruhr der Naturpark Arnsberger Wald. Er gehört zu den größten zusammenhängenden Waldgebieten Westdeutschlands. Hier sieht der stille Wanderer Hirsche, Rehe, manchmal auch Wildschweine.

Autotour ④   Ruhrgebiet und Münsterland

Schloß und Herrlichkeit Lembeck

In herrschaftlichen Waldungen liegt das Barockschloß der Grafen von Merveldt, dessen Museumsräume interessante Einblicke in die Kultur des münsterländischen Stiftsadels erlauben.

Daß ein so großzügig konzipiertes Barockschloß und seine Umgebung als Herrlichkeit am Lehmbach – so lautet etwa die wörtliche Übersetzung des niederdeutschen Eigennamens – bezeichnet wird, ist sicherlich ungewöhnlich, kann aber mit den geschichtlichen Ursprüngen dieser beeindruckenden Anlage erklärt werden: Als der Bischof von Münster im 12. Jahrhundert begann, seine verstreuten Gerechtsame zu einem landesherrlichen Territorium auszubauen und zu sichern, war das schon um 1017 erwähnte Gut Lembeck, das aus Paderborner Besitz in die Hand des Bischofs von Münster gekommen war, von besonderer Bedeutung, weil es an der Nordgrenze der Kölner Interessensphäre lag. So darf man annehmen, daß der bereits um 1177 erwähnte bischöfliche Ritter von Lembeck die Gunst des hier wasserstauenden Lehmuntergrundes in der sonst sandigen Ebenheit nutzte, um eine kleine, grabengeschützte Niederungsburg zu bauen. Dieser alte turmartige Bau war gewiß nicht größer als der aus dem 14. Jahrhundert stammende Kernbau an der Nordostecke der jetzigen Oberburg.
Die Bezeichnung Herrlichkeit dagegen bezieht sich auf die alte Gerichtsherrlichkeit, die sich bis zum Ende des Fürstbistums erhalten hatte. Ursprung hierfür war der Besitz des mittelalterlichen Gogerichts, mit dem der Bischof von Münster seine dienstadeligen Ritter zu Lembeck stets belehnt hatte.
Zur heute vorhandenen, riesigen axialsymmetrischen Schloßanlage hat sich Lembeck unter den begüterten Herren von Westerholt-Hackfurt entwickelt, die 1674–79 den Kabinettflügel an den alten Burgkern anbauten und 1692 die breit hingelagerte Vorburg vollendeten. Den letzten barocken »Schliff« erhielt die Anlage jedoch erst mit der Gestaltung der Brücken und des Festsaals durch Johann Conrad Schlaun (1695–1773).

In französischen und italienischen Formen erbaut: Schloß Lembeck

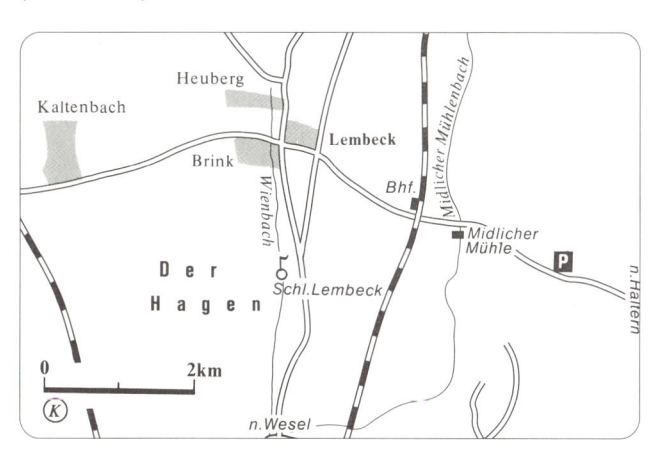

Anfahrt:
B 58, Abzweig westlich von Wulfen nach Norden in Richtung Reken.

Auskunft:
Graf von Merveldtsche Rentei, Schloß Lembeck,
46286 Dorsten,
Tel.: 0 23 69/7 73 91.

Öffnungszeiten:
1. März – 31. 10. täglich 9–18 Uhr
Innenbesichtigung ab 10 Uhr, Außenbesichtigungen jederzeit.

Abstecher:
1000jährige Femeeiche in Erle bei Raesfeld, uralte Freigerichtsstätte der Edelherren von Heiden, später der Herren von Raesfeld; Schloß Raesfeld, schön gelegenes Spätrenaissanceschloß, von dem »Westfälischen Wallenstein« Alexander von Velen ab 1643 erbaut; Löwenpark des Grafen Westerholt in Gelsenkirchen-Buer; Haltern-Lavesum, Hochwildgehege Granat und Ketteler Hof mit Ponyreitgelegenheit.

117

Xanten – Kleinod auf römischem Boden

Eine einfallsreich rekonstruierte römische Zivilstadt, ein beispielhaft erhaltenes mittelalterliches Stadtbild, ein bemerkenswert anschauliches Museum, ein herrlicher Dom...

Der St.-Viktor-Dom, bedeutendstes Zeugnis der Gotik am Niederrhein

Anfahrt:
B 57 (alte Limesstraße) von Moers.

Auskunft:
AG Freizeit & Fremdenverkehr Xanten e. V., Karthaus 2, 46509 Xanten, Tel.: 0 28 01/3 72 38 und 3 72 98, Telefax: 0 28/01/3 72 09 und 3 73 05.

Öffnungszeiten:
Archäologischer Park: 1. März–30. November tägl. 9–18 Uhr, 1. Dezember–28. Februar tägl. 10–16 Uhr. Regionalmuseum: 1. Mai–30. September Di.–Fr. 9–17 Uhr, Sa./So./Feiertag 11–18 Uhr, 1. Oktober–30. April Di.–Fr. 10–17 Uhr, Sa./So./Feiertag 11–18 Uhr. St. Viktor Dom: 1. April–31. Oktober Mo.–Sa. 10–18 Uhr, So. 13–18 Uhr, 1. November–31. März Mo.–Sa. 10–18 Uhr, So. 13–18 Uhr.

Abstecher:
Freizeitzentrum Xanten: Nibelungenbad und »Xantener Nordsee«.

Bekannt wurde Xanten vor allem durch die wiederentdeckten Fundamente eines ausgedehnten römischen Militärlagers und einer ganzen römischen Zivilstadt, die, im Gegensatz zu anderen Städten römischen Ursprungs im deutschen Raum, nicht von einer späteren Überbauung aufgesogen worden ist.
Die ältesten römischen Siedlungsspuren dieses Raums findet der Besucher in Birten, 2 Kilometer südlich von Xanten, wo auf dem Fürstenberg Kaiser Augustus im Jahr 15 v. Chr. zur Sicherung der jungen römischen Provinz Niedergermanien eine gewaltige Zwei-Legionen-Festung gründete: Das berühmte Vetera Castra, von dem aus Varus im Jahr 9 n. Chr. drei Legionen (also über 15 000 römische Soldaten) in die vernichtende Schlacht am Teutoburger Wald führte. Zugänglich aus dieser frühen Zeit römischer Geschichte ist noch das Erdwerk des Amphitheaters der ehemaligen Lagervorstadt, das als einziges größeres Denkmal den Sturm des Bataveraufstandes um 70 n. Chr. überstanden hat.
Weitaus spektakulärer sind jedoch die nördlich von Xanten ergrabenen und zum Teil wieder hochgebauten Reste der römischen Zivil- und Veteranenstadt Colonia Ulpia Traiana, die – teilweise rekonstruiert und ummauert – in Gestalt eines Archäologischen Parks mit Amphitheater und Taverne, Brunnen und Wasserleitungen nicht nur das historische römische Stadtbild, sondern auch die Verfahren seiner Erforschung und Sicherung zeigt. Sie hatte etwa 105 n. Chr. von Kaiser Trajan das Stadtrecht erhalten, bestand über 300 Jahre lang und wurde nach ihrer Zerstörung in der Völkerwanderungszeit viele Jahrhunderte als Steinbruch benutzt. Keimzelle der südlich gelegenen mittelalterlichen Stadt Xanten mit ihrem herrlichen Dom war das mutmaßliche Grab des christlichen Märtyrers Victor.

Vor den Toren Xantens wurde eine Römerstadt originalgetreu rekonstruiert

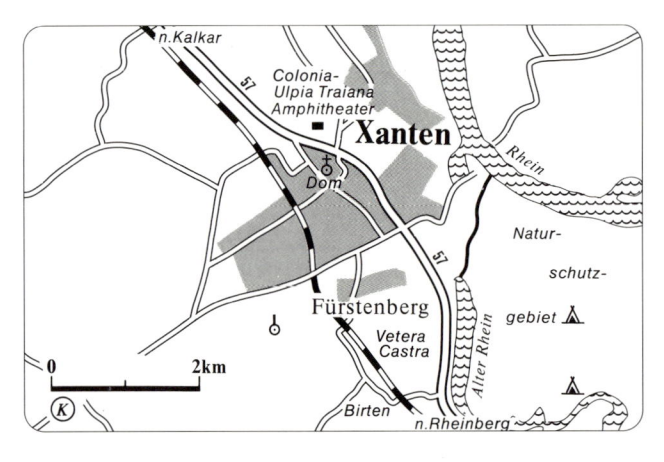

Autotour ⑥   Ruhrgebiet und Münsterland

Krefelds Burg Linn – Flachsmarkt und Museen

Geschichte und Romantik verbinden sich in der mächtigen Anlage der alten Kölner Landesfestung und ihrer idyllischen Vorstadt, deren Bastionen hochinteressante Museen umschließen.

Unversehens gerät gewiß kein Ausflügler nach Linn, dessen Umgebung mit Chemie-, Metall- und Textilwerken, Hafen, Verschiebebahnhof und breiten Schnellstraßen alles andere als einen ansehnlichen Ausflugsort zu versprechen scheint. Wer sich dennoch durch das Gewirr von Straßenzügen hindurchgefragt und über die Rheinbabenstraße den gesuchten Krefelder Ortsteil erreicht hat, fühlt sich plötzlich in eine andere Welt versetzt: Kopfsteinpflaster, liebevoll restaurierte trauf- und giebelständige Kaufmanns- und Handwerkerhäuser des 17. bis 19. Jahrhunderts bestimmen das Bild eines mittelalterlich strukturierten, nur 250 Meter im Geviert messenden Ministädtchens und der mächtigen Burg.

Neben dieser unerwartet kleinstädtischen, aber erholsamen Idylle wartet das einst selbständige Linn mit einer erstaunlichen Fülle sehenswerter Objekte auf: Da ist zunächst die erstmalig 1299 erwähnte, romantisch umgrünte, sechstürmige Burganlage, die, heute als Museum zugänglich, einen guten Einblick in die Struktur, Raumaufteilung und Einrichtung einer mittelalterlichen Burg bietet. Aus kleinsten Anfängen heraus hat sie sich bis 1600 zu einer mächtigen Landesfeste entwickelt, die einem kurfürstlichen Amtmann als Verwaltungssitz diente. Das Jagdpalais auf der Vorburg, heute gut ausgestattetes Heimatmuseum, ersetzte im 18. Jahrhundert die verlorengegangene Wohnfunktion der Burg. Die kostbarsten Exponate dieses Raums, die eindrucksvollen Grabbeigaben in Glas, Keramik und Gold aus römischen und fränkischen Gräberfeldern des nahe gelegenen Gellep, finden sich jedoch im Hauptmuseum an der Rheinbabenstraße, das u. a. das 1962 entdeckte, bekannte fränkische Fürstengrab zeigt. Besonders beachtenswert ist zudem das größte Textilmuseum Deutschlands am Andreasmarkt.

Der Flachsmarkt auf Burg Linn ist ein vielbesuchtes Volksfest

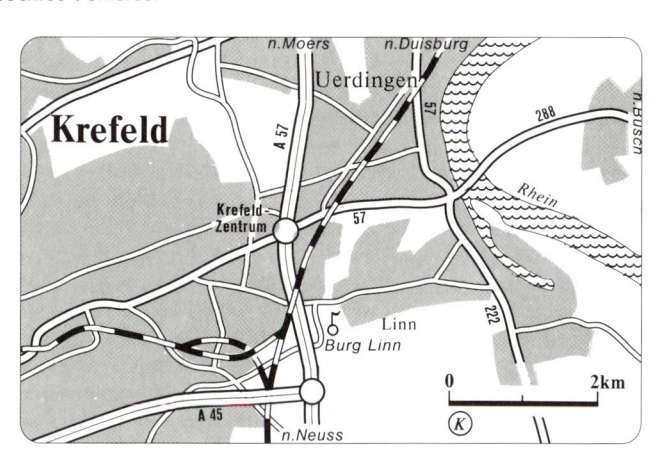

Anfahrt:
A 57, Krefeld-Zentrum, Richtung Uerdingen/Rheinbrücke, sogleich rechts über die Straße Bruchfeld, dann links über Hausbend und Rheinbabenstraße.

Auskunft:
Verkehrsamt, Seidenweberhaus/Theaterplatz, 47798 Krefeld 1, Tel.: 0 21 51/2 92 90, Telefax: 0 21 51/6 90 94.

Öffnungszeiten:
(Museum Burg Linn und Deutsches Textilmuseum) 1. April bis 31. Oktober, Di.–So. 10–18 Uhr. 1. November bis 31. März Di.–So. und feiertags 10–13 und 14–17 Uhr. Mo. stets geschlossen.

Abstecher:
Kempen, sehenswertes Stadtbild; städt. Kramer-Museum und Museum für Niederrheinische Sakralkunst, tägl. (außer Mo.) 10–17 Uhr geöffnet.

Bemerkung:
Als Volksfest weithin berühmt ist der zu Pfingsten stattfindende Flachsmarkt in Linn.

119

Schloß Dyck – Juwel der Region

Diese größte Wasserschloßanlage des Rheinlands liegt inmitten einer berühmten, zu einem englischen Park gestalteten Baumsammlung und zeigt eine der berühmtesten Jagdwaffensammlungen.

Anfahrt:
Von Neuss über die A 46, Abfahrten Grevenbroich/Kapellen in Richtung Korschenbroich.

Auskunft:
Gemeindeverwaltung Jüchen, Postfach 11 01, 41353 Jüchen, Tel.: 0 21 65/9 15-0, Telefax: 0 21 65/91 51 18.

Öffnungszeiten:
Museum 1.4.–1.11. Di.–So. 10–18 Uhr; der Park ist ganzjährig von 10 Uhr bis zur Dämmerung geöffnet.

Abstecher:
Liedberg, die – neben der Schwanenburg in Kleve – zweite Höhenburg des Niederrheins, einst Mittelpunkt einer selbständigen Herrschaft, später Kölner Landesburg. Hülchrath, bedeutende Kölner Festung mit barockem Burgflecken.

Am Rande der rheinischen Mittelterrasse, in den Tälern von Erft und Niers also, oder dort, wo Bäche tief in die Ackerplatten der Börde einschneiden, lohnt es sich meistens sehr, Kastanienalleen oder auffallend fremdartigen Baumgruppen zu folgen, führen sie doch meistens zu versteckt in Niederungen gelegenen Herrenhäusern oder Schlössern, die sich in diesem historischen Grenzbereich zwischen dem Kurfürstentum Köln und dem Herzogtum Jülich erhalten haben.

Insbesondere lohnt sich hier der Besuch von Schloß Dyck, das – so bedeutet schon der Name – sich von einem »Teich«-Haus, einem wasserumwehrten, turmartigen Steinbau, in Jahrhunderten zu einem repräsentativen Schloßkomplex mit allein drei Vorburgen entwickelt hat.

In der einst sumpfigen Niederung des Kelzenberger Bachs gelang es den Nachfahren eines schon 1094 erwähnten Hermann von Dyck dank der inzwischen ausgebauten mächtigen Festung, ihr schmales Erbe nicht nur vor dem begehrlichen Zugriff der großen Nachbarn zu bewahren, sondern auch eine gewisse Selbständigkeit vorzubereiten, die im 15. Jahrhundert unter ihren Erbnachfolgern aus dem rheinfränkischen Geschlecht der Reifferscheidts konsolidiert und um Altsalm (Belgien) und Alfter bei Bonn erweitert wurde. Letzteres brachte das ehrenvolle und ein-

Kein anderes Wasserschloß im Rheinland kann Dyck das Wasser reichen

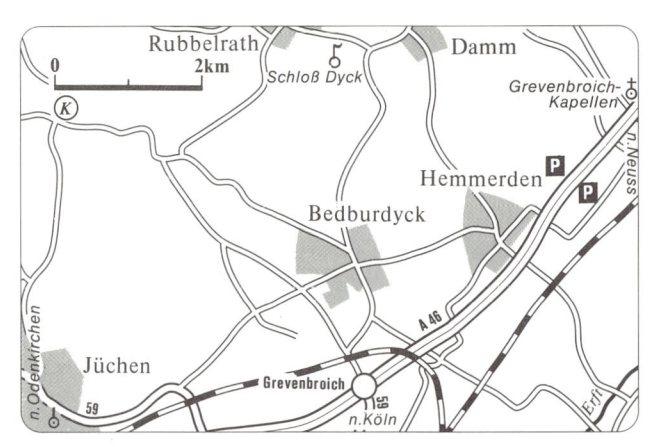

trägliche Erbmarschallamt von Kurköln mit sich, vor dessen Hintergrund das malerische Barockschloß mit seinen wertvollen Stukkaturen und Gobelins und der reichen Waffensammlung gesehen werden muß, die mit 700 Exponaten ein Spiegel der Büchsenmacherkunst des 16.–19. Jahrhunderts ist. Unverzichtbar ist zudem ein Gang durch den berühmten Landschaftspark, in den Fürst Joseph von Salm-Reifferscheidt-Dyck »alle unter freiem Himmel im hiesigen Klima ausdauernden Bäume und Sträucher aufzunehmen« gedachte.

Zons – Idylle trotz Industrie

Am Rande der hier noch naturnah erhaltenen Rheinaue liegt die letzte Stadtgründung der Kölner Erzbischöfe, deren mittelalterliche Stadtanlage zu den besterhaltenen im Rheinland gehört.

Die Altstadt von Zons spiegelt noch heute das Mittelalter wider

Eine naturnahe, von Altwassern, Auewald und saftigen Weiden bestimmte Stromlandschaft ist am südlichen Niederrhein selten geworden, weil im Einzugsbereich der Städte Köln, Düsseldorf und Krefeld für viele Industrie- und Handelsunternehmen die unmittelbare Lage an der bedeutendsten Binnenwasserstraße Europas einen unverzichtbaren Standortfaktor darstellt. Wenn dennoch zwischen Urdenbach und Zons ein erfrischend ursprünglicher, von Schneitel- und Obstbaumreihen durchzogener Abschnitt der Rheinaue erhalten blieb, ist das vor allem durch die abseitige Verkehrslage, durch das Fehlen großer Brücken bedingt. So bewältigt hier seit fast 600 Jahren immer noch eine Fähre den Verkehr über den Rheinstrom mit dem Ergebnis, daß sich in Zons, auf dem linken Rheinufer, die nahezu noch unberührte Idylle einer vollständig ummauerten mittelalterlichen Stadtanlage erhalten hat.

Mächtige, zinnenbekrönte Tuffstein- und Trachytquadertürme sowie von Basaltlagen durchsetzte Backsteinmauern demonstrieren von weitem, daß es hier einst etwas Bedeutsames durchzusetzen und zu verteidigen gab: den Rheinzoll nämlich, der während des Mittelalters fast die Hälfte des Landesetats der Kölner Erzbischöfe deckte. So bestimmten 1373 ausschließlich befestigungstechnische Überlegungen Standortwahl und Anlage von Landesburg und Stadt, deren Bürger zwar von der Zollfreiheit der hier ein- und ausgeladenen Waren profitierten, sonst aber echte städtische Freiheiten entbehren: Wie die Schulkinder hatten sie allabendlich die Schlüssel der Stadttore dem Schultheißen abzuliefern.

Während die alte Zollstation im gewaltigen Rheinturm von 1388 nicht nur bedrohlichen Überschwemmungen, sondern auch den Stürmen der großen Kriege trotzte, blieben von der Landesburg nur noch Ruinen.

Besonders gemütlich sind die alten Kneipen an der Stadtmauer

Anfahrt:
Entweder von Düsseldorf-Benrath über Urdenbach mit der Rheinfähre oder A 57, Abfahrt Dormagen.

Auskunft:
Heimat- und Verkehrsverein der Stadt Zons e. V., Stürzelberger Str. 18, 41541 Dormagen, Tel.: 0 21 33/37 72, Telefax: 0 21 33/5 34 61.

Öffnungszeiten:
Kreismuseum Di.–Fr. 14–18 Uhr, Sa. u. So. 10–12.30 Uhr, feiertags 14–17 Uhr.

Abstecher:
Schloß Benrath, anmutiges Rokokoschloß (1755–1773) mit schönem Park, 1. 3.–15. 10. täglich (außer Mo.) 10–17 Uhr geöffnet. Straberg-Knechtsteden, 1130 gegründete ehemalige Prämonstratenserabtei mit bedeutender romanischer Kirche des 12. Jh.s. Haus Bürgel, erst durch eine Strombettverlagerung des 14. Jh. von Zons getrennt, war eine römische Festung am konstantinischen Limes.

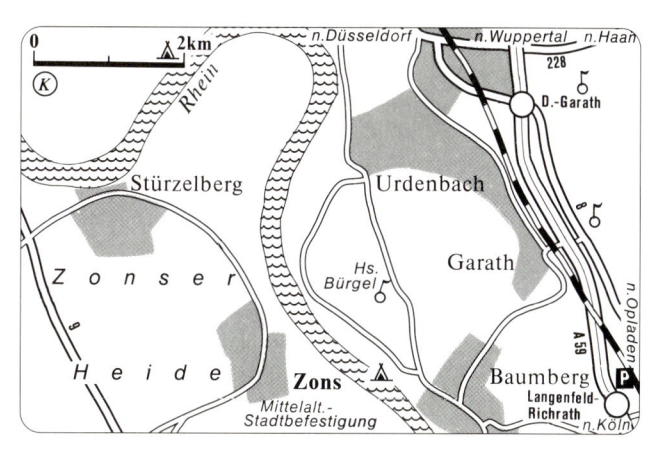

Wo die Wupper wild über Klippen wogt

Vom technischen Wunderwerk zum alten Ritterschloß. Die berühmte Müngstener Brücke und Schloß Burg liegen im Herzen des Bergischen Landes.

Anfahrt:
A 1 bis Ausfahrt Wermelskirchen/Burg, von Solingen und Remscheid über B 229 bis Müngsten. Bundesbahnhalt Solingen-Schaberg.

Auskunft:
Stadtinformation der Stadt Solingen, Rathaus, Cronenberger Str. 56/61, 42651 Solingen, Tel.: 02 12/2 90-23 33, Telefax: 02 12/2 90 24 79.

Öffnungszeiten:
Schloß Burg: Ganzjährig Di.–So. 10–18 Uhr, Mo. 13–18 Uhr (ab 7. November–Ende Februar Di.–So. 10–17 Uhr, Montag geschlossen).

Abstecher:
Zur Sengbachtalsperre, einem Trinkwasserstausee. Ab Oberburg Sträßchen bis Höhrath, weiter zu Fuß rund um die Sperre in 1½ Std. Zum Balkhauser Kotten an der Wupper, eine noch erhaltene altbergische Schleifwerkstätte; Fahrt dahin über Solingen und ab dort Richtung Witzhelden.

Deutschlands höchste Eisenbahnbrücke ist ein Stahlveteran

Zwischen den beiden Großstädten Solingen und Remscheid grub sich die Wupper tief in das Schiefergebirge ein. Ihr enges, waldreiches Tal trennt die beiden Städte. Die Eisenbahn verbindet sie über eine mächtige Brücke hinweg, die noch heute als größte Bogenbrücke und höchste Eisenbahnbrücke Deutschlands zählt: die Müngstener Brücke oder Kaiser-Wilhelm-Brücke, 1897 eingeweiht. 505 Meter (Stützweite 160 m) lang und 107 Meter hoch ist das eiserne Ungetüm, dessen großer Bogen elegant das Tal überspannt. Damals, in ihrer Bauzeit, galt die Brücke als Meisterwerk der Ingenieurkunst. Rund 75 Züge überqueren täglich das Tal. Es lohnt sich, eine Fahrt über die Brücke einzuplanen, aber auch, am Bahnhof Solingen-Schaberg auszusteigen und, die Brücke unterquerend, durch das Tal der Wupper nach Burg zu wandern, ein Stück über den berühmten Klingenpfad, den Wanderweg »Rund um Solingen«. Wer gut zu Fuß ist, schafft es bis nach Burg in einer guten Stunde. Er kommt am »Wiesenkotten« vorbei, wo man, wie in allen Burger Gaststätten, noch bergische Spezialitäten bekommt, z. B. eine kräftige Kottenbotter oder eine Kaffeetafel aus »schwattem und wittem« Brot, Marmelade, Butter, Quark, dickem süßem Reis und natürlich Kaffee. Burg zwängt sich eng in die Täler von Wupper und Eschbach, ein Bilderbuchstädtchen mit bergischen Häusern: Schwarz ist der Schiefer, weiß sind die Fenster, grün die Läden. Der Ort lebt von seinen Gästen und vom Verkauf der großen Brezeln, die hier gebacken werden und die man um den Hals trägt. Zum Schloß aufwärts kann man mit dem Lift schweben oder den steilen Fußpfad wählen. Das Residenzschloß der Grafen von Berg wurde im 12. Jahrhundert erbaut; seit dem Dreißigjährigen Krieg zerfiel es, bis bergische Bürger mit Heimatsinn einen Verein gründeten und nach alten Plänen das neue Schloß (1889–1914) schufen.

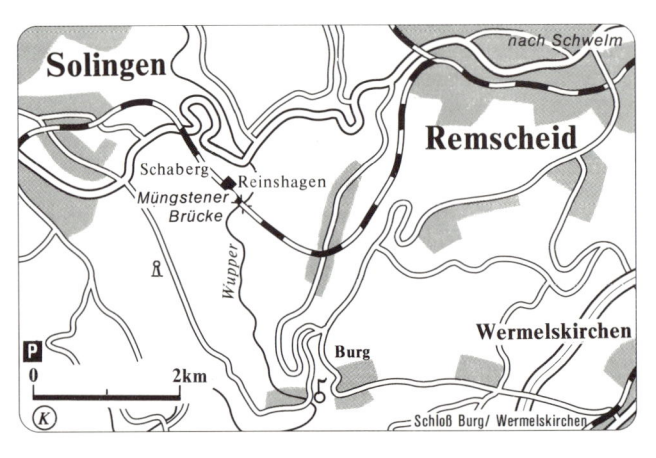

In Wuppertal schwebt die Bahn

Rund 13 Kilometer schwebt die Bahn, davon 10 Kilometer über dem Wasser der Wupper und 3 Kilometer über einer Straße. Wie ein Tausendfüßler aus Eisen zieht sich das Gerüst mitten durch die Stadt. 472 Träger halten die Schiene und die modernen orange-blauen Wagen, die daran hängen. Ohne die Schwebebahn bräche der Verkehr in Wuppertal fast völlig zusammen: Von Vohwinkel bis Oberbarmen und umgekehrt befördert sie täglich über 17 Zwischenstationen mitunter alle drei Minuten Tausende durch das Tal. Wo Brücken die Wupper queren, legte man die Haltestellen an.

Kein anderes Verkehrsmittel bietet so viele Einblicke in das Hinterhofmilieu einer Großstadt. Denn die meisten Häuser kehren ihre Schauseiten den Straßen zu, ihre weniger dekorative Hinterfront der Wupper. Der Fluß war einst die Wiege der Wuppertaler Industrie. So reihen sich noch heute kleine und kleinste Betriebe und auch ein paar größere und bekanntere Werke am Fluß auf.

Wo man auch aussteigt, immer ist man mitten in der Stadt an einer der Hauptverkehrsachsen. In ungefähr 30 Minuten schafft die Schwebebahn die Strecke. Der Ingenieur, der sie zwischen 1893 und 1900 plante und baute, Eugen Langen aus Köln, war ein genialer und weitsichtiger Mann. Die Schwebebahn fährt nun seit mehr als 90 Jahren unfallfrei und pünktlich ohne Verkehrsbehinderungen. Mitunter ist noch der alte Kaiserwagen unterwegs, in dem Kaiser Wilhelm bei der Eröffnung der Bahn durchs Tal schwebte. Wer will, kann sich diesen Wagen mieten und darin seine Hochzeitsgäste bewirten. Vom Schwebebahnhalt Zoo/Stadion sind es fünf Minuten Fußweg zum Zoo. Er gilt mit Recht als der landschaftlich schönste Tierpark der Bundesrepublik. Die Schwebebahn bringt den Interessenten auch sicher ins Uhrenmuseum (Station Döppersberg) oder ins Opernhaus (Station Adlerbrücke).

Nostalgiker schweben mit dem Kaiserwagen über der Wupper und durch die Hinterhöfe: eine Fahrt mit dem sichersten Verkehrsmittel der Welt quer durch eine Stadt.

Die Wuppertaler Schwebebahn ist das sicherste Verkehrsmittel der Welt

Anfahrt:
Zur Schwebebahn mit Bundesbahn nach Wuppertal-Vohwinkel (5 Min. Fußweg) oder Wuppertal-Oberbarmen. A 1 Ausfahrt Wuppertal-Ost, A 46 Ausfahrt Sonnborner Kreuz.

Auskunft:
Informationszentrum, Pavillon Döppersberg, 42103 Wuppertal, Tel.: 02 02/5 63 22 70, Telefax: 02 02/5 63 80 52.

Öffnungszeiten:
Mo.–Fr. 9–18 Uhr, Sa. 9–13 Uhr.

Kaiserwagen:
Fährt samstags und sonntags und auf Bestellung.

Wichtige Stationen:
Zoo/Stadion, zum Zoo 5 Min. Fußweg; Döppersberg (Stadtzentrum Elberfeld, Fußgängerzone, Haupteinkaufsgebiet, Museen, Verkehrsknoten); Adlerbrücke (Geburtshaus und Museum von Friedrich Engels); Alter Markt (Stadtmitte Barmen)

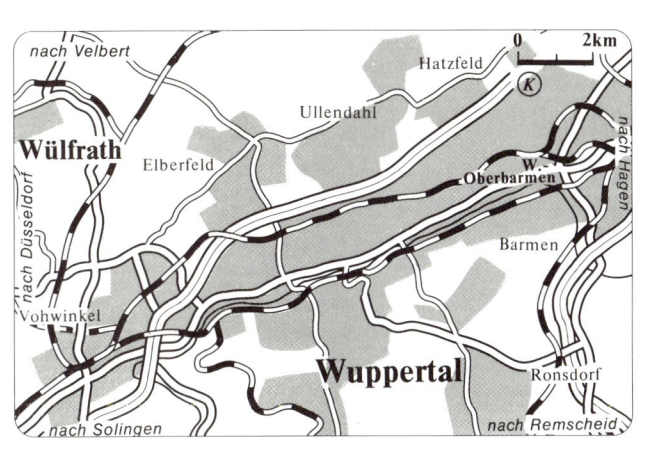

Villa Hügel – die Krupp-Residenz

Seit 1954 als Museum der Öffentlichkeit zugänglich, ist das in einem herrlichen Park gelegene ehemalige Wohnhaus eines der größten Industriemagnaten der Welt.

Anfahrt:
Von der B 224 (Alfred-/Bredeneyer Straße) entweder über die Franken- oder Lerchenstr. nach Osten.

Auskunft:
Fremdenverkehrsamt Essen, Rathaus, Porscheplatz, 45121 Essen, Tel.: 0201/3564, Telefax: 0201/885409.

Öffnungszeiten:
Villa Hügel: Di.–So. 10–18 Uhr.

Abstecher:
Münsterkirche im Zentrum Essens mit bedeutendem Münsterschatz (Di.–So. 10–15.30 Uhr); ehem. Abteikirche in Essen-Werden, Gründung des 8. Jahrhunderts mit sehenswerter Schatzkammer; Gruga, reich ausgestattetes, 70 ha großes Gartenbaugelände.

Die von tiefen Tälern durchschnittenen Ruhrhöhen am südlichen Rand des Rheinisch-Westfälischen Industrirevier gehören zu den landschaftlich schönen Abschnitten des Ruhrgebiets. Zwar wurde auch hier aus den steilgefalteten Schichten des Steinkohlengebirges seit dem Mittelalter unter schwierigsten Bedingungen hochwertige Magerkohle für den häuslichen Wärmebedarf oder das Schmiedehandwerk gebrochen. Diese bergbauliche Nutzung verlor aber schlagartig an Bedeutung, als die Technik des Schachtbaus die leicht verkokbare Fettkohle der nördlicher gelegenen Hellwegzone erschloß und erst dort die reviertypischen flächendeckenden Werke der Eisen- und Stahlindustrie nach sich zog. So konnten die Ruhrhöhen nicht nur wesentliche Teile ihrer alten Kulturlandschaft bewahren, sondern sich sogar zu einem bevorzugten Wohn- und Erholungsgebiet entwickeln.

Vor allem die klimatisch begünstigten Anhöhen nördlich der zum Baldeneysee aufgestauten Ruhr rings um Essen-Bredeney gewannen durch ausgedehnte Garten- und Parkanlagen.

Allein die hoch über dem Baldeneysee gelegene Krupp-Villa Hügel, 1873 bis 1945 Wohnhaus der Industriellenfamilie und seit 1954 internationales Kulturzentrum mit aufsehenerregenden Son-

Wie eine kurfürstliche Residenz mutet die Kruppsche Villa Hügel an

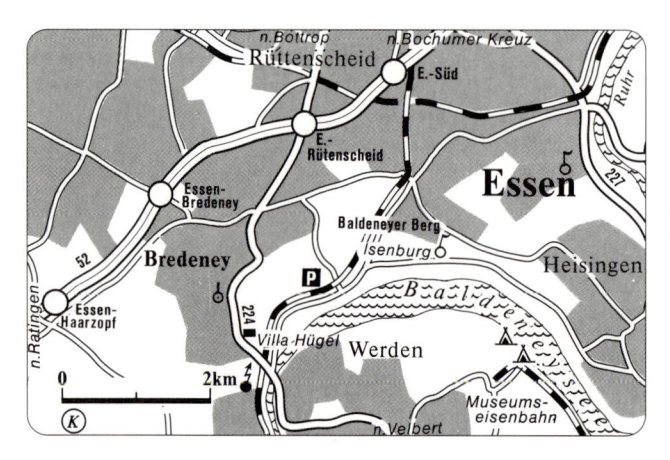

derausstellungen aus allen Kulturräumen der Erde und einer aufschlußreichen Dauerausstellung über die Entwicklung des Weltunternehmens, ist eine eigene Reise wert. Vermitteln doch der 75 Hektar große Park, der auf der einst kahlen Höhe in nur wenigen Jahren aus herangekarrten ausgewachsenen Alleen und Solitärbäumen entstand, und die kostbar ausgestatteten Gemächer, in denen sich Kaiser und Kanzler die Tür in die Hand gaben, noch einen Eindruck von einstigem Rang und Glanz der berühmten Kruppdynastie.

Trotz ihrer bis ins Mittelalter zurückreichenden ackerbürgerlichen Geschichte ist die Hellwegstadt Bochum ganz entscheidend durch den Kohlenbergbau geprägt worden. Zum erstenmal in Westfalen durchstieß hier 1841 eine größere Schachtanlage die Mergeldecke des Kreidedeckgebirges, um die darunter lagernde, gut verkokbare Fettkohle zu fördern, die eine hochentwickelte Hüttenindustrie erst ermöglichte.

Seitdem 1973 die letzte Schachtanlage der Stadt ihre Förderung eingestellt hat und sich Bochum mit Riesenschritten von der Industriestadt zu einem Dienstleistungszentrum entwickelt, erinnern nur noch die Fachhochschule für den Kohlenbergbau und das Deutsche Bergbaumuseum an die einst führende Rolle Bochums bei der Entwicklung des Ruhrbergbaus.

Schon von weitem weist der 68 Meter hohe, heute als Aussichtsplattform dienende Förderturm der ehemaligen Dortmunder Zeche Germania den Weg zu dem mit 450 000 Besuchern pro Jahr nach dem Deutschen Museum in München zugkräftigsten technischen Museum der Bundesrepublik. Besonders attraktiv ist hier zweifellos das 15–20 Meter unter dem Museumsgelände detailgetreu nachgebaute Schaubergwerk, in dem auf einer Strecke von 2,5 Kilometern von einfachen Lademaschinen bis hin zu einer lasergesteuerten Streckenvortriebsmaschine, von einem Kohlenhobel in einem Walzenladerstreb bis hin zur Dahlbuschbombe alle wesentlichen technischen Geräte eines modernen Bergwerks zum Teil in Funktion vorgeführt werden.

Aber auch die oberen Museumshallen, in denen neuerdings sogar ein mittelalterliches Silberbergwerk aufgebaut worden ist, gestatten mit zahllosen Modellen und Maschinen einen sehr umfassenden Einblick in die Gesamtgeschichte des Bergbaus.

Im Deutschen Bergbaumuseum

Das bedeutendste Fachmuseum seiner Art vermittelt einen umfassenden Einblick in die bergbauliche Gewinnung aller Bodenschätze in Vergangenheit und Gegenwart.

Das Bochumer Bergbaumuseum besitzt einen wahrhaft originellen Eingang

Anfahrt:
Vom Ruhrschnellweg (A 430) Abfahrt Bochum-Zentrum über die B 51 nach Süden, vor der Eisenbahnunterführung links.

Auskunft:
Deutsches Bergbaumuseum,
Am Bergbaumuseum 28,
44791 Bochum,
Tel.: 02 34/58 77-1 46,
Telefax: 02 34/5 87 71 11.

Öffnungszeiten:
So. und feiertags 10–16 Uhr.

Abstecher:
Bergbaurundweg Muttental in Witten-Bommern, Zufahrt über die B 235, Einblick in die Frühphasen des Kohlenbergbaus vor Ort, Museum Bethaus im Muttental (Faltprospekt); Freizeitzentrum Kemnade, Wassersport auf dem Kemnader Stausee, Museum und Gaststätte in der alten Burg Kemnade; Burg Blankenstein in Alt-Blankenstein, Aussichtsturm; Großplanetarium; Schloß Strünkede in Herne, Emschertalmuseum.

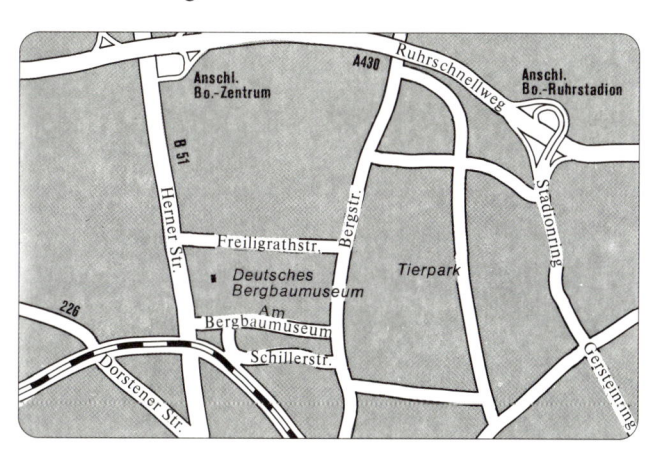

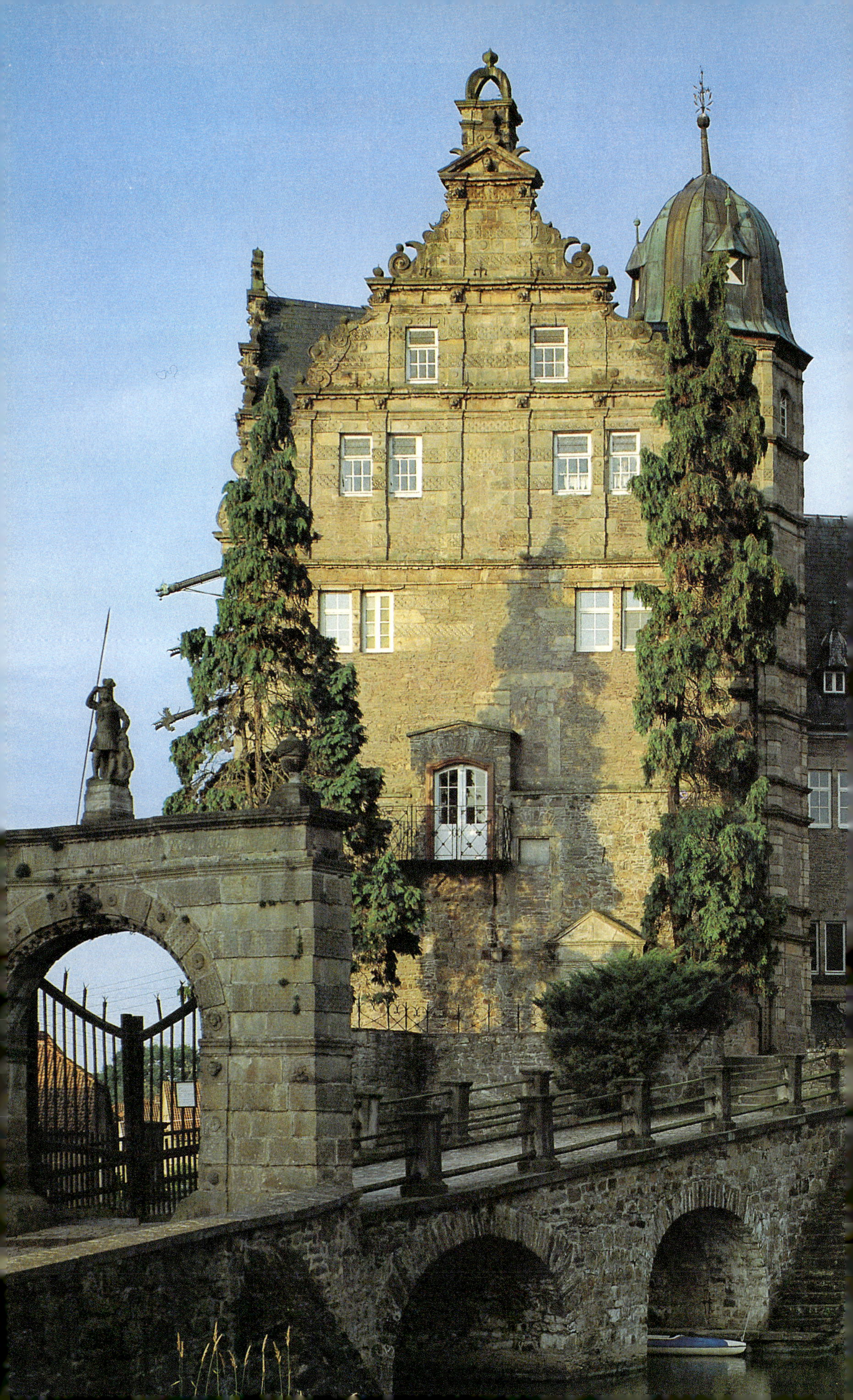

Das Weserbergland – Land der Märchen und Sagen

Hier zeigt sich ein für den deutschen Raum einzigartiges Mosaik ständig wechselnder Landschaftsbilder, die auf engstem Raum nicht nur eine Fülle naturräumlicher, sondern auch historisch-kultureller Eigenentwicklungen widerspiegeln. Und es ist auch das Land, das durch die Gestalten der Brüder Grimm berühmt wurde.

Wie eine vorgeschobene Festung ragt das landschaftlich wie kulturell selbst für deutsche Verhältnisse ungewöhnlich abwechslungsreiche Bergland beiderseits der Oberweser weit in das Norddeutsche Tiefland hinein. Während im Süden die Übergänge zum Hessischen Bergland eher als fließend bezeichnet werden müssen und im Osten eine Staffel von Schichtkämmen und -stufen zum Harzvorland überleitet, grenzen im Südwesten und Norden langgestreckte Gebirgskämme, großen Festungswällen ähnlich, das anmutig durch zahllose Bergkuppen, Mulden, Hochflächen, Becken, Bergzüge und Talungen gegliederte Berg- und Hügelland zwischen Teutoburger Wald und Leinegraben scharf gegen die Westfälische Bucht und das westfälisch-niedersächsische Tiefland ab.

Entstanden ist dieser vom benachbarten Tiefland so deutlich abgesetzte, im Zentrum jedoch reich gegliederte Raum links und rechts der Oberweser durch eine komplizierte Abfolge erdgeschichtlich weit zurückreichender Vorgänge. In ein für die heutige Oberflächengestalt entscheidendes Stadium traten diese, als ein zum Ausgang des Erdaltertums bereits wieder völlig abgetragenes, ja sogar erneut abgesunkenes Faltengebirge zum Ende der Jurazeit im Zuge der Saxonischen Faltung zerbrach. Als dann die Rheinische und Böhmische Masse mit dem Harz randlich wieder hochgehoben wurden, wirkte sich das auch auf die im Raum des niedersächsischen Berglandes inzwischen kilometerdick abgelagerten Deckschichten aus. Sie wurden von den benachbarten alten Gebirgen wie in einem Schraubstock gezerrt, gepreßt, gefaltet, zerstückelt und schließlich in Einzelschollen aufgelöst.

Schloß Hämelschenburg gilt als typisches Beispiel der Weserrenaissance

Bei Polle wird das Wesertal breiter

Weitere, erdgeschichtlich junge Hebungsvorgänge längs des Teutoburger Waldes und längs einer Linie zwischen Bad Pyrmont und Osnabrück schleppten die randlich auflagernden kreidezeitlichen Deckschichten hoch und stellten sie steil bis senkrecht zu einem wallartigen Gebirgsrahmen auf. Dieser wurde dann durch die Kräfte der Verwitterung und Abtragung markant herauspräpariert.

Schon zur Römerzeit nutzten die Germanenstämme die natürliche Schutzfunktion dieser »Weserfestung«, die auch während des Mittelalters manchem Edelherrn und Grafen die Möglichkeit zur Entwicklung und Sicherung seines weltlichen Kleinterritoriums bot. Zur naturräumlich vorgezeichneten Vielgestaltigkeit dieses interessanten Raumes gesellte sich so im Laufe der Zeit ein buntes Gefüge historischer und kultureller Eigenentwicklungen, die sich in zahlreichen erhaltenen Stadtbildern, Burgen, Klöstern und Dörfern widerspiegeln und häufig längs der vorhandenen Pässe und Taldurchbrüche auf das benachbarte Norddeutsche Tiefland ausstrahlen.

Auskunft:
Fremdenverkehrsverband Weserbergland-Mittelweser e. V.,
Inselstraße 3,
31787 Hameln,
Tel.: 0 51 51/2 45 66.

Übersichtskarte Autotour und Sehenswürdigkeiten

Weserbergland

129

Die Autotour

Vom Rattenfänger über den Quacksalber zum Lügenbaron, so könnte eine heitere Kurzbeschreibung dieser Tour aussehen. Die Weser und das Weserbergland sind die Heimat deutscher Märchen und Sagen und ihrer Erfinder.

Gesamtlänge der Autorundreise: 370 km

❶ Tourenvorschlag Hameln
Die Stadt an der Weser besitzt einmalige Fachwerkhäuser im Stil der Weserrenaissance. Daneben ist sie der Schauplatz der berühmten Rattenfängersage.

❷ Tourenvorschlag Bückeburg
Wasserschloß der Fürsten von Schaumburg-Lippe mit reichen Kunst- und Antiquitätensammlungen. Eine Besonderheit ist das Hubschraubermuseum im Zentrum der Stadt.

❸ Tourenvorschlag Wiehengebirge
Das Gebirge erregte durch die hier gefundenen Versteinerungen vom Wildwechsel zweier Saurierarten großes Aufsehen (rund 135 Millionen Jahre alt).

❹ Tourenvorschlag Detmold
Historische Residenzstadt mit mehreren Museen (u. a. Westfälisches Freilichtmuseum). In der Nähe erheben sich das berühmte Hermannsdenkmal und die Adlerwarte Berlebeck.

❺ Tourenvorschlag Externsteine
Bizarre Naturfelsengruppe mit der ältesten deutschen Steingroßplastik (bei Horn-Bad Meinberg). Mutige können die Felsen über eine Treppe erklimmen.

❻ Tourenvorschlag Paderborn
Die Stadt wurde 777 von Karl dem Großen für seine ersten Reichstage ausgewählt und im Jahre 805 durch ihn zum Bischofssitz erhoben. Bemerkenswert sind der berühmte Dom und die Kaiserpfalz.

❼ Tourenvorschlag Warburg
In der mittelalterlichen Stadt sind unter anderem die Stadtmauer (13. Jh.), zahlreiche Fachwerkhäuser, die Burgkapelle sowie mehrere Kirchen erhalten geblieben.

❽ Tourenvorschlag Sababurg
Ein Schloß wie aus dem Märchen. Die nach der sagenhaften Riesin Saba benannte Burg wird auch »Dornröschenschloß« genannt. Anbei ein Tiergehege und ein »Urwald« mit sehr altem Baumbestand.

❾ Tourenvorschlag Kloster Corvey
Das Westwerk dieser großartigen ehemaligen Reichsabtei ist der älteste Kirchenbau Westfalens. Die Benediktinerabtei wurde 815 gegründet.

❿ Tourenvorschlag Bodenwerder
Der malerische Ort an der Weser ist der Geburtsort des legendären Lügenbarons Karl Friedrich Hieronymus von Münchhausen. Im Rathaus ist das Münchhausen-Zimmer seiner Person gewidmet.

Die Weser bei Bodenfelde

Weitere interessante Sehenswürdigkeiten entlang der Route

❶ Schaumburg
Die Burg am Westausläufer des Süntel, der seinerseits zum Weserbergland gehört, gestattet einen wunderbaren Ausblick über das Wesertal.

❷ Rinteln
Die Stadtgründung (13. Jh.) geht auf die Schaumburger Grafen zurück. Erhalten sind schöne alte Bürgerhäuser, das Alte Rathaus am Marktplatz und die gotische Kirche St. Nikolai.

❸ Minden
Neben einigen sehenswerten Kirchen (Dom) und zahlreichen anderen Baudenkmälern verfügt die Stadt über das einzige voll ausgebaute Wasserstraßen-Überführungswerk Deutschlands (mit Museum).

❹ Porta Westfalica
Der Wittekindsberg trägt eine sächsische Ringwallanlage aus der karolingischen Zeit. Hier steht auch das berühmte Denkmal Kaiser Wilhelms I.

❺ Lübbecke
Das alte Städtchen liegt am nördlichen Fuße des Wiehengebirges; auf dem 319 Meter hohen Wurzelbrink erhebt sich die Ruine der Festung Reineberg (13. Jh.); sehenswert auch die Babilonie, eine frühgeschichtliche Ringwallanlage.

❻ Bünde
Das Kreismuseum mit einem Überblick über Ethnologie, Geologie und Geschichte der Stadt sowie das Tabakmuseum sind in den Gebäuden des Strideckschen Hofes untergebracht.

❼ Lemgo
Die hübsche Stadt erstreckt sich zwischen den südlichen Hügeln des Weserberglandes. Sie besteht fast ausschließlich aus alten Renaissancehäusern. Schmuckstück der Renaissancebaukunst ist das Hexenbürgermeisterhaus (1571).

❽ Schwalenberg
Das romantische Städtchen bezieht seinen Charme vor allem aus den zahlreichen alten Fachwerkhäusern.

❾ Marienmünster
Das Kloster stammt aus dem Jahre 1128 und wurde von Widukind von Schwalenberg gegründet.

❿ Bad Driburg-Dringenberg
Typisches geschlossenes Ackerbürgerstädtchen aus dem 14. Jh. mit einer Burg der Paderborner Bischöfe.

⓫ Desenberg
Einen eindrucksvollen Anblick bietet hier der ehemalige Vulkan mit der Burgruine.

⓬ Münden
Wunderschöne mittelalterliche Stadt mit über 450 Fachwerkhäusern. Spätgotisches Rathaus, gotische Kirche St. Blasius und Heimatmuseum mit umfangreicher Porzellansammlung im ehemaligen Schloß. Bei der Kirche St. Aegidien befindet sich das Grab des Kurpfuschers Doktor Eisenbart (1663–1727).

⓭ Bursfelde
Das ehemalige Benediktinerkloster wurde 1093 von Heinrich IV. gegründet, neben wenigen Überresten blieb nur die romanische Kirche mit gotischen Fresken im Innern erhalten.

⓮ Trendelburg
Der malerische Burgflecken liegt hoch über dem Tal der Diemel am Rande des Reinhardswaldes.

⓯ Wahlsburg-Lippoldsberg
Die romanische Klosterkirche St. Georg und Maria (1142–1151) ist eines der schönsten und besterhaltenen Gebäude aus dieser Stilepoche in Deutschland.

⓰ Neuhaus im Solling
Der alte Jagdsitz der Herzöge von Braunschweig (Jagdschloß) birgt ein Waldmuseum, angeschlossen ist ein 35 Hektar großer Zoo mit freilebenden Tieren.

⓱ Höxter
Hübsche alte Fachwerkbauten, Stadtbefestigungen und bedeutende Kirchen (Kilianskirche, Marienkirche) bestimmen das Bild der Stadt. Den Eingang des Rathauses (1610–1613) ziert ein romanisches Relief, das eine männliche Figur mit Waage darstellt.

⓲ Bevern
Das Weserrenaissanceschloß wurde von 1603 bis 1612 für Statius von Münchhausen erbaut.

⓳ Hämelschenburg
Hier sollte man einen Besuch des großartigen, reich ausgestatteten Schlosses einplanen, das in den typischen Formen der Weserrenaissance erbaut wurde.

Geschichte und Kultur

Unterwegs im Land der Sagen und Märchen

Viele Ferienstraßen in Deutschland sind einem bestimmten Thema gewidmet. Eine der originellsten Strecken dieser Art ist wohl die Deutsche Märchenstraße. Nahezu alle Stationen stehen in Verbindung mit bekannten deutschen Märchen und Sagen. Die Märchen der Brüder Grimm sind sicher jedermann ein Begriff, aber kaum jemand weiß Genaueres über Jakob und Wilhelm Grimm, die diese berühmte Sammlung zusammengetragen haben. Daher ist hauptsächlich ihnen die Deutsche Märchenstraße gewidmet. Der südlichste Punkt der Märchenstraße ist die Goldschmiedestadt Hanau, gelegen zwischen Wetterau und dem unteren Kinzigtal. Hanau ist die Geburtsstadt der Brüder Grimm. Ihr Bronzedenkmal steht auf dem Neustädter Marktplatz. Die Brüder wurden durch die Erforschung der alten deutschen Literatur und als Begründer des »Deutschen Wörterbuches« sowie als Sammler und Herausgeber deutscher Sagen und Kinder- und Hausmärchen weltberühmt. Über die alte Kaiserstadt Gelnhausen führt uns die Deutsche Märchenstraße weiter nordwärts nach Steinau. Hier verbrachten die Brüder Grimm ihre Jugend im »Hanauischen Amtshaus« von 1563. In Steinau gibt es auch ein Märchen- und Marionettentheater.

Im Unteren Eichsfeld liegt Ebergötzen, der Jugendwohnort Wilhelm Buschs. Dort befindet sich auch die Wilhelm-Busch-Mühle, Schauplatz so mancher Streiche von Max und Moritz.
An der Weser entlang führt die Märchenreise weiter nach Göttingen, wo die Brüder Grimm als Professoren lehrten. Die Universitätsstadt ist ein Kulturzentrum im südlichen Niedersachsen.

Auf den Spuren deutscher Märchen und Sagen geht es weiter nach Hannoversch-Münden, der schönsten Fachwerkstadt des gesamten Weserlandes, wo der berühmte Dr. Eisenbart »praktizierte«.

Die Sababurg im Reinhardtswald, die, 335 m hoch, auf einem kleinen Gebirgskegel liegt, ist dann die nächste Station. Hier soll das verwunschene Dornröschen seinen hundertjährigen Schlaf gehalten haben.

Fährt man nun auf der Märchenstraße weiter gen Norden, so erreicht man den ganz von Bergen umschlossenen Ort Bodenwerder, wo im alten Herrenhaus, dem heutigen Rathaus, der »Lügenbaron« von Münchhausen geboren wurde.

Auf dem Weg über Bad Pyrmont gelangt man dann nach Hameln, Schauplatz der weltbekannten Rattenfängersage. Als Mitglied der Hanse im 13. Jahrhundert stark und mächtig geworden, trat Hameln in offenem Kampf Bischof Wedekind v. Minden gegenüber, welcher die Hoheitsrechte über die Stadt vom Abt zu Fulda erworben hatte. Im Jahre 1259 jedoch erlitt er bei Sedemünder eine schwere Niederlage und verlor seine ganze kampffähige Jugend. Hier ist vielleicht der Ursprung der Rattenfängersage zu suchen. An der Oststraße Nr. 28 steht ein prachtvolles Haus mit Rundbogentor, reicher Ornamentik von 1602 und hohem Giebel: Das ist das Rattenfängerhaus.

Eine kostbare Erstausgabe der Märchen der Brüder Grimm

Hameln – Höhepunkt der Weserrenaissance

Eine der farbenprächtigsten und einstmals wohlhabendsten Städte an der Weser, in der sich seit 700 Jahren anscheinend alles um die Rattenfängersage zu drehen scheint.

Anfahrt:
B 1, B 83 oder B 217.

Auskunft:
Verkehrsverein,
Deisterallee 3,
31785 Hameln,
Tel.: 0 51 51/20 25 17,
Telefax: 0 51 51/20 25 00.

Öffnungszeiten:
Museum im Leist- und Stiftsherrenhaus (Dokumentation der Rattenfängersage) Di.–Fr. 10–16.30 Uhr, Sa. und So. 10–12.30 Uhr. Rattenfänger-Freilichtspiele Mitte Mai–Mitte September So. 12 Uhr auf der Hochzeitshausterrasse; Rattenfängerfiguren und -glockenspiel am Hochzeitshaus täglich 13.05, 15.35 und 17.35 Uhr.

Abstecher:
Hämelschenburg, in den reichsten Formen der Weserrenaissance 1588–1618 erbautes Wasserschloß. Führungen April – Oktober Di.–So. 10, 11, 12, 14, 15, 16, 17 Uhr; Aerzen-Königsförde, Schloß Schwöbber, imposante dreiflügelige Schloßanlage im Stil der Weserrenaissance mit Park.

In Hamelns malerischer Altstadt dreht sich vieles um den Rattenfänger

Die Weserrenaissance ist in Hameln ebenfalls allgegenwärtig

Der Fremdenverkehr Hamelns lebt nun einmal nicht nur mit, sondern auch von der ja eigentlich für die Stadtväter nicht gerade schmeichelhaften Sage, daß im Jahre 1284 ein Spielmann in buntem Gewande dem Magistrat versprochen habe, gegen guten Lohn die Stadt von einer furchtbaren Rattenplage zu befreien. Nachdem ihm der geforderte Lohn zugesagt worden sei, habe er allein durch das Blasen seiner Spielmannspfeife sämtliche Ratten aus der Stadt hinaus und in die Weser gelockt, wo sie alle ertranken. Als der Rat nun diesen vermeintlich leicht erzielten Erfolg sah, reute ihn der versprochene Lohn, und er jagte den Spielmann einfach fort.

Am 26. Juni, wahrscheinlich desselben Jahres, sei dann jedoch der Rattenfänger in die Stadt zurückgekehrt und habe, während die Eltern einem Gottesdienst lauschten, diesmal 130 Kinder mit seinem Pfeifenspiel aus dem Ostertor hinaus und in einen Berg gelockt, aus dem nie wieder eines der Kinder zurückgekommen sei. Während nun so mancher Forscher hinter dieser Sage mehr als die mit warnendem Zeigefinger erzählte grausame Vergeltung eines verachteten Spielmanns für amtliche Niedertracht sehen und wenig plausible historische Beziehungen zu Kinderkreuzzug, Ostkolonisation, Soldatenwerbung etc. konstruieren will, scheint eines jedenfalls sicher zu sein: daß Hameln einst ein Dorado für die grauen Plagegeister gewesen sein muß, was angesichts seiner Funktion als bedeutende Mühlenstadt mit Getreidehandel und -stapelrecht kein Wunder war. Auch kann man sich angesichts der hier überquellenden Fülle von aufs kostbarste in den Formen der Weserrenaissance ausgestatteten Bürgerhäusern wohl vorstellen, daß es den Stadtvätern um jeden Pfennig, der die Stadt verließ, leid gewesen ist. Dies ist wohl als Glück für das Stadtbild zu werten.

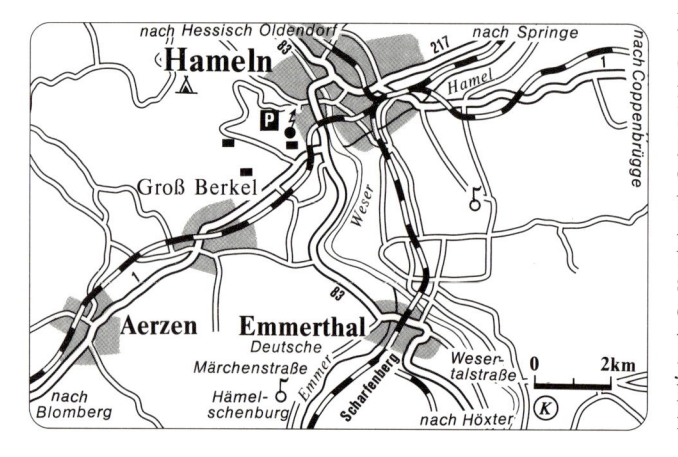

Autotour ② Weserbergland

Bückeburgs prunkvolle Residenz

Ein wohlerhaltenes Renaissance-Residenzstädtchen mit sehenswertem Schloß und ausgedehnten Parkanlagen lädt zu einem tagesfüllenden Ausflug ein.

Erst Anfang des 17. Jahrhunderts wurde Bückeburg Hauptresidenz der Schaumburger Grafen, deren Stammfeste noch heute hoch oberhalb der Weser zwischen Rinteln und Hessisch Oldendorf auf dem Nesselberg besucht werden kann.
Seit 1110 von Lothar von Supplingenburg mit der Grafschaft Holstein und Stormarn belehnt, konzentrierten sich die Schaumburger während des 12. Jahrhunderts vor allem auf die Eroberung und Kolonisation Holsteins, im 13. Jahrhundert dann ebenfalls auf den Ausbau ihrer Stammlande an der Weser.
Im Zuge dieses Landesausbaus ersetzte Adolf VI. von Schaumburg um 1300 die alte Bückeburg bei Obernkirchen durch eine wasserumwehrte Niederungsburg gleichen Namens auf dem Areal des jetzigen Schlosses Bückeburg am historischen Hellweg »vor dem Sandforde«. Unter ihrem Schutz entstand zunächst nur ein Marktflecken beiderseits der Straße, der sich erst unter einem der glänzendsten Repräsentanten der deutschen Hochrenaissance, Ernst von Schaumburg, zur Residenzstadt entwickelt hat. Fürst Ernst ließ auch als Abschluß der Langen Straße eine kunstgeschichtlich bemerkenswerte Stadtkirche erbauen.
Wenn auch die Landesteilung von 1647, durch die Bückeburg auf Grund eines Erbvertrages von 1510 an das Haus Lippe fiel, einen gewissen politischen Bedeutungsverlust mit sich brachte, so gelangte andererseits Bückeburg unter Graf Wilhelm von Schaumburg-Lippe (1748–77) kulturell in den Ruf eines Musenhofes, der mit bis heute bekannten Namen wie Thomas Abbt, Johann Christoph Friedrich Bach und Johann Gottfried Herder verbunden blieb.
An die vergangenen glanzvollen Zeiten des Hauses Bückeburg erinnern noch heute die reichen Kunst- und Antiquitätensammlungen des Residenzschlosses mit Park und Mausoleum.

Anfahrt:
B 65 von Minden nach Bückeburg.

Auskunft:
Städt. Verkehrsbüro, Lange Str. 44, 31675 Bückeburg, Tel.: 0 57 22/2 06-1 81, Telefax: 0 57 22/ 20 62 10.

Öffnungszeiten:
Schloßmuseum täglich 9–12 Uhr und 13–18 Uhr. Im Winter bis 17 Uhr. Hubschraubermuseum täglich 9–17 Uhr.

Abstecher:
Rinteln-Schaumburg, Stammburg der Schaumburger Grafen hoch über der Weser; Rinteln, schaumburgische Stadtgründung des 13. Jh.s mit schönem Marktplatz; Stadthagen, große landesherrliche Wasserburg, bedeutende Pfarrkirche, sehenswerte Stadtanlage; Bad Nenndorf, Thermalbad mit historischem Badehaus.

Besonders attraktiv ist der Blick aufs Schloß vom weitläufigen Park aus

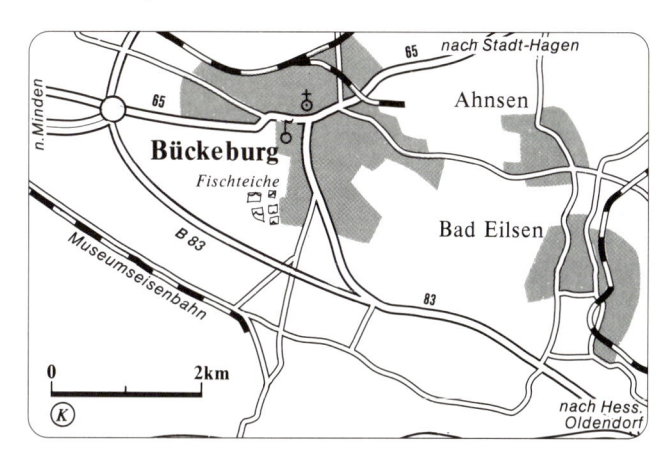

133

Auf den Spuren von Riesenechsen

Im Wiehengebirge lebten in grauer Urzeit furchterregende Saurier. Ihre Spuren versteinerten für alle Ewigkeit und sind noch heute deutlich zu erkennen.

Anfahrt:
B 65, in Bad Essen-Rabber Abzweig nach Süden in Richtung Melle, nach etwa 4 km Parkplatz »Saurierfährten« (Verwechslungsmöglichkeit mit dem 7 km weiter südlich gelegenen Barkhausen bei Melle!).

Auskunft:
Kurverwaltung, Ludwigsweg 6, 49152 Bad Essen, Tel.: 0 54 72/8 33, Telefax: 0 54 72/44 42.

Öffnungszeiten:
Mo.–Fr. 8–12 Uhr, 14–17 Uhr, Sa. 9–12 Uhr.

Abstecher:
Bad Essen, malerisches Fachwerkstädtchen mit sehenswerter Kirche von 1221; Levern, sechs sehenswerte Stiftskurien des 17. und 18. Jh.; Limberg, Überreste der ehemaligen Stromberger, später Ravensberger Landesburg; Lübbecke, Babilonie, frühgeschichtliche Ringwallanlage, die von der Römer- bis zur Karolingerzeit genutzt wurde.

Südlich des Barkhauser Ortskerns liegt der Parkplatz »Saurierfährten«. Über einen ausgeschilderten Weg von der gegenüberliegenden Straßenseite aus gelangt man nach etwa 300 Metern zu einem Steinbruch am Linner Berg, in dem sich für Europa einmalige Spuren von Riesenechsen aus einer Zeit finden, in der die Wälder dieses Raumes noch nicht von Vogelgezwitscher erfüllt waren.

Deutlich lassen sich auf der 58 Grad steil nach Nordosten hin einfallenden Wand mehrere Fährtenreihen riesiger Fußabdrücke ausmachen: Links und in der Mitte erkennt man die sorgfältig gesicherten ovalen Trittsiegel elefantenfüßiger Riesenechsen, weiter rechts eine zunächst verwirrende Fülle teils elefantenfüßiger, teils dreizehiger Abdrücke. Bei näherem Zusehen bemerkt man, daß die Spuren des Elefantenfüßers auf den Betrachter zuführen, während die Trittsiegel des Dreizehers entgegengesetzt verlaufen.

Inzwischen abgetragene versteinerte

Ein urzeitlicher Wildwechsel wurde im Wiehengebirge zu Stein: Saurierfährten

Rippelmarken und Trockenrißspuren mit Pflanzenhäcksel haben Fossilienforscher zu der Einsicht geführt, daß es sich hier um einen etwa 135 Millionen Jahre alten Wildwechsel von Dinosauriern am Saum einer jurazeitlichen Süß- oder Brackwasserzone gehandelt haben muß. Die elefantenfußartigen Abdrücke stammen nach heutigem Erkenntnisstand von etwa 13 Meter langen, relativ harmlosen, pflanzenfressenden Echsenfüßern (Sauropoden), die im Spülsaum eines seichten Gewässers ihre Algenweide aufsuchten. Die Dreizeherspur dagegen verrät, daß hier offenbar ein riesiger fleischfressender Megalosaurier auf die Jagd gegangen ist und sicherlich manchen kranken oder jungen Sauropoden geschlagen hat.

Die Fläche der Saurierspuren wurde durch saxonische Faltung steilgestellt.

Im Westfälischen Freilichtmuseum Detmold

Stilgerecht und lebendig vermitteln auf einem weiträumigen Ausstellungsgelände ausgesuchte Beispiele ländlicher Siedlungsformen Vielfalt und Reichtum der bäuerlichen Kulturlandschaft.

Viele mögen sich fragen, ob es im Hinblick auf den in Westfalen anscheinend noch intakten ländlichen Raum überhaupt notwendig sei, vor den Toren Detmolds ein solches Museum aufzubauen. Aber auch hier gilt die andernorts ebenfalls zu machende Feststellung, daß eine grundlegend veränderte, d. h. rationalisierte und spezialisierte Landwirtschaft und das Eindringen arbeitsteiliger städtischer Lebensformen in den ländlichen Raum zunehmend die wertvollen Zeugnisse bäuerlicher Kultur durch Nutzungsänderung oder Nutzungsverzicht bedrohen. Denn nicht jeder Landwirt und nicht jeder Nachkomme eines alten Ackerbürgergeschlechtes hat ein uneigennütziges historisch-volkskundliches Interesse daran, eine riesige Diele, ein altes Backhaus, einen Dörrofen, eine Flachshütte oder einen reparaturbedürftigen Wehrspieker zu erhalten und zu pflegen. Auch kann man es manchem Bauern nicht verdenken, wenn er daran geht, nicht mehr zu bewirtschaftende Stallungen und Bergeräume seines alten Hofes selbst um den Preis des Substanzverlustes zu verändern.

So hat sich der Landschaftsverband Westfalen-Lippe hier die ehrgeizige Aufgabe gestellt, die ländliche und akkerbürgerliche Kultur Westfalens in ihren schönsten baulichen Zeugnissen zu bewahren und für die Allgemeinheit zugänglich zu machen.

Nach über 25jähriger Aufbautätigkeit stehen auf mehr als 80 Hektar Grundfläche bereits über 90 der vorgesehenen 170 Gebäude jeweils inmitten von Gärten, Äckern, Wiesen und Weiden und dokumentieren nicht nur die verschiedenen Bauformen der letzten fünf Jahrhunderte, sondern auch den funktionalen Zusammenhang der für jeden Landesteil charakteristischen Gebäudegruppen vom Einzelhof bis zum Dorf. Hinzu kommen Kapellen, Bildstöcke, Wasser- und Windmühlen.

Geradezu liebevoll ist das Westfälische Freilichtmuseum hergerichtet worden: Westfalen, wie es früher war

Anfahrt:
Von Detmold über die »Allee« nach Südwesten in Richtung Heiligenkirchen/Berlebeck. Nach knapp 1,5 km liegt links der Museumsparkplatz.

Auskunft:
Westfälisches Freilichtmuseum, Krummes Haus, 32760 Detmold, Tel.: 05231/706-104, Telefax: 05231/706-106.

Öffnungszeiten:
April bis Oktober
Di.–So. 9–18 Uhr.

Abstecher:
Detmold, sehenswerte lippische Residenzstadt mit schmuckreichem, historischem Baubestand, eindrucksvollem Residenzschloß, beachtenswertem Landesmuseum und lebendigem Kulturleben (Lippisches Landestheater; Hochschule für Musik). Hermannsdenkmal im Stadtteil Hiddesen; Vogel- und Blumenpark in Heiligenkirchen. Adlerwarte Berlebeck im gleichnamigen Stadtteil. Externsteine.

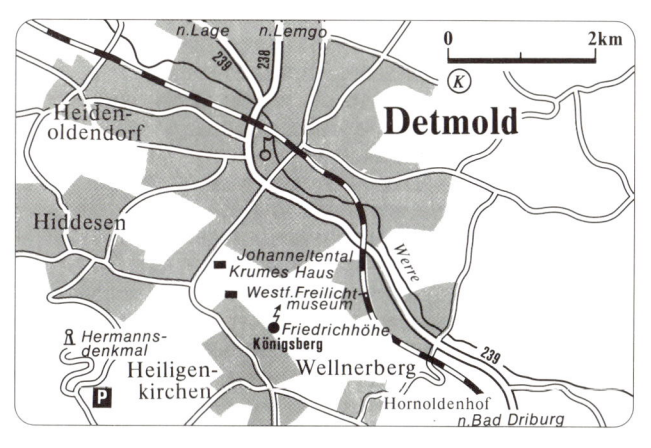

Die Externsteine – Felsen mit Kultur

Landschaftlich malerisch gelegene Naturfelsgruppe an einer alten Handelsstraße, im 12. Jahrhundert zu christlicher Kultstätte mit ältester deutscher Steingroßplastik umgebaut.

Anfahrt:
B 1 von Paderborn nach Horn-Bad Meinberg, vor Horn links Abzweig nach Detmold; nach 600 Metern Parkplatzzufahrt (gebührenpflichtig).

Auskunft:
Städt. Verkehrsamt, Rathausplatz 2, 32805 Horn-Bad Meinberg 1,
Tel.: 0 52 34/20 12 62,
Telefax: 0 52 34/20 12 22.

Öffnungszeiten:
1. 4.–31. 10. von 9–19 Uhr.

Abstecher:
Adlerwarte Berlebeck, geöffnet 9–18 Uhr bzw. bis Einbruch der Dunkelheit; Hermannsdenkmal auf der Grotenburg bei Hiddesen, Mahnmal zur deutschen Einigkeit, 1838–1875 von Ernst von Bandel erbaut; Bad Meinberg, Kurpark, um 1770 als französischer Garten angelegt.

Wie eine natürliche Festung sperren die drei mächtigen Felsnadelgruppen der Externsteine die alte, bis ins 18. Jahrhundert vielbenutzte Straße vom Niederrhein über Paderborn nach Hameln und Hildesheim genau an der Stelle, wo sie als Hohlweg (heute durch den 1836 angelegten Stauteich überschwemmt) das Kammgebirge des Teutoburger Waldes verläßt.

Ob dieses auffallende, aus steilgestellten Sandsteinschichten der Unterkreide bestehende Naturdenkmal in vorgeschichtlicher Zeit jemals wirklich eine germanische Kultstätte gewesen ist, wie hier und da noch behauptet wird, konnte bisher durch keine eindeutigen wissenschaftlichen Anhaltspunkte nachgewiesen werden. Unstreitig belegt ist jedoch die jahrhundertelange Funktion der Externsteine als christliche Kultstätte, an die u. a. die hier in den Fels gehauene, künstlerisch hochrangige Großplastik der Kreuzabnahme erinnert.

Nachdem eine hier im 11. Jahrhundert ansässige Ministerialenfamilie ausgestorben war, die bis dahin für Geleit und Sicherung der Paßstraße nach Paderborn gesorgt hatte, kaufte Abt Gumpert 1093 die Externsteine für das Benediktinerkloster Abdinghof in Paderborn, um an der lebhaft befahrenen Straße eine Eremitenklause als Andachtsstätte einzurichten.

Weil die stark zerklüfteten Externsteine

Die bizarren Felsklötze der Externsteine können über Treppen bestiegen werden

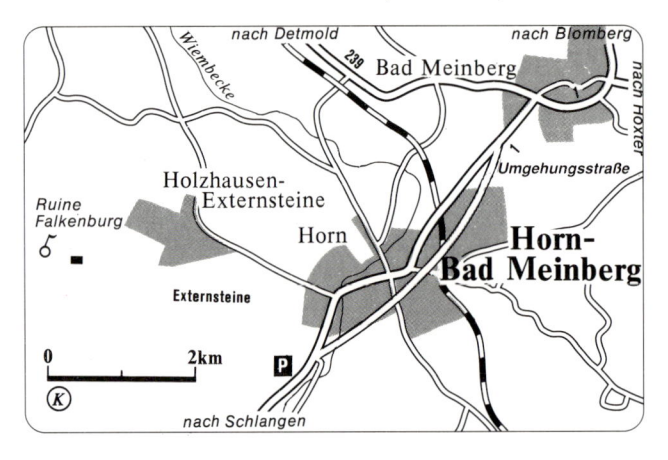

offenbar an den in der Todesstunde Christi zerrissenen Golgathafelsen erinnerten, ist diese Eremitenklause im Zeitraum um 1115 (Weihinschrift im unteren Kapellenraum) wahrscheinlich sogar auf Initiative, jedenfalls aber mit Unterstützung des Paderborner Bischofs Heinrich von Werl um zwei Kapellen und ein Felsengrab (über dem Teich) vermutlich nach dem Vorbild der heiligen Stätten in Jerusalem erweitert worden. Und bis zu seinem Tode im Jahr 1127 kam schließlich noch das schon erwähnte Monumentalrelief als großartige Ergänzung hinzu.

Autotour ⑥　　　　　　　　　　　　　　　　　　　　　　　　　　　　　Weserbergland

Paderborn – die Kaiserstadt Westfalens

Unmittelbar nördlich der Paderborner Kathedralkirche ist am Fuß einer sich dort abzeichnenden Geländekante ein für hiesige Verhältnisse spektakuläres Naturphänomen zu beobachten: Aus etwa 200 Quellen sprudeln und wirbeln hier in jeder Sekunde zwischen 3000 und 9000 Liter Wasser in fünf große Quellteiche und strömen dann so kraftvoll und schnell der nur 4 Kilometer entfernten Lippe zu, daß sie schon nach wenigen hundert Metern Turbinen von Großmühlen anzu-

Eine der größten Flußquellen Europas, eine karolingische Kaiserpfalz, bedeutende Kirchen und bemerkenswerte Museen machen diese Stadt zu einem lohnenden Ausflugsziel.

Die Quelle der Börnepader mit der Abdinghofkirche im Zentrum Paderborns

Nur einen Steinwurf weit ist es von dort zum herrlichen Dom der Stadt

Anfahrt:
B 1 oder A 44 aus Dortmund, B 64 aus Münster und B 68 und A 33 aus Richtung Bielefeld.

Auskunft:
Verkehrsverein Paderborn,
Marienplatz 2a,
33098 Paderborn,
Tel.: 0 52 51/2 64 61
und 2 18 97,
Telefax: 0 52 51/2 28 84.

Öffnungszeiten:
Diözesanmuseum
Di.–So. 10–18 Uhr.
Museum für Stadtgeschichte Di.–So. 10–18 Uhr.

Abstecher:
Schloß Neuhaus, 1275–1802 Residenz der Paderborner Bischöfe, 1524–1591 zu dem heutigen eindrucksvollen Renaissanceschloß umgebaut; Wewelsburg, imposante Höhenburg über dem Almetal, seit 1301 Besitz der Paderborner Bischöfe, heute Kreismuseum; Safariland in Stukenbrock, Afrika-Großwildgehege mit Westernstadt.

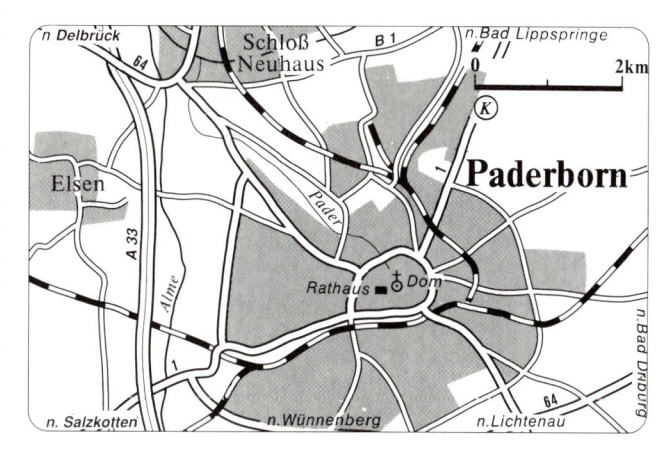

treiben vermögen. Damit besitzt Paderborn, nach dem Aacher Quelltopf, mitten in der Altstadt die zweitgrößte Quelle Deutschlands. Während jener in erster Linie der jungen Donau das Wasser entzieht, quillt im Pader-Born ein großer Teil des Niederschlagswassers der Paderborner Hochfläche zutage, deren kluftreiche, sanft nach Nordwesten einfallenden Plänerkalkschichten das sichtbar in Bachschwinden versikkernde Wasser unterirdisch bis zum Paderborner Dom leiten.

Kein Wunder, daß diese stets reichlich schüttende Barriereequelle am Rande der trockenen Paderborner Hochfläche seit jeher Ziel- und Kreuzungspunkt bedeutender Handels- und Heerstraßen gewesen ist, von denen der Hellweg zwischen Aachen und Hildesheim, die Via Regia zwischen Frankfurt und Bremen und die Holländische Straße zwischen Kassel und Utrecht die wohl bekanntesten sind. Auch Karl der Große nutzte die besondere Gunst dieses Ortes unmittelbar vor den Paßscharten der »Weserfestung« und errichtete hier bereits 776 eine feste Burg mit Pfalz und Kirche, die er nicht nur mindestens neunmal aufsuchte, sondern auch als Stätte seines Treffens mit Papst Leo III. auswählte, der im Rahmen seiner Vorbereitungen zur denkwürdigen Kaiserkrönung des Frankenherrschers die Pfalz Paderborn zum Bischofssitz erhob.

Warburg – Stadt im Süden des Eggegebirges

Im Museum im »Stern« liegt der Ausstellungsschwerpunkt auf der Darstellung der abwechslungsreichen Warburger Stadtgeschichte.

Anfahrt:
Über die A 44 Abfahrt Warburg, B 7 von Kassel, Bahnanschluß.

Auskunft:
Fremdenverkehrsverband, Zwischen den Städten 2,
34414 Warburg/Westf.
Tel.: 0 56 41/9 25 82.

Öffnungszeiten:
Museum im »Stern«:
tägl. außer Mo.
Di.–Sa. 14–17 Uhr,
So. 10–13 Uhr.

Markant heben sich die Türme der Warburger Kirchen von der Stadt ab

Vielen mittelalterlichen Orten in Deutschland hat Warburg die außergewöhnliche Geschlossenheit seines Stadtbildes voraus. Eine erste Siedlung bei dem Warberg wird bereits im Jahre 1036 urkundlich erwähnt. Die im Tal der Diemel gelegene »Altstadt« genießt seit dem 12. Jahrhundert Stadtrechte. Wohl wegen dieser strategisch ungünstigen Lage gründeten die Bürger Warburgs 1239 oberhalb der alten Ansiedlung eine »Neustadt«. Sofort wurde diese mit einer festen Stadtmauer umgeben, um sie besser verteidigen zu können. Zu dieser Zeit besaß die Neugründung schon einen eigenen Stadtrat und war auch sonst auf Selbständigkeit bedacht.

Die Altstadt erhielt nach mehreren Auseinandersetzungen ebenfalls eine eigene Stadtmauer. So kam es zur Entwicklung zwei voneinander unabhängiger »Städte«, die 1364 der Hanse beitraten. Erst im Jahre 1436 vereinigten sich beide Städte und gaben sich eine gemeinsame Verfassung. Auf der ehemaligen Grenze zwischen den Städten erhebt sich heute das erst 1568 erbaute gemeinsame Rathaus Warburgs. Der schöne Renaissancebau erhielt das malerische Obergeschoß erst durch eine Aufstockung im Jahre 1902.

Bei Streifzügen durch die vielen winkligen Gäßchen entdeckt man reich mit Schnitzwerk verzierte Fachwerkhäuser aus der Zeit vor dem 30jährigen Krieg, deren prächtige Fassaden auch heute noch die Besucher beeindrucken.

Majestätisch ragt in der Oberstadt die Neustädter Pfarrkirche St. Johannes Baptista in den Himmel. Das im 13. und 14. Jahrhundert erbaute Gotteshaus hat im Chor beachtenswerte Pfeilerstatuen vorzuweisen.

Das wohl älteste Fachwerkhaus steht in der Altstadt, es ist das »Eckmänneken«, erbaut im Jahre 1471. Noch älter ist das Haus derer von Calenberg, ein Steinhaus aus dem Jahre 1340.

Dornröschenschloß und Urwildpark

Das »Dornröschenschloß« Sababurg mit dem wiedereingerichteten historischen Wildpark des hessischen Landgrafen und Kurfürsten ist eines der beliebtesten Ausflugsziele im Weserbergland.

Auf einem 346 m hohen Basaltkegel im Herzen des ausgedehnten Reinhardswaldes erneuerte der Erzbischof von Mainz 1334 wohl nicht nur zum Schutz des nahe gelegenen, einst einträglichen Wallfahrtsortes Gottsbüren, sondern auch zur Sicherung und Erweiterung seines Machtbereiches eine bereits bestehende Burganlage, die nach der auffälligen Gestalt ihres Standortes ursprünglich »Zappenborgk« hieß. Erst im 17. Jahrhundert wurde sie nach der sagenhaften Riesin Saba umbenannt. Als mögliche Grenzfeste führte sie zu Auseinandersetzungen zwischen den benachbarten Landesherren und gelangte endgültig 1429 in den Besitz der hessischen Landgrafen, die die inzwischen verfallene Anlage aber nur dann und wann als Unterkunft fürstlicher Jagdgesellschaften nutzten. Schauplatz glanzvoller Gesellschaften wurde die Burg erst nach dem Bau eines neuen Jagdschlosses ab 1490, vor allem unter dem politischen Führer der Reformation, Landgraf Philipp, und unter dessen Sohn, Wilhelm IV., der neben dem bereits seit 1490 bestehenden »Zapfenberger Gestüt« 1571 ein über 500 Morgen großes Tiergehege einrichtete.
Dieses Gehege dient heute der Rückzüchtung ausgestorbener und dem Schutz verdrängter Tierarten und bietet Wildrindern, Urwildpferden, Hirschen, Hornträgern, Schweinen etc. naturnahen Auslauf. In einem umgesetzten alten Gottsbürener Diemelsachsenhaus informieren zudem originale Präparate, Trophäen, Bilder und Graphiken anschaulich über das Forst- und Jagdwesen dieser Region. Beeindruckend sind Wanderungen durch den Urwald, einen historischen Hutewald mit 600–1000 Jahre alten Eichenbeständen. Auf der heute als Schloßhotel genutzten Sababurg verbrachten die Gebrüder Grimm einige Zeit mit dem Sammeln von Märchen.

Die Gebrüder Grimm sahen die Sababurg als »Dornröschenschloß« an

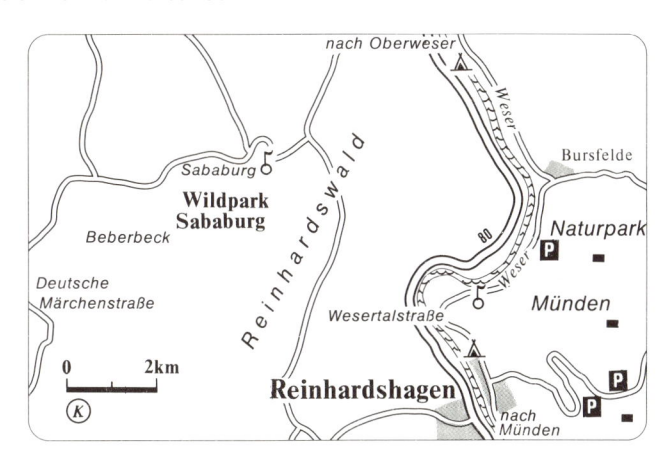

Anfahrt:
Zur Sababurg über die B 83 Hofgeismar oder über die B 80 Oberweser-Gieselwerder.

Auskunft:
Verkehrsamt, Mündener Str. 44, 34359 Reinhardshagen, Tel.: 05544/950754, Telefax: 05544/950750.

Öffnungszeiten:
Wildpark März und Okt. 9–17 Uhr, April und Sept. 8.30–19 Uhr, Mai bis August 8–20 Uhr.

Abstecher:
Trendelburg, malerischer Burgflecken hoch über der Diemel; Krukenburg, eindrucksvolle Burgruine mit Resten der Hl.-Grab-Kirche hoch über der ehemaligen Reichsabtei und Stadt Helmarshausen; Niemetal-Bursfelde, einst bedeutende Benediktinerabtei, Mittelpunkt der Bursfelder Kongregation; Lippoldsberg, bedeutende romanische Klosterkirche (1140–50) mit bemerkenswertem Taufstein des frühen 13. Jh.s.

Ehemalige Reichsabtei Schloß Corvey

Das mächtige Westwerk Corveys, der älteste Kirchenbau Westfalens, erinnert an das einstige Zentrum westfränkisch-karolingischer Kultur in Sachsen.

Anfahrt:
Von Höxter aus, links der Weser bleibend, über die Corbiestraße nach Corvey.

Öffnungszeiten:
April – Oktober täglich 9–18 Uhr.

Auskunft:
Fremdenverkehrsamt, Am Rathaus 7, 37671 Höxter, Tel.: 05271/63435.

Abstecher:
Höxter, als »Villa regia huxori« bereits Anfang des 9. Jh. erwähnt, mittelalterlicher Grundriß mit erhaltenen Stadtbefestigungen, farbenprächtigen Fachwerkbauten, Rathaus von 1610, Kilianikirche aus dem 11. Jh., später ausgebaut, Marienkirche, Stufenhalle des 13. Jh.; Dampferfahrten auf der Weser (Fahrplan von der Oberweser-Dampfschiffahrt, Postfach 490, 3250 Hameln 1).

Was Fulda für Franken und die Reichenau für Schwaben, war die Reichsabtei Corvey für Norddeutschland: geistiger und materieller Stützpunkt westfränkischer karolingischer Kultur in Sachsen, an dem zwanzigmal deutsche Könige und Kaiser ihre Hoftage abhielten; von dem Ansgar, der Apostel des Nordens, mit Kirchengründungen in Haithabu, Ribe, Birka u.a. die nordische Mission einleitete und aus dem bedeutende Bischöfe der benachbarten Bistümer hervorgingen. 822 an dieser Stelle mit Hilfe des karolingischen Kaiserhauses als »Nova Corbeia« von Corbie an der Somme aus gegründet und mit reichem Besitz ausgestattet, zog die einst wie ein römisches Kastell aus der Weseraue emporsteigende, zinnen- und turmbewehrte Abtei an der bedeutenden Weserfurt sehr bald städtisches Leben mit Markt und Münze an sich. Erst mit der Verweltlichung und dem Niedergang des Klosters im späten Mittelalter verlagerten sich Handel und Wandel nach Höxter, so daß Ende des 15. Jh., als Abt Hermann von Bömelburg nur mehr mit vier verwilderten Kapitularen in den verfallenen Mauern hauste, nicht ein Haus mehr an die alte Corveyer Vorstadt erinnerte.

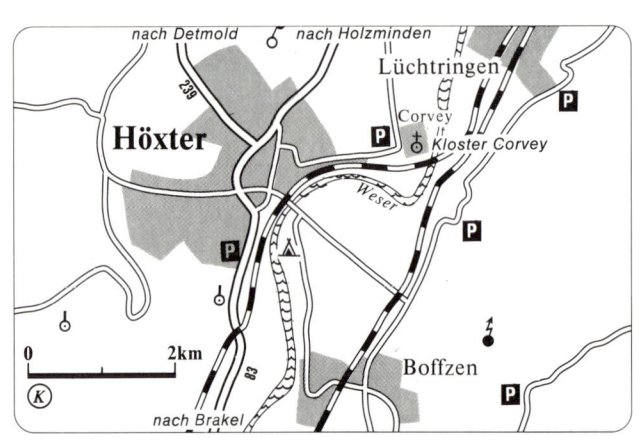

Aus der Blütezeit Corveys ist noch das mächtige Westwerk erhalten (873–85), die turmbekrönte, eigentlich selbständige Teilkirche im Westen mit St.-Vitus-Altar und Kaiserpodest, während die östlich daran anschließende karolingische Abteikirche im Dreißigjährigen Krieg verwüstet, dann gemeinsam mit den mittelalterlichen Befestigungen abgebrochen und, in einer Phase der Konsolidierung, 1667–1674 durch die noch bestehende Barockkirche ersetzt worden ist. Als Fürstbistum (seit 1794) wurde Corvey 1803 säkularisiert und kam schließlich an die (preußischen) Herzöge von Ratibor.

Aus karolingischer Zeit stammt das Westwerk der alten Reichsabtei

Hier war von Fallersleben Bibliothekar. Sein Grab liegt neben der Kirche

Autotour ⑩　　　　　　　　　　　　　　　　　　　　　　　　　Weserbergland

Auf Münchhausens Spuren – Besuch in Bodenwerder

Schon die alten Schiffer sprachen von der »Himmelspforte«, wenn die liebliche Landschaft bei Bodenwerder an der Weser in Sichtweite kam. Das ehemalige Inselstädtchen hat sich seinen mittelalterlichen und anheimelnden Charakter bis in die heutige Zeit bewahrt. Bei einem Rundgang durch die Stadt fallen einem die vielen (114!) liebevoll restaurierten Fachwerkhäuser auf, die dicht gedrängt den Weg des Besuchers säumen.

Die alte Münchhausenstadt kann sich durchaus glücklich schätzen, besitzt sie doch viel baugeschichtlich wertvolles Kulturgut. Die Gertrudenkapelle

Jahrhundertealte Fachwerkhäuser und romantische Flußufer prägen die idyllische Heimat des Lügenbarons Münchhausen.

ärgert in die Einsamkeit seines Anwesens zurück.

Anfahrt:
Von Hameln die B 83 in Richtung Holzminden, B 240 von Eschershausen über Halle.

Auskunft:
Fremdenverkehrsamt, Brückenstr. 7, 37619 Bodenwerder, Tel.: 0 55 33/4 05 41.

Veranstaltungen:
Lichterfest »Die Weser brennt« jden 2. Sa. im August, Münchhausen-Spiele vor dem Rathaus von Mai–Okt. jeden 1. So. um 15 Uhr, Stadtführungen von Mai–Sept. Mi. um 15 Uhr.

Der Münchhausen-Brunnen erinnert an den bekannten Lügenbaron

stammt sogar aus dem 12. Jahrhundert. Das älteste Fachwerkhaus der Stadt dagegen wurde im Jahre 1484 errichtet.

Das heutige Rathaus ist das Geburtshaus des wohl größten Sohnes der Stadt, des Hieronymus C. F. Freiherr von Münchhausen, der hier am 11. Mai 1797 das Licht der Welt erblickte. Ein 1937 eingerichtetes Erinnerungszimmer zeigt neben einigen persönlichen Dingen fast alle Ausgaben seiner »Wundersamen Reisen und Abenteuer«, die er erlebt haben will. Der Baron, der ein geistessprühender Erzähler war, saß oft mit seinen Jagdfreunden in der Münchhausengrotte, wobei er Geschichten erzählte, die später von dem Bibliothekar Erich Raspe aufgeschrieben wurden. Dadurch wurde Münchhausen im Nu bekannt, war jedoch mit seiner Rolle als »Lügenbaron« keineswegs einverstanden und zog sich ver-

»Wer so versteht, Lügen zu genialistischem Effekte in die Welt zu setzen, muß ein großer Mann sein, vor dem alle Welt den Hut zu ziehen hat«, sagte Goethe über Münchhausen als der 1801 das Weserbergland bereiste.
Der Baron starb am 22. Februar 1797.

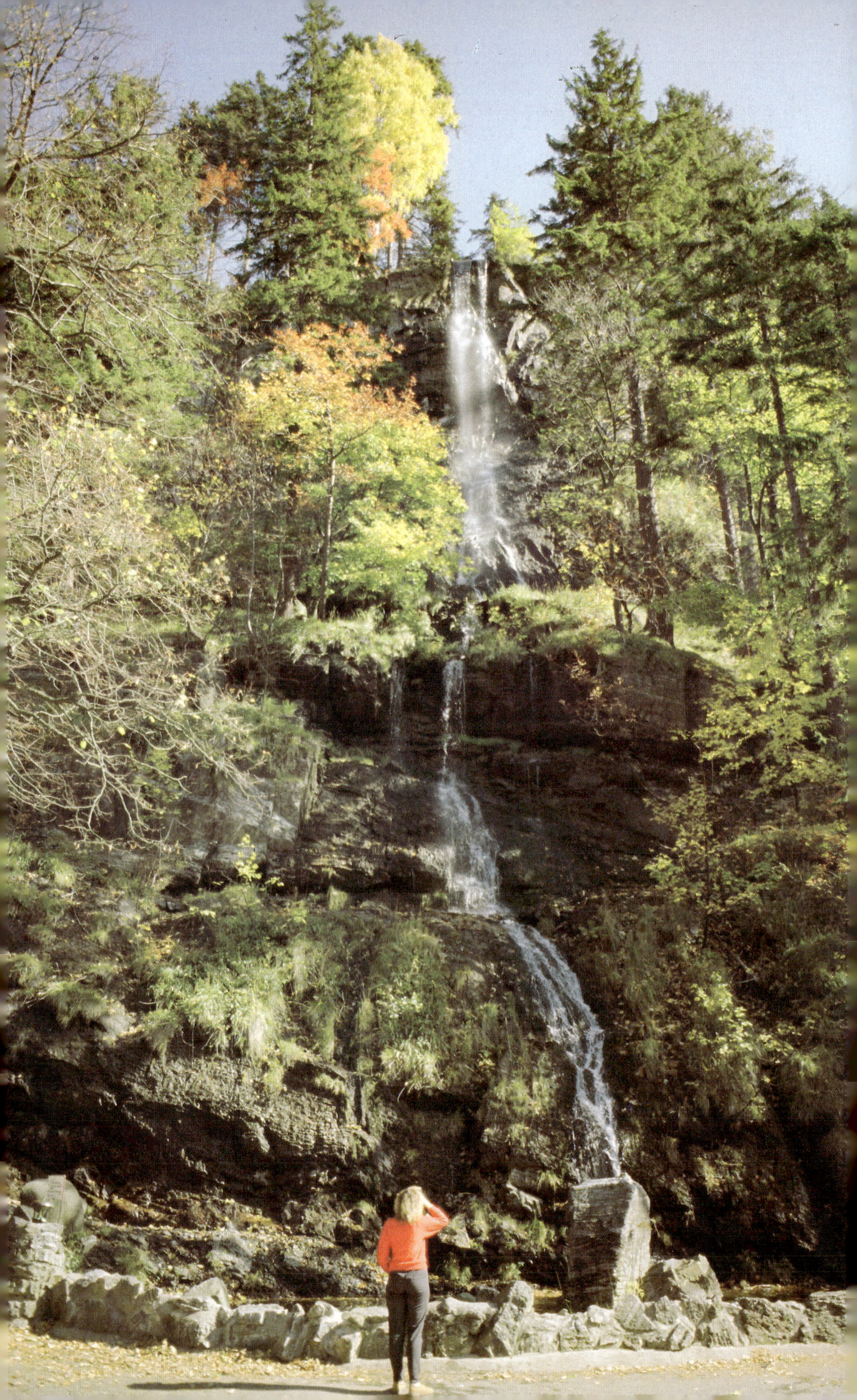

Harz, Kyffhäuser, Magdeburger Börde

Ausflugsmagnet im Norden – der Harz und sein Vorland

Als höchstes der norddeutschen Mittelgebirge ist der dicht bewaldete Harz zugleich wohl auch das schönste. Er bietet eine Freizeitlandschaft par excellence, die zu ausgedehnten Ausflügen, Wanderungen und Museumsbesuchen einlädt. Der sagenumwobene Kyffhäuser und die fruchtbare Magdeburger Börde ergänzen diese bekannte Erholungslandschaft.

Kein anderes deutsches Mittelgebirge reicht so weit nach Norden wie der Harz. Seine Höhen steigen immerhin auf über 1000 Meter an. Der höchste Gipfel, der Brocken (1142 m), liegt dabei kurioserweise schon im Unterharz. Der Brocken, jahrzehntelang ein Symbol der deutschen Teilung, erfreut sich heute eines sehr regen Besucherverkehrs. Die Gefahren für das leider bereits stark geschädigte Ökosystem Bergwald sollte allerdings jeder einzelne vor einem Besuch bedenken.

Jäh steigen die Harzhöhen wie auch die des Kyffhäusergebirges aus dem Norddeutschen Tiefland auf. Beim Harz unterscheidet man dabei den Oberharz mit den Hochflächen von Clausthal-Zellerfeld bis zu der von St. Andreasberg. Östlich erstreckt sich der Unterharz.

Der Harz und auch der Kyffhäuser sind alte Gebirge, viel älter als die Alpen. Ihre äußerst harten Gesteine (oft Granit) konnten durch die Erosion in Millionen Jahren nicht abgetragen werden. Als »klassische Quadratmeile der Geologie« hat man das Okertal bezeichnet, weil in ihm alle Schichten der oberen Erdrinde auf engstem Raum zusammengedrängt erscheinen – ein auf der Erde fast einmaliger Zustand. Die wohl für die Harzbevölkerung wichtigsten Gesteinsschichten waren die edelmetall- und eisenerzführenden. Sehr früh begannen die Menschen diese begehrten Rohstoffe in Schächten oder über Tage abzubauen. Zu damaliger Zeit war die Bevölkerung daher sehr wohlhabend. Heute besteht in vielen Schaubergwerken und Museen Gelegenheit, sich über den Bergbau im Harz zu informieren.

Das Harzklima ist ziemlich rauh und relativ regenreich. An den Berghängen

Der Romkerhaller Wasserfall ist einer der Anziehungspunkte im Okertal

Alter Elbdampfer »Württemberg« – heute Museum

aufsteigende Meeresluft kühlt derart ab, daß ergiebige Regen- und im Winter Schneefälle zu verzeichnen sind. Dabei darf man den Harz aber keineswegs als »schneesicher« ansehen. Dennoch gibt es eine erhebliche Anzahl an Wintersporteinrichtungen für den Abfahrts- wie auch für den Skilanglauf. Aufgrund des ganzjährig gesunden Reizklimas haben sich im ganzen Harz bekannte Kur- und Badeorte von Rang und Namen gebildet.

Längst ist der Westharz durch eine Vielzahl von Bergbahnen und Wanderwegen erschlossen. Der Ostharz hingegen bietet noch heute geheimnisvolle, grandiose Täler, die abseits von den Besucherströmen liegen.

Zu den wohl beeindruckendsten Erlebnissen eines Harzbesuches gehört eine Fahrt mit der dampfbetriebenen Harzquerbahn, die in gemütlichem Tempo zwischen Wernigerode und Nordhausen durch die reizvollen Täler »klettert«. Weitere Höhepunkte auf dieser Tour sind ein Besuch des Magdeburger und des Halberstädter Doms sowie der malerischen Fachwerkstadt Wernigerode am Harzrand.

Auskunft:
Harzer Verkehrsverband, Marktstr. 45, 38640 Goslar, Tel.: 0 53 21/3 40 40, Telefax: 0 53 21/34 04 66.

Kyffhäuser Fremdenverkehrsverband e. V., Anger 14, 06567 Bad Frankenhausen, Tel.: 03 46 71/30 37, Telefax: 03 46 71/41 26.

Magdeburg-Information, Alter Markt 9, 39104 Magdeburg, Tel.: 03 91/5 41 47 94, Telefax: 03 91/5 41 48 30.

Übersichtskarte Autotour und Sehenswürdigkeiten

Harz, Kyffhäuser, Magdeburger Börde

Die schönsten Ausflugsziele auf einen Blick

Die Autotour

Das nördlichste deutsche Mittelgebirge bietet von allem etwas: liebliche Flußtäler, gewaltige Felsformationen, lichte Hangwälder und ausgedehnte Talsperren. Besonders der noch teilweise unberührte Ostharz wartet mit Sehenswürdigkeiten auf, die es zu entdecken gilt, allen voran der Brocken.

Gesamtlänge der Autorundreise: 370 km

❶ Tourenvorschlag Goslar
Die »Hauptstadt des Harzes« hat neben einem malerischen Stadtkern die berühmte Kaiserpfalz zu bieten, Residenz der Kaiser des Heiligen Römischen Reiches und Veranstaltungsort von Reichsversammlungen.

❷ Tourenvorschlag Okertal
Eine Fahrt durch das reizvolle Okertal bis zur gewaltig aufragenden Staumauer des Okerstausees zählt zu den beeindruckendsten Unternehmungen, die man in diesem Ferienraum machen kann.

❸ Tourenvorschlag Clausthal-Zellerfeld
Über die Geschichte des Harzer Bergbaus informiert eine Ausstellung im ehemaligen Rathaus der Stadt. Beachtenswert ist auch das Bergwerksmuseum mit einem Besuch »unter Tage«.

❹ Tourenvorschlag Herzberg
Der Erholungsort am Südwestrand des Harzes wird von einem sehenswerten Schloß geprägt, das sich auf einem Berg erhebt. Der Ort liegt dort, wo das Flüßchen Sieber den Harz verläßt.

❺ Tourenvorschlag Kyffhäuser
Der Sage nach soll Kaiser Barbarossa wieder auferstehen, wenn Deutschland endgültig geeint ist. Vom Aussichtsturm am Denkmal genießt man einen herrlichen Blick auf das umliegende Land.

❻ Tourenvorschlag Sangerhausen
Das Rosarium der Stadt Sangerhausen ist eine der schönsten und größten derartigen Anlagen Europas. Aber auch die Bauwerke in der Altstadt sind einen Besuch wert.

❼ Tourenvorschlag Magdeburg
Der Dom ist das älteste gotische Bauwerk auf deutschem Boden. Beachtenswert sind auch das Kloster Unserer Lieben Frauen und das Rathaus.

❽ Tourenvorschlag Bodetal
Das Bodetal gehört zu den ursprünglichsten Tälern des Harzes. Am besten lernt man die Schönheiten, zum Beispiel die Roßtrappe, hoch über dem Abgrund thronende Felsplatten, auf Schusters Rappen kennen.

❾ Tourenvorschlag Wernigerode
Die komplett unter Denkmalschutz stehende und sehr sehenswerte Fachwerkstadt wird vom Schloß der Grafen zu Stolberg-Wernigerode überragt.

❿ Tourenvorschlag Brocken
Der 1142 Meter hohe Schauplatz von Goethes »Walpurgisnacht« gilt als schönster Berg Deutschlands. Man erreicht ihn zu Fuß oder bald auch wieder mit der Brockenbahn.

Blick über das Kyffhäusergebirge

Weitere interessante Sehenswürdigkeiten entlang der Route

❶ Okerstausee
Beim Bau des Stausees verschwand der ehemalige Kurort Unterschulenberg unter dem heutigen Seespiegel.

❷ Siebertal
Es ist wohl eines der schönsten Täler des Westharzes. Oberhalb des malerischen Fachwerkstädtchens Sieber ist das Tal noch weitgehend unberührt.

❸ Scharzfeld
Hier kann man eine Kalksteinhöhle besichtigen. Die Einhornhöhle ist auf 300 Meter begehbar.

❹ Bad Lauterberg
Der altehrwürdige Kurort liegt am Ausgang des Okertals aus dem Harz. Zahlreiche Freizeit- und Kureinrichtungen machen einen Aufenthalt in Bad Lauterberg zu einem Erlebnis.

❺ Bad Sachsa
Vom Ravensberg bietet sich bei klarem Wetter ein schöner Blick hinüber zu den anderen Gipfeln des Harzes. Bei einem Abstecher sollte man nicht versäumen, das Rathaus und die barocke St.-Nikolai-Kirche zu besuchen.

❻ Kelbra
Sehenswert ist die ursprünglich gotische, dem 12. Jh. entstammende Kirche des ehemaligen Zisterzienserklosters.

❼ Steinthaleben
Die Größte Gipshöhle Europas, die Barbarossahöhle, befindet sich südlich von Steinthaleben am Rande des Kyffhäusergebirges. Die 1865 entdeckte Höhle wurde bereits 1866 für Besucher begehbar gemacht.

❽ Tilleda
In den Jahren 1935–39 und danach fand man auf dem Pfingstberg bei Ausgrabungen Überreste der sagenhaften Kaiserpfalz Tilleda. Wälle und Gräben sowie Grundrisse ver-

⑨ Lutherstadt Eisleben

An den östlichen Ausläufern des Harzes liegt der Geburts- und Sterbeort Martin Luthers. Die Bezeichnung Lutherstadt erhielt Eisleben 1946 am 400. Todestag des Reformators.

⑩ Schloß Plötzkau

Am westlichen Ufer der Saale erhebt sich in malerischer Umgebung das 1566–73 errichtete Schloß. Romanische und gotische Elemente zieren die Renaissanceanlage.

⑪ Staßfurt

Das Gebiet um Staßfurt ist das älteste deutsche Kalibergbaugebiet. In über 1000 Meter Tiefe erstreckt sich ein mächtiges Steinsalzlager bis in den Raum Luckenwalde.

⑫ Wanzleben

Von der einstigen mittelalterlichen Befestigungsanlage des 14. Jh. blieben lediglich der wuchtige Bergfried und ein Torturm erhalten.

⑬ Halberstadt

Schon von weitem erkennt man in der Silhouette der alten Bischofsstadt die Umrisse des Doms St. Stephanus. Er gilt als das schönste gotische Baudenkmal in der Umgebung des Harzes.

⑭ Quedlinburg

Über die Dächer der geschichtsträchtigen Fachwerkstadt im nördlichen Harzvorland erhebt sich das Schloß. Im Inneren des aus dem 16./17. Jh. stammenden Renaissancegebäudes befindet sich ein Museum.

⑮ Gernrode

Der Ort ist seit 1885 an das Schienennetz angeschlossen. Seit 1888 gibt es die Selketalbahn, eine Schmalspurbahn, die der besseren Erschließung der Bergbau- und Hüttenindustrieorte dient.

⑯ Schloß Ballenstedt

Auf den Ruinen eines ehemaligen Benediktinerklosters ließen die Fürsten von Anhalt-Bernburg zu Beginn des 18. Jh. ein Barockschloß errichten.

⑰ Alexisbad

Versteckt im Tal der Selke gelegen findet man das altehrwürdige Kurbad. Es wurde während der Regierungszeit von Herzog Alexius von Anhalt-Bernburg zu Beginn des 19. Jh. gegründet.

⑱ Rübeland

Weitbekannt sind die Rübeländer Tropfsteinhöhlen. Von den insgesamt 14 Höhlen gelten die Baumanns- und Hermannshöhle als die bedeutsamsten. Durch ein wahres Labyrinth von bizarr umrahmten Wegen gelangt man in mächtige Hallen, zum Beispiel den Goethe-Saal.

Geschichte und Kultur

Wolfenbüttel – Stadt der Welfen und der Dichter

Auf Heinrich den Löwen ist man in Wolfenbüttel nicht sonderlich gut zu sprechen. Er ließ die Burg Wulferesbutle, eine Wasserburg der Wulfers, im Jahre 1191 zerstören, nachdem er sie erobert hatte. Der Burgherr hatte versucht, gegenüber dem durch seine Auseinandersetzungen mit Kaiser Friedrich Barbarossa angeschlagenen Löwen den starken Mann herauszukehren. Ein verhängnisvoller Fehler, denn der Löwe war immer noch mächtig genug, sich erfolgreich zu wehren.

Herzog Heinrich der Wunderliche, ein Welfe, war es dann, der im 13. Jahrhundert an der Stelle der alten Burg eine Welfenburg erbaute. So kam es, daß die Welfen der Stadt doch Glück gebracht haben. Sie machten Wolfenbüttel im Jahre 1432 zu ihrer Residenz, weil sie sich mit der Stadt Braunschweig nicht vertragen konnten. Wolfenbüttel blieb Residenz bis in die fünfziger Jahre des 18. Jahrhunderts. Und diese große Zeit prägt bis heute das Bild der Stadt.

Wolfenbüttel ist aber nicht so sehr als Stadt der Welfen bekannt geworden. Die Stadt entwickelte sich vielmehr zu einem der großen und führenden geistigen Zentren Deutschlands – allerdings durch die Welfen. Wolfenbüttel, mit mehr als 500 malerischen Fachwerkhäusern eine der romantischsten Städte des Landes, kann auf eine Reihe großer Namen verweisen, deren Träger in ihren Mauern gelebt haben.

Der bedeutendste Dichter, der in Wolfenbüttel gewirkt hat, war Gotthold Ephraim Lessing. Von 1777 bis zu seinem Tode 1781 arbeitete er als Bibliothekar in Wolfenbüttel – mit einem Jahressalär von 6000 Talern. Er schrieb während dieser Zeit sein unvergleichliches Schauspiel »Nathan der Weise«.

Vor Lessing hatte der Gelehrte und Philosoph Gottfried Wilhelm von Leibniz (1646–1716) vorübergehend in Wolfenbüttel gelebt. Der Herzog von Braunschweig-Lüneburg hatte ihm eine Ratsstelle mit Pension verschafft.

Ebenfalls im 18. Jahrhundert haben sich der Lügenbaron von Münchhausen und der Abenteurer Giacomo Casanova in Wolfenbüttel aufgehalten. Von Casanova weiß man, daß er sich weniger für die Damen der Stadt interessierte, sondern vor allem für die Bücher in der herzoglichen Bibliothek. Casanova ist selber in den letzten dreizehn Jahren seines Lebens Bibliothekar gewesen. Wolfenbüttel ist im 16. Jahrhundert von Herzog Julius als erste planmäßige Renaissancestadt angelegt worden. Wolfenbüttel war Standort des ersten ständigen Schauspielhauses, und im Jahre 1609 wurde die erste deutsche Zeitung, der »Aviso«, in Wolfenbüttel gedruckt. In den Jahren 1635 bis 1666 wurde in der Stadt von Herzog August dem Jüngeren die größte Bibliothek des Abendlandes zusammengetragen. Sie ist mit einer halben Million Bänden, mit etwa 5000 Drucken aus der Frühzeit des Buchdrucks, fast 12000 Handschriften und mit dem Evangeliar Heinrichs des Löwen eine Schatzkammer europäischer Geistesgeschichte und ein internationales Forschungszentrum für Geisteswissenschaften.

Der Lesesaal der Wolfenbütteler Bibliothek

Harz, Kyffhäuser, Magdeburger Börde   Autotour 1

Lebendige Vergangenheit in Goslar

Die größte Stadt des Harzes steckt voll von kostbaren Bauten und Kunstschätzen. Eine lohnende »Schatzkammer« für jeden interessierten Besucher.

Anfahrt:
Bahnstation Goslar. BAB A 7 Ausfahrt Nord Rhüden (25 km) B 4 Ausfahrt Süd Derneburg (40 km) B 6.

Auskunft:
Kur- und Fremdenverkehrsgesellschaft Goslar-Hahnenklee mbH, Markt 7, 38640 Goslar, Tel.: 05321/2846 u. 47, Telefax: 05321/23005.

Öffnungszeiten:
Kaiserpfalz und Huldigungssaal April–Oktober 10–17 Uhr, November–März 10–16 Uhr. Mönchehaus-Museum für moderne Kunst Di.–Sa. 10–13 Uhr und 15–17 Uhr, Sonntag 10–13 Uhr. Museum im Zwinger März 10–16 Uhr, April–Oktober 9–17 Uhr, November–Februar geschlossen. Puppen- und Musikinstrumentemuseum 11–17 Uhr. Zinnfigurenmuseum 10–17 Uhr. Rammelsberger Bergbaumuseum 9–18 Uhr.

Von Goslar muß man in Superlativen sprechen. Die vom Krieg zum Glück verschont gebliebene Stadt weist sowohl repräsentative Bauten der weltlichen und geistlichen Mächte als auch eine Vielzahl von Bürgerhäusern aus der Zeit des 15. bis 18. Jahrhunderts auf, und zwar sowohl in Stein als auch in Fachwerk. Überdies haben sich Tore, Türme und Mauern der einstigen Stadtbefestigung erhalten, darunter zwei Warttürme außerhalb der Stadt. Ein halbes Dutzend (meist) bedeutender Museen ergänzen den Eindruck.

Begonnen wurde der Bau der Kaiserpfalz schon zu Beginn des 11. Jahrhunderts. Die heutige Gestalt freilich erhielt der Bau mit seinen vielen historischen Teilen Mitte des vorigen Jahrhunderts, nachdem der Rat der Stadt bereits – man faßt es kaum – den Abbruch vorgesehen hatte. Die Denkmäler vor der Pfalz zeigen Friedrich Barbarossa und Wilhelm I. sowie Kopien des Braunschweiger Löwen.

Von den Kirchen Goslars sind, nachdem der einstige Dom 1819 abgebrochen wurde und nur die Vorhalle erhalten blieb, die Marktkirche, die katholische Jakobikirche als älteste und die einstige Klosterkirche der Benediktinerinnen (Pfarrkirche Neuwerk) am bedeutendsten. St. Jakobi weist innen Wandmalereien und eine großartige Ausstattung auf.

Goslars Rathaus erhielt seine heutige Gestalt in der Mitte des 15. Jahrhunderts. Bedeutendster Innenraum ist die Ratsherrenstube (Huldigungssaal). Vom Rathaus aus läßt sich am besten ein Rundgang durch die malerischen Häuserzeilen der Stadt machen: Allein 800 von ihnen wurden vor dem Jahr 1800 erbaut! Kaum irgendwo kann man die Entwicklung des Fachwerkbaus in der Stadt besser verfolgen. Obwohl die Stadt als Ganzes ein Museum ist, bereichern auch die Museen (Goslarer Museum, Domvorhalle) den Eindruck.

Sehenswert in Goslar ist nicht nur die Kaiserpfalz. Hier die Marktkirche

Brockenhexen sind in den Souvenirläden der Stadt allgegenwärtig

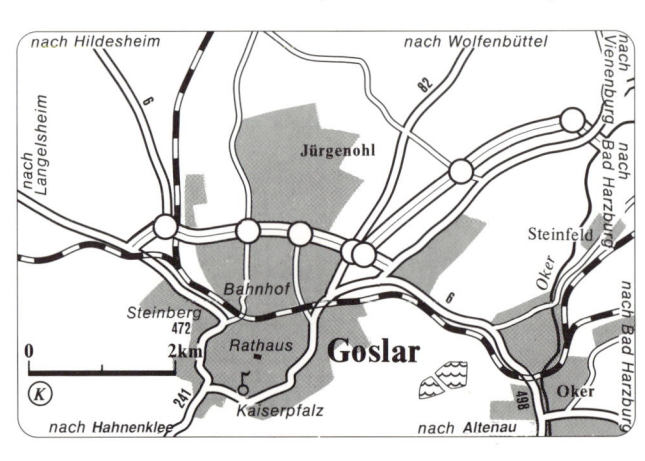

148

Das Okertal ist immer ein Erlebnis

Einer der ganz großen Höhepunkte der Harzlandschaft ist das wildromantische Okertal. Ein Dorado für Naturliebhaber, Hobbygeologen und Wildwasserfahrer.

Wer das Okertal nicht besucht hat, kennt den Harz nicht. Denn dieses Tal ist nicht nur, wie die Geologen es gern bezeichnen, die »klassische Quadratmeile der Geologie«, sondern in erster Linie ein Stück urwüchsiger Natur, das auch durch neu angelegte Wege und Straßen und den 1956 erbauten 67 Meter hohen Okerstaudamm nicht zerstört worden ist.

Zuerst die Geologie: Sie besagt, daß kaum irgendwo anders die wichtigen Gesteine unserer Erde so dicht beieinander und überschaubar gelagert sind wie hier im Okertal. Die Schichten der Erdrinde haben sich hier eng aneinandergeschoben.

Die Oker fließt aus der Nähe von Altenau vom Bruchberg zum Okerstausee, dem größten des Harzes, tritt dann ihren Weg durch das gewundene Okertal zur Stadt Oker an und mündet nach dem Passieren von Wolfenbüttel und Braunschweig nach einem Lauf von 125 Kilometern bei Müden in die Aller. Der Höhepunkt dieser Flußlandschaft aber ist ohne jeden Zweifel der Talabschnitt innerhalb des Harzes.

Hier haben sich nicht nur faszinierende Klippen und Felsgebilde entwickelt, sondern sie haben auch Namen, die der Phantasie Spielraum geben: Adler- oder Löwenklippe, Teufelskanzel, Hexenküche. Der Weg durchs Tal führt von Oker aus flußaufwärts bis Romkerhalle (355 Meter ü. M.) mit seinem 60 Meter hohen Wasserfall und einem gegenüberliegenden, viel besuchten Hotel. Oberhalb befindet sich dann der Okerstaudamm. Von hier führt der Weg am Stausee entlang weiter bis Altenau. Dieser Stausee ist mit einem Fassungsvermögen von 47 Millionen Kubikmetern der größte im Westharz und dient als Hochwasserschutz und Trinkwasserreservoir. Als der Stausee im Jahre 1954 angelegt wurde, mußte der okernahe Ort Schulenberg aus dem Tal auf den Kleinen Wiesenberg umgesiedelt werden.

Das wilde Flüßchen Oker eröffnet ungewöhnliche Freizeitmöglichkeiten

Anfahrt:
Nach Oker über das nur 4 km entfernte Goslar oder über Altenau.

Auskunft:
Kur- und Fremdenverkehrsgesellschaft, Goslar-Hahnenklee mbH, Markt 7, 38640 Goslar, Tel.: 05321/2846 u. 47 Telefax: 05321/23005.

Abstecher:
Nach Bad Harzburg an deren Orten im Südharz. Außerdem unbedingt nach Goslar.

Wandern:
Eine Rundwanderung, die beide Seiten der Oker berührt und von Oker zur Romkerhalle und zurück führt, erfordert annähernd 4 Std., jedoch ist es auch möglich, von Romkerhalle den Bus nach Oker zurück zu nehmen. Von der Romkerhalle längs des Stausees bis Altenau in 2 Stunden.

Öffnungszeiten:
November–April Mo.–Fr. 9–17 Uhr, Sa. 9–13 Uhr, Mai–Oktober Mo.–Fr. 9–18 Uhr, Sa. 9–14 Uhr.

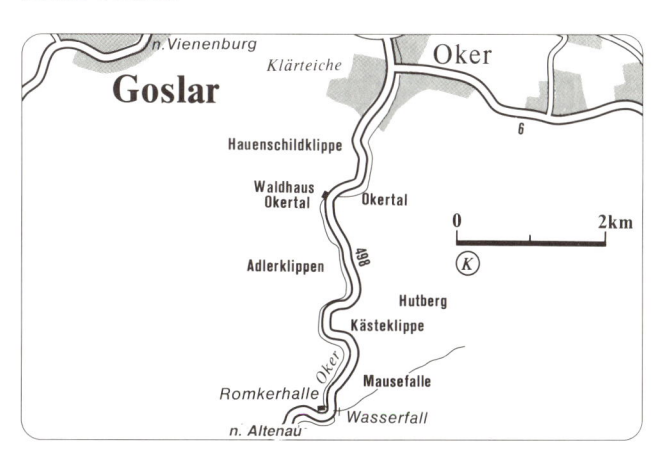

Vom Silberbergbau zur Universität

Die 1924 vereinigte Doppelstadt Clausthal-Zellerfeld, auf einer Hochfläche gelegen, ist von 66 Teichen umgeben. Aber diese sind nicht die einzigen Relikte des Bergbaus.

Anfahrt:
A 7, Ausfahrt Seesen, und über B 242 etwa 20 km. Oder von Northeim B 247 bis Katlenburg und danach B 241.

Auskunft:
Touristik-Information, Kurgeschäftsstelle, Bahnhofstr. 4A, 38678 Clausthal-Zellerfeld,
Tel.: 0 53 23/8 10 24-25,
Telefax: 0 53 23/8 39 62.

Öffnungszeiten:
Das Oberharzer Bergwerkmuseum:
täglich 9–17 Uhr.

Wandern:
Von Zellerfeld zu den alten Zechenteichen und auf dem Forstlehrpfad entlang, dann am alten Schacht »Neuer Johanneser« vorbei und zu den beiden Einersberger Teichen und zurück. Gehzeit 2½ Std.

Das Oberharzer Bergwerkmuseum, eine »Pflichtübung« für jeden Harzbesucher

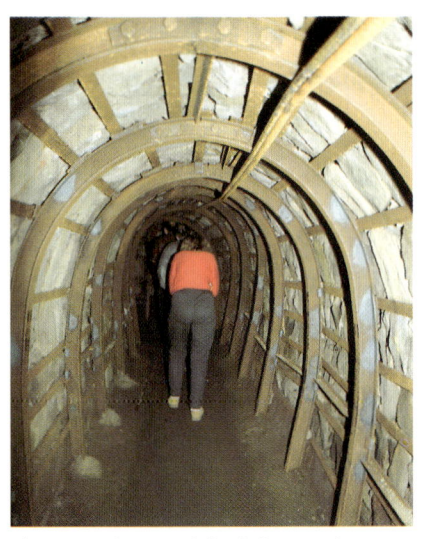

Thema ist der mittelalterliche Bergbau im Oberharz

Der 1930 endgültig eingestellte Erzbergbau der beiden Städte förderte seit dem Mittelalter Silber. Den Anfang machten um 1150 Mönche des Klosters Cella, die den Oberharzer Bergbau begründeten. Nach vorübergehender Einstellung des Bergbaus kamen im 16. Jahrhundert hochspezialisierte Bergleute aus dem Erzgebirge, und schon 1775 wurde eine Bergakademie gegründet, aus der heute eine Technische Universität geworden ist. In ihr lebt mit einer umfassenden Mineraliensammlung, der zweitgrößten der Welt, die Ära des Bergbaus in neuer Form weiter.

Auch die Kirche von Clausthal, die Marktkirche zum Heiligen Geist, verdient einen Superlativ. Es ist nämlich die zweitgrößte Holzkirche Europas. Immerhin faßt der 41 Meter lange und 22,5 Meter breite Kirchensaal 2200 Menschen. Der Bau wurde mitten im Dreißigjährigen Krieg errichtet, nachdem ein großer Teil der Stadt zwei Bränden zum Opfer gefallen war. 1642 wurde das Gotteshaus geweiht und schon bald darauf noch einmal erweitert. Die äußerlich einfache Barockkirche besitzt innen einen bedeutenden Renaissancealtar von 1641.

Kein Besucher von Clausthal-Zellerfeld versäumt den Besuch der Bergapotheke. Auch hier wurde der vorherige Bau leider durch ein Feuer vernichtet. Der Neubau von 1674 ist nicht nur die älteste Apotheke des Harzes, sondern der Holzbau weist an den Balkenköpfen des Giebels 64 menschliche Gesichter auf, denen die Apotheke den Leinamen »Fratzenapotheke« verdankt. Daß der Apotheker einen zeitgemäßen Kunstsinn hatte, beweisen auch die Stuckbilder im Inneren.

Im Oberharzer Bergwerkmuseum erfährt der Besucher vielerlei aus der Praxis des einstigen hier ansässigen Bergbaus, wozu auch ein bekanntes Schaubergwerk gehört.

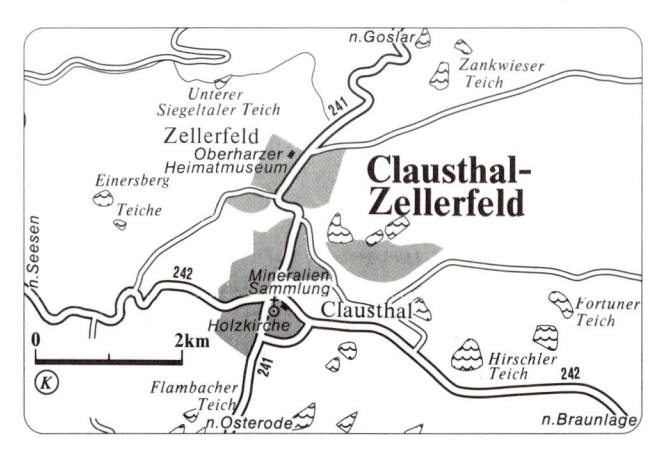

Herzberg – gemütliche Kleinstadt am Harz

Die einstige Residenzstadt Herzberg läßt sich – abseits der überlaufenen Urlaubsorte – geruhsam entdecken. Ein ideales Ziel für einen schönen Ausflug.

Wer kennt schon trotz seines anheimelnden Namens das harznahe Herzberg? Häufig fährt man rasch hindurch, um auf die Höhen zu gelangen, denn mehr als 250 Meter hat Herzberg selbst nicht aufzuweisen, und nur von den zugehörigen kleineren Orten Lonau, Sieber, Pöhlde und Scharzfeld wird teilweise die 400-Meter-Höhenlinie überschritten. Dabei ist die Höhe in dieser anmutigen Landschaft wirklich nicht das allein maßgebende Kriterium.

Herzbergs Herz, wenn man so sagen darf, ist sein Schloß. Durch dieses ist die Stadt auch mit der Geschichte des Mittelalters eng verbunden. Denn kein geringerer als Heinrich der Löwe war es, der im Jahr 1157 auf dem Tauschweg mit Kaiser Barbarossa Burg und Ort Herzberg einer Besitzung in Schwaben vorzog. Von da an bis 1866 war Herzberg über 700 Jahre im Besitz der Welfen und wurde zeitweilig als Residenz für eine Nebenlinie oder als träumt wirkende Städtchen selbst, obwohl ein Brand am 4. 11. 1510 viel zerstörte.

Aber Junker- und Hauptstraße spiegeln noch teilweise das 16. und 17. Jahrhundert wider. Übrigens galt Herzberg vom 18. Jahrhundert bis 1875 wegen seiner von König Georg II. von England errichteten Gewehrfabrik als »Waffenschmiede« der hannoverschen Kurfürsten.

Anfahrt:
Herzberg liegt günstig an der als Autobahn ausgebauten B 243, die bei Seesen von der A 7 abzweigt – Entfernung etwa 30 km.

Auskunft:
Fremdenverkehrsamt, Postfach 13 40, 32676 Herzberg, Tel.: 0 55 21/85 21 11, Telefax: 0 55 21/85 21 20.

Abstecher:
In den Südharz mit Bad Lauterberg, Bad Sachsa, Braunlage oder St. Andreasberg. Sehr lohnend ist auch ein Besuch im 12 km nordwestlich gelegenen Osterode. In der Nähe des zu Herzberg gehörenden Dörfchens Scharzfeld befindet sich die eiszeitliche Einhornhöhle.

Wandern:
Entlang der Sieber zum Paradies. Gehzeit etwa 2½ Std. Erheblich weiter ist die Wanderung zum 687 m hohen Großen Knollen mit Aussichtsturm – von Scharzfeld aus Abkürzung möglich.

Bei Rhumspringe, nahe Herzberg, entspringt eine der größten deutschen Quellen

Ruhesitz herzoglicher Witwen benutzt. Das oberhalb des Flüßchens Sieber gelegene Schloß entstand aus der ursprünglichen Burg des 16. Jahrhunderts. Dabei wurden im Lauf der Zeit insgesamt vier Flügel gebaut, zuletzt der 1861 klassizistisch gestaltete »Graue Flügel«, vorher ein Jagdschloß. Am ältesten ist der Stammhausflügel, der im Kern noch auf die alte Burg zurückgeht. Besonders schön ist der Uhrturm, der drei Geschosse in Fachwerkbauweise besitzt.

Fachwerk wie am Schloß kennzeichnet auch das gemütliche und sehr ver-

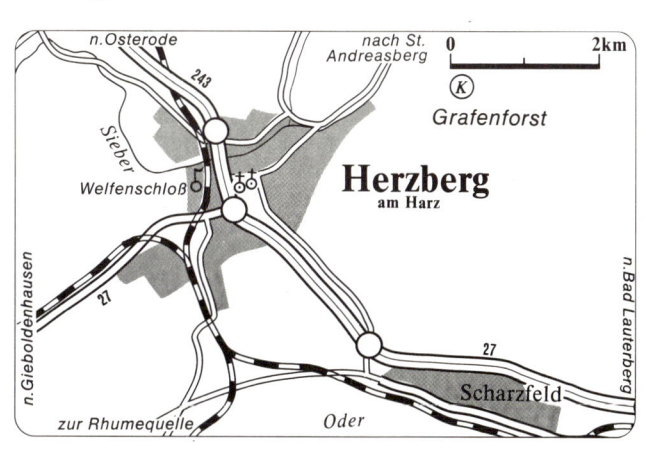

Harz, Kyffhäuser, Magdeburger Börde   Autotour ⑤

Wo Barbarossa schläft – der Kyffhäuser

Hoch oben auf dem Kyffhäuserberg erhebt sich ein Denkmal, das an den Stauferkaiser Friedrich I. Barbarossa und an Wilhelm I. den ersten Hohenzollernkaiser erinnert.

Anfahrt:
Von Norden auf der B 80/85, von Süden über die B 85/86.

Auskunft:
Kyffhäuser Fremdenverkehrsverband e. V.,
Anger 14,
06567 Bad Frankenhausen,
Tel.: 03 46 71/30 37,
Telefax: 03 46 71/41 26.

Öffnungszeiten:
Mai–September
Mo.–Fr. 9–18 Uhr,
Sa. 10–15 Uhr,
So. 10–12 Uhr.
Oktober–April
Mo.–Fr. 9–17 Uhr,
Sa. 10–12 Uhr.

Abstecher:
Sehenswert in dem wenige Kilometer entfernten Bad Frankenhausen sind das Panorama und das Kreisheimatmuseum. Im Panorama befindet sich das 14 m hohe und 123 m breite Rundbild von Werner Tübke »Die frühbürgerliche Revolution in Deutschland«, Symbol der alten DDR.

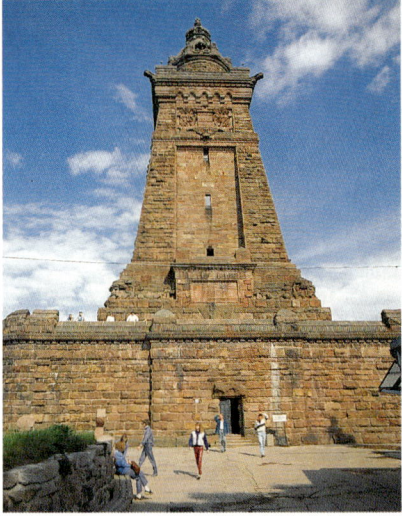

Das Kyffhäuserdenkmal wurde 1896 eingeweiht

Die Barbarossafigur schuf der Bildhauer Nikolaus Geiger aus rotem Sandstein

Zu seinen Füßen erstrecken sich die Goldene und die Diamantene Aue, die fruchtbaren Höhen und Täler des nördlichen Thüringens. Wer mit dem Auto die Haarnadelkurven überwunden oder zu Fuß den Berg erklommen hat, steht überwältigt vor diesem großartigen Panorama. Und er steht an einem Ort, der fast 1000 Jahre deutscher Geschichte dokumentiert.

Die eigentliche Kyffhäuserburg wurde im 12. Jahrhundert erbaut. Daran erinnert die gut erhaltene und restaurierte Unterburg, bei der man den Besichtigungsrundgang beginnen sollte. Von der ebenfalls in Teilen erhaltenen Oberburg fällt der Bergfried ins Auge. Der Volksmund hat ihm den Namen Barbarossaturm gegeben. Nach der Sage umfliegen ihn alle 100 Jahre die beiden Raben, die dem im Berg schlafenden Barbarossa vom Zustand des Reiches künden. Erst wenn dieses wieder geeint ist, wird der Kaiser mit seinem Gefolge aus dem Berg reiten und Deutschland den Frieden bringen.

An diese Sage knüpft das Kyffhäuserdenkmal an. Das Mittelalter hatte das erste Deutsche Kaiserreich zersplittert und geschwächt, Napoleon sein Ende herbeigeführt, nun gründete Kaiser Wilhelm I. 1871 das Zweite Deutsche Kaiserreich. Sein historischer Anspruch war groß, groß auch die Denkmäler, die es baute. Gigantisch, riesig, kolossal – diese Adjektive fallen dem Betrachter ein, der heute vor dem Denkmal steht.

Die deutschen Kriegervereine haben es von 1890 bis 1896 gebaut, Kaiser Wilhelm II., der Enkel Wilhelms I., es am 18. Juni 1896 im Beisein aller deutschen Landesfürsten feierlich eingeweiht.

Der untere Teil des Denkmals symbolisiert den im Berg schlummernden Barbarossa, über ihm ragt in siegreicher Pose das Reiterstandbild Wilhelms I. mit den allegorischen Gestalten der Geschichte und des Krieges.

Autotour ⑥   Harz, Kyffhäuser, Magdeburger Börde

Sangerhausen – Stadt der Rosen

In dem aus dem 6. Jahrhundert stammenden Städtchen Sangerhausen befindet sich der Welt größter Rosengarten – das berühmte Rosarium.

Weit über 100 000 Besucher aus vielen Ländern erfreuen sich an den Rosen

Mit allen Sinnen können Rosenfreunde die farbige und duftende Pracht genießen

Ende des letzten Jahrhunderts bemühten sich deutsche Rosenzüchter und Rosenfreunde um die Anlage eines Vereinsrosariums. Mehrere Orte bewarben sich als Standort, darunter auch Frankfurt am Main. Den Zuschlag erhielt Sangerhausen, das den mit schönem Baumbestand bewachsenen Stadtpark mit seinen drei Teichen zur Verfügung stellte. So konnte bereits am 3. Juli 1903 das damals eine Fläche von 5 Hektar umfassende Rosarium mit einer beeindruckenden Rosenausstellung eingeweiht werden. Im Laufe der Jahrzehnte wurde es mehrmals erweitert und restauriert.
Heute zeigt der Rosengarten zwischen mächtigen alten Bäumen und einer Vielzahl von Gehölzen und Sträuchern etwa 55 000 Rosenstöcke. Über 6500 Rosensorten blühen zwischen Ende Mai und Anfang Juli. Besondere Attraktionen sind die »Grüne und die Schwarze Rose«, die alten Moosrosen, violette Teehybriden, die kleinsten Rosen der Welt, die echte Ölrose und Rosenneuheiten aus Deutschland und der Welt.
Die Rosenblüte beginnt bereits Ende Mai mit dem über 400 Arten umfassenden Wildrosensortiment. Ab Mitte Juni setzt dann die Hauptblüte aller Beetrosen ein. Das Rosenfinale mit den herrlichen Park- und Kletterrosenpyramiden ist Ende Juni bis Anfang Juli. Weitere Höhepunkte des Sangerhäuser Rosenjahres sind die jedes zweite Jahr stattfindende Schnittrosenschau und jedes dritte Jahr die Ausstellung »Plastik und Rosen«, bei der Plastiken zeitgenössischer Künstler und Kunsthandwerker gezeigt werden.
Außer dem Rosarium bietet Sangerhausen eine architektonische Schönheit besonderer Art: die von 1116 bis 1123 erbaute Ulrichkirche, eine kreuzförmige Basilika im romanischen Stil, die in ihrer Anlage einmalig in Ostdeutschland ist. Sehenswert ist auch der mittelalterliche Stadtkern.

Anfahrt:
Von Nordhausen östlich auf der F 80. Von Erfurt nach Norden auf der F 86. Von Halle nach Westen auf der F 80.

Auskunft:
Fremdenverkehrsverein e. V., Schützenplatz, 06512 Sangerhausen, Tel.: 0 34 64/61 33 30, Telefax: 0 34 64/61 33 29.

Öffnungszeiten:
1. Mai–15. Okt. 8–19 Uhr, Juni, Juli, August. Ulrichskirche: Mai–Okt. Mo.–Sa. 10–12 Uhr, 14–16 Uhr, So. 14–16 Uhr, Rosarium, 1.–31. Mai 8–19 Uhr, 1.–30. September 8–19 Uhr, 1. Juni–31. August 7–20 Uhr.

Abstecher:
Im nahen Wettelrode lädt der über 100 Jahre alte Kunstteich, der seine Entstehung dem Bergbau verdankt, in seiner naturbelassenen und idyllischen Umgebung zum Baden ein.

Magdeburg – Domstadt an der Elbe

Der Magdeburger Dom wurde zwischen 1209 und 1520 nach der neuesten französischen Mode erbaut: Er ist der früheste rein gotische Kirchenbau Deutschlands – Gotik vom Feinsten.

Anfahrt:
Von Westen auf der A 2 Richtung Berlin. Von Berlin auf der A 2 Richtung Hannover. Von Halle auf der B 6, B 71 nach Norden. Von Schwerin, Ludwigslust und Stendal auf der B 105, B 5, B 189 nach Süden.

Auskunft:
Magdeburg-Information, Alter Markt 9, 39104 Magdeburg, Tel.: 0391/5414794, Telefax: 0391/5414830.

Abstecher:
Magdeburg verfügt über sehenswerte technische Denkmale, die meist mit der Elbe, dem Schiffs- oder Eisenbahnverkehr zusammenhängen. Das sind beispielsweise Deutschlands älteste Hubbrücke, der 1903 gebaute Seitenradschlepper »Württemberg« und die mit gotischen Türmchen verzierte Diamant-Brauerei...

Vom Turm am Messegelände hat man einen guten Blick auf den Dom und die Stadt

Wie bereits zu Lebzeiten Karls des Großen wird Magdeburg urkundlich erwähnt. Den Grundstein für seine Bedeutung jedoch legte der erste Deutsche Kaiser, Otto I., der Große. Er gründete das Erzbistum Magdeburg, stiftete das Moritzkloster und schuf so die Grundlage für den Magdeburger Dom in seiner ersten ottonischen Fassung, an dem ab 955 gebaut wurde. Bei einem der im Mittelalter häufigen Brände wurde der Dom 1207 zerstört. (Trotzdem kann man direkt neben dem Dom die Romanik noch eindrucksvoll erleben. Das Kloster Unserer Lieben Frauen widerstand allen Bränden, ist gut restauriert und gilt als eine der wichtigsten romanischen Klosteranlagen Deutschlands.)

Zurück zum Dom: Seine Zerstörung wurde seine große Chance. Bereits 1209 begann der Wiederaufbau, zwar unter Verwendung der romanischen Reste, aber doch nach dem neuen, aus Frankreich stammenden gotischen Kathedralschema.

Der Dom, St. Mauritius und St. Katharina geweiht, beherbergt eine Fülle beeindruckender kunsthistorischer Schätze. Der Skulpturenzyklus der klugen und törichten Jungfrauen am Nordportal des Querbaus ist ein wichtiges Werk der deutschen Plastik im 13. Jahrhundert. Im berühmtesten Grabmal des Domes ruht Erzbischof Ernst von Sachsen. Die Bronzetumba wurde 1495 von der Nürnberger Werkstatt Peter Vischers des Älteren gegossen. Zur Erinnerung an die Toten des Ersten Weltkriegs schuf Ernst Barlach eine überlebensgroße hölzerne Figurengruppe, zu deren Füßen immer ein wahrer Teppich von flackernden Kerzen brennt.

Wer, den Dom zur linken Seite, am Elbufer weitergeht, kann nochmals Gotik erleben. Nach einigen Minuten erreicht er die Magdalenenkapelle mit ihren gotischen Maßwerkfenstern sowie die dreischiffigen Hallenbauten der St. Petri-Kirche und der Walloner Kirche.

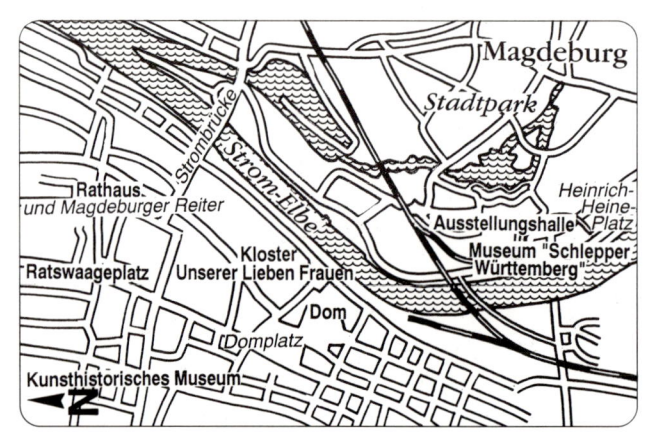

Autotour ⑧ Harz, Kyffhäuser, Magdeburger Börde

Das Bodetal – Fenster zur Geologie des Harzes

Wer die Quellgebiete der Bode am Brockenmassiv kennt – das Wasser fließt gemächlich talwärts, der kann sich kaum vorstellen, daß nur wenig tiefer aus der Vereinigung von Warmer und Kalter Bode ein unbändig zischender und gurgelnder Fluß wird, der sich über Millionen von Jahren in das harte Bruchschollengebirge steil und markant eingegraben hat.

Kaum sonst irgendwo in Deutschland gibt es einen Fluß, der alle bei uns vorkommenden Vegetationsstufen durch-

Mit dem einzigartigen Tal verbinden sich nicht nur Ziele wie Roßtrappe und Hexentanzplatz, sondern man findet auch eindrucksvolle Zeugen der Erdgeschichte.

Anfahrt:
Auf der B 6 über Goslar bis Blankenburg nach Thale; von Süden auf der B 81 bis Wendeburg; Bahnanschluß bis Thale.

Auskunft:
Rat der Gemeinde, Ortsstr. 27, 38889 Treseburg, Tel.: 03 94 56/2 23.

Wanderungen:
Zu Fuß von Thale bis Treseburg durchs Bodetal: 10 km.

Parkmöglichkeiten:
In Thale, Treseburg, Altenbrak, Wendefurth, im Bereich der Rappbodetalsperre.

Im Herbst leuchtet das Laub im Bodetal in den herrlichsten Rot- und Brauntönen

fließt. Eindrucksvoll zeigt sich der stete Wechsel der Flora bei einem Besuch des Bodetales.

Es ist natürlich keine Frage, daß man ein Naturwunder wie das Bodetal am besten zu Fuß erobert. Nur so kann man den besonderen Reiz der Tallandschaft erleben. Gut markierte Wanderwege führen vorbei an einzigartigen Naturschönheiten wie der Roßtrappe, dem Hirschgrund und den Tresehängen. Aber auch mit dem Auto lassen sich wunderbare Stellen erreichen und vielleicht läßt sich der eine oder andere ja doch von der Natur zu einem Spaziergang hinreißen.

Bereits 1937 wurde der Talverlauf zwischen Thale und Treseburg unter Naturschutz gestellt. Dadurch blieb der Naturraum in seiner Einmaligkeit erhalten und bot zahlreichen bedrohten Tieren und Pflanzen Schutz.

Oberhalb von Treseburg schmiegt sich der kleine Ferienort Altenbrak an die steilen Hänge des Bodetales. Auf der malerisch gelegenen Naturbühne finden alljährlich verschiedene Veranstaltungen statt. Berühmtheit erlangte der Ort aber schon durch Theodor Fontane, der in seinem Roman »Cecile« eine Wanderung von Thale nach Altenbrak beschrieb.

Weiter oberhalb des Flusses beginnt bei Wendefurth das größte Talsperrensystem des Ostharzes. Mittelpunkt des in den 60er Jahren fertiggestellten »Wassernetzwerks« ist mit über 400 Hektar der Rappbodestausee.

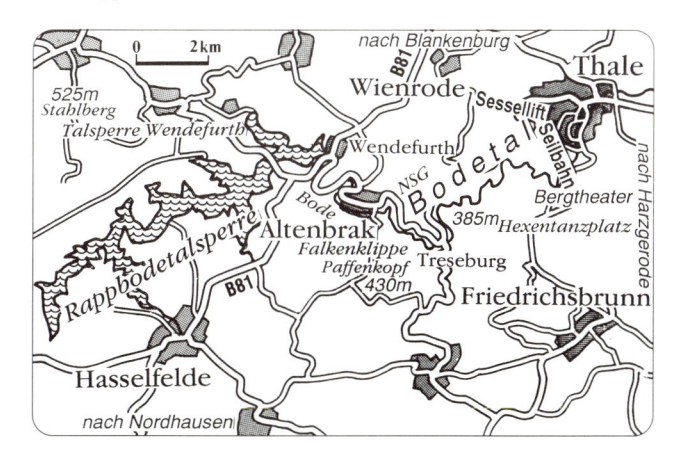

155

Wernigerode – die bunte Stadt am Harz

Die 760 Jahre alte Stadt am Nordrand des Harzes wird auch die »heimliche Hauptstadt des Fachwerkbaus« genannt. Allein das Rathaus ist eine Reise wert.

Anfahrt:
Von Westen auf der B 6 über Bad Harzburg. Von Braunlage von Norden über die B 27/B 244. Von Osten auf der B 81 und B 6 über Halberstadt bzw. Blankenburg.

Auskunft:
Wernigerode Tourismus GmbH, Nicolaiplatz 1, 38855 Wernigerode, Tel.: 0 39 43/3 30 35, Telefax: 0 39 43/3 20 40.

Öffnungszeiten:
Schloßmuseum: Mai–Oktober täglich 10–18 Uhr, 17 Uhr Einlaß. November–April Di.–So. 10–18 Uhr, 17 Uhr Einlaß, Mo. geschlossen.

Erstes Ziel des Besuchers sollte das berühmte Rathaus am Marktplatz sein, eine Perle mittelalterlichen Fachwerkbaus. Künstlerische Vollkommenheit und geglückte Harmonie fesseln das Auge des Betrachters. Es wurde 1277 als »Spelhus«, als Gerichtshaus, aber auch als Stätte mittelalterlicher Vergnügungen wie Gauklerspiele, Tänze oder Hochzeitsfeiern erstmals erwähnt. 1468 wurde eine Verordnung erlassen, die die Gästezahl bei Hochzeiten auf 120 (!) beschränkte. Solche Feiern begannen am Samstag und mußten am Abend des Montags beendet sein – beneidenswertes Mittelalter! 1544 erfolgte der letzte Umbau des Rathauses und gab ihm seine heutige Gestalt.

Als Goethe 1777 das Städtchen besuchte, war Wernigerode eine typische ländliche Kleinstadt, die sich vom Zusammenfluß der Holtemme und des Zillierbaches aus an zwei Tälern entlang in den Harz hereinzog. Auch Wilhelm Raabe erlebte 1860 das Städtchen noch als ländliche Idylle. Erst Ende des 19. Jahrhunderts trafen die ersten »Sommerfremden« ein, wie die Lokalzeitung berichtete. Zu ihnen gehörten Theodor Fontane und Hermann Löns, der Wernigerode erstmals »die bunte Stadt am Harz« nannte und damit auf die herrlichen mittelalterlichen Fachwerkbauten hinwies, die Wernigerode berühmt machen.

Ein besonders schönes Haus befindet sich direkt hinter dem Rathaus. Haus Gadenstedt stammt aus dem 15. Jahrhundert und liegt am Oberpfarrkirchhof, einem malerischen und romantischen Winkel. Das »schiefe Haus« ist die ehemalige Teichmühle und wurde Mitte des 17. Jahrhunderts erbaut. Die Wasser des Mühlgrabens unterspülten die Grundmauern, so daß sich der Fachwerkbau teilweise senkte. In der Kochstraße steht das kleinste Haus der Stadt. Das Krummelsche Haus in der Breiten Straße ist durch barocke Schnitzereien eine Rarität.

Hoch über der Stadt thront das Schloß. Heute ist es Museum

Das Rathaus zählt zu den schönsten Fachwerkbauten Sachsen-Anhalts

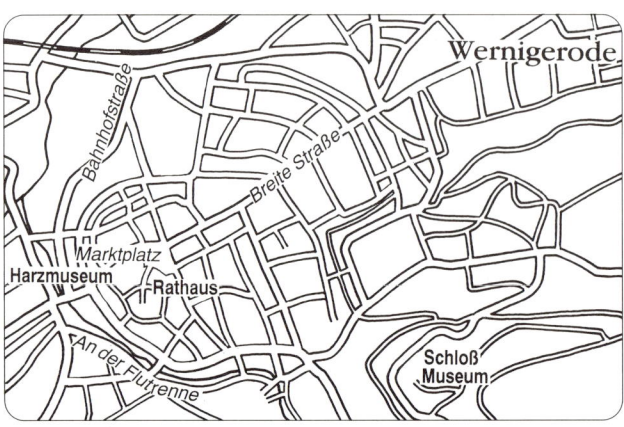

Der Brocken – Hexen im Harz

In der Walpurgisnacht am 1. Mai tanzen die Hexen und Zauberer auf dem Brocken, dem höchsten Berg im Harz. Auch die Hexen des 20. Jahrhunderts versammeln sich in dieser Nacht zu seinen Füßen.

Goethe hat die alte Sage in seinem Faust I drastisch beschrieben und damit dem Brocken ein unsterbliches Denkmal gesetzt. Zu Zeiten der DDR war der Brocken Westbürgern verschlossen, weil sich dort die größte gegen den Westen gerichtete militärische Abhöranlage befand. Seit 1990 hat deshalb ein großer Ansturm auf den Berg eingesetzt.

Der Berg steht – wie weite Teile des Harzes – unter strengem Naturschutz.

Ganz gleich aus welcher Richtung man auf den Harz zufährt, die Granitkuppe des mächtigen Brockenmassivs ist schon aus großer Entfernung sichtbar.

Bei Inversionswetterlagen hat man vom »Blocksberg« einen überwältigenden Blick

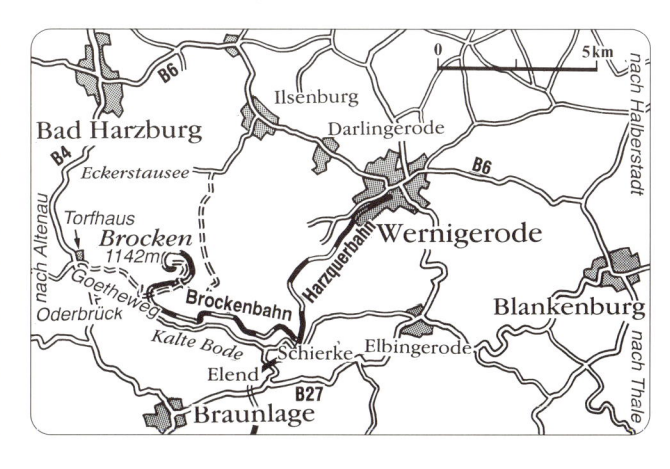

Hier wachsen so seltene Pflanzen wie die Brockenanemone und das Wollgras und leben so seltene Tiere wie der Auerhahn und die Alpensmaragdlibelle. Der Brocken ist 1142 m hoch und sowohl mit der Harzer Schmalspurbahn wie auch mit dem Auto oder dem pferdebespannten Kremser zu erreichen. Am stilvollsten und eindrucksvollsten ist der Besuch aber für den, der ihn zu Fuß besteigt. Zwei Stunden beträgt der Aufstieg von dem kleinen Ort Schierke bis zum Gipfel. Der dunkle Wald, die steilen Klippen lassen den Mythos der Walpurgisnacht, der auch an die Frühlings- und Fruchtbarkeitsriten vorchristlicher Zeiten erinnert, wieder erstehen. Um die von den Touristen gefährdete Natur vor dem Massensturm der heutigen Hexen und Zauberer aus nah und fern zu schützen, wird die Walpurgisnacht nicht auf dem Berg, sondern in den Orten zu seinen Füßen gefeiert. Der nächstgelegene Ort ist Schierke am Brocken, eine kleine Gemeinde im Tal der Kalten Bode, die sich im Sommer als Ausgangsort für Wanderungen zu den Naturdenkmalen des Naturparks anbietet. Lohnend ist die Besichtigung der Tropfsteinhöhlen Rübeland und des Schaubergwerkes Büchenberg bei Elbingerode.

Anfahrt:
Mit dem Auto über die B 4 bis Torfhaus, hier zu Fuß; bis Schierke über die B 27 bis Elend und zu Fuß zum Gipfel.

Auskunft:
Kurbetriebsgesellschaft mbH Brocken Kurverwaltung Schierke, Brockenstr. 10 38879 Schierke, Tel.: 03 94 55/5 12 22, Telefax: 03 94 55/4 03.

Öffnungszeiten:
Schaubergwerk Büchenberg, tägl. 10 bis 16 Uhr, Rübeländer Tropfsteinhöhlen, tägl. 9.30–17.15 Uhr.

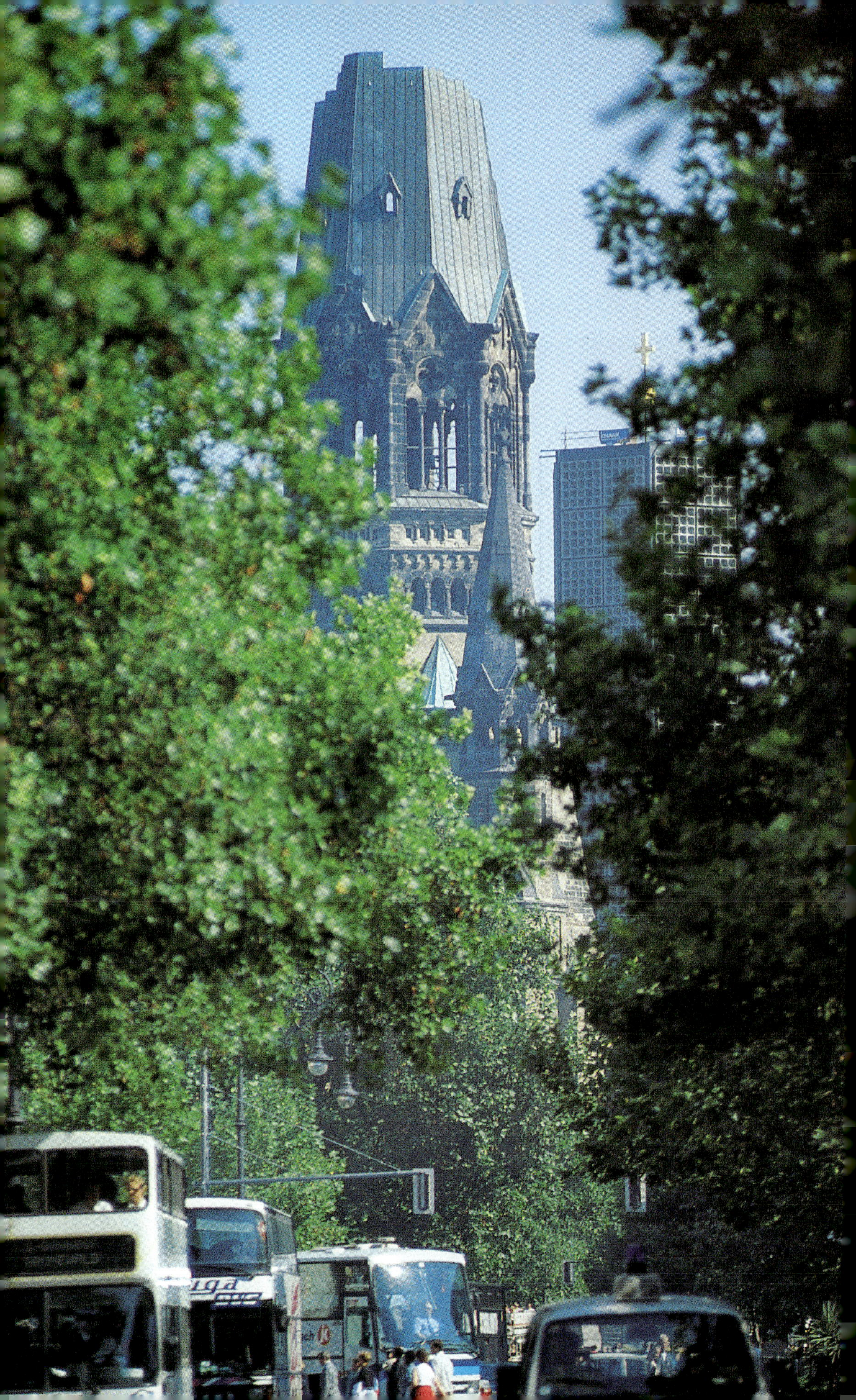

Visitenkarte Deutschlands – die Weltstadt Berlin

Einst Hauptstadt Preußens und des Dritten Reiches, dann geteilt und lange auf der Suche nach einer Identität: Heute ist die neue Hauptstadt Deutschlands wieder in das Herz Europas gerückt. Neben einer Vielzahl kultureller und städtebaulicher Höhepunkte bietet die Stadt aber auch Oasen der Ruhe und Erholung.

Es ist unmöglich, Berlin mit all seinen Facetten, Widersprüchen und liebenswerten Seiten zu beschreiben: Berlin muß man erleben, und zwar wie die Berliner sagen: »Immer mittenmang.« Und sind die Berliner nicht das wichtigste in der Stadt?

Bereits vor der Ankunft in dieser Metropole, ob zu Lande oder aus der Luft, empfängt die Stadt ihre Besucher mit einem faszinierenden Landschaftsbild aus großen Seen, weitläufigen Parks und sattgrünen Wiesen. Denn nahezu ein Drittel des Stadtgebietes besteht aus Natur pur. Vor allem der Grunewald, der Wann- und der Müggelsee sind als »grüne Lungen« Berlins ein wichtiges Ziel der erholungsuchenden Berliner und ihrer Gäste.

Ganz anders dagegen geht es in der Stadt selbst zu. Die Tradition Berlins als europäische Kulturstadt verpflichtet zu einem reichhaltigen und für den Laien fast unüberschaubaren Repertoire an Kultureinrichtungen. Die meisten der über 30 Bühnen mit ständigem Programm haben Weltgeltung. Führende deutsche Schauspielhäuser präsentieren alljährlich im Mai ihre bedeutendsten Inszenierungen. Ein Weltstadtvarieté à la Las Vegas bietet der Friedrichstadtpalast. Ebenso anspruchsvoll und abwechslungsreich ist das Filmangebot. Die internationalen Berliner Filmfestspiele im Februar sind ein Spiegel der Produktionen aus aller Welt mit glanzvollen Namen und Premieren.

Kunstliebhaber kommen in einer der über 100 Galerien und Ausstellungen auf ihre Kosten. Die Nationalgalerie, das Bauhausarchiv und die Akademie der Künste bieten einen aktuellen Überblick. Auch ist Berlin eine Stadt mit herausragender Museumsland-

Die Gedächtniskirche erinnert an die Geschehnisse des 2. Weltkrieges

Nächtliches Berlin: am Palast der Republik

schaft. Man kann hier gar nicht alle Häuser aufzählen, beispielhaft seien nur die Gemäldegalerie in Dahlem, das Pergamonmuseum und das Ägyptische Museum genannt.

Berlin ist durchgehend geöffnet. Nach einem langen Stadtbummel kann man seinen Durst in einer der über 6500 Kneipen löschen und in den internationalen Restaurants Speisen aus aller Herren Länder zu sich nehmen. Und besonders zum »Shopping« bietet die Stadt mit ihren Prachtboulevards Kurfürstendamm und Unter den Linden fast alles, was das Herz begehrt. Über 3,5 Kilometer lang ist die »Einkaufsmeile«, die sich mitten durch das Zentrum der Weltstadt zieht. Auf einem solchen Bummel kann man gleichzeitig die Pracht vieler historischer Bauwerke entdecken, die verschiedene Epochen der Stadtentwicklung widerspiegeln. Weltbekannt ist das Charlottenburger Schloß, wohl das schönste Zeugnis des Barocks. Das Brandenburger Tor hingegen steht auch heute wieder als ein Symbol der deutschen Einheit. Mit Fug und Recht läßt sich sagen: Berlin ist zu jeder Jahreszeit eine Reise wert.

Auskunft:
Verkehrsamt Berlin,
Europa Center,
10178 Berlin,
Tel.: 0 30/21 23-4.

Forum Hotel Berlin
Am Alexanderplatz
10178 Berlin,
Tel.: 0 30/23 89 45 42

Öffnungszeiten:
Flughafen Tegel: tägl. 8–23 Uhr, Hauptbahnhof-Galerie: tägl. 8–20 Uhr.

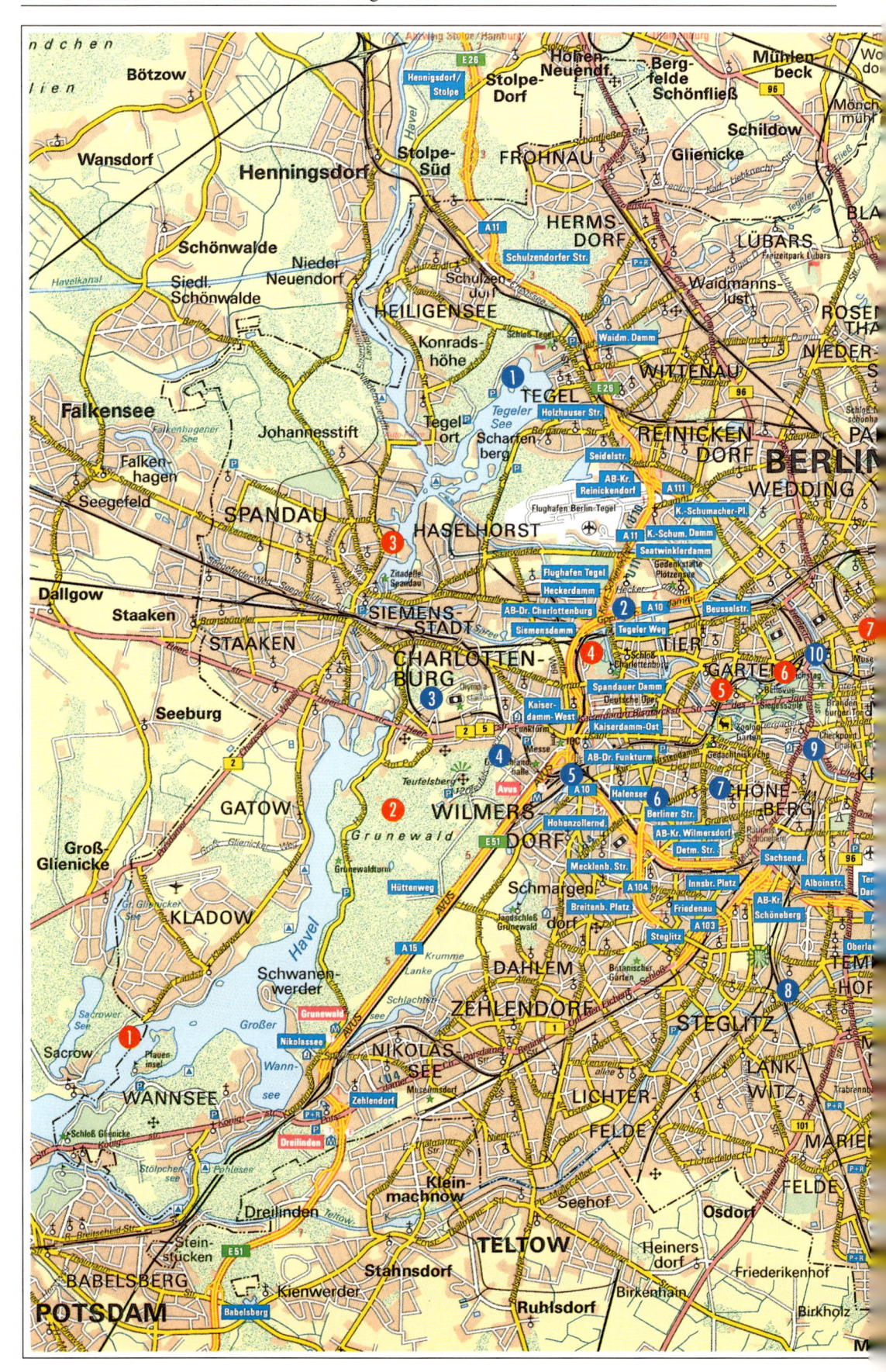

Übersichtskarte Autotour und Sehenswürdigkeiten

Berlin

Die schönsten Ausflugsziele auf einen Blick

Die Autotour

Wenn man bedenkt, daß die alte und neue Metropole Berlin im Verkehrschaos zu versinken droht, dann bietet es sich geradezu an, sich zu den Sehenswürdigkeiten mit öffentlichen Verkehrsmitteln oder zu Fuß zu begeben. Und die berühmte »Berliner Luft« bekommt man so gleich gratis dazu.

Das berühmte Café Kranzler am Ku'damm

❶ Tourenvorschlag Pfaueninsel
Mitten in der Havel liegt diese Insel, die für ihre Besucher eine besondere Sehenswürdigkeit bereithält: das 1796 von König Friedrich errichtete Lustschloß.

❷ Tourenvorschlag Grunewald
Eine der größten und beliebtesten »grünen Lungen« der Metropole. Wenn man durch das dichte Waldgebiet wandert, kann man sich kaum vorstellen, mitten in der Großstadt Berlin zu sein.

❸ Tourenvorschlag Spandau
Lange bevor Berlin existierte, gab es bereits das an strategisch günstiger Lage errichtete damalige kleine Dorf Spandau. In der hübschen Altstadt geben viele noch erhaltene Gebäude Zeugnis davon.

❹ Tourenvorschlag Schloß Charlottenburg
Die Kernanlage des wohl bedeutendsten historischen Bauwerks im Westen der Stadt stammt aus den Jahren 1695–99. Spätbarocke, klassizistische und Elemente des Rokoko kamen in den späteren Jahrhunderten ergänzend hinzu.

❺ Tourenvorschlag Zoologischer Garten
Beim Betreten des größten Tierparks Europas durchschreitet man das Wahrzeichen der Anlage: das Elefantentor. 1844 wurde er als erster zoologischer Garten Deutschlands eröffnet.

❻ Tourenvorschlag Von der Siegessäule zum Alexanderplatz
Dieser Weg führt vorbei an den bekanntesten und sehenswertesten Gebäuden und Denkmälern der Stadt. Dazu zählen besonders das Brandenburger Tor und die Prachtbauten im Bereich Unter den Linden.

❼ Tourenvorschlag Museumsinsel
Die Landzunge, die von der Spree umflossen wird, ist ein Mekka für Freunde der Kunst. Zahlreiche weltberühmte Museen befinden sich hier: das Pergamonmuseum, das Bode-Museum, das Alte Museum und die Nationalgalerie.

❽ Tourenvorschlag Müggelsee
Der Müggelsee im Südosten der Stadt ist der touristische Mittelpunkt des Naherholungsgebietes Köpenick. Der ungefähr 7,5 km² große See ist eine Verbreitung der Spree mit bis zu 8 Metern Tiefe.

Weitere interessante Sehenswürdigkeiten entlang der Route

❶ Schloß Tegel
Der berühmte Architekt Karl-Friedrich Schinkel erweiterte für den Gelehrten Wilhelm von Humboldt ein Jagdhaus aus dem 16. Jahrhundert zu einem klassizistischen Schlößchen.

❷ Belvedere
Im Charlottenburger Schloßpark befindet sich nahe dem Spreeufer das zierliche Gebäude mit Stilelementen aus der Übergangszeit vom Rokoko zum Klassizismus. Es wurde vom Baumeister Langhans 1788/89 für Friedrich Wilhelm I. erbaut.

❸ Olympiastadion
In den Jahren 1934 bis 1936 entstand unter der Leitung des Architekten Werner March das 90000 Zuschauer fassende Stadion. Es wurde anläßlich der Olympischen Spiele 1936 errichtet.

❹ Funkturm
Ein weiteres Wahrzeichen Berlins erhebt sich am Ausstellungsgelände. 1924 wurde die von den Berlinern auch »langer Lulatsch« genannte Stahlkonstruktion erbaut. Seit 1926 ist der Sender in Betrieb.

❺ Internationales Congreßcentrum (ICC)
Nach fast 10jähriger Bauzeit konnte 1979 das ICC seiner Bestimmung übergeben werden. Das über 300 Meter lange und 40 Meter hohe Gebäude ist das größte Bauwerk der Berliner Nachkriegsgeschichte. Bis zu 5000 Personen finden im geräumigsten der acht Säle Platz.

❻ Kurfürstendamm
Die salopp Ku'damm genannte Prachtstraße im Westen Berlins ist als Einkaufs- und Flanierstraße weltbekannt. Zahlreiche Kinos und Theater, Cafés und Restaurants sorgen dafür, daß auf dieser »Bummelmeile« ein ständiges Kommen und Gehen herrscht.

❼ Kaiser-Wilhelm-Gedächtniskirche
Von der 1891–95 errichteten Kirche am Breitscheidplatz sind nur noch die fast 70 Meter hohen Reste des Turmes erhalten. Die 1943 zerstörte Kirche gilt seither als eines der Wahrzeichen und Mahnmale der Stadt.

❽ Insulaner
Den Untergrund des beliebten Freizeitparks bilden viele hunderttausend Kubikmeter Trümmerschutt. In der Sternwarte auf dem »Gipfel« des Berges finden interessante Vorführungen statt.

❾ Gropiusbau
Im Schinkel-Stil wurde in der Stresemannstraße von Heino Schmieden und Martin Gropius 1877–81 das Kunstgewerbemuseum erbaut.

❿ Reichstagsgebäude
Es wurde 1884–94 nach den Plänen von Paul Wallot erbaut. Nach den Zerstörungen von 1933 und 1945 zog sich der Wiederaufbau bis 1970 hin.

⓫ Humboldt-Universität
Ob die beiden Ginkgobäume vor dem Universitätsgebäude von einem der beiden Gebrüder Humboldt gepflanzt wurden, steht nicht fest. Beeindruckend sind die beiden Riesen allemal. Der größere ist 20 Meter hoch und besitzt über 2,5 Meter Stammumfang.

⓬ Fernsehturm
Von den Berlinern wird er »Telespargel« genannt. Nach nur 4jähriger Bauzeit entstand am Alexanderplatz ein 365 Meter hoher Betonturm, der in luftiger Höhe ein Drehrestaurant bereithält.

⓭ Volkspark Friedrichshain
Als Oasen der Ruhe und Erholung wurde die über 50 Hektar große Grünanlage 1846 bis 1848 von arbeitslosen Berlinern angelegt. Auch hier hatte der berühmte Gartenbaumeister Lenné bei der Planung die Federführung.

⓮ Schloß Köpenick
Schon im Mittelalter befand sich auf der Insel in der Dahme eine damals slawische Burg. Kurfürst Joachim II. ließ hier 1569 ein Jagdschloß im Renaissancestil errichten. Seine heutige Gestalt erhielt die Anlage durch den holländischen Baumeister Langevelt.

⓯ Tierpark
Ein Eldorado für Eisbären stellt der mit über 100 Tierarten zweitgrößte Tiergarten Berlins dar. Riesige künstliche Eisschollen sollen den weißen Kolossen das Leben in Gefangenschaft angenehmer machen.

⓰ Schloß Niederschönhausen
Inmitten eines von Lenné gestalteten Landschaftsparks erhebt sich das im Barockstil 1704 erbaute Lustschloß.

Geschichte und Kultur
Berlin im Auf und Ab der Geschichte

Der Name »Berlin«, der ein feuchtes, sumpfiges Gelände bezeichnet, ist slawischen Ursprungs und wurde schon im 13. Jahrhundert mit einem Bären in Verbindung gebracht. In den ersten 200 Jahren seines Bestehens entwickelte sich Berlin zu einer wirtschaftlich aufblühenden Bürgerstadt. Innerhalb ganz Europas führte man vor allem Getreide und Holz aus, brachte Tuche, Fische und Gewürze ins Land. Im Jahre 1307 ging Berlin eine förmliche Union mit Cölln ein, und künftig traten beide als eine einzige Stadt in Erscheinung.

Der erste Abschnitt der Geschichte Berlins ging mit dem 30jährigen Krieg blutig zu Ende. Die Stadt fiel der Zerstörung und häufigen Pestepidemien anheim. Doch Berlin erholte sich schnell und wurde im 18. Jahrhundert zu der nach Wien größten deutschen Stadt.

Als Hauptstadt profitierte es von der wachsenden Macht Preußens. Schon unter dem Großen Kurfürsten begannen der Ausbau und die Erweiterung der Stadt. In den Jahren nach 1740 errichtete man an der Straße Unter den Linden das Forum Fridericianum mit der Oper, dem prachtvollen Prinz-Heinrich-Palais, der Bibliothek und der Hedwigskirche. Mit ihren 14 Toren, von denen nur das von 1788 bis 1791 erbaute Brandenburger Tor erhalten ist, bot die Stadt einen glanzvollen Anblick.

Das Brandenburger Tor hat im Laufe seiner Geschichte unzählige Militäraufmärsche erlebt. Aber Berlin sollte auch zu einer Stadt der Wissenschaften und Künste werden. Als Mittelpunkt der deutschen bürgerlichen Aufklärung längst ein geistiges Führungszentrum in Deutschland, war das Berlin um 1800 ein Ort, an dem ungewöhnlich viele Wissenschaftler und Schriftsteller versammelt waren, von den Brüdern Humboldt und Schlegel bis hin zu Fichte, Novalis und Kleist. Der I. Weltkrieg und die Revolution von 1818/19 veränderten Berlin dann auf vielfältige Weise. Die politischen Morde an Karl Liebknecht und Rosa Luxemburg erschütterten die Stadt, Berlin wurde zu einem Zentrum der Arbeiterbewegung. Die »goldenen« Jahre Berlins währten nur kurz, schon ließ nationalsozialistischer Straßenterror ahnen, was folgen würde. Bürgerliche Rechte lieferten Berlin gegen den Willen der Mehrheit der Bevölkerung an die Nationalsozialisten aus. Ende August 1940 fielen die ersten Bomben auf Berlin. Das Erbe der Nationalsozialisten verwandelte sich in das größte zusammenhängende Ruinenfeld Europas.

Konnte man sich nach Kriegsende den materiellen Wiederaufbau kaum vorstellen, so war es auch undenkbar, daß Berlin eine geteilte Stadt werden würde. Der Mauerbau 1961 markierte den Tiefpunkt der Berliner Nachkriegsgeschichte. Erst nach der Wiedervereinigung der beiden deutschen Staaten im Jahre 1990 sollten die beiden Teile Berlins, dessen Geschichte von ungewöhnlichen Belastungen und unverhofften Chancen stets geprägt war, wieder eins werden. Die Festlichkeiten fanden unter dem Brandenburger Tor statt, das nach langer Zeit wieder zu einem Symbol der Hoffnung wurde.

Das Brandenburger Tor im 19. Jahrhundert

Schloß und Kavaliersbau auf der Pfaueninsel

Friedrich Wilhelm hatte Sinn für das Romantische. Das wird jedem Besucher der Pfaueninsel beim Anblick des Schlosses klar, das Friedrich Wilhelm III. später sogar zu seiner Residenz machte.

Anfahrt:
Auf der Avus in südlicher Richtung bis zur Ausfahrt Nikolassee. Dort rechts ab auf der Potsdamer Chaussee und später auf der Königstraße durch den Stadtteil Wannsee. Hinter dem Ort Wannsee rechts in den Nikolskoer Weg einbiegen. Er führt zur Anlegestelle der Fähre.

Auskunft:
Berlin-Touristen-Information,
Martin-Luther-Str. 105,
10825 Berlin,
Tel.: 0 30/21 23-4,
Telefax: 0 30/21 23 25 20.

Öffnungszeiten:
Schloß: April–Sept. 10–17 Uhr, Okt. 10–16 Uhr, Nov.–März montags geschlossen.
Insel: April + Sept. 8–18 Uhr, Mai–Aug. 8–20 Uhr, März + Okt. 9–17 Uhr, Nov.–Febr. 10–16 Uhr.

Das Lustschloß auf der Berliner Pfaueninsel mit eiserner Verbindungsbrücke

abstatten. Dort, wo heute farbenprächtige Pfauen die Wiesen der ausgedehnten Parklandschaft bevölkern, befand sich im 19. Jahrhundert noch der Vorläufer des heutigen Berliner Zoos. Blickfang für alle Inselbesucher, die die Fähre verlassen, ist das berühmte Schlößchen am Südzipfel des Eilandes. König Friedrich Wilhelm ließ es 1796 für sich und seine Geliebte errichten. Die Idee bezog der romantisch veranlagte Herrscher von der Mittelmeerinsel Capri.

Ganz im Südwesten Berlins, mitten in der Havel, liegt die berühmte Pfaueninsel, die Theodor Fontane einst als »Blumenteppich der Mark Brandenburg« bezeichnete. Seit damals hat sich hier nicht allzu viel verändert. Lediglich die Bäume sind um ein Vielfaches älter geworden, und sie bilden heute eine weitere Sehenswürdigkeit für die zahllosen Ausflügler, die der Pfaueninsel Jahr für Jahr einen Besuch

Dort steht eine Ruine, der das »Ruinenschlößchen« auf der Pfaueninsel haarklein nachempfunden ist. Besonders interessant ist der Steg, der die beiden Türme in luftiger Höhe miteinander verbindet. Es handelt sich hierbei um eine der ersten gußeisernen Brücken, die in Deutschland hergestellt wurden – eine technische Pionierleistung, die zu ihrer Zeit Aufsehen erregte. Im Inneren besticht vor allem der klassizistische, mit wertvollen Hölzern ausgelegte Große Saal, dessen Spiegelwände und Lüster den Reichtum des Königs eindrucksvoll zur Schau stellen. Die Decke ziert eine aufwendige Kopie des berühmten Gemäldes von Guido Reni: »Apollo auf dem Sonnenwagen«.

In gebührlichem Abstand vom Lustschloß entstand 1804 der Kavaliersbau, der von 1814 bis 1826 von K. F. Schinkel erneuert und als Prinzenwohnung umgestaltet wurde. Wie aufwendig die Umbauarbeiten waren, zeigt die gotische Fassade eines Danziger Bürgerhauses. Der König kaufte sie, und Schinkel fügte sie in den Bau ein!

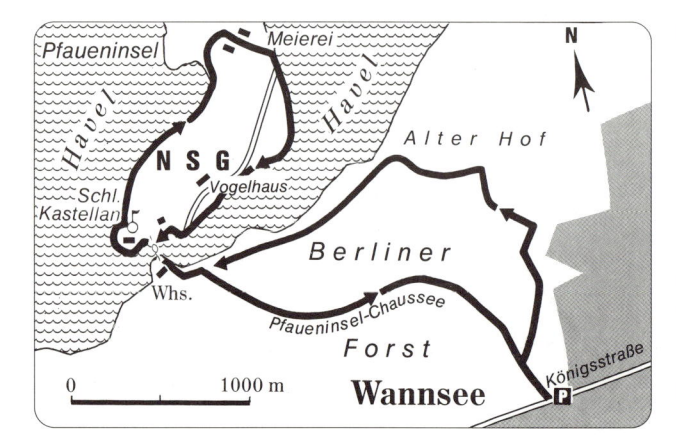

Ein Jagdschloß wurde zum Museum

Am östlichen Rand des Grunewalds liegt der idyllische Grunewaldsee. Obwohl das Häusermeer von Dahlem nur einen Steinwurf weit entfernt ist, beherrscht hier weitgehend die Natur das Bild der Landschaft. Der Grunewaldsee ist ein Teil der Grunewald-Seenkette, die sich von Nordosten nach Südwesten parallel zur Avus erstreckt. Zwischen den einzelnen Seen liegen ausgedehnte Naturschutzgebiete, so zum Beispiel das Hundekehlefenn im Norden des Grunewaldsees.

Wen wundert es da, daß Kurfürst Joachim II. sich 1542 in dieser herrlichen Waldgegend ein kleines Jagdschlößchen errichten ließ! Wild gibt es hier heute noch genug, eine Tatsache, die sich die betuchten Berliner zunutze machen. In den Herbstmonaten ist das Jagdschloß Ausgangspunkt ihrer traditionellen Hubertusjagden.

Das Renaissanceschlößchen Joachims sah früher freilich anders aus, als wir es heute kennen, denn schon bald wurde

Das Jagdschloß Grunewald macht seinem Namen alle Ehre. Dort, wo früher gekrönte Häupter zur Jagd gingen, treffen sich noch heute betuchte Berliner zur traditionellen Hubertusjagd.

der Besucher einen Einblick in die Kunstpflege Brandenburg-Preußens seit der Zeit der Renaissance. Und gleich gegenüber dem Schloß ist seit 1977 in dem von Friedrich dem Großen erbauten Jagdzeugmagazin eine jagdkundliche Sammlung von Waffen und Jagdgemälden untergebracht. Zum Abschluß des Ausfluges empfiehlt sich noch eine Wanderung um den an Naturschönheiten reichen See.

Anfahrt:
Mit der S-Bahn zur Station Grunewald. Von dort südwärts in den Grunewald. Gehzeit etwa 15–20 Minuten. Mit dem Auto über die Avus bis zur Ausfahrt Hüttenweg. Von dort ostwärts dem Hüttenweg folgen. Wenig später links ab zum Gasthaus Paulsborn, das sich in unmittelbarer Nähe des Schlosses befindet.

Auskunft:
Berlin-Touristen-Information,
Martin-Luther-Str. 105,
10825 Berlin,
Tel.: 0 30/21 23-4,
Telefax: 0 30/21 23 25 20.

Öffnungszeiten:
Täglich außer Mo., April–September 10–13 Uhr, 13.30–18 Uhr, März und Oktober 10–13 u. 13.30–17 Uhr, November–Februar 10–13 u.13.30–16 Uhr.

Jagdschloß Grunewald, einst Fürstenaufenthalt, seit 1932 Museum

es seinen Besitzern zu klein. Um 1700 ließen sie das ursprüngliche Bauwerk erweitern, und dabei ist es bis zum heutigen Tag geblieben. In dieser neueren Form hat das Jagdschloß alle schweren Zeiten überdauert. Seit dem Jahr 1932 hat sich das Innere des einst »Zum grünen Wald« genannten Schlößchens (daher der Name Grunewald) jedoch gewandelt. Aus dem Fürstenaufenthalt wurde ein Museum. Genauer gesagt, eine Gemäldegalerie. Sie enthält heute über 200 kostbare Werke bedeutender flämischer und deutscher Meister des 15. bis 19. Jahrhunderts. Hier erhält

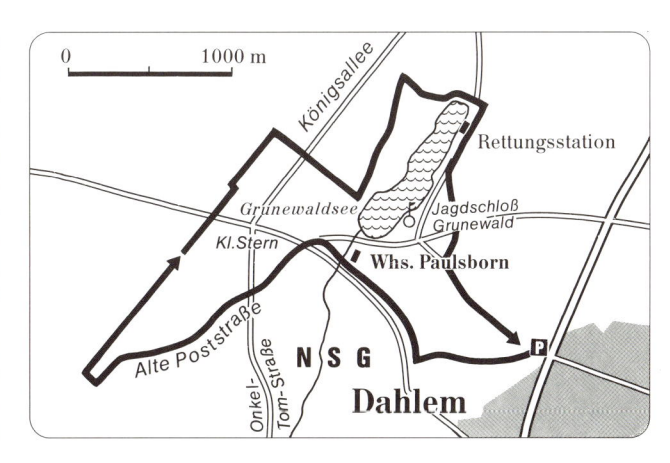

Spandau: Wo Berlin am ältesten ist

Spandau ist viel älter als Berlin. Und deshalb besitzen die Spandauer auch heute noch ihren eigenen Stolz. Zu Recht, wenn man in der hübschen Altstadt die Spuren der Vergangenheit entdeckt.

Anfahrt:
Auf dem Stadtring bis zum Spandauer Damm. Auf ihm westwärts nach Spandau. Nach Überqueren der Havel rechts abbiegen (Altstädter Ring) und nach wenigen Metern abermals rechts ab in die auf einer Insel gelegene Altstadt.

Auskunft:
Berlin-Touristen-Information,
Martin-Luther-Str. 105,
10825 Berlin,
Tel.: 0 30/21 23-4,
Telefax: 0 30/21 23 25 20.

Öffnungszeiten:
Heimatmuseum Spandau, in der Zitadelle, täglich außer Mo.
Di.–Fr. 9–17, Sa. u. So. 10–17 Uhr.

Wanderung:
Die Altstadt mit dem Wagen in nördlicher Richtung auf der Schönwalder Straße verlassen. Diese geht später in die Schönwalder Allee über, die Sie bis zum Johannisstift am Rand des Spandauer Forstes bringt. Dort beginnt unser Wandervorschlag (vgl. Orientierungsskizze).

Die Spandauer Zitadelle gilt als Zeugnis frühitalienischer Baukunst

Spandau ist ein besonderes Kapitel von Berlin, denn Spandaus Geschichte ist wesentlich älter als diejenige Berlins. Schon zur Zeit Karls des Großen bestand am westlichen Havelufer, gegenüber der Spreemündung, eine Siedlung, und Ausgrabungen haben belegt, daß an dieser verkehrsgünstigen Stelle sogar schon sehr viel früher Menschen gelebt haben. Bereits 1197 wurde Spandau erstmals urkundlich erwähnt, während Berlin erst ein halbes Jahrhundert später ins Rampenlicht der Geschichte trat. Erst als ein brandenburgischer Kurfürst im 16. Jahrhundert an der Stelle einer alten Wasserburg die Spandauer Zitadelle erbaute, verlor Spandau seine Stadtrechte. Bis dahin war der Ort die älteste und die heimliche Hauptstadt der Mark gewesen. Berliner Vorort wurde die alte Festungsstadt erst im Jahr 1920. Bei einem Spaziergang durch Spandau wird denn auch noch überall die lange geschichtliche Vergangenheit des Ortes lebendig. Nicht nur in der Zitadelle, die eine der größten noch erhaltenen Befestigungsbauwerke Deutschlands ist, sondern ebenso in der reizvollen Altstadt, deren Häuser sich um die frühgotische Nicolaikirche scharen. Im Innern der Kirche kann man ein bronzenes Taufbecken von 1398 und einen herrlichen Renaissancealtar von 1582 bewundern. Reste der mittelalterlichen Stadtmauer stehen noch im Hohen Steinweg, Berlins ältester Straße. Und in der Alten Kolkschenke von 1743 kann man noch heute sein Berliner Kindl trinken. Besonders kostbare historische Substanz besitzt die Altstadt hinter dem Markt. Hier gibt es noch hübsche alte Gassen, heute beliebte Einkaufsstraßen.

Ganz in der Nähe befindet sich die Spandauer Schleuse. Hier zwängen sich Ausflugsdampfer und Lastkähne gleichermaßen hindurch. Allein das Zuschauen ist schon interessant. Und zum Abschluß empfiehlt sich eine Wanderung durch den Spandauer Forst.

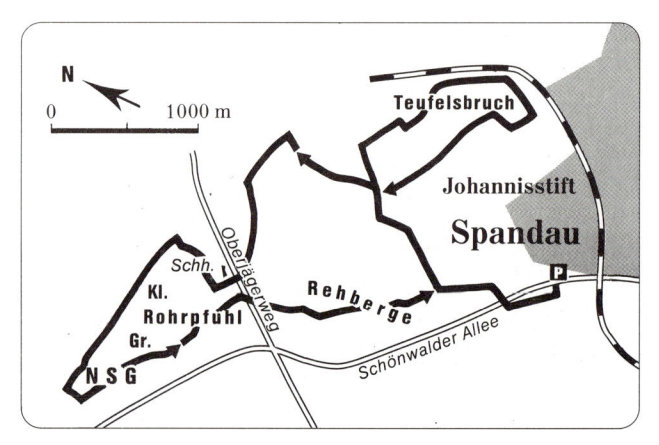

Von der Residenz zum Museum

Weltbekannt ist das prächtige Charlottenburger Schloß am Luisenplatz. Es gilt als das wohl schönste Zeugnis des Barock in ganz Berlin.

Einst lag die Sommerresidenz der preußischen Könige vor den Toren der Stadt und heute mitten in Berlin. Im 1695 begonnenen ersten Bauabschnitt entstand der heutige Mittelbau. Der kurfürstlich-brandenburgische Baumeister Nering, Martin Grünberg und Eosander von Göthe, der Günstling der Kurfürstin Sophie Charlotte, schufen das für sie bestimmte Gebäude. Im frühen 18. Jahrhundert wurden die beiden Seitenflügel hinzugefügt. Auch in späteren Jahren kamen immer wieder neue Anbauten hinzu und die Innenräume wurden des öfteren umgestaltet. Einer der Höhepunkte in der Geschichte des Schloßbaus war im Jahre 1788 die Errichtung eines kleinen Schloßtheaters durch den großen Baumeister Carl Gotthard Langhans. Bei einer Besichtigung der Anlage beeindruckt vor allem die über 500 Meter lange Fassade, in deren Mitte sich der Eingang in die weiträumige Schloßanlage befindet.

1943 brannte das Gebäude aus und wurde nach Kriegsende sorgfältig restauriert. Es birgt im Innern eine Vielzahl von sehr sehenswerten historischen Räumen. Einen Eindruck vom Leben Sophie Charlottes und Friedrich I. gewinnt man, wenn man die Gemächer mit Eichengalerie und Porzellankabinett im Nering-Eosanderbau besichtigt. Im Knobelsdorff-Flügel verdient besonders die Goldene Galerie im Obergeschoß mit der phantastischen Dekoration aus vergoldetem Stuck große Aufmerksamkeit.

Außerdem fanden unter anderem das Museum für Früh- und Vorgeschichte sowie die Galerie der Romantik im Schloß ihren Platz. Hinter dem Schloß erstreckt sich einer der schönsten und beliebtesten Parks von Berlin, der Schloßpark. Von Godeau Ende des 17. Jahrhunderts als französischer Garten angelegt, wurde er anfangs des 19. Jahrhunderts durch Peter Joseph Lenné zum großen Teil in einen prächtigen englischen Garten umgewandelt.

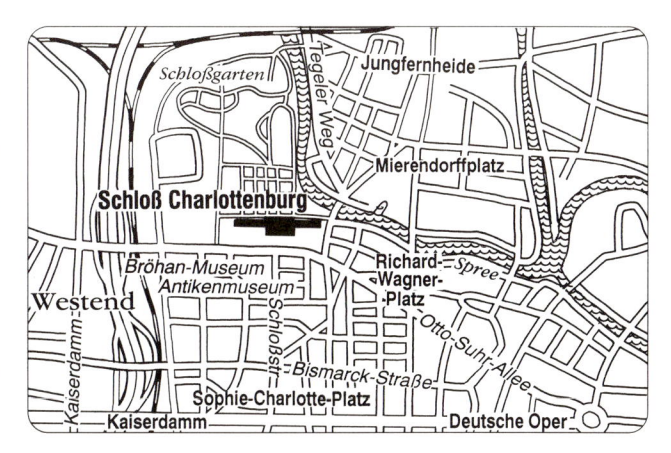

Barockes Meisterwerk in Berlin – Schloß Charlottenburg

Lage:
Am Spandauer Damm im Stadtteil Charlottenburg. Haltestelle der U-Bahn Linie 7. Buslinien: 9, 21, 54, 62, 74, 87.

Auskunft:
Berlin-Touristen-Information,
Martin-Luther-Str. 105,
10825 Berlin,
Tel.: 0 30/21 23-4,
Telefax: 0 30/21 23 25 20.

Öffnungszeiten:
Museum für Vor- und Frühgeschichte: Mo–Do. 9–17 Uhr, Sa., So. 10–17 Uhr.
Galerie der Romantik: Di–Fr 9–17 Uhr, Sa., So. 10–17 Uhr.

Das Elefantentor – ein Wahrzeichen Berlins

Zwei Elefanten aus hellem Elbsandstein, jeder fast 27 Tonnen schwer und vier Meter hoch, flankieren den Eingang des Zoos.

Lage:
Haupteingang am Hardenbergplatz, Nebeneingang in der Budapester Straße. U- und S-Bahnstation der Linien U1, U9 und S3. Buslinien: 9, 19, 29, 54, 60, 69, 73, 90 und 94.

Auskunft:
Berlin-Touristen-Information,
Martin-Luther-Str. 105,
10825 Berlin,
Tel.: 0 30/21 23-4,
Telefax: 0 30/21 23 25 20.

Öffnungszeiten:
Zoo: tägl. 9 Uhr bis Einbruch der Dunkelheit (längstens 19 Uhr). Aquarium: tägl. 9–18 Uhr.

Die beiden Steinriesen bilden das Elefantentor des Zoologischen Gartens. Das Portal mit seinem Pagodendach am Eingang Budapester Straße galt bis zu seiner völligen Zerstörung im Zweiten Weltkrieg als eines der am häufigsten fotografierten Bauwerke der Stadt.
Das ursprüngliche Tor wurde 1899 erbaut. Anhand von alten Fotos hat man

Vor allem an seltenen Tieren hat der Tierpark einige zu bieten

Weit über 10 000 Tiere haben im Zoologischen Garten ein neues Zuhause gefunden

es originalgetreu rekonstruiert. Die Sandsteinelefanten tragen zwei kunstvolle Tempelsäulen, auf denen das geschwungene, über zehn Meter lange, drei Meter breite und vier Meter hohe Dach aus Holz, Keramik und Kupferblech ruht. Durch dieses imposante Bauwerk gelangt man in den einzigartigen Berliner Zoo, einen der größten der Welt.
Über 10 000 Tiere und rund 1600 Arten beherbergt der mitten in der Stadt gelegene Tierpark. Hier steht Europas größtes Vogelhaus, ein weiträumiges Raubtiergebäude mit großen Freigehegen, ein Nachttierhaus sowie das direkt an das Tor angrenzende neue Asiengehege. Über 3,5 Millionen Besucher zählten der Zoo und sein Aquarium in manchen Jahren.
Die Geschichte des Zoos begann im Jahre 1841, als König Friedrich Wilhelm IV. den Berlinern seine Tiere aus der Fasanerie und von der Pfaueninsel schenkte. Dieser Anlaß führte zur Gründung des Zoologischen Gartens und am 1. August 1844 öffnete der erste Zoo Deutschlands seine Tore. Rasch zeigte sich der Erfolg und die Anlage vergrößerte sich. Unter der Leitung Ludwig Hecks entstand schließlich auch das heute so berühmte Elefantentor.
Heute wird der Tierpark nach den neuesten Erkenntnissen der Tierzucht und -pflege geführt. Es hat sich dabei gezeigt, daß dieser Weg der richtige ist, denn viele seltene und gefährdete Tierarten haben im Zoologischen Garten das Licht der Welt erblickt.

Von der Siegessäule zum Alexanderplatz

Ein Spaziergang durch die Vergangenheit und Zukunft Berlins, vorbei an Monumenten und Bauwerken, die in aller Welt untrennbar mit der deutschen Geschichte verbunden werden.

Die Siegessäule erinnert an mehrere erfolgreiche Kriege der Deutschen

Im Mittelpunkt des weitläufigen Tiergartens erhebt sich eines seiner Wahrzeichen: die Siegessäule am Großen Stern. Die am 2. September 1873 nach mehreren siegreich geführten Kriegen von Kaiser Wilhelm I. eingeweihte Säule bildet den Ausgangspunkt dieser Besichtigungstour. Weiter geht es in östlicher Richtung auf der Straße des 17. Juni in Richtung Pariser Platz. Hier steht an der Westseite das wohl berühmteste und eigentliche Wahrzeichen Berlins, das Brandenburger Tor. Jahrzehntelang Symbol der deutschen Teilung gilt es nun als Zeichen der Hoffnung im vereinigten Deutschland. In den Jahren 1788–91 von Carl Gotthard Langhans d. Ä. geschaffen, mußte es im Auf und Ab der deutschen Geschichte immer wieder als »Triumphtor« herhalten. Das Brandenburger Tor ist die westliche Begrenzung der wohl geschichtsträchtigsten Straße Berlins. Aus einem Jagd- und Reitweg entstanden, ließ der Große Kurfürst 1647 beide Seiten der Straße bepflanzen. Mit der Zeit entwickelte sich die Straße zu einer vornehmen Promenade des Hofadels.
Die größten Baumeister und Bildhauer trugen zur Gestaltung der 60 Meter breiten Prachtstraße bei. So entstanden beispielsweise die Staatsoper, die Schloßbrücke, das ehemalige Zeughaus, Schinkels Neue Wache, das Kronprinzenpalais, die Humboldt-Universität sowie zahlreiche Ministerien und Verwaltungsgebäude. Die Straße mündet in den Marx-Engels-Platz mit ebenfalls prächtigen Bauten.

Überquert man die Spree, gelangt man zum Marx-Engels-Forum, an dessen Südostecke sich das Rote Rathaus erhebt. Den Namen verdankt es den roten Ziegelsteinen, aus denen es erbaut ist. Es steht direkt am Alexanderplatz, einst der verkehrsreichste Punkt ganz Europas. Heute beherrscht der Fernsehturm den zur Fußgängerzone umfunktionierten Platz.

Das Brandenburger Tor – eigentliches Wahrzeichen Berlins

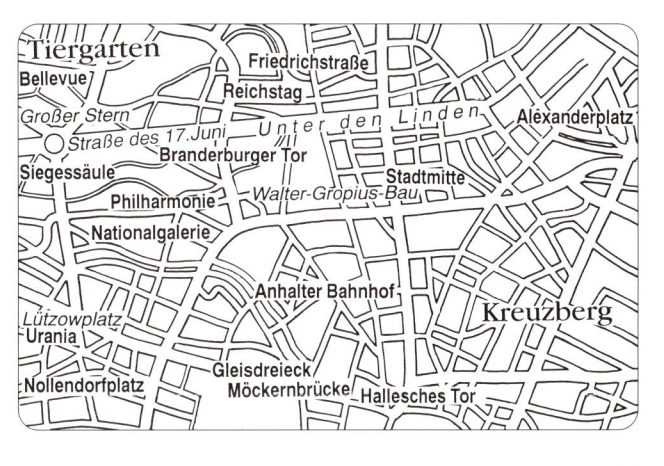

Lage:
Die Strecke bildet eine der Hauptachsen der Stadt. An allen wichtigen Punkten findet man Haltestellen der unterschiedlichsten öffentlichen Verkehrsmittel.

Auskunft:
Berlin-Touristen-Information,
Martin-Luther-Str. 105,
10825 Berlin,
Tel.: 030/2123-4,
Telefax: 030/21232520.

Ein Mekka der Kunst- und Kulturgeschichte

Gleich vier Museeen mit wertvollen Ausstellungen, allen voran das Pergamonmuseum, stehen auf der Insel zwischen Spree und Kupfergraben nebeneinander und verleihen Berlin Weltgeltung.

Lage:
Die Museumsinsel ist mit mehreren U- und S-Bahnlinien sowie mit Bussen sehr gut erreichbar. Haltestelle ist der Marx-Engels-Platz.

Auskunft:
Berlin-Touristen-Information,
Martin-Luther-Str. 105,
10825 Berlin,
Tel.: 0 30/21 23-4,
Telefax: 0 30/21 23 25 20.

Öffnungszeiten:
Museumsinsel: Sämtliche Museen haben Di.–So. 9–17 Uhr geöffnet.

ehrung für die griechische Antike. Es entstand zwischen 1824 und 1829 und gilt als seine reifste Schöpfung. Die Sammlung umfaßt Werke deutscher Maler sowie Plastiken aus dem 20. Jahrhundert. Sehenswert ist auch das Kupferstichkabinett im Erdgeschoß.
Die Nationalgalerie sollte ursprünglich nur für Feiern und Lehrveranstaltungen genutzt werden. Dem damaligen Konsul Wagener ist es zu verdanken, daß das Haus heute eine der imposantesten Gemäldegalerien mit Werken vom

Das Bodemuseum ist eines der bedeutendsten seiner Art

Dort, wo früher das königliche Schloß mit dem Lustgarten stand, drängen sich heute die wichtigsten Museen der Stadt auf engstem Raum zusammen. Ein Besuch dieses Ballungsraumes der Kultur sollte eine angenehme Pflicht für jeden Berlinbesucher sein.
Am Marx-Engels-Platz befindet sich der Eingang zum Alten Museum. Das Gebäude verdeutlicht Schinkels Ver-

Klassizismus bis zum Impressionismus besitzt. Daneben begründen vor allem die Plastiken von Rodin den guten Ruf des Museums.
Das Bodemuseum, im Prunkstil des Neubarock errichtet, trägt den Namen Wilhelm von Bodes, unter dessen Einfluß die heutigen staatlichen Museen internationale Bedeutung erlangten. In dem 1897 bis 1904 erbauten Gebäude befindet sich das Ägyptische Museum, die frühchristlich-byzantinische Sammlung, eine Skulpturen-Sammlung (Schwerpunkt: Architekturplastik deutscher Länder, aus den Niederlanden, Venedig und Florenz), ein Museum für Ur- und Frühgeschichte und die Gemäldegalerie.
Über die neue Kupfergrabenbrücke gelangt man in das weltberühmte Pergamonmuseum. Es birgt den neben der Nofretete wertvollsten Schatz der Stadt, den Pergamonaltar. Er wurde 180 bis 169 v. Chr. als Weihgabe und Siegesmonument für die Schutzgöttin Pergamons, Athena, erbaut und galt einst als eines der sieben Weltwunder.

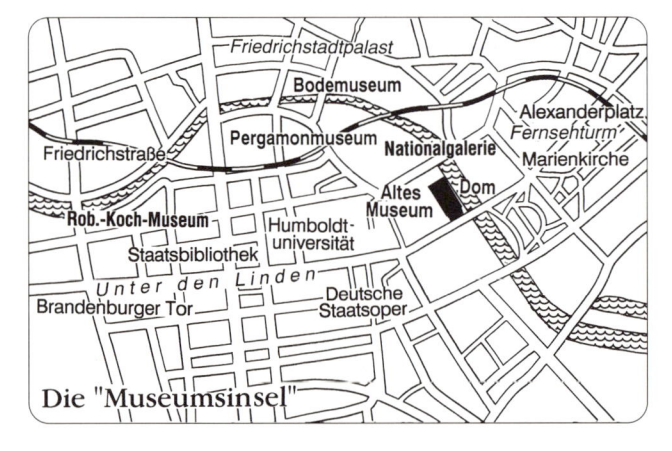

Die "Museumsinsel"

Blaue Perle am Rande der Großstadt

Berlin fehlen zwar hohe Berge, aber an großen und kleinen Seen mangelt es nicht, von denen der Große Müggelsee wirklich der größte ist.

Dort, wo die Spree bis acht Meter tief und etwa 750 Quadratkilometer groß ist, erweitert sich die Spree zum Müggelsee. An den Ufern ziehen sich die bewaldeten Müggelberge entlang. Hierher machten schon die preußischen Könige ihre Vergnügungsfahrten, und Zille hat dort das Volk gezeichnet.

Ein Ausflug an den Müggelsee lohnt in jedem Fall, denn der von der Spree durchflossene See bietet zahlreiche Möglichkeiten zur Erholung und Entspannung, zum Beispiel ein Besuch in den idyllischen Uferorten »Neu-Venedig« oder »Hessenwinkel« zum Kaffeetrinken oder im Strandbad.

Eine der letzten Eiszeiten in Norddeutschland hinterließ als sichtbare Spuren die 115 Meter hohen Müggelberge. Auf die Spitze setzte man den gleichnamigen Turm. Eine der schönsten Wanderungen in diesem Gebiet führt über den Kamm der Müggelberge bis hin zum Müggelturm, von dessen Aussichtsplattform sich eine herrliche Aussicht auf dies Naherholungsgebiet bietet.

Seit 1926 unterquert der Spreetunnel den See und verbindet die Müggelberge mit dem Stadtteil Friedrichshagen.

Für einen längeren Aufenthalt am See empfiehlt es sich, einen der ausgeschilderten Wanderwege zu benutzen. Mit einer Landkarte ausgerüstet, gerät man nicht in Gefahr, sich zu verlaufen. Will man sich während des Spaziergangs auch noch weiterbilden, dann nimmt man den Wanderlehrpfad, der auf Schautafeln über die Tier- und Pflanzenwelt entlang des Weges informiert. Es gibt natürlich auch noch die Möglichkeit, an einer der Anlegestellen eines der Ausflugsschiffe zu besteigen, um sich die Landschaft »von See her« anzusehen. Wer sich lieber sportlich betätigen möchte, der nimmt das Steuer selbst in die Hand und erkundet per Ruder- oder Tretboot das Gewässer. Auch sehr beliebt ist der See bei Surf- und Segelfreunden.

Lage:
Der See liegt im Stadtteil Köpenick und ist mit der S-Bahn-Linie 3 oder Bussen bis Friedrichshagen bequem zu erreichen.

Auskunft:
Berlin-Touristen-Information,
Martin-Luther-Str. 105,
10825 Berlin,
Tel.: 0 30/21 23-4,
Telefax: 0 30/21 23 25 20.

Die waldreichen Müggelberge versprechen erholsame Wanderungen

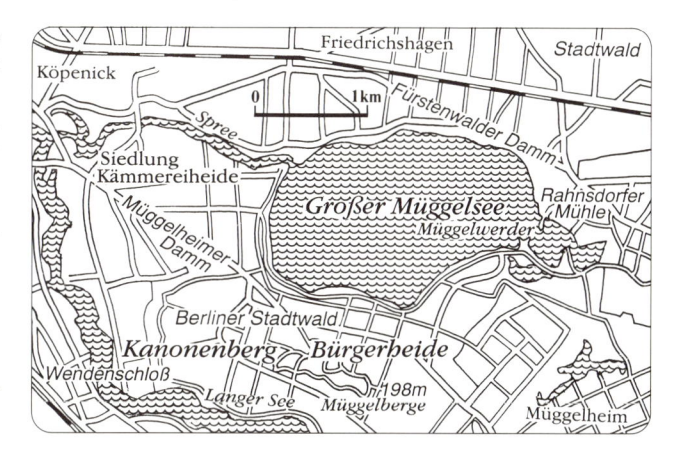

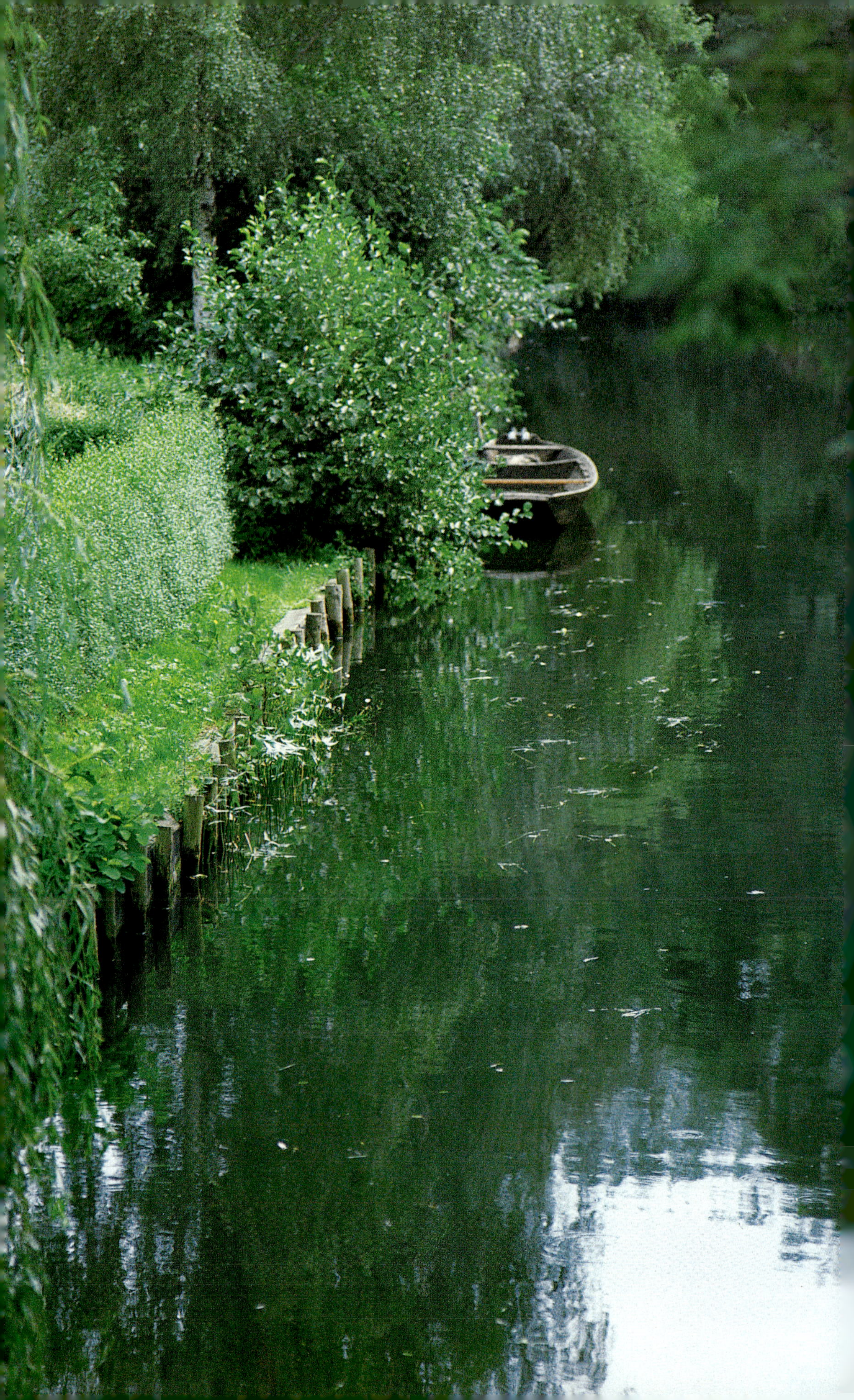

Spreewald, Märkische Schweiz und Berlins Umland

Diese Route hat sowohl dem Natur- wie auch dem Kunstliebhaber Beträchtliches zu bieten. Sie führt in unberührte Naturparadiese und zu kunsthistorisch bedeutenden Orten. Man wandelt nicht nur auf den Spuren des berühmten Dichters Theodor Fontane; auch ehemaliger preußischer Glanz umgibt hier den Besucher.

Daß Deutschlands pulsierende Hauptstadt nicht weit entfernt ist von der für Mitteleuropa einmaligen Niederungslandschaft »Spreewald«, wissen die wenigsten. Bei dieser 270 Quadratkilometer großen Fläche handelt es sich um ein natürliches Netz aus ruhigen Wasserläufen, saftig-grünen Wiesen und dichten Baumgruppen. Diese auch heute noch wie ein Urwald wirkende Landschaft wurde erst im 7. Jahrhundert von siedelnden Menschen betreten. Es waren die Sorben, eine slawische Minderheit, die Stück für Stück in diesen undurchdringlichen Sumpf vorstießen und ihre Behausungen errichteten. Einnahmequelle war die Landwirtschaft, wobei die hier gezogenen und eingelegten Gurken auch heute noch einen weitbekannten guten Ruf genießen. Nach wie vor liegen viele Höfe weitab und sind nur mit Booten zu erreichen, die auf den idyllisch zugewachsenen »Fließen« mit langen Stangen fortbewegt werden. Auf diesen Booten kann man sich von Lübbenau aus durch die bezaubernde Landschaft fahren lassen.

Im Gegensatz zu dieser Ebene steht das bewegte Relief der Märkischen Schweiz. Die Relikte der letzten Eiszeiten bilden hier malerische und laubwaldbestandene Hügel, die abwechseln mit tiefen Talkesseln, entstanden durch ausgeschmolzene Toteisreste. Theodor Fontane schrieb in seinen »Wanderungen durch die Mark Brandenburg«: »Berg und See, Tannenabhänge und Laubholzschluchten, Quellen, die über Kiesel plätschern und Birken, die vom Winde halbentwurzelt, ihre langen Zweige bis in den Waldbach niedertauchen.«

Aber auch kunsthistorische Ziele in diesem Gebiet finden jährlich Tausende

Der Spreewald ist ein einzigartiges Paradies für Wasserwanderer

Im Schloßpark von Sanssouci steht das Chinesische Teehaus

von Besuchern. Die ehemalige preußische Residenzstadt Potsdam ist vor allem seines Schlosses Sanssouci und der UFA-Filmstudios wegen schon eine Reise wert. Aber auch die Stadt Brandenburg, die diesem Bundesland den Namen gab, hat eine große Geschichte. Die altehrwürdige Stadt liegt inmitten einer durch zahlreiche Obstgehölze aufgelockerten Parklandschaft, in der schon »Herr von Ribbeck auf Ribbeck« seinen Birnbaum im Garten stehen hatte. Besonders zur Zeit der Baumblüte bietet diese Landschaft ein atemberaubendes Bild, und der Duft der Blüten lockt nicht nur die Insekten an.

Ein Magnet ganz anderer Art erstreckt sich im Norden Berlins: die Schorfheide. Das als Landschaftsschutzgebiet ausgewiesene Waldgebiet lädt zu ausgiebigen Wanderungen ein. Die Technikinteressierten werden zweifellos beim Schiffshebewerk Eberswalde-Finow ins Schwärmen kommen. Und nicht weit von hier erhebt sich das aus dem 13. Jahrhundert stammende Kloster Chorin mit seinem weltberühmten Inneren.

Auskunft:
Märkische Tourismuszentrale e. V.,
Bahnhofstr. 34
15848 Beeskow,
Tel.: 03366/22949,
Telefax: 03366/22949.

Öffnungszeiten:
Mai–September
Mo.–Fr. 10–18 Uhr, Sa. 9–12 Uhr. Oktober–April Mo.–Fr. 9–17 Uhr.

Genossenschaft der Kahnfährleute, Hafen der Freundschaft,
03222 Lübbenau,
Tel.: 03542/3278.

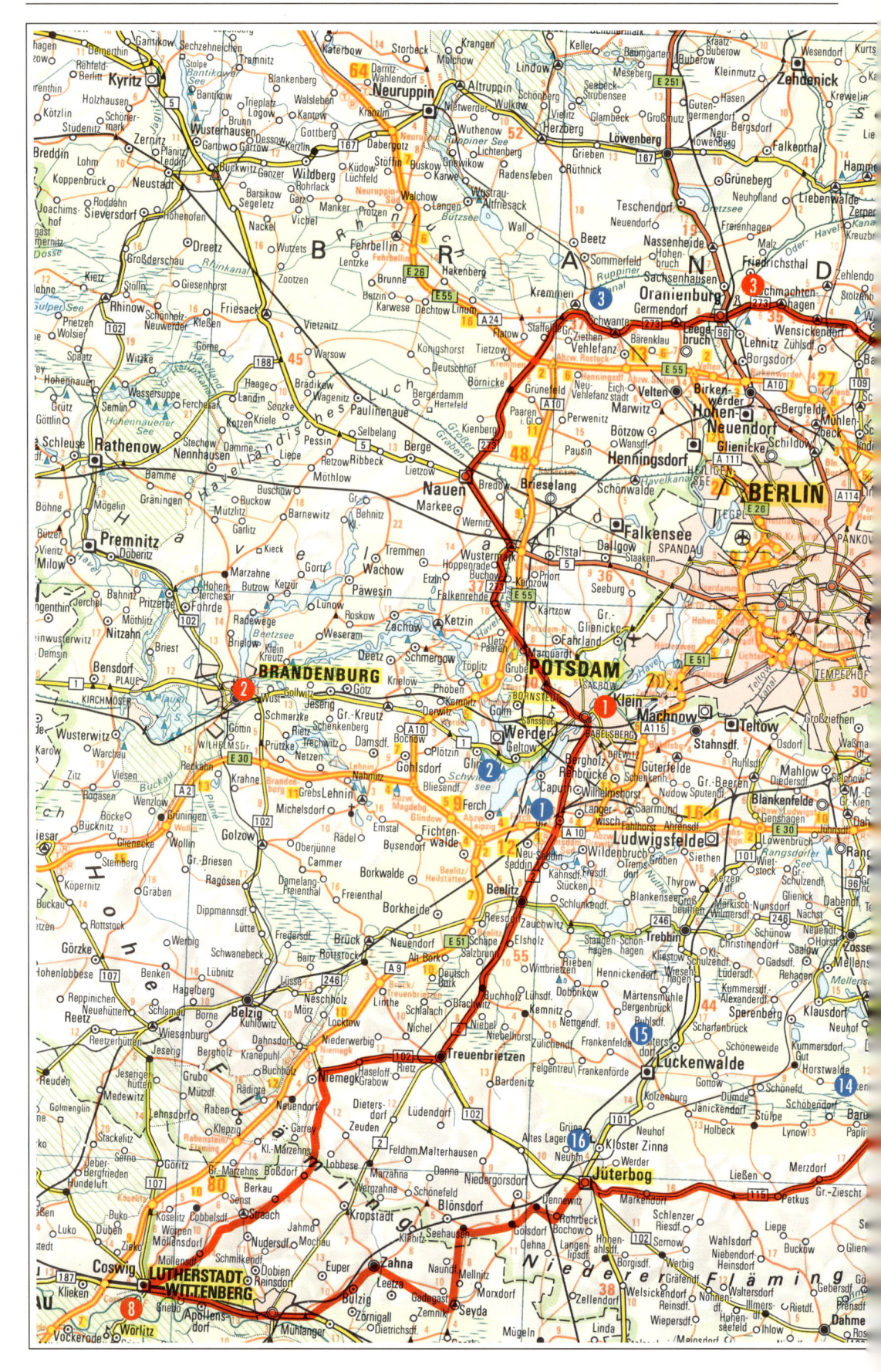

Übersichtskarte Autotour und Sehenswürdigkeiten

Land um Berlin

Die Autotour

Man wähnt auf Fontanes Spuren zu wandeln, wenn man die Landschaft durchstreift, die der berühmte Dichter so meisterhaft beschrieben hat. Weiter gen Osten gewinnt man einen Einblick in die Kultur der Sorben, die vor Zeiten das fast undurchdringliche Gebiet des heutigen Spreewaldes kultivierten.

Gesamtlänge der Autorundreise: 420 km

❶ Tourenvorschlag Potsdam-Sanssouci
Das großartige ehemalige Residenzschloß und der prächtige Park mit seinem üppigen Ensemble an Tempeln, Grotten und Springbrunnen geben ein eindrucksvolles Bild von einstiger preußischer Macht.

❷ Tourenvorschlag Brandenburg
Auf der Dominsel der ältesten Stadt Brandenburgs ragt der im 12. Jh. begonnene mächtige Dom St. Peter und Paul empor. Er steht auf der sogenannten Dominsel, auf der sich auch das Dommuseum befindet.

❸ Tourenvorschlag Oranienburg
Vor dem barocken Jagdschloß erheben sich bekannte Denkmäler. Sehenswert ist die Orangerie im Lustgarten der Anlage. Sie wurde in der zweiten Hälfte des 18. Jahrhunderts angelegt.

❹ Tourenvorschlag Eberswalde-Finow
Unweit der Stadt steht im herrlich gelegenen Landschaftsschutzgebiet »Choriner Endmoränenbogen« die restaurierte Klosterruine aus dem Jahre 1273.

❺ Tourenvorschlag Märkische Schweiz
Das Erholungsgebiet zeichnet sich durch sein bewegtes und abwechslungsreiches Relief aus. Im Hauptort Buckow steht das Brecht-Weigel-Haus, in dem die beiden Künstler eine Zeitlang lebten und arbeiteten.

❻ Tourenvorschlag Frankfurt/Oder
Die heutige Industriestadt gehört durch ihre sehenswerten Baudenkmäler zu den kulturhistorischen Kleinoden. Sehenswert sind die Reste der 1945 ausgebrannten Marienkirche.

❼ Tourenvorschlag Lübben
Von dieser, mitten im Spreewald gelegenen, malerischen Kreisstadt aus starten die bekannten Kahnfahrten, auf denen man verzweigte Wasserwege erforschen kann.

❽ Tourenvorschlag Lutherstadt Wittenberg
Der an den Ufern der Elbaue am Südrand des Hohen Flämlings liegende Ort wurde durch das Wirken Martin Luthers weltbekannt. Der Stadtkern hat seinen altertümlichen Charakter bis heute bewahren können.

Das Brecht-Weigel-Haus in Buckow

Weitere interessante Sehenswürdigkeiten entlang der Route

❶ Telegrafenberg
Der Telegrafenberg ist Standort wichtiger wissenschaftlicher Forschungsanlagen. Neben dem Geodätischen Institut und dem Meteorologischen Observatorium fällt vor allem der Einsteinturm auf. In diesem Gebäude werden seit 1924 sonnenphysikalische Untersuchungen durchgeführt.

❷ Werder
Das Zentrum des havelländischen Obstanbaugebietes liegt auf einer Insel im Großen Zernsee. Im Obstbau-Museum kann man sich über die »Obstkammer Berlins«, wie das Gebiet auch genannt wird, informieren.

❸ Kremmen
Am südöstlichen Rande des Rhinluchs liegt dieses kleine Landstädtchen. Hier lebte der bekannte Lyriker und Dramatiker Richard Demel in den Jahren 1868–73.

❹ Altlandsberg
Das Strausberger Tor gehört zu den erhalten gebliebenen Teilen der alten Stadtmauer von Altlandsberg. Die gotische Stadtkirche wurde mehrfach umgebaut.

❺ Werder
Im Ortsteil Sophienfelde liegt das Naturschutzgebiet Wacholderheide. Auf ungefähr einem Drittel der Fläche wachsen meterhohe Wacholdersträuche.

❻ Letschin
Hier verlebte Fontane das Jahr 1843. Eine Büste und die Fontane-Apotheke, in der sein Vater Apotheker war, erinnern heute an den Dichter.

❼ Seelow
Unübersehbar steht im Bereich der Kreuzung mit der B 1 ein ganz aus Gußeisen hergestellter Obelisk. Er zeigt auf der einen Seite ein Postwappen. Der um 1825 hier aufgestellte Postmeilenstein gibt die Entfernung nach Berlin mit 9 Meilen an.

⑧ Lossow
Ungefähr zwei Kilometer östlich des kleinen Ortes erhebt sich an einem toten Arm der Oder eines der letzten noch aktiven Kliffs des Flusses. Ungefähr fünfzehn Meter hoch ist die »Steile Wand«, die nur noch bei Hochwasser von der Oder erreicht wird.

⑨ Schlaubetal
Vom Ort Müllrose an der B 87 erstreckt sich in Richtung Süden das romantische Tal, das durch seine Urwüchsigkeit und seinen Pflanzenreichtum auffällt. Eine Wanderung durch das Schlaubetal ist vor allem im Frühjahr ein besonderes Ereignis.

⑩ Krügersdorf
Östlich Beeskow stehen in und bei dem kleinen Ort Krügersdorf mehrere stattliche Eichen, deren Stämme schon Beachtung verdienen. Die »Dicke Eiche« erreicht einen Stammumfang von über 10 m.

⑪ Schwielochsee
Der See ist einer der schönsten Badeseen des gesamten Spreewaldes. In Höhe des Ortes Trebatsch mündet die Spree in das durch Eisvorstöße geschaffene Wasserreservoir.

⑫ Lübbenau
Kaum einer weiß, daß mehrere Spreewalddörfer mit Cottbus und Lübben bis 1970 durch die Spreewaldbahn, eine Schmalspurbahn, verbunden waren.

⑬ Schlepzig
Im Westen des kleinen Spreewalddorfes liegt das Naturschutzgbiet Buchenhain. Besonders von Botanikern geschätzt, wächst hier eine artenreiche Erlenbruchwald-Gesellschaft mit der seltenen Bulten-Erlenbruchform.

⑭ Baruth
In der Pfarrkirche St. Sebastian befinden sich ein sehenswerter Altaraufsatz aus dem Jahre 1679 und eine Kanzel von 1680. An der Nordseite des im gotischen Stil errichteten Gebäudes erhebt sich ein Maßwerkgiebel mit Sterngewölben und Herrschaftslaube.

⑮ Luckenwalde
Am Rande des Flüßchens Nuthe gelegen, lohnt die Stadt vor allem ihrer Pfarrkirche wegen einen Besuch. Das spätgotische Ziegelbauwerk stammt in ihren Ursprüngen aus dem 15. Jh. Auffallend ist, daß der spätgotische Glockenturm mit einer Barockhaube ausgestattet ist und daß er etwas abseits steht.

⑯ Kloster Zinna
Während der Ostkolonisation Deutschlands bildete das Kloster zusammen mit Chorin und Lehnin das geistige Zentrum. Die Anlage des ehemaligen Zisterzienserklosters ist ein Paradebeispiel der Backsteingotik. Gegründet wurde das Stift um 1170.

Geschichte und Kultur

Potsdam — Hochburg der Preußen und Kunststadt von Rang

Am 3. Juli 993 schenkte König Otto III. seiner Tante Mathilde, Äbtissin des Klosters Quedlinburg, die beiden Orte Poztupimi (Potsdam) und Geleti (Geltotow) im Lande der Heveller. Damit wird zum ersten Male der Name Potsdam genannt.

Potsdam gehörte, obwohl es bereits 1317 urkundlich als Stadt genannt und 1375 im Landbuch Kaiser Karls IV. erwähnt wurde, durch seine Lage abseits der großen Handelsstraßen zu den unbedeutenden Städten der Mark Brandenburg. Erst zwischen dem Ende des 14. und der Mitte des 16. Jahrhunderts wurde anstelle der alten askanischen eine neuere größere Steinburg errichtet, in die 1416 der Hohenzoller Friedrich I. (1372–1440) als Kurfürst einzog. Von da an hat der ursprünglich wenig gastliche Ort immer mehr das Interesse der Kurfürsten erregt. Unter Kurfürst Friedrich Wilhelm (1620–1688), der seit der erfolgreichen Schlacht bei Fehrbellin gegen die Schweden »der Große« genannt wurde, kam dann 1660 endlich der entsprechende Vertrag zustande, der Potsdam aus dem Pfandbesitz löste.

Es läßt sich bis heute nicht sagen, welche Gründe den Kurfürsten dazu bewogen, Potsdam neben Berlin zu seiner zweiten Residenz zu machen. Sicher haben die besonderen natürlichen Gegebenheiten sowie die schiffbaren Gewässer den Ausschlag gegeben.

Der Große Kurfürst wird heute oft als der eigentliche Begründer Preußens gerühmt, erreichte aber nur die Souveränität Ostpreußens und die Befreiung des Landes von der polnischen Oberhoheit. Besonders in seinen letzten Regierungsjahren hielt sich der Große Kurfürst häufig in Potsdam auf, regierte von hier aus und unterschrieb Erlasse.

Der Nachfolger des Großen Kurfürsten, Friedrich III. (1657–1713), der ab 1701 als erster preußischer König regierte, ließ Potsdam weiter ausbauen und machte es zum Mittelpunkt glanzvoller Feste. Als Friedrich II., Sohn des »Soldatenkönigs« Friedrich Wilhelm I. (1688–1740), im Jahre 1740 auf den preußischen Königsthron kam, stimmte er mit seinem Baumeister und Vertrauten Georg Wenzeslaus von Knobelsdorff darin überein, eine neue künftige Residenz zu bauen. Die schöne Aussicht vom »wüsten Berg« lenkten seine Suche auf das Gebiet des heutigen Parks Sanssouci. Aber erst nach dem Ende des zweiten Schlesischen Krieges erfolgte die Grundsteinlegung für das Weinberghaus, das künftige Schloß Sanssouci. Am 1. Mai 1747 eingeweiht, wurde das beeindruckende Bauwerk zum Lieblingswohnsitz des Königs.

Die folgenden Epochen der Geschichte Preußens sind ein Wechsel von Triumph und Niederlage. Im 18. Jahrhundert, seiner klassischen Epoche, ist es aufgrund seiner unbestechlichen Verwaltung, religiösen Toleranz und aufgeklärten Bildung der modernste Staat Europas. Seine Krise begann mit der Französischen Revolution. Von da an zeigten sich die Schwächen der preußischen Staatskonstruktion, deren Legende sowohl räuberischen Militarismus als auch preußische Redlichkeit vereint.

Schloß Sanssouci, Lieblingswohnsitz König Friedrichs II.

Land um Berlin   Autotour ①

Potsdam – einst preußisches Machtzentrum

Potsdam war wie Dresden und Würzburg ein städtebauliches Wunder nördlich der Alpen. Was der Krieg nicht zerstörte, fiel danach dem ideologischen Feldzug zum Opfer.

Anfahrt:
Autobahn A 10 Abfahrt Marquardt oder Werder von Westen, Abfahrt Potsdam-Süd oder A 115 Abfahrt Babelsberg; Kreuzungspunkt von B 1 und 2; Bahnanschluß.

Auskunft:
Potsdam-Information, Friedrich-Ebert-Str. 5, 14467 Potsdam, Tel.: 03 31/29 11 00, Telefax: 03 31/29 30 12.

Öffnungszeiten:
April–Oktober Mo.–Fr. 9–20 Uhr, Sa./So. u. Feiertag 9–18 Uhr. November–März Mo.–Fr. 10–18 Uhr, Sa./So. u. Feiertag 9–18 Uhr. November–März Mo.–Fr. 10–18 Uhr, Sa./So. u. Feiertag 10–14 Uhr.

Einst Lieblingswohnsitz Friedrichs II. – Schloß Sanssouci

Welch treffliche Vorsorge Friedrichs II., die Schlösser in den Parks von Sanssouci (ohne Sorge) gut zu verstekken! Bomben konnten oder wollten sie nicht treffen. Auch ein herbeigesuchter Anlaß, sie mit dem preußischen Militarismus zu tilgen, wäre von der internationalen Öffentlichkeit nicht toleriert worden.

Bis zum Regierungsantritt Friedrichs II. war Potsdam trotz gelegentlicher Repräsentationsübungen ein Dorf unter Eichen (= slaw.: Poztupimi), in

Die Ruinen des Stadtschlosses und der Garnisonskirche wurden weggeschafft, die Kuppel der Nikolaikirche von Hochhäusern zugedeckt, das maurische Wasserwerk von Großplatten-Schlafsilos umbaut, das Holländische Viertel bis auf wenige Straßenzüge für den Abriß freigegeben. Alleen wurden abgeholzt, Grachten zugeschüttet, um Platz zu schaffen für Magistralen Moskauer Bauart.

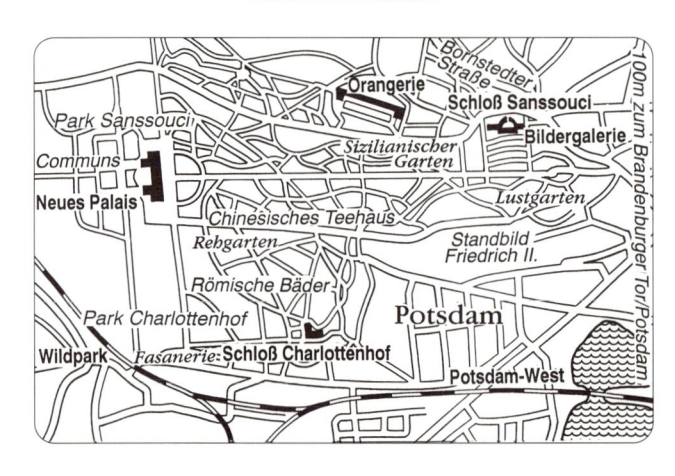

der herrlichen havelländischen Fluß- und Seenwelt gelegen, die sich nicht weniger zur Kultivierung anbot als die florentinische oder die an der Loire. Fern genug von Berlin mußte die Gestaltungsleidenschaft Friedrichs II. hier ein wahrhaft königliches Erprobungsfeld finden.

Als erstes ließ er 1745–47 von dem bewährten Baumeister Knobelsdorff Schloß Sanssouci errichten. Der eingeschossige Rokokobau war von Anfang an die geliebte Wohn- und Arbeitsstätte. Hier schmiedete der König Projekte, führte die eigenen Flötenkonzerte auf, empfing die Philosophenrunde. Hierhin zog er sich nach Fehlschlägen zur Meditation zurück, hier litt er gichtgeplagt und starb, mit der Welt uneins, im Lehnsessel.

Das Neue Palais überließ er nach einigen Aufenthalten den Verwandten, dem Hof und den Gästen, die scharenweise ihre Aufwartung machten.

Mit der Großen Bildergalerie öffnete das erste Museum außerhalb eines Schlosses seine Pforten.

Autotour ② — Land um Berlin

Unstete Siedlungswellen gingen über das Land. Die Siedler kamen aus Flandern, Westfalen, Schwaben, Frankreich, Böhmen, den Niederlanden, aus dem Friesen- und Salzburger Land. Manche gingen wieder, viele blieben.

Ackerbauern besiedelten um 1170 den Binnenraum westlich der Unteren Havel, der heute Altstadt heißt. Die Straßenzüge umgittern Gotthardkirche und Markt mit dem Altstädtischen Rathaus. An Profanbauten hat die Backsteingotik ganz andere Profile gebildet als im Norden. Über dem von Maßwerk eingefaßten Rathausportal der Vorderseite erhebt sich ein Staffelgiebel, dessen Mittelachse von einem Turm verstärkt wird. Der rückseitige Staffelgiebel weist die bekannten filigranen Schmuckelemente auf (Kreuzblumen, Türmchen, gotische Fensterumrisse).

Aus der frühen Bistumszeit stammt die zwischen zwei Havelarmen liegende Dominsel. Am Dom St. Peter und Paul wurde von 1165–1836 gebaut. Kein Wunder, daß die ursprünglich romanische Basilika durch umfangreiche Um- und Ergänzungsbauten mit anderen Stilen vermischt worden ist. Die zum Mittelschiff geöffnete Krypta, von Kreuzgewölben und Pfeilern mit reicher Kapitellornamentik gehalten, ist ein vollendetes Beispiel solcher Symbiose.

Die wechselnden Siedlungsströme haben im Dom fremde Kunsteinflüsse begünstigt, wenn nicht gar multikulturelle Ausstattungsstücke direkt hinterlassen.

»Brennabor« — ehemalige slawische Grenzfeste

Brandenburg, gegründet 948, ist die älteste Stadt in der Mark Brandenburg und zugleich die früheste Landeshauptstadt.

Ein romanisches Kruzifix kommt aus dem sächsischen Kunstkreis. Böhmische Meister malten die Tafeln für einen Flügelaltar. Die mittelalterliche Handschriften- und Textiliensammlung enthält einmalige Stücke aus vielen Gebieten. Auch die dem Dom vorgelagerte Kapelle St. Peter besitzt eine kostbare Ausstattung.

Den dritten Siedlungskern bildet die Neustadt um die Katharinenkirche.

Anfahrt:
Autobahn A 2 Berlin – Hannover, Abfahrt Brandenburg; Kreuzungspunkt der Bundesstraßen B 1 und 102; Bahnanschluß.

Auskunft:
Brandenburg-Information, Plauer Str. 4, 14770 Brandenburg, Tel.: 0 33 81/2 37 43.

Brandenburg ist die älteste Stadt des gleichnamigen Landes

Oranienburg – Stadt mit holländischer Prägung

Welchen Besucher ohne Pflichtgründe zöge es in die havelländische Kleinstadt nördlich Berlins, wenn nicht ein historischer Jagdausflug folgenschwer geworden wäre?

Anfahrt:
Autobahn A 10 Berliner Ring, Abfahrt Oranienburg; Kreuzungspunkt der Bundesstraßen 96 und 273; Bahnanschluß.

Auskunft:
Reisebüro – Reisewelt, Straße des Friedens 94, 16515 Oranienburg, Tel.: 0 33 01/31 83.

Luise Henriette, geborene Prinzessin von Nassau-Oranien, erhielt vom Großfürstengemahl im Jahre 1650 das Amt Bötzow für ihre Jagdtreue geschenkt. Eingedenk ihres holländischen Blutes ließ sie sogleich anstelle des Jagdhauses ein Schloß errichten, das von heimatlichen Musterwirtschaften (Meierei, Schäferei, Brauerei) umgeben wurde. Da das neue Domizil auf den Grundfesten einer alten Wasserburg stand, hatte sie nichts dagegen, daß ihre dankbaren Untertanen es die Oranienburg nannten. Sie erwiderte sogar den Dank und übertrug den Namen auf Amt und Neuansiedlung.

Holländische Meister hatten eine zweigeschossige Dreiflügelanlage in kraftvoll gegliederten Formen des heimischen Barocks geschaffen. Besonders dekorativ wirkten die Mittelrisaliten, an der Stadtseite mit Pilastergliederung und Attika, auf der jahreszeitliche Symbolfiguren thronen, auf der Rückseite mit Segmentgiebel, die Flügel mit pavillonartigen Kopfbauten.

Unter Friedrich I. wurde das Schloß mannigfach um- und ausgebaut. Während dieser Bauzeit brannte das Umland zweimal ab, so daß eine neue Stadtplanung notwendig wurde. Es entstand eine barocke Radialanlage. Im Zuge der Stadtausdehnung sind davon noch zwei Achsen mühevoll erkennbar, an Einzelbauten nur das Amtshauptmannshaus und das ehemalige Waisen-

Wiesen und Wälder bestimmen große Teile der Landschaft um Oranienburg

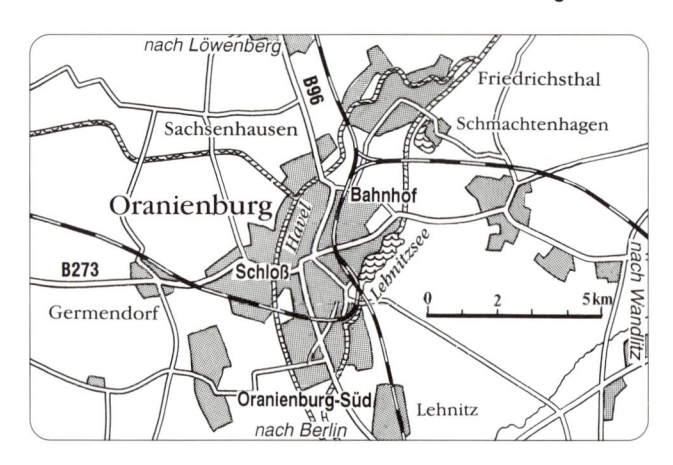

haus sehenswert. Im 18. und 19. Jahrhundert war dem Schloß ein wechselvolles Schicksal beschieden. Friedrich II. schickte seine Frau nach Oranienburg, wenn – was häufig vorkam – er sie nicht zu sehen wünschte. Zwischen 1835 und 1848 lief im Schloß die Fabrikation von Schwefelsäure und Stearinkerzen. Der östliche Seitenflügel brannte aus und wurde abgerissen. Dem noch von Luise Henriette angelegten Barockpark ging es nicht besser. Er wurde später in einen Landschaftspark umgestaltet und danach sich selbst überlassen.

Der Choriner Endmoränenbogen

Sein Name »Choriner Endmoränenbogen« beschreibt ein eiszeitlich geprägtes Gebiet, in dem die geomorphologischen Abfolgen Grundmoräne – Endmoräne – Sander – Urstromtal noch deutlich zu unterscheiden sind. Die Endmoränenbögen von Althüttendorf bis Liepe, die in sich mehrfach untergliedert sind, haben eine anmutig bewegte Landschaft hervorgebracht. Vor ihnen breiten sich nach Eberswalde zu die Sander aus, im Westen werden sie von Hochflächen der Schorfheide eingeengt. Im Osten verlaufen sie axial zu einer breiten Sanderborte. Zahlreiche Seen – der Parsteiner als größter mit über 1000 Hektar – werden, kulissenartig gestaffelt, von Sumpf-, Wiesen-, Acker- und überwiegend von waldreichem Hügelland eingefaßt.

Die kleineren Seen sind noch gut abgeschirmt. Auf ihnen gedeihen seltene Wasserpflanzen. In den Feuchtgebieten haben sich seltene Pflanzengesellschaften breitgemacht. Steppenpflanzen bedecken die südlichen Hänge. Abgesehen von dem üppigen Bestand von Jagdwild, bietet die Fauna eine Vielzahl an seltenen Arten.

Die Landschaft ist ebenso reich an natürlichen wie von Menschenhand geschaffenen Denkmalen. Man begegnet Findlingen, alten Bäumen, Feldhecken und Kopfweiden, man sieht bemerkenswerte Gehöfte, Forsthäuser und Dorfkirchen, man bewundert die Zierde der frühgotischen Backsteinkunst, das Zisterzienserkloster Chorin, obwohl nur die Hälfte der imposanten Anlage noch erhalten ist. Im Dreißigjährigen Krieg mehrfach geplündert und hernach als Baumaterialspender mißbraucht, war sie im Mittelalter ein bedeutendes Kultur- und Wirtschaftszentrum. Bis zu 80 Priestermönche und 400 Konversen (Arbeitsmönche) arbeiteten hier. Trotz des Ruinencharakters beeindruckt der Bau durch seine großartige Raumwirkung und seinen Reichtum an Laubwerkornamenten.

Nahe der Kreisstadt Eberswalde-Finow, berühmt durch das Schiffshebewerk, erstreckt sich ein 17 000 Hektar großes Landschaftsschutzgebiet.

Eberswalde-Finow ist Ausgangspunkt für Touren in das nahe Landschaftsschutzgebiet

Anfahrt:
Autobahn A 11 Berlin–Stettin, Abfahrt Oder-Havel-Kanal oder Joachimsthal; Bundesstraße 2, Eberswalde – Finow – Angermünde; Bahnanschluß.

Auskunft:
Eberswalder Fremdenverkehrs-Information, Pavillon am Markt, 16225 Eberswalde, Tel.: 0 33 34/2 31 68, Telefax: 0 33 34/6 41 90.

Öffnungszeiten:
Sommerzeit: Mo.–Fr. 10–18 Uhr, Sa. 9–13 Uhr. Winterzeit: Mo.–Fr. 9–17 Uhr.

Ein Kleinod zwischen Oder und Spree

Nahezu in der Mitte zwischen Berlin und Frankfurt/Oder, beiderseits 30 Kilometer entfernt, liegt die Märkische Schweiz mit den Luftkurorten Buckow und Waldsieversdorf.

Anfahrt:
Auf der B 1 Richtung Frankfurt/Oder. In Müncheberg Abzweigung nach Buckow (über Waldsieversdorf).

Auskunft:
Fremdenverkehrsamt Märkische Schweiz, Königstr. 12, 15377 Buckow, Tel.: 03 34 33/65 90.

Blick über den Buckowsee auf die gleichnamige Stadt

bungen und Grundmoränenflächen, Sanderebenen und fossile Trockentäler. Das Buckower Land liegt in einer rinnenförmigen Einsenkung, die von den beiden größten Seen, dem Schermützelsee und dem Großen Klobichsee eingeschlossen wird. Die Ufer steigen zur Hochfläche an, Seitentäler kerben sich da hinein, so daß neuer Raum für kleinere Seen und Flußläufe entsteht. Künstliche Senken haben sich am Nordufer des Schermützelsees durch Braunkohleabbau gebildet. Buckow

Ganz so wild und sauber, wie der Dichter Clemens von Brentano diesen Naturraum beschrieben hat, bietet sie sich dem Betrachter nicht mehr dar. Es »plätschern keine Quellen über die Kiesel, in Waldbächen baden keine Birkenzweige« mehr. Und doch bewegt man sich in einem reizvollen Gebiet, inmitten von Wäldern und Seen.

Auf einer Fläche von 40 Quadratkilometern wechseln Endmoränenerhebungen selbst ist von einem dichten Waldbestand umgeben. Leider sind die prächtigen Traubeneichenwälder jüngeren Kiefernforsten gewichen. Bei ausgedehnten Spaziergängen stößt man auf mehrere Findlinge (Erratica). Ein beliebtes Wanderziel ist die hoch aufragende und 140 Jahre alte Wurzelfichte. Um zu ihr zu gelangen, muß man einen Bach auf Steinen oder Knüppelholzbrücken überqueren.

Das 750jährige Buckow, im Schutze einer slawischen Wasserburg entstanden, erfreut sich seit Beginn des 20. Jahrhunderts wechselnden Zuspruchs von Berlinern. Villen und Sommerhäuser ranken sich um den Stadtkern. Bertolt Brecht und seine Frau, die Schauspielerin Helene Weigel, mochten auch nicht dauerhaft großstädtische Luft atmen, als sie aus dem Exil zurückkehrten. Sie mieteten eine Sommerwohnung, »friedlich und langweilig genug für die Arbeit«. Brecht schrieb hier in seinem geliebten Ledersessel, eine Zigarre nach der anderen genießend Coriolan und Turandot.

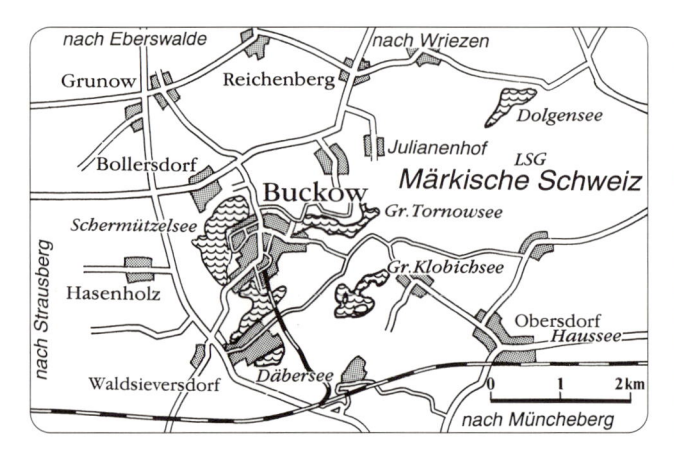

Grenzstadt und Tor zum Osten

Einst mittelalterliches Zentrum des Ost-West-Handels gilt Frankfurt (O) heute als die wichtigste Grenzstadt im Osten Deutschlands. Drei Brücken führen über die Oder.

Deutsche Kaufleute gründeten um 1226 am westlichen Oderufer eine Marktsiedlung an einem Platz, der an der mittleren Oder den günstigsten Übergang über den Fluß gestattete. Der Ort lag im Kreuzungspunkt wichtiger Fernhandelsstraßen, und schnell wuchs er zu ansehnlicher Größe. 1253 erhielt er vom brandenburgischen Markgrafen Johann I. das Stadtrecht, verbunden mit der Genehmigung, eine Brücke über die Oder zu bauen und dem Auftrag, die Stadt zu erweitern. Aus dieser Zeit stammt der älteste Teil des prächtigen gotischen Rathauses. Dieses Beispiel märkischer Giebelarchitektur entstand als zweigeschossige Kaufhalle mit Gerichtslaube und Ratsstube. Die untere Halle beherbergt heute die Galerie »Junge Kunst«. Die beiden gotischen Schaugiebel beherrschen mit ihren schlanken, spitzen Türmchen und aufstrebenden Fialen das Zentrum der Stadt. Ein Hinweis für die Zugehörigkeit Frankfurts zur Hanse (1368–1518) könnten die ineinandergesteckten Stangen auf dem Südgiebel sein. Dem Rathaus gegenüber befindet sich (1945 stark zerstört, seit 1979 in Restaurierung) die Kirche St. Marien, die größte Hallenkirche der norddeutschen Backsteingotik auf deutschem Boden.
Die Franziskaner-Klosterkirche (1270) dient heute als Konzerthalle »C. Ph. E. Bach«, in der vor allem die Orgelmusik gepflegt wird. Große Tradition besitzt Frankfurt als Universitätsstadt (1506–1811). Zu ihren berühmtesten Studenten gehörten die Naturforscher Alexander und der Sprachwissenschaftler Wilhelm von Humboldt. Größter Sohn der Stadt ist der Dichter Heinrich von Kleist (1777–1811) – dessen dramatische und erzählerische Werke Weltrang besitzen. In der 1777 errichteten ehemaligen »Garnison-Schule« befindet sich das Kleist-Museum, das dem Leben und Wirken Kleists gewidmet ist.

Prächtige gotische Schaugiebel schmücken Frankfurts Rathaus

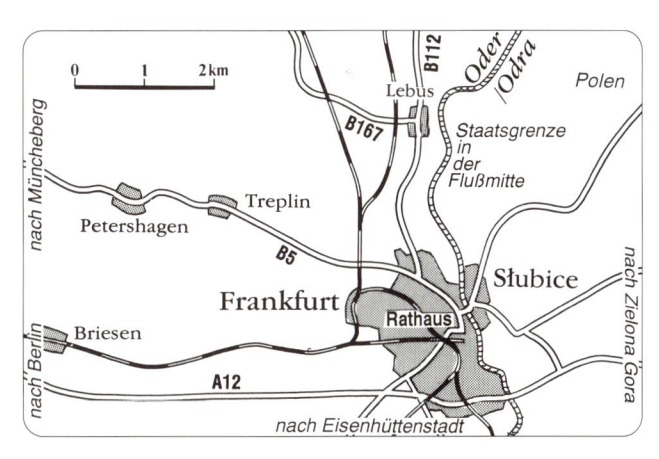

Anfahrt:
Autobahn A 12 Berlin – Frankfurt (Oder), Bundesstraßen 5 über Müncheberg, 167/112 von Bad Freienwalde, B 112 von Eisenhüttenstadt; Bahnanschluß (Schnellzug).

Auskunft:
Fremdenverkehrsverein Frankfurt/Oder e. V.
Karl-Marx-Str. 8 a,
15230 Frankfurt
Tel. 03 35/32 52 16,
Telefax: 03 35/2 25 65.

Öffnungszeiten:
Mo.–Fr. 10–12 Uhr und 12.30–18 Uhr,
Sa. 10–12 Uhr.

Im Land der Fließe, Seen und Sorben

Eine wohl einzigartige Naturlandschaft dehnt sich im Südosten der Großstadt Berlin aus – der Spreewald. Ein dichtes Geflecht aus Wasseradern durchzieht die parkähnliche Waldlandschaft.

Anfahrt:
Autobahn A 13 Berlin – Dresden, Abfahrt Freienwalde; Lübben liegt im Kreuzungspunkt der Bundesstraßen 87, 115 und 320; Bahnanschluß.

Auskunft:
Fremdenverkehrsamt Lübben und Umgebung e. V.,
Lindenstraße 14,
15907 Lübben,
Tel.: 0 35 46/30 90 oder 24 33,
Telefax: 0 35 46/25 43.

Öffnungszeiten:
1. 4.–30. 9. Mo.–Fr. 8–18 Uhr, Sa. 10–16 Uhr, 1.10.–31.3. Mo.–Fr. 9–16 Uhr.

Entstanden ist diese Wildnis aus Wasser und Wald in der Eiszeit. Die Spree füllte die vom Eis ausgehobelten Vertiefungen mit Sand und Schotter auf. Sie verästelte sich und zerteilte die riesigen Schwemmsandflächen und setzte sie unter Wasser.

An einer schmalen Landbrücke, der Grenze zwischen Unter- und Oberspreewald, siedelten sich schon früh Menschen an. Die slawischen Sorben waren die ersten, die hier in einer ehemals gewaltigen Sumpfniederung mit der Kultivierung des Landes begannen. Das sorbische »Lubin« taucht urkundlich 1150 erstmalig auf. Der an günstiger Stelle, am Rande der Sümpfe gelegene Ort schien der geeignete Ausgangspunkt für die Urbarmachung des Spreewaldes gewesen zu sein.

Auch die Landesherren machten sich die hervorragende strategische Lage Lübbens schnell zunutze. Bereits im Jahre 1220 erfolgt die Belehnung Lübbens mit den Stadtrechten, und rasch entwickelt sich die Siedlung zum wichtigsten Spreeübergang und beherrschenden Zentrum der Niederlausitz.

Sehr abwechslungsreich verlief die geschichtliche Entwicklung Lübbens. Nicht nur einmal, gleich mehrfach wechselte die Stadt ihren Besitzer, be-

Schloß Lübben wurde 1562 an der Stelle einer früheren Burg erbaut

vor sie 1815 schließlich an Preußen fiel. Damit endete jäh die Blütezeit des einst so bedeutenden Ortes. Von den Zerstörungen des Zweiten Weltkrieges erholte sich Lübben nur schwer. Die Altstadt fiel in Schutt und Asche, und nur noch wenige historische Gebäude blieben erhalten. Auch die Stadtbefestigung besteht heute nur noch aus kümmerlichen Resten.

Sehenswert sind aber vor allem die Paul-Gerhard-Kirche, das Rathaus von 1751 und das prächtige, 1562 errichtete Schloß mit schönem Renaissancegiebel und reichem Sandsteinportal.

Wer den Spreewald zu Wasser erkunden will, der kann in Lübben zu einer Kahnfahrt starten.

Noch immer ist Lübben einer der Ausgangspunkte für reizvolle Kahnfahrten

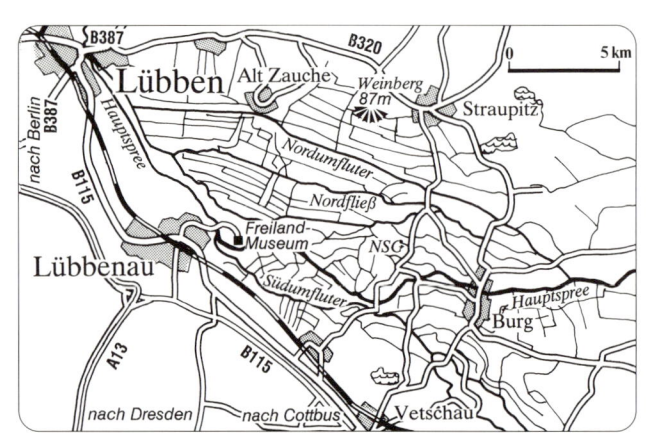

Zentrum der Reformation und Geisteswissenschaften

Neben der überragenden Gestalt des Reformators Martin Luther begründeten Philip Melanchthon und Lukas Cranach den Ruhm Wittenbergs als geistige und kulturelle Metropole des Mittelalters.

Dabei war Wittenberg bis zum Beginn des 16. Jahrhunderts eine recht bedeutungslose Elbestadt. Schon der Chronist Myconius sprach zu der Zeit von »... ein unansehnlich Stadt«, die erst im Jahre 1502 durch die Gründung der Universität an Gewicht gewann. Schon bald nahm sie einen führenden Platz in Europa ein.

Sechs Jahre danach rief der Dekan Johann von Staupitz, väterlicher Freund Luthers, den Augustinermönch an die Lehranstalt. Er studierte dort an der Universität Theologie und promovierte 1512. Ein Jahr später erhielt er die Professur für Theologie.

Luthers Akt, der die festgefügte katholische Glaubenswelt aus den Angeln hob, ereignete sich am 31. Oktober 1517. Er schlug – so will es die Geschichte, seine streitbaren »95 Thesen über die Kraft des Ablasses« an die Tür der Schloßkirche zu Wittenberg. Durch sein Handeln hatte Luther den Beginn der Reformation eingeleitet. Andere Mitstreiter, wie Melanchthon, Bugenhagen und Jonas sammelten sich um den großen Reformator und unterstützten ihn.

Etwa zur gleichen Zeit machte Johann Gutenberg eine Erfindung, die die Welt verändern sollte. Die neue Technik, der Buchdruck, ermöglichte die schnelle Verbreitung der Reformationsschriften. Heute sind fast sämtliche Originaldrucke neben weit über 2000 kunstvollen Gemälden und Grafiken im Reformationsgeschichtlichen Museum von Wittenberg in einer Ausstellung zusammengefaßt. Wer bei einem Besuch der Stadt die Tür der Schloßkirche in Augenschein nehmen will, an die Luther seine Thesen angeschlagen haben soll, der kommt zu spät. Die ursprüngliche Holztür wurde im Siebenjährigen Krieg ein Raub der Flammen.

Sehenswert ist außerdem die Stadtkirche St. Marien, in der Luther predigte.

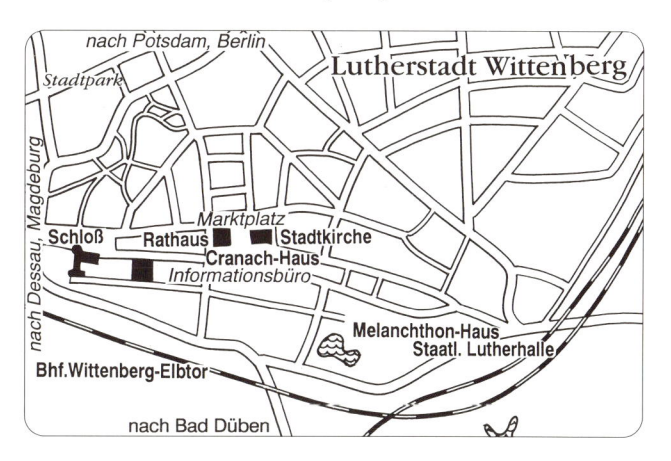

Anfahrt:
Autobahn A 9 Berlin – Nürnberg, Abfahrt Coswig; Bundesstraßen 2, 187; Bahnanschluß.

Auskunft:
Wittenberg-Information, Cellegienstraße 8, 06886 Wittenberg, Tel.: 03491/2537.

Das Renaissancerathaus zählt zu den schönsten ganz Deutschlands

An die Tür der Schloßkirche soll Luther seine Thesen angeschlagen haben

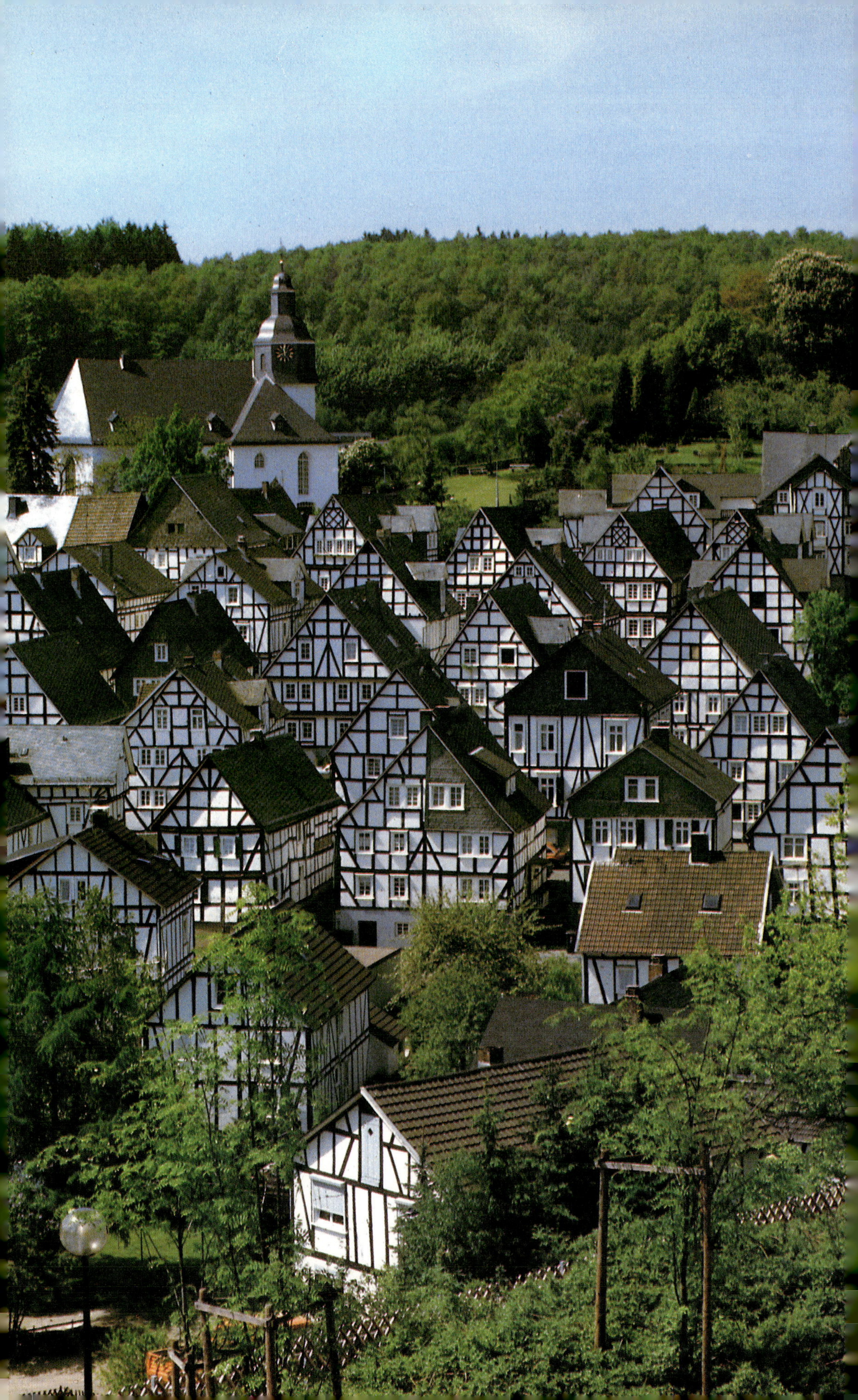

Unterwegs im Land der Berge und Täler

Diese Region gehört zu den abwechslungsreichsten deutschen Landschaften: ein unüberschaubares Mosaik aus Bergen, Tälern und nicht endenden Wäldern. Dazwischen Talsperren, die als ideale Erholungsgebiete für die vielen tausend Menschen in den nahen Ballungsräumen dienen.

Die Behauptung, das Land zwischen Kassel, Köln und Gießen sei das Land der 1000 Berge, ist nicht nur ein billiger Werbeslogan. Auch die Bezeichnung Land der vielen Seen käme für diesen Raum in Frage, denn mehr als 30 Talsperren füllen grüne Täler aus. Auf den meisten dieser künstlichen Seen kann Wassersport betrieben werden. Der Wanderfreund findet hervorragend markierte Wege, die das ganze Bergland durchziehen. Er kann, wenn er die richtigen Wege wählt, tagelang durch weite Wälder streifen, nur in der Gesellschaft von Reh, Wildsau und Hirsch. Er kommt in liebliche Orte wie Freudenberg, wo ihn von weitem schon das Schwarzweiß des Fachwerks begrüßt.

Ähnlich zeigt sich das kleine Fachwerkstädtchen Herbstein am Vogelsberg. Im Vogelsberg erkennt man, daß die Hessen nicht viel von düsterem Fichtenwald halten. Heller, im Herbst prächtig leuchtender Laubwald ist ihnen lieber. Die zuständigen Wandervereine markieren die Pfade, die poetische Namen wie Barbarossa- oder Lulluspfad tragen. Wie ein großer Schild erhebt sich der Vogelsberg im Dreieck der Städte Fulda, Gießen und Frankfurt. Von den unteren, flachgeneigten Hängen steigt der Hohe Vogelsberg auf mit seinen weiten Wiesenflächen. Mit zum Teil kurzem, steilem Anstieg überragt der Oberwald diese Fläche um rund 200 Meter. Nach allen Seiten strömen sternförmig Flüsse und Bäche hinab, die in die Hänge zum Teil steilwandige, fast bis zum Gipfel reichende Rinnen gegraben haben. Bei Schotten am Vogelsberg befindet sich eine früher als Motorsportstrecke genutzte Straße, der sogenannte Schottenring.

Hessen war schon immer das Land der

Freudenberg gilt unbestritten als Deutschlands schönste Fachwerkstadt

Sanfte Höhen bestimmen das Landschaftsbild Hessens

Mitte. In keinem Landstrich liegen so zahlreiche Residenzen derart eng beieinander: Kassel, Fritzlar, Marburg, Ziegenhain. In diese Orte bauten die alten Landesherren ihre Burgen und Schlösser, dort hinterließen sie ihre Spuren. Am mächtigsten waren die Landgrafen von Kassel. Sie ließen den herrlichen Bergpark Wilhelmshöhe erbauen, den größten und schönsten Bergpark Europas.

Nordhessen ist außerdem ein Märchenland: In Kassel saßen die Gebrüder Grimm zu Füßen der Viehmännin und schrieben auf, was sie erzählte. Aus den großen Wäldern, um die alten Mauern weht der Märchenzauber dieses Landes. Die unmittelbare Nähe zu den Städten des Ruhrgebiets und dem Großraum Kassel im Osten lockt viele Menschen in dieses schöne Erholungsgebiet.

Dann können die zahlreichen, gut ausgebauten Straßen den Verkehr kaum noch bewältigen. Doch die Entdecker unter den Autofahrern finden selbst am Wochenende noch weniger befahrene Strecken, die oftmals zu den schönsten Orten in diesem Gebiet führen.

Auskunft:
Fremdenverkehrsverband Marburg-Biedenkopf e. V.,
Postfach 70 11 40,
35020 Marburg,
Tel.: 0 64 21/40 53 81,
Telefax: 0 64 21/40 55 00.

Fremdenverkehrsverband Kurhessisches Bergland, Parkstr. 6,
35467 Homberg,
Tel.: 0 56 81/77 52 50,
Telefax: 0 56 81/77 54 38.

Öffnungszeiten:
Mo.–Do. 7.30–15.30 Uhr, Fr. 7.30–13 Uhr.

Übersichtskarte Autotour und Sehenswürdigkeiten

Wetterau, Hessisches Bergland, Sauer- und Siegerland

Die Autotour

Kaum sonst in Deutschland begegnet man so vielen alten Fachwerkbauten wie in diesem Gebiet. Trotz der Schönheit der altehrwürdigen Städtchen und Dörfer, die ihren Charme aus ihrer natürlichen Entwicklung seit Jahrhunderten beziehen, hat der Tourismus hier noch nicht im großen Stil Einzug gehalten.

Gesamtlänge der Autorundreise: 530 km

❶ Tourenvorschlag Kassel-Wilhelmshöhe
Der für Landgraf Carl 1719 angelegte Bergpark gilt als der schönste in Europa. Er besitzt zwei Glanzpunkte: Schloß Wilhelmshöhe und den sich weit in den Himmel reckenden Herkules.

❷ Tourenvorschlag Edersee
Zu Füßen von Schloß Waldeck liegt die Edertalsperre, Hessens größter See. Mit seinen rund 50 Kilometern Ufer ist er ein Ferienparadies und wird vor allem von Wassersportlern genutzt.

❸ Tourenvorschlag Kahler Asten
Einer der höchsten Gipfel des Sauerlandes (841 m). Vom Turm, der eine Gaststätte und eine Wetterstation beherbergt, bietet sich ein entzückender Rundblick über die sauerländische Bergwelt.

❹ Tourenvorschlag Biggesee
In der Nähe des größten westfälischen Sees sorgen die Attahöhle, eine der schönsten deutschen Tropfsteinhöhlen, und die Burg Schnellenberg bei Attendorn für Abwechslung an verregneten Ferientagen.

❺ Tourenvorschlag Freudenberg
Die kleine Stadt ist ein Fachwerkkleinod ersten Ranges, das seinesgleichen in Deutschland sucht, sie steht deshalb seit mehreren Jahren unter Denkmalschutz.

❻ Tourenvorschlag Westerwälder Seenplatte
Die sieben Weiher der Seenplatte wurden im 17. Jahrhundert für die Fischzucht angelegt. Hachenburg, Dreifelden und Bad Marienberg sind die wichtigsten Ortschaften.

❼ Tourenvorschlag Wetzlar
Der Dom in der Altstadt ist in mehreren Bauabschnitten seit dem 12. Jahrhundert erbaut worden. Die Museen im Altstadtbereich sind von großem touristischen wie kulturellen Wert.

❽ Tourenvorschlag Vogelsberg
Der Vogelsberg ist ein »stilles«, anmutiges Gebirge jenseits des großen Tourismus, Voraussetzung für ausgedehnte, einsame Wanderungen.

❾ Tourenvorschlag Alsfeld
Die 1222 erstmals urkundlich erwähnte Stadt glänzt durch ihr vom Fachwerk geprägtes Stadtbild. In der von kleinen Gassen durchzogenen Altstadt sind fast alle Stilepochen seit dem Mittelalter sichtbar.

❿ Tourenvorschlag Marburg
Die berühmte Universitätsstadt wird wegen ihrer schönen Lage und der alten Gebäude auch »Perle des Lahntals« genannt. Mit der Elisabethkirche besitzt sie eine der reinsten gotischen deutschen Kirchen.

Buntes Treiben in Marburg

Weitere interessante Sehenswürdigkeiten entlang der Route

❶ Twistestausee
Beliebtes Ausflugsziel für Anhänger des Wassersports. In der Umgebung sind viele Wanderwege angelegt.

❷ Weidelsburg
Die gut erhaltene Ruine auf einem Basaltkegel bei Ippinghausen befindet sich teils in hessischem, teils in mainzischem Besitz.

❸ Korbach
Das malerische Städtchen bezieht seinen Reiz aus einer ganzen Reihe von Fachwerkhäusern aus dem 15.–18. Jh. Außerdem sehenswert sind das gotische Rathaus und die beiden Kirchen St Nikolai (14./15. Jh.) und St. Kilian (15. Jh.).

❹ Frankenberg
Das Städtchen an der Eder mit einer mittelalterlichen Stadtmauer besitzt ein bautechnisch interessantes Fachwerk-Rathaus von 1509, eines der schönsten deutschen Rathäuser.

❺ Battenberg
Hoch über der Eder auf einem Bergkegel gelegen, hat Battenberg seinen Namen in das englische Königshaus hineingetragen (Mountbatten).

❻ Bad Berleburg
Der Thermalkurort (Kneippheilbad) ist der Hauptort im Wittgensteiner Land am Rothaargebirge. Auf dem höchsten Punkt der Altstadt steht das mächtige, mit Stukkaturen geschmückte Schloß.

❼ Rothaargebirge
Das höchste Gebirge des Sauer- und Siegerlandes ist reich an Quellen. Eder, Lahn und Sieg entspringen auf der Wasserscheide zwischen Rhein und Weser.

❽ Elspe
Die kleine Stadt macht mit ihren Karl-May-Festspielen Bad Segeberg (Schleswig-Holstein) Konkurrenz.

⑨ Hohe Bracht
Bekanntester Aussichtsberg (600 m) des südlichen Sauerlands mit einem Aussichtsturm.

⑩ Kindelsberg
Der Aussichtsturm auf dem 618 Meter hohen Gipfel ist das Wahrzeichen des Siegerlands.

⑪ Müsen
Ein Schaubergwerk in der Grube Stahlbeck veranschaulicht die Arbeit unter Tage.

⑫ Netphen
Romanische dreischiffige Kirche (13. Jh.); in der Nähe die Obernautalsperre in herrlicher Lage, sie dient der Trinkwasserversorgung.

⑬ Dillenburg
Im Wilhelmsturm, dem Wahrzeichen Dillenburgs, befindet sich das Oranien-Nassauische Museum. Sehenswert sind auch die Kasematten des ehemaligen Schlosses.

⑭ Butzbach
Zentrum ist der Marktplatz mit mittelalterlichen Gebäuden wie Rathaus (Heimatmuseum), Markuskirche (14./15. Jh.) und Fachwerkhäusern.

⑮ Niddasee
Der Stausee liegt im südwestlichen Vogelsberggebiet. Er bietet verschiedene Wassersportmöglichkeiten und Campingplätze.

⑯ Herbstein
Dieser kleine Ort am Vogelsberg ist buchstäblich aus dem Mittelpunkt geraten: Ein Stein, 2 Kilometer südlich an der B 275, bezeichnete jahrelang den geographischen Mittelpunkt der Bundesrepublik Deutschland (Westdeutschland).

⑰ Kellerwald
Wildreicher Bergzug südlich des Edersees. Zahlreiche Wanderwege erschließen sein Gebiet. Höchster Punkt ist der Wüstegarten mit 673 Metern.

⑱ Bad Wildungen
Das hessische Staatsbad (Thermalkurort) ist Ziel vieler Erholung- und Heilungsuchender. Es verfügt über alkalische und natriumhaltige Quellen. Sehenswert sind die gotische Pfarrkirche mit dem wunderschönen Wildunger Altar, das Heimatmuseum und die Burg Friedrichstein (13. Jh.).

⑲ Fritzlar
Die altehrwürdige Stadt an der Eder zählt zu den malerischsten in Hessen. Der Verteidigungswall mit 18 Türmen (12.–15. Jh.) ist fast vollständig erhalten.

⑳ Züschen
In der Nähe befindet sich ein aufsehenerregendes Steinkistengrab, das eine Länge von fast 20 Metern aufweist. Es ist etwa 4000 Jahre alt und mit einem Seelenloch und Zeichnungen versehen.

Geschichte und Kultur

Museums- und Kulturstadt Kassel — ein Refugium für alte Meister und moderne Kunst

Alle fünf Jahre findet in Kassel die »documenta« statt. In diesem Jahrzehnt wird es 1992 und 1998 sein. Der Name steht für die bedeutendste Weltausstellung der Kunst unserer Zeit, die seit 1955 Künstler aus allen Erdteilen nach Kassel lockt. Längst ist die »documenta« als das wichtigste Forum der zeitgenössischen Kunst anerkannt. Aber man sollte darüber nicht vergessen, daß Kassel nicht erst durch die »documenta« als Weltstadt der Kunst Rang und Namen gewonnen hat. Die »documenta« kam vielmehr nach Kassel, weil die Stadt bereits einen Ruf als bedeutender Platz der Kunst und der kulturellen Schätze überhaupt hatte.

Sichtbares Zeugnis dafür ist das Museum Fridericianum am Friedrichsplatz. Dieses Werk des Architekten Simon Louis du Ry aus der zweiten Hälfte des 18. Jahrhunderts ist der erste rein klassizistische Großbau Mitteleuropas. Er wurde damals für das erste der Öffentlichkeit zugängliche Museum des Kontinents errichtet, eine epochale Gründung der Aufklärung, womit sich der Landgraf Friedrich II. (1720 bis 1785) ein bleibendes Denkmal gesetzt hat.

Vor allem wird Kassel immer dann genannt, wenn es um die alten Meister der Malerei geht. Die Stadt verdankt ihren Rang als Hort der alten Meister dem Landgrafen Wilhelm VIII., der als Prinz Gouverneur von Maastricht war und mit großer Kennerschaft niederländisch-flämische Gemälde erwarb. Mit einem eigenen Galeriebau gehörte seine Bildersammlung zu den bedeutendsten des 18. Jahrhunderts in Europa.

Zu großem Ruhm kam die Kasseler Galerie durch ihre umfangreiche Sammlung von Gemälden Rembrandts van Rijns.

Einen besonderen Platz in der europäischen Kunstgeschichte aber nehmen die Parks und Gärten in Kassel aus dem 18. Jahrhundert ein, die Karlsaue, Wilhelmshöhe, Wilhelmsthal. Durch günstige Umstände wirkten vom Barock bis zum Klassizismus in Kassel die führenden Kultureinflüsse des damaligen Europas zusammen, und die Kasseler Landgrafen haben immer tüchtige Künstler nach Kassel zu ziehen gewußt. Es waren aufgeschlossene Herren, die in Kassel regierten. Einer von ihnen war Landgraf Wilhelm IV., der bei der heutigen Sababurg einen »Thiergarten« anlegte, in dem fremdländische Tiere gezüchtet werden sollten. Auch ließ er einen botanischen Garten anlegen, in dem eine merkwürdige Pflanze wuchs, die er dem Kurfürsten von Sachsen mit folgenden Worten beschrieb: »Wir überschicken Euer Liebden unter andern ein Gewächs, so wir vor Jahren aus Italia bekommen und Taratouphli genannt wird. Das selbige wächst in der Erden und hat schöne Blumen gut Geruchs, und unten an der Wurzel hat es viele Tubera hängen. Dieselben, wenn sie gekocht werden, sind gar anmutig zu essen. Man muß sie aber erstlich in Wasser aufsieden lassen, so gehen die obersten Schalen ab. Danach tut man die Brühe davon und seudt sie in Butter vollends gar.« Es ist das erste in Deutschland schriftlich festgehaltene Rezept über die Zubereitung der Kartoffel.

Seit der documenta 7 in Kassel: »Spitzhacke« von C. Oldenburg

Wetterau, Hessisches Bergland, Sauer- und Siegerland   Autotour (1)

Im schönsten Bergpark Europas

Vom Herkules, dem Wahrzeichen Kassels, an den Kaskaden abwärts zum Schloß Wilhelmshöhe: einer der interessantesten Ausflüge im Hessischen Bergland.

Anfahrt:
A 44, Ausfahrt Wilhelmshöhe. Bundesbahnstation Kassel-Wilhelmshöhe oder Hbf; von dort weiter mit Bus oder Straßenbahn.

Auskunft:
Stadt Kassel, Tourismus und Kurzentrale, Königsplatz 53
34117 Kassel,
Tel.: 0561/787 8007,
Telefax: 0561/103838.

Wandern:
Im Park vom Schloß zum Herkules, markiert mit X.

Öffnungszeiten:
Staatliche Kunstsammlungen im Schloß täglich außer Mo. 10–17 Uhr, ebenso Löwenburg. Wasserkünste in den Sommermonaten an Sonn- und Feiertagen und Mi. ab 14.30–15.45 Uhr.

Vom Herkules auf der Höhe des Habichtswaldes aus überschaut man nicht nur Kassel, sondern große Teile des Hessischen Berglands. Zu Füßen ist vollauf berechtigt: Der Italiener Giovanni Guerniero schuf bis 1717 für den Landgrafen Carl diesen Park, eine geniale Verbindung von Natur und Kunst. Der Park mit seinen 300 Kilometern (!) Wanderwegen nimmt den ganzen Osthang des Habichtswaldes ein. Schon die vielen Baumriesen, zum Teil seltene Arten, fallen dem auf, der an den 250 Meter langen Kaskaden vorbei zur Höhe marschiert und dabei die Löwenburg berührt, eine künstliche Ruine, erst im vorigen Jahrhundert geschaffen. Die Wasserkünste machen den Bergpark weltberühmt. Vom Herkules abwärts strömt Wasser über Kaskaden, Teiche, Aquädukte und Fälle bis zum großen Teich oberhalb

Nicht nur der bekannte Blick vom Schloß zum Herkules ist imposant

des mächtigen Oktogons, auf dessen Spitze der monumentale Riese steht, erstreckt sich der »schönste Bergpark Europas« bis zu dem rotbraunen Schloß Wilhelmshöhe, das wie ein Riegel vor der Stadt liegt. Der Superlativ des Schlosses. Wer das faszinierende Schauspiel ganz genießen möchte, steige mit dem Wasser von oben nach unten ab.
Im Schloß unten bewahrt man kostbare Kunstschätze auf; von berühmten Malern sind Rubens, Rembrandt, Hals, van Dyck und Tizian vertreten. Phidias, bester Bildhauer des klassischen Griechenlands, meißelte seinen Apoll. Davon machten einst die Römer einen Abdruck, der heute im Schloß als Kasseler Apoll steht. Kassel besitzt noch einen zweiten herrlichen Park: die Karlsaue an der Fulda, ebenfalls von Landgraf Carl angelegt. Der Park ist künstlicher, farbiger, heiterer; auch seine Gebäude, die Orangerie und Schloß Bellevue, wirken verspielter als die wuchtige Wilhelmshöhe. In Bellevue ist das Brüder-Grimm-Museum untergebracht.

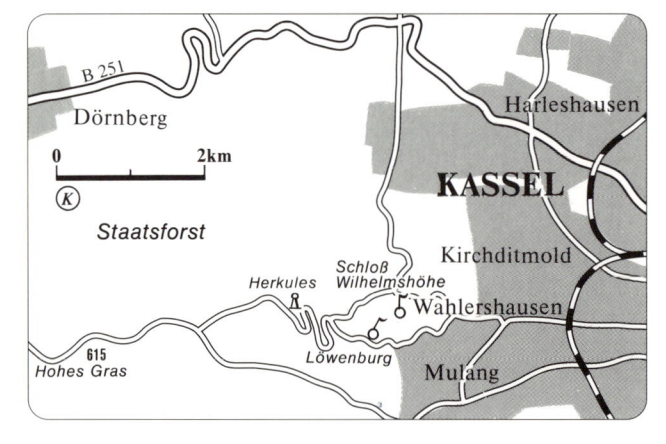

Waldecks Ferienparadies – der Edersee

Zwischen Schloß Waldeck und Herzhausen werden den Wasserfreunden 40 Kilometer Strand geboten und viel Wald gratis dazu.

Wie eine Krone schwebt Schloß Waldeck hoch über dem Edersee, wie ein glitzernder Fjord schlängelt sich, vom Schloß aus betrachtet, der See durch die grünen Waldberge. Die alten Fürsten wußten schon, wo die Erde schön war, auch wenn es damals den Stausee noch nicht gab. Ihr Schloß gehört zu den ältesten deutschen Burganlagen und entstand zwischen 1100 und 1500. Seit 1665 bewohnen es die Fürsten nicht mehr. Sie zogen nach Arolsen um. Die Gebäude dienten anschließend als Gefängnis und als Arbeitshaus, was sie vor dem Verfall bewahrte. Heute sind die Räume Hotel und Gaststätte, ein Teil ist zu besichtigen. Berühmt ist die Aussicht vom

Angler harren geduldig am Ufer, und wer schwimmen möchte, kann dies im ungechlorten Wasser tun. Fast ganz ist die über 69 Kilometer lange Uferstrec-

Anfahrt:
B 252 von Korbach oder Marburg oder B 251 aus Richtung Kassel. Mit der Bahn bis Herzhausen.

Auskunft:
Edersee Tourist Information, Sachsenhäuser Str. 10, 34513 Waldeck, Tel.: 0 56 23/53 02, Telefax: 0 56 23/62 15.

Heimatmuseum:
Im Schloß Waldeck in Verbindung mit Hotel und Gaststätte.

Öffnungszeiten:
Jan.–März Mo.–Do. 8.30–12 Uhr, Fr. 13–17 Uhr. April–Okt. Mo.–Fr. 8.30–12 Uhr, 14–16.30 Uhr, Nov.–Dez. Mo.–Do. 8.30–12 Uhr, Fr. 13–17 Uhr.

Abstecher:
Ab Waldeck nach Netze (4 km); gotische Kirche mit kostbarem Altar; weiter über die B 485 nach Sachsenhausen (7 km); altes Ortsbild; bei Hemfurth nahe der Sperrmauer.

Hoch über dem Edersee thront Schloß Waldeck, die einstige Residenz

Schloß: Man überblickt nicht nur den Edersee, sondern einen großen Teil des hessischen Berglandes. Upland, Kellerwald, Habichtswald, Weidelsburg sind erkennbar. Die Stadt Waldeck, sie trägt diesen Titel seit 1232, liegt auf dem benachbarten Berg; einige alte Fachwerkhäuser geben ihr ein freundliches Aussehen.

Das Freizeitzentrum Nordhessens aber ist der Edersee, der sich rund 27 Kilometer durch die Täler zieht. Er ist der längste Stausee Hessens. Sein Wasser dient der Energieerzeugung und regelt den Wasserstand der Eder und damit den der Weser. Sein Hauptwert liegt aber heute ohne Zweifel in seiner Bedeutung als Erholungsgebiet. Denn alle Arten von Wassersport sind hier möglich: Weiße Segel ziehen lautlos dahin, Paddler und Ruderer mühen sich ab, Surfer halten Balance auf ihrem Brett,

ke bewaldet, gute Luft ist so garantiert. Nur wenige kleine Siedlungen liegen am See, aber zahlreiche Campingplätze. So leben die Bewohner von Asel etwa oder von Neu-Bringhausen sehr stark vom Fremdenverkehr.

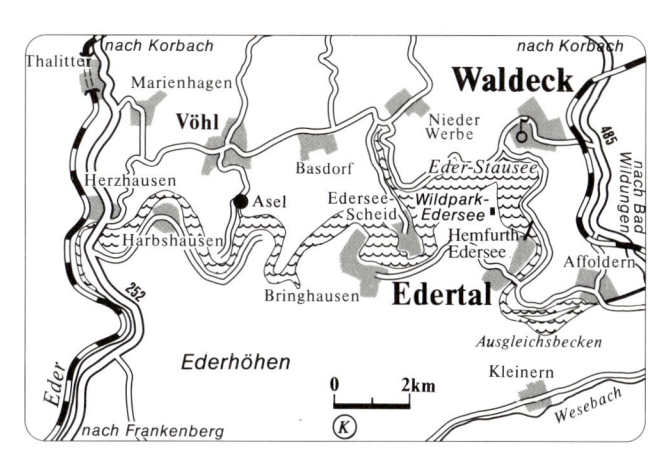

Kahler Asten – Vater der sauerländischen Berge

Der Kahle Asten ist nicht nur einer der höchsten Gipfel des Sauerlandes; für Wanderer und Skifahrer ist er der zentrale Berg, wo sich Landschaft und Pisten dehnen.

Anfahrt:
B 236, von der eine Stichstraße zum Kahlen Asten führt. Nächster Bahnhof ist Winterberg (5 km).

Auskunft:
Kurverwaltung Winterberg, Hauptstraße 1, 59955 Winterberg, Tel.: 02981/7071, Telefax: 02981/3751.

Öffnungszeiten:
Mo.–Fr. 9–17 Uhr, Sa. 10–12 Uhr.

Wandern:
Wanderwege führen vom Turm in alle Richtungen (Informationstafel). Ein Lehrpfad (35 Min.) umrundet das Gipfelplateau.

Abstecher:
B 236 nach Hallenberg (17 km), Fachwerkstädtchen mit Freilichtspielen. Zur Ruhrquelle bis Winterberg B 236, dann B 480 Richtung Brilon, nach 4 km rechts. Nach Altastenberg (2 km), höchstgelegener Ort in Westfalen.

Rund um den Gipfel des Kahlen Astens führen schöne Wanderwege

Man nennt ihn den Vater der sauerländischen Berge: den 841 Meter hohen Kahlen Asten. Zwar fehlen ihm 2 Meter, um der höchste zu sein (Langenberg und Hegekopf bei Willingen, 843 m), aber unbestritten ist er Mittelpunkt der Sauerländer Bergwelt, gehen doch die meisten Höhenzüge strahlenförmig von ihm aus. Sein breiter Buckel, turmgekrönt, ist leicht zu ersteigen und noch leichter zu erfahren, denn es führt eine gut ausgebaute Straße bis zum Gipfel. Im Turm und in einem Anbau sind Gaststätte und Wetterstation untergebracht. Wer noch die Treppen erklimmt bis zur Zinne, schaut sehr weit ins Land hinaus, nicht nur über die 1000 Berge des Sauerlands, sondern bis nach Hessen hinein und bei klarem Wetter bis zum Harz. Zum Greifen nahe liegt Winterberg, führender Wintersportplatz zwischen Weser und Rhein. Hier finden die Liebhaber von Schnee und Eis alle Möglichkeiten, um ihrem Sport zu frönen. Eine herrliche Eishalle im Kurpark, die mächtige St.-Georg-Sprungschanze am steilen Herrloh, die Bobbahn, auf der Weltmeister und Olympiasieger starten, herzerfreuende Pisten für jeden Geschmack und natürlich Loipen durch die Einsamkeit der großen Wälder. Saison ist hier immer. Wer den Winter nicht liebt, nutzt den Sommer. Auf dem Kahlen Asten laufen viele markierte Wanderwege zusammen, Wege für Stunden und Wege für Tage und Wochen.

Auf der weiten Kuppe des Kahlen Astens wachsen krüppelige Kiefern, Heidekraut und Ginster. Das ganze Gipfelplateau steht unter Naturschutz, gedeihen hier doch auch seltene Pflanzen, die sonst nur im hohen Norden zu finden sind. Am Turm beginnt ein Naturlehrpfad, 3 Kilometer lang, der die Schönheiten des Berges erschließt. Er führt zur Lennequelle, der höchstgelegenen Quelle im Sauerland. Die Lenne ist der längste Nebenfluß der Ruhr. So bietet der Kahle Asten ein paar Superlative für den, der ihn besucht.

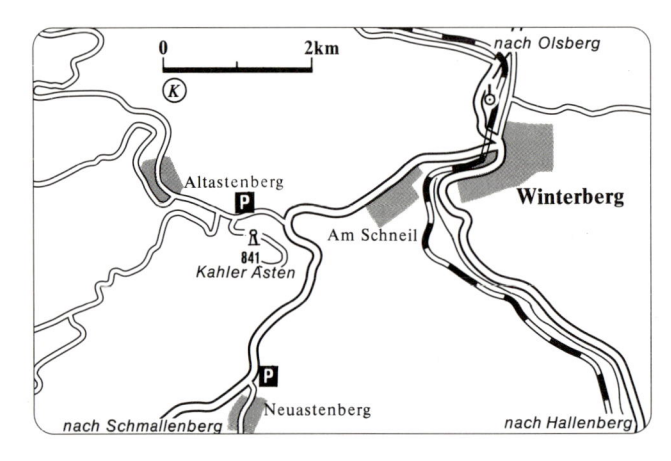

Erholung an Westfalens größtem See

Zwischen Attendorn und Olpe ist das Biggetal zu einer Talsperre aufgestaut. Der größte See Westfalens – er faßt 180 Millionen Kubikmeter Wasser – windet sich fjordartig durch meist bewaldete Berge. Wo sommertags weiße Segel leuchten und wintertags weißes Eis, entwickelte sich das größte Freizeitgebiet des Sauerlandes. Fast alle Wassersportarten können betrieben werden: Segeln, surfen, rudern, schwimmen auch, wenn im Hochsommer das Wasser gut temperiert ist. Wer es bequemer haben will, steigt in ein Boot der kleinen Flotte und läßt sich fahren, vorbei an neuen Siedlungen und Campingplätzen. 2400 Menschen mußten 1956 umgesiedelt werden, als der Bau des Sees begann. Die Seeanwohner leben zu einem großen Teil vom Fremdenverkehr, der rings um den See gut floriert. Ein Zentrum der Badefreunde ist die Waldenburger Bucht bei Attendorn; von der Burg, die einst dort stand, findet man allerdings keine Spur mehr, wohl aber sieht man das Kapellchen, das frisch getüncht auf seinem neuen Standort am Ufer steht. Den alten überflutete das Wasser. In Attendorn, vom Damm nur knappe 2 Kilometer entfernt, erhebt sich mitten in der Stadt das uralte gotische Rathaus, und dicht dabei steht die mächtige Pfarrkirche, »Sauerländer Dom« genannt.

Etwas talabwärts über der Bigge grüßt von einem Bergkegel Burg Schnellenberg, eine umfangreiche, stark gesicherte Anlage mit Hotel und Gaststätte. Die Burg gehört der im Sauerland reich begüterten Familie von Fürstenberg. Größte Sehenswürdigkeit Attendorns aber ist ohne Zweifel die Attahöhle im Massenkalk an der Bigge, vom Stadtmittelpunkt etwa 1 Kilometer entfernt. Die Höhle wurde 1907 freigelegt, halb durch Zufall, als man Sprengarbeiten für eine neue Straße durchführte. Die Attahöhle gilt als eine der schönsten deutschen Tropfsteinhöhlen.

Nicht nur Wasserfreunde kommen am Biggesee ins Schwärmen, denn eine traditionsreiche Burg und eine von Deutschlands schönsten Tropfsteinhöhlen laden gleichfalls zum Besuch ein.

Morgennebel über dem Biggesee, Westfalens Wassersportzentrum Nr. 1

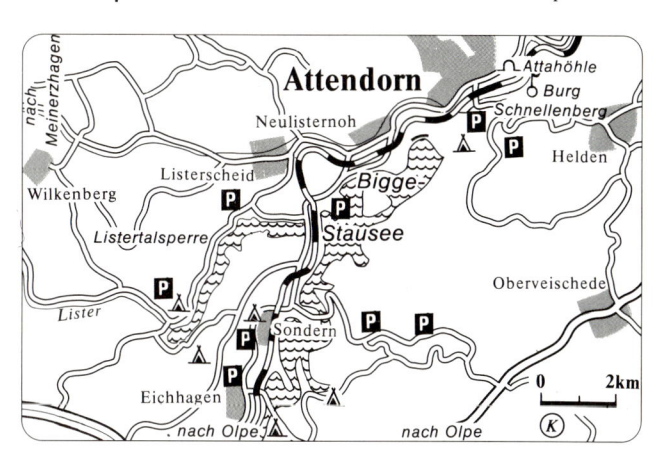

Anfahrt:
A 45, Ausfahrt Olpe, später rechts Richtung Attendorn. Bundesbahn ab Finnentrop (Schnellzughalt) bis Attendorn, Sondern oder Olpe.

Auskunft:
Attendorner Reise- und Fremdenverkehrs GmbH, Rathauspassage, 57439 Attendorn, Tel.: 0 27 22/6 42 29, Telefax: 0 27 22/47 75.

Öffnungszeiten:
Atta-Höhle: täglich. Winterhalbjahr 10–16 Uhr, Sommerhalbjahr 9.30–10.30 Uhr. Burg Schnellenberg: Schatzkammer nach Vereinbarung.

Wandern:
Auf Rundwegen von vielen Parkplätzen. Von Attendorn bis Olpe (Zeichen X 22) Gehzeit 4 Std.; Weg führt teilweise am See entlang.

Abstecher:
Nach Attendorn mit Attahöhle und Burg Schnellenberg und nach Helden (6 km) mit romanischer Kirche sowie zur Listertalsperre.

Der »Alte Flecken« von Freudenberg

Beim Anblick des liebenswerten siegerländischen Städtchens fühlt sich so mancher in längst vergangene Jahrhunderte zurückversetzt.

Anfahrt:
Autobahnen A 45 »Sauerlandlinie« (Dortmund – Gießen), eigene Abfahrt und A 4 (von Köln aus).

Auskunft:
Verkehrsverein im »Haus des Gastes«, Postfach 11 20, 57258 Freudenberg Tel.: 0 27 34 / 4 31 64, Telefax: 0 27 34 / 4 31 15.

Abstecher:
Zum nahen Erzbergwerk »Reinhold-Forster-Erbstollen« nach Eiserfeld. In einer eineinhalbstündigen Führung erhält man einen Einblick in die Arbeit unter Tage.

Öffnungszeiten:
Stadtmuseum, Mittelstr. 4, Mi. und Sa., So. 14–17 Uhr, Sondertermine nach Vereinbarung.
Freilichtbühne, Kuhlenbergstraße, Ende Mai bis Anfang September, Spielplan im Verkehrsamt erhältlich.
Tierpark Niederfischbach, April bis Oktober tägl. 10–19 Uhr.

Der heutige Luftkurort Freudenberg hat ein Ortsbild wie aus dem Bilderbuch bewahrt. Er liegt in einem der waldreichsten Kreise Deutschlands, von dichten Tannen, Hochwald und saftigen Wiesen umgeben. Das Kleinod der »Schmuckschatulle« Freudenberg ist das Fachwerkensemble »Alter Flecken«.

Im 14. Jahrhundert begegnen wir erstmals dem Namen »Freudenberg«. Am Fuß der »Burg zum Freudenberge« entwickelte sich seit dieser Zeit eine kleine Ansiedlung. Bereits im Jahre 1456 wurden diesem malerischen Ort die Stadtrechte verliehen. Dicht an dicht drängen sich die schwarz-weißen Fachwerkhäuser zu einem wohl einzigartigen historischen Stadtbild mit seiner weltbekannten Giebelparade.

Der »Alte Flecken« ist einer der baugeschichtlich bedeutendsten Stadtkerne Westfalens und 1966 zum »Baudenkmal von internationaler Bedeutung« erklärt worden.

Seine harmonische Gestalt ist die Folge eines geschlossenen Wiederaufbaus der früheren Burgmannsiedlung, die zwei große Brandkatastrophen 1540 und 1666 nahezu vollständig einäscherten. Daß die Freudenberger alles daransetzen, diese handwerkliche Städtebaukunst zu erhalten, sieht man unter anderem auch daran, daß inmitten im

Blick vom Kurpark Freudenberg auf den historischen »Alten Flecken«

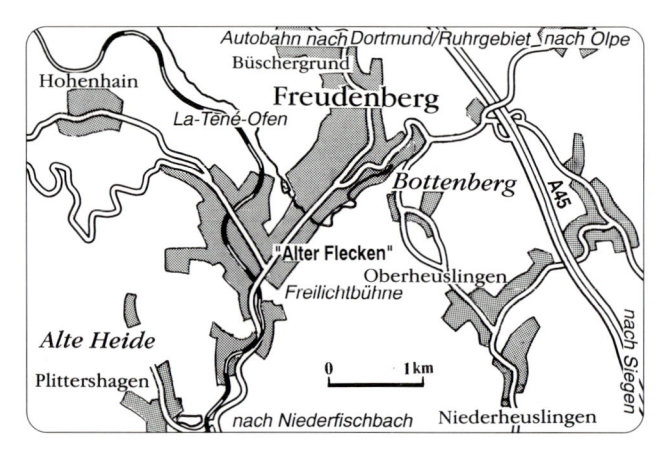

»Alten Flecken« das Stadtmuseum mit einer Ausstellung zum Denkmalschutz im Altstadtbereich informiert.

Einen weiteren kulturellen Höhepunkt bietet die Stadt unweit der Altstadt. Vor einer sich steil erhebenden Felswand, inmitten einer prächtigen Waldlandschaft, werden auf der Südwestfälischen Freilichtbühne während der Sommermonate bekannte Stücke für Erwachsene und Kinder aufgeführt.

Die Nachbildung eines Schmelzofens aus dem 7./8. Jahrhundert steht an der Stelle eines frühmittelalterlichen Verhüttungsplatzes in der Gambach.

Autotour ⑥ Wetterau, Hessisches Bergland, Sauer- und Siegerland

Der Westerwald hat eine Seenplatte

Zugegeben, diese Wanderung stellt Autofahrer vor ein Planungsproblem. Dieses läßt sich aber lösen, wenn wir die Tour entweder sehr früh morgens beginnen oder aber bereits am Vortag nach Limburg anreisen. Als angenehmer Nebeneffekt bietet sich dann die Möglichkeit zur Besichtigung des Doms und eines Altstadtbummels (Fisch- und Kornmarkt, Brückengasse, Barfüßerstraße). Auf jeden Fall aber parken wir das Auto in Limburg und fahren dann sehr zeitig mit der Bahn nach Selters. Vom dortigen Bahnhof gehen wir zum Sportplatz und weiter nach Maxsain. Auf dem Weg treffen wir auf das weiße »X«, die Markierung des Europäischen Fernwanderwegs Flensburg–Genua, die uns bis zum Ziel leitet. Schon bald können wir den idyllisch liegenden Dreifelder Weiher bewundern. Eine Rast tut jetzt sicher gut, und dazu laden einige Gaststätten in Seeburg ein. Einen besonders hübschen Ausblick auf den See bietet das »Haus am See« am Nordende des schönen Weihers.

Über Langenbaum und den großen Weißenstein führt der Weg nach Alpenrod. Den herrlichen Blick ins Nistertal genießend, wandern wir hinunter nach Hirtscheid, queren Bach, Straße sowie Bahnlinie und steigen wieder hinauf nach Unnau. Vorbei an aufgelassenen Braunkohle-Bergwerken kommen wir zum Naturdenkmal »Großer Wolfsstein« (Rest einer im Tertiär entstandenen Blockform), von dem die Sage berichtet, daß hier der Teufel einen himmelhohen Turm bauen wollte. Noch 2 Kilometer, und wir haben unser Ziel, das Kneipp-Heilbad und den Höhenluftkurort Bad Marienberg, erreicht. Sehenswürdigkeiten: Europahaus, evangelische Pfarrkirche, Wildpark, Basaltpark. Hier gönnen wir uns eine Stärkung mit frischem Kartoffelbrot. Nächtigen ist sicher eine Überlegung wert.

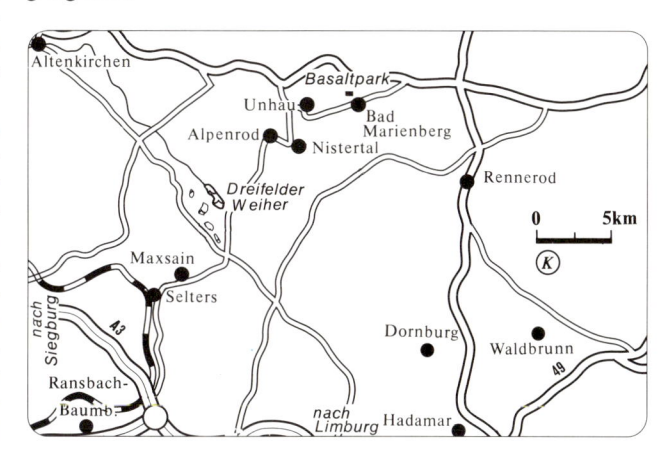

Ein abwechslungsreicher Ausflug führt uns auf Schusters Rappen von Selters nach Bad Marienberg: vorbei an idyllischen Seen, tiefen Tälern und merkwürdigen Basaltsäulen.

Anfahrt:
A 3 Frankfurt – Köln, Ausfahrten Limburg-Süd bzw. Limburg-Nord. Ab Limburg Weiterfahrt mit der Bahn nach Selters.

Auskunft:
Gemeindeverwaltung, Abt. Fremdenverkehr, 56242 Selters, Tel.: 0 26 26/76 40.

In Bad Marienbergs Basaltpark kann man echte Basaltsäulen bewundern

Wetzlar – Stadt der Museen

Nicht nur die malerische Altstadt mit ihren zahlreichen Fachwerkbauten, engen Winkeln und Gassen macht einen Besuch der Dom- und Goethestadt so lohnenswert.

Auskunft:
Städtisches Verkehrsamt, Domplatz 8, 35573 Wetzlar
Tel.: 06641/99-338, Telefax: 06641/99339.

Öffnungszeiten:
Stadt- und Industriemuseum, Lottestraße 8–10, Di.–So. 10–13 und 14–17 Uhr.
Lottehaus, Lottestraße 8–10, Di.–So 10–13 und 14–17 Uhr;
Jerusalemhaus, Schillerplatz 5, Di.–So. 14–17 Uhr; Sammlung Dr. Irmgard von Lemmers-Danforth, Kornblumengasse 1, Di.–So. 10–13 und 14–17 Uhr;
Reichskammergerichtsmuseum, Hofstatt 19, Di–So. 10–13 und 14–17 Uhr.

Es sind nicht immer nur die hervorragend erhaltenen malerischen Altbauten, die einen Besuch in einer Stadt wie Wetzlar rechtfertigen. Hier sind es vor allem fünf wichtige Museen, die über das Stadtzentrum verstreut sind. Ihren Besuch kann man leicht mit einem Spaziergang durch die Straßen mit den hübschen Fachwerkhäusern verbinden.

1980 wurde das in den 20er Jahren in der ehemaligen Herberge des Deutschen Ordens eingerichtete Stadtmuseum durch einen Ausbau zum Stadt- und Industriemuseum erweitert. Außer reichhaltigen Sammlungen zur Wetzlarer Industriegeschichte gibt es auch eine Ausstellung zur Entwicklung der Stadt, deren Funde bis in die vorgeschichtliche Zeit zurückgehen. Unweit dieses Museums liegt das Lottehaus, das 1863 von Bürgern der Stadt eröffnet wurde. Es gilt als literarische Ergänzung der Goethemuseen in Frankfurt, Düsseldorf und Weimar. Das historische Mobiliar entstammt jener bürgerlichen Zeit, in der einer der bedeutendsten deutschen Romane des 18. Jahrhunderts spielt: »Die Leiden des jungen Werthers«. Das Jerusalemhaus ergänzt den Besuch des Lottehauses. 1772 setzt hier Carl Wilhelm Jerusalem seinem unglücklichen Leben ein Ende.

Mit dem Untergang des Heiligen Römischen Reiches Deutscher Nation im Jahre 1806 wurde die Arbeit des Reichskammergerichts eingestellt. Heute befindet sich in dem Gebäude das Reichskammergerichtsmuseum. In einer Tonbildschau und der Ausstellung erhält der Besucher Informationen über die ehemalige Bedeutung dieser Einrichtung.

Wetzlar, an der Lahn gelegen, überragt von dem schönen Dom

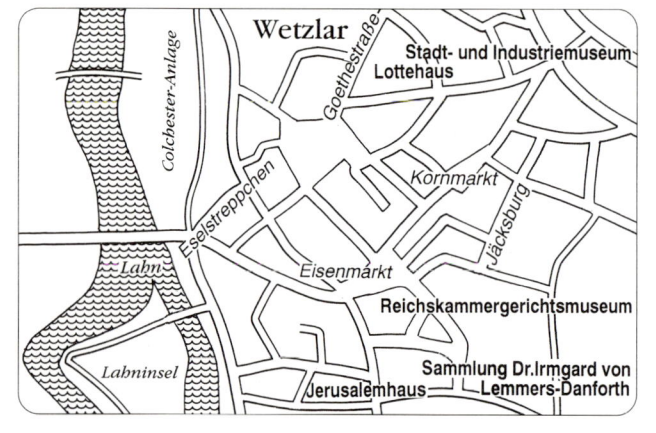

In der Sammlung Dr. Irmgard von Lemmers-Danforth sind sehr wertvolle historische Möbel, Gold- und Silberschmiedearbeiten sowie andere Kunstgegenstände für die Öffentlichkeit zugänglich gemacht worden.

Rodelspaß am Hoherodskopf

Von Breungeshain mit seiner schönen Fachwerkkirche führt eine gut ausgebaute Straße durch die Niddawiesen zum Hoherodskopf empor, dem zweithöchsten Vogelsberggipfel (763 m). Daß er zum oberen Stockwerk eines lange erloschenen Vulkans gehört, dem größten in Mitteleuropa, merkt der Besucher an den überall herumliegenden Basaltsteinen und an den erstarrten Lavablöcken, die gelegentlich aus der Erde hervorschauen. Fast 400 Meter dick ist die Basaltdecke über dem Sockel des Gebirges.

Der flache Gipfel des Hoherodskopfes bietet besonders nach Süden und Westen sehr weite Fernblicke bis zu den benachbarten Gebirgen. Der Bismarckturm steht auf dem benachbarten Taufstein (773 m), dem höchsten Punkt des Vogelsberges, mit einer umfassenden Rundsicht.

Wer rasten möchte, dem bietet der Hoherodskopf ausreichend Gelegenheit,

Auf dem zweithöchsten Gipfel des Vogelsberges kann man im Winter und im Sommer rodeln.
Bei klarer Sicht überblickt man dabei acht Mittelgebirge.

bevorzugter Gipfel im Vogelsberg. Pisten führen über die Wiesen abwärts zu den Talstationen, mit dem Lift gelangt man wieder empor. Loipen ziehen sich auf fast ebenen Wegen kreuz und quer durch den ausgedehnten Oberwald, wie der ganz mit Wald bedeckte und unbesiedelte höchste Teil des Gebirges heißt. Dem stillen Wanderer wird manches Wild begegnen.

Anfahrt:
B 276 und B 455 bis Schotten, dann weiter über Breungeshain.

Auskunft:
Verkehrsamt,
Vogelsbergstr. 184,
63679 Schotten,
Tel.: 0 60 44/66 51,
Telefax: 0 60 44/66 69.

Öffnungszeiten:
Mo.–Fr. 8–12 Uhr,
Mo.–Mi. 14–16 Uhr,
Do. 14–18 Uhr.

Wanderwege:
Am Haus des Vogelsberger Höhenclubs Informationstafel der markierten örtlichen und überörtlichen Wanderwege.

Abstecher:
Zum Taufstein 1, 2 km auf markiertem Weg, ebenso zur Herchenhainer Höhe (4 km); zur Rundstrecke des Schottenrings (4 km) Richtung Ulrichstein, später links; südlich zum Gederner See (13 km) bei Gedern mit Wassersport, Bädern, Anglerseminaren.

Größte Attraktion am Hoherodskopf ist die Sommerrodelbahn

etwa im mit vorzüglicher Fernsicht ausgestatteten Haus des Vogelsberger Höhenclubs, dem Verein, der für die Wegemarkierung verantwortlich ist. Der Wanderer ist immer herzlich willkommen. Größte Attraktion aber ist gewiß die Sommerrodelbahn. In vielen Kehren »rutscht« man auf Schlitten mit kleinen Rollen bergab, mehr oder minder zügig, je nachdem, wie stark man die Bremse betätigt. Ein Schlepplift bringt Rodler und Gefährt wieder zur Bergstation. Neben dem großen Parkplatz legte man einen Kinderspielplatz an. Im Winter ist der Hoherodskopf

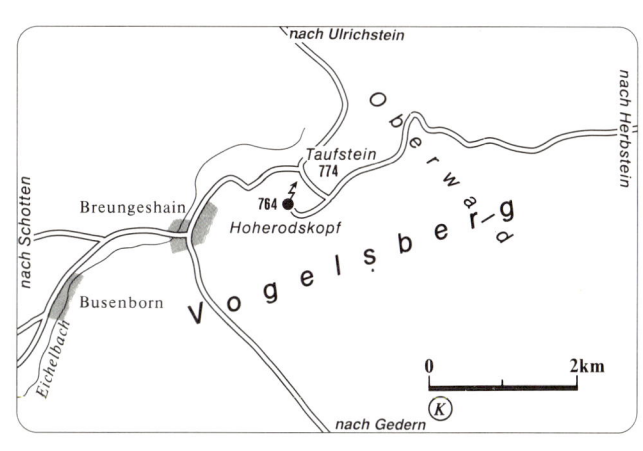

Europas Musterstadt Alsfeld

Wer in Nostalgie schwelgen will, ist hier gut aufgehoben. Beschlüsse im schönen Fachwerkrathaus wurden einst mit einem Umtrunk besiegelt. Heute laden Straßencafés hierzu ein.

Anfahrt:
A 5, Ausfahrten West und Ost. Bahnstrecke Fulda – Gießen.

Auskunft:
Städtisches Verkehrsbüro, Rittergasse 3–5, 36304 Alsfeld
Tel.: 0 66 31/43 00 und 18 21 65, Telefax: 0 66 31/7 38 96.

Öffnungszeiten:
Mo.-Fr. 9–12.30 Uhr, 14–16.30 Uhr, Sa. 9–12 Uhr, 13–16 Uhr, So. 10–12 Uhr, 14–16.30 Uhr.

Abstecher:
In das Trachtengebiet der Schwalm um Willingshausen 15 km nördlich (Malerkolonie); über die B 254 nördlich nach Schönberg (14 km) zur Totenkirche; zur Antrifftalsperre (6 km) bis Angenrod B 62, dann rechts in Richtung Neustadt; östlich 12 km über B 62 zur Burg Herzberg.

Das Alsfelder Rathaus gilt als Musterbeispiel seiner Art

Fachwerk prägt auch abseits des Marktes Alsfelds Straßenbild

Fachwerkmusterstadt, Stadt der Gassenseligkeit, Stadt des Mittelalters, nostalgische Schwelgereien, europäische Modellstadt des Denkmalschutzes – so viele Attribute für eine Stadt: Alsfeld. Man benötigt mehr als einen Tag, um alle Gassen der Altstadt abzugehen, mehr als einen Tag, wenn man alle architektonischen Feinheiten genüßlich in sich aufnehmen will. Jedes Haus ist anders, kein Balkenwerk einem anderen gleich. Reste der Stadtmauer umziehen den Kern einer Stadt, die um 1180 von einem thüringischen Landgrafen gegründet wurde. 1222 wird Alsfeld zum ersten Mal als Stadt genannt.

Begünstigt durch ihre verkehrsgünstige Lage an den »kurzen Hessen«, einer schon im Mittelalter bekannten Handelsstraße von Frankfurt nach Leipzig, blühte die Stadt im 14. und 15. Jahrhundert auf. Das älteste gotische Fachwerkhaus stammt von 1350, doch sind in der Altstadt alle Zeitepochen vertreten, bis zum Klassizismus am Anfang des 19. Jahrhunderts. In vielen Gassen ist noch das alte Buckelpflaster erhalten. Zentraler und sehenswertester Punkt der Stadt ist der Markt mit dem berühmten, 1512–1516 erbauten Fachwerkrathaus. Es gilt als schönstes Werk dieser Art in Deutschland. Auch das Weinhaus und das Hochzeitshaus sind künstlerisch besonders wertvolle Bauten, ebenso die Walpurgiskirche.

Daß Alsfeld einst eine reiche Stadt war, verdankt sie nicht nur ihren Handelsbeziehungen, sondern auch ihrer Lage im fruchtbaren Ackerbaugebiet der südlichen Schwalm. In Stadt und Umland wurden immer schon alte Traditionen gepflegt, von den Trachten bis zum Brauchtum. Das Regionalmuseum, untergebracht im Minnigerode-Haus und im Neurathaus (Rittergasse), kündet davon. Zum Trachtengebiet der Schwalm ist es nicht weit, südlich lockt der Vogelsberg mit seinen Wäldern.

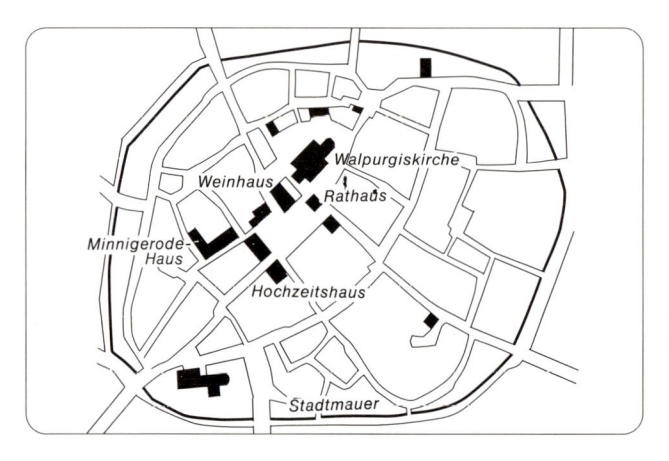

Autotour (10)   Wetterau, Hessisches Bergland, Sauer- und Siegerland

Erbaut zu Ehren der heiligen Elisabeth

Die Königstochter Elisabeth (1207–31) hatte schon in ihrer Kindheit, die sie auf der Wartburg verbrachte, den heiligen Franz von Assisi als geistliches Vorbild. Ihr Leben widmete sie schon in jungen Jahren den Hungernden und Kranken. Nachdem ihr Mann, der Landgraf Ludwig IV. von Thüringen, von einem Kreuzzug nicht zurückkehrt, muß sie fliehen und richtet ihren Witwensitz in Marburg ein. Hier gründete sie schließlich ein Franziskus-Spital und weihte ihr Leben den helfenden Händen von Christus, getreu dem Leitspruch »Wir müssen die Menschen fröhlich machen«.

Die früheste rein gotische Hallenkirche Deutschlands steht in malerischer Umgebung in Marburg an der Lahn. Französische Kathedralen dienten als Vorbild.

Marburg beeindruckt besonders durch sein malerisches Altstadtbild

Bald nach ihrem Tod begannen die Pilgerfahrten zu ihrem Grab. Dem Schwager, Landgraf Konrad, ist ihre Heiligsprechung im Jahre 1235 zu verdanken. Im gleichen Jahr beginnt der Bau der Kirche, genau über dem Grab der Heiligen.
Aus mächtigen Quadern ist sie errichtet. Bis zu 80 Meter streben ihre beiden Türme in den Himmel. Niemand sieht der Kirche an, daß sie bereits im Jahre 1283 geweiht wurde. Eine für damalige Verhältnisse sehr kurze Zeit. Weitere 50 Jahre danach sind auch die beiden Türme fertiggestellt. Ermöglicht wurde die kurze Bauzeit durch die vielen Spenden und Opfer der vielen Tausend Pilger, die das Grab der heiligen Elisabeth aufsuchten.
Ursprünglich hatte die Kirche mehrere Funktionen: Sie diente als Grabstätte der Heiligen und daher als Wallfahrtskirche, daneben wurde sie auch als Grabstätte für die hessischen Landgrafen genutzt. Schließlich war sie noch die Ordenskirche der Deutschritter, die als Hüter der doppelten Grabstätte eingesetzt waren. Imposant ist das große Hauptportal, auch als »Pforte des Himmels« bezeichnet. Im Innern birgt das Gebäude mehrere Kunstschätze, von denen der ganz mit Gold belegte Schrein der heiligen Elisabeth, ein Meisterwerk der Feinschmiedekunst, wohl die größte Attraktion ist.

Anfahrt:
Von Süden auf der A 5/A 485, von Norden auf der A 49/B 3, von Westen B 255, von Osten B 62.

Auskunft:
Amt für Fremdenverkehr, Neue Kasseler Straße 1, 35039 Marburg/Lahn, Tel.: 0 64 21/20 12 62, Telefax: 0 64 21/68 15 26.

Tourenvorschlag:
Stadtrundgang mit Besichtigung des Schlosses, der malerischen Altstadt mit Deutschem Haus, Rathaus und den unzähligen Treppen und Gäßchen.

Öffnungszeiten:
Elisabeth-Kirche, Winter tägl. 10–16 Uhr, Sommer tägl. 9–18 Uhr (Ostern–Sept.). Landgrafenschloß: außer Mo. April–Okt. 10–18 Uhr, Okt.–März 11–17 Uhr, Öffentl. Stadtführung: April–Oktober, Sa. 15 Uhr, ab Hauptstr. Elisabethkirche. Führung durch Kasematten: April–Okt., Sa. 15 Uhr.

- Spitzer Berg 5,5 km / Schneidersgr. 6,5 km
- Schanze am Rennsteig 4,0 km
- Gebr. Stein 4,5 km / Ruppberg 7,5 km (ab Stein 16)
- Rennsteig / Schmücke 7,5 km / Bhf. Rennsteig 14,0 km
- Rennsteig / Stein 16 1,0 km / Grenzadler 2,5 km
- Rondell
- Oberhof 2,5 km (ab Stein 16)
- Oberhof 1,5 km
- Veilchenbrunnen 3,0 km
- Zella-Mehlis 10 km

Rhön, Thüringer Wald, Frankenwald

Luther, Goethe und die Segelflieger

Im grünen Herzen Deutschlands liegt dieser an Märchen, Gedichten und Segelflieger erinnernde Mittelgebirgsdreiklang. Hier findet man auch heute noch auf weiten Strecken seine Ruhe vor der Hektik des modernen Alltags. Aber auch die Hochburgen der deutschen Dichtkunst säumen den Weg dieser Rundfahrt.

Naturparks, idyllische und meist einsame Berge und Täler, insbesondere aber ausgedehnte Wälder sind die Charakteristika dieser Mittelgebirgsregion, die politisch zu Hessen, Thüringen und Bayern gehört. Abenteurertypen, die während der Wochenendwanderung gerne eine rauhe Landschaft in ihrer natürlichen Ursprünglichkeit erleben möchten, werden sich schnell in die Rhön verlieben. Aber es ist nicht nur die Natur, die einen Aufenthalt in dieser Region so attraktiv macht. Die dort lebenden Menschen und ihre kulturellen Leistungen locken alljährlich Millionen Besucher aus nah und fern an zu recht berühmten Städten: Fulda mit seinem Schloß, dem Dom, der St. Michaels-Kirche und der Fasanerie; Eisenach mit seinem mittelalterlichen Stadtbild und der weltberühmten Wartburg; Weimar, die Stadt der Dichtkunst.

Erdgeschichtlich hat die Region eine erkennbare, 250 Millionen Jahre dauernde Entwicklung hinter sich. Zahlreiche Kuppen aus Quarzporphyren, Basalt und Phonolithgestein ragen markant über die sie umgebenden Flächen hinaus. In der Rhön sind dies unter anderen die sagenumwobene Milseburg, eine ehemalige keltische Fliehburg, und die 950 m hohe Wasserkuppe, der traditionelle Berg der Segelflieger. Neben der Aussicht und den Wintersporteinrichtungen lockt vor allem das Segelflugmuseum jährlich Tausende von Ausflüglern hierher.

Die Besonderheit der geologischen Beschaffenheit des Thüringer Waldes liegt in seinem kammartigen Aufbau. Auf dem Kamm dieses bis zu 20 Kilometer breiten und 80 Kilometer langen Gebirges verläuft einer der berühmtesten Wanderwege Deutschlands, der

Dichte Wälder und idyllische Täler – der Thüringer Wald

Rennsteig. Der urkundlich erstmals 1313 als »Rynnestig« genannte Weg ist zu jeder Jahreszeit wegen seiner Naturschönheiten und im Winter wegen seiner Schneesicherheit ein beliebtes Urlaubsziel.

Im Mittelalter noch als »Anhängsel« betrachtet, bildet der Frankenwald das dritte der regionalen Mittelgebirge. Es handelt sich hierbei um eine ausgedehnte, gewellte Hochfläche, die von zahllosen kleinen und großen Tälern durchschnitten wird. Diese Täler mit sprudelnden Bächen bilden zusammen mit Wiesen und Wäldern und den malerisch gelegenen Burgen und Ruinen den reizvollen Rahmen für erlebnisreiche Wanderungen durch diesen schönen Höhenzug.

Genug Zeit sollte man sich schon nehmen, wenn man in den Naturpark Haßberge kommt, denn das »Land der Burgen, Schlösser und Ruinen« hat einiges zu bieten. Neben den hübschen Fachwerkstädtchen laden vor allem Märchenpark, Badeseen und gekennzeichnete Wanderwege zu geruhsamer Freizeitaktivität abseits der befahrenen Straßen ein.

Auskunft:
Fremdenverkehrsverband Rhön e. V.,
Wörthstr. 15,
36037 Fulda,
Tel.: 0661/6006-305,
Telefax: 0661/6006-309.

Fremdenverkehrsamt Erfurt e. V.,
Krämerbrücke 3
99084 Erfurt,
Tel.: 0361/5623436,
Telefax: 0361/5621116.

Fremdenverkehrsverein Franken e. V.,
Am Plärrer 14,
90429 Nürnberg,
Tel.: 0911/264202.

Das Wandern, wie hier am Rennsteig wird in diesem Urlaubsgebiet groß geschrieben

Übersichtskarte Autotour und Sehenswürdigkeiten

Rhön, Thüringer Wald, Frankenwald

Die Autotour

Welch einen Reichtum an Geschichte und Kunst birgt die Landschaft zwischen den altehrwürdigen Städten Eisenach, Gotha und Weimar im Norden und Schweinfurt und Bamberg im Süden! Tiefe Wälder wechseln sich ab mit kuppigen Bergen, dazwischen Hochburgen deutscher Geistesgeschichte.

Gesamtlänge der Autorundreise: 490 km

❶ Tourenvorschlag Fulda
Die »Stadt des Barock« ist Bischofssitz mit imposantem Dombau und einem schönen Stadtschloß. Und auch die hübsche Altstadt kann sich durchaus mit anderen Orten messen.

❷ Tourenvorschlag Eisenach
Zu Füßen der legendären Wartburg und des Thüringer Waldes befindet sich eine der geisteswissenschaftlich bedeutendsten und geschichtsträchtigsten Städte Ostdeutschlands.

❸ Tourenvorschlag Oberhof
Das neue Wahrzeichen des 840 m hoch gelegenen Wintersportzentrums ist das Hotel Panorama. Besucherziele sind aber auch der Rennsteiggarten und die nahe gelegenen Sprungschanzen.

❹ Tourenvorschlag Erfurt
Großen Einfluß auf das Stadtbild hat der wuchtige Mariendom aus dem 12. Jh., der in unmittelbarer Nachbarschaft zur großartigen Stiftskirche St. Severin steht.

❺ Tourenvorschlag Weimar
Überall in den kleinen Gassen der malerischen Stadt findet man Spuren aus der Epoche großer deutscher Dichter. Zahlreiche Gedenkstätten erinnern an Leben und Werk Goethes.

❻ Tourenvorschlag Kronach
Die Festung Rosenberg ist eine der großartigsten Festungsanlagen des Landes. Heute haben dort die Fränkische Galerie und das Frankenwald-Museum ihren Platz gefunden.

❼ Tourenvorschlag Kulmbach
Die berühmte Bierstadt zeigt sich auch heute noch als malerische Fachwerkstadt, die majestätisch von der erstmals 1135 erwähnten Plassenburg überragt wird.

❽ Tourenvorschlag Lichtenfels
In Lichtenfels steht die Wallfahrtskirche Vierzehnheiligen, zu der Tausende von Gläubigen pilgern. Ein prunkvoller Altar schmückt das Innere der Basilika.

❾ Tourenvorschlag Coburg
Eine der schönsten und größten Burgen Deutschlands ist die sich über die Stadt erhebende Veste Coburg, die auch als »Fränkische Krone« bekannt ist. Wallenstein versuchte vergeblich, sie zu erobern.

❿ Tourenvorschlag Wasserkuppe
Auf dem »Berg der Segelflieger« gibt es ein Museum, das dem motorlosen Flug gewidmet ist. An schönen Tagen starten und landen dort viele Motor- und Segelflugzeuge sowie Drachenflieger.

Blick über den Thüringer Wald

Weitere interessante Sehenswürdigkeiten entlang der Route

❶ Rasdorf
Der kleine Ort liegt an der B 84 zwischen Hünfeld und Vacha. Erwähnenswert ist die ehemalige Stiftskirche aus dem 13. Jh., die sich über die Silhouette der Stadt erhebt.

❷ Tann/Rhön
Wer hierher kommt, der passiert das schmucke Stadttor, das 1557 im Renaissancestil erbaut wurde.

❸ Vacha
Von der beeindruckenden Stadtbefestigung stehen noch drei Rundtürme, Teile der Mauer und der 1260 errichteten Burg. 1342 begann man mit dem Wiederaufbau der zerstörten Werrabrücke.

❹ Drachenschlucht
Von der Wartburg aus gesehen erstreckt sich nach Süden das Naturschutzgebiet »Wartburg-Hohe Sonne«. Besonders eindrucksvoll ist die Fahrt auf der B 19 in Richtung Meiningen. Verschieden harte Gesteinsschichten bewirken den stetigen Wechsel von weiten und engen, ja fast klammartigen Taleinschnitten.

❺ Friedrichsroda
Nördlich des reizvoll gelegenen Erholungsortes erhebt sich an der Straße nach Waltershausen das Schloß Reinhardsbrunn.

❻ Schmalkalden
Im Schloß Wilhelmsburg ist ein Museum eingerichtet, das sich umfassend mit dem stahlverarbeitenden Handwerk beschäftigt. Im 14./15. Jh. gewann dieser Wirtschaftszweig überregionale Bedeutung.

❼ Suhl
»Waffennarren« kommen im eigens dafür eingerichteten Museum der Stadt voll auf ihre Kosten. Die seit dem 15. Jh. auf Waffen spezialisierte Wirtschaft Suhls findet ihren Niederschlag in der umfangreichen Sammlung verschiedenster Waffen.

⑧ Dreigleichen
Beiderseits der Autobahn bei Arnstadt erhebt sich das malerische Burgenensemble. Während die historisch interessante Wachsenburg heute ein ansprechendes Hotel beherbergt, sind die Burg Gleichen und die Mühlburg lediglich Ruinen.

⑨ Stadtilm
Das kleine Museum im ehemaligen Zisterzienser-Nonnenkloster und heutigen Rathaus befaßt sich mit der Geschichte der näheren Umgebung.

⑩ Paulinzella
Die Klosterruine ist eines der eindrucksvollsten Zeugnisse romanischer Baukunst auf deutschem Boden. Nach der Reformation verfiel das Benediktinerkloster.

⑪ Bad Blankenburg
Südwestlich des Ortes erstreckt sich das etwa 12 km lange Naturschutzgebiet Schwarzatal mit mehr als 1700 Hektar.

⑫ Burgruine Liebenstein
Vom Gelände der im 14. Jh. errichteten Burganlage hat man einen phantastischen Blick auf das herrliche Werratal.

⑬ Sonneberg
Mehr als 70000 Spielzeuge umfaßt die Sammlung des Spielzeugmuseums. Über mehrere Etagen verteilen sich wertvolle Stücke, von denen die berühmte Schaugruppe »Thüringer Kirmes« im Jahre 1910 den »Grand Prix« auf der Brüsseler Weltausstellung erhielt.

⑭ Mitwitz
Das malerische kleine Städtchen besitzt zwei sehenswerte Schlösser: das obere Schloß und ein aufwendig renoviertes Wasserschloß (12. Jh.).

⑮ Heldburg
Die ursprünglich aus dem 12. Jh. stammende Burganlage wurde im 16. Jh. mit dem französischen Bau im Renaissancestil erweitert. Die Stadt selbst besitzt sehenswerte mittelalterliche Fachwerkhäuser.

⑯ Münnerstadt
Der mittelalterliche Stadtkern wird von einer im 13. Jh. errichteten Stadtmauer umschlossen. Hier erhebt sich die spätromanische Pfarrkirche aus dem 13. Jh.

⑰ Bad Neustadt a. d. S.
Der Kern der aus einer karolingischen Siedlung hervorgegangenen Stadt besteht aus einem weiten Marktplatz mit schönen Bürgerhäusern aus dem Mittelalter. Die Klosterkirche ist Teil des Karmeliterklosters.

⑱ Gersfeld
Der an der Fulda gelegene Ort war im Jahre 1876 Gründungsort des »Rhönklubs«. Das Barockschloß und die Pfarrkirche sind sehenswerte Kunstschätze.

Geschichte und Kultur

Die Wartburg — »eine feste Burg« der Reformation

»O wir blinden Deutschen, wie kindisch handeln wir und lassen uns so jämmerlich (durch) die Romanisten äffen und narren!« Dies schrieb Martin Luther an Lucas Cranach gut eine Woche nach seinem Auftritt auf dem Wormser Reichstag am 17./18. April 1521, auf dem er seine Lehre vor Kaiser Karl V. und den versammelten Reichsständen nicht widerrufen hatte.
Seit dem spektakulären Anschlag der 95 Thesen am Kirchentor zu Wittenberg war Luther – nur ein aufmüpfiger Augustiner-Mönch, wie viele glaubten – das Haupt einer epochalen geistigen Bewegung geworden. Spätestens nach päpstlichem Bann und kaiserlicher Reichsacht zeigte sich, daß sein Wettern gegen den Ablaßhandel ein populärer, konkreter Protest gegen die finanzielle Ausplünderung und politische Bevormundung Deutschlands durch die römische Kurie war. Luthers mutige Haltung wurde zu Recht als Gefährdung des geistigen Machtzentrums »Römische Kirche« verstanden und entsprechend geahndet. Laut kaiserlichem Edikt wurde nicht nur die Person Luthers bedroht, sondern jedermann, der seinen Lehren folgte oder sie verbreitete. Die antirömische Bewegung hatte längst auf alle Stände übergegriffen. Der sächsische Kurfürst Friedrich II. (der Weise) veranlaßte, Luther in Sicherheit zu bringen.
Am 4. Mai 1521 wurde Luther im Altensteiner Wald »überfallen« und auf die im Besitz der Wettiner befindliche Wartburg verbracht. Dort eröffnete ihm der Burghauptmann, nicht unvorbereitet, daß er seine Professur in eine Ritterschaft umzuwandeln habe. Luther nahm die Gestalt eines Ritters und den Namen »Junker Jörg« an, bezog das anspruchslose, aber gut geschützte Quartier in der Vogtei. Um die Geheimhaltung seines Verstecks sehr besorgt, spielte er selbst den päpstlichen Häschern einen fingierten Brief zu. Darin frohlockte er über das Gerücht, er habe auf der Wartburg Zuflucht gefunden, obschon er doch sicher nach Böhmen entkommen sei.
Er zwingt sich zur Arbeit, steigert sich in rastlose Tätigkeit hinein; er verfaßt während der zehnmonatigen »Gefangenschaft« vierzehn reformatorische Schriften, unter anderem eine Erneuerung der Beichte, eine Psalmenauslegung und die Übertragung des Neuen Testaments ins Deutsche. Luther benutzt als erster die griechische Ausgabe des Erasmus von Rotterdam. Er kennt die Notwendigkeit, eine Sprachform zu finden, die in allen deutschen Gebieten verständlich ist. – Und er findet sie, indem er »die Mutter im Hause, die Kinder auf der Gasse, den gemeinen Mann auf dem Markt drum fragt und denselbigen auf das Maul sieht, wie sie reden«.
Fortan kann jeder lesekundige Christ seinen Glauben ohne die dazwischen geschalteten kirchlichen Instanzen, ohne liturgische Zwänge ausüben.
Die eingedeutschte Bibel wird binnen weniger Jahre in 100000 Exemplaren verkauft. Sie wird das meist gelesene Buch der Deutschen und trägt damit maßgeblich zur Vereinheitlichung der deutschen Schrift- und Begründung der Literatursprache bei.

Der große Reformator Martin Luther

Beim heiligen Bonifatius zu Gast

Fulda liegt vor der Kulisse der Rhönvulkane: eine Stadt, in der sich Mittelalter und Barockzeit baulich auf äußerst gelungene Weise ergänzen.

Anfahrt:
A 7 Würzburg–Kassel, Ausfahrten Fulda-Süd bzw. Fulda-Nord.

Auskunft:
Städt. Verkehrsbüro, Schloßstr. 1, 36037 Fulda, Tel.: 0661/6006-305, Telefax: 0661/6006-309.

Öffnungszeiten:
Schloß: tägl. auß. Fr. 10–18 Uhr, Fr. 14–18 Uhr. Dom: April–Nov. Mo.–Fr. 10–17.30 Uhr, Sa. 10–14 Uhr u. So. 12.30–17.30 Uhr.

Auch sehr sehenswert ist das außerhalb gelegene Schloß Fasanerie

Es gibt wohl kaum eine andere deutsche Stadt, deren Gesicht so beherrschend vom Baustil des Barock geprägt wird. Dennoch: Der barocke Dom mit seiner von zwei Türmen flankierten Kuppel würde vielleicht nicht ganz so gewaltig auf den Betrachter wirken, wenn nicht gleich daneben, etwas erhöht, die schlichte romanische Kirche St. Michael stünde. Sie ist eines der ältesten deutschen Gotteshäuser, denn ihr Kern stammt noch aus karolingischen Zeiten. Beides zusammen, prunkvolles Barock und bescheidenes, aber äußerst geradliniges Mittelalter, perfekt miteinander harmonierend, macht erst den besonderen Reiz dieses ungleichen Ensembles aus. Und gleich gegenüber, in geradezu anmaßend erhöhter Position, dehnt sich die weitläufige barocke Pracht des Schlosses, wo einst die Fuldaer Fürstäbte und -bischöfe residierten. Unwillkürlich drängt sich dem Besucher des Doms die Frage auf, ob diese »Anmaßung« wohl im Sinne des heiligen Bonifatius gewesen wäre.

Er war der Gründer des Fuldaer Klosters. Im Innern des Domes hat der berühmte Friesenmissionar seine letzte Ruhestätte gefunden – seinem eigenen Wunsch entsprechend. Man hatte die sterblichen Überreste des Heiligen 754 eigens nach Fulda überführt, nachdem der damals Einundachtzigjährige in Friesland von einem Heiden ermordet worden war. Die Erbauer des heutigen Doms sorgten selbstverständlich dafür, daß das Bonifatiusgrab auch in der neuen Kirche seinen ihm gebührenden Platz erhielt.

Selbstverständlich lohnen auch Schloß und Schloßgarten mit Orangerie einen Besuch. Aber noch sehenswerter ist eigentlich das etwas außerhalb der Stadt gelegene Schloß Fasanerie. Im Innern des Barockbaus warten das prunkvolle Treppenhaus und die Porzellansammlung auf ihre Entdeckung.

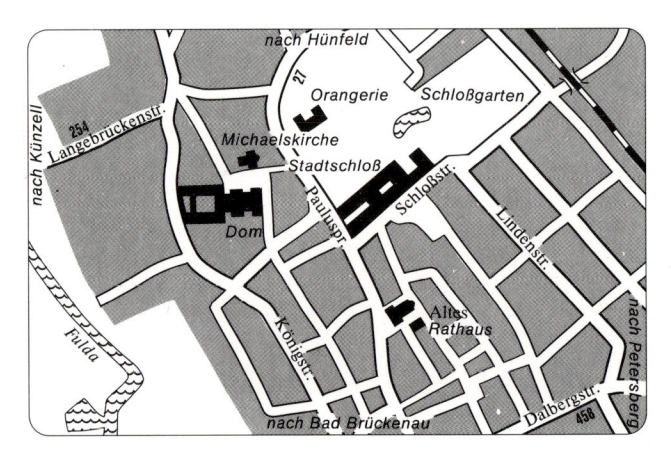

Wo Luther einst das Neue Testament übersetzte

Geographie und Geschichte sind hier, am Fuße des Thüringer Waldes, aufs engste miteinander verbunden. Die Stadt ist ein bedeutendes wirtschaftliches und kulturelles Zentrum.

Wer die west-östliche Verkehrsader am Ausgang des Thüringer Waldes passieren will, muß durch das Nadelöhr der Stadt. Auf dem dreieckigen Areal zwischen der Hospitalkirche St. Annen im Westen, der Nikolaikirche im Osten und dem Reuter-Wagner-Museum im Süden drängen sich geradezu die geschichtsträchtigen Stätten: in der Mitte Schloß (Residenz bis 1741), Pfarrkirche mit Marktbrunnen (St. Georg im Kampf mit dem Drachen) und Rathaus. In deren Umkreis, von Fachwerkbauten eingerahmt, Luther- und Bachhaus, Kreuz- und Predigerkirche. Längs dieses historischen Stauraums windet sich die Wartburg-Allee hoch zum sagenumwobenen Wartberg (»Warte Berg, du sollst mir eine Burg werden!«), auf dem der Thüringer Landgraf Ludwig im 11. Jahrhundert jene Burg errichten ließ, die zu einer der repräsentativsten in der wech-

Die winzigen Kammern wurden einst von Eseltreibern bewohnt, die mit ihren grauen Zöglingen das Trinkwasser von einer Talquelle zur Burg hochschleppten. Eine imposante, teils neuromanische, teils neugotische Baugruppe (Torhalle, Dirnitz, Neue Kemenate, Bergfried) verbinden den nördlichen mit dem südlichen Burghof.

Anfahrt:
Eisenach ist Kreuzungspunkt der B 8, 84 und 19, Anschluß an die A 4 Berlin – Bad Hersfeld.

Auskunft:
Fremdenverkehrsamt, Eisenach-Information, Bahnhofstraße 3–5, 99817 Eisenach, Tel.: 0 36 91/69 04-0, Telefax: 0 36 91/76 16 1.

Öffnungszeiten:
Wartburg: April–Oktober 8.30–16.30 Uhr, November–März 9–15.30 Uhr.
Bachhaus: April–September Mo. 12–17.45 Uhr, Di.–So. 9–17.45 Uhr. Oktober–März Mo. 13–16.45 Uhr, Di.–So. 9–16.45 Uhr.

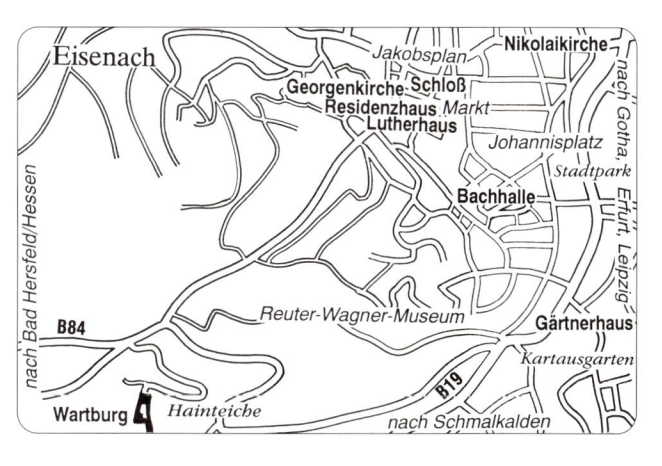

Das Lutherhaus ist eines der ältesten Eisenacher Häuser

An das Wirken Bachs in Eisenach erinnert ein großartiges Denkmal

selvollen deutschen Kulturgeschichte werden sollte.
Der Besucher scheint zunächt von der Mächtigkeit der weiträumigen Anlage und der Dichte verschiedener Baustile erdrückt zu werden. In der Tat schmiegen sich Wehr-, Wohn-, Wirtschafts- und Repräsentationsbauten an- und ineinander. Über den einzigen Zugang, eine mittelalterliche Zugbrücke, gelangt man auf den ersten (nördlichen) Burghof. Er ist locker umbaut mit Wehrgängen, Tor- und Ritterhaus sowie Vogtei, deren Fachwerk von einem Nürnberger Erker geschmückt wird.

Rhön, Thüringer Wald, Frankenwald — Autotour ③

Wo sich der Rennsteig über die Berge windet

Im Zentrum des Thüringer Waldes liegt Oberhof, traditionsreichstes Erholungs-, Ski- und Wandergebiet in Ostdeutschland.

Anfahrt:
Oberhof liegt an der B 247 Gotha – Zella-Mehlis.

Auskunft:
Oberhof-Information, Kurverwaltung/Fremdenverkehrsamt, Crawinkler Straße 2
98559 Oberhof,
Tel.: 03 68 42/2 21 43-44,
Telefax: 03 68 42/2 23 32.

Öffnungszeiten:
Mo.–Fr. 9–17 Uhr,
Sa. 9–15 Uhr.

Oberhof liegt eingebettet zwischen bewaldeten Höhen und grünen Wiesen

An der Postmeilensäule kreuzt der Rennsteigwanderweg die Straße

Das Gebiet um Oberhof nimmt eine sattelförmige Hochfläche zwischen 830 und 982 m ü. NN ein. Es ist größtenteils von Fichtenhochwald bewachsen und daher unter normalen Witterungsbedingungen gut windgeschützt. Schnelle Wechsel von Sonne und Regen im Sommer erfrischen beim Wandern, hohe Niederschlagsmengen im Winter sorgen für den schneesichersten Raum in den nördlichen Mittelgebirgen.

Um das Gebiet kennenzulernen, gibt es

Schon im Mittelalter führte an der Ausspann-, Rast- und Übernachtungsstätte »Oberer Hof« ein Paßweg vorbei zur alten Handelsstraße Erfurt – Nürnberg.
Die wechselnden Herrschaften im Hennebergischen bemächtigten sich dieses handelsstrategischen Punktes und bauten ihn zu einer einträglichen Wegezoll- und Geleitschutzstation aus.

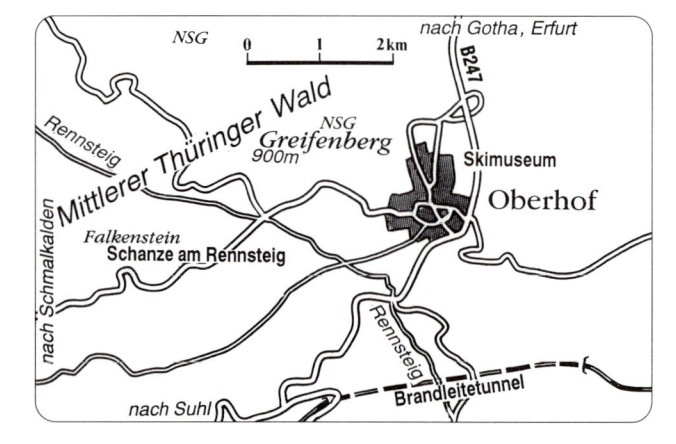

angesichts der landschaftlichen Vielschichtigkeit – Plateaus wechseln mit Waldhängen, Tälern, Schluchten, Felsen- und Wasserstürzen, Bächen, Talsperren und Wiesen – schier unendliche Kombinationsmöglichkeiten. Jeder Besucher sollte zunächst seinem intuitiven Orientierungsdrang vertrauen. Er wird ganz sicher nicht den 7 ha großen Rennsteiggarten (unterhalb des Rondells, längs des Rennsteiges) verfehlen, der am Südhang des Pfanntalkopfes angelegt wurde. Das Mikroklima, das hier einer Höhenlage von etwa 2000 m entspricht, macht es möglich, daß eine Hochgebirgsflora von 4000 Arten aus fast allen Regionen der Erde gedeiht.
Wer zwischen Dach und Sohle des Thüringer Waldes pendeln will, fährt Richtung Gehlberg zum Großvaterstuhl, durch das Kehltal zum Hohen und Ausgebrannten Stein, den Schmücker Grund Richtung Gräfenroda, den Grund hinauf, durch Gehlberg, zur Schmücke zur Rennsteigbaude.

Erfurt, eine Hauptstadt zum Anfassen

In Erfurt ist (fast) alles lebendig-hell, farbenfroh, gegenständlich, faßbar: das pulsierende Leben auf Straßen, Plätzen und Anlagen, ohne hektisch zu sein; das Schlendern durch Gassen, Nischen und Eckchen ohne Anflug von Provinzialität. Die Thüringer sind ein bodenständiges Völkchen, die Erfurter zumal – ihnen klebt das Glück der Tüchtigen an den Händen. Was sie anfassen, gelingt, sogar die nahezu vollständige Bewahrung ihrer 1250jährigen Geschichte.

Die heimliche Hauptstadt Thüringens war es ja immer schon, ob von stolzen Ratsbürgern regiert oder unter einem kurmainzischen Statthalter.

An der Krämerbrücke stehen über 30 schöne alte Fachwerkhäuser

Anfahrt:
Autobahn E 40 Eisenach – Dresden Kreuzungspunkt der B 4 Arnstadt – Nordhausen und der B 7 Weimar – Gotha; Bahnanschluß.

Auskunft:
Erfurt-Information, Bahnhofstr. 37, 99084 Erfurt, Tel.: 03 61/5 62 62 67.

Öffnungszeiten:
Angermuseum: Di., Do.–So. 10–17 Uhr, Mi. 10–20 Uhr, Mo. geschlossen. Severikirche: Mo.–Sa. 10–12.30 Uhr, 13.30–16 Uhr. Thüringer Volksmuseum: Di.–So. 10–17 Uhr, Mi. 10–20 Uhr. Dom: Mai–Oktober Mo.–Fr. 9–11.30 Uhr, Sa. 9–11.30 Uhr; 12.30–16.30 Uhr, So. und Feiertag 14–16 Uhr. November–April Mo.–Fr. 10–11.30 Uhr, 12.30–16 Uhr, Sa. 10–11.30 Uhr, 12.30–16 Uhr, So. und Feiertag 14–16 Uhr.

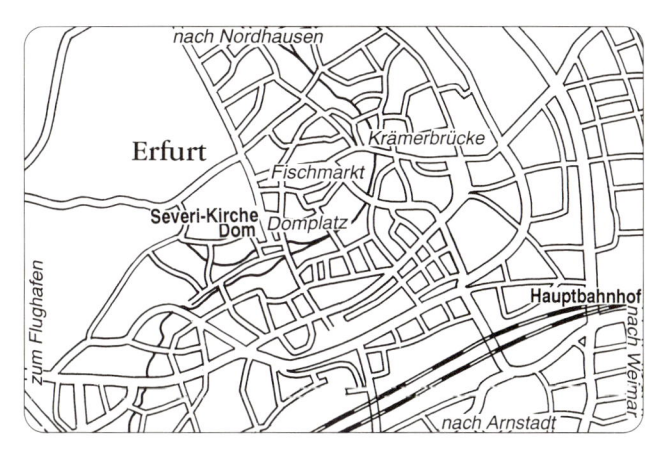

Im Stadtkern, zwischen Anger und Domplatz, kann man in wenigen Minuten den Kurmainzischen Packhof (heute Angermuseum), die Statthalterei, die Barfüßerkirche, die prächtigen Renaissancebauten »Zum breiten Herd« und »Gildehaus«, die Reste der einstmals in Europa führenden Universität, Dom und Severikirche durchmessen.

Die Unentschiedenen sollten an der Krämerbrücke verweilen, nur wenige Schritte vom Fischmarkt entfernt. Im 12. Jahrhundert verlief hier eine Ost-West-Handelsstraße (später Via Regia genannt). Eine Furt half das Flüßchen Gera zu überqueren. Händler siedelten sich an und bauten beiderseits des Flußübergangs einfache Holzhäuser, in denen sie Tuche, Spezereien, Wachs, süßen Kandis, Zuckermehl, Muschetin, sogar fremdländische Gewürze feilboten. Die Holzhäuser brannten wiederholt ab. An ihrer Stelle wurden auf sechs Sandsteinbögen Steinhäuser mit Fachwerkaufbauten errichtet. Fünf überspannen die beiden Wasserarme, einer die Landzunge.

Derartige Brückenstegbauten sind nördlich der Alpen unbekannt. Römische oder griechische Reisende könnten die architektonische Idee dazu geliefert haben.

62 Häuser waren es ursprünglich. Einige sind verfallen, andere wurden zusammengefügt, umgebaut und erweitert. Immerhin sind heute noch 32 – Heimstatt der Erfurter Kunsthandwerker – zu bewundern.

Weimar, Wieland, Goethe und kein Ende

Bis zum Jahre 1772 war Weimar eine unter den vielen kümmerlichen Residenzen, die man allenthalben in Deutschland finden konnte.

Anfahrt:
Autobahn B 49 Eisenach – Dresden; Kreuzungspunkt der B 7 Erfurt – Jena und der B 85 Rudolfsstadt – Kölleda; Bahnanschluß.

Auskunft:
Weimar-Information, Marktstraße 5, 99423 Weimar, Tel.: 0 36 43/6 12 40.

Dann wird Christoph Martin Wieland von der energischen, kunstsinnigen Herzogin Anna Amalia zum Prinzenerzieher berufen. Wieland vermittelt dem vielseits begabten, künftigen Regenten Carl August eine facettenreiche aufklärerische Bildung. Der junge Herzog lädt Goethe an seinen Hof. Der nimmt an, »um zu probieren, wie ihm die Weltrolle zu Gesicht stünde«, entfaltet ein universales Wirken, von dem andere angelockt, mitunter persönlich gedrängt werden, denselben Schritt zu tun: Herder, Schiller, die Jenaer Romantiker in geringfügigem Abstand, Jean Paul, Liszt, Wagner, van de Velde, Gropius, Kandinsky, Klee... (weniger leuchtende Geister wie Knebel, Bertuch, Coudray, Meyer) finden da keinen Platz).

Von vielen Berühmtheiten sind Gedenkstätten und Museen eingerichtet worden. Das geistige und lokale Zentrum ist Goethes Haus auf dem Frauenplan, gegliedert in Wohnhaus (linker Flügel) und Goethe-Nationalmuseum (rechter Flügel). Goethe bezog das Haus 1782 als Mieter, weil seine multiamtliche Tätigkeit die ständige Präsenz in der Stadt erforderte. Später (1788) schenkte es ihm der Herzog, um die Rückkunft von Rom nach Weimar zu

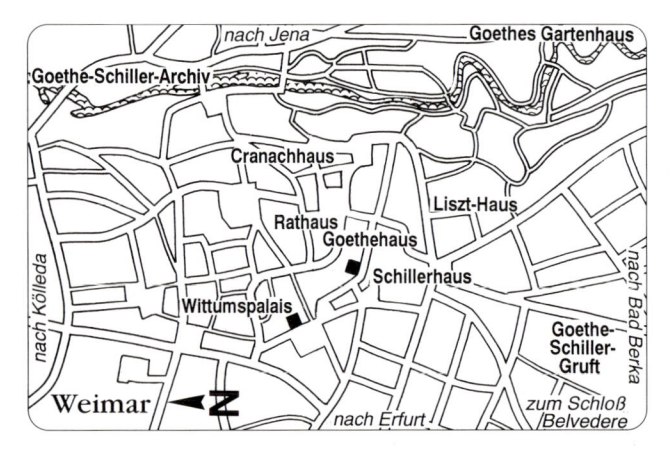

Das aus dem 16. Jh. stammende Stadtschloß ist eine dreiflügelige Anlage

Auf dem Historischen Friedhof erhebt sich die Goethe- und Schillergruft

bewirken. Goethe ließ das Haus völlig umbauen. Die symmetrische Barockfassade wurde verstärkt, das Innere nach dem Vorbild des römischen Klassizismus verändert (flache Treppen, Nischen mit Skulpturen, lineare Türfluchten). In dieser lichten Weite richtete er sich ein, »nicht zum Wohlleben, sondern zu möglicher Verbreitung von Kunst und Wissenschaft«. Die umfangreichen Sammlungen (die größten Kostbarkeiten sind ausgelagert) verschmelzen mit dem persönlichen Interieur.

Unter möglichstem Verzicht auf Didaktik wurden wichtige Bereiche des Goetheschen Schaffens (Biographie, Arbeitsphasen, Alltag) aufbereitet.

Autotour 6   Rhön, Thüringer Wald, Frankenwald

Festung Rosenberg in Kronach

Egal, aus welcher Himmelsrichtung man sich der am Zusammenfluß von Haßlach, Rodach und Kronach gelegenen Stadt nähert, immer wird man von der malerischen Gesamtansicht der einst bischöflichen Stadt beeindruckt sein. Wenn man die Altstadt besucht, stößt man allerorten auf romantische und bedeutende Bauwerke aus verschiedenen Jahrhunderten.

Die Stadt hat einen großen Sohn. 1472 wurde hier der bekannte Renaissance-Maler Lucas Cranach der Ältere geboren, dessen Werke in den großen Museen und Galerien der Welt zu sehen sind.

An Ausstellungen hat aber Kronach selbst auch einiges zu bieten: In der Festung befindet sich neben dem Frankenwaldmuseum auch die Fränkische Galerie, ein Zweigmuseum des Bayerischen Nationalmuseums München.

Stolz erhebt sich oberhalb der schönen mittelalterlichen Stadt die geschichtsträchtige Festung, die heute als Kulturzentrum genutzt wird.

Die abwechslungsreiche Geschichte der Festung beginnt bereits im frühen 12. Jahrhundert, als Bischof Otto I. von Bamberg bei »Crana« die Anlage erstmals erwähnt. 1867 wurde der Festungscharakter aufgehoben und eine Zivilfestungs- und Sträflingsanstalt eingerichtet. Der Stadt Kronach ist es zu verdanken, daß die Anlage 1888 vor dem Abriß bewahrt wurde. Am 8. Juli 1983 wurde die Fränkische Galerie in den Mauern der Festung eröffnet. In 25 Räumen werden wenig gezeigte fränkische Werke aus Mittelalter und Renaissance ausgestellt, die bisher überall im ganzen Land verstreut hingen. Hauptthemen sind die Spätgotik sowie die Dürerzeit.

Eine gesonderte Ausstellung präsentiert gotische Alabasterplastiken. Beim Rundgang durch die Galerie fallen große Namen auf: Neben Kunstwerken von Cranach findet man auch Schöpfungen von Tilman Riemenschneider, Adam Kraft und Veit Stoß.

Im Frankenwaldmuseum verdient die von Reitzensteinsche Uhrensammlung besondere Beachtung.

Anfahrt:
A 70 Abfahrt Kulmbach, dann B 85, B 303 von Coburg, B 85 von Saalfeld; Bahnanschluß München – Berlin.

Auskunft:
Städtisches Verkehrsbüro, Lucas-Cranach-Straße 19,
96317 Kronach,
Tel.: 0 92 61/9 72 36,
Telefax: 0 92 61/9 72 36.

Öffnungszeiten:
Festung Rosenberg:
tägl. außer Mo. um 11 u. 14 Uhr Führ.
Frankenwaldmuseum:
tägl. außer Mo.
14–17 Uhr.
Fränkische Galerie:
Apr.–Dez. tägl. außer Mo. v. 10–17 Uhr.

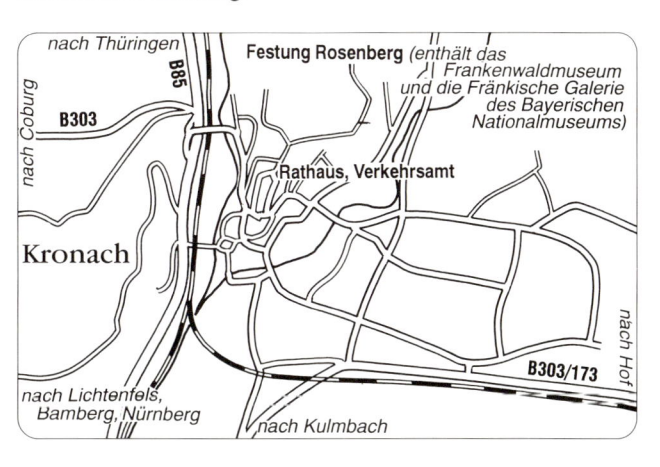

Ein Teil der Kronacher Stadtbefestigung ist das Bamberger Tor

Der Dicke Turm der Festung Rosenberg hat manchem Angriff widerstanden

213

Gastfreundliche Bierstadt Kulmbach

Nahe der Stelle, wo Weißer und Roter Main zusammenfließen, liegt Kulmbach, das von der Plassenburg überragt wird. Das berühmte Bier ist also längst nicht alles, was diese Stadt zu bieten hat.

Anfahrt:
Von Nürnberg A 9 über Bayreuth zur A 70, Ausfahrt Kulmbach/Bayreuth.

Auskunft:
Fremdenverkehrsbüro in der Stadthalle, Postfach 19 69, 95311 Kulmbach, Tel.: 0 92 21/95 88 40, Telefax: 0 92 21/95 88 44.

Öffnungszeiten:
Mo.–Fr. 9–13 Uhr, 13.30–17.30 Uhr, Mai–Oktober Sa. 9.30–11.30 (Verkehrsbüro). Zinnfigurenmuseum: 10–17 Uhr, 1.10.–31.3. 10–15 Uhr.

Abstecher:
Nach Bayreuth (23 km); außerdem nordwestlich nach Kronach mit Veste Rosenberg; ostwärts ins Fichtelgebirge.

Bei Kulmbach denkt jeder zuerst an Bier, das von mehreren Brauereien in die ganze Welt geht. So ist denn auch die Kulmbacher Bierwoche, alljährlich Ende Juli, weit über die Stadt hinaus ein viel besuchtes Ereignis und möglicherweise ein Anlaß für den Ausflug nach Kulmbach. Es ist Kulmbachs Gegenstück zum Münchener Oktoberfest...
Aber Kulmbach sollte nicht nur aus dem Blickwinkel des Maßkrugs betrachtet werden. Die Stadt hat eine Vergangenheit als Residenz, bevor diese von den Markgrafen nach Bayreuth verlegt wurde. Aus dieser Zeit stammen einige bedeutende Kunstwerke wie der Renaissancebau der Kanzlei von 1562. Das Rathaus des 16. Jahrhunderts erhielt seine Rokokofassade 200 Jahre später. Aber auch von der mittelalterlichen Stadtmauer sind mit Graben, Türmen und dem »Schlößchen« beachtliche Teile erhalten geblieben. Über der Altstadt ragt die Petrikirche empor, spätgotischer Bau des 15. Jahrhunderts mit reichem Barockaltar. Aber Kulmbachs spektakulärstes Bauwerk ist die 100 Meter oberhalb der Stadt gelegene Plassenburg. Ihr Weg durch die Geschichte ist wechselvoll, und erst in den letzten Jahrzehnten hat sie durch Restaurierungen ihren Glanz als eine der schönsten deutschen Burgen wiedererlangt. Ihr Ursprung geht auf das 12. Jahrhundert, ihre heutige Gestalt auf das 16. Jahrhundert zurück.

Hoch über Kulmbach erhebt sich die Plassenburg

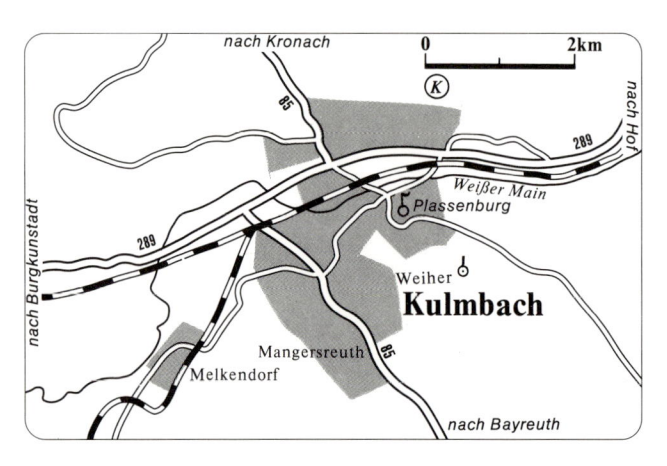

Damals entstand mit dem »Schönen Hof« der bedeutendste Turnierhof der Renaissance in Deutschland, den an drei Seiten Arkaden umschließen. In der Burg befindet sich das größte Zinnfigurenmuseum der Welt mit rund 300 000 Figuren, die für die Kulmbacher alle zwei Jahre Anlaß für eine Deutsche und Internationale Zinnfigurenbörse sind, und zwar jeweils in ungeraden Jahren. Es lohnt sich auch für »Laien«, an dieser ungewöhnlichen Börse teilzunehmen. Im Sommer erfreuen die Plassenburg-Serenaden viele Musikfreunde.

Vierzehnheiligen – ein »meisterhaftes Werk«

Als eines der vollkommensten Zeugnisse barocker Kirchenbaukunst steht die von 1743 bis 1772 errichtete Wallfahrtskirche Vierzehnheiligen am Westrand der Fränkischen Schweiz.

Wer durch das Maintal fährt, das hier Coburger Land und Fränkische Schweiz trennt, wird zwischen den Städten Staffelstein und Lichtenfels gleich dreimal auf Wegweiser stoßen, die ihn zu empfehlenswerten Abstechern von der Hauptstraße veranlassen möchten. Von Staffelstein, Geburtsstadt des bekannten Mathematikers Adam Riese (1492–1559), mit seinem prächtigen Fachwerkrathaus geht es zum 539 Meter hohen Staffelberg, einem berühmten Berg der Franken. Er war in der Jungsteinzeit Zentrum einer Keltensiedlung. Heute steht auf ihm die Adelgundiskapelle von 1654. Von der Felsenkrone geht der Blick bei klarer Sicht über die Veste Coburg weit nach Norden bis in den Thüringer Wald und südwärts zur Altenburg über Bamberg. Nur knapp 5 Kilometer nördlich von Staffelstein geht es dann abermals aus dem Maintal hinauf, diesmal zur berühmten zweitürmigen Basilika »Vierzehnheiligen«, die als eines der Hauptwerke von Balthasar Neumann gilt und alljährlich das Ziel von mehr als 100 000 Wallfahrern ist. Der ursprüngliche Bau wurde schon 1448 durch die nahe gelegene Zisterzienserabtei Langheim zu Ehren der 14 heiligen Nothelfer errichtet, die an dieser Stelle einem frommen Hirten mehrmals erschienen sein sollen. Das Außenbild des Gotteshauses wird von der hohen doppeltürmigen Westfassade aus goldgelbem Sandstein beherrscht. Im Kircheninnern ziehen vielfältige Ausschmückungen vom Deckengemälde über feine Stukkaturen bis zum Gnadenaltar den Blick auf sich. Programme über Kirchenfeste müssen jährlich neu angefordert werden.

Vom diesseitigen Kirchenberg geht der Blick über das Flußtal hinweg zu zwei anderen Turmspitzen, die zur Kirche von Banz gehören, das auf Grund seiner Geschichte ebenso als Schloß wie auch als Kloster benannt wird.

Vierzehnheiligen gehört zu Balthasar Neumanns absoluten Meisterwerken

Auch das Innere der Basilika, Deckengemälde und Stukkaturen, ist beeindruckend

Anfahrt:
B 173 (neu) Bamberg–Kronach, Abfahrt Staffelstein-Nord, Staatsstr. 2197, von der zwischen Staffelstein und Lichtenfels die Zufahrtsstraße zur Kirche ostwärts abzweigt. Anreise auch auf der B 289 Coburg–Kulmbach über Lichtenfels.

Auskunft:
Verkehrsamt Staffelstein,
Bamberger Str. 25,
96231 Staffelstein,
Tel.: 0 95 73/41 92

Verkehrsamt Lichtenfels, Rathaus,
35104 Lichtenfels,
Tel.: 0 95 71/79 50,
Telefax: 095 71/79 51 92.

Öffnungszeiten:
Mo.–Fr. 7.30–12 Uhr,
13.30–17 Uhr.

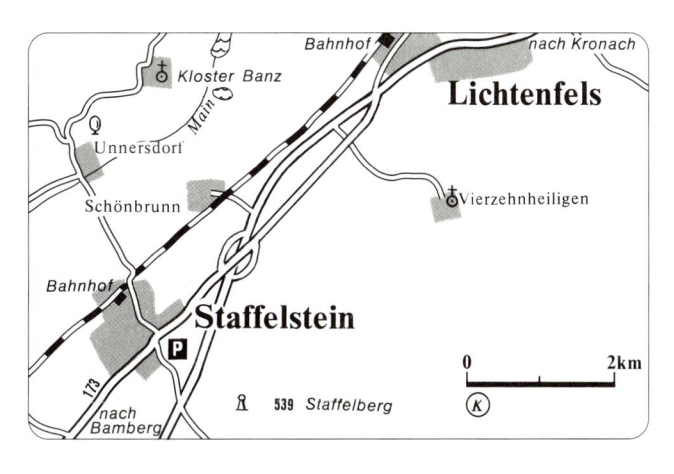

Rhön, Thüringer Wald, Frankenwald | Autotour (9)

Coburg und seine berühmte Veste

Einst Residenz der Herzöge von Sachsen-Coburg und -Gotha, entfaltet die historische Stadt heute einen gewinnenden Charme. Größte Attraktion ist die berühmte Veste mit ihren Museen.

Anfahrt:
Ab Erlangen A 73 bis Bamberg und weiter B 4 nördlich nach Coburg. Von Würzburg A 3 bis Ausfahrt Bamberg.

Auskunft:
Tourist-Information, Postfach 1645, 96406 Coburg, Tel.: 09561/74180, Telefax: 09561/741829.

Öffnungszeiten:
Schloß Ehrenburg: täglich außer Mo., 1.4.–30.9. Führungen um: 10, 11, 13.30, 14.30, 15.30 u. 16.30 Uhr, 1.10.–31.3. um 10, 11, 13.30, 14.30 und 15.30 Uhr.
Veste Coburg: April–Oktober tägl. außer Mo. 9.30–13 u. 14–17 Uhr, Winterhalbjahr tägl. außer Mo. 14–17 Uhr.

Wandern:
Von der Stadt zur Veste und zurück in 1 Std.

Veste Coburg, eine der schönsten deutschen Burganlagen

Nach der Grenzöffnung liegt Coburg wieder in der Mitte Deutschlands, nachdem die Stadt vorher an drei Seiten von der Grenze zur ehemaligen DDR umgeben war. Coburg ist so schön wie eh und je geblieben und ein sprechendes Zeugnis für die Kulturleistung der hier ansässigen Fürsten. Das Mittelalter blieb mit drei erhaltenen Stadttoren aus dem 13. und 14. Jahrhundert lebendig, die zugleich das Ausmaß der alten Stadt abstecken. Bayerisch wurde Coburg übrigens 1920, nachdem das ehemalige Herzogtum endgültig ausgespielt hatte.

Mit der Vcste Coburg, auch »Fränkische Krone« genannt, hat Coburg neben den anmutigen Zeugnissen seiner Innenstadt (mit dem quadratischen Marktplatz!) auch einen trutzigen Akzent. 167 Meter über der Stadt erhebt sich eine der bedeutendsten deutschen Burganlagen, von der 1074 erstmals die Chroniken berichten. Vergeblich versuchte Wallenstein im Dreißigjährigen Krieg, die Veste einzunehmen. Dank umfangreicher Restaurierungen erblickt man heute eine Burg wie aus dem Bilderbuch. In ihr ist auch ein unermeßlicher Schatz an Kunst und Kultur zusammengetragen: Gemälde (darunter Cranachs), Waffen, Kupferstiche (350000 Blatt) aus allen Zeiten, Gläser, Prunkgefährte und vieles mehr. Um die Veste zu erreichen, durchschreitet man vom Schloßplatz aus den englisch gestalteten Hofgarten und passiert ein anderes großartiges Museum: das Naturkundliche Museum mit 8000 ausgestopften Vögeln, einmalig in ganz Europa. Von der Höhe der Veste bietet sich übrigens eine großartige Aussicht ins Coburger Land mit Thüringen und ins Obere Maintal.

Das Residenzschloß Ehrenburg, ursprünglich ein 1250 geschaffenes Franziskanerkloster, befindet sich in der Stadt und erhielt 1543 sein später noch ergänztes neues Gesicht. Im 19. Jahrhundert gab Schinkel der Schloßplatzfassade ihr heutiges Aussehen.

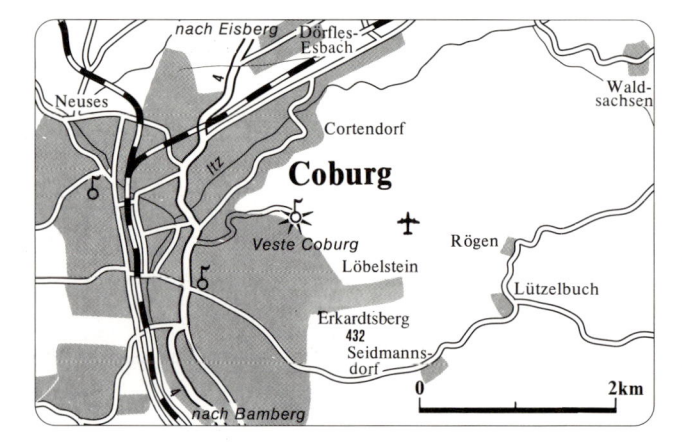

Autotour ⑩   Rhön, Thüringer Wald, Frankenwald

Vom Armeleuteland zur Freizeitoase

Unsere Fahrt von Fulda in die Rhön erfolgt auf der B 458 über Dipperz und Friesenhausen zur Straßenkreuzung Steinwand und von hier südlich nach Poppenhausen. Wir folgen nun dem Hochrhön-Ring weiter nach Gersfeld (eventuell nach lohnendem Abstecher zum Guckaisee), einem im oberen Fuldatal gelegenen Kneippheilbad. Das Barockschloß mit Heimatmuseum und die Barockkirche laden hier zu einem Besuch ein.

In nördliche Richtung setzen wir die Fahrt nun nach Obernhausen (Rotes Moor, seltene Fauna und Flora) und weiter zur Wasserkuppe fort, die mit 950 m die höchste Erhebung Hessens darstellt. Sie wird auch »Berg der Flieger« genannt, denn sie ist als Geburtsstätte des Segelfliegens in aller Welt bekannt geworden. Seit 1919 hat die Wasserkuppe diese besondere Bedeutung gewonnen. Der Versailler Vertrag hatte Deutschland den Bau von Motorflugzeugen verboten, und der flugbegeisterte Oskar Ursinus begann deshalb, auf dem kahlen Rhönberg Segelflugwettbewerbe zu organisieren. Das hier angelegte Segelflugmuseum vermittelt dem Besucher ein eindrucksvolles Bild der Geschichte des motorlosen Fliegens. Über Abtsroda fahren wir weiter nach Dietges, Rupsroth und Dörmbach, bevor die Straße nach Westen in Richtung Milseburg (835 m) abbiegt. Dieser Berg, auf dem einst der Riese Mils als Bundesgenosse des Bösen sein Unwesen getrieben haben soll, war früher Standort einer Burg, die als berüchtigtes Raubritternest bekannt war. Sie wurde jedoch schon im Jahre 1350 »geschleift«. Aber lange vor den Raubrittern waren hier bereits die Kelten. Auch sie hatten die strategische Gunst des Berges erkannt. Ein mächtiger Ringwall ist ein Zeuge für die frühe Besiedlung. Dann geht es weiter nach Süden, wo nahe der B 458 die »Steinwand« auf uns wartet.

Eine Ausflugsfahrt durch die Hochrhön ist ein Erlebnis – zu Felsen, Mooren und zur Wasserkuppe. Hier steht die Wiege der Segelfliegerei.

Anfahrt:
A 7 Kassel – Würzburg, Ausfahrten Fulda-Süd bzw. Fulda-Nord.

Auskunft:
Städt. Kurverwaltung, Brückenstraße 1, 36129 Gersfeld/Rhön, Tel.: 0 66 54/17 80, Telefax: 0 66 54/83 21.

Öffnungszeiten:
Segelflugmuseum auf der Wasserkuppe 1. 4.–31. 10. 9–12 u. 13–18 Uhr, 1. 11.–31. 3. 10–12 u. 13–17 Uhr. 24./25. 12. geschlossen.

Abstecher:
Kein Rhönbesucher sollte es versäumen, eines der idyllischen Hochmoore, vor allem das Schwarze Moor bei Fladungen oder das Rote Moor bei Gersfeld zu durchwandern.

Die Wasserkuppe ist mit 950 m der höchste Berg der Rhön

Auf dem Kreuzberg kann man frisches Klosterbier vom Faß genießen

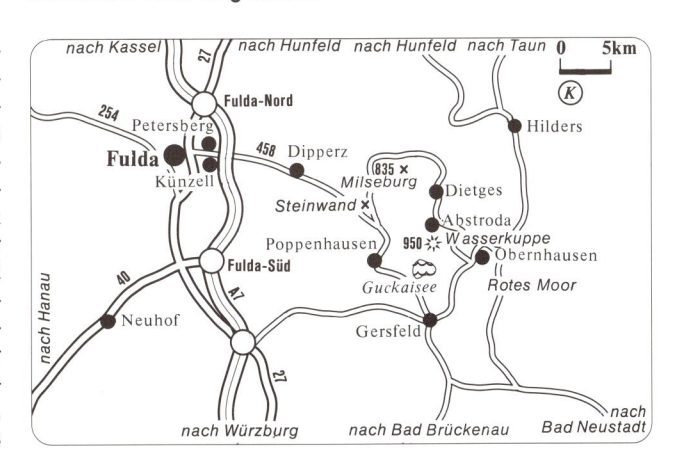

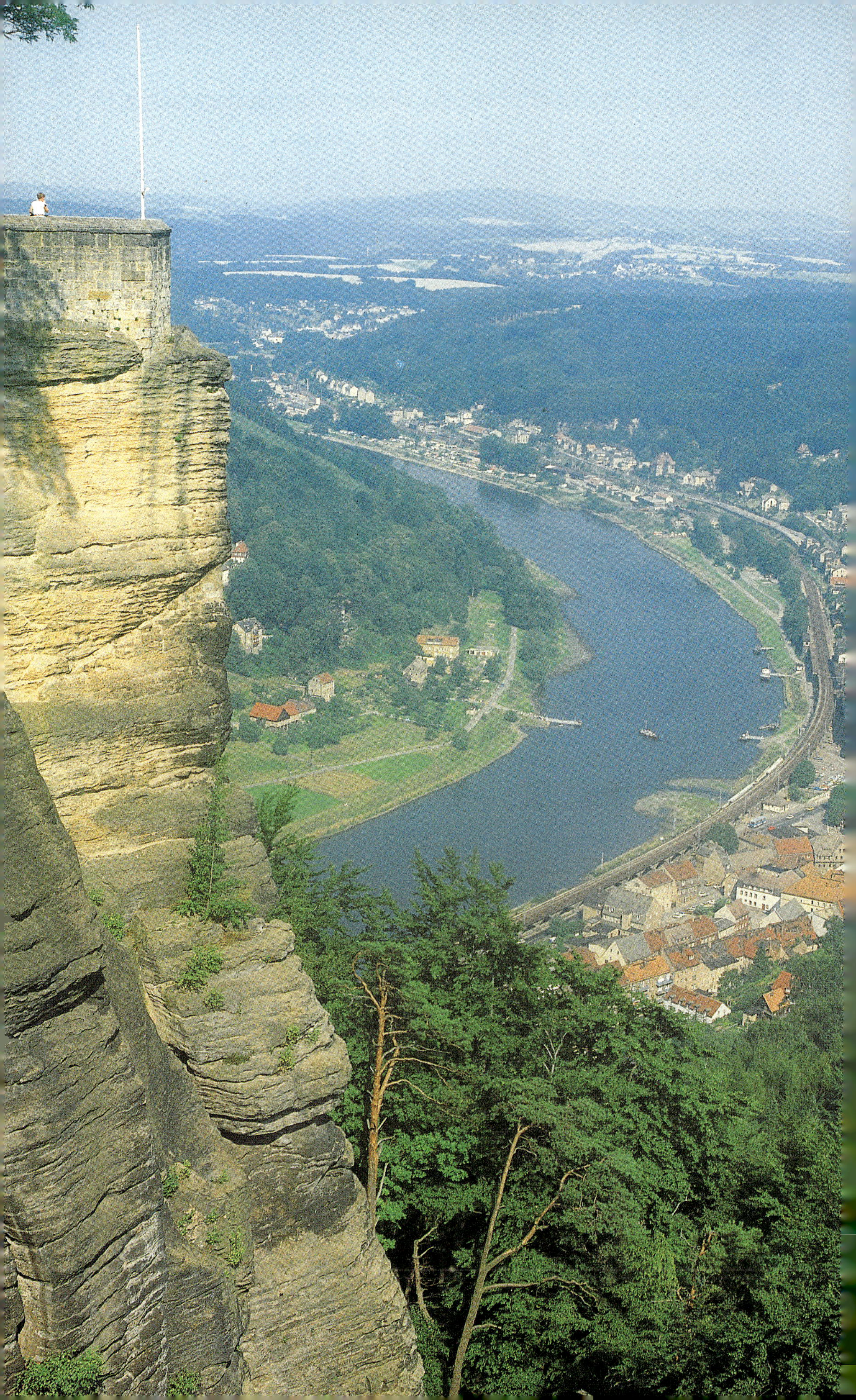

Sächsische Schweiz, Erzgebirge, Vogtland

Kunstschätze, Spielzeug und einzigartige Landschaft

Schroff aufsteigende Sandsteinfelsen flankieren den Oberlauf der Elbe. Im Erzgebirge tun sich dunkle Wälder auf, und immer wieder erreicht man ehemalige Bergwerksorte, die auf eine lange und geschichtsträchtige Tradition zurückblicken. Wertvolle Bausubstanz gibt ein Zeugnis oft längst vergangenen Reichtums.

Geologisch stellt sich das Erzgebirge als ein markanter, als Pultscholle charakterisierter Teil der mitteleuropäischen Mittelgebirgsschwelle dar. Es hat die Gestalt einer Hochfläche, die jedoch durch aufgesetzte Bergkuppen und die steil eingeschnittenen Täler einen ganz besonderen Reiz erhält. Für die Besiedlung dieser Region ist das Vorkommen bestimmter Gesteine besonders wichtig gewesen. In den vorwiegend aus Gneisen, Schiefern und Graniten gebildeten Erhebungen sind oftmals Edelmetalle zu finden. Bereits im 12. Jh. wurde bei Freiberg Silber entdeckt, was einen regelrechten »Silberrausch« verursachte. So kam es zur Bildung vieler auch heute noch existierender Bergwerkstädte, unter denen Freiberg als wichtigste galt. Silbervorkommen wurden oft noch von anderen Metallen wie Nickel, Kobalt und Kupfer begleitet. Durch diese Bodenschätze kamen die am Bergbau beteiligten Orte zu einem Reichtum, der auch heute noch anhand der prächtigen Sakral- und Bürgerbauten zu erahnen ist.

Mit dem Ende des Bergbaus im ausgehenden 16. Jh. kam es vielerorts zu einer starken Verarmung der Bevölkerung, die sich nun auf andere Erwerbszweige besinnen mußte, zum Beispiel die Veredelung von Schafwolle, die auch heute noch wichtig ist. Weltbekannt wurde das Erzgebirge durch die schönen Holzspielzeuge und Weihnachtsfiguren. Im Spielzeugmuseum Seiffen wird ein interessanter Einblick in diesen Erwerbszweig geboten. Die Herstellung von Musikinstrumenten hat dem Gebiet um Klingenthal und Markneukirchen den Namen »Musikwinkel« gegeben. Diese idyllische und naturnahe Gegend geht über in den sogenannten Bäderwinkel im lieblichen

Tief unter dem Königstein schlängelt sich die Elbe durch den Sandstein

Mit den Schiffen der »Weißen Flotte« kann man das Tal erkunden

Tal der Weißen Elster, wo so wohlklingende Namen wie Bad Elster oder Bad Brambach um Gäste werben.

Welch einen Kontrast hierzu stellt das ehemalige »Elbflorenz« Dresden dar! Trotz der starken Kriegsschäden sind viele beeindruckende Sakral- und Profanbauten wie die Semper-Oper, der Zwinger und das Schloß wiederaufgebaut bzw. im Aufbau. Elbabwärts erreicht man die bekannte Stadt Meißen, die durch ihr kostbares Porzellan weltberühmt geworden ist. Man kann aber auch in einer der Weinstuben von dem Wein probieren, der hier, im Elbtal, einem der östlichsten Anbaugebiete Deutschlands, mit großem Erfolg geerntet wird.

Zu den erlebnisreichsten Unternehmungen zählt immer noch eine Fahrt auf einem Dampfer der »Weißen Flotte« in die überwältigende Umgebung der Canyons, Tafelberge und Sandsteinzinnen der Sächsischen Schweiz. Eine anschließende Wanderung durch diese vom Wasser geformte Landschaft mit den aussichtsreichen Höhen gehört zum Schönsten, was man in dieser »Ekke« Deutschlands machen kann.

Auskunft:
Fremdenverkehrsbüro
Tor zur Sächsischen Schweiz
Dohnaische Straße 31,
01796 Pirna,
Tel.: 03501/528497,
Telefax: 03501/556331.

Chemnitz-Information,
Straße der Nationen 3,
09008 Chemnitz,
Tel.: 0371/62051,
Telefax: 0371/61583.

Übersichtskarte Autotour und Sehenswürdigkeiten

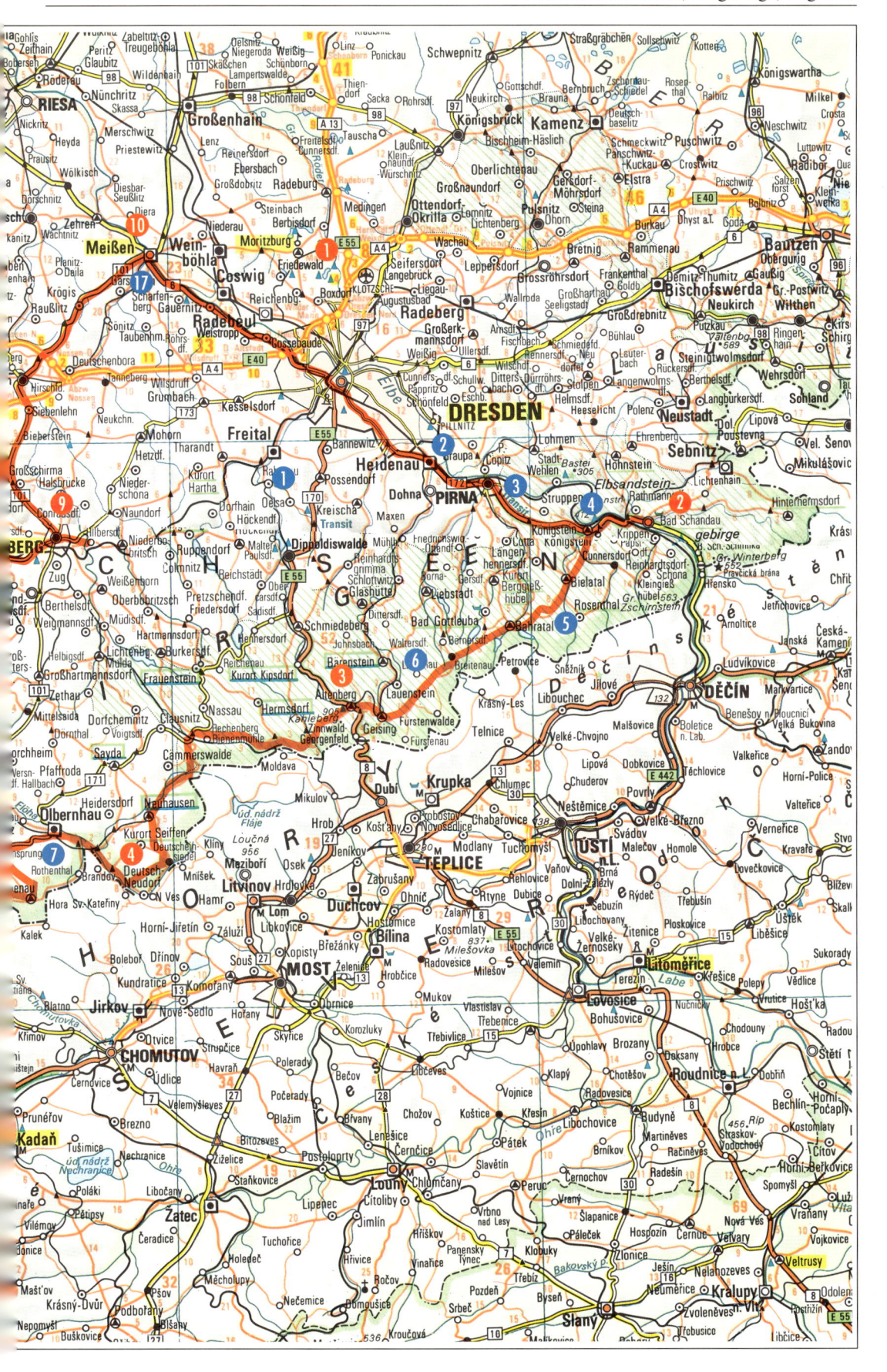

Sächsische Schweiz, Erzgebirge, Vogtland

Die Autotour

Wer weiß schon, daß bei Meißen an den Hängen des Elbtales köstlicher Wein angebaut wird? Das kostbare Porzellan hingegen kennt die ganze Welt. Eindrucksvoll ist auch eine Fahrt elbaufwärts, vorbei an den bizarr aufragenden Felsen des Elbsandsteingebirges zum Elbflorenz nach Dresden.

Gesamtlänge der Autorundreise: 385 km

Dresdner Zwinger, gebaut von Semper

❶ Tourenvorschlag Dresden
Nördlich des »Elbflorenz« liegt in einem großartigen Park das barocke Schloß Moritzburg. Die herrliche Anlage diente früher den Dresdener Kurfürsten als Ausgangspunkt für die Jagd.

❷ Tourenvorschlag Sächsische Schweiz
Eine Landschaft, die durch ihre tiefen, fast schluchtartig anmutenden Täler und bizarren Felsen geprägt wird. Königstein, Bad Schandau und Rathen gehören hier zu den beliebtesten Zielen.

❸ Tourenvorschlag Altenberg
Durch einen technischen Fehler entstand einer der eindrucksvollsten Einsturztrichter eines Bergwerks in Deutschland: die Altenberger Pinge.

❹ Tourenvorschlag Seiffen
Der hübsche Ort ist das Zentrum der erzgebirgischen Spielwarenindustrie. In einem Museum sind die schönsten der hier hergestellten Stücke zu sehen.

❺ Tourenvorschlag Ehrenfriedersdorf
Beim Naturdenkmal Greifensteine gibt es eine Naturbühne mit mehr als 4000 Zuschauerplätzen. Der abwechslungsreiche Spielplan des Theaters sorgt für regen Zulauf bei den Aufführungen.

❻ Tourenvorschlag Plauen
Die Stadt gilt als Zentrum des Vogtlandes und ist nicht zuletzt wegen der »Plauer Spitzen« weltbekannt. Ein Museum informiert über die Geschichte dieses Wirtschaftszweiges.

❼ Tourenvorschlag Altenburg
Die ehemalige Residenzstadt ist Sitz des Skatgerichts und als »Skatstadt« berühmt. Noch heute wird hier über strittige Fälle bezüglich der Skatregeln entschieden.

❽ Tourenvorschlag Zschopautal
Nach einer Fahrt durch das idyllische Zschopautal erreicht man das sehr sehenswerte Schloß Augustenburg. Die viertürmige Renaissanceanlage ist das mächtigste Schloß des Erzgebirges.

❾ Tourenvorschlag Freiberg
Zu den Sehenswürdigkeiten in der ehemaligen Residenz- und Bergbaustadt zählen neben dem spätgotischen Dom auch Schloß Freudenstein und das Bergbaumuseum.

❿ Tourenvorschlag Meißen
Die Stadt an der Elbe ist nicht nur durch das »Meißner Porzellan« weltbekannt geworden. Auch der hier angebaute Wein genießt einen ausgezeichneten Ruf.

Weitere interessante Sehenswürdigkeiten entlang der Route

❶ Freital
Eng mit der Bergbaugeschichte verbunden ist die Ausstellung im Heimat- und Bergbaumuseum. Dabei gilt die besondere Aufmerksamkeit dem Gedanken an ein schweres Bergwerksunglück im Jahre 1869 mit über 270 Toten.

❷ Heidenau
Im Stadtteil Großsedlitz zieht der Barockgarten jährlich Tausende von Besuchern an. Um 1719 gab der damalige Minister Sachsens, Wackerbarth, die Anlage eines Schlosses samt Lustgarten in Auftrag.

❸ Pirna
Die Lage am Nordwestrand des Elbsandsteingebirges macht Pirna zum Eingangstor der Sächsischen Schweiz. Malerische Fachwerkhäuser schmücken das Zentrum der Kreisstadt.

❹ Festung Königsstein
Inmitten der malerischen Landschaft der Sächsischen Schweiz, 264 Meter über der Elbe, erhebt sich die großartige Felsenfestung Königsstein.

❺ Rosenthal
Südwestlich des Ortes, im Bielatal gelegen, findet man das Naturdenkmal Eishöhle. Durch ihre günstige Lage hält sich hier der Schnee wesentlich länger als anderswo in dem Gebiet.

❻ Burg und Schloß Lauenstein
Hoch über der Stadt, auf einem Felsvorsprung, erheben sich nebeneinander die Burg, heute Ruine, und das Renaissanceschloß.

❼ Olbernhau
Das Heimatmuseum zeigt in seiner Ausstellung neben der Olbernhauer Stadtgeschichte die für das Erzgebirge typische Volkskunst, die durch die zahlreichen Schnitzarbeiten belegt wird.

⑧ Marienberg
Der Bergbauort wurde 1521 planmäßig angelegt. Im Jahre 1558 begann man hier mit dem Bau der letzten sächsischen Hallenkirche, der Stadtkirche St. Marien.

⑨ Johanngeorgenstadt
Aufgrund seiner Silberfunde entwickelte sich der Ort im 17. Jh. rasch zu einer Bergwerksstadt. Das Schaubergwerk »Frisch Glück« gibt einen Einblick in diesen ehemaligen Wirtschaftszweig.

⑩ Kleiner Kranichsee
Südwestlich von Johanngeorgenstadt liegt das 1928 unter Naturschutz gestellte Hochmoor »Kleiner Kranichsee«. Die auf granitem Untergrund abgelagerte Torfschicht ist bis zu 18 Meter dick. Eindrucksvoll und artenreich sind Flora und Fauna in diesem Naturreservat.

⑪ Schloß Falkenstein
Um die Mitte des 19. Jh. entstand an der Stelle einer alten Burganlage aus dem 12. Jh. das heutige Schloß. Der Bau ist in nüchternem klassizistischem Stil errichtet.

⑫ Burg Mylau
Schon der mächtige Turmbau der im 12. Jh. errichteten Anlage beeindruckt die Besucher. Das heutige Bild der Burg wurde durch Veränderungen im 19. Jh. stark geprägt. Imposant sind der 25 Meter hohe Bergfried mit seinen dicken Mauern und der Burggraben.

⑬ Greiz
Neben den beiden prunkvollen Schlössern der ehemaligen Residenzstadt an der Weißen Elster ist die über 40 Hektar große Parkanlage am Ufer des Flusses einen Besuch wert.

⑭ Hohenstein-Ernstthal
In der Karl-May-Str. 54 steht das Geburtshaus des weltberühmten Dichters und Schriftstellers. Am 25. 2. 1842 erblickte der Sohn armer Weber hier das Licht der Welt.

⑮ Rochsburg
Hoch über dem Ort erhebt sich eine der besterhaltenen Burgen Sachsens. Die im 12. Jh. erstmals erwähnte Anlage war einst Sitz der Rochsburger Stammherrschaft.

⑯ Oederan
Das Heimatmuseum des Ortes besitzt eine Ausstellung über das Leben vom Mittelalter bis zur Gegenwart. Neben zahlreichen Gebrauchsgegenständen geben die Weberstube und ein Biedermeierzimmer einen Einblick in das bürgerliche Leben des 18. und 19. Jh.

⑰ Boselfelsen
Ungefähr anderthalb Kilometer in Richtung Coswig, am rechten Elbufer, erhebt sich 100 Meter über dem Strom der als Naturdenkmal ausgewiesene Felsen mit einer überwältigenden Aussicht.

Geschichte und Kultur

August der Starke – Förderer der schönen Künste

Seit unbestimmter Zeit wird Friedrich August I. (1670–1733), Kurfürst von Sachsen, König von Polen, der Starke genannt. Von welcher Perspektive seines Lebens man es auch betrachtet, zu Recht:
August der Starke gelangte nur an die Regierung, weil er die Blattern überlebte, während sein erstgeborener Bruder, von der Mätresse angesteckt, daran starb.
Viel unbefangener, energischer und zielstrebiger als seine zu Regenten bestimmten Vorfahren, gebrauchte er die Macht, die ihm geradeso zufiel.
Augusts körperliche Stärke ist wörtlich zu nehmen. Im besten Mannesalter konnte er ein Hufeisen zu einem Widerhaken biegen, bei den an seinem Hof üblichen üppigen Gelagen unmäßig zulangen. Fünf Pfund Gewichtszunahme während eines Mahls war eine Normalität. Er stand im 42. Lebensjahr bei einer Größe von 1,76 m mit zweieinhalb Zentnern Körpergewicht fürwahr fest auf dem Boden seiner Herrschaft. Die Legende schreibt ihm eine Zeugungskraft von 354 Kindern zu. Verbürgt ist, daß er neben seinem ehelichen Sohn acht weitere illegitime Kinder in die Welt setzte. Um alle kümmerte er sich rührend Zeit seines Lebens.
August ließ es nicht zu – wie etwa am Hofe Ludwigs XIV. –, daß Regierungsgeschäfte über das Schlafzimmer seiner Mätressen abgewickelt wurden. Gräfin Hoym (bekannter unter dem Namen Cosel) mußte solchen Ehrgeiz mit lebenslanger Haft auf der Festung Stolpen bezahlen.
Seine Hofführung war, wiewohl er alles daransetzte, nicht die prunkvollste, aber die weltoffenste in ganz Europa. Seine innige Vorliebe gehörte dem Bauwesen und der Architektur. Künstlerische Leidenschaft und politischer Ehrgeiz führten die Hand. Ein repräsentatives Bauwerk war ihm der optische Ausdruck der Machtfülle im Angesicht der Untertanen. Bei vielen Unternehmungen steuerte er selbst Planungs- und Bauentwürfe bei. Sie fielen in der Regel großzügiger aus, als sie bautechnisch und finanziell zu verwirklichen waren. Die Residenzstadt war seinem Wirken bald zu klein. Sie mußte einer Residenzlandschaft weichen. Klug wurden da Repräsentation, Wirtschaftlichkeit, Kultur und Vergnügen mit kalkuliert. Allerorten wurde umgebaut, verwandelt, erweitert: Moritzburg, Großsednitz, Übigau und Pillnitz, das Kleinod Dresdens unter den stadtnahen Kostbarkeiten von Architektur und Landschaft. Das Wasser- und Bergpalais sowie der Park wurden umgestaltet. Baumeister Pöppelmann mußte die fernöstliche Welt nach Sachsen verlegen – chinesische Bauten schaffen. Eine geniale Idee wurde die Lösung. Die wallende Form des Daches gab dem architektonischen Organismus einen chinesischen Hauch. Aus dem Park entstand die barocke Gartenanlage, Raum des höfischen Zeremoniells und freizeitlichen Amüsements zugleich –, kultivierte Anpflanzungen, Fontänen, Terrassen, Tempel und Pavillons, verbunden mit akuraten Wegen, Taxushecken und Orangerien im Gegenüber von Hecken, Laubengängen und Schäfereckchen für intime Begegnungen.

Kurfürst Friedrich August I. von Sachsen, genannt der Starke

Moritzburg – ein sächsisches Eden

Dresden vereinigt nicht nur eine Mannigfaltigkeit baugeschichtlicher Leistungen – es ist nicht weniger reich an Gaben der Natur.

Anfahrt:
Von Dresden auf Nebenstrecke in Richtung Norden nach Moritzburg, auf der Autobahn E 55, Abfahrt Marsdorf; Bahnanschluß.

Auskunft:
Dresden-Werbung und Tourismus GmbH, Prager Straße 10, 01069 Dresden, Tel.: 03 51/4 95 50 25, Telefax: 03 51/495 12 76.

Schloß Moritzburg zählt zu den bedeutendsten Barockbauten, die Sachsen zu bieten hat

Mutter Natur und Menschenhand haben 14 km nordwestlich der Stadt das Wunderwerk Moritzburg geschaffen.

Die »Himmelsteiche« rund um das Schloß sind zwischen 1650 und 1750 durch Abriegeln der Wannen (tonige Verwitterungsdecken) entstanden. Geringe Anpflanzungen aus Erlen, Birken, Weiden, Espen und Eichen weiteten sich durch natürliche Verjüngung zu Bruchwäldern aus, in denen in angemessener Schloßnähe genügend Jagdwild aufwachsen konnte.

Das erste Jagdschloß errichtete Kurfürst Moritz 1542 auf einer felsigen Landzunge. Der Renaissancebau war von vier bulligen, mit Wehrmauern verbundenen Rundtürmen umgeben. Eine Schloßkapelle kam gut 100 Jahre später hinzu. Im Angesicht polnischer Königswürde beauftragte August der Starke den bautechnisch begnadeten Daniel Peppelmann, die Schloßanlage umzubauen. In den Jahren 1723 bis 1733 wurde die Landzunge so weit abgetragen, daß der Eindruck einer Insel entstand. Der neue barocke Schloßbau anstelle des alten wurde unmittelbar mit den alten Rundtürmen verbunden, um das architektonische Ensemble um so majestätischer vom Wasser abzuheben. Die Schaufront, gegen das südlich gelegene Dresden ausgerichtet, erhielt – nebst Auffahrt – Vasen, Putten und Piqueure mit Parforcehörnern, alles in allem ein plastisches Dekor vom Sockelgeschoß bis zur schnurgeraden, zehn Meter breiten Dresdener Chaussee, damit niemand das Machtzentrum verfehle.

Nördlich des Schloßteiches wurde ein Park nach französischem Muster entworfen. Augusts Tod und leere Kassen haben nur eine fragmentarische Anlage entstehen lassen. Eigens um die eindrucksvollen Fontänen zum Sprühen zu bringen, erhielt der Großteich einen Hafen mit Mole, auf dem ein »Leuchtturm« das Wasser in die Düsen hineindrückte.

Autotour ② Sächsische Schweiz, Erzgebirge, Vogtland

Ein Paradies für Wanderer und Bergsteiger

Den Schweizer Malern Adrian Zingg und Anton Graff verdankt das einmalige Felsengebiet am Oberlauf der Elbe seinen treffenden Namen.

Jäh und steil aufragende Sandsteinfelsen, dicht bewaldete Hänge und tief eingeschnittene Flußtäler prägen das Elbsandsteingebirge, das sich bis weit in das Gebiet Tschechiens hinein erstreckt.
Die überwältigende und abwechslungsreiche Landschaft zieht Wander- und Kletterfreunde gleichermaßen an und machte die »Sächsische Schweiz« zu einem der meistbesuchten Urlaubsregionen Ostdeutschlands.
Bereits 1956 wurden über 360 Quadratkilometer des Territoriums unter Landschaftsschutz gestellt, um die wertvollen geologischen Formen und die seltene Tier- und Pflanzenwelt zu schützen.
Wer von Dresden elbaufwärts fährt, erreicht mit der 750jährigen Kreisstadt Pirna das »Tor zur Sächsischen Schweiz«. Bei einem Stadtrundgang gefallen vor allem das malerische Stadtbild mit dem hübschen Marktplatz. Weiter flußaufwärts kommt man zur Bastei, einem steil die Elbe überragenden Sandsteinfelsen. Von seiner Höhe aus eröffnet sich ein weiter Blick auf die charakteristischen Tafelberge und das Elbtal. Zahlreiche Wanderwege durchziehen das Felsenmeer, und man kann sich gar nicht satt sehen an der Schönheit der Landschaft.
Wenig stromaufwärts erhebt sich über dem Ort Königstein die auf einem gewaltigen Felsen thronende Festung Königstein. Die meisten der heute erhaltenen Gebäude der Anlage entstanden in den Jahren 1589 bis 1631 unter dem mächtigen Kurfürsten Christian. Er baute die Burg zu einer Festung aus, die nie erobert wurde. Wer die Anstrengung des Aufstieges zu der spektakulären Anlage nicht scheut, der wird mit einem überwältigenden Rundumblick belohnt. Eine nicht minder atemberaubende Aussicht hat man vom Lilienstein, der sich auf dem anderen Elbufer erhebt.
In Bad Schandau säumen zahlreiche prächtige Profanbauten aus der Zeit der Romantik die Straßen.

Anfahrt:
Von Dresden auf der B 172 elbaufwärts; mit den Schiffen der Weißen Flotte bis Königstein, Rathen oder Bad Schandau.

Auskunft:
Kurverwaltung,
Markt 8,
01812 Bad Schandau,
Tel.: 03 50 22/24 12,
Telefax: 03 50 22/31 84.

Abstecher:
Fahrt mit der Kirnitzschtalbahn von Bad Schandau bis zum Lichtenhainer Wasserfall.

Öffnungszeiten:
Festung Königstein:
Mai–Sept. tägl.
v. 8–20 Uhr,
Okt. v. 9–17 Uhr,
Nov.–Apr. v. 9–17 Uhr.

Auf gesicherten Wegen kann man die Sandsteinfelsen der Basteigegend erkunden

225

Über 550 Jahre Zinnbergbau – Altenberg

1991 endete mit der Stillegung des Bergwerks ein im Jahre 1440 begonnenes Stück Industriegeschichte und damit verknüpfte Traditionen.

Anfahrt:
B 170 Dresden – Zinnwald – Georgenfeld; Bahnstation.

Auskunft:
Fremdenverkehrsamt, Platz des Bergmanns 2, 01773 Altenberg, Tel.: 03 50 56/42 61, Telefax: 03 50 56/42 63.

Öffnungszeiten:
Bergbaumusum:
Mo.–Do. v. 13–16 Uhr,
Sa., So. u. feiertags v. 10–12 u. 13–16 Uhr.
Bergbauwanderung:
Mi. 14 Uhr, Treffpunkt am Pingenrand.

Wanderungen:
Auf Kahleberg und Geisingberg mit herrlicher Aussicht.

Zwischen den höchsten Erhebungen des Osterzgebirges, dem Kahleberg (905 m) und dem Geisingberg (824 m) liegt der in eine sanfte Talmulde eingebettete Bergwerksort Altenberg.

Seine Entstehung verdankt das heute 3600 Einwohner zählende Städtchen der Entdeckung von reichen Zinnvorkommen. Bereits 1451 erhielt Altenberg Stadtrechte und wurde zu einem der bedeutendsten Bergbauorte des Erzgebirges. Aufgrund fehlender technischer Mittel und Unkenntnis kam es 1620 zum Einbruch des Bergwerks und zur Bildung der heute so berühmten Altenberger Pinge. Höhlenartig durchzogen die Abbaugänge den Berg, bis er schließlich so untergraben war, daß das darüberliegende Deckgestein nicht mehr getragen werden konnte und letztendlich einbrach.

Die Pinge weist heute eine Fläche von 12 Hektar und einen Durchmesser von 450 Metern auf. Zu den touristischen Attraktionen, die Altenberg zu bieten hat, gehört die geführte Bergbauwanderung rund um die Pinge, die sich wie ein riesiger Trichter über 100 Meter tief in den Boden gegraben hat.

Ein Blick in die Pinge ist schon beeindruckend

Heute, da sich der Abbau von Zinn nicht mehr lohnt, erinnern nur noch die alten Förderanlagen und das Bergbaumuseum an diesen, für die Stadt ehemals so bedeutenden Wirtschaftszweig. Die Schauanlage veranschaulicht die historischen Altenberger Erzabbauverfahren und die Technik der Zinnerzaufbereitung. Der dem Museum angeschlossene »Neubeschert-Glück-Stollen« ist seit 1971 für Besucher zugänglich. Bis 180 Meter reicht der Stollen in den Berg hinein.

In den 50er Jahren unseres Jahrhunderts begann man, den Wintersport in Altenberg populär zu machen. Heute hat der Ort internationale Bedeutung bei Leistungswettkämpfen und ist Austragungsort von Weltmeisterschaften im Biathlon und Bobrennen.

Seiffen – Zentrum erzgebirgischer Volkskunst

An der Grenze zur ČSFR, am Kamm des mittleren Erzgebirges, liegt die kleine Gemeinde Seiffen. Die besondere landschaftliche Lage und eine traditionsreiche handwerkliche Volkskunst machten das »Herz des Spielzeugwinkels« zu einem beliebten Reise- und Ausflugsziel.

Vor allem in der Vorweihnachtszeit erstrahlt der Ort im Lichterglanz, wenn die bekannten Pyramiden zur Schau gestellt und Bergmann und Engel die Fenster der schmucken kleinen Fachwerkhäuser zieren. Zu dieser Zeit finden auch Sonderausstellungen im ortsansässigen »Erzgebirgischen Spielzeugmuseum« statt. Sie geben einen Überblick über die nach alten Traditionen hergestellten kunstvollen Basteleien. Von den Fremden, die hierherkommen, kennt kaum jemand die abwechslungsreiche Geschichte des ehemaligen Bergbauortes. Seiffens erste Blüte begann in der Mitte des 15. Jahrhunderts, als hier der Zinnbergbau Fuß faßte. Mit dem »Ausseifen« der Zinngraupen aus dem Geröll der Bäche ist vermutlich die Entstehung des heutigen Ortsnamens zu erklären. Überall entstanden Grubenbetriebe, Schmelzhütten und Pochwerke. Doch im Laufe der folgenden Jahrhunderte fiel die Erzausbeute immer geringer aus. Billigere Importe und zunehmende technische Schwierigkeiten beim Abbau der Metalle führten schließlich 1849 zum Niedergang des traditionellen Bergbaus. Heute künden nur noch Spuren vom einstigen Wirtschaftszweig.

Wer kennt nicht die kunstvoll aus Holz hergestellten Nußknacker, Engel und Weihnachtspyramiden? All diese Figuren sind handwerkliche Meisterwerke, die aus der Not heraus entstanden sind.

Die zu verarmen drohenden Seiffener besannen sich auf ihre bisher nur als Hobby betriebene Holzschnitz- und Bastelkunst. Was kein Seiffener ahnen konnte, trat bereits im 17. Jahrhundert ein: die gewerbsmäßige Herstellung von Holzspielzeug. Bald fanden die Erzeugnisse der heute über 100 Betriebe in der ganzen Welt ihre Abnehmer.

Schon Seiffens Ortsschild läßt die ortsansässige Kunst erkennen

Überall im Ort begegnet man liebevoll verzierten Holzwegweisern

Anfahrt:
Von Chemnitz auf der B 174 und B 171 über Olbernhau, von Dresden auf der B 170 und B 171 über Sayda.

Auskunft:
Fremdenverkehrsamt der Gemeindeverwaltung,
09548 Kurort Seiffen,
Tel.: 03 73 62/84 38,
Telefax: 03 73 62/82 25.

Öffnungszeiten:
Freilichtmuseum:
tägl. 9–17 Uhr.
In den Monaten November–Dezember sind das Reifendrehwerk täglich, die Erzgebirgshäuschen aber witterungsbedingt geöffnet. Januar–März bleibt das gesamte Objekt, mit Ausnahme der Winterferien, geschlossen.

Sächsische Schweiz, Erzgebirge, Vogtland   Autotour 5

Felsen, die die Bretter der Welt bedeuten

Jäh in den Himmel ragende Felsen charakterisieren ein Gebiet, dessen Schönheit eine eindrucksvolle Kulisse für Theateraufführungen und Volksfeste abgibt.

Anfahrt:
B 95 von Chemnitz in Richtung Annaberg-Buchholz, bei Ehrenfriedersdorf Wegweiser beachten.

Auskunft:
Chemnitz-Information, Straße der Nationen 3, 09008 Chemnitz, Tel.: 03 71/6 20 51, Telefax: 03 71/6 15 83.

Das Greifensteingebiet ist das größte Waldgebiet im mittleren Erzgebirge. Hier erheben sich, nordwestlich von Annaberg-Buchholz, die bei Kletterern beliebten Granitfelsen, die plötzlich aus der rund 700 Meter hohen Ebene der Umgebung aufragen. Die Gegend, in der seit über 700 Jahren Bergbau betrieben wird, entwickelte sich zu einem interessanten Urlaubszentrum. Seit jeher war dieser Ort ein überaus beliebtes Ausflugs- und Wanderziel. Dabei locken vor allem die granitenen Felsen und das idyllische Tal des Greifenbaches die Besucher an.

Schon im letzten Jahrhundert, am 21. Juni 1846, fand die erste Theatervorstellung unter freiem Himmel statt. Mit der Aufführung des Schauspiels »Schloß Greifenstein« begann die Geschichte der Festspiele, die alljährlich im Sommer in der malerischen Felsenkulisse veranstaltet werden.

In den 20er Jahren dieses Jahrhunderts fanden sogar Verhandlungen zwischen den Stadtvätern der Gemeinde Ehrenfriedersdorf, der Staatsoper Dresden und dem Chemnitzer Opernhaus statt. Die Pläne zerschlugen sich aber, weil der Staat für derartige Zwecke keine finanziellen Mittel zur Verfügung stellen wollte.

Dafür ergriff im Jahre 1931 das Stadttheater Annaberg die Initiative und brachte Aufführungen mit Laienschauspielern bei den »Greifenstein-Fest-

Weit reicht der Blick über die Wälder des Erzgebirges

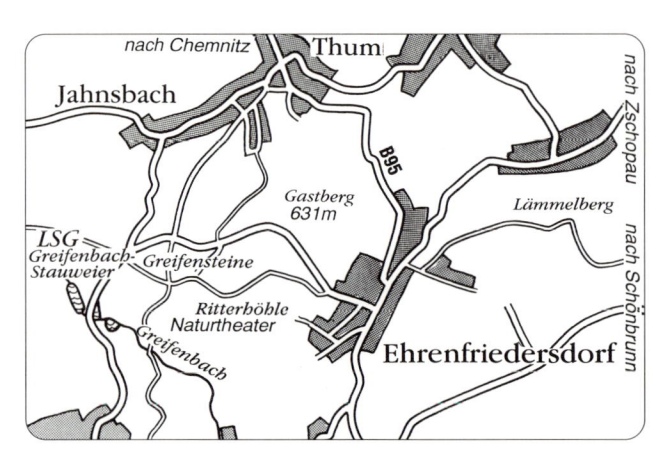

spielen« heraus. Zur selben Zeit begann man mit dem Ausbau der Naturbühne. Amphitheaterartig brach man aus dem ehemaligen Steinbruch den Zuschauerraum heraus. So entstanden immerhin über 3000 Sitzplätze, die man für die wachsende Zuschauerzahl in den folgenden Jahren brauchte. Auf dem Spielplan standen Volksstücke, Lustspiele und klassische Schauspiele. Heute dient die Naturbühne nicht nur Theateraufführungen, sondern auch Konzerten und Festen. Die Gegend um die Greifensteine zählt zu den schönsten Wandergebieten des Erzgebirges.

228

Autotour 6 Sächsische Schweiz, Erzgebirge, Vogtland

Das heutige Herz und Zentrum des Vogtlandes ist aus einer slawischen Siedlung um 800 hervorgegangen. Die erste urkundliche Erwähnung erfuhr der schöne Ort am nördlichen Rande des Erzgebirges im Jahre 1122 als »Vicus Plawe«. Mehr als einhundert Jahre später, als sich die Vögte und der Deutsche Ritterorden bereits in dem Ort niedergelassen hatten, kam es zur Verleihung der Stadtrechte. Bedeutend war 1329 die kaiserliche Anerkennung der Vögte, eine Einmaligkeit in der

Plauen – Stadt der Spitzen und Gardinen

Sie gilt als die Metropole des Vogtlandes. Die Stadt, die im südwestlichen Teil Sachsens liegt, breitet sich an den Hängen der Weißen Elster aus.

Anfahrt:
Autobahnen A 9 München–Berlin und A 722 Dresden–Berlin; A 173 Chemnitz–Plauen–Hof und B 92 Gera–Plauen–ČSFR; Bahnanschluß.

Auskunft:
Tourist-Information, Rädelstr. 2, 08523 Plauen, Tel.: 03741/224945, Telefax: 03741/2911825.

Öffnungszeiten:
Vogtlandmuseum: Di.–Fr. 9–12.30 u. 13.30–17 Uhr, Sa. 10–16 Uhr.
Spitzen-Museum: Mo. geschl., Di.–Fr. 10–16.30 Uhr, Sa. 9–12.30, So. 10–13 Uhr.

Abstecher:
Die schönste Tropfsteinhöhle Sachsens ist die Drachenhöhle in Syrau, wenige Kilometer nordwestlich von Plauen.

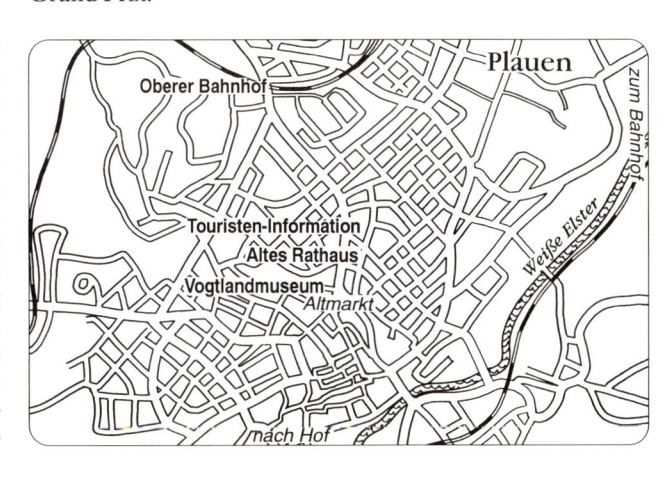

Auch heute noch wird in vielen Familien mit der Hand geklöppelt

deutschen Geschichte. Zeitgleich erhielt das Vogtland seinen auch heute noch geltenden Namen.
Plauen lag schon damals recht günstig, in der Nähe bedeutender Handelsstraßen. Aus dieser Tatsache resultierte der folgende wirtschaftliche Aufstieg. Als im 15. Jahrhundert die Tuchmalerei aufkam, begann eine Entwicklung, die sich im 16. und 17. Jahrhundert durch die Baumwollweberei und Zeugherstellung noch verstärkte.
Im Vogtlandmuseum in der Plauener Altstadt kann man sich einen Einblick in den sprunghaft verlaufenden Aufstieg der heute 75000 Einwohner zählenden Stadt verschaffen. Daneben veranschaulicht es die unterschiedlichen Techniken der Spitzenherstellung. Durch einen glücklichen Zufall kam es 1880 zur Erfindung der Tüllspitze und somit zu einer enormen Entwicklung der ortsansässigen Stickerei-Industrie. Dadurch gelang Plauen der Weg an die Weltspitze dieser stoffverarbeitenden Industrie. Ein Anstieg der Einwohnerzahlen auf 128000 im Jahre 1912 verdeutlicht dies. Heute warten im einzigen Spitzenmuseum der Welt, im Alten Rathaus der Stadt, kostbare Ausstellungsstücke auf ihre Besucher. Hier werden Spitzen gezeigt, die Plauen einst zu Weltruhm verhalfen. Daneben erfährt man Wissenswertes über die maschinelle Verarbeitung der Materialien. Bei der Pariser Weltausstellung im Jahre 1900 erhielt die Plauer Spitze den Grand Prix.

229

Sächsische Schweiz, Erzgebirge, Vogtland   Autotour ⑦

Altenburg — Stadt des Skats

Zwischen Anhalt und Sachsen eingeklemmt, hält Altenburg den nach Osten vorgeschobensten Posten im Thüringer Land.

Anfahrt:
Altenburg ist Kreuzungspunkt der B 180 Zeitz – Hohenstein – Ernstthal und der B 7 Gera – Rochlitz; Bahnanschluß.

Auskunft:
Fremdenverkehrsamt Altenburg-Information, Moritzstr./Eingang Kornmarkt, 04600 Altenburg, Tel.: 0 34 47/59 41 74, Telefax: 0 34 47/59 41 79.

Öffnungszeiten:
Mo.–Fr. 9.30–18 Uhr, Sa. 9.30–12 Uhr.

In Altenburg wurde das Skatspiel erfunden

Ständig wetteiferten die Wettiner mit den Ernestinern um die 1000jährige Stadt. Immerhin war sie im 17. und 19. Jahrhundert Residenz des Herzogtums Sachsen-Altenburg.
Kommt man nördlich durch den »Kohlenpott« oder südlich vom Kohrener Land her in die Stadt, sieht man weithin das Schloß auf einem Pophyrfelsen thronen. Es beherbergt u. a. das weltbekannte Spielkartenmuseum. Neben einer kompletten Kartenmacherwerkstatt um 1600 sind die Erzeugnisse der Altenburger Spielkartenfabrik (gegründet 1832) zu bewundern. Tausende von Karten gruppieren sich um die verschiedensten Spielvarianten. Hauptanziehungspunkt ist naturgemäß das knifflige (Kenner sagen, das intelligenteste) Skatspiel. Phantasiebegabte Altenburger haben es Anfang des 19. Jahrhunderts erfunden. Zu ihrem Ruhm wurden neben dem Seckendorffschen Palais ein Brunnen geschaffen, auf dessen Krone reizende Skatbrüder der Welt den Reiz des Spiels kundtun. Ihre Anstrengung ist nicht folgenlos geblieben. Skat ist das Königsspiel der Kartenfreunde geworden.
Deshalb tagt in Altenburg, in Intervallen, ein Skatgericht (zwischendurch kann es auch schriftlich angerufen werden), um über die einzig richtige Spielordnung zu wachen.
Unweit des Schlosses wurde 1827, nach Entwürfen von P. J. Lenné, ein Park angelegt. Er ist eine kleinere Version der in Potsdam und Berlin beheimateten Landschaftsgärten. Das bringt den Vorteil, daß man ihn gut überschauen kann. Einbezogene Ensembleteile sind das Naturkundliche Museum und das Lindenau-Museum. Letzteres, ein Palast mit italienischer Neorenaissancefassade, enthält eine großartige Kunstsammlung: italienische Tafelmalerei der Gotik und Frührenaissance (Werke von Guido da Siena, P. Lorenzetti, L. Memmi, L. Monaco, Masaccio, Botticelli), antike Keramik, Malerei und Plastik des 19. und 20. Jahrhunderts.

Naturidylle und Kulturgeschichtsraum

Zischend und tosend bahnt sich die Zschopau – 1000 m in kompaßgerechter Süd-Nord-Richtung fallend – ihren Weg durch Wälder, Dickicht, Felsspalten, schmale Auen und ehemals fränkische Waldhufendörfer, in denen die Sachsen später Silber schürften und Heimindustrien ansiedelten.

Zwischen Schlettau und Crottendorf (südl. der B 101) beherrscht der Scheibenberg die Landschaft. Dieses Basaltmassiv, Gegenstand zahlloser Kontroversen unter den Mineralogen, fällt sofort durch seine säulenförmigen Absonderungen auf. Von einem ehedem betriebenen Steinbruch begünstigt, ragen an der Nordseite die kantigen Basaltsäulen turmhoch empor. »Orgelpfeifen«, sagen die Einheimischen. Es scheint, als hätten sie Steinmetze aus dem Felse gemeißelt.

Folgt man der Zschopau flußabwärts, erreicht man, die »Wolkensteiner Schweiz« passierend, Augustusburg. Das malerische Städtchen schmiegt sich an den Porphyrkopf des Schellenberges, rund 200 m über dem Wasserpegel. Durch enge Gassen und eine steile Auffahrt gelangt man zum Schloß, das Kurfürst August I. 1568–1572 unter Peitsche und Hungerstock von Hieronymus Lotter erbauen ließ. Der vierflügelige Renaissancebau gilt als das monumentalste Jagdschloß der kursächsischen Fürstenfamilie. Die Architektur bestätigt nur teilweise diese Zweckbestimmung. August I. wollte wohl hauptsächlich einen weithin sichtbaren Triumphbau »zu einem ewigen gedechtniß« des Sieges über die Ernestiner in Thüringen (1547/1567) schaffen. Genauer beschaut ist diese Intention auch ablesbar an dem antikischen Triumphbogen des Haupteingangs, an der griechischen Kreuzform des Schloßinnenhofs oder an den herausfordernden Ecktürmen.

Das Bergplateau bot keinen Platz für den obligaten französischen Garten. Der wurde 200 Jahre später im benachbarten Lichtenwalde eingerichtet.

Die Römer und die Slawen haben es das reißende Felsental genannt (lat.: scopulus = Felsen, altslaw.: sapawa = tosend, reißend).

Anfahrt:
Auf der B 174 von Chemnitz nach Zschopau, oder B 180 von Flöha nach Süden; Bahnanschluß.

Auskunft:
Chemnitz-Information, Straße der Nationen 3, 09008 Chemnitz, Tel.: 03 71/6 20 51, Telefax: 03 71/6 15 83.

Das Zschopautal – oft wild und urwüchsig

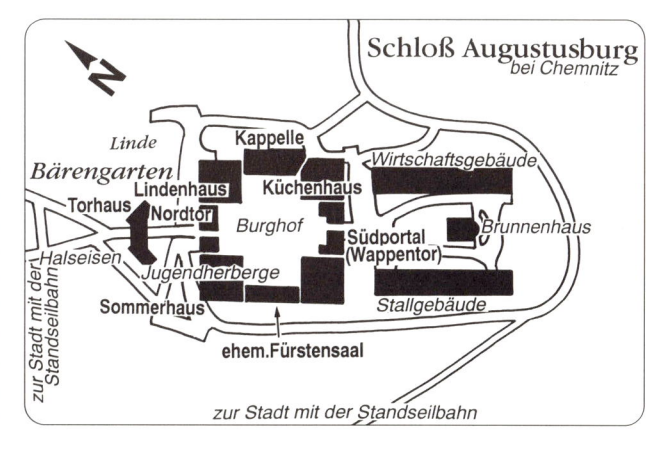

Freiberg – die erste freie Bergstadt Deutschlands

Von den sächsischen Städten, die ihre Entstehung und vor allem ihre Blüte dem Bergbau verdanken, ist Freiberg die bedeutendste.

Anfahrt:
Autobahn A 4 Chemnitz – Dresden, Abfahrt Hainnichen, B 101 Nossen – Freiberg oder B 173 Chemnitz – Dresden; Bahnanschluß.

Auskunft:
Freiberg-Information, Wallstr. 24, 09599 Freiberg, Tel.: 03731/23602, Telefax: 03731/273260.

Öffnungszeiten:
Mo.–Fr. 9–18 Uhr, Sa. 9–12 Uhr.

Das spätgotische Rathaus stammt im wesentlichen aus dem 15. Jahrhundert

Bereits 1168 begann hier, auf einer Hochfläche am Rande der Freiberger Mulde, der Bergbau. Harzer Bergleute gründeten die »Sächsstadt«. Schnell entwickelte sie sich zu einem wirtschaftlichen Mittelpunkt, dem sich später noch weitere Siedlungen anschlossen. Allesamt wurden sie durch eine Mauer umschlossen. Innerhalb dieser bildete sich ein Gebäudeensemble, das heute aufgrund seiner Geschlossenheit unter Denkmalschutz steht.

Die wirtschaftliche Existenz der Stadt konnte bis ins Jahr 1969 durch den ausgedehnten Abbau von Silber-, Blei- und Zinkerzen und deren Verhüttung gesichert werden. Heute geben nur noch die vielen, zum Teil museal erschlossenen Werkstätten über und unter Tage ein Zeugnis dieser großen Epoche Freibergs.

Überall in der Stadt und in der Umgebung sieht man Gebäude oder Erinnerungstafeln, die auf die verschiedenen Einrichtungen des ehemaligen Bergbaus hinweisen. Einen ersten Eindruck verschafft man sich am besten bei einem Besuch des Stadt- und Bergbaumuseums. Es beschäftigt sich vorrangig mit kultur- und kunstgeschichtlichen Aspekten und bereitet auf einen gezielten Besuch der in Freiberg erhaltenen Sachzeugen vor. Anschließend bietet sich ein Besuch des Traditionskabinetts der Bergakademie an.

Die Akademie wurde bereits 1765 gegründet. Beachtenswert ist eine Sammlung historischer Lehrmodelle, die nicht mehr vorhandene Originale darstellen. Daneben verdient die Mineraliensammlung besondere Aufmerksamkeit.

Wer unter die Erde gehen will, der findet dazu in der Lehrgrube der Akademie »Alte Elisabeth« Gelegenheit. Weithin sichtbar ist der eiserne Förderturm der »Reichen Zeche«. Bis 1968 war die heute für Lehr- und Forschungszwecke genutzte Anlage noch in Betrieb.

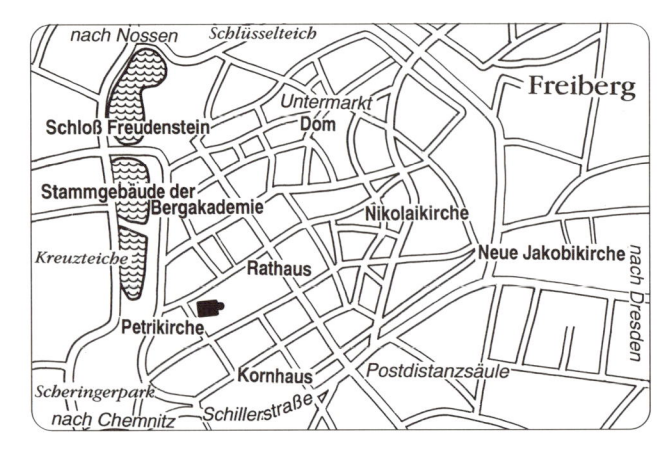

Autotour ⑩ Sächsische Schweiz, Erzgebirge, Vogtland

Romantische Wein- und Porzellanstadt – Meißen

Das auch als »Wiege Sachsens« bezeichnete Meißen kann auf eine 1000jährige Geschichte zurückblicken. Schon von weitem erkennt man die prächtige, auf einem Felssporn thronende Albrechtsburg. Schon um 929 wurde an dieser Stelle eine erste Befestigungsanlage unter König Heinrich I. errichtet. Der gotische Dom, der sich in unmittelbarer Nachbarschaft der Burg erhebt, wurde im 13. Jahrhundert begonnen, fertiggestellt jedoch erst um die Mitte des 16. Jahrhunderts. Unge-

Nicht nur das kostbare Porzellan hat die Stadt an der Elbe berühmt gemacht, auch der süffige Wein, der an den Hängen der Elbe gedeiht, hat seinen Teil dazu beigetragen.

Hoch über der Elbe erhebt sich die Albrechtsburg mit dem Dom

fähr zur selben Zeit entstand das noch heute durch mittelalterliche Bauten geprägte Stadtbild.
Noch immer ist der Markt das Zentrum des öffentlichen Lebens in Meißen. Hier reiht sich das spätgotische Rathaus in den Reigen der anderen bedeutenden Bauwerke ein, zum Beispiel das Bennohaus und die Marktapotheke.
Doch auch die meisten anderen Fachwerkbauten bestechen durch eine Vielzahl künstlerischer Details.
Und eben diese Vielgestalt kostbarster Handwerkskunst kommt in den seit der Mitte des 18. Jahrhunderts gefertigten Porzellangegenständen zum Ausdruck. Heute blickt die unter dem Zeichen der Blauen Schwerter produzierende Manufaktur auf eine 280jährige Geschichte zurück. Weit über 100 000 verschiedene Artikel stehen derzeit im Angebot der weltbekannten Industrie. Ein Besuch der Schauhalle sowie der Schauwerkstatt sollten auf keiner Besichtigungstour durch die Stadt der »Weißen Kunst« fehlen.
Wer die Elbe entlangfährt, dem fallen sofort die vielen terrassierten Hänge rechts und links des Stromes auf. Seit mehr als 800 Jahren wird hier Wein angebaut. Wer weiß schon, daß in Meißen 1799 die erste Weinbaugesellschaft und 1811 die erste Winzerschule Europas gegründet wurde? Auf ungefähr 180 Hektar Anbaufläche wachsen so beliebte Sorten wie zum Beispiel »Müller-Thurgau«, der »Weiße Burgunder« oder der »Traminer«.

Anfahrt:
Auf der B 6 von Leipzig oder aus Richtung Dresden, B 101 aus Richtung Freiberg; Bahnanschluß.

Auskunft:
Tourist-Information Meißen GmbH,
An der Frauenkirche 3,
01662 Meißen,
Tel.: 0 35 21/45 44 70,
Telefax: 0 35 21/45 82 10.

Öffnungszeiten:
Albrechtsburg:
tägl. 10–18 Uhr,
Januar geschl.
Staatl. Porzellan-Manufaktur: tägl. 9–17 Uhr.
Schauwerkstatt: tägl.
9–12 Uhr, 13–16 Uhr.
Die Nikolaikirche:
Mo.–Do. u. So. 14–16 Uhr.
Die Frauenkirche: saisonbedingt,
Kirchturmbesteigung:
tägl. 10–12 Uhr, 13–16 Uhr. Der Dom: tägl.
April–September 9–18 Uhr, Oktober–März 9–16 Uhr.

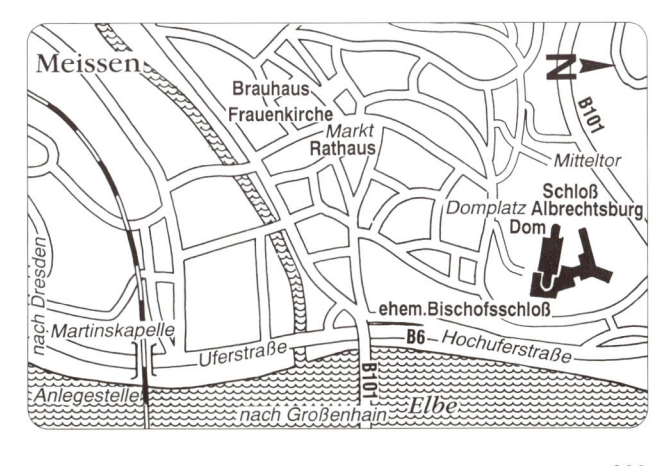

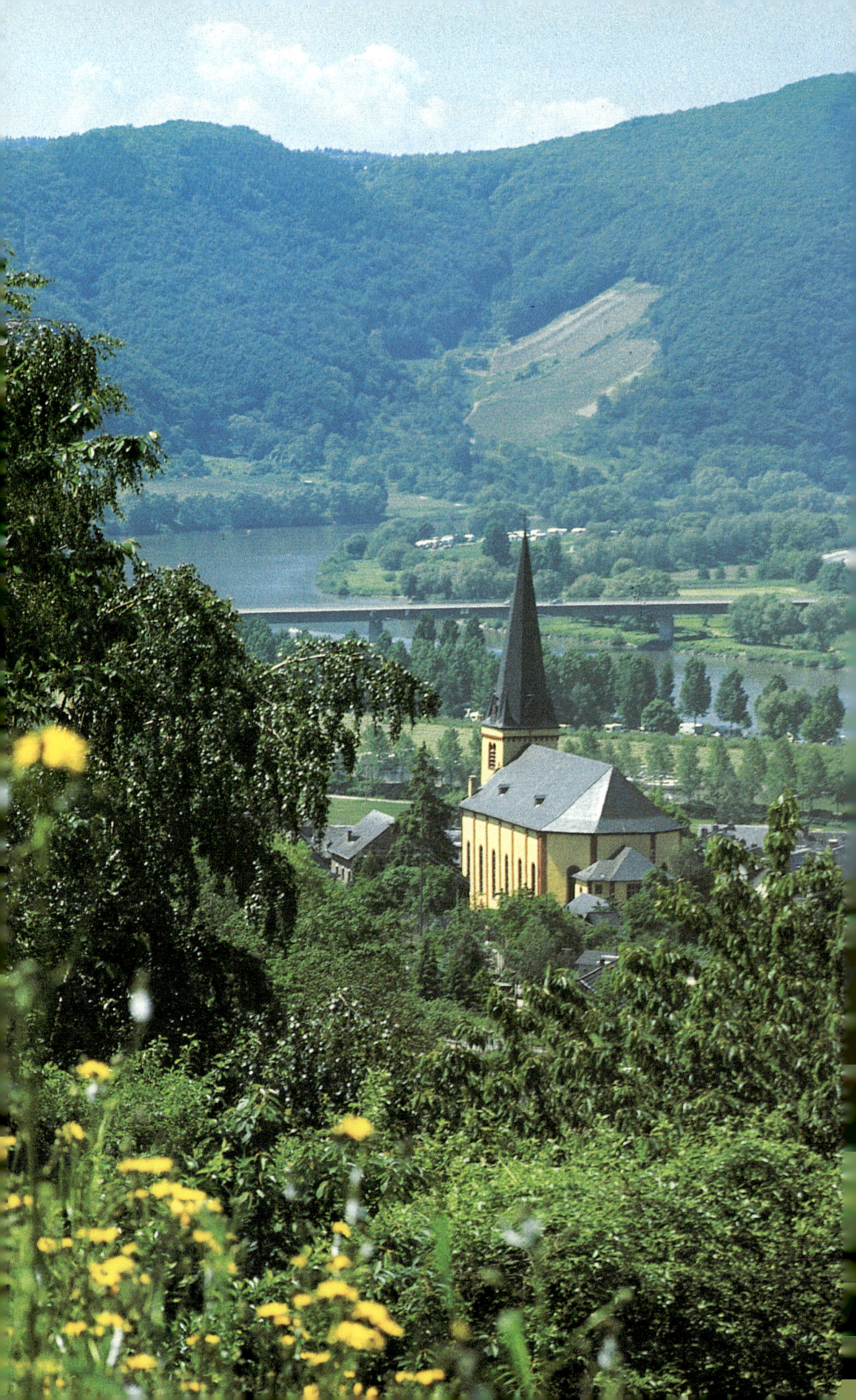

Streifzug durch Westerwald, Taunus und Eifel

Eine Ausflugsregion für jedermann, so könnte man die Vorzüge dieser Gebiete bezeichnen. Und entsprechend gibt es hier Vieles und Vielfältiges zu sehen, zum Beispiel Landschaften wie die Vulkaneifel, das untere Moseltal und mehrere Naturparks. Und auch die bekannten Weine tragen zur Beliebtheit dieser Region bei den Urlaubern bei.

Der Bereich östlich des Rheins weist eine Vielzahl bekannter Kurorte auf. Selbst die hessische Landeshauptstadt Wiesbaden darf in die Liste der in diesem Landstrich beheimateten Kurbäder von Weltruf eingereiht werden. Schon vor 2000 Jahren wußten die römischen Invasoren die Heilkräfte der hiesigen Quellen zu schätzen. Aber auch später kamen königliche und kaiserliche Hoheiten zum Kurieren ihrer Wehwehchen. Bad Ems, wo sich im letzten Jahrhundert Kaiser und Könige ein Stelldichein gaben, und Bad Homburg, wo der Siamtempel daran erinnert, daß hier einst auch gesalbte Häupter aus Fernost weilten, seien als Beispiele genannt.

Die 1975 aus der Taufe gehobene »Bäderstraße«, die sich als Signet eines lorbeerbekränzten, fröhlich zechenden Römers im Badebottich bedient, führt heute den streßgeplagten Wochenendtouristen in die bekanntesten Taunusbäder, wo er nach Herzenslust promenieren und kuren sowie sonstigen Beschäftigungen nachgehen kann. Mancherorts darf er sogar sein Glück am Spieltisch eines Casinos herausfordern. Deren Wiege steht übrigens in Bad Homburg. Dort wurde 1841 die erste Spielbank der Welt eröffnet, die gar mancher seitdem schon mit leerem Geldbeutel verlassen hat.

Dieses Gebiet hat aber auch für den Gaumen Überraschungen zu bieten. Ob Kartoffelbrot, Eierkäs, Handkäs mit Musik, Frankfurter Würstchen – es gibt vieles zu entdecken. Seine typischen Getränke sind hingegen eher als weltbekannt einzustufen. Man denke nur an den Rheingauer Riesling, einen der berühmtesten Weine überhaupt, oder den Apfelwein – wer hätte noch nicht davon gehört?

An den Ufern der Mosel reihen sich nette Orte, wie Senheim auf

Bei Winzerfesten treten historisch gekleidete Tanzgruppen auf

Daß hier allerdings nicht nur Essen, Trinken und die Freizeitgestaltung großgeschrieben werden, das mögen zwei bekannte und grundverschiedene Söhne des Gebietes beweisen: Der Frankfurter Johann Wolfgang von Goethe und der Holzhausener Nikolaus Otto, dessen Erfindung des Viertaktmotors die ganze Welt revolutionierte.

Eines der beliebtesten Ausflusziele an der Mosel ist die alte Sadt Cochem. Majestätisch wird sie überragt von der Reichsburg. Eine weitere, sehr berühmte Burganlage ist die im Elzbachtal gelegene, märchenhafte Burg Eltz. Sie ist nur auf Schusters Rappen zu erreichen. In der Eifel gibt es jedoch noch weitere 190 Burgen, von denen Schloß Bürresheim als besonders schönes Beispiel genannt werden sollte.

Als Augen der Eifel sind die vielen Maare weitbekannt. Diese erdgeschichtlich relativ jungen Gebilde sind zum großen Teil wahre Rückzugsgebiete für bedrohte Tiere und Pflanzen und stehen unter Naturschutz. Trotz mannigfacher Freizeitangebote ist die Eifel ein ruhiges Reisegebiet geblieben.

Auskunft:
Fremdenverkehrsverband Rheinland-Pfalz e. V., Postfach 14 20, 56014 Koblenz, Tel.: 02 61/3 10 79, Telefax: 02 61/1 83 43.

Öffnungszeiten:
Mo.–Do. 8–17 Uhr, Fr. 8–15.30 Uhr.

Fremdenverkehrsverband Main + Taunus, Kisseleffstr. 7, 61348 Bad Homburg, Tel.: 0 61 72/1 83 52.

Übersichtskarte Autotour und Sehenswürdigkeiten

Westerwald, Taunus, Eifel

Die Autotour

Größer könnte der Gegensatz kaum sein: vom Deutschen Eck in Koblenz durch den Westerwald und über die Bäderstraße und den Taunus in die Mainmetropole, wo das Geschäftsleben pulsiert. Eines haben die Bewohner der großen Städte wie der abgelegenen Eifelörtchen gemeinsam – die Vorliebe für guten Wein.

Gesamtlänge der Autorundreise: 480 km

❶ Tourenvorschlag Koblenz
Die Stadt wurde bereits von den Römern gegründet, 1690 machten sie die Erzbischöfe von Trier zur Hauptstadt ihres Fürstentums. Die »Stadt des Deutschen Ecks« weist viele Baudenkmäler auf.

❷ Tourenvorschlag Bäderstraße
Auf den Spuren der alten Römer, die die rheumakurierende Wirkung der heißen Quellen kannten, gelangt man nach Bad Ems, Bad Schwalbach, Schlangenbad und Wiesbaden.

❸ Tourenvorschlag Frankfurt am Main
Vor allem wegen ihrer modernen und deshalb häufig kritisierten Architektur (»Mainhattan«) hat die Mainmetropole ihren guten Ruf eingebüßt, teilweise zu Unrecht, wie eine Stadtbesichtigung zeigt.

❹ Tourenvorschlag Riesling-Route
Die Rheingau-Riesling-Route erschließt das rechtsrheinisch gelegene berühmteste Weißweinanbaugebiet der Welt, das sich zu Füßen des vor kalten Winden schützenden Taunus am Rhein entlangzieht.

❺ Tourenvorschlag Mittelrheintal
Die Rheingoldstraße führt durch den landschaftlich sicherlich reizvollsten Rheinabschnitt. Hier liegen auch die berühmten Stromschnellen beim Loreleyfelsen, die so manchem Schiff zum Verhängnis wurden.

❻ Tourenvorschlag Burg Eltz
Seit dem 13. Jahrhundert gewann die im Gemeineigentum verbliebene Burg durch das Nebeneinander verschiedener Häuser das romantische Aussehen, das Eltz zum Urbild der deutschen Burg werden ließ.

❼ Tourenvorschlag Cochem
Das romantische Städtchen weist eine Burg aus dem 11. Jahrhundert auf, die im 14. Jahrhundert vergrößert wurde. Cochem ist heute ein gern besuchtes Ziel im Moseltal.

❽ Tourenvorschlag Bitburg-Daun
Daun besitzt sehenswerte Burgmannenhäuser sowie einen Hirsch- und Saupark. Eine Fahrt nach Daun auf der Deutschen Wildstraße wird zu einem Erlebnis für die ganze Familie.

❾ Tourenvorschlag Gerolstein
Eine ganze Reihe von Naturschauspielen bieten sich in der Umgebung den Besuchern. Daneben beeindruckt besonders der an einer Burgruine eingerichtete Adlerpark.

❿ Tourenvorschlag Mayen
In der barockisierten, sagenumwobenen Genovevaburg ist das Eifelmuseum untergebracht, das unter anderem über Geschichte, Naturgeschichte und Folklore der Eifel informiert.

Die Stromburg bei Stromberg

Weitere interessante Sehenswürdigkeiten entlang der Route

❶ Holzappel
Im nahe gelegenen Hochwild-Schutzpark Westerwald kann man das Wild im naturbelassenen Lebensraum beobachten.

❷ Runkel
Die gleichnamige Burg erhebt sich stolz über dem Lahntal. Im Innern sind antike Waffen, Möbel und kunsthandwerkliche Arbeiten zu besichtigen.

❸ Weilburg
Neben einem hübschen Renaissanceschloß (16. Jh.), einem malerischen Marktplatz, dem Heimat- und Bergbaumuseum und einem Tiergarten befindet sich in der kleinen ehemaligen Residenzstadt Deutschlands einziger Schiffstunnel (1847).

❹ Braunfels
Oberhalb des Luftkurorts erhebt sich das auf einer Basaltkuppe gelegene Schloß der Fürsten Salm-Braunfels mit bemerkenswerten Sammlungen. Im Ort selbst sind ein schöner Marktplatz, die Stadtmauer, eine romanisch-gotische Pfarrkirche und ein Waldmuseum zu besichtigen.

❺ Bad Homburg vor der Höhe
Der Thermalkurort wird hauptsächlich seiner Mineralquellen wegen besucht. Das Saalburgmuseum informiert ausführlich über die frühere Lebensweise in einem römischen Limeskastell.

❻ Kronberg
1956 wurde hier ein Freigehege eingerichtet, zu dessen Angebot heute ein Zoo mit Tieren aus allen Erdteilen, ein Streichelzoo, große Spielplätze und ein Naturlehrpfad gehören.

❼ Wiesbaden
Die berühmte Kurstadt und hessische Landeshauptstadt bietet allerlei: das Kurhaus mit einem klassizistischen Kurpark, das Barockschloß Biebrich, das Stadtschloß (heute Landtag), das Hessische Staatstheater und das Städtische Museum.

8 Burg Rheinstein
Die ehemalige Vautzburg wurde im 19. Jh. neu aufgebaut und mit dem heutigen Namen versehen.

9 Bacharach
In dem traditionellen Weinort, der schon im Mittelalter bekannt war, steht das »Alte Haus«, eines der bekanntesten mittelalterlichen Fachwerkhäuser am Rhein. Der Ort zu Füßen der Burg Stahleck ist von alten Ringmauern und Wehrtürmen umgeben.

10 Boppard
Kneippkurort und bekannte Weinstadt an der großen Rheinschleife. Die St.-Severus-Kirche und die Karmeliterkirche sind einen Besuch wert. Mit dem Sessellift ist der grandiose Aussichtsberg »Vierseenblick« zu erreichen.

11 Beilstein
Der winzige Ort am Fuße einer Burgruine gilt als Inbegriff eines deutschen romantischen Dorfes.

12 Zell
Zahlreiche Kunstschätze birgt das Kurfürstliche Schloß. Die Stadtmauer geht auf die Zeit vom 13.–15. Jh. zurück.

13 Pünderich
Besonders hübsch ist der historische Ortskern in dem kleinen Mosel-Weindorf.

14 Kyllburg
Hauptsehenswürdigkeiten sind das ehemalige gotische Kollegiatsstift, die Marienkirche, das Schloß, das über dem Ortsteil Malberg thront, und das ehemalige Zisterzienserinnenkloster St. Thomas.

15 Manderscheid
Hier bietet sich ein berauschender Anblick: die wildromantischen Belvedere-Burgruinen.

16 Nürburgring
Die alte Rennstrecke ist weltbekannt, auch wenn heute der Grand Prix von Deutschland auf dem Hockenheimring ausgetragen wird. Gegen eine Gebühr kann man sich selbst als Rennfahrer erproben. Das Rennsportmuseum erinnert an die großen Rennereignisse.

17 Maria Laach
Die 1093 gegründete Benediktinerabtei ist noch immer im Besitz der Mönche. Die Kirche aus dem 12. Jh. ist eines der berühmtesten Meisterwerke in Deutschland. Der Reiz dieses Gebäudes besteht in den sechs romanischen Türmen.

18 Neuwied
Die reizvollsten Besichtigungsstationen liegen auf die verschiedenen Stadtteile verteilt: Eine Burgruine liegt in Altwied, das Schloß in Engers (schöne Stukkaturen im Festsaal) und die Abtei Rommersdorf in Heimbach-Weis.

Geschichte und Kultur

Die Eifel — geheimnisvolle Welt der Maare und Vulkane

Die als »grünes Herz Europas« gepriesene Eifel erstreckt sich aufsteigend aus der Niederrheinischen Bucht südwärts bis an die Mosel und reicht in Ost-West-Richtung vom Mittelrhein bis zu den Grenzen Luxemburgs und Belgiens. Dieser linksrheinische Teil des Rheinischen Schiefergebirges ist ein bewaldetes, etwa 400 bis 600 Meter hoch gelegenes, flächenhaft ausgebildetes Hochland.

Der weitaus größte Teil der Eifel weist ein beträchtliches Alter auf: Vor etwa 350 Millionen Jahren lagerte sich hier sandiges und toniges Gesteinsmaterial ab und wandelte sich im Laufe der Zeit zu einem widerstandsfähigen Gestein um.

Das heutige Erscheinungsbild prägen jedoch die markanten Vulkankegel eines wesentlich »jüngeren« erdgeschichtlichen Zeitalters. Ausgelöst durch gewaltige Massenverlagerungen tief im Erdinnern, trat glühendflüssige Gesteinsschmelze aus. Erster Schwerpunkt dieser Vulkantätigkeiten war der Zeitraum vor etwa 35 bis 45 Millionen Jahren.

Zu dieser Zeit bildeten sich ungefähr 300 Vulkane; die meisten liegen in der Hocheifel zwischen Adenau und Kelberg. Auch der höchste Berg der Eifel, die »Hohe Acht«, 747 m hoch, ist ein solcher tertiärer Basaltvulkan. Deutlich hebt sich die in eindrucksvoller kuppiger Form erstarrte Lava in der Landschaft ab.

Damals entstand in der Eifel die heutige Mittelgebirgslandschaft mit dem jüngsten Vulkangebiet Europas. Neben über 100 Vulkankegeln bilden etwa die gleiche Anzahl von Maaren die heutige charakteristische Besonderheit der Eifel.

Maare sind durch vulkanische Gas- und Wasserdampferuptionen entstandene schüsselförmige Hohlformen, die in vielen Fällen mit Wasser gefüllt sind. Auf gleiche Weise entstand vor etwa 11 000 Jahren das größte und bekannteste Eifelmaar mit einer Fläche von 3,33 Quadratkilometern, der »Laacher See«.

Der »Laacher See« erlangte jedoch nicht nur wegen seiner landschaftlichen Schönheit so große Berühmtheit. Sein Ufer bildete die Kulisse für eines der bedeutendsten Baudenkmäler auf deutschem Boden: Stolz erhebt sich die Abteikirche »Maria Laach« als eines der reinsten Werke deutscher Romanik.

Die vom Pfalzgrafen Heinrich II. im Jahre 1093 gegründete und schließlich 1230 vollendete Benediktinerabtei »St. Maria ad lacum« (am See) ermöglicht seinen Besuchern ein genaues Studium des früh- bis spätromanischen Baustils. Die dreischiffige, doppelchörige Basilika mit wuchtigen Rundbogenschiffen und mächtig aufgewölbten Choranlagen, zu denen der achteckige Vierungsturm und der hohe, in Stufen aufgebaute Westturm mit jeweils quadratischen und runden Flankentürmen einen vertikalen Kontrast bildet, ist vielleicht das prägnanteste Beispiel romanischer Architektur in Deutschland.

Seit etwa 500 Jahren gilt die Abtei als besondere Pflegestätte des Humanismus und der Geisteswissenschaften und nach wie vor als Zentrum der Region.

Das Kloster Maria Laach, ein Kleinod deutscher Romanik

Koblenz und seine Kunstschätze

Im Zentrum der 2000jährigen Stadt am Deutschen Eck befindet sich neben anderem kulturell Sehenswertem auch das Mittelrhein-Museum.

Auskunft:
Stadtverwaltung Koblenz, Touristik u. Kongreßamt, 56020 Koblenz, Tel.: 0261/3 1304, Telefax: 0261/12 93800.

Ausflüge:
Stadtrundgang mit Besichtigung von St. Kastor-Kirche, Liebfrauenkirche und Rathaus. Außerdem zum Deutschen Eck, Kurfürstlichem Schloß und verschiedenen Museen, Schloß Stolzenfels.

Öffnungszeiten:
Mittelrhein-Museum, Florinsmarkt: Di.–Sa. 11–17 Uhr, Mi. 11–20 Uhr, So. 11–18 Uhr.
Postgeschichtliche Sammlung, Friedrich-Ebert-Ring 14, Mo.–Do. 10–13 und 14–16 Uhr, So. 12–17.30 Uhr.
Schloß Stolzenfels im Stadtteil Stolzenfels, ganzjährig außer 1. Werktag in der Woche und Dezember, Winter: von 10–12 und 14–16 Uhr, Sommer: von 9–17 Uhr.

Am geschichtsträchtigen Florinsmarkt erheben sich zwei durch ihre farbenfrohen Fassaden auffallende Häuser: das »Alte Kaufhaus« und das »Schöffenhaus«. Die im Zweiten Weltkrieg fast vollständig zerstörten Gebäude sind heute im Stil des beginnenden 18. Jahrhunderts wiederaufgebaut. Zusammen mit der Florinskirche und dem Bürresheimer Hof ist die sogenannte Kulturinsel ein besonderer Anziehungspunkt der Stadt am Zusammenfluß von Mosel und Rhein. Das Mittelrhein-Museum hat seit 1965 seine Heimat in dem Gebäudeduo gefunden. Eine kleine Skulpturengruppe aus dem 12. bis 16. Jahrhundert zählt zu den kostbarsten Gegenständen des Museums. Die Gruppe spiegelt die Entwicklung der Madonnendarstellung aus dem Mittelrhein- und Moselgebiet zu damaliger Zeit wieder. Im hohen Mittelalter thronte die Figur noch als »Sitz der Weisheit«, während sie in der Spätgotik als eine das Kind liebkosende Gottesmutter gezeigt wird.

Eine andere Abteilung zeigt niederländische Malerei des 16. bis 18. Jahrhunderts. Das 1595 von Lucas van Valckenborch geschaffene Werk »Turmbau zu Babel« gilt als Symbol für die menschliche Anmaßung, sowie als Schaubild architektonischer Kunstfertigkeit. Die Vielfalt der Gattungsmale-

Am Deutschen Eck mündet die Mosel in den Rhein

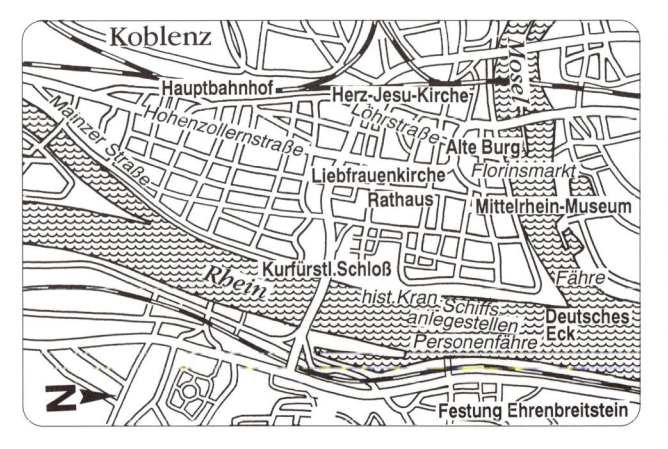

rei aus dem »goldenen Jahrhundert« der holländischen Kunst wird in dieser Ausstellung in besonders schönen Werken gezeigt. Beachtenswert ist eine große Sammlung mit Gemälden und Zeichnungen von Januarius Zick (1730–97). Unter anderem erwarb er durch seine sehr umfangreichen Freskoarbeiten für Schlösser und Kirchen im oberschwäbischen und kurtrierischen Raum den Ruf als »der letzte Großmaler des Barock«.

Im vorigen Jahrhundert sorgte die Reiselust, vor allem der Engländer, für viele romantische Werke.

Wo es im Taunus am gesündesten ist

Von Lahnstein nach Wiesbaden führt die Bäderstraße. Aber natürlich ist diese Route auch ein erlebnisreicher Ausflug für Gesunde.

Von Lahnstein aus (Burg Lahneck, Martinsburg, Rathaus, Martinskirche) folgen wir dem fröhlich zechenden Römer im Badebottich lahnaufwärts nach Bad Ems. Hier, wo sich im letzten Jahrhundert Kaiser und Könige ein Stelldichein gaben, ist ein Kurpromenaden-Spaziergang zu empfehlen (Kurhaus mit Kurpark, Russische Kirche, Kaiserdenkmal mit Quellenturm). Eine Lahnschleife weiter liegt Dausenau (Schiefer Turm, Stiftskirche, Rathaus, Heimatmuseum). In Nassau verlassen wir das Lahntal, allerdings nicht, ohne zuvor einen Kennenlernaufenthalt eingelegt zu haben. Die Stadt ist bekannt durch die Stammburg Nassau-Oranien und das Geburtsschloß des Reichsfreiherrn vom und zum Stein. Dem Schloß gegenüber liegt eines der schönsten deutschen Rathäuser.

Auf der B 260 geht es nun in den Taunus, wo sich ein nächster Halt in Holzhausen an der Haide anbietet, um das im Geburtshaus des Viertaktmotor-Erfinders eingerichtete Otto-Museum zu besuchen. Nach 18 Kilometern erreichen wir dann das stark frequentierte Bad Schwalbach (Kuranlagen, spätgotische Kirche). 3 Kilometer weiter zeigt ein Wegweiser nach links zum Freizeitpark »Taunus-Wunderland« (Miniaturbahn, Indianerlager u. a.), und kurz darauf erreichen wir Schlangenbad. Hier gibt es ein kleines Naturwunder: die ungiftige, bis zu 2 Meter lange Eskulapnatter (antikes Symbol der Heilkunst), die wahrscheinlich von den Römern hier als Tempelschlange angesiedelt wurde und bis heute überlebte.

Die Fahrt führt uns nun in die hessische Landeshauptstadt Wiesbaden. Das Kurhaus (Muschelsaal, beeindruckende Wandelhalle) wurde vor dem Ersten Weltkrieg errichtet. Daß sich trotz großstädtischer Bedingungen der Charakter einer Kurstadt erhalten hat, zeigt ein Gang durch den Kurpark.

Anfahrt:
A 48 Montabaur – Koblenz, Ausfahrt Bendorf. Von dort rechtsrheinisch auf der B 42 stromaufwärts nach Lahnstein.

Auskunft:
Verkehrsbüro, Wilhelmstr. 15, 65185 Wiesbaden, Tel.: 0611/1729780.

Bemerkung:
Der Begriff »nassauern« hat tatsächlich mit dem Ort Nassau zu tun. Der frühere Herzog Adolf von Nassau hatte im vorigen Jahrhundert für seine studierenden Landeskinder an der Universität Göttingen einige Freitische spendiert. Dort nahmen auch hungrige Studenten aus anderen Gegenden teil. Sie gaben sich als »Nassauer« aus und aßen umsonst. Sie »nassauerten«.

Zu Wiesbadens Repräsentativbauten zählt auch das Staatstheater

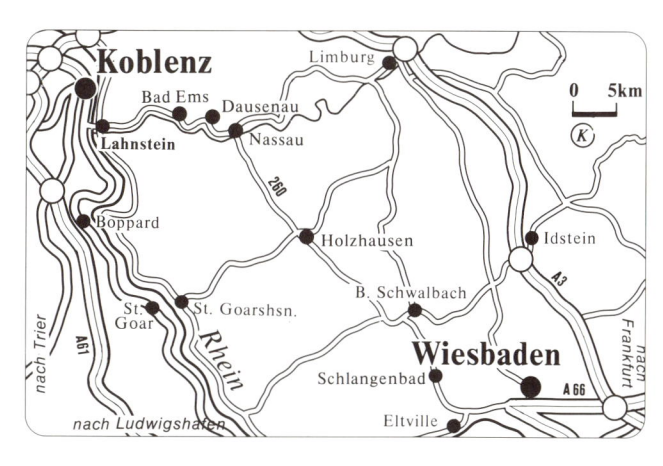

Westerwald, Taunus, Eifel — Autotour ③

Erlebnis Frankfurt am Main

Frankfurt steht bestimmt nicht im Ruf, eine der schönsten deutschen Städte zu sein. Wer Frankfurt jedoch kennengelernt hat, wird einräumen, daß der Ruf der Stadt nicht ganz richtig ist.

Anfahrt:
Autobahnen aus allen Richtungen.

Auskunft:
Verkehrsamt, Kaiserstraße 52, 60329 Frankfurt, Tel.: 069/212-38800, Telefax: 069/21237880.

Öffnungszeiten:
Deutsches Postmuseum: Di.–So. 10–17 Uhr. Liebighaus, Museum für Kunsthandwerk: Di.–So. 10–17 Uhr. Museum für Völkerkunde Di.–So. 10–17 Uhr. Städelsches Kunstinstitut Di.–So. 10–17 Uhr. Naturmuseum Senckenberg: tägl. 9–17 Uhr, außer Mi 9–20 Uhr, Sa./So. 9–18 Uhr. Mittwoch: alle Museen bis 20 Uhr geöffnet.

Unser Kennenlernspaziergang durch die Mainmetropole beginnt an der Hauptwache (S- und U-Bahn-Knotenpunkt). Hier wurde Goethe einst in der Katharinenkirche getauft. Nur wenige Meter entfernt steht die Liebfrauenkirche, einen Straßenzug weiter südlich die Paulskirche, in der sich die Deutschen 1848/49 einen Großteil der heute selbstverständlichen demokratischen Freiheiten erkämpften. Noch ein paar Schritte, und schon stehen wir neben dem Gerechtigkeitsbrunnen auf dem Römerberg. Stolz präsentiert sich das Wahrzeichen Frankfurts, der Römer (historischer Kaisersaal, Rathaus seit 1405), mit seinen eindrucksvollen gotischen Staffelgiebeln. Im Süden begrenzt die St.-Nikolai-Kirche (wunderschönes Glockenspiel) den Rathausplatz. Im Osten ragt der Kaiserdom majestätisch gen Himmel. Er wurde per Reichsgrundgesetz 1356 zur Wahlkirche der deutschen Kaiser bestimmt.

Vom Domplatz aus gehen wir zum Main und durch die Uferanlagen sowie über den Eisernen Steg (davor rechts historisches Museum) auf das Sachsenhäuser Ufer weiter. Dem Schaumainkai folgen wir flußabwärts. Hier liegen gleich mehrere Museen nebeneinan-

Hochhäuser sind ebenso ein Symbol der Frankfurter City wie ...

... der noch immer beschaulich wirkende Römer

der: darunter das Museum für Kunsthandwerk, das Museum für Völkerkunde, das Bundespostmuseum, das Städelsche Kunstinstitut und das Liebighaus. Über die Friedensbrücke gelangen wir wieder auf das rechte Mainufer, und es trennt uns nur noch ein kurzer Spaziergang vom Hauptbahnhof. Mit S- oder U-Bahn fahren wir zu unserem Ausgangsort zurück.

Natur- und Kunstfreunden ist unbedingt ein Besuch des Senckenberg-Museums, des Zoos und des Goethe- und Opernhauses sowie des in unmittelbarer Nähe liegenden Palmengartens zu empfehlen.

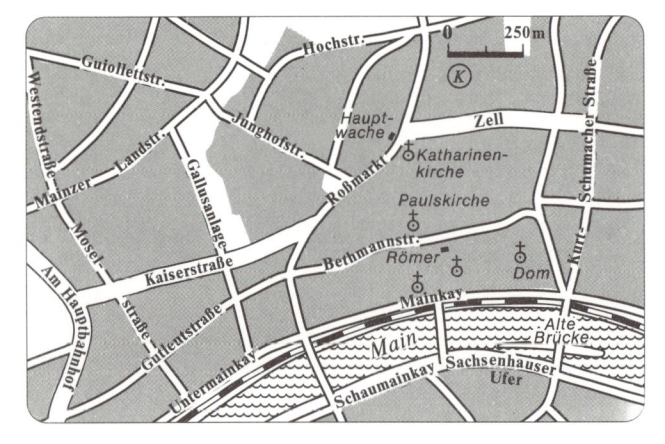

Autotour ④ Westerwald, Taunus, Eifel

Auf der Rheingauer Riesling-Route

Diese weinselige Route trägt ihren Namen gewiß nicht zu Unrecht. Führt sie doch durch einen der berühmtesten Weingärten der Welt. Nirgendwo sonst wächst ein so vorzüglicher Riesling.

Das Niederwalddenkmal über Rüdesheim ist nicht minder bekannt...

...als die berühmte Drosselgasse mit ihren Weinkneipen

Auf diesem Ausflug wollen wir den vom Riesling geprägten Rheingau auf der mit einem gekrönten Glas markierten Route kennenlernen, wo die vielen Weinstände zum Probieren einladen.
Unsere Reise beginnt an der hessischen Landesgrenze in Lorchhausen, und wir fahren auf der B 42 nach Lorch (St.-Martinus-Kirche, Hilchenhaus, Stadtbefestigung, Burg Nollig). Während der Weiterfahrt grüßen uns von der linken Rheinseite die Burgen Hohneck, Sooneck, Reichenstein und Rheinstein. In Assmannshausen, der Heimat der besten deutschen Rotweine, fahren wir hinauf zum Jagdschloß Niederwald (Hotel, prächtige Aussicht, auch mit Sesselbahn erreichbar) und kommen gleich darauf zum Niederwalddenkmal (die Germania erinnert an den Krieg 1870/71; Gondelbahn von Rüdesheim). Nach ausgiebigem Rundblick fahren wir nach Rüdesheim, wo jedoch nicht nur die »Drosselgasse« zum Besuch einlädt. Die aus dem 12. Jahrhundert stammende Brömserburg beheimatet das Rheingau- und Weinmuseum. Auch das »Mechanische Musikkabinett« im Brömserhof, wo jeder, dem es dort nicht gefällt, sein Eintrittsgeld zurückbekommt.
Der weitere Weg kann nun über die direkte Route (B 42) führen oder auch – bedingt durch zahlreiche Abstecher – sehr »kammähnlich« aussehen. Sehenswürdigkeiten gibt es in Hülle und Fülle: In Geisenheim die Schlösser Schönborn und Johannisberg, »Rheingauer Dom« und Kloster Marienthal; in Oestrich-Winkel »Graues Haus«, Rheinkran, die Schlösser Reichartshausen und Vollrads, 1000jährige Basilika; in Hattenheim Kloster Eberbach; in Kiedrich St.-Valentins-Kirche und Ruine Scharfenstein (Ehe-Rebgarten); in Eltville Burg mit Gutenberg-Gedenkstätte und gotische Pfarrkirche.

Anfahrt:
Von Koblenz B 42 südwärts bis Lorchhausen; von Frankfurt A 66 bis Wiesbaden.

Auskunft:
Städtisches Verkehrsamt, Rheinstraße 16, 65385 Rüdesheim a. Rh., Tel.: 0 67 22/29 62 und 4 08 31, Telefax: 0 67 22/34 85.

Öffnungszeiten:
Mo.–Fr. 8.30–12.30 Uhr, 14–18 Uhr. April–November außerdem Samstag und Sonntag von 14–18 Uhr.

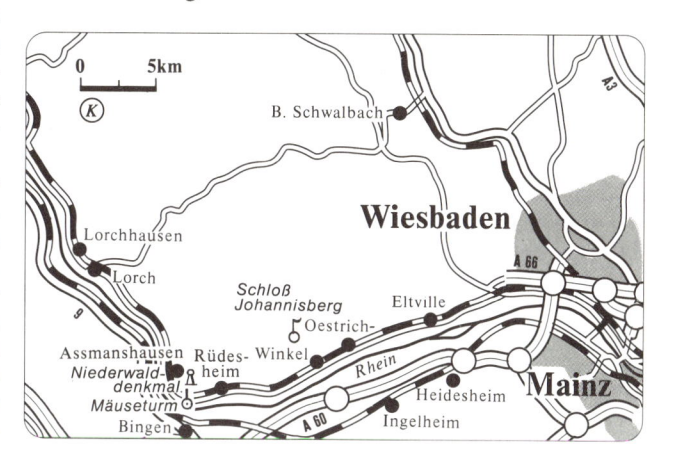

Westerwald, Taunus, Eifel — Autotour 5

Vom Mäuseturm zum Deutschen Eck

Eine abwechslungsreiche Fahrt durch das Mittelrheintal. Hier ist Deutschland angeblich am romantischsten. Lassen wir uns überzeugen!

Anfahrt:
A 61 Koblenz – Ludwigshafen, Ausfahrt Bingen oder A 60 Mainz – Bingen, Ausfahrt Bingen-Gaulsheim.

Auskunft:
Verkehrsamt,
Rheinkai 21,
55411 Bingen,
Tel.: 0 67 21/18 42 05,
Telefax: 0 67 21/1 62 75.

Rückfahrt:
Ab Koblenz-Hbf. mit der Bundesbahn nach Bingen.

Eine Schiffahrt durch das Rheintal bietet auch Vielgereisten eine große Zahl an Attraktionen bei problemloser Vorbereitung, denn unter der Nr. 10200 ist der Fahrplan der »Köln-Düsseldorfer« in jedem Bundesbahn-Kursbuch zu finden.

Beim Antritt unserer dreieinhalbstündigen Reise in Bingen erblicken wir rechtsrheinisch das Niederwald-Denkmal und passieren wenig später den auf einer Insel erbauten Mäuseturm: ehemals Zollturm, später Signalturm für die Rheinschiffahrt. Während unser »Dampfer« durch das berüchtigte Binger Loch tuckert, grüßt von rechts die Ruine Ehrenfels. Nach dem Halt in Assmannshausen geht es weiter, an der Burg Rheinstein vorbei, nach Niederheimbach. Lorch und Bacharach (Burg Stahleck) sind die beiden nächsten Stationen, bevor wir die durch Blüchers Rheinübergang berühmt gewordene Pfalz in Kaub erreichen.

Nächste Anlegestelle ist das von der Ruine Schönburg überragte Städtchen Oberwesel mit seiner sehenswerten Liebfrauenkirche (prachtvoller Schnitzaltar). Nach einer Rechtskrümmung ist es dann soweit: Wir erblicken den meistbesungenen Punkt am Rhein, die Loreley. Da der Fluß hier gefährlich eng wird, ist für die Schiffe Einbahnverkehr vorgeschrieben, und während wir

Jedermann kennt wohl die Pfalz bei Kaub

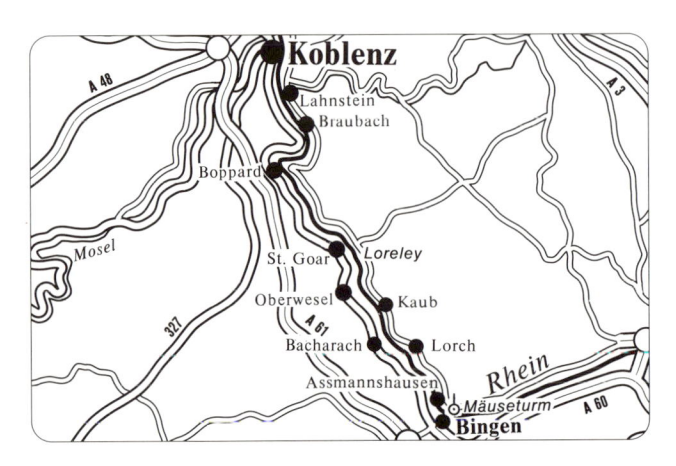

dem »Ich weiß nicht, was soll es bedeuten...« nachsinnen, erreichen wir auch schon St. Goar (Burg Rheinfels, Stiftskirche, Burgen Katz und Maus). Weiter geht es nun nach Bad Salzig, vorbei an den Ruinen Sterrenberg und Liebenstein nach Boppard. Hinter einer S-Schleife legt das Schiff in Braubach an, und über uns die Marksburg, eine der besterhaltenen Wehranlagen am Rhein. Wie wäre es mit einer Fahrtunterbrechung und einer Wanderung zur Burg? Rhens mit Königsstuhl und Lahnstein sind die nächsten Stationen, bevor wir Koblenz erreichen.

Zur »Geldscheinburg« Eltz

In aller Abgeschiedenheit, nur zu Fuß erreichbar, liegt die wohl schönste mittelalterliche Burganlage Deutschlands. Ein Juwel, dessen Besichtigung sich kein Eifelbesucher entgehen läßt.

Die Anreise zur Burg Eltz, die wohl wegen ihrer unzugänglichen Lage nie durch kriegerische Handlungen zerstört wurde, wird im Regelfall über die A 48 (Abfahrt Polch) und Münstermaifeld erfolgen. Wer es nicht eilig hat, sollte hier die Gelegenheit zum Besuch der Basilika (kostbare Ausstattung) nutzen. Weiter geht es dann nach Wierschem, und wir erreichen 2 Kilometer südlich bei der Antoniuskapelle den großen Parkplatz. Nach 5 Minuten Fußmarsch auf dem Fahrweg abwärts erhebt sich vor uns die majestätische Märchenburg. Ganz in der Nähe sehen wir die Ruinen der Burg Trutzeltz, die einst vom Trierer Erzbischof Balduin erbaut wurde, um die als unbezwingbar geltende Burg Eltz von der Außenwelt abzuschneiden, was letztlich aber auch erst nach einer mehrjährigen Belagerung gelang.

Durch einen Torweg kommen wir in das Burginnere. Auf steilen Felsen sind die einzelnen Häuser um einen Hof gruppiert. An der höchsten Stelle findet sich das im 12. Jahrhundert erbaute Haus Plattelz. Im Innenhof haben wir das Gefühl, in einem spätmittelalterlichen Stadtteil zu stehen, wenn wir links die Kempenicher Häuser und rechts das Rübenacher Haus erblicken.

In der Burg befinden sich sehr viele interessante Räume sowie zahlreiche kostbare Möbel und Kunstwerke, die uns die in der Ritterzeit üblichen Wohnformen verdeutlichen. Besonders hübsch ist wohl der Rittersaal im Haus Groß-Rodendorf mit den beiden reizvoll bemalten Kaminen und einer mächtigen Balkendecke.

Nachdem die prachtvollen Zeugnisse der Vergangenheit auf uns eingewirkt und Respekt eingeflößt haben, lädt die Burgschänke zu einem Besuch ein, und es können sich dann bei einem lieblichen Moselwein oder einem herben Pils die unvergeßlichen Eindrücke langsam setzen.

Keine andere deutsche Burg konnte ihren Charakter so wie Eltz konservieren

Anfahrt:
A 48 Koblenz–Trier, Ausfahrt Mayen und Polch. Von dort südwärts nach Wierschem. Der kürzere Zugang wird von der Ortschaft Wierschem in 2 km Fahrt erreicht; Wierschem ist 3 km von Münstermaifeld entfernt.

Auskunft:
Verbandsgemeindeverwaltung, Postfach 1264, 56748 Polch, Tel.: 02654/4020, Telefax: 02654/40248.

Öffnungszeiten:
Große Teile der Burg sind zu besichtigen: 1. April bis 1. Nov. 9–17.30 Uhr; in der übrigen Zeit 10–17.30 Uhr. Burg Pyrmont 1. Mai bis 31. Okt., Mi.–So u. Feiertagen, 10–18 Uhr.

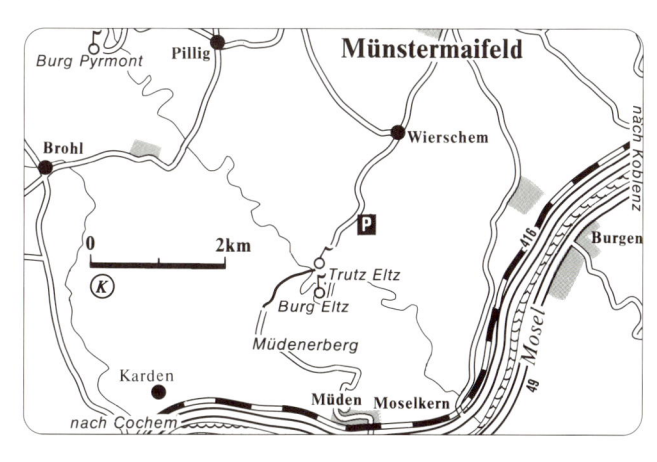

Westerwald, Taunus, Eifel — Autotour 7

Eine lebende Legende – die Reichsburg Cochem

Hoch über der letzten kühn angelegten Moselschleife vor Koblenz erhebt sich eine der geschichtsträchtigsten Stätten Deutschlands.

Anfahrt:
Moselaufwärts von Koblenz auf der B 416 u. 49, auf der B 259 von Ulmen; Bahnanschluß.

Auskunft:
Verkehrsamt, Endertplatz, 56812 Cochem, Tel.: 0 26 71/84 10.

Abstecher:
Zum Wildpark im Ortsteil Klotten oder mit der Sesselbahn zum Pinnerberg. Ein unbedingtes Muß ist der Besuch einer der unzähligen Weinkeller mit Weinproben. Auskunft Verkehrsamt.

Öffnungszeiten:
Reichsburg: vom 15. März–1. November, Führungen: täglich von 9–17 Uhr.
Sesselbahn: Ostern–Ende Oktober, täglich von 10–18 Uhr.

Schon beim etwa 15minütigen Aufstieg von der malerischen Altstadt Cochems zur Burg hat man einen großartigen Eindruck von längst vergangener und heutiger Zeit. Die Reichsburg Cochem beherrscht die Silhouette der Stadt und die wunderschöne Weinbaulandschaft.
Die Geschichte der Anlage beginnt im Jahre 1052, als das rheinische Grafengeschlecht der Ezzonen hier diese heute so gewaltig erweiterte Festung errichtete. Allein der Burgfried ist eine markante Erscheinung. Um ihn herum ragen spitze Wehrtürmchen unterschiedlichster Größe in den Himmel. Steht man an den mächtigen Burgmauern, dann öffnet sich den Blicken des Besuchers eine phantastische und romantische Landschaft.
Von grünen Weinhängen umrahmt, liegt Cochem am Ufer des Weinflusses Mosel, auf der neben den Frachtschiffen auch zahlreiche weiße Ausflugsdampfer ihre Bahn ziehen.
Gerne läßt der Burgbesucher seine Gedanken zurück ins Mittelalter schweifen, in das Jahr 1151, als der damalige König Konrad die Burg besetzt und als heimgefallenes Reichslehen an sich zieht. Somit war Cochem in der Folgezeit – die Staufer herrschten in Deutschland –, eine Reichsburg. Danach begann eine sehr abwechslungsreiche Zeit. Nach mehreren Besitzerwechseln, einmal gehörte sie der Kirche, dann wieder dem Adel, wurde die Burg schließlich im Jahre 1689 in Brand gesetzt und gesprengt. Bis zum Jahre 1868 fristete die ehemals bedeutende Anlage ein trostloses Dasein.
Der Berliner Kaufmann Louis Ravene kaufte die Ruine mitsamt des Grundstücks und ließ sie wiederaufbauen. Bereits im Jahre 1877 war die Burg im neugotischen Stil, der den romantischen Vorstellungen des 19. Jahrhundert entsprach, fertiggestellt.

Burg Cochem thront hoch über der Mosel

Autotour (8)   Westerwald, Taunus, Eifel

Dauner Brot und Bitburger Pils

Eine Erlebnisfahrt auf dem Ostteil der Deutschen Wildstraße zu idyllischen Maaren, Burgen, Klöstern und Städten.

Unsere Reise beginnen wir im Eifelstädtchen Daun. Die kleine Kreisstadt inmitten der Vulkaneifel ist vor allem als Kurort sowie durch seine Mineralbadeeinrichtungen bekannt. Sehenswert sind die Burgruine mit den ehemaligen Burgmannenhäusern, die Nikolauskirche mit romanischem Westturm und alter Innenausstattung sowie das Heimatmuseum mit seinen vielen Gesteins- und Altertumsfunden. Wer sich stärken will, der sollte sich das »Dauner Brot« schmecken lassen! Sehr zu empfehlen ist auch eine Wanderung durch das »Land der erloschenen Feuer« zu den in unmittelbarer Nähe von Daun gelegenen drei Maaren, die auch per Auto erreichbar sind. Von dem bekanntesten, dem Totenmaar, erzählt die Sage, daß hier Pontius Pilatus Selbstmord begangen habe.

Wir fahren in Richtung Süden, biegen nach dem Pulvermaar rechts ab und erreichen bald darauf das im Liesertal gelegene Manderscheid mit seinen beiden romantischen Belvedere-Burgruinen: die Oberburg mit fünfstöckigem Wehrturm und die sehenswerte Niederburg.

Unser nächstes Ziel ist das ehemalige Zisterzienserkloster Himmerod, von dessen ursprünglichem Bauwerk nur noch die monumentale Barockfassade geblieben ist. Über Spangdahlem gelangen wir dann zu dem an der B 50 gelegenen »Hochwild-Schutzpark Eifel«. Durch dieses großartige Wildgehege führen kilometerlange Wanderwege, auf denen der Besucher vielfache Kontaktmöglichkeiten mit der Tierwelt hat. An der Bärenschlucht können wir sogar diese brummigen Gesellen beobachten. Die Fahrt geht dann auf der B 50 zur bekannten Bierstadt Bitburg, wo Liebhaber der Malerei das Kreisheimatmuseums besuchen werden.

Drei stille Maarseen sind die Höhepunkte in Dauns Umgebung

Neben der berühmten Bitburger Brauerei steht der Bierbrunnen

Anfahrt:
A 48 Koblenz–Trier, Ausfahrt Daun/Mehren.

Auskunft:
Verkehrsamt, Bedaplatz, 54634 Bitburg, Tel.: 0 65 61/89 34.

Öffnungszeiten:
Niederburg in Manderscheid tägl. 9.30–17 Uhr. Kreisheimatmuseum Bitburg Mo., Di., Do. und Fr. vormittags. Brauereibesichtigungen Mo.–Do. nach vorheriger Anmeldung.

Abstecher:
Römervilla Otrang bei Bitburg. Tägl. außer Mo. geöffnet. Im Dezember geschlossen.

247

Tiere in freier Wildbahn – zum Greifen nahe

Im Adler- und Wolfspark Kasselburg an der Deutschen Wildstraße kann man Greifvögel im Flug und Wölfe bei der Fütterung erleben.

Anfahrt:
Gerolstein ist auf der B 410 (Prüm – Mayen) zu erreichen; Bahnanschluß.

Auskunft:
Touristinformation,
Postfach 11 20,
54561 Gerolstein,
Tel.: 0 65 91/13 82,
Telefax: 0 65 91/13 66.
Adler- und Wolfspark Kasselburg,
54568 Gerolstein/Pelm,
Tel.: 0 65 92/1 62 00.

Abstecher:
Zur Brunnenstadt Gerolstein mit markantem Dolomitfelsen und Fossilienfundstätten, Naturkundlichem Museum, Villa Sarabodis und Löwenburg.

Öffnungszeiten:
Adler- und Wolfspark:
tägl. 10–18 Uhr.
15.11.–28. 2. außer 26.12.–6. 1. u. Karneval Sa.–Di. Naturkundemuseum Gerolstein:
Di.–So. 10–12.30 Uhr, 14–17 Uhr, Mo. geschl.

Gerolstein liegt an der Kyll

Die Kasselburg liegt auf einem 485 Meter hohen Vulkankegel in der Eifel nahe der weitbekannten Brunnenstadt Gerolstein. Sie ist eine der schönsten Staufenburgen des Landes und gilt als die schönste Ruine der Eifel. Die aus dem 12. Jahrhundert stammende Burganlage hat im Laufe der Jahrhunderte mehrfach ihre Besitzer gewechselt.

Heute ist in dieser markanten Anlage, deren fast 40 Meter hoher Doppelturm majestätisch die umliegenden Laubwälder überragt, der bekannte Tierpark untergebracht. In den Burgmauern sind die Volieren der stolzen Greife eingerichtet; vom mächtigen Steinadler bis hin zum kleinen Luggerfalken. Bei den Flugvorführungen erklärt der Falkenmeister den Besuchern die verschiedenen Fähigkeiten der einzelnen Arten. Blitzschnell jagen die Falken über die Köpfe der Zuschauer hinweg; die großen Steinadler dagegen gleiten fast lautlos mit mächtigen Flügelschlägen durch die Luft.

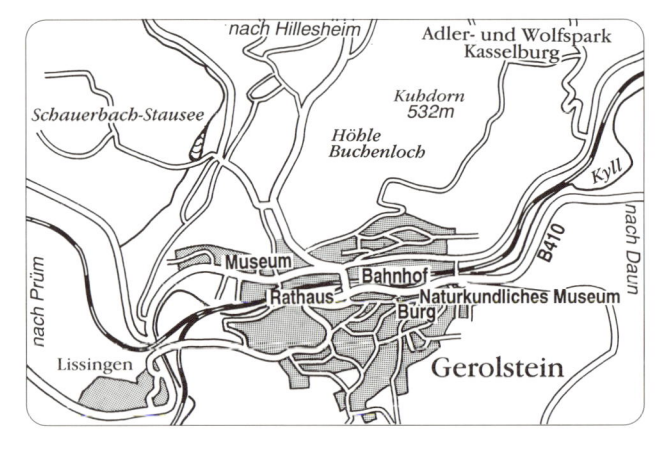

Das größte in Westeurpa lebende Wolfsrudel ist in einem großzügigen Gehege am Burghang untergebracht. Neben den Fütterungen stehen vor allem Vorträge über das Verhalten der Tiere, sowie deren Rangordnung innerhalb des Rudels im Vordergrund der Erklärungen der Tierpfleger. So haben die Begründer dieses Parks überhaupt das Anliegen, den Besuchern Lebens- und Verhaltensweisen der heute seltenen Greifvögel nahezubringen.

Schon die kleinsten Besucher können im Streichelzoo Zwergziegen aus der Hand fressen lassen. Auf einer Wanderung durch den herrlich gelegenen Park lassen sich von einer Beobachtungsbühne aus Wildschweine, Mufflons und Wilfpferde beobachten. Vom Doppelturm aus hat man eine überwältigende Fernsicht über die Vulkaneifel. So scheinen bei klarer Luft die Gipfel der Hohen Acht, des Nerother Kopfes und der bekannten Ruine der Nürburg zum Greifen nahe.

Autotour ⑩ Westerwald, Taunus, Eifel

Mayen und Schloß Bürresheim

Vom hübschen Eifelstädtchen Mayen wandern wir zum Märchenschloß Bürresheim – eine reizvolle Kombination von Landschafts- und Kunstgenuß.

Das Städtchen Mayen ist Ausgangspunkt unserer Wanderung. Es hat eine lange Vergangenheit. Schon vor mehr als 5000 Jahren lebten hier Menschen. Als die Römer diese Region besetzten, existierten bereits Töpfereien. Von der mittelalterlichen Stadtbefestigung zeugen noch Ober- und Brückentor sowie die Genovevaburg, die heute das bedeutendste Museum der Eifel beherbergt (komplett eingerichtete Bauern- und Handwerkerstuben, zahlreiche Bodenfunde von der Steinzeit bis zur Frankenzeit, viele Gewerbe- und Kunsterzeugnisse).

Am Parkplatz an der Bahnunterführung halten wir uns links der Nette, folgen ihr flußaufwärts und kommen in den Mayener Stadtwald (schwarzer Winkel). Nach dem Aufstieg wandern wir rechts am Hang entlang weiter bis zur Wegegabelung, wo wir uns rechts halten. Schon bald begrüßen uns im Tal Türme und Erker von Schloß Bürresheim, und wenig später stehen wir am efeuumrankten Eingang. Das auf einem von Nette und Nitzbach umströmten Fels liegende Schloß ist ein wichtiges Beispiel deutschen Burgenbaus. Der Bergfried stammt aus dem 12., die teilweise verfallene Kölner Burg aus dem 13. Jahrhundert, die Oberburg wurde im 15. Jahrhundert schloßartig ausgebaut. In den Schloßhof gelangen wir durch mehrere Tore und über den Kanonenweg. Die gesamte Hofpartie präsentiert sich mit schönen Giebeln, Portalen sowie reizvollem Fachwerk als äußerst idyllisch. Im Erdgeschoß des Wohnbaus befindet sich die Alte Küche mit Straßburger Fayencen aus der Zeit um 1730. Eine Wendeltreppe führt zum Obergeschoß. Hier birgt das Marschallzimmer Wappenscheiben aus dem Jahre 1497 als besondere Kostbarkeit. Sehenswert sind ferner: Gotischer Saal, Mainzer Zimmer, Schreibzimmer im Amtshaus, Roter Salon und Schönbornzimmer.

Die sagenumwobene Genovevaburg liegt mitten in der Stadt

Romantik in der Fußgängerzone – am historischen Brückentor

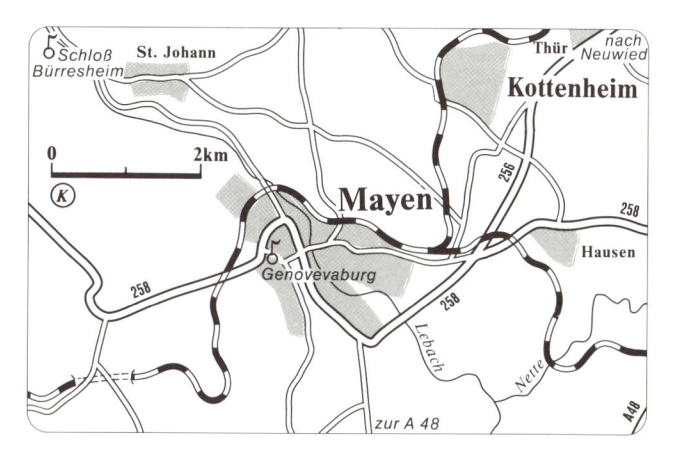

Anfahrt:
A 48 Koblenz–Trier, Ausfahrt Mayen.

Auskunft:
Städt. Verkehrsamt, Altes Rathaus, 56727 Mayen, Tel.: 02651/882601, Telefax: 02651/88366.

Öffnungszeiten:
Schloß Bürresheim: 1. Jan.–30. Sept. Di.–So. 9–18 Uhr, 1. Okt.–30. Dez. Di.–So. 9–17 Uhr. Genovevaburg Di.–Fr. 10–12.30 u. 14–17 Uhr, Feiertage, Sa. u. So. v. 11–17 Uhr. Mo. u. in der Zeit von Ende Nov. bis Mitte Febr. geschlossen.

Abstecher:
Nach Maria Laach und Burg Eltz.

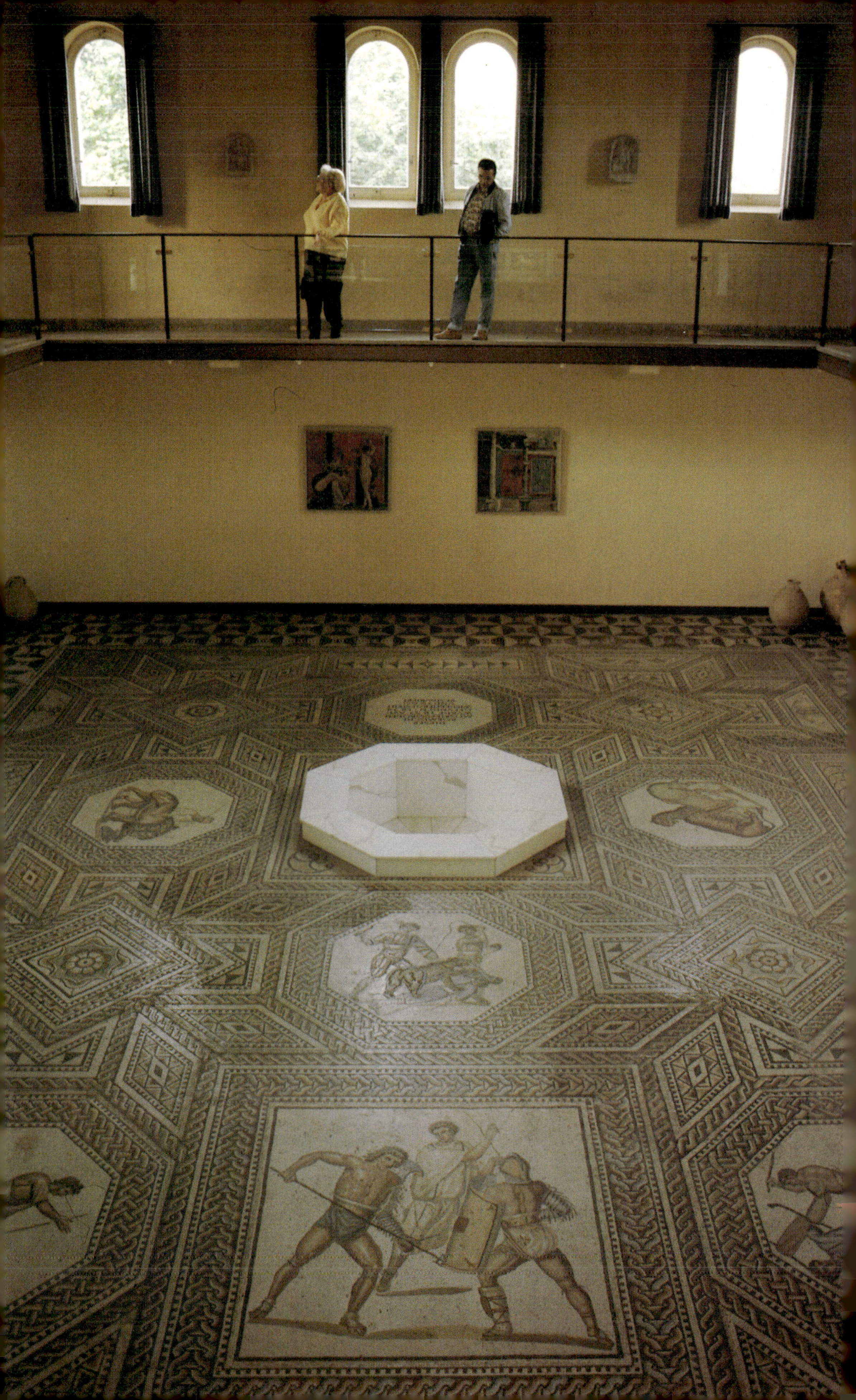

Vom mittleren Moseltal durch Pfalz und Saarland

Wer in dieser Gegend Deutschlands ortskundig ist, der verbindet mit der Mosel die ausgezeichneten Weine, mit der Pfalz den Wald und mit der Saar die Schwerindustrie. Daß dies aber längst nicht alles ist, dies erlebt man bei dieser Rundfahrt, die durch die verschiedenartigsten Landschaften führt.

Buchstäblich im Herzen Europas liegt diese schöne Urlaubsgegend. Während die Pfalz weithin als Erholungsgebiet bekannt ist, können über die Schönheiten der Saar meist nur die Einheimischen berichten. Wer hierher kommt, der betritt zwischen Lothringen, Luxemburg, Mosel und Hunsrück altes Kulturland, in dem sich schon die Kelten recht wohl gefühlt haben.

Nach diesen kamen die Römer in dieses Gebiet, brachten Kastelle und den Komfort der Landhäuser, und machten den wohlschmeckenden Wein bekannt. All das finden wir heute bei einer Ausflugsfahrt an die Saar vor; die ehemaligen Kulturstätten, natürlich vom Zahn der Zeit etwas in Mitleidenschaft gezogen, und die Ableger jenes köstlichen Gewächses, dessen Saft zu den berauschenden Getränken weiterverarbeitet wird, die mit einem Saar-Pfalz-Ausflug wohl fest verbunden sind.

Nach diesen Beschreibungen muß man sich also nicht wundern, wenn hier fast völlig unerwartet touristische Superlative aufgeboten werden, so z. B. das besterhaltene römische Fußbodenmosaik nördlich der Alpen und die künstlich angelegten Schloßberghöhlen in Homburg – Europas größte Buntsandsteinhöhlen. Aber auch an Naturschönheiten hat das Saarland einiges zu bieten: Hier seien nur als Beispiel der Donnersberg und die Saarschleife bei Mettlach genannt.

Damit jeder Besucher »auf Schusters Rappen« die Möglichkeit hat, alle Sehenswürdigkeiten des Landes kennenzulernen, wurde der 270 Kilometer lange Saar-Rundwanderweg eingerichtet – ein wahrer Geheimtip für Wanderfreunde.

Aber auch die Pfalz hat ein Herz für Wanderer, und sie bietet als »Vierjahreszeiten-Aktivkur« den immerhin 375 km langen »Großen Westpfalz-Wanderweg« mit Gepäckservice usw. für den komfortbewußten Wanderer an. Doch auch an die Autofahrer, die absolut nicht auf ihren fahrbaren Untersatz verzichten wollen, ist gedacht. Ob Wein- oder Schuhstraße, gute Kennzeichnungen ersparen dem Chauffeur viel anstrengendes Suchen nach dem richtigen Weg und führen ihn zu zahlreichen geologisch, historisch und volkskundlich äußerst interessanten Stätten. Da auch Pfalz und Wein ein festes Begriffspaar darstellen, haben sich die Fremdenverkehrsplaner sogar etwas für trinkfreudige Führerscheinbesitzer einfallen lassen: den bekannten Wanderweg Deutsche Weinstraße.

Wer hier den Wander- und nicht der Wegmarkierung folgt, der erspart sich nicht nur die oft höchst unangenehmen Folgen einer Promillefahrt, sondern marschiert auch noch die zuviel aufgenommenen Kalorien ab. Übrigens ist nicht der vielbesungene »Vater Rhein«, sondern die Mosel Deutschlands Weinfluß schlechthin.

Der Losheimer See bietet Wassersportlern gute Bedingungen

Nennig an der Saar: schönstes römisches Mosaik in Deutschland!

Auskunft:
Fremdenverkehrsverein Saarland e. V.,
Dudweiler Str. 53,
66111 Saarbrücken,
Tel.: 06 81/3 53 76.

Südliche Weinstraße e. V., Postfach 21 24,
An der Kreuzmühle 2
76829 Landau,
Tel.: 0 63 41/38 01 44,
Telefax: 0 63 41/38 02 79.

Fremdenverkehrs- und Heilbäderverband Rheinland-Pfalz e. V.
Martin-Luther-Str. 69
67433 Neustadt a. d. Weinstraße,
Tel.: 0 63 21/24 66,
Telefax: 0 63 21/8 42 78.

Übersichtskarte Autotour und Sehenswürdigkeiten

Moseltal, Saar, Pfalz

253

Die schönsten Ausflugsziele auf einen Blick

Die Autotour

Dieser Landstrich bietet jedem etwas: Burgen und Vulkane beiderseits der Mosel und Wein an steilen Hängen romantischer Flußtäler. Die Pfalz zählt mit Recht zu den beliebtesten Urlaubsgebieten. Aber auch im Saarland blieb trotz vorherrschender Schwerindustrie das ursprüngliche Landschaftsbild erhalten.

Gesamtlänge der Autorundreise: 500 km

❶ Tourenvorschlag Mittlere Mosel
In Deutschlands ältester Stadt, in Trier, beginnt eine der »weinseligsten« Touren. Schon die Römer haben in dieser Region, begünstigt vom Klima und der Lage, einen guten Tropfen erzeugt.

❷ Tourenvorschlag Idar-Oberstein
Eine Reise auf der Deutschen Edelsteinstraße hat ihren eigenen Reiz, und oft fällt es schwer, den glänzenden Versuchungen zu widerstehen. Überall trifft man auf kleine Edelsteinschleifereien und Ausstellungen.

❸ Tourenvorschlag Fischbach
In diesem Kupferbergwerk wurde bereits zur Zeit der Kelten und Römer das wertvolle Edelmetall abgebaut. Besonders für Kinder ist ein Besuch des stillgelegten Stollens ein spannendes Erlebnis.

❹ Tourenvorschlag Bad Münster
Der Weinfluß Nahe zwängt sich hier durch eine Engstelle, die majestätisch vom Rheingrafenstein überragt wird. Ein steiler Pfad führt hoch hinauf.

❺ Tourenvorschlag Donnersberg
Wohl kaum ein Berg ermöglicht so überwältigende Ausblicke wie der »König der Nordpfalz«. Schon im Altertum war der 687 Meter hohe Gipfel ein wichtiger strategischer Punkt.

❻ Tourenvorschlag Worms
Schon von weitem erkennt man in der Silhouette der ehemaligen Reichsstadt am Rhein den markanten Dom. An Leben und Wirken des großen Reformators Martin Luther erinnert das ihm gewidmete Denkmal.

❼ Tourenvorschlag Deutsche Weinstraße
Durch die schönsten Gegenden der Pfalz führt diese einzigartige Ferienstraße. Immer wieder lädt einer der traditionellen Weinorte, zum Beispiel Neustadt oder Edenkoben, zum Verweilen ein.

❽ Tourenvorschlag Annweiler am Trifels
In der vornehmsten Königsfeste der Stauferzeit werden die kostbaren Reichsinsignien aufbewahrt. Sehenswert sind auch die markanten Felsformationen in der Umgebung, beispielsweise der Teufelstisch.

❾ Tourenvorschlag Homburg
Die freigelegte Römersiedlung inmitten des Ortes gehört zu den meistbesuchten Zielen des Saarlands. Eine andere Attraktion stellt das unterirdische Labyrinth unter dem Schloßberg dar.

❿ Tourenvorschlag Mettlach
Unweit der berühmten großen Saarschleife liegt der Ort mit dem wohlklingenden Namen. Hier erhebt sich das bedeutendste Kloster des Landes, das heute Besitz eines keramischen Werkes ist.

Die Kropsburg, eingebettet in Weinberge

Weitere interessante Sehenswürdigkeiten entlang der Route

❶ Nonnweiler
Ein bekannter Luftkurort des nördlichen Saarlands im Tal der Prim gelegen. Ungefähr 45 Minuten nördlich vom Ortsteil Otzenhausen befindet sich der sogenannte Hunnenring, eine der mächtigsten Befestigungsanlagen aus vorgeschichtlicher Zeit.

❷ Nohfelden
An Nahe und Freis, zwischen den waldreichen Hängen des Oberen Nahe-Berglandes, liegen die 11 Gemeinden, die zu Nohfelden gehören. Eine Umgebung, in der es sich herrlich wandern läßt, zum Beispiel zum 15 Tonnen schweren »Obelisk von Wallhausen« oder zum Bostalsee, einem Stausee, der zahlreiche Freizeitmöglichkeiten bietet.

❸ Herrstein
Urkundlich wurde die Gemeinde erstmals 1279 als »Herestyn« erwähnt. Besonders sehenswert ist der historische Ortskern mit seinen malerischen Fachwerkhäusern und dem berühmten Schinderhannesturm, in dem der berüchtigte Räuberhauptmann gefangengehalten wurde.

❹ Rockenhausen
Am Westfuß des Donnersberges im Alsenztal liegt das rund 7500 Einwohner zählende Städtchen. Vor dem Museumsgebäude steht die größte Sehenswürdigkeit der Stadt, eine Römerbrunnenanlage.

❺ Kirchheim-Bolanden
Sehenswert sind die teilweise erhaltene Stadtmauer und einige Barockgebäude, zum Beispiel das Schloß. Eine Kostbarkeit ziert die romanisch-gotische Pfarrkirche St. Peter, die älteste Sonnenuhr der Pfalz.

❻ Freinsheim
Man nennt es auch das »pfälzische Rothenburg«. In der Umgebung des Ortes gedeihen Rebsorten, aus denen namhafte Weine gekeltert werden. Alljährlich findet an der Stadtmauer ein Weinfest statt.

254

❼ Bad Dürkheim
Wer hier einen Schoppen Wein trinken möchte, der bekommt ihn nicht nur aus, sondern sogar im Faß serviert.

❽ Neustadt an der Weinstraße
In der größten deutschen Weinbaugemeinde dreht sich alles nur um den köstlichen Rebensaft. Nicht weit von Neustadt steht das Hambacher Schloß, in dem die erste deutsche demokratische Massenversammlung stattfand.

❾ St. Martin
Über dem malerischen Winzerdorf erhebt sich die Kropsburg (13. Jh.), in der sich heute ein Hotel befindet.

❿ Busenberg
Sehenswert ist die Ruine Drachenfels, eine bedeutende Felsenburg, die aus dem 13. Jh. stammt.

⓫ Dahn
Der kleine Luftkurort liegt im Dahner Felsenland, eingebettet zwischen Bergen und Wäldern. Die heute zerfallenden Burgen Altdahn, Grafendahn und Tann bilden den größten Burgenkomplex in der Pfalz.

⓬ Pirmasens
Die am Rande des Pfälzer Waldes liegende Stadt ist seit jeher ein Zentrum der Schuhproduktion. Wen wundert es da, daß hier das Deutsche Schuhmuseum zu finden ist?

⓭ Zweibrücken
Über dem modernen Industriezentrum thront das im frühen 18. Jahrhundert errichtete Schloß. Besondere Beachtung verdient der wunderschöne Rosengarten, einer der bedeutendsten Europas.

⓮ Saarbrücken
Zu den Sehenswürdigkeiten zählen vor allem die Deutschherrenkapelle, die Ludwigskirche, die katholische Kirche St. Johann, die Stiftskirche St. Arnual (13. Jh.), das Landesmuseum für Vor- und Frühgeschichte, die Moderne Galerie sowie das römische Kastell nebst einer Mithraskultstätte.

⓯ Wallerfangen
Von der langen Tradition des Bergbaus in dieser Region zeugt der Stollen eines römischen Kupferbergwerks.

⓰ Merzig
Die romanische Pfarrkirche St. Peter stammt aus dem 12. Jahrhundert. Der schöne Chor wird von runden Türmchen und einem mächtigen Querschiff begrenzt.

⓱ Saarburg
Bereits 1291 erhielt der malerische kleine Ort am Unterlauf der Saar die Stadtrechte. Innerhalb der in Teilen erhalten gebliebenen Befestigungsanlagen beeindrucken die zahlreichen bunten Fachwerkhäuser, die mit prächtigen Barockbauten ein schönes Ensemble bilden.

Geschichte und Kultur

Auf den Spuren des alten römischen Reiches

Einige hundert Jahre lang gehörten große Gebiete der heutigen Bundesrepublik zum Weltreich der Römer. Die Namen vieler deutscher Städte, wie Bonn (castrum Bonna), Koblenz (Confluentes) und Regensburg (castra Regina) sind das Erbe der einstigen römischen Zivilisation. Auch römische Straße werden heute noch von uns befahren. So verlaufen in Bitburg die Hauptstraße wie auch weite Strecken der B 51 auf der Linie der römischen Militärstraße von Trier nach Köln.

Ein Höhepunkt der Reise auf den Spuren der römischen Vergangenheit ist die Stadt Trier-Augusta Treverorum oder Treveris, wie sie später hieß. Nach der siegreichen Abwehr der Barbarenstürme im 4. Jahrhundert konnte sich in der alten Kaiserstadt des Weströmischen Reiches die hohe Kultur der Römer noch einmal in ihrer ganzen Pracht entfalten. Keine andere Römerstadt in Deutschland besitzt soviel an erhaltener Bausubstanz, angefangen bei der Porta Nigra, dem Nordtor der Stadt. Napoleon I. ist es zu danken, daß die Porta heute so aussieht, wie die römischen Kaiser sie geplant hatten. Nach der Annektierung der Stadt Trier im Jahre 1804 befahl Napoleon I., die Porta »von allen späteren An- und Einbauten zu befreien«. Man nimmt heute an, daß das Bauwerk um 1800 n. Chr. errichtet wurde.

Über die römische Moselbrücke, die noch heute dem Verkehr dient und deren fünf von sieben Pfeilern so im Fluß stehen, wie sie 144 n. Chr. errichtet wurden, gelangt man zu den beiden Badepalästen. Während die Barbarathermen wohl noch zur Frankenzeit benutzt wurden, haben die Kaiserthermen wahrscheinlich niemals ihrem eigentlichen Zweck gedient. Das »Herzstück der kaiserlichen Residenz« war die Aula Palatina oder Basilika, der Mittelbau des konstantinischen Palastbezirkes. Beachtlich sind hier die Reste des mit ockerfarbener Malerei geschmückten Buntputzes in den äußeren Fensternischen der Westwand. Das Amphitheater am Hang des Petriberges und der Dom mit dem »Quadratbau« des Kaisers Gratian sind ebenfalls Zeugnisse unserer römischen Vergangenheit.

Zu den großen archäologischen Museen der Gegenwart gehört das Rheinische Landesmuseum in Trier, dessen reichhaltige Funde einen Besuch lohnen.

Viele Plastiken, die anfangs nur in Magazinen aufbewahrt werden konnten, befinden sich seit 1974 in einem dem Museum angegliederten Lapidarium. Wenn man es besucht, wandelt man gewissermaßen »im Schatten« der Igeler Säule, dem pfeilerartigen Grabmonument der Secundinier, einer reichen Tuchhändlerfamilie aus der Umgebung von Trier. Der Gedenkstein wurde im Innenhof des Museums in Kunststein nachgebildet. Das Original befindet sich ungefähr 8 km südwestlich von Trier im Dorf Igel noch genau an der Stelle, an der es im zweiten Viertel des 3. Jh. errichtet wurde.

Unumgänglich ist auch ein Besuch des Bischöflichen Museums mit den aus Bruchstücken zusammengefügten Deckengemälden, vermutlich Porträts von Mitgliedern der Kaiserfamilie.

Ausschnitt aus einem Wandgemälde, Landesmuseum in Trier

Moseltal, Saar, Pfalz — Autotour ①

Vom Heiligen Rock zum Nacktarsch

Mit dem Auto unterwegs im Weinland »Mittlere Mosel«, wo schon die Römer gute Tropfen zu erzeugen wußten. Eine der landschaftlich reizvollsten Touren überhaupt.

Anfahrt:
Trier ist über die A 1 von Saarbrücken und über die A 48 von Koblenz aus erreichbar.

Auskunft:
Touristik-Information, Porta-Nigra-Platz, 54290 Trier, Tel.: 06 51/5 42 90, Telefax: 06 51/4 47 59.

Öffnungszeiten:
Porta Nigra tägl. 25. März–30. Sept., 1. Okt.–30. Nov. 9–17 Uhr, 1. Dez.–31. Dez. 10–16 Uhr. Rheinisches Landesmuseum Mo. 10–16 Uhr, Di.–Fr. 9.30–16 Uhr, Sa. 9.30–13 Uhr, So. 9–13 Uhr. Karl-Marx-Haus Di.–So. 10–13, 15–18 Uhr; Mo. 13–18 Uhr.

Die Moselweinstraße verläuft von Perl an der französischen und luxemburgischen Grenze bis nach Koblenz. Am interessantesten ist der Abschnitt an der mittleren Mosel. Ausgangsort unserer Tour ist die Universitätsstadt Trier, Deutschlands älteste Stadt. Man sollte sich Zeit nehmen, um diese historisch äußerst interessante Stadt etwas näher kennenzulernen. Zum Besichtigungs-Pflichtprogramm gehören: die Porta Nigra, größtes und am besten erhaltenes römisches Stadttor aus dem 2. Jahrhundert, die Basilika, das Amphitheater, der Dom St.-Peter (Heiliger Rock), das Rheinische Landesmuseum und das Geburtshaus von Karl Marx. Technische Sehenswürdigkeiten sind die historischen Hafenkrane (1413 bzw. 1774), die Römerbrücke, die Kaiserthermen.

Nach der ersten ausgeprägten Moselwindung erreichen wir Mehring, durchfahren dann Pölich und Klüsserath, und schon begrüßt uns das durch sein »Altärchen« weltbekannte Trittenheim mit der von Weinreben umgebenen Laurentiuskapelle. In Neumagen-Dhron (ältester deutscher Weinort), wo das römische Weinschiff bewundert werden kann, wechseln wir auf die andere Moselseite, folgen ihr auf der B 53 in einem großen Bogen und erreichen dann das idyllische, unter der Burg-

Das berühmte römische Weinschiff von Neumagen-Dhron ist nur ein Gipsabdruck

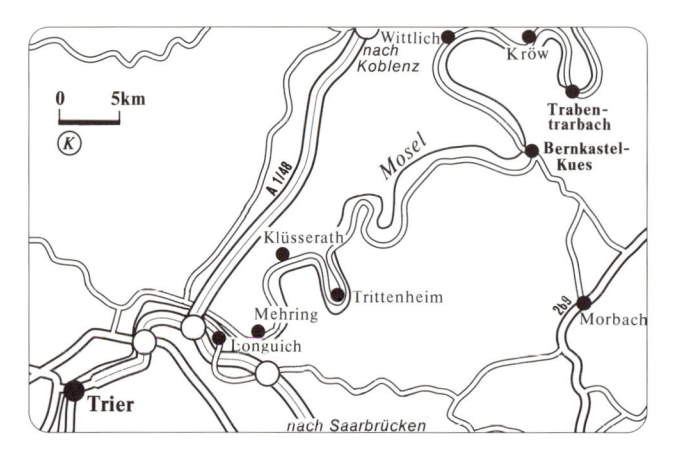

ruine Landshut gelegene »Weinmekka« Bernkastel-Kues (»Bernkasteler Doktor«). Der stimmungsvolle Marktplatz mit Brunnen und schönen Fachwerkhäusern lädt zu einem ausgedehnten Stadtbummel ein. Durch den Ortsteil Kues fahren wir auf der linken Moselseite weiter und gelangen über Ürzig nach Kröv, der Heimat des »Nacktarsch«. Hier sind das Dreigiebelhaus sehens- sowie das Internationale Trachtenfest besuchenswert. Hinter der nächsten Moselkrümmung wechseln wir wieder auf die andere Seite und errreichen Traben-Trarbach.

Autotour ② | Moseltal, Saar, Pfalz

Mit dem Hämmerchen unterwegs

Eine Rundtour auf der Deutschen Edelsteinstraße ist besonders für Damen eine der verführerischsten Routen ganz Deutschlands.

Unser Ausflug in die Region von Achaten, Jaspissen und Quarzen beginnt in der nahe Idar-Oberstein gelegenen Ortschaft Fischbach, die durch ihr Schaubergwerk weit über die Landesgrenzen hinaus bekanntgeworden ist. Wir fahren über Niederwörresbach (vom Reiterhof St. Georg aus Hunsrück-Safaris mit Planwagen) nach Herrstein, einem malerischen Ort mit Schloß und Schinderhannesturm. Besonders sehenswert ist die Schloßkirche auf dem Vorberg, die aber nur Freitag nachmittags für eine Stunde geöffnet wird.

Auf kurvenreicher Straße geht es nun an der Asbacher Hütte (alte Achatschleiferei) vorbei nach Schauren (Barockkirche und informative Edelstein-Ausstellung). Wir fahren nun wieder 2 Kilometer zurück und über Kempfeld (Wildfreigehege, Ruine Wildenburg mit Gaststätte) und Bruchweiler (Freizeitpark) weiter zum 550 Meter hoch gelegenen Sensweiler (Steinbachtalsperre). Besuchenswert ist hier das Geologische Freimuseum. Die nächsten Stationen sind Allenbach (Jagdschloß, Barockkirche, Keltischer Ringwall), Kirschweiler (Festung, Bergkristallbrunnen, Holzgrafik-Ausstellung) und Mackenrodt (Edelsteinbrunnen, Achatbergwerk).

Zweifelsohne krönt Idar-Oberstein unseren Ausflug. Hier sollten wir unbedingt das Deutsche Edelsteinmuseum und die imposante Felsenkirche besuchen. Sehenswert sind ferner Alte und Neue Burg, historische Weiherschleife sowie die Diamant- und Edelsteinbörse. Achatliebhaber werden sich wohl auch die Edelsteinmine Steinkaulenberg nicht entgehen lassen.

Den Abschluß unserer »Edelsteintour« bildet die Fahrt über Veitsrodt (Barockkirche, Bernsteinschleiferei, Waldpark mit »steinernem Gästebuch«) nach Mörschied (»Mörschieder Burr« mit prächtigem Rundblick).

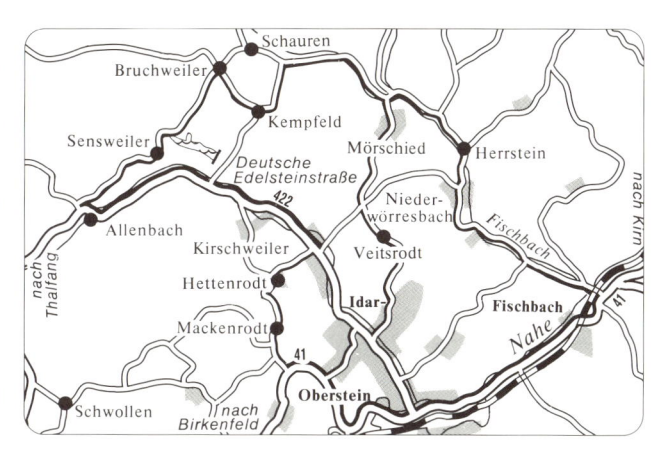

Museum Idar-Oberstein: Hier spielen Edelsteine die Hauptrolle

Anfahrt:
A 62 Trier–Landstuhl, Ausfahrt Birkenfeld. Von dort B 41 bis Fischbach bei Idar-Oberstein (23 km).

Auskunft:
Städtisches Verkehrsamt Idar-Oberstein, Hauptstr. 213, 55743 Idar-Oberstein, Tel.: 0 67 81/6 44 21/22, Telefax: 0 67 81/6 44 25.

Öffnungszeiten:
Deutsches Edelsteinmuseum: 1. 5.–30. 9. tägl. 9–18 Uhr, 1. 10.–30. 4. tägl. 9–17 Uhr. Museum Idar-Oberstein, am Fuß der Felsenkirche: tägl. 9–17.30 Uhr. November–Februar So. 10–17.30 Uhr.

Im Kupferbergwerk zu Fischbach

Dieser Ausflug empfiehlt sich vor allem für Familien mit Kindern. Für die Kleinen ist es ein großes Abenteuer, durch die ausgedehnten alten Stollen zu stapfen und Neues zu entdecken.

Anfahrt:
A 62 Trier–Landstuhl, Ausfahrt Birkenfeld. Von dort B 41 bis Fischbach bei Idar-Oberstein (23 km).

Auskunft:
Tourist-Information, Deutsche Edelsteinstr./ Brühlstr. 16, 55756 Herrstein, Tel.: 06785/79103, Telefax: 06785/1209.

Öffnungszeiten:
Kupferbergwerk: täglich, ganzjährig 10–17 Uhr.

Zwischen Kirn und Idar-Oberstein liegt Fischbach an der Nahe. Sein altes Kupferbergwerk ist wohl eine einzigartige Sehenswürdigkeit in Europa.

In den Stollen wird der mittelalterliche Kupferbergbau anschaulich demonstriert

Fachleute gehen davon aus, daß diese Kupfererz-Lagerstätte im Saar-Nahe-Gebiet bereits in keltischer und römischer Zeit abgebaut wurde. Die auf das Jahr 1472 datierte erste urkundliche Erwähnung verrät, daß zu diesem Zeitpunkt bereits ein sehr höffiger und weltbekannter Bergbau auf dieser Grube umging. Der bereits ein Jahrtausend alte Bergbau hinterließ im Hosenberg Abbauhohlräume (sogenannte Weitungen) von solchen Ausmaßen, daß selbst mehrgeschossige Häuser darin Platz finden könnten.

Keine Angst, es ist keine Grubeneinfahrt mit einer mittelalterlichen Förderanlage nötig! Der Eingang des Stollens befindet sich auf halber Höhe des Berges, so daß man gemächlich steigend dem Gang ins Erdinnere folgen kann. Schon bald erreichen wir die erste Weitung – eine riesige Halle mit rauhen Wänden, die in vielen Farben schimmern, so daß man sich fast in eine Moschee versetzt glaubt.

Die Situation der früheren Erzgewinnung wird den Besuchern durch Figurengruppen verdeutlicht, die das Grubenzeug der Bergleute des 16. und 17. Jahrhunderts tragen. Aus der gleichen Zeit stammen auch die gezeigten Werkzeuge (Gezähe), so daß ein unvergeßlicher Eindruck von der mittelalterlichen Bergbautechnik und der damaligen Arbeitsweise vermittelt wird. Die Führungen in diesem bereits vor 200 Jahren stillgelegten Kupferbergwerk, das heute als Schaubergwerk dient, werden von guten Kennern der Materie durchgeführt.

Wer sich gerne noch etwas mehr unter der Erde umsehen möchte, dem ist der Besuch der Edelsteinmine Steinkaulenberg in Idar-Oberstein zu empfehlen.

Zur Wiege Franz von Sickingens

Erholsame Stunden warten in Bad Münster am Stein-Ebernburg auf den Besucher. Schöne Spaziergänge, herrliche Aussichten und lohnende Einkehrmöglichkeiten.

Wir erreichen Bad Münster am Stein am besten von Bad Kreuznach aus, wo bereits die ersten Sehenswürdigkeiten auf uns warten. Das Städtchen ist bekannt durch seine kräftigen Solequellen und die köstlichen Weine. Sehenswert sind die Altstadt um den Eiermarkt, die gotische Pfarrkirche St. Nikolaus und die Nahebrücke mit ihren altertümlichen Brückenhäusern. Nur 5 Kilometer weiter südlich liegt an einer ausgeprägten Naheschleife das Heilbad (Thermal-Sole-Radon-Bad) Bad Münster am Stein, klimagünstig eingebettet zwischen den schroff aufsteigenden Porphyrwänden des Rheingrafensteins mit seiner Burgruine und dem Rotenfelsmassiv.

Reichsritter Franz von Sickingen geboren. In seiner Stammfeste sind heute ein Hotel und eine Bildungsstätte. Wer sich stärken möchte, dem ist ein Ver-

Anfahrt:
A 61 Koblenz – Ludwigshafen, Ausfahrten Bingen (bei Anreise von Norden) oder Gau-Bikkelheim. Von dort zunächst nach Bad Kreuznach und auf der B 48 anschließend weiter nach Bad Münster am Stein.

Auskunft:
Verkehrsverein, Rheingrafenstein, Postfach 11 52, 55583 Bad Münster am Stein-Ebernburg, Tel.: 06708/3993, Telefax: 06708/3999.

Bad Münster am Stein: Um 136 m überragt der Rheingrafenstein die Nahe

Vom Parkhaus aus spazieren wir durch den Kurpark zum Bäderhaus an den Naheanlagen. Ein Schleppkahn bringt uns dann auf die andere Flußseite zum Gasthof Huttental. Es empfiehlt sich aber, noch nicht einzukehren, sondern erst dem steilen Pfad hinauf auf den 136 Meter über die Nahe ragenden Rheingrafenstein zu folgen. Von der Ruine der 1688 gesprengten Burg können wir den herrlichen Ausblick ins Nahetal und hinüber zur Ebernburg genießen. Anschließend gehen wir zum Gasthof zurück, um uns jetzt mit einem verdienten Trunk zu laben. Vom anderen Ufer aus, eventuell nach einer Bootsfahrt auf der hier angestauten Nahe, können wir zu Fuß zur Ebernburg gehen oder auch den Weg nach dort mit dem Auto zurücklegen.

Auf dieser Burg wurde 1481 der weilen bei schönem Ausblick über das Nahetal zu empfehlen. Im Norden erhebt sich die 210 Meter hohe Rotenfelswand (höchste Felswand nördlich der Alpen).

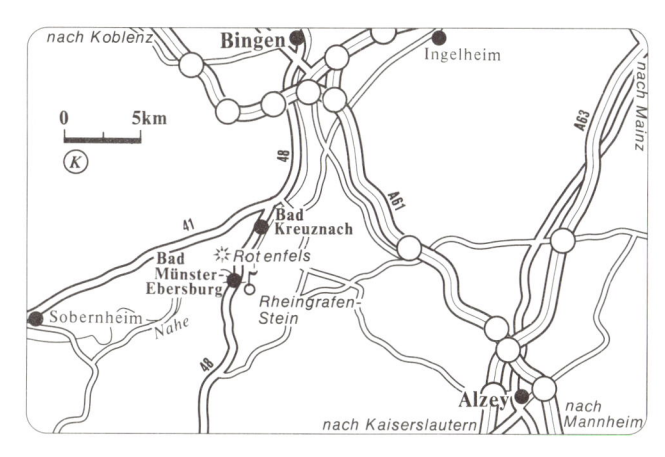

Moseltal, Saar, Pfalz — Autotour 5

Beim König der Nordpfalz

Es gibt nur wenige Berge, von deren Gipfel man einen so herrlichen Ausblick auf die umliegende Landschaft hat wie vom Donnersberg.

Anfahrt:
A 61 Ludwigshafen – Koblenz, Ausfahrt Gundersheim. Von dort westwärts über Flomborn nach Kirchheimbolanden, dem Ausgangspunkt unseres Ausflugs auf den Donnersberg.

Auskunft:
Donnersberg-Touristik, Postfach 12 20, 67285 Kirchheimbolanden, Tel.: 0 63 52/17 12. Telefax: 0 63 52/71 02 62.

Öffnungszeiten:
Weiße Grube April bis Oktober an den Wochenenden von 10–17 Uhr.

Aus welcher Himmelsrichtung man sich ihm auch nähern mag, man sieht den Donnersberg mit seinem markanten Fernsehturm (687 m) schon von weitem. Bereits im Altertum war diese höchste Erhebung der Rheinpfalz ein strategisch wichtiger Punkt, und wir können noch heute die über 8 Kilometer lange und bis zu 6 Meter hohe germanisch-keltische Befestigung (ein rekonstruiertes Teilstück) erkennen. Unsere Rundtour beginnt in Kirchheimbolanden. Die hübsch gelegene Kreisstadt trägt wegen des dortigen Schlosses der Grafen von Nassau-Weilburg den Beinamen »die kleine Residenz« (sehenswerter Schloßpark). Empfehlenswert ist ein Spaziergang durch die Amtsstraße mit ihren Wohnhäusern aus der Zeit des Barock und Rokoko (Heimatmuseum im Amtmannpalais). Auf der Römerstraße fahren wir über den Drosselfels zur Straßenkreuzung am Bastenhaus und weiter zum Parkplatz auf dem Donnersberg. Zu Fuß erreichen wir von hier aus in wenigen Minuten den Ludwigsturm (umfassender Rundblick) und folgen dann den Hinweisschildern zum bewirtschafteten Waldhaus Donnersberg (kleines Wildgehege). Von hier bietet sich ein

Vom 687 m hohen Donnersberg überschaut man die reizvolle Umgebung

Spaziergang zum sagenumwobenen Königsstuhl an, dem Gipfel des Donnersberges.

Wir fahren zurück zum Bastenhaus, halten uns hier links in Richtung Rockenhausen und biegen hinter Marienthal links ab nach Falkenstein. Von der gleichnamigen Ruine sind noch einige Teile erhalten. Die Weiterfahrt führt uns über Wambacherhof nach Imsbach, einem Dorf, das einst wegen seiner Silberbergwerke sehr bekannt war. Die »Weiße Grube«, heute Anziehungspunkt für Hobby-Geologen, kann besichtigt werden. Unsere Tour setzen wir über die B 40 fort, wo wir in Steinbach nach Dannenfels abbiegen. Vorbei an der Dannenfelser Mühle zurück nach Kirchheimbolanden.

Autotour ⑥   Moseltal, Saar, Pfalz

Domstadt – Lutherstadt: Worms am Rhein

Bedeutende Kulturdenkmäler zeugen von der abwechslungsreichen Geschichte der 2000jährigen Stadt. Hier steht das größte Reformationsdenkmal der Welt.

Der Dombau gilt als Symbol der staufischen Kaiserzeit

Ein 1868 entworfenes Denkmal erinnert an den großen Reformator

Schon von weitem kündet die Silhouette des monumentalen Kaiserdoms die alte Reichsstadt an. Inmitten einer teilweise noch erhaltenen Stadtmauer, die einen der ältesten Stadtkerne Deutschlands umschließt, erhebt sich der 27 Meter hohe Dom St. Peter. Mit seinen zwei Kuppeln und den vier Türmen ist er eine sehr imposante Erscheinung. Es handelt sich um eine dreischiffige spätromanische Pfeilerbasilika mit doppeltem Chor, Ostquerschiff und oktogonalem Vierungsturm, sowie Westwerk und vielfacher Zwerggalerie. Der heutige Bau hat eine Länge von 110 Meter, das Mittelschiff ist 12 Meter breit und 27 Meter hoch. Bischof Burchard I. (1000–1025) erbaute an dieser Stelle über verschiedenen römischen und fränkischen Vorgängerbauten seine Kathedrale. In der zweiten Hälfte des 12. Jahrhunderts entstand dann der spätromanische Dombau.

Das Nordportal des Gebäudes, auch Kaiserportal genannt, kommt im »Nibelungenlied« vor. Die beiden Sagenfiguren Brunhild und Kriemhild sollen sich vor diesem Portal darum gestritten haben, welcher von beiden die größere Achtung zu erweisen sei. Auf diesen Streit ging auch der Mord an Siegfried dem Drachentöter zurück, der den Untergang des Volkes der Nibelungen besiegelte.

Der Dom symobilisiert auch das Heilige Römische Reich. Im Mittelalter galt das freie Worms als die getreue Tochter dieses Reiches Deutscher Nationen. So kam es hier im Jahre 1495 unter dem »letzten Ritter«, Kaiser Maximilian I., zur Gründung des Reichskammergerichts.

26 Jahre danach trat die Stadt wieder auf die Bühne der Weltgeschichte: Der Augustinermönch Martin Luther begab sich zu Kaiser Karl V. und weigerte sich, seine Schriften zu widerrufen. Dadurch leitete er eine wichtige Zeitenwende, die Reformation, ein.

Anfahrt:
A 61 (Abf. Worms), A 67 (Abf. Lorsch) auf den B 9, 47; Bahnanschluß, Schiffsanlegestelle.

Auskunft:
Stadtinformation, Neumarkt 14, 67547 Worms, Tel.: 06241/853558.

Tourenvorschlag:
»Zu Fuß durch zwei Jahrtausende«: Stadtrundgänge vorbei an bedeutenden kulturellen Einrichtungen und Baudenkmälern wie Dom, Stadtmauer, Lutherdenkmal, Judenfriedhof »Heiliger Sand«. Auskunft in der Stadtinformation.

Öffnungszeiten:
Dom St. Peter, Domplatz, April–Oktober 8–18 Uhr, November–März 9–17 Uhr. Judenfriedhof, Andreasring, tagsüber geöffnet.

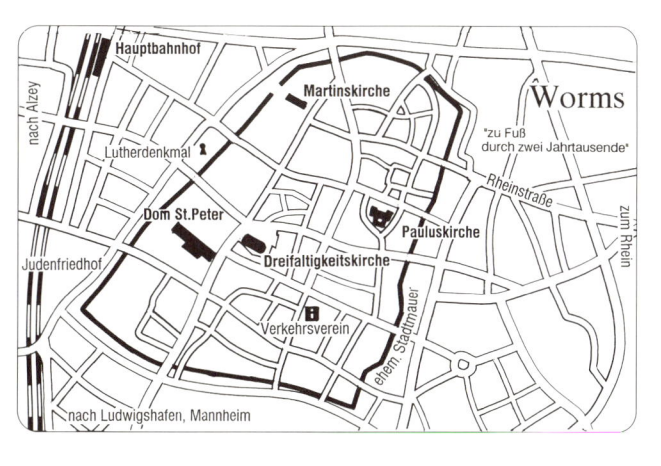

Von Wein zu Wein auf der Weinstraße

Die Deutsche Weinstraße führt durch die schönste Gegend der Pfalz, die sich zu Füßen des Pfälzer Waldes ausdehnt. Riesige Weingärten, romantische Burgen und heimelige Fachwerkstädtchen.

Anfahrt:
A 6 Mannheim – Saarbrücken, Ausfahrt Grünstadt. Von dort B 271 südwärts nach Bad Dürkheim.

Auskunft:
Südliche Weinstraße e. V., Postfach 21 24, An der Kreuzmühle 2 76829 Landau, Tel.: 0 63 41/38 01 44, Telefax: 0 63 41/38 02 79.

Öffnungszeiten:
Schloß Ludwigshöhe bei Edenkoben April bis September 9–13 und 14–18 Uhr. Oktober bis März 9–13 und 14–17 Uhr. Im Dezember sowie Mo. geschlossen.

Anmerkung:
Schloß Ludwigshöhe war eine romantische Laune Ludwigs I. Der Bayernkönig hatte eine tiefe Sympathie zur Pfalz. Sein romantisches Schloß wurde 1851 fertiggestellt. Die traumhafte Schönheit dieses Platzes wird jeden Besucher begeistern.

Wir beginnen unsere Weinreise in Bad Dürkheim, das durch Wurstmarkt und Riesenfaß (600 Plätze) weltbekannt wurde. Aber das Solbad bietet auch Kulturelles: Schloßkirche St. Johannes, Ruinen des Klosters Limburg und der Hardenburg, Heimatmuseum in der Präfektur. Wer einen Rheintalblick genießen will, wandert zum Bismarckturm. Auf der Weiterfahrt folgt nun Weinort auf Weinort. Unser nächstes Ziel ist Deidesheim mit malerischem Stadtkern, Kirche St. Ulrich, Rathaus, Schloß und Museen.

Schon bald erreichen wir Neustadt. Hier lädt die Altstadt mit ihren historischen Bauten zum Spaziergang ein. Keinesfalls sollte auf den Besuch des Hambacher Schlosses verzichtet werden! Es ist auch mit dem Pkw erreichbar. Von dem durch das »Hambacher Fest« bekannten Schloß geht es weiter nach Maikammer (idyllische Marktstraße, Rokoko-Pfarrkirche). Sehr zu empfehlen ist die Fahrt auf die Kalmit (673 m; höchster Berg des Pfälzer Waldes, Aussichtsturm, Naturfreundehaus). Edenkoben mit dem ehemaligen Kloster Heilsbruck (sehenswerter Weinkeller, Weinproben) ist die nächste Station. Eine Sesselbahn bringt uns ohne Anstrengung hinauf zur Rietburg mit der schönsten Aussichtsterrasse der Pfalz. Unterhalb Villa Schloß Ludwigshöhe.

Am Schweigener Weintor findet die Weinstraße ihr südliches Ende

Wir folgen nun der Weinstraße in das malerische Winzerdorf Leinsweiler (Burgruine Neukastell), wo der Slevogthof eine kunsthistorische Rastgelegenheit bietet. Aber auch die weiter südlich gelegene Ruine Madenburg lohnt einen Besuch. Über Klingenmünster (Burg Landeck, Benediktinerkloster) erreichen wir Bad Bergzabern (historische Altstadt mit Schloß, Gasthaus »Zum Engel«, schönster Renaissancebau in Rheinland-Pfalz). Weiter geht es dann auf der B 38 nach Schweigen-Rechtenbach, wo am Deutschen Weintor unser Ausflug endet.

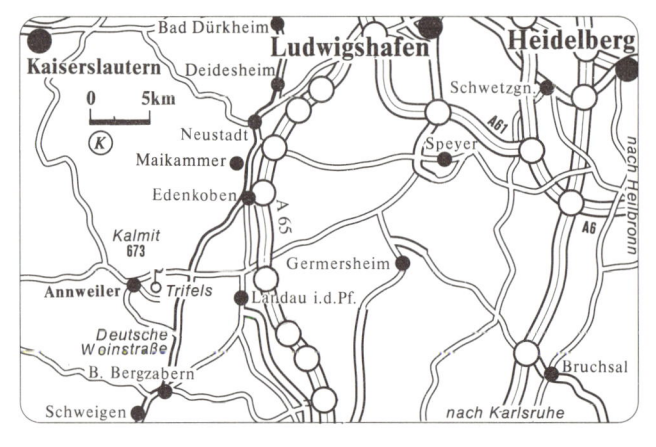

Autotour ⑧ Moseltal, Saar, Pfalz

Auf Barbarossas Lieblingsberg

Annweiler am Trifels zwischen Landau und Pirmasens ist ein vielgerühmtes Städtchen, dessen Geschichte stets auf das engste mit der Feste Trifels verbunden war. Im Zentrum sind die schönen alten Fachwerkhäuser und Reste der Stadtbefestigung sehenswert. Herrliche Freskenmalereien schmücken katholische Kirche, Hohenstaufen- und Rathaussaal.

Eine zweistündige Rundwanderung zum Trifels hinauf beginnt in der Markwardanlage, von wo aus die örtliche Markierung (4) den Weg zum Windhof weist. Die reizvolle Landschaft genießend steigen wir zu der auf nacktem Fels erbauten Burg Scharfenberg auf, die 1525 zerstört wurde und von der nur noch der Bergfried und ein Teil der Nordseite erhalten sind. Kurz darauf stehen wir vor Trifels, der vornehmsten Königsfeste zur Stauferzeit (Aufbewahrungsort der Reichsinsignien, Reichsschatzkammer, Staatsgefängnis).

Der berühmte Trifels überragt weithin sichtbar die Hochfläche des Pfälzerwaldes bei Annweiler. Ein burggekrönter Fels, der in dieser Gegend kein Einzelfall ist.

Die 1602 ausgebrannte Burg, im Laufe der Zeit verfallen, wurde ab 1937 neu aufgebaut. Die Ringmauern und der über eine Brücke erreichbare Brunnenturm (Brunnentiefe 79 m) wecken sicher unser Interesse. Der Kapellenturm diente als Torturm mit Zugang zum Palais. Über dem Durchgang befindet sich die Kapelle. Sie ist mit dem darüberliegenden Raum durch eine runde Mittelöffnung verbunden, so daß beide Räume gewissermaßen eine Einheit darstellen: Die Kapelle diente zur Aufbewahrung religiöser Teile der Kleinodien, der Raum darüber hingegen war Tresorkammer für weltliche Schätze. Nachbildungen der Reichskleinodien (Kaiserkrone, Reichsapfel, Zepter, Reichsschwert und Reichskreuz) werden dort aufbewahrt.

Über die Schloßäcker wandern wir zum Ausgangspunkt zurück. Wer terminmäßig Glück hat, kann vielleicht sogar die im Sommer stattfindenden Trifels-Serenaden besuchen und sich dabei gedanklich in das Leben auf der wichtigsten Reichsburg der Staufer zurückversetzen.

Reichsinsignien am Trifels

Teufelstisch bei Hinterweidenthal

Anfahrt:
B 10 von Landau oder Pirmasens nach Annweiler. In der Stadt zweigt südwärts die Fahrstraße zum Trifels ab (beschildert).

Auskunft:
Büro für Tourismus, Rathaus,
76855 Annweiler am Trifels,
Tel.: 0 63 46/22 00,
Telefax: 0 63 46/79 17.

Öffnungszeiten:
Trifels April bis September 9–18 Uhr. Oktober bis März 9–17 Uhr. Dez. geschlossen.

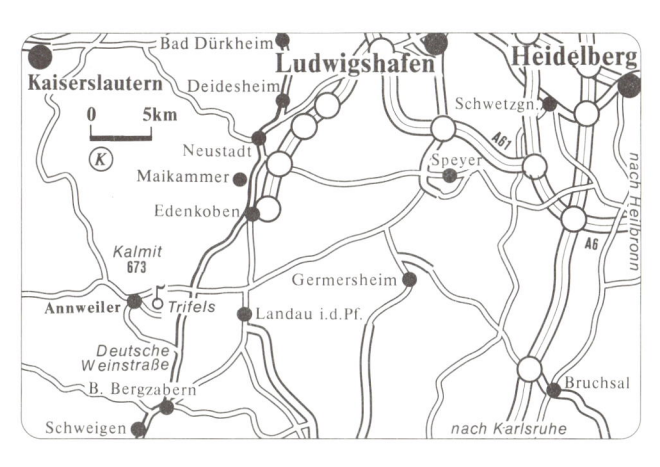

Aus der Römerzeit in die Unterwelt

Homburg gehört zu den beliebtesten Ausflugszielen des Saarlands. Hier wurde eine Römersiedlung freigelegt, und unter dem Schloßberg wartet ein unterirdisches Labyrinth auf Besucher.

Anfahrt:
A 8 Pirmasens – Neunkirchen, Ausfahrt Homburg-Einöd. Von dort B 423 nordwärts. Nach 2 km, im Stadtteil Schwarzenacker, liegt rechts das römische Freilichtmuseum.

Auskunft:
Kultur- und Verkehrsamt, Rathaus, 66424 Homburg/Saar, Tel.: 06841/2066, Telefax: 06841/101555.

Öffnungszeiten:
Römisches Freilichtmuseum: April–Dezember tägl. außer Mo. 9–12 Uhr, 13–17 Uhr. Dezember–März jeweils Mi. 9–16.30 Uhr, an Wochenenden 12–16.30 Uhr. Schloßberghöhlen tägl. 9–12 Uhr, 13–17 Uhr.

Im Landsitz aus dem 18. Jahrhundert sind Funde aus der Römerzeit untergebracht

Im Herzen der sogenannten »Saarpfalz« liegt die Kreisstadt Homburg, deren Sehenswürdigkeiten zwar nur Ortskundigen bekannt sind, die deshalb aber trotzdem alles andere als zweitrangig sind.

Im Stadtteil Schwarzenacker befindet sich die geradezu liebevoll hergerichtete Ausgrabungsstätte einer römisch-keltischen Kleinstadt: ein römisches Freilichtmuseum. Das wiederaufgebaute Wohnviertel mit Versammlungshaus, einem Säulenkeller, dem Haus des Augenarztes sowie getreu dem Original rekonstruierten Dächern und Fenstern, Fußbodenheizungen und Abwasserkanälen, aber auch die zahlreichen Ruinen sind beliebte Besichtigungsobjekte. Durch die Ausgrabungen werden Führungen angeboten. Ein benachbartes aus dem 18. Jahrhundert stammendes Edelhaus wurde als Museum ausgebaut. Wer sich jedoch lieber allein in die Römerzeit versetzen möchte, hat dazu selbstverständlich auch Gelegenheit.

Nach dem Ausflug in die römische Vergangenheit fahren wir auf der B 423 stadteinwärts zu den Schloßberghöhlen, der einzigen Schauhöhle des Saarlandes und größten Buntsandsteinhöhle Europas. Die riesigen Gewölbe, die sich in mehreren Etagen wie ein Labyrinth durch den Schloßberg ziehen, sind sage und schreibe 5 Kilometer lang. Besuchern wird diese unterirdische Welt in informativen Führungen erschlossen.

Als Abschlußspaziergang bietet sich ab Parkplatz auf dem Schloßberg eine Wanderung durch den Naturpark bis zur Ruine Karlsberg und zurück über die Bärenställe an. Bei diesem Spaziergang lernen wir nicht nur die Überreste der größten Wittelsbacher Schloßanlage kennen, sondern wir treffen beim »Stumpfen Gipfel« auch auf ein vorgeschichtliches Heiligtum mit Mauerring und Weihestein. Einen Besuch wert ist auch das Bergwerkmuseum in nahen Bexbach.

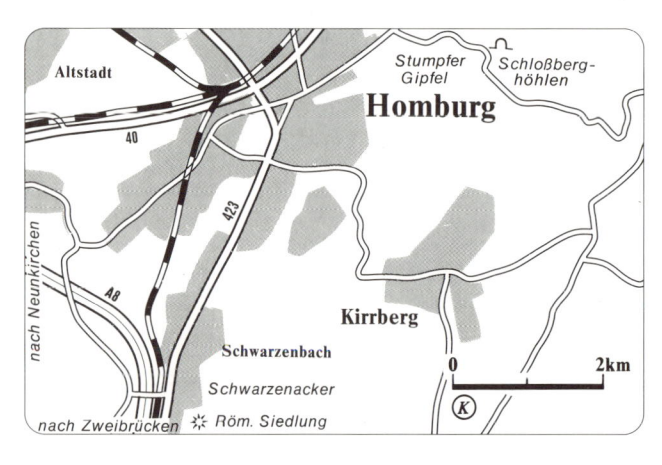

Kloster und Keramik am Fluß

Mettlach hat im Saarland einen wohlklingenden Namen. Hier steht das bedeutendste Kloster des Landes, hier regiert der Homo ceramicus, hier ist die Landschaft am schönsten.

Nirgendwo sonst im Saarland wird dem Besucher so deutlich wie gerade hier demonstriert, daß Saarland nicht nur Industrie, sondern auch Kunst, Kultur und schöne Landschaft bedeutet. Die »Landschaftsfassade« hat zwar durch die Kanalisation der Saar soeben einige grobe Kratzer abbekommen, aber man sollte es sich dennoch nicht nehmen lassen, in den Mettlacher Ortsteil Orscholz zu fahren, um von der ausgeschilderten Cloef auf die tief unten liegende große Saarschleife hinunterzublicken. Trotz Kanal ist die gigantische Flußschleife noch immer ein landschaftlicher Leckerbissen. Der spätere Erzbischof Liutwin wußte offenbar eine so herrliche Gegend sehr zu schätzen, als er im 7. Jahrhundert ganz in der Nähe der Saarschleife ein Kloster gründete.

Von diesem ersten Kloster ist leider nichts mehr übriggeblieben. Aber aus seiner Blütezeit steht noch der Alte Turm von 994. Die heutigen Klostergebäude stammen aus dem 18. Jahrhundert. Die Benediktiner holten damals Christian Kretzschmar aus Sachsen an die Saar. Er war ein bekannter Stein- und Bildhauer und sollte den Neubau des Klosters ausführen. 1734 war sein Meisterwerk, so wie es heute noch vor uns steht, vollendet.

Aber es sind nicht nur die prunkvollen Barockbauten, die uns hier interessieren. In den Wirren der Französischen Revolution wurde die Abtei aufgelöst, und 1809 erwarb der Luxemburger Fabrikant Jean François Boch die Klostergebäude auf einer Versteigerung.

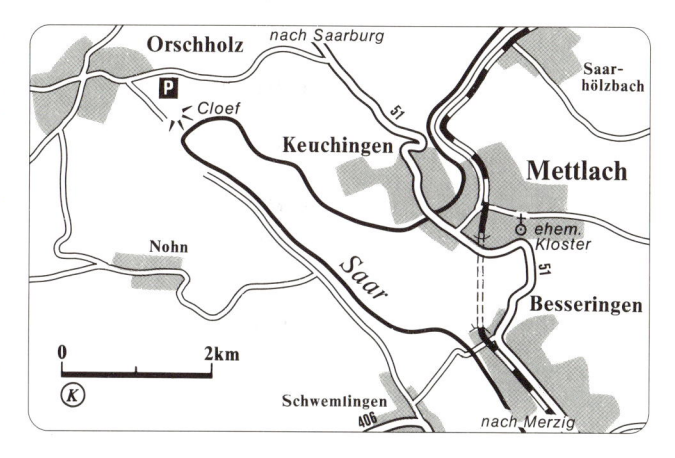

Die Abtei ist seit damals Firmensitz der Keramischen Werke von Villeroy & Boch. Als sichtbares Zeichen dafür steht im Park eine absonderliche Keramikfigur: der Homo ceramicus mettlachiensis. Im Innern gibt es für Besucher das Videotheater »Keravision«, das über die Firma und ihre Produkte informiert. Und im nahe gelegenen Schloß Ziegelberg wurde ein interessantes Keramikmuseum eingerichtet.

Anfahrt:
A 8 Saarbrücken – Luxemburg, Ausfahrt Merzig. Von dort über Merzig auf der B 51 nordwärts bis Mettlach. Zur Cloef (Blick auf Saarschleife) weiter Richtung Saarburg und 2,5 km hinter Ortsende von Mettlach links ab nach Orscholz. Dort Hinweisschilder beachten.

Auskunft:
Saarschleife Touristik GmbH,
Postfach 12 20,
66689 Mettlach,
Tel.: 0 68 64/83 34,
Telefax: 0 68 64/83 29.

Öffnungszeiten:
Keramik-Museum »Schloß Ziegelberg«: Di.–So. 10–13 Uhr, 14–17 Uhr. Mo. geschlossen. Anfang November bis Ende März ist das Museum an Sonn- und Feiertagen montags geschlossen.

Bei Mettlach macht die Saar ihre berühmte große Schleife

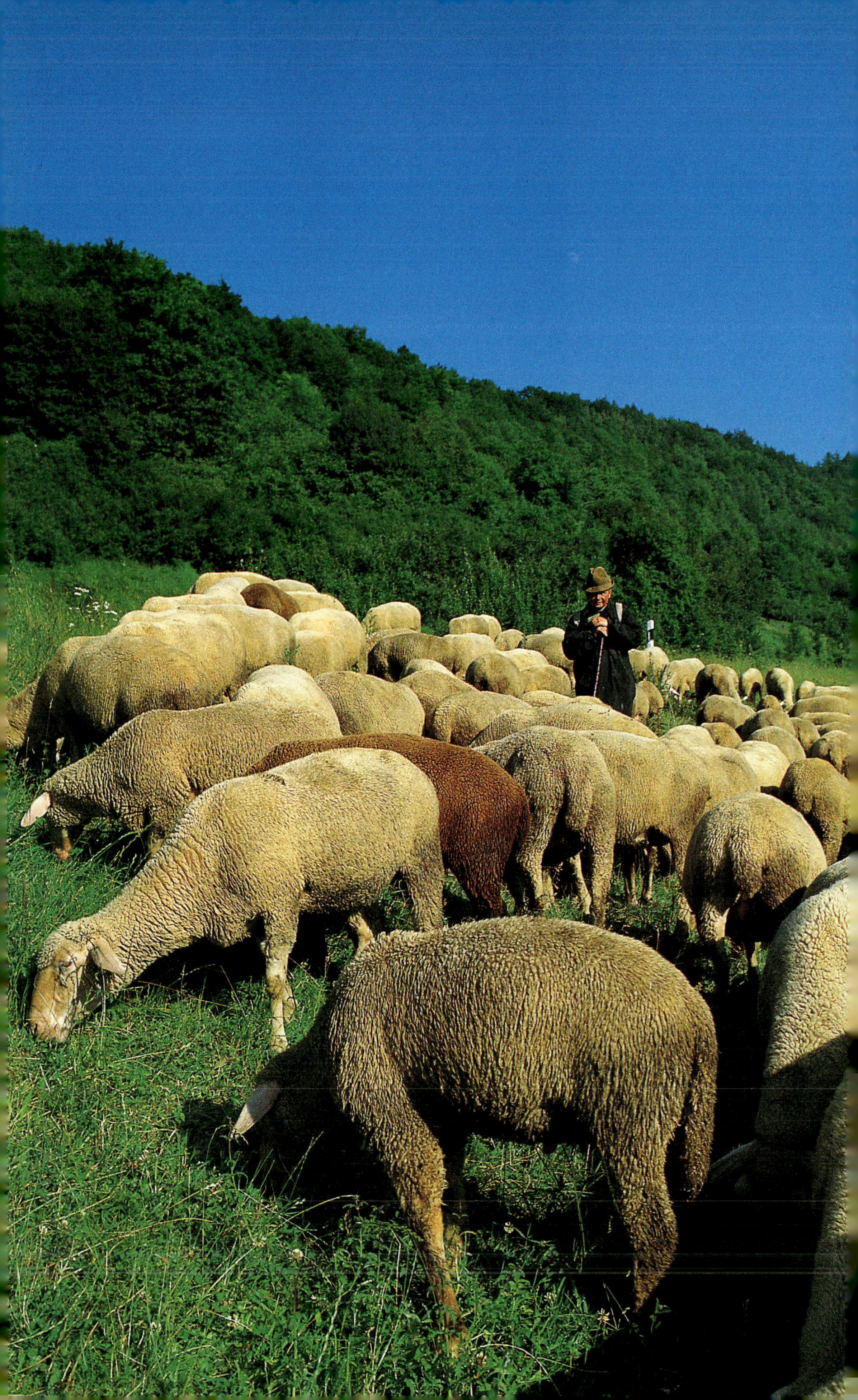

Schwäbischer Wald, Mainfranken, Hohenlohe

Im Land der Dichter, Residenzen und des Weins

Eine abwechslungsreiche Landschaft links und rechts des unteren Neckars mit Attraktionen für Landschafts- und Kunstfreunde, fruchtbares Land um Main, Tauber und Jagst. Hier gibt es viel Wein und fast in jedem Dorf ein Schloß oder eine sehenswerte Kirche.

Ein bekanntes schwäbisches Volkslied beginnt mit den Worten: »Drunten im Unterland, do isch's halt frei...« Dieses Land, das »Gäu«, mit fruchtbaren Lößböden, beiderseits des Neckars gelegen, ist die Kornkammer Schwabens und Heimat berühmter Weine. Hier liegen Heckengäu, Langes Feld und Schmidener Feld. Einzelne Bergrücken ragen daraus hervor; Stromberg und Heuchelberg (Naturpark), zwei kleine Waldgebirge, schließen das liebliche Zabergäu ein. In den Muschelkalk, den geologischen Untergrund der Gäulandschaften, schnitten Flüsse wie Neckar, Enz und Bühler tiefe Täler ein. Das Unterland ist sowohl wirtschaftliches als auch politisches Zentrum. Städte wie Leonberg, Ludwigsburg und Stuttgart zeugen durch ihre Kirchen und Schlösser noch heute von ihrer stolzen Vergangenheit.

Ganz anders ist der Charakter des Schwäbischen Waldes (Naturpark). Der Schwäbische Wald, eigentlich ein Bergland, das man aber nur an seinem steilen Westabfall als solches wahrnimmt, ist nicht so fruchtbar wie das Neckarland. Ackerbau lohnt sich auf den armen Böden des Keupersandes kaum. Wald bedeckt weite Flächen. Auch hier schnitten sich Bäche tief in den Untergrund ein und bildeten die für das Keuperbergland so charakteristischen Bachklingen. Die Täler zergliedern den Schwäbischen Wald in Teillandschaften, einzelne Höhenzüge, die nach ihren Hauptorten benannt wurden: Löwensteiner Berge, Mainhardter, Murrhardter und Welzheimer Wald, Waldenburger und Limpurger Berge, Frickenhofer Höhe und Ellwanger Berge.

Der Nordteil dieser Route führt uns bis nach Bayern. Auf der Fahrt dorthin

Stille und landschaftliche Schönheit genießen, wie hier im Taubertal

passiert man die Hohenloher Ebene. Hohenloher Ebene und das nördlich anschließende Mainfranken haben vieles gemeinsam: den flachwelligen, offenen Landschaftscharakter, fruchtbare Lößböden, den Muschelkalk als vorherrschendes Ausgangsgestein und schließlich den freundlichen fränkischen Menschenschlag. Vielerorts wird Wein angebaut. Die Tropfen von Main und Tauber sind weitbekannt.

Besieht man sich die Landschaften genauer, so fallen auch die Gegensätze auf. Hohenlohe, in der Nordostecke Württembergs gelegen, gelangte schon früh in den schwäbischen Hoheitsbereich. Mainfranken, das heute zu Bayern gehört, präsentiert sich mit riesigen Gutshöfen und Feldfluren, die sich in den fruchtbaren Getreide- und Zuckerrübenanbaugebieten verstecken. Sieht man einmal von den Flußtälern mit ihren Weinbergen ab, so bieten diese beiden Landschaften wenig Spektakuläres. Dagegen zählen die historischen Bauwerke und geschlossenen Stadtbilder zum Beispiel von Rothenburg ob der Tauber zum Wertvollsten, was die Region präsentieren kann.

Auskunft:
Fremdenverkehrsverband Neckarland-Schwaben,
Lohtorstr. 21,
74072 Heilbronn,
Tel.: 0 71 31/7 85 20,
Telefax: 0 71 31/78 52 30.

Tourist-Information Fränkisches Weinland,
Zeppelinstr. 15,
97074 Würzburg,
Tel.: 09 31/8 00 32 46,
Telefax: 09 31/8 00 34 38.

267

Übersichtskarte Autotour und Sehenswürdigkeiten

Schwäbischer Wald, Mainfranken, Hohenlohe

269

Die Autotour

Liebliche Täler, bewaldete Höhen und geschichtsträchtige Orte prägen dieses Gebiet. Im Land der Dichter und Tüftler gedeiht köstlicher Wein, zu dem ein schwäbischer Rostbraten hervorragend mundet. Aber nicht nur für leibliches Wohl, auch für Kunstgenuß ist gesorgt.

Gesamtlänge der Autorundreise: 485 km

❶ Tourenvorschlag Ludwigsburg
Das im barocken Stil errichtete Schloß mit den herrlichen Parkanlagen in der ehemaligen Residenzstadt entstand nach Vorbildern französischer Bauwerke.

❷ Tourenvorschlag Marbach
Im Neckartal liegt die kleine Fachwerkstadt, in der Friedrich Schiller im Jahre 1759 das Licht der Welt erblickte. Heute erinnert ein Museum an den berühmten Dichter.

❸ Tourenvorschlag Schwäbisch Hall
Die alte Salz- und Münzstadt im romantischen Kochertal galt früher als eine der reichsten Städte Deutschlands. Einen Besuch verdient die kunsthistorisch bedeutende Comburg.

❹ Tourenvorschlag Ansbach
Weitbekannt wurde die ehemalige markgräfliche Residenzstadt durch ihren Ruf, die Stadt des fränkischen Rokokos zu sein.

❺ Tourenvorschlag Schillingfürst
Der staatlich anerkannte Erholungsort auf der Frankenhöhe hat etwas ganz Besonderes vorzuweisen.

❻ Tourenvorschlag Rothenburg ob der Tauber
Die »Stadt des Mittelalters« besticht vor allem durch ihr einzigartiges, fast vollständig erhaltenes Erscheinungsbild, das verschiedene Baustile widerspiegelt.

❼ Tourenvorschlag Bad Windsheim
Das typische Fränkische Freilandmuseum ist nur ein Ziel in dem kleinen Kurort. In der schönen Altstadt laden aber auch viele sehenswerte Fachwerkhäuser zu einem Rundgang ein.

❽ Tourenvorschlag Iphofen
Das malerische Städtchen am Fuße des Steigerwaldes hat sein mittelalterliches Gepräge in die heutige Zeit retten können.

❾ Tourenvorschlag Würzburg
Eine der Hauptsehenswürdigkeiten in der ehemaligen Bischofsstadt ist die Residenz. Sie gilt mit Recht als das Meisterstück des deutschen Barocks.

❿ Tourenvorschlag Creglingen
Einen Schatz ganz besonderer Art hat die Herrgottskirche bei Creglingen vorzuweisen.

⓫ Tourenvorschlag Bad Wimpfen
Nicht nur die heilsamen Quellen locken viele Besucher hierher an den Neckar. Auch die ehemalige Kaiserpfalz und das sehenswerte Gebäudeensemble der Stadt haben einen Anteil daran.

⓬ Tourenvorschlag Maulbronn
Die Vollständigkeit der Anlage des Zisterzienserklosters aus dem Jahre 1147 ist in der Welt einzigartig.

Idylle im Schwäbischen Wald

Weitere interessante Sehenswürdigkeiten entlang der Route

❶ Ebnisee
Südlich von Murrhardt liegt im stillen Welzheimer Wald dieser ruhige See. Vor allem an warmen Tagen lädt er zu einem erfrischenden Bad ein.

❷ Vellberg
Auf einem Hangsporn im Bühler findet man dieses mittelalterliche Bilderbuchstädtchen. Sehenswert ist vor allem das prächtige Renaissanceschloß aus den Jahren 1543–46.

❸ Langenburg ob der Jagst
Zu dem historischen Fachwerkstädtchen in schöner Lage und waldreicher Umgebung gehört eines der bestgelegenen Schlösser Deutschlands. Das im 16. und 17. Jahrhundert errichtete Schloß besitzt einen wundervollen Renaissanceinnenhof.

❹ Feuchtwangen
Die Stadt an der Romantischen Straße hat einen breiten Marktplatz, auf dem alljährlich die berühmten Kreuzgangsfestspiele stattfinden.

❺ Markt Erlbach
Im alten Dekanat (Fachwerkbau des 15. Jahrhunderts) ist das Handwerksmuseum mit vorbildlich eingerichteten Handwerkerstuben mit Werkzeugen aus der Zeit der Jahrhundertwende untergebracht.

❻ Mainbernheim
Eine typisch fränkische Kleinstadt. Hier fällt vor allem das geschlossene Ortsbild auf, das geprägt ist von Fachwerkhäusern.

❼ Wiesentheid
Sowohl die Bürgerhäuser als auch die Kirchen präsentieren sich in barockem Gewand.

❽ Prichsenstadt
Die mittelalterliche Kleinstadt wird auch heute noch von einer gut erhaltenen Stadtmauer und Stadttürmen umgrenzt.

⑨ Dettelbach
Die Stadtmauer mit 36 Türmen umschließt eine Altstadt mit einem sehenswerten gotischen Rathaus aus dem 15. und 16. Jahrhundert und der Pfarrkirche St. Augustinus.

⑩ Ochsenfurt
Der links des Mains liegende Ort verdient seiner vielen mittelalterlichen Bauten wegen einen ausführlichen Besuch.

⑪ Bad Mergentheim
Das weltberühmte Heilbad im Taubertal war von 1525 bis 1809 Residenz der Hoch- und Deutschmeister des Deutschen Ritterordens.

⑫ Stuppach
Die weltberühmte Madonna von Matthias Grünewald, die es in der Dorfkirche zu sehen gibt, ist ein Hauptwerk spätgotischer Malerei.

⑬ Möckmühl-Dörzbach
Reisen wie zu Opas Zeiten: Der beliebte Museumszug, der auf Schmalspurgleisen jeder Kocherwindung folgt, macht's möglich.

⑭ Jagsthausen
Der Ort war einst wichtiger Punkt am römischen Grenzwall, dem Limes. Noch heute erheben sich hier die drei Burgen der ritterschaftlichen Familie Berlichingen, deren Geschlecht seit 1300 in diesem Raum ansässig ist.

⑮ Öhringen
Die westlichste der Hohenloher Städte besitzt eine sehenswerte Stadtkirche und ein hübsches Stadtbild.

⑯ Weinsberg
Die Kleinstadt vor den Toren Heilbronns ist durch die Ruine der Burg Weibertreu bekanntgeworden. Besuchenswert ist auch das Wohnhaus des Dichters des 19. Jahrhunderts Justinus Kerner.

⑰ Lauffen am Neckar
Der Geburtsort des Dichters Friedrich Hölderlin (1770–1843) liegt malerisch zu beiden Seiten des Neckars an der Mündung der Zaber.

⑱ Stromberg/Heuchelberg
Der Naturpark lädt mit seinen schönen Wäldern und den üppigen Weinhängen zu ausgiebigen Wanderungen ein. Besuchenswert ist die Altweibermühle.

⑲ Markgröningen
Die ehemalige Reichsstadt liegt am Rande des Strohgäus. In der reichhaltigen historischen Altstadt sticht das Rathaus besonders ins Auge. Es ist ein Musterbeispiel schwäbischer Zimmermannskunst.

⑳ Hessigheim
Am Neckar erheben sich die hier anstehenden Muschelkalkfelsen. Neben der besonderen Vegetation hat dieser Ort auch einen herrlichen Blick ins Tal zu bieten.

Geschichte und Kultur

Zu Gast in Schwaben bei deutschen Dichtern und Denkern

»Wer den Dichter will verstehen, muß in Dichters Lande gehen.« Diese Forderung Goethes zu erfüllen, wenigstens im schwäbisch-alemannischen Raum, ermöglicht die Schwäbische Dichterstraße, deren kulturell reiche Landschaft mit historisch gewachsenen Städten, Schlössern und Kirchen offenbar besonders geeignet ist, Schriftsteller und Philosophen hervorzubringen und immer wieder neu zu inspirieren. Sehr oft führt der Weg in kleine entlegene Ortschaften, wenn es gilt, den Geburts- oder Wirkungsort eines Poeten aufzuspüren.

Bad Mergentheim im Taubertal, eine reizende altertümliche Stadt, soll am Beginn der Reise durch die Welt der Poesie stehen. Die Stadtgeschichte ist eng verknüpft mit Eduard Mörike (1804–1875), der hier nach seiner Pensionierung von 1844 bis 1851 lebte. Eine Sammlung berichtet über das Leben und die Eigenarten des Dichters, dessen Werk an der Nahtstelle zwischen Romantik und Realismus steht. Vor allem in seinen Märchen kommt die Vermischung romantischer Melancholie mit schwäbisch-hintergründigem Humor und Heiterkeit zum Ausdruck.

Der Arzt und Dichter Justinus Kerner (1786–1862) bewahrte die Burg Weibertreu vor der Abtragung. Mit seinem schwäbischen Dichterkreis, der einen Mittelpunkt der schwäbischen Romantik bildet, ließ er hier ein kleines Weimar entstehen.

In Weinsberg sind neben dem Kerner-Haus mit Geisterturm auch die romantisch-gotische Stadtkirche und eine römische Badruine aus dem 1. Jahrhundert sehenswert.

Südlich von Heilbronn, das durch Heinrich von Kleists Drama »Das Käthchen von Heilbronn« weite Bekanntheit erlangte, liegt Lauffen am Neckar, wo J. Chr. Friedrich Hölderlin am 20. 3. 1770 geboren wurde. Der Dichter, zu dessen Hauptwerken der Roman »Hyperion« (1797 und 1799) und vor allem seine hymnisch-elegischen Gedichte zählen, wurde von den literarischen Größen seiner Zeit nicht anerkannt. Erst vor dem I. Weltkrieg wurde seine Dichtung von einem breiteren Publikum entdeckt. Eine Hölderlin-Gedächtnisstätte im Krankenhaus, einem ehemaligen Klostergut, erinnert an den Poeten, der von sich bekannt hatte: »Singen wollte ich leichten Gesang«.

Die tausendjährige Stadt Marbach ist der Geburtsort von Friedrich von Schiller, der, mit Goethe fast immer im gleichen Atemzug genannt, nahezu die gleiche Verehrung genießt wie der Weimarer Dichterfürst. Auf Befehl seines Landesherrn zunächst als Mediziner ausgebildet, galt seine Leidenschaft jedoch dem Theater. 1782 wurde sein erstes Drama »Die Räuber« in Mannheim uraufgeführt. Im Jahre 1788 wurde Schiller von Goethe für den Lehrstuhl für Geschichte in Jena vorgeschlagen, wo er seine großen historischen Arbeiten und ästhetischen Schriften verfaßte. An Leben und Werk des vor allem als Dramatiker bis heute fortwirkenden Dichters erinnern in Marbach das Schiller-Nationalmuseum und andere Schiller-Sammlungen.

Der Hohenasperg, Sinnbild der absoluten Fürstenmacht

Schwäbische Stadt à la Louis XIV.

In Ludwigsburg bilden die spielerischen barocken Bauformen einen lebendigen Kontrast zur streng geometrischen Anlage von Stadt, Schloß und Gärten.

Anfahrt:
Ludwigsburg ist Schnellzugstation an den Strecken Stuttgart – Heidelberg und Stuttgart – Heilbronn;
S-Bahn-Verbindung mit Stuttgart.
Autofahrer benützen die Autobahnausfahrten Ludwigsburg-Nord oder -Süd der A 81 oder die B 27.

Auskunft:
Ludwigsburg Information, Wilhelmstr. 10, 71638 Ludwigsburg, Tel.: 07141/910252, Telefax: 07141/910774.

Öffnungszeiten:
Schloßführungen April bis Oktober täglich 9–12 und 13–17 Uhr, November bis März Mo.–Fr. 10.30, 15 Uhr. Sa. 10.30, 14 und 15.30 Uhr. So./Fei. 10.30–13.30 Uhr, 16 Uhr, alle 30 Min.

An der Wende vom 17. zum 18. Jahrhundert war Frankreich tonangebend in Europa. König Ludwig XIV., der Sonnenkönig und Regent eines absolutistischen Staates, wurde zum Vorbild aller deutschen Fürsten. Baute der Sonnenkönig sich ein Prachtschloß zu Versailles, so mußten deutsche Fürsten ein ähnliches errichten. Weitläufige Schloßanlagen wurden vor den Toren der Residenzstädte gebaut: Sanssouci, Nymphenburg, Schönbrunn und – Ludwigsburg.

Schloß Ludwigsburg entstand zwischen 1704 und 1733 unter Herzog Eberhard Ludwig, der Schloß und Stadt seinen Namen gab. Um die weiten Schloßinnenhöfe ziehen sich die vielgegliederten barocken Gebäude; alles sollte den Reichtum des Landes und seines Regenten demonstrieren. Das Schloßinnere kann man heute auf einer Führung kennenlernen: die Galerien, Treppenhäuser, den Ordenssaal und das hübsche Schloßtheater. Im Schloß finden im Sommer Musikfestspiele statt.

Rund um das Schloß liegt der sehr sehenswerte Schloßpark. »Blühendes Barock« nennt man ihn; verschnörkelte, geometrische Formen sind hier aus

Die Parkanlagen von Schloß Ludwigsburg sind auf dem Reißbrett entworfen

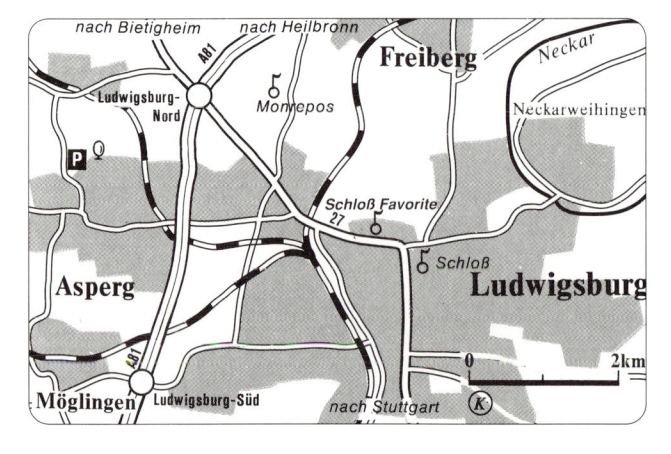

Hecken, Büschen und Blumenbeeten entstanden: Inbegriff eines französischen Gartens, dessen Prinzip darauf beruht, Natur zu bändigen, zu reglementieren. Eine Touristenattraktion besonderer Art ist der Märchengarten. Die württembergischen Herzöge verlegten im 18. Jahrhundert ihre Residenz tatsächlich für einige Zeit nach Ludwigsburg; die neu gegründete Stadt blühte auf. Westlich des Schlosses entstanden die rechtwinkligen Straßenquadrate. Vielfach sieht man noch die barocken Einheitshäuser dieser Straßenzüge. In einem wurde 1804 der Dichter Eduard Mörike geboren. Ludwigsburg war nur wenige Jahre Residenz; mit dem Bau des Neuen Schlosses holten die Stuttgarter ihren Herzog zurück.

Autotour ② Schwäbischer Wald, Mainfranken, Hohenlohe

Marbach – Mekka für Musenfreunde

Das verträumte Städtchen erlangte Weltruhm durch seinen berühmten Sohn: 1759 wurde in Marbach Friedrich Schiller geboren.

In Marbach dreht sich alles um den großen Sohn, ob im National-Museum ...

... oder im Geburtshaus Schillers, in dem ein Museum eingerichtet ist

Marbach liegt hoch über dem Neckartal, von Weinbergen umgeben. Fachwerkhäuser reihen sich im Stadtinneren entlang von fünf parallel laufenden Straßen. Die Stadt ist planmäßig angelegt worden, nicht zufällig gewachsen. Ihre Anfänge sucht man derzeit durch archäologische Ausgrabungen zu erhellen; daß die Geschichte Marbachs bis weit ins Mittelalter zurückreicht, ist unumstritten. Die malerischen Häuser der Stadt sind die Wohn- und Arbeitsstätten der Handwerker; besonders zahlreich vertreten waren in Marbach stets die Weinbauern. Es gab auch Küfer, die Weinfässer herstellten, und Gerber, die den Wasserreichtum des Neckars und des Strenzelbaches (er mündet bei Marbach in den Neckar) zum Ledergerben nutzten.

Im östlichen Teil der Stadt finden wir Schillers Geburtshaus, klein und bescheiden. Man kann sich fragen, wie aus dieser Enge heraus ein so großer Geist seine Flügel spannen konnte.

Marbachs Hauptkirche und bedeutendstes Kulturdenkmal liegt außerhalb der Mauern: Die Alexanderkirche am nördlichen Talhang des Strenzelbaches war einst Mittelpunkt eines heute verschwundenen Dorfes. Sie kann als hervorragendes Beispiel für eine spätgotische Kirche in Württemberg gelten. Schlanke Säulen tragen das hohe und besonders breit gelagerte, reich gegliederte Gewölbe.

Der internationale Anziehungspunkt der Stadt liegt aber an ihrem Südrand. Knapp 100 Jahre nach Schillers Tod, im Jahre 1903, wurde auf einem Felsen über dem Neckar der Dichtung ein Schloß gebaut: Das Schiller-Nationalmuseum erinnert in neobarockem Baustil an die Schlösser Karl Eugens, Schillers Landesherrn. Das Museum und das benachbarte Deutsche Literaturarchiv beherbergen unzählige Dokumente, Handschriften und Erstausgaben deutscher Dichtkunst.

Anfahrt:
Von Stuttgart aus mit der S-Bahn über Ludwigsburg; weiterer Bahnanschluß von Backnang; Busverbindung mit Heilbronn. Autofahrer verlassen die A 81 in Mundelsheim oder Pleidelsheim. Wer es nicht eilig hat, sollte von Stuttgart aus mit dem Neckarschiff nach Marbach fahren (Abfahrt an der Wilhelma in Stuttgart-Bad Cannstatt). Das Neckartal ist in diesem Abschnitt landschaftlich besonders reizvoll.

Auskunft:
Verkehrsamt,
71672 Marbach,
Tel.: 0 71 44/10 22 45,
Telefax: 0 71 44/10 23 00.

Öffnungszeiten:
Schiller-Nationalmuseum täglich 9–17 Uhr, außer 25./26. 12. und 24./31. 12. nachmittags; Schiller-Geburtshaus täglich 9–17 Uhr, außer 25./26. 12. und 24./31. 12. nachmittags.

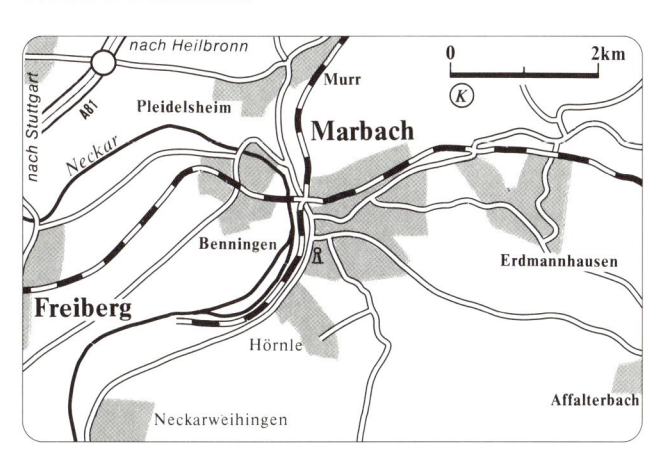

In der Salz- und Münzstadt

Salz, wertvollster Rohstoff vergangener Zeiten, brachte Schwäbisch Hall großen Reichtum, von dem heute noch prachtvolle Bauten in einem mittelalterlichen Stadtkern zeugen.

Anfahrt:
Schwäbisch Hall erreicht man auf der A 6 (Heilbronn–Nürnberg) oder auf den Bundesstraßen 14 und 19. Die Station »Schwäbisch Hall« ist nicht weit vom Stadtzentrum entfernt. Züge aus Richtung Stuttgart halten im Bahnhof »Schwäbisch Hall-Hessental«, von wo es eine Busverbindung zur Innenstadt gibt.

Auskunft:
Touristik-Information,
Am Markt 9,
74501 Schwäbisch Hall,
Tel.: 0791/751-321,
Telefax: 0791/751375.

Öffnungszeiten:
Hällisch-Fränkisches Museum (Stadtgeschichte) tägl. außer Mo. 10–17 Uhr, Mi. von 10–20 Uhr.

Über der Stadt erhebt sich das ehemalige Benediktinerkloster

Die Salzquelle, schon von den Kelten entdeckt, ist der Ursprung für den Reichtum von Schwäbisch Hall. Salz, das »weiße Gold des Mittelalters« war selten und teuer, war es doch nicht nur Gewürz, sondern auch Haltbarkeitsmittel. Der Haller Salzhandel ging bis in das Elsaß, auf dem Rückweg wurde Wein in die Stadt am Kocher mitgebracht, die Kellereingänge mit ihren »Hälsen« zeugen in Hall heute noch davon, die Bürger trieben mit Wein einen schwunghaften Handel.

Unter den Staufern wurde Hall ausgebaut und erwarb den Status einer Reichsstadt. Schon unter Barbarossa wurde der »Heller« geprägt, der von der Stadt den Namen erhielt, die am weitesten verbreitete Münze des Mittelalters.

Der historische Stadtkern von Hall ist nahezu unverändert. Die prächtigen Bürgerhäuser, die romanisch/gotische Michaelskirche und, ihr gegenüberliegend, das barocke Rathaus geben dem Marktplatz ein ganz besonderes Gepräge. Auf der größten Kirchentreppe Deutschlands, die mit ihren 54 Stufen hinauf zu St. Michael führt, wird seit 1925 von Juni bis August Freilichttheater gespielt, berühmt wurden die Spiele durch Hugo von Hofmannsthals »Jedermann«.

Im Hintergrund des schönen Marktplatzes ragt der 1927 errichtete »Neubau« empor. Einst Kornspeicher und Zeughaus der Stadt, dient er heute unter dem gleichen Namen als Festhaus, Theater- und Konzertsaal. Am Schiedgraben errichtet, war der Neubau zugleich Teil der Stadtbefestigung. Der freigelegte Graben mit den Mauern zeigt, wie stark die Reichsstadt einst befestigt war.

Typisch für Hall sind sogenannte »Archenbrücken«, überdachte Holzstege, die über den Fluß führen. Einer davon wurde erneuert, das Original befindet sich im Deutschen Museum München. In Steinbach sind die Große und die Kleine Comburg zu finden.

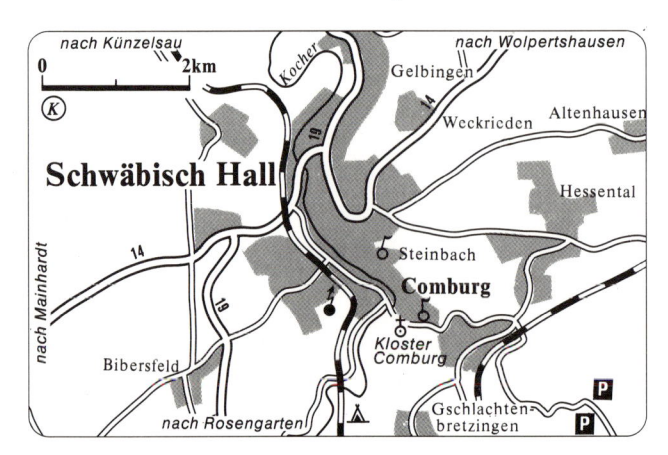

Autotour ④   Schwäbischer Wald, Mainfranken, Hohenlohe

Ansbach – die Stadt des fränkischen Rokokos

Noch schneller zu erreichen ist Ansbach seit der Fertigstellung der Autobahnstrecke Heilbronn–Nürnberg. Von den Anschlußstellen im Osten, Süden und Westen der Stadt sind es nur wenige Kilometer, bis man im Zentrum vor einer der Hauptsehenswürdigkeiten steht, die sich um das Schloß gruppieren.

Die Markgräfliche Residenz erhielt ihre heutige Form Anfang des 18. Jahrhunderts. Von den im »Ansbacher Rokoko« gestalteten prächtigen Innenräumen kann man 27 besichtigen, darunter das Spiegelkabinett, den Kachelsaal und die Gotische Halle mit einer großen Sammlung von wertvollen Fayencen und Porzellan. Östlich der Residenz dehnt sich an der Fränkischen Rezat der Hofgarten mit einer 250 Jahre alten Lindenallee aus. Seine 1726–28 erbaute Orangerie zählt zu den größten Gartenschlössern in Franken. In den Parkanlagen findet man Gedenksteine, die an den geheimnisvollen Kaspar Hauser und an den Dichter Johann Peter Uz erinnern.

Aber nicht nur das ist die ehemals markgräfliche Residenzstadt. Heute ist sie Hauptstadt des Regierungsbezirks Mittelfranken und bedeutender Verkehrsknotenpunkt im Rezattal.

tenswerte Bauwerke sind auch die an der Promenade stehenden drei Ansbacher Tore, das Schloßtor, das Neue (auch Alexander-) Tor und vor allem das Herrieder Tor.

Von den zahlreichen Veranstaltungen, die in Ansbach regelmäßig durchgeführt werden, sind die »Bachwoche« (alle zwei Jahre Ende Juli) und die »Rokokospiele« (alljährlich Anfang Juli) besonders erwähnenswert.

Anfahrt:
A 6/E 12 Heilbronn–Nürnberg (Anschlußstellen Aurach, Herrieden, Ansbach und Lichtenau) sowie auf den Bundesstraßen 13 Würzburg–Ingolstadt und 14 Stuttgart–Nürnberg.

Auskunft:
Städt. Verkehrsamt, Postfach 17 41, 91522 Ansbach, Tel.: 09 81/5 12 43.

Öffnungszeiten:
Residenz und Museum können täglich (außer Mo.) besichtigt werden.

Bemerkungen:
Kaspar Hauser war ein junger Mann von rätselhafter Herkunft, der 1828 in Nürnberg auftauchte. Er erregte die Anteilnahme des Ritters von Feuerbach, der ihn in Ansbach als Aktenkopist einstellen ließ. 1833 wurde er als mutmaßlicher Sohn des badischen Großherzogs von einem Unbekannten ermordet. Man verdächtigte die mit dem Großherzog rivalisierende Luise Hochberg der Bluttat.

Ansbachs Stadtbild ist einen Ausflug wert

Auf der anderen Seite des Schlosses liegt zwischen Rezat im Norden und der breiten Promenade am Südrand die in Ost-West-Richtung vom Johann-Sebastian-Bach-Platz und Martin-Luther-Platz durchzogene Altstadt mit einer Vielzahl weiterer Sehenswürdigkeiten. Zu diesen gehören die dreitürmige Gumbertus-Kirche mit Schwanenritterkapelle und Fürstengruft, die Johannis-Kirche mit Kriegerehrenmal ebenso wie das Markgrafenmuseum mit Kaspar-Hauser-Sammlung. Beach-

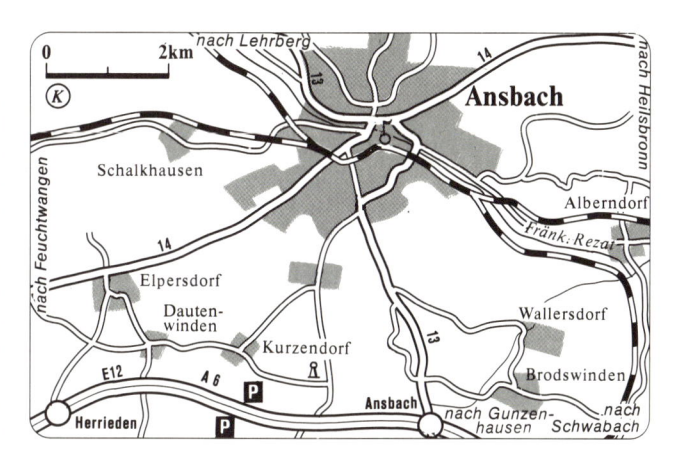

275

Schloß Schillingsfürst auf der Frankenhöhe

Auf einem Bergsporn der hier abfallenden Frankenhöhe überragt das mächtige Barockschloß der Fürsten von Hohenlohe-Schillingsfürst die am Fuße des Schloßberges gelegene Stadt.

Anfahrt:
Auf der »Romantischen Straße« (B 25) und von ihr zwischen Feuchtwangen und Rothenburg ob der Tauber auf mehrfach abzweigenden Nebenstraßen.

Auskunft:
Städt. Verkehrsamt, Anton-Roth-Weg 9, 91583 Schillingsfürst, Tel.: 0 98 68/8 00, Telefax: 0 98 68/98 62 33.

Öffnungszeiten:
Verkehrsamt März–Oktober tägl. 9–12 Uhr, 14–17 Uhr. In den Wintermonaten für Gruppen nach Voranmeldung. Führungen im Brunnenhaus nach Anmeldung.
Bayerischer Jagdfalkenhof: März–Oktober Flugvorführungen täglich 11 Uhr und 15 Uhr.

Abstecher:
Nach Rothenburg o. d. Tauber, Dinkelsbühl, Feuchtwangen und Ansbach.

Schillingsfürst ist mit 543 Metern die höchstgelegene Gemeinde der Frankenhöhe und staatlich anerkannter Erholungsort. Im Dreißigjährigen Krieg wurde hier die ehemalige, schon seit der Zeit um das Jahr 1000 bekannte Burg gleichen Namens zerstört, und von 1723 bis 1750 entstand dann an deren Stelle im Auftrag von Philipp-Ernst zu Hohenlohe-Schillingsfürst ein neues Residenzschloß nach dem Vorbild eines Madrider Adelspalais.

Die spätbarocke Dreiflügelanlage gehört zu den glanzvollsten Schloßbauten dieser Epoche in ganz Süddeutschland. Das mit sehenswerten Repräsentationsräumen ausgestattete Schloß war in der ausgehenden zweiten Hälfte des 19. Jahrhunderts Wohnsitz des Fürsten Chlodwig zu Hohenlohe-Schillingsfürst, der, was heutzutage vielen Zeitgenossen nicht bekannt ist, als deutscher Reichskanzler einer der Nachfolger Bismarcks wurde.

Man betritt das Fürstenschloß vom Innenhof, der durch die im Verhältnis zur sichtbaren Breite des Mitteltrakts sehr langen Flügelbauten schmal wirkt. Über dem Haupteingang und dem Balkon des zweiten Stockwerks fällt ein großes Halbrundgesims auf. Die mit Stuckwerk und Deckengemälden geschmückten Innenräume, durch die auch Führungen veranstaltet werden,

Vorbild dieses Residenzschlosses war ein Madrider Adelspalais

enthalten prächtige Sammlungen von Möbeln und Porzellan, Bildern und Gobelins sowie Waffen und Jagdtrophäen. Zu den weiteren besuchenswerten Anlagen von Schillingsfürst gehört neben Kardinalsgarten, Hofgarten und Fürstlichem Mausoleum östlich des Schlosses vor allem das weiter ostwärts gelegene Brunnenhaus aus der Zeit um 1700, mit einer in Deutschland einmaligen Ochsentretanlage zur Wasserversorgung.

Im weiter südlich liegenden Frankenheim entdeckt man an der Hirtengasse die Quelle der Wörnitz.

Zum Kabinettstück des Mittelalters

Rothenburg ob der Tauber steht auf dem Reiseprogramm jedes Deutschland-Touristen aus aller Welt, der die »Romantik« des Mittelalters kennenlernen will.

Steht man drunten im Taubertal an der altehrwürdigen Steinbrücke, so erblickt man auf der Höhe eine Stadt, die ihr mittelalterliches Bild unverändert bewahrt hat. An den Gebäuden erkennt man die beiden Blütezeiten der Stadt. Im 13. und 14. Jahrhundert, als Rothenburg zu einer der mächtigsten Städte weit und breit avancierte, entstanden die gotischen Bürgerhäuser und Kirchen, unter denen St. Jakob besondere Bedeutung zukommt, weil hier der großartige Blutaltar Tilman Riemenschneiders steht. Auch die Stadtbefestigung stammt im wesentlichen aus dem Mittelalter (auf den Laubengängen kann man einen hübschen Spaziergang machen). Die berühmteste Partie der Mauerumwehrung liegt am Plönlein, wo das Kobolzer Tor und das Innere Spitaltor nebeneinander stehen. Ihre zweite Blüte erlebte die Stadt im 16. Jahrhundert. Aus dieser Zeit stammen die Renaissancebauten wie zum Beispiel das Rathaus, das den Marktplatz beherrscht. Die Stadtentwicklung der Neuzeit ging an Rothenburg vorbei. Die mittelalterliche Großstadt wuchs nicht weiter. Moderne Fassaden stören deshalb das mittelalterliche Stadtbild zum Glück nicht. Es gilt überall in der Welt als »typisch deutsch«. Und in den Läden Rothenburgs kann das erworben werden, was als »typisch deutsches« Kunsthandwerk bekannt ist: Wer sich für erzgebirgisches Spielzeug, handgemachte Puppen, Töpferei, Weberei, Lebkuchen und Antiquitäten interessiert, der sei zu einem Einkaufsbummel nach Rothenburg eingeladen. Auch im Taubertal unterhalb der Stadt muß man sich einiges ansehen, vor allem das Topplerschlößchen, eine Art Wochenendhaus eines mächtigen Rothenburger Bürgermeisters, und Detwangs romanische Kirche, deren Kreuzaltar Riemenschneiders dieses Dörfchen weltberühmt machte.

Blick auf das romantische mittelalterliche Rothenburg

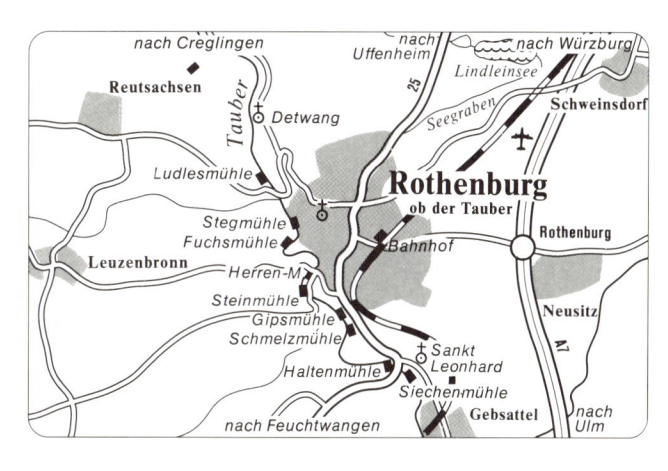

Anfahrt:
Rothenburg liegt an der neuen Autobahn Würzburg–Ulm (A 7), an der »Burgenstraße« und an der »Romantischen Straße«. Bahntouristen fahren von Würzburg oder Ansbach mit dem Eilzug nach Steinach und steigen dort nach Rothenburg um.

Auskunft:
Fremdenverkehrsamt, Marktplatz, 91541 Rothenburg Tel.: 0 98 61/4 04-92.

Öffnungszeiten:
Im Reichsstadtmuseum April – Oktober 10–17 Uhr, Nov. – März 13–16 Uhr. Topplerschlößchen, Fr./Sa./So. April–Oktober 10–12 Uhr, 14–17 Uhr, sonst 13–16 Uhr. Dezember Puppenmuseum 9.30–18 Uhr. Mittelalterliches Kriminalmuseum im Sommer 9.30–18 Uhr, im Winter 14–16 Uhr. Alt-Rothenburger Handwerkerhaus 9–18 Uhr, 20–21 Uhr. Historiengewölbe April bis Oktober 10–18 Uhr.

Schwäbischer Wald, Mainfranken, Hohenlohe — Autotour 7

Im Freilandmuseum von Bad Windsheim

Zur sehenswerten Altstadt und der nach Norden anschließenden Kurzone hat Bad Windsheim durch das Fränkische Freilandmuseum einen weiteren Ausflugsschwerpunkt erhalten.

Anfahrt:
A 7 Würzburg–Ulm bis Ausfahrt Uffenheim/Langensteinach. Von dort B 25 südwärts Richtung Rothenburg und nach 8 km links ab B 470 nach Bad Windsheim (17 km). Von Nürnberg B 8 über Fürth bis Langenzenn und von dort über Markt Erlbach nach Windsheim.

Auskunft:
Fränkisches Freilandmuseum, Eisweiherweg 1, 91438 Bad Windsheim, Tel.: 0 98 41/45 61.

Öffnungszeiten:
Freilandmuseum 15. März bis 15. Oktober 9–18 Uhr. 16. Oktober bis 3. Advent 10–16 Uhr; Mo. geschlossen.

Abstecher:
nach Rothenburg o. d. Tauber, nach Neustadt/Aisch oder nach Markt Erlbach.

Bad Windsheims Freilandmuseum: altbäuerliche Arbeitsweisen ...

... und originale Einrichtungen werden hier gezeigt

Das Fränkische Freilandmuseum wurde nach Bad Windsheim gelegt, weil dieser Ort nach seiner annähernden Mittellage in Franken zum Aufbau von Gebäudegruppen aus allen Teilen des Landes besonders geeignet erschien. Und so findet man auch in dem 40 Hektar großen Komplex am Südrand der Altstadt – zwischen Aisch und Alter Aisch – bereits in den ersten Baugruppen ein »Dorf Rangau«, ein »Dorf Nürnberger Land« und ein »Dorf Altmühl«, das sogar dank seiner Anordnung beiderseits der Alten Aisch heimatgetreu von einem Wasser durchflossen wird. Die hier wiederaufgebauten Häuser zeigen interessante bauliche Details und umfassen nicht nur Bauernhöfe, sondern auch – um nur einige Beispiele zu nennen – ein Tagelöhnerhaus, ein ehemaliges Straßenwirtshaus, einen Schweinestall sowie Mühl- und Wasserschöpfräder. Alle Häuser wurden an ihrem neuen Platz in der ursprünglichen Art mit bemalten Möbeln und Öfen oder alten Werkstatteinrichtungen ausgestattet.

Wer das Freilandmuseum besucht hat, wird es sicher nicht versäumen, auch noch einen Blick in die vom Eingangsgebäude des Museums nur wenige Schritte über die Aisch entfernte, wallumsäumte Altstadt von Windsheim zu werfen. Dort liegt gleich in der Seegasse 27 das Heimatmuseum der Stadt, das »Museum im Ochsenhof«.

Über den Weinmarkt und durch die Kegetstraße gelangt man dann zum Marktplatz mit den beiden Hauptsehenswürdigkeiten, dem Rathaus und der Kilianskirche, die beide nach einem Stadtbrand von 1730 im Barockstil wiederaufgebaut wurden.

Wer auch den 30 Hektar großen Kurpark und das Kurzentrum noch kennenlernen will, muß die Altstadt weiter durchwandern und beim Bahnhof auf einem Fußgängersteg die Gleise überqueren.

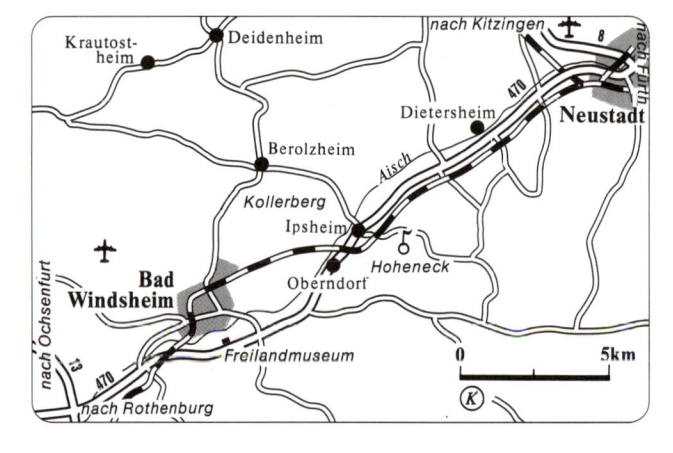

Iphofen – das Weindorf in Stadtmauern

Iphofen liegt im südöstlichen Winkel Mainfrankens. Nur wenig entfernt erhebt sich die steile Keuperstufe des Steigerwaldes. Iphofens Weine reifen unter anderem an diesen Keuperhängen. Und was für Weine! Mit Wein hat fast jeder Einwohner Iphofens zu tun. Man sieht das den verwinkelten, betagten fränkischen Gehöften an, deren Frontseiten von Weinfässern, Malereien und Trinksprüchen geziert sind. Vor den Wirtshäusern stehen immer viele Autos von Gästen, die von weither kommen, und das nicht umsonst: Iphofen ist weit bekannt für Speis' und Trank.

Iphofens Wahrzeichen ist das Rödelseer Tor. Es entstammt der Mitte des 15. Jahrhunderts und ist der originellste Teil einer Stadtbefestigung, die heute noch vollständig erhalten ist. Die Mauern, an denen man spazierengehen kann, sind das »Städtischste« an Iphofen. Städtisch wirken im Stadt-

Die Stadtväter mögen verzeihen: Iphofen, obwohl seit 1287 mit Stadtrechten versehen, ist auch 700 Jahre danach ein sehens- und liebenswertes Weindorf geblieben.

henswürdigkeiten sind das Altarbild, auf dem das Martyrium des heiligen Veit dargestellt ist, und der von Tilman Riemenschneider geschnitzte Johannes (im südlichen Seitenschiff), ein mehrfarbig bemaltes Frühwerk. Vieles an der Figur, das schmerzlich Überhöhte wie die langgliedrigen Finger, verraten den am Main allgegenwärtigen Künstler als ihren Schöpfer.

Anfahrt:
Aus Richtung Würzburg fährt man auf der B 8 nach Iphofen. Aus östlicher Richtung kann man die A 3 in Schweinfurt-Süd/Wiesentheid verlassen und Iphofen über Rödelsee erreichen. Die Stadt liegt an der Bahnlinie Würzburg–Nürnberg.

Auskunft:
Fremdenverkehrsbüro, 97346 Iphofen, Tel.: 0 93 23/87 15 44, Telefax: 0 93 23/87 15 55.

Öffnungszeiten:
Knauf-Museum: tägl. außer Mo. 14–18 Uhr, Di. u. Do. auch 10–12 Uhr. Geschlossen vom 1. Nov.–30. März.

Abstecher:
Auch das benachbarte Städtchen Mainbernheim ist ein hervorragendes Beispiel einer fränkischen Kleinstadt. Alte Kirchen und Bürgerhäuser sieht man in Kitzingen.

Das Einersheimer Tor – Teil der schönen Stadtbefestigung

Vom Eulenturm aus kann man weit ins Land hineinsehen

inneren noch das barocke Rathaus und das Rentamt, in dem heute das Knauf-Museum, eine Sammlung antiker Gipsreliefs, untergebracht ist. Monumental ist vor allem die Stadtpfarrkirche St. Veit.
Die Kirche hat einen sehr hohen, dreischiffigen gotischen Innenraum. Die gewaltigen Säulen zeigen an ihren Kapitellen allerdings die stilistische Nähe zur Renaissance. Resultat ist ein Übergangsstil zwischen Gotik und Renaissance, der »Juliusstil« (benannt nach dem damaligen Würzburger Fürstbischof Julius Echter). Besondere Se-

Würzburg – Metropole des Frankenlandes

Ehemaliger Sitz des Fürstbischofs, Universitäts- und Weinbaustadt: Das ist Würzburg mit seinen erstrangigen Bau- und Kunstdenkmälern, die zum Teil weltberühmt geworden sind.

Anfahrt:
Würzburg hat mehrere Autobahn-Ausfahrten an der A 3 und A 7. Ferner gibt es sehr günstige Bahnverbindungen.

Auskunft:
Congreß & Tourismus Zentrale,
Am Congreß Centrum,
97070 Würzburg,
Tel.: 09 31/3 73 35,
Telefax: 09 31/3 76 52.

Öffnungszeiten:
Festung Marienberg: Außenanlagen jederzeit zugänglich.
Mainfränkisches Museum täglich außer Mo.; April bis Oktober 10–17 Uhr, November bis März 10–16 Uhr.
Fürstenbaumuseum täglich außer Mo.; April bis September 9–12.30, 13–17 Uhr; Oktober bis März 10–12.30, 13–16 Uhr.
Residenz April–Oktober Di.–So. 9–17 Uhr, November bis März Di.–So. 10–16 Uhr.

Würzburg ist sicher eine der ältesten deutschen Städte. Als geistlicher Sitz wurde es dort gegründet, wo es geistige Getränke gibt: die von Kennern geschätzten Frankenweine.

Der Dom ist eine der größten romanischen Kirchen Deutschlands. Auch das Neumünster, gleich nebenan, ist ursprünglich romanisch (romanische Teile sind heute noch der Turm und der Kreuzgang). Es wurde aber barockisiert. Barock und Rokoko sind in Würzburg am reichsten vertreten und untrennbar verbunden mit dem Genie Balthasar Neumanns, der so Karges wie die Augustinerkirche, aber auch so Üppiges wie das Käppele, die Wallfahrtskirche hoch über der Stadt, zu konzipieren wußte. Ein Hauptwerk europäischen Barocks ist die ebenfalls von Neumann entworfene Residenz des Fürstbischofs. Glanzpunkte dieses Schlosses sind die Hofkirche und vor allem das weltberühmte Treppenhaus, über das sich das Deckenfresko Tiepolos spannt, das wohl größte Gemälde der Welt. Als Schloßbesucher bekommt man auch unvergleichlich schöne Säle und Räume gezeigt. Unter den Bürgerhäusern verdient das barocke »Haus zum Falken« besondere Erwähnung. Über den Main führt die berühmte Steinbrücke, auf deren Brüstungen barocke Figuren stehen. Ein Stück stromauf steht der »Alte Kranen«, der Würzburg als Hafenstadt mit langer Tradition ausweist. Hoch über der Stadt liegt die von mehreren Mauerringen umgebene Festung Marienberg. Die aus dem 8. Jahrhundert stammende Marienkirche und der von Efeu bewachsene Bergfried werden von Renaissancebauten eingefaßt. Hier befinden sich das berühmte Mainfränkische Museum, in dem unter anderem Hauptwerke von Tilman Riemenschneider gezeigt werden und das Fürstenbaumuseum zur Stadtgeschichte.

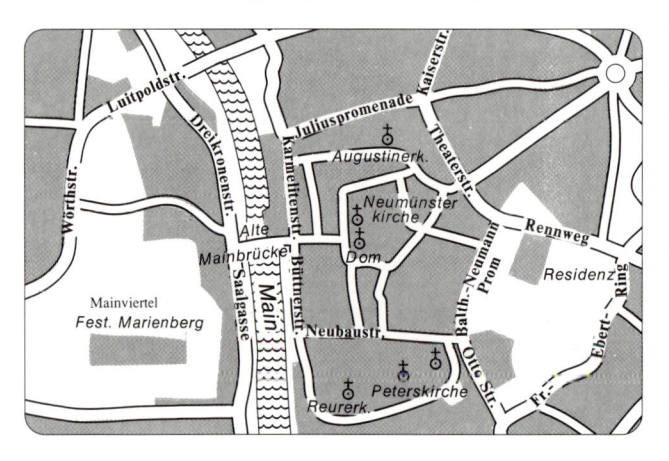

Die Residenz, das Meisterwerk des deutschen Barocks, von B. Neumann

An der Tauber und am Herrgottsbach

Die Herrgottskirche bei Creglingen, birgt eines der größten Kunstwerke des Abendlandes. Und tauberabwärts, in Weikersheim, steht eines der schönsten Schlösser Hohenlohes.

Berühmt in Weikersheim sind das Schloß und sein Park

Creglingen ist eine typisch fränkische Stadt mit gut erhaltenen Mauern, Wehrtürmen, einem Schloß, Stadtkirche, einer alten Tauberbrücke. Das allein ist schon einen Ausflug wert, doch nur ein Präludium zu dem, was es etwas abseits, südlich der Stadt zu sehen gibt: die Herrgottskirche. Der von Efeu umwachsene schlichte Kapellenbau des Spätmittelalters verrät nichts besonderes. Doch im Innern befindet sich ein Schnitzaltar, der wohl das Hauptwerk Tilman Riemenschneiders ist. Riemenschneider, um 1460 geboren, schnitzte den Creglinger Marienaltar zu Beginn des 16. Jahrhunderts.

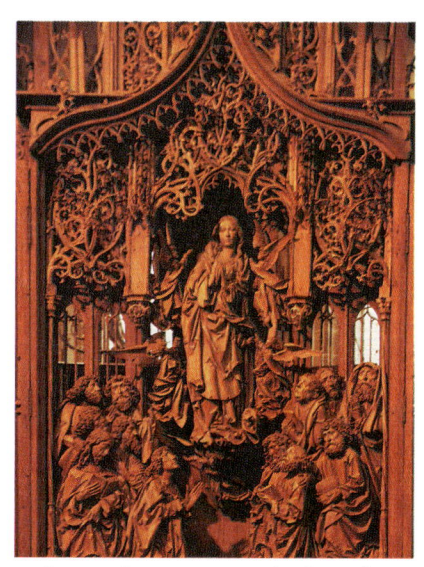

Er schuf den 11 Meter hohen Altar nicht allein, sondern mit Hilfe eines Mitarbeiterstabes, der sogenannten Schule.

Mariä Himmelfahrt ist im Mittelteil dargestellt, auf den Seitenflügeln die Höhepunkte in Marias Leben: Verkündigung, Maria und Elisabeth, Christi Geburt, Darstellung Jesu im Tempel. Hoch oben erkennt man die Krönungsszene Marias. Riemenschneider schuf angeblich in den Gesichtszügen eines der Schriftgelehrten, die dem zwölfjährigen Jesus zuhören (in der Predella, dem »Fuß« des Altars) sein Selbstporträt.

In Weikersheim führen alle winkligen Altstadtgassen zum Marktplatz, dem Imponierstück des Fürsten und seiner Untertanen. Ein prächtiger Rokokobrunnen steht in der Mitte des Platzes, repräsentative Giebel und Bauten fassen ihn ein. Dreien von ihnen sollte man besondere Aufmerksamkeit schenken: der spätgotischen Stadtkirche, dem Kornbau (Tauberländer Dorfmuseum) und vor allem dem Schloß. Viele Generationen von Architekten und Handwerkern schufen seine berühmten Bauten und Kunstwerke. Im herrlich angelegten Schloßgarten sprudeln barocke Wasserspiele.

In der Creglinger Herrgottskirche steht Riemenschneiders Meisterwerk

Anfahrt:
A 7 Würzburg–Ulm bis Anschlußstelle Uffenheim–Langenstein. Von dort nach Creglingen. Von Creglingen Taubertalstraße nach Weikersheim. Oder A 81, Ausfahrt Boxberg, und über Bad Mergentheim nach Weikersheim bzw. Creglingen.

Auskunft:
Verkehrsamt,
Romantische Straße,
Postfach 20,
97993 Creglingen,
Tel.: 0 79 33/6 31,
Telefax: 0 79 33/6 31.

Öffnungszeiten:
April–Okt. 9–21 Uhr, Nov.–März 8–16 Uhr. Herrgottskirche Creglingen und Fingerhutmuseum: April bis Oktober 8–18 Uhr, sonst 10–12 und 13–16 Uhr. Schloß Weikersheim April bis Oktober täglich 8–18 Uhr, November bis März Di.–So. 10–12 und 14–16 Uhr. Tauberländer Dorfmuseum: April bis Oktober 10–12 und 13–17 Uhr (Mo. geschlossen), im Winter nach Vereinbarung.

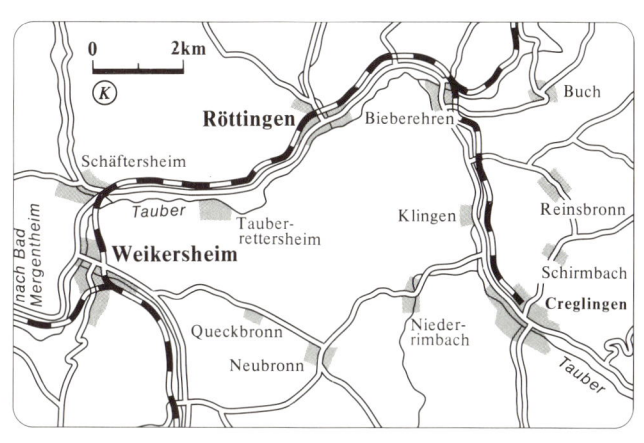

Schwäbischer Wald, Mainfranken, Hohenlohe — Autotour (11)

Kaiserpfalz über dem Neckar

Baudenkmäler ersten Ranges, landschaftliche Reize und heilsame Quellen sind die »Lockvögel« Bad Wimpfens. Besonders schön ist der Blick von der Neckarbrücke.

Anfahrt:
Auf der Neckartalstraße (B 27) Heilbronn – Mosbach. Eilzugverbindungen mit Heilbronn und Heidelberg.

Auskunft:
Verkehrsamt der Stadt, Hauptstr. 45, 74206 Bad Wimpfen, Tel.: 0 70 63/5 31 51, Telefax: 0 70 63/13 52.

Öffnungszeiten:
Museum im Steinhaus von April bis 15. Okt. (außer Di.) v. 10–12 u. 14–16.30 Uhr. Puppenmuseum, Salzgasse 6, v. April bis 15. Okt., Mi., Sa. + So. v. 14–17 Uhr u. nach Vereinbarung.

Abstecher:
Neckarabwärts liegen auf den Höhen zahlreiche Burgen, von denen Guttenberg (Museum, Falknerei) und Gundelsheim besondere Beachtung verdienen.

Haus Goriupp in der Hauptstraße ist eines der schönsten Fachwerkhäuser

Die Arkaden der Palasnordwand stammen aus dem 12. Jahrhundert.

Hoch über dem Neckartal, einige Kilometer nördlich von Heilbronn, ragen die Zinnen einer der traditionsreichsten Städte Südwestdeutschlands auf: Bad Wimpfen.
Fahren wir hinauf nach Wimpfen am Berg, sollten wir Wimpfen im Tal nicht übersehen. Dieser separate Ortsteil liegt an der Stelle einer römischen Ansiedlung. Noch im frühen Mittelalter lag Wimpfens Zentrum hier, im Neckartal. Die ehemalige Ritterstiftskirche St. Peter erinnert an einstige Pracht. Aus frühromanischer Zeit blieb das wuchtige, von zwei rechteckigen Türmen bekrönte Westwerk erhalten. Große Teile der Kirche wurden im 13. Jahrhundert nach französischen Vorbildern im gotischen Stil neu erbaut. Bei der Besichtigung der Kirche sollte man besonders auf die bedeutenden Skulpturen, das herrliche Chorgestühl und die vielfarbigen Glasfenster achten. Wimpfen am Berg wurde durch Kaiser Friedrich Barbarossa ins Licht der Geschichte gehoben. Er gründete Ende des 12. Jahrhunderts die dortige Kaiserpfalz, also den Aufenthaltsort der Kaiser und Könige in der Freien Reichsstadt. Die Reste der Kaiserpfalz, die Pfalzkapelle und die Arkaden über der Stadtmauer, sollte man unbedingt aufsuchen – auch wegen dem Blick hinunter zum Neckar, der in weiter Schlinge seine Bahn zieht. Prächtige Aussicht auf das Neckartal und die verwinkelte mittelalterliche Stadt bieten auch die beiden Stadttürme, einst die Eckpfeiler der Pfalz: der Rote Turm und vor allem der höhere Blaue Turm, Wahrzeichen der Stadt.
An der doppeltürmigen gotischen Stadtkirche fasziniert das ungeheuer große Dach über dem Kirchenschiff. Prächtig und vielfältig ist die Innenausstattung mit Fresken, Figurengruppen und Fenstern aus dem 13. Jahrhundert.

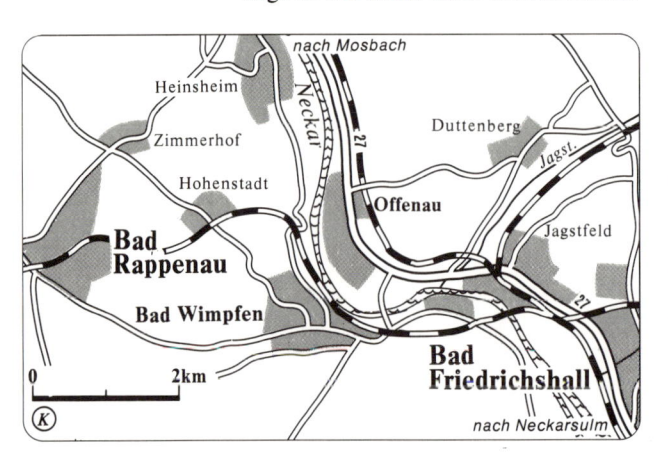

Autotour ⑫   Schwäbischer Wald, Mainfranken, Hohenlohe

An den Abhängen des Stromberges gründeten im Jahr 1147 Zisterziensermönche das Kloster Maulbronn. Die Zisterzienser könnte man als »Revolutionäre des Mittelalters« bezeichnen: Sie führten besonders strenge Ordensregeln ein, sie nahmen auch theologisch nicht geschulte Laienbrüder ins Kloster auf, die als Bauern und Handwerker arbeiteten, und ihr Baustil brachte zum ersten Mal Elemente der Gotik nach Mitteleuropa.

Zisterzienserbaukunst steht zwischen Romanik und Gotik. In Maulbronn sieht man romanisch strenge Bauformen neben stärker gegliederten gotischen: Rundbögen neben Spitzbögen. Durch die prächtige Vorhalle, das »Paradies«, betritt man die Klosterkirche, die auch heute noch nur mit Kerzen beleuchtet werden kann. Bedeutende Kunstschätze sind zum Beispiel die Pflanzenmalerei im Gewölbe und das steinerne Kruzifix. Die Chorschranke

Das Kloster mit allem Drum und Dran

Maulbronn ist das einzige mittelalterliche Kloster der Welt, das mit allen Nebengebäuden bis heute vollständig erhalten blieb. Eine Besichtigung dieser Idylle gehört zum Pflichtprogramm.

kerei und Mühle, im Süden Küferei, Weinkellerei und Fruchtkasten sowie die Weingartmeisterei. Eine Klostermauer (besonders bekannt: der verwunschene Faustturm) umschließt den gesamten Klosterbereich.

Maulbronn hat seinen mittelalterlichen Charakter vielleicht deshalb so lebendig bewahrt, weil es auch später geistiges Zentrum blieb.

Anfahrt:
Auf der B 35 Illingen–Bruchsal. Mit der Bahn bis Mühlacker (Schnellzughalt), von dort mit dem Bus nach Maulbronn.

Auskunft:
Touristikinformation, Klosterhof 31, 75433 Maulbronn, Tel.: 07043/103–12, Telefax: 07043/10345.

Öffnungszeiten:
März–Oktober tägl. 9–17.30 Uhr. November–Februar 9.30–13 Uhr, 14–17 Uhr, tägl. außer Montag.

Abstecher:
Gleich nördlich von Maulbronn erheben sich Stromberg und Heuchelberg (Naturpark), eine fruchtbare Weinbaulandschaft, in der es aber auch ausgedehnte Wälder gibt.

Paradiesische Ruhe trotz Ausflugsverkehr: im Innenhof des Klosters

trennte die Ordensmönche von den übrigen Gottesdienstbesuchern.

Nordwestlich des Kirchenschiffes liegt der Kreuzgang, Herzstück des Klosters. Alle Wohn-, Eß-, Andachts- und Aufenthaltsräume ließen sich von dort aus erreichen. Baugeschichtlicher Glanzpunkt ist die berühmte frühgotische Brunnenhalle, die vom Innenhof her besonders idyllisch wirkt.

In den schmucken mittelalterlichen Fachwerkhäusern außerhalb der Kirche gingen die Laienbrüder ihrer vielfältigen Arbeit nach: So liegen im Westen des großen Platzes Schmiede, Bäk-

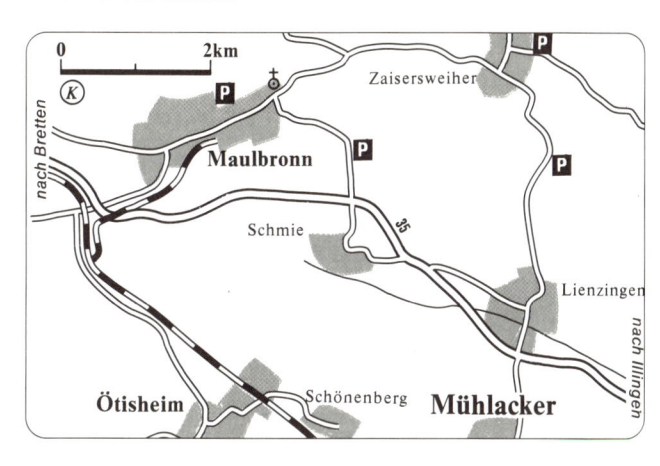

283

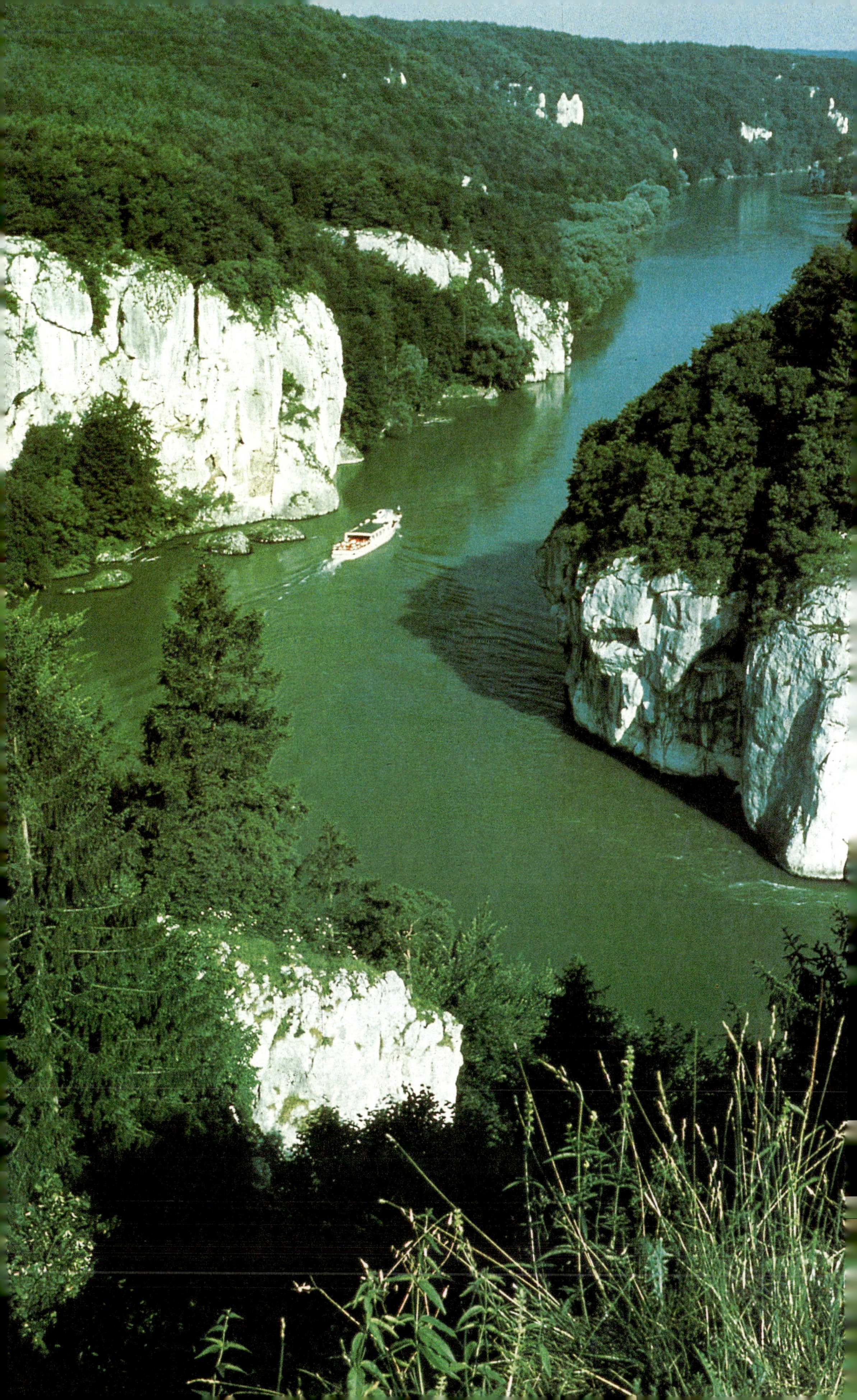

Paradies der Natur und Mekka der Glaskunst

Romantische Flußtäler, altertümliche Städte und der Zauber waldreicher Mittelgebirge prägen dieses ausgedehnte Wander- und Erholungsgebiet Ostbayerns. Einsamkeit und Ruhe findet man in der urwüchsigen Natur, die immer wieder von Seen durchsetzt ist. Zu den Höhepunkten dieser Rundfahrt zählt der Besuch in einer der vielen Glashütten.

Zwischen dem Fichtelgebirge im Norden und der Donau im Süden erstreckt sich ein rund 230 Kilometer langes, mächtiges Waldgebirge, über das in seiner ganzen Länge die Grenze zwischen Deutschland und der Tschechoslowakei verläuft. Diesseits der Grenze heißt der nördliche Teil des Höhenzuges Oberpfälzer Wald und der südliche Teil Bayerischer Wald. Die Täler von Cham und Regen trennen die beiden Waldgebiete voneinander. Den tschechischen Teil kennt man als Böhmerwald.

Markant ist der Kammverlauf des Bayerischen Waldes, der zugleich Wasserscheide zwischen den Einzugsgebieten von Elbe und Donau und somit auch ein Teil der Wasserscheide zwischen der Nordsee und dem Schwarzen Meer ist.

Dichte Wälder überziehen die Höhen, Hänge und Täler, und nur wenige Gipfel des Hauptkammes ragen darüber hinaus. Die meisten Höhen des Gebirgs sind flachwellige Kuppen und Rücken, ruhige Linien prägen deshalb seinen Charakter. Nur dort, wo die Gesteine des Grundgebirges infolge Verwitterung zutage treten, sind die Gipfel felsig, ja geradezu alpin.

Besondere Bedeutung kommt in diesem Urlaubsgebiet den Nationalparks Oberpfälzer und Bayerischer Wald zu. In freier Wildbahn gibt es hier noch Luchse, und bis ins 19. Jahrhundert haben Bären und Wölfe in den tiefen Wäldern gelebt. Weiterhin interessant sind die im Bayerischen Wald gelegenen Orte, die durch die Glaserstellung und -bläserei weltberühmt geworden sind. In Bodenmais kann man beispielsweise ein Schaubergwerk bewundern und sich über die Glasveredelung informieren. Im Winter zählt dieser Ge-

Steil steigen die Felsen auf, durch die sich die Donau ihren Weg gesucht hat

Der Große Pfahl ist ein Hauptziel im Bayerischen Wald

birgszug zu einem der beliebtesten Wintersportregionen Bayerns sowohl für Abfahrts- wie auch für Skilanglauf.

Von ganz anderem Charakter ist der Naturpark Altmühltal. Mit 3000 Quadratkilometern ist er einer der größten der Bundesrepublik. Zu seinen Besonderheiten gehören neben dem eindrucksvollen Felsdurchbruch der Altmühl zahlreiche Reste des römischen Grenzwalls Limes und die berühmten Plattenkalke mit ihren phantastischen Versteinerungen.

Die unterschiedliche Vielfalt der Sehenswürdigkeiten des Fränkischen Juras schließt sich nördlich an das Tal der Altmühl an. Schließlich ist da noch der Naturpark Fränkische Schweiz – ein von den Nürnbergern besonders gern besuchtes Ausflugsziel mit vielen bizarren Felsgruppen und engen Tälern, mit Burgen und Höhlen. auch hier steht die Natur im Mittelpunkt. Natürlich gibt es auch etliche Schlösser und zahlreiche, meist mittelalterliche Stadtbilder, die einen Besuch lohnen. Herausragend ist natürlich Nürnberg, das nicht nur zur Zeit des Christkindlmarktes wahre Besucherscharen anzieht.

Auskunft:
Fremdenverkehrsverband Ostbayern e. V.,
Landshuter Straße 13,
93047 Regensburg,
Tel.: 09 41/58 53 90,
Telefax: 09 41/5 85 39 39.

Informationszentrum
Naturpark Altmühltal,
Notre Dame 1,
85072 Eichstätt,
Tel.: 0 84 21/67 33,
Telefax: 0 84 21/67 36.

Übersichtskarte Autotour und Sehenswürdigkeiten

Franken, Oberpfälzer und Bayerischer Wald

Die Autotour

Von der Stadt Dürers und des weltbekannten Christkindelsmarkts geht es durch die landschaftlich reizvolle Fränkische Schweiz in den Oberpfälzer Wald. Die Landschaft des Bayerischen Waldes besticht durch ihre abwechslungsreichen Formen. Man sollte nicht versäumen, die berühmten Glashütten zu besuchen.

Gesamtlänge der Autorundreise: 560 km

❶ Tourenvorschlag Nürnberg
Die zweitgrößte Stadt Bayerns erstreckt sich zu beiden Seiten der Pegnitz. Über den Dächern der sehenswerten historischen Altstadt erblickt man jederzeit das Wahrzeichen der Stadt, die Burg.

❷ Tourenvorschlag Pottenstein
Der kleine Ort gilt als das Herz der Fränkischen Schweiz. Neben dem wirtschaftlich bedeutenden Kurbetrieb hat die Gegend auch Historisches zu bieten. Ein Besuch der Burg Gößweinstein zählt dazu.

❸ Tourenvorschlag Nabburg
Ein recht altes Städtchen ist Nabburg schon. Viele Gebäude und die Reste der alten Stadtbefestigung geben ein Zeugnis davon.

❹ Tourenvorschlag Cham
Die Keimzelle des Christentums im Böhmerwald war das einstige Benediktinerkloster. Von der ehemaligen Macht des Klosters Chammünster zeugt noch heute die prunkvoll ausgestattete Kirche.

❺ Tourenvorschlag Bodenmais
Herrlichste Glaskunst- und Gebrauchsgegenstände stammen von hier; aber auch der Silberbergbau verhalf dem Ort im Bayerischen Wald zu Reichtum.

❻ Tourenvorschlag Großer Arber
Vom höchsten Berg des Bayerischen Waldes bietet sich bei schönem Wetter ein überwältigender Blick auf die umliegenden Gipfel und Täler des Massivs.

❼ Tourenvorschlag Frauenau
Die Kunst des Glasherstellens wird im Glasmuseum mit der angeschlossenen Glasbläserei vorgeführt.

❽ Tourenvorschlag »Pfahl«
Eine eindrucksvolle geologische Besonderheit zieht sich etwa 150 Kilometer lang durch den Bayerischen Wald.

❾ Tourenvorschlag Straubing
Die altbayrische Herzogstadt am Ufer der Donau gilt als das Tor zum Bayerischen Wald.

❿ Tourenvorschlag Weltenburg
Am Ostrand des Naturparks Altmühltal liegt eines der meistbesuchten Ausflugsziele der Region: der Donaudurchbruch bei Weltenburg.

⓫ Tourenvorschlag Altmühltal
Er ist der größte deutsche Naturpark. Die Altmühl durchzieht mit ihren Schlingen eine der idyllischsten Landschaften Deutschlands, vorbei an malerischen Orten und sehenswerten Mühlen.

⓬ Tourenvorschlag Velburg
In der König-Otto-Höhle stehen die Besucher staunend vor den vielgestaltigen Formen der Tropfsteine.

Der Barbarossadom in der Teufelshöhle

Weitere interessante Sehenswürdigkeiten entlang der Route

❶ Heroldsberg
Nach den Farben ihrer Fensterläden werden die vier Stadtschlösser benannt: Rotes Schloß, Grünes Schloß, Weißes Schloß und Gelbes Schloß.

❷ Lauf an der Pegnitz
Der mittelalterliche Stadtkern zeigt mit Befestigungsresten, Toren und Turm, mit Kirchenruine und Glockengießerspital noch viel Historisches.

❸ Teufelshöhle
Unweit der Ortschaft Wannberg liegt in einem kleinen Tal der Eingang zu dieser Tropfsteinhöhle, in der man schon mehrere urzeitliche Tierskelette fand, zum Beispiel von Höhlenbären.

❹ Maximilianshöhle/Krottensee
Über 1200 Meter lang ist die auch als »Krottenseer Höhle« bekannte ursprüngliche Wasserhöhle.

❺ Sulzbach-Rosenberg
Wer etwas über die Geschichte der Schule wissen möchte, ist hier richtig. In elf Räumen eines vor 1900 erbauten Schulhauses befindet sich ein Schulmuseum.

❻ Vilseck
Seinen altertümlichen mittelalterlichen Charakter hat sich das kleine Städtchen an der Vils bis heute erhalten.

❼ Hirschau
Hier befindet sich der 100 Meter hohe, für Sommerski geeignete »Monte Kaolino«.

❽ Leuchtenberg
Bei Vohenstrauss erhebt sich eine Burg, die auch als die »Wartburg der Oberpfalz« bezeichnet wird.

❾ Neunburg vorm Wald
Hoch über der altertümlichen Stadt erhebt sich das spätgotische Schloß.

⑩ Viechtach
Im Tal des Schwarzen Regen am Großen Pfahl gelegene Stadt. Das Rathaus ist im Barockstil errichtet und sehr sehenswert. Es stammt aus dem 17. Jahrhundert.

⑪ Regen
Der Ort wurde im 12. Jahrhundert von Benediktinern gegründet. Der Stadtplatz mit seinen alten Bürgerhäusern ist außerordentlich reizvoll.

⑫ Bischofsmais
Vom kleinen Ort Unterbreitenau bei Bischofsmais geht ein Sessellift hinauf auf den Geißkopf. Dabei werden 267 Meter Höhendifferenz überwunden.

⑬ Deggendorf
Die alte Wittelsbacher Stadt an der Donau hat einen der schönsten Stadtplätze Bayerns. Hier erhebt sich das spätgotische Rathaus von 1535. Aber auch die altbayerische Altstadt mit ihren sehenswerten Kirchen ist einen Besuch wert.

⑭ Schloß Egg
Nicht weit von Deggendorf liegt auf einem Berg das im romanischen neugotischen Stil errichtete Schloß. Es wurde im 12. Jahrhundert als Burg erbaut.

⑮ Geiselhöring
Sehenswert sind hier unter anderem das prächtige Rathaus sowie das Loichingerhaus und die Pfarrkirche mit Gemälden von Matthäus Günther.

⑯ Kelheim
Die mittelalterliche Stadt an der Mündung der Altmühl in die Donau ist noch zum Teil von einer mit Türmen bewehrten Stadtmauer umgeben. Innerhalb erhebt sich die schöne gotische Pfarrkirche Mariä Himmelfahrt aus dem 15. Jahrhundert.

⑰ Riedenburg
Das romantische Städtchen im Tal der unteren Altmühl wird von drei auf dem felsigen Hochufer stehenden Burgen überragt. Die älteste stammt aus dem 12. Jahrhundert; ist jedoch nur noch Ruine.

⑱ Eichstätt
Schon wenn man sich der »Hauptstadt des Altmühltals« nähert, fällt der Blick auf die Türme des Doms und der Willibaldsburg.

⑲ Beilngries
Der staatlich anerkannte Erholungsort wird von einer Stadtmauer umschlossen. In der mittelalterlichen Altstadt finden sich viele malerische Winkel und Gäßchen. Sehenswerte Bürgerhäuser aus verschiedenen Epochen warten auf einen Besuch.

⑳ Berching
Von der vollkommen erhaltenen Stadtbefestigung des einst fürstbischöflichen Städtchens verdient vor allem der originelle »Chinesenturm« besondere Beachtung.

Geschichte und Kultur

Nürnberg – Stadt der Kaiser, Kaufleute und Künste

Nürnberg hat seit Anbeginn aufgeschlossene Geister angezogen und heimisch werden lassen, angefangen bei Ratsfamilien, bis hin zu Handwerkern, Wissenschaftlern und Künstlern. Seinen Ruf, eine der bedeutendsten Städte der Spätgotik, Renaissance und Industriezeit zu sein, verdankt Nürnberg nicht zuletzt seinen berühmten Söhnen.

Zu Beginn unseres Jahrtausends führte der Salier-Kaiser Heinrich III., der gleichzeitig Herzog von Bayern, Schwaben und Franken war, die Kaiserwürde in Westeuropa erstmals auf ihren Höhepunkt. Er gründete am Ostrand des Königslandes Franken den Marktflecken Norembercq. Im Jahre 1219 erhält es den Freiheitsbrief und wird unter Kaiser Friedrich II. zur Reichsstadt erhoben. 1256 wird erstmals ein Nürnberger Rat erwähnt, und noch im gleichen Jahr tritt Nürnberg dem Rheinischen Städtebund bei. Im Jahre 1356 erließ Kaiser Karl IV. die »Goldene Bulle«, in der er durch Reichsgesetz jeden künftigen Herrscher Deutschlands verpflichtete, seinen ersten Reichstag in Nürnberg zu halten. Damit gehörte Nürnberg neben Frankfurt und Aachen zu den Hauptstädten des Reiches.

Je mehr Nürnbergs zentrale Bedeutung wächst, desto zahlreicher werden auch die Namen bedeutender Persönlichkeiten, die der Stadt Ruhm und Würde verleihen. Sie zieht Erfinder, Humanisten und Künstler magnetisch an. Einer von ihnen war der Maler Albrecht Dürer, der am 21. 5. 1471 in Nürnberg geboren wird. Dürer erhält nach seiner Lehrzeit und einigen Wanderjahren viele Aufträge zu großen Altarbildern. Der Rat der Stadt Nürnberg beauftragt ihn mit der Ausschmükkung der Heiltumskammer, in der seit 1424 die Reichsinsignien aufbewahrt werden. Dürer brachte in seinen Zeichnungen und Drucken das einfache Volk ins Bild: Bauern, Bettler und Handwerker. Durch die Verbreitung seiner Grafik wurde er in ganz Europa berühmt.

Den Glanz Nürnbergs kann man auch heute noch bei einem Spaziergang durch die Stadt spüren: Die Nürnberger Burg mit ihren drei Gebäudegruppen, die Mauthalle – ursprünglich als Kornspeicher errichtet und seit 1572 Zollstätte –, die gotische Stadtpfarrkirche St. Lorenz mit ihrem prächtigen Sterngewölbe und das Fembo-Haus, das einzige im Krieg unzerstört gebliebene bedeutende Patrizierhaus Alt-Nürnbergs, zeugen von Wohlstand und kulturellem Reichtum der einstigen Reichsstadt. Während der Zeit des Nationalsozialismus fanden in Nürnberg die Reichsparteitage statt. Hermann Luppe, dem mutigen Oberbürgermeister zwischen 1920 und 1933 ist es – trotz massiver Repressionen durch die Nazis – zu verdanken, daß die Stadt kommunalpolitisch vorbildlich weitergeführt wurde, gekrönt durch die Eröffnung des Nürnberger Stadions und die Feier des Dürer-Jahres. Heute ist Nürnberg eine moderne Halbmillionen-Metropole, wirtschaftliches und kulturelles Zentrum Frankens. Kunst, Handel, Handwerk, Wissenschaft, Technik und Industrie sind immer in dieser Stadt betrieben worden.

Der Baumgartner Altar von Albrecht Dürer

Ein Stadtbummel durch Frankens Metropole

Schon eine bloße Liste aller Nürnberger Sehenswürdigkeiten würde bereits den Rahmen dieses Ausflugsvorschlages sprengen, so viele Attraktionen gibt es hier.

Anfahrt:
Aus allen Richtungen auf Autobahnen, die sich im Nürnberger Raum mehrfach kreuzen.

Auskunft:
Congress- und Tourismus-Zentrale, Frauentorgraben 3, 90443 Nürnberg, Tel.: 0911/2 33 60, Telefax: 0911/2 33 61 66.

Öffnungszeiten:
Spielzeugmuseum Di.–So. 10–17 Uhr, Mi. bis 21 Uhr, Mo. geschlossen; Dürerhaus: Mo. geschlossen, März bis Oktober Di.–So. 10–17 Uhr, Uhr, November bis Februar Di.–Fr. 13–17 Uhr, Sa.–So. 10–17 Uhr; Verkehrsmuseum: tägl. 9.30–17 Uhr, Germanisches Nationalmuseum: Di.–So. 10–17 Uhr, Mi. 10–21 Uhr, Mo. geschlossen.

Blickfang über den Dächern von Nürnbergs Altstadt ist die Burg

Unmittelbar nördlich der Pegnitzbrücken lernt man rund um den Hauptmarkt gleich eine ganze Reihe von Hauptsehenswürdigkeiten der alten Reichsstadt kennen, darunter vor allem das Rathaus mit den Lochgefängnissen, die Frauenkirche mit dem Schönen Brunnen davor, und die St.-Sebaldus-Kirche sowie, etwas weiter entfernt, das Heilig-Geist-Spital an der Pegnitz und das Stadtmuseum »Fembohaus« auf dem Weg zur Burg.

Die Nürnberger Burg steht am Nordwestrand der Altstadt und bildet hier durch ihre Hochlage eine optisch eindrucksvolle Kulisse. Sie besteht – von West nach Ost – aus Kaiserburg mit Vorburg, Burggrafenburg und Kaiserstallungen.

Der historische Rahmen von alten Wällen und Gräben mit zahlreichen Toren umschließt auch heute noch die Nürnberger Altstadt. In dem von der Pegnitz durchquerten (und in St. Sebald nordwärts und St. Lorenz im Süden geteilten), fast viereckigen Gebiet erleichtern jetzt Fußgängerzonen den Weg von Sehenswürdigkeit zu Sehenswürdigkeit. Bis zur St.-Lorenz-Kirche fährt man mit der U-Bahn.

Wer sich für besondere Museen und Sammlungen interessiert, kann im Sebalder Stadtteil noch das Albrecht-Dürer-Haus und das berühmte Nürnberger Spielzeugmuseum besuchen, in der Lorenzer Hälfte der Altstadt Kunsthalle und vor allem das große Germanische Nationalmuseum mit Gewerbemuseum besichtigen oder einen Abstecher auf die Südseite des Frauentorgrabens ins Verkehrsmuseum machen. Für Freunde der sakralen Kunst bieten sich in allen Teilen der Altstadt ebensoviele weitere Ziele an (St. Egidien, St. Elisabeth, St. Jacob, St. Klara, St. Martha, St. Lorenz) wie für die Liebhaber profaner alter Bauwerke (Mauthalle, Nassauer Haus, Pellerhaus, Tucherschlößchen, Unschlitthaus, Weinstadel, Weißer Turm), um jeweils nur die wichtigsten zu nennen.

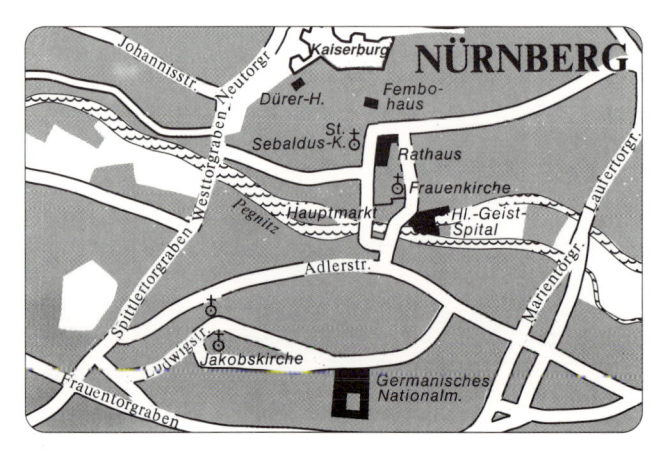

Pottenstein – das Herz der Fränkischen Schweiz

Im Ostteil der Fränkischen Schweiz hat sich der nach zahlreichen Eingemeindungen heute 5000 Einwohner zählende Luftkurort Pottenstein (360 m) zum größten Fremdenverkehrszentrum dieser Landschaft entwickelt. Auch mehrere Gemeindeteile sind selbst anerkannte Luftkurorte.

Zu Pottenstein als Kurzentrum gehören ein neues Hallen-Erlebnisbad sowie ein schöner Kurpark, wo regelmäßig Kurkonzerte stattfinden. Als Wanderzentrum liegt der Ort in einem Netz von 300 Kilometern bestmarkierten Tal- und Berg-Wanderwegen mit Rastplätzen und -hütten. Es werden ständig organisierte Gästewanderungen durchgeführt. Und als Sportzentrum schließlich besitzt Pottenstein einen Verleih von Fahrrädern, Ruder- und Tretbooten am Schöngrundsee und eine Tennisanlage.

Hauptsehenswürdigkeiten von Pottenstein sind die Burg, das Fränkische-Schweiz-Museum im Ortsteil Tüchersfeld sowie die südöstlich an der B 470 gelegene Teufelshöhle. Das Museum wurde 1985 in den Gebäuden des sogenannten Judenhofes eröffnet. Es gibt einen Überblick über Geologie, Archäologie und die lange geschichtliche Entwicklung der Fränkischen Schweiz. Die Burg thront auf einem 60 m hohen, schroff abfallenden Felsen über Kirch- und Marktplatz. Sie stammt aus dem 10. Jahrhundert und wurde im vorigen Jahrhundert restauriert. Die historischen Räume sind mit Stilmöbeln ausgestattet und können besichtigt werden.

Wo die Romantik der Landschaft einen besonderen Höhepunkt erreicht, liegt das von seiner Burg überragte romantische Pottenstein, ein Kur-, Wander- und Sportparadies.

Schroff steigt das »Felsennest« bei Tüchersfeld auf

Der Marktplatz von Pottenstein mit Burg und Stadtkirche

Zu den besuchenswerten Punkten der Stadt gehören die Bartholomäuskirche zu Füßen der Burg, der anschließende Marktplatz mit Elisabethbrunnen und alten Bürgerhäusern sowie die Flußinsel »Malerwinkel«.

Die Teufelshöhle ist in der an Höhlen gewiß nicht armen Fränkischen Schweiz eine besondere Attraktion. Sie wurde 1922 erschlossen.

Anfahrt:
Auf der B 470 Forchheim–Pegnitz, die wenige Kilometer östlich von Pottenstein die A 9 Bayreuth–Nürnberg (Anschlußstelle Pegnitz/Grafenwöhr) kreuzt.

Auskunft:
Verkehrsbüro Pottenstein,
Forchheimer Str. 1,
91278 Pottenstein,
Tel. 0 92 43/7 08 41 + 42
Telefax: 0 92 43/7 08 40.

Führungen:
In und bei Pottenstein während der Hauptsaison auf der Burg, im Fränkische-Schweiz-Museum (im Ortsteil Tüchersfeld) und in der Teufelshöhle.

Öffnungszeiten:
Fränk.-Schweiz-Museum Tüchersfeld:
April–Oktober Di.–So. 10–17 Uhr, Mo. geschlossen. November–März 13–17 Uhr. Burg Pottenstein: Ostern–November Di.–Sa. 10–17 Uhr, So. u. Mo. geschl.
Teufelshöhle: Ostern–November täglich 9–17 Uhr.

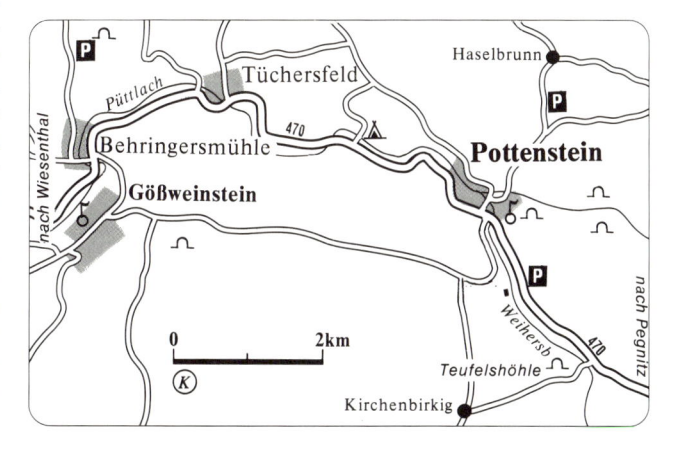

Im Oberpfälzer Freilandmuseum

So, wie Merian 1644 in einem Stich die Stadt Nabburg zeigte, sieht sie teilweise heute noch aus. Und im benachbarten Museum lebt alte bäuerliche Tradition neu auf.

Anfahrt:
Von Regensburg A 93, Ausfahrt Nabburg. Von Nürnberg A 6 bis Amberg und entweder auf Landstraßen östlich nach Nabburg oder auf der B 85 über Schwandorf und von da A 93 nordwärts.

Auskunft:
Verkehrsamt,
Schmidt-Haus
92507 Nabburg,
Tel. 0 94 33/18 26.

Öffnungszeiten:
Oberpfälzer Freilandmuseum außer Mo. täglich 9–18 Uhr.

Abstecher:
Nördlich nach Weiden, südlich nach Schwandorf und westlich nach Amberg. Besonders reizvoll ist der östlich an Nabburg anschließende Naturpark Oberpfälzer Wald mit Oberviechtach im Mittelpunkt und dem 836 m hohen Drechselberg bei Schönsee.

Über dem rechten Ufer der Naab, vor den als Naturpark ausgewiesenen Höhen des Oberpfälzer Waldes, liegt mit Nabburg ein Städtchen, das schon früh befestigt wurde. Daran erinnern den Besucher, auch wenn die Mauern abgetragen wurden, zwei Türme und zwei Tore: Dechanthof- und Pulverturm sowie Obertor und Mähntor. Zusammen mit den hochgiebligen Bürgerhäusern und dem Rathaus von einst verleihen sie der Stadt einen nostalgischen Charakter. Dabei ist von Nabburgs wichtigstem Bau noch gar nicht die Rede gewesen: Die Pfarrkirche St. Johann Baptist ist nach Regensburgs Kirchen einer der bedeutendsten gotischen Bauten des 14. Jahrhunderts in der Oberpfalz! Schon die Größe der Kirche beeindruckt. Die Restaurierung vor 20 Jahren hat ihren Charakter voll bewahrt. Wer die Kirche in ihrer ganzen Eigenart kennenlernen will, sollte sie vom gegenüberliegenden Naabufer aus betrachten, wie sie das Stadtbild souverän beherrscht – durchaus dem Eindruck entsprechend, den Kupferstecher Merian bereits 1644 darstellte. Einige Glasgemälde der Kirche stammen noch aus dem 14. Jahrhundert.

Seit 1964 besitzt Nabburg im nahe gelegenen Perschen eine weitere Besonderheit: das Oberpfälzer Freilandmuseum. Es ist entsprechend seinem Sitz im alten Edelmannshof von 1605 ein Bauernmuseum, das in seinen Gebäuden

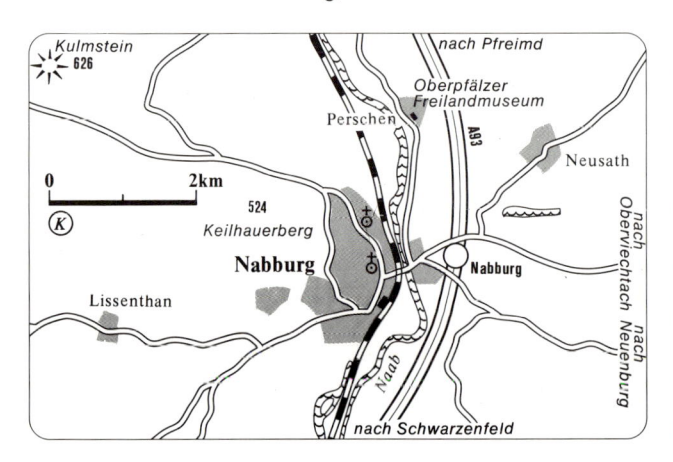

Nabburg, eines der altertümlichsten Städtchen der Oberpfalz

vom Wohnhaus bis zum Taubenschlag die Vielseitigkeit bäuerlicher Arbeit von einst deutlich macht. Die meisten Geräte stammen aus dem 18. und 19. Jahrhundert. Man ist dabei, die insgesamt acht Hauslandschaften der Oberpfalz hier auf einer Fläche von 25 Hektar zur Darstellung zu bringen. Zu den Sehenswürdigkeiten des Oberpfälzer Museums gehört die größte Sammlung von Pflügen, die es in Bayern gibt – sicher insbesondere für jüngere Besucher eine sehr überraschende Demonstration der einstigen bäuerlichen Arbeitsweise.

Chammünster und sein Marienmünster

Chammünster verdankt seine Entstehung der Gründung eines Missionszentrums durch Benediktinermönche des Regensburger Klosters St. Emmeram im Jahr 739. Das Filialkloster bestand zwar nur bis gegen Ende des 10. Jahrhunderts, die Kirche jedoch, zu jener Zeit vermutlich ein einfacher Holzbau, blieb weiterhin Mittelpunkt dieser Gegend. An ihrer Stelle entstand im 13. Jahrhundert eine romanische Basilika, der aber schon bald darauf eine frühgotische Kirche folgte.

Das dreischiffige Marienmünster zeugt noch heute von der Größe und Bedeutung des einstigen Benediktinerklosters. Von hier breitete sich das Christentum im Böhmerwald aus.

Wie mächtig Kloster Chammünster war, zeigt seine Kirche

Anfahrt:
Aus allen Richtungen bis Cham, von dort auf der Ostmarkstraße (B 85) 2 km nach Südosten.

Auskunft:
Verkehrsamt Cham, Propsteistr. 46, 93413 Cham, Tel.: 0 99 71/49 33.

Abstecher:
Nach Cham, Kreisstadt mit mittelalterlichem Stadtbild. Sehenswerter Marktplatz mit historischen Wohnhäusern, gut erhaltene Teile der alten Stadtbefestigung mit dem wuchtigen viereckigen Straubinger Turm.

Durch einen Brand bis auf den Chor, den Anfang des Chorbogens und den Nordturm vernichtet, entstand zu Anfang des 15. Jahrhunderts unter Verwendung der erhalten gebliebenen Bauteile der Vorgängerin die jetzige spätgotische Kirche Mariä Himmelfahrt. Im Innern des 1912 vollständig und 1972 teilweise restaurierten Gotteshauses befinden sich zwei bemerkenswerte romanische Taufbecken und mehrere Grabdenkmäler aus dem 15. bis 17. Jahrhundert. Der Rokoko-Hochaltar stammt aus dem 18. Jahrhundert.

Historisch bedeutet die Kirche, ein dreischiffiger Bau mit basilikalem Langhaus, den Ort, von dem aus sich vor 1200 Jahren der christliche Glaube in Nordostbayern, im Böhmerwald und nach Böhmen ausbreitete. Die Architektur ist schwer und gedrungen und fügt sich nicht in das Bild der Kunstgeschichte ihrer Hauptbauzeit um 1400 ein. Die fast romanisch wirkende kubische Schwere der Bauglieder, die von den Bettelordenskirchen des 14. Jahrhunderts übernommenen dünnen Dienste und die dämmerige Dunkelheit des Hauptschiffes spiegeln in ihrem herben Charakter die karge, rauhe und lange Zeit abgelegene Landschaft wider.

In der Nordostecke des Friedhofs, unter dem 1965 erbauten Leichenhaus, befindet sich ein romanischer Karner (Beinhaus) aus dem 13. Jahrhundert, in dem rund 5000 Totenschädel bestattet worden sind.

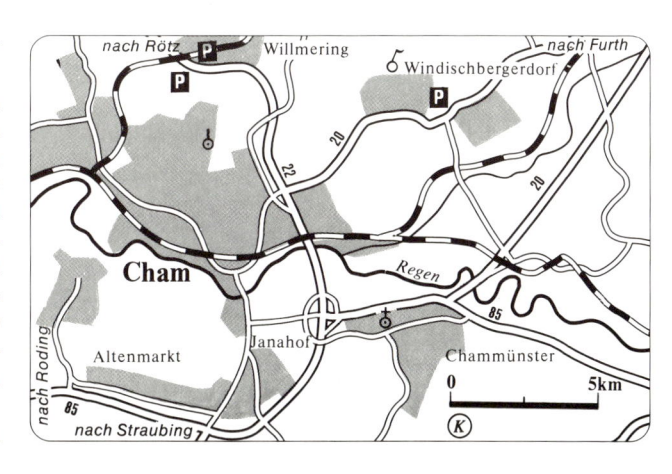

Zum Bodenmaiser Silberberg

Glasveredelungsbetriebe, deren Ursprünge bis ins 15. Jahrhundert zurückreichen, und ein berühmtes Besucherbergwerk sind die Attraktionen dieses schönen Bayerwaldortes.

Anfahrt:
A 3 und 92 bis Deggendorf, dann über B 11 oder Nebenstrecken nach Regen. Von hier auf Nebenstrecke nach Bodenmais.

Auskunft:
Kurverwaltung
Bahnhofstraße 56,
94245 Bodenmais,
Tel.: 0 99 24/7 78 35,
Telefax: 0 99 24/7 78 50.

Öffnungszeiten:
Barbarastollen April bis Juli täglich 9–16 Uhr, Juli bis Oktober täglich 9–17 Uhr, Oktober bis 1. So. November täglich 9–17 Uhr. 8. Januar bis 31. März Di.–Fr. 13–15 Uhr.
Waldglashütte Mo.–Fr. 9–11.45 Uhr, Sa. 9–13.45 Uhr. Verkaufsausstellung Mo.–Fr. 9–18 Uhr, Sa. 9–14 Uhr.

Abstecher:
Zum Großen Arbersee, 11 km nordöstlich an der Straße nach Bayerisch Eisenstein.

Bodenmais, landschaftlich großartig in einem Talkessel südlich des Arbermassivs gelegen, ist einer der meistbesuchten Fremdenverkehrs- und Luftkurorte im Bayerischen Wald. Aber nicht nur als Fremdenverkehrszentrum erfreut sich der Ort, dessen Geschichte eng mit dem Silber-, Erz- und Schwefelbergbau verknüpft ist, großer Beliebtheit, sondern er ist darüber hinaus auch durch seine zahlreichen Glaserzeugungs- und Veredelungsbetriebe weithin bekannt. Auf Schritt und Tritt erblickt man deshalb Geschäfte mit Glaswaren, und man hat zudem die Möglichkeit, sehr preiswert direkt bei den Herstellern einzukaufen. Zu erwähnen sind auch die Bildhauerwerkstätten, die ihre künstlerischen Erzeugnisse zum Kauf anbieten. Also sollte man nicht mit leeren Taschen nach Bodenmais fahren.

Südöstlich wird Bodenmais von der eindrucksvollen doppelgipfligen Erhebung der Bischofshaube überragt, die nicht nur ein Wahrzeichen des Ortes, sondern zweifellos auch einer sei-

Der Stollen im Bodenmaiser Silberberg ist ein beliebtes Ziel

ner Hauptanziehungspunkte ist. Die charakteristische, auch »Silberberg« genannte Berggestalt beherbergt in ihrer Tiefe ein Silberbergwerk, in dem vom 12. Jahrhundert (urkundlich seit 1463) bis zum Jahre 1962 Bergbau betrieben wurde. Die Ausbeute an Silber war zwar stets nur sehr gering, dafür aber wurde in großen Mengen Schwefel- und Magnetkies gefunden, aus dem man das für das Schleifen feiner Gläser notwendige Polierrot herstellte. Die Straße von Bodenmais zum Arber und weiter nach Bayerisch Eisenstein verläuft unmittelbar am Silberberg vorbei, und von ihr aus erreicht man den Sessellift auf den 955 Meter hohen Gipfel. Nahe der Bergstation befindet sich der Eingang zum Barbarastollen, dem größten Stollen des Berges, der ganzjährig besichtigt werden kann.

Am Großen Arber und seinem See

Das höchste Bergmassiv des Bayerwalds birgt zugleich auch einige der landschaftlichen Höhepunkte dieses Gebirges. Ein Sessellift macht alles bequem erreichbar.

Wenige Kilometer westlich von Bayerisch Eisenstein erhebt sich das wuchtige Arbermassiv. Der »König des Bayerischen Waldes«, wie der Große Arber, 1456 Meter hoch, auch genannt wird, ist der höchste aller Bayerwaldgipfel. Das kahle Gipfelplateau ist einem abgeflachten Kegel ähnlich, aus dem vier mächtige Gneisfelsen herausragen: der einstmals nur kreuzgeschmückte Hauptgipfel, der leider seit kurzem eine Radaranlage trägt, westlich, zum Kleinen Arber hin, eine bizarre Felsgruppe, südwestlich der Kleine (Bodenmaiser) Riegel oder Richard-Wagner-Kopf, und südöstlich der Große Seeriegel mit der zum Großen Arbersee hin steil abfallenden Seewand.

Östlich unterhalb des Hauptgipfels befindet sich das Arberschutzhaus des Bayerischen-Wald-Vereins. Dicht daneben die Bergstation des Arber-Doppelsesselliftes, dessen Talstation sich an der Straße von Bodenmais nach Bayerisch Eisenstein bzw. Lam wenig unterhalb des Brennessattels befindet. Der Lift überwindet den Höhenunterschied von 321 Metern in 10 Minuten.

Unweit des Schutzhauses erblickt man die schindelgedeckte Arberkapelle, die 1957 vom Grundherrn der Arberwaldungen, Fürst Friedrich von Hohenzollern-Sigmaringen, gestiftet wurde. Alljährlich am Bartholomäustag (25. August) ist die Kapelle Schauplatz der traditionellen Arberkirchweih.

Zwei Kilometer westlich vom Großen Arber, von diesem durch eine waldige Einsattelung getrennt, ragt der 1384 Meter hohe Kleine Arber aus dem Kamm heraus. Am Nordosthang des Gipfels befindet sich die höchstgelegene Jugendherberge Deutschlands.

Im Sommer eines der beliebtesten Wandergebiete deutscher Mittelgebirge, ist der Arber von Anfang Dezember bis in den späten Frühling hinein ein Skiparadies mit alpinen Abfahrten aller Schwierigkeiten.

Anfahrt:
Aus dem Norden und Westen über Nürnberg, Autobahn A 3 Regensburg, bis Autobahnkreuz Deggendorf. Über Rusel nach Regen, dann die B 11 über Zwiesel, Bayer. Eisenstein; aus Richtung München A 92 über Landshut, Deggendorf, Rusel, B 11 über Zwiesel, Bayer. Eisenstein.

Auskunft:
Verkehrsamt, Postfach 1 40, 94252 Bayer. Eisenstein, Tel.: 0 99 25/3 27, Telefax: 0 99 25/4 78.

Betriebszeiten:
Arber-Sesselbahn ganzjährig täglich 8–17 Uhr.

Wandervorschläge:
Von der Abzweigung an der B 11 hinter dem Sportplatz den Hauptwanderweg nehmen, grünes Dreieck, über Gasthof Arberhütte zum Großen Arbersee, weiter zum Großen Arber. Der Abstieg erfolgt vom Arberschutzhaus aus auf dem Wanderweg Nr. 9 rot, über Gasthof Sonnenfelsen zum Brennes.

Vom Gipfel des Großen Arbers bietet sich eine traumhafte Aussicht

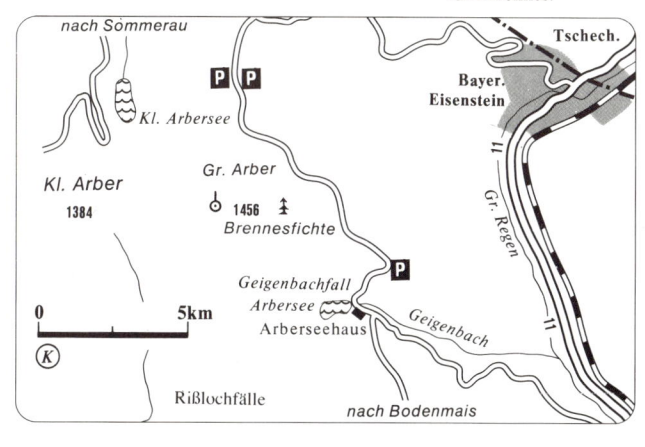

Zum Glasmuseum in Frauenau

Das noch junge Museum ist eine einzigartige Informationsquelle über das weltberühmte Bayerwaldglas, ja über die Glaserzeugung schlechthin.

Anfahrt:
B 11 Regen bis Zwiesel. Von hier 7 km bis Frauenau.

Auskunft:
Tourist-Information, Postfach 90, 94258 Frauenau, Tel. 0 99 26/7 10 oder 10 31, Telefax: 0 99 26/17 99.

Öffnungszeiten:
Museum: 15. 5.–31. 10. tägl. 9–17 Uhr, 20. 12.–14. 5. tägl. 10–16 Uhr, 24. u. 31. 12. sowie 1. 1. geschlossen.

Abstecher:
Südlich weiter nach Spiegelau (14 km) und dort in den Nationalpark Bayerischer Wald. Nordwestlich nach Zwiesel (10 km). Im Rathaus Museum »Wald – Glas – Heimat«. 10 km nördlich im Ortsteil Zwieslerwaldhaus einzigartiges Wurzelmuseum. Im Zwiesler Ortsteil Lindberg 4 km nördlich interessantes Bauernhausmuseum.

Museen Deutschlands, versteht sich als eine umfassende zentrale Informationsquelle über das Bayerwaldglas. Seit dem 14. Jahrhundert wird im Bayerischen Wald Glas erzeugt. Die ersten Glasmacher kamen vermutlich aus dem benachbarten Böhmen. Von den einstmals mehr als 60 Glashütten sind heute nur mehr neun in Betrieb, abgesehen von 25 kleineren Glashandwerksbetrieben mit jeweils nur wenigen Beschäftigten. Die Großbetriebe sind meist moderne Produktionsstätten.

Frauenau ist für den Ausflügler Zentrum der Glasherstellung

Frauenau ist ein kleiner Erholungsort und Wintersportplatz am Nordwestrand des Nationalparks Bayerischer Wald, am Fuß des Großen Rachels.
Neben drei bedeutenden Glashütten beherbergt der Ort das noch sehr junge, aber bereits weithin bekannte Frauenauer Glasmuseum. Dieses erst 1975 eröffnete Museum, eines der jüngsten Den Schwerpunkt des Glasmuseums bildet die große, an eine alte Waldglashütte erinnernde Ausstellungshalle, in der Glasgeschichte, Glastechnologie und gegenwärtiger Stand der Bayerwald-Glaserzeugung veranschaulicht werden. Hier befindet sich auch das naturgetreue Modell eines mittelalterlichen Glasofens. Neben der Glaserzeugung wird aber auch die Glasveredelung, also Schliff, Gravur und Malerei, demonstriert.
Der Ausstellungshalle schließen sich mehrere kleinere Sonderabteilungen und -ausstellungen an, so zum Beispiel die Historie, wo die Glaskunst von ihren Ursprüngen bis zur Gegenwart dargestellt wird. Alte ägyptische, syrische und römische Gläser sind hier ebenso zu finden wie Beispiele venezianischer Glaskunst und deutsche Gläser des Mittelalters und Jugendstils.
Erwähnt seien auch noch die Abteilungen »Moderne Glaskunst«, »Glas in Wissenschaft und Technik« und die umfangreiche Spezialbibliothek.

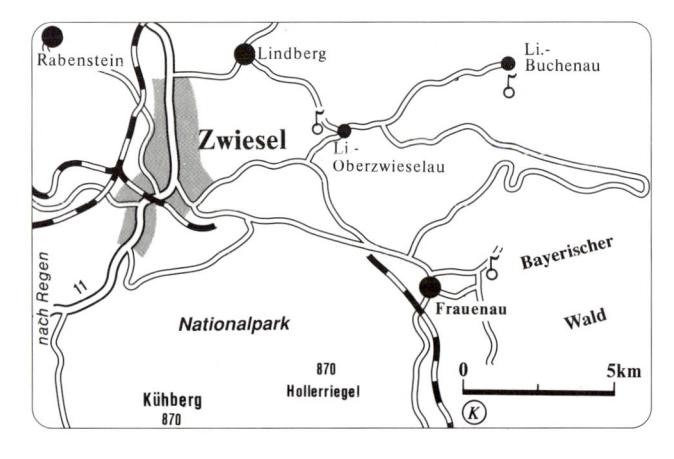

Der Pfahl ist überall im Bayerwald

Ein gewaltiger Quarzrücken, der eine der größten geologischen Besonderheiten Europas darstellt, teilt den Bayerischen Wald in zwei Hälften. Die Erosion legte ihn frei.

Von Freyung im Unteren Bayerischen Wald zieht der Pfahl als heller, weißglänzender Quarzrücken fast geradlinig bis in die Nähe von Schwarzenfeld in der Oberpfalz. 10 bis 300 Meter breit, 150 Kilometer lang, meist unterirdisch verlaufend, aber dort, wo er zutage tritt, bis zu 40 Meter hoch, ist der Pfahl eine der größten geologischen Merkwürdigkeiten Deutschlands, ja ganz Europas.

Der schönste Teil des Quarzrückens ist der »Große Pfahl« zwischen Prackenbach und Viechtach, an dem die Ostmarkstraße entlang führt. Am westlichen Stadtrand von Viechtach erreichen die schroffen und bizarren Felstürme Höhen von über 30 Metern und wirken aus der Nähe betrachtet regelrecht alpin. Vom Parkplatz an der Bundesstraße 85 aus sind die Felsformationen in wenigen Minuten zu erreichen.

Interessant ist aber auch der »Kleine Pfahl«, der beim St.-Antonius-Kirchlein am Stadtrand von Viechtach südlich der Bundesstraße 85 beginnt und sich bis nach St. Englmar erstreckt.

Seine höchsten Erhebungen erreicht der Pfahl bei Schloß Thierlstein zwischen Roding und Cham, und südlich von Regen bei der Burgruine Weißenstein, die dort auf einem 40 Meter hohen Fels thront.

Seine Entstehung verdankt der Pfahl der Tatsache, daß bei der Hebung des Bayerischen Walds eine Kluft mit Kieselsäure ausgefüllt wurde, die zu Quarz erstarrte. Dieses Material ist wesentlich härter als die übrigen Bayerwaldgesteine und hat deshalb der Verwitterung besser standgehalten. Der spärliche Pflanzenwuchs auf dem Pfahl entspricht ganz dem kargen Boden.

In den vergangenen Jahrhunderten wurde mit dem Pfahlquarz Raubbau betrieben. Er diente als besonders haltbarer Schotterbelag auf Straßen und Wegen und war ein begehrter Rohstoff der Glasindustrie.

»Der Drache« heißt dieser Abschnitt des Pfahls nicht zu Unrecht

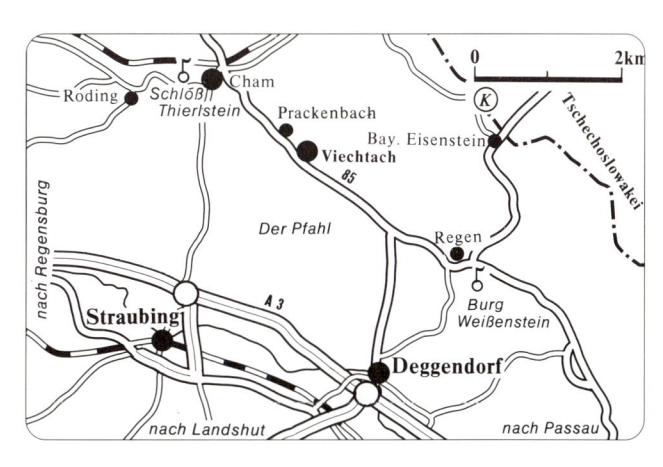

Anfahrt:
Nach Viechtach auf der Ostmarkstraße (B 85).

Auskunft:
Tourismusverband, Kurverwaltung, Stadtplatz 1, 94234 Viechtach, Tel.: 09942/1661, Telefax: 09942/6151.

Abstecher:
Höllensteinsee; 6 km langer Stausee des Regens, mit Gaststätte und Bootsverleih. An den Ufern reizvolle Wanderwege. 4 km nordwestlich abseits der Straße nach Kötzting. Nach St. Englmar, bekannter Luftkurort und Wintersportplatz, 12 km südlich.

Wandervorschläge:
Vom Parkplatz an der B 85 (westlicher Stadtrand von Viechtach) hinauf zu den Quarzriffen des Großen Pfahls. An diesen entlang nach Engelsdorf und auf dem als Rundwanderweg angelegten Weg zurück zum Ausgangspunkt (2 Std.).

In Straubing ist Altbayern noch lebendig

Die alte Donaustadt, Herz des Gäubodens, ruft alljährlich Mitte August zu ihrem großen Volksfest. Altbayerische Traditionen leben wieder auf.

Anfahrt:
A 3 Regensburg–Passau, Anschlußstelle Straubing. A 92 München – Deggendorf, Abfahrt Landau.

Auskunft:
Amt für Tourismus und Stadtwerbung, Theresienplatz 20, 94315 Straubing, Tel.: 0 94 21/94 43 07, Telefax: 0 94 21/94 41 03.

Öffnungszeiten:
Gäubodenmuseum, das Geschichte und Eigenart des Gäubodens vermittelt, täglich außer Mo. 10–16 Uhr.

Abstecher:
Parallel zur Donau nach Regensburg. Straubing ist zugleich guter Ausgangspunkt für Fahrten in den Bayerischen Wald.

Bemerkungen:
In Straubings Löwenapotheke war Carl Spitzweg mehrere Jahre (1828–30) tätig, so daß Motive der Stadt auch in seinen Bildern zu finden sind. Größter Sohn der Stadt ist der Physiker und Astronom Fraunhofer, hier 1787 geboren.

Für den Nicht-Bayern muß es gesagt werden: Als Gäuboden bezeichnet man hierzulande die kilometerbreite Ebene des Donautals zwischen Regensburg und Vilshofen, in deren ungefährer Mitte Straubing liegt. Dieser Gäuboden bildet zugleich die Kornkammer Bayerns, ausgestattet mit fruchtbaren Lößböden.

Für Städter wie Bauern ist das Mitte August fällige Gäuboden-Volksfest – das »Oktoberfest« Niederbayerns – der Höhepunkt des Jahres. Verbunden damit ist eine Ostbayernschau im Messestil, so daß der Ernst des Lebens hinter dem Vergnügen nicht zu kurz kommt. Bedeutende archäologische und kunstgeschichtliche Funde zeigt das Gäubodenmuseum. Besonders sehenswert ist der weltberühmte Römerschatz.

Straubings Wahrzeichen bildet der inmitten des langgezogenen Marktplatzes stehende 68 Meter hohe gotische Stadtturm, der von zwei Brunnen des 17. Jahrhunderts und der 1709 errichteten, 15 Meter hohen Dreifaltigkeitssäule eingerahmt ist, mit deren Erbauung die Bürger ein während der Stadtbelagerung 1704 geleistetes Gelübde erfüllten. Daß die Straubinger es mit der Religion ernst nehmen, zeigen auch ihre fünf bedeutenden Kirchen, von denen die Pfarrkirche St. Jakob zu den bedeutendsten bayerischen Hallenkir-

Weite Platzanlagen wie hier in Straubing gibt es in Niederbayern oft

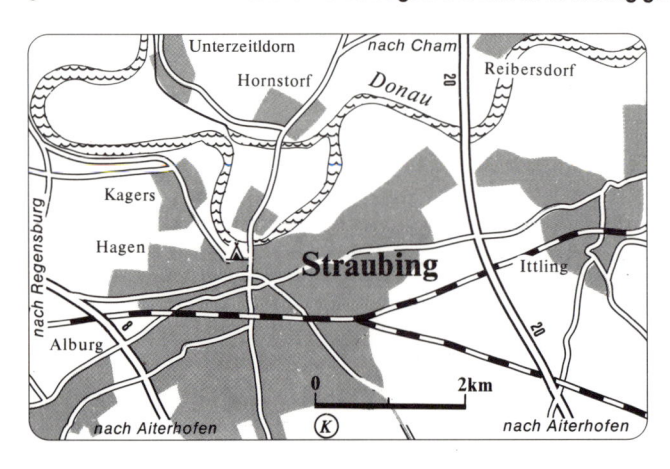

chen gehört, die erst im 16. Jahrhundert ihren Turm erhielt.

Typisch für die altbayerische Bauweise, der heute lediglich die alte Ringmauer fehlt, ist der lange Straßenmarkt. An ihm befinden sich hochragende Patrizierhäuser, während das gotische Gesicht vieler Bürgerhäuser nur in der Form erhalten blieb. Auch ein 1356 errichtetes Schloß besitzt Straubing, das durch Agnes Bernauer landesweit bekannt wurde. Die »Bernauerin« wohnte dort vor ihrer Hinrichtung. Ihrer wird alle vier Jahre (Sommer 1995) mit einem Festspiel gedacht.

Autotour ⑩ Franken, Oberpfälzer und Bayerischer Wald

Wo die Donau die Alb durchbricht

Am äußersten Ostrand des ausgedehnten Naturparkgebietes Altmühltal, unweit der Altmühlmündung in die Donau bei Kelheim, stellt das Naturdenkmal des Donaudurchbruchs ein vielbesuchtes Ausflugsziel dar, zumal es auch noch von zwei bedeutenden baulichen Sehenswürdigkeiten flankiert wird: flußaufwärts vom Kloster Weltenburg und auf dem Bergsporn zwischen Altmühl- und Donautal von der Befreiungshalle.

Zwischen beinahe 100 Meter hohen, steilen Felswänden muß sich die 70 Meter breite und 7 Meter tiefe Donau bei Weltenburg hindurchzwängen.

Der große Komplex der Klostergebäude und der Klosterkirche St. Georg und Martin liegt romantisch auf dem Gleithang einer großen Flußschleife, der zum Teil von Wald verdeckten »Langen Wand« gegenüber. Von den verschiedenen Möglichkeiten, die landschaftliche Schönheit des Donaudurchbruchs zu genießen, ist zweifellos eine etwa 5 Kilometer lange Fahrt mit dem Personenschiff zwischen Weltenburg und Kelheim die empfehlenswerteste, denn vom Flußlauf aus lernt man die imposanten Felswände am besten (und am bequemsten) kennen.

Der Volksmund hat ihnen Namen unterschiedlichster Art gegeben. So findet man auf der Nordseite des Flusses nach der schon erwähnten Langen Wand die Kanzel, den Hohlen Stein, Napoleons Reisekoffer; ihnen gegenüber den Römerfelsen, die Eidechse, die Versteinerte Jungfrau, Peter und Paul, den Räuberfelsen, das Wieserkreuz und viele andere.

Auf beiden Hochufern führen Wanderwege entlang. Der am linken Flußufer bringt Sie zum malerisch gelegenen »Klösterl«, einer ehemaligen Einsiedelei und heutigen Gastwirtschaft, und zur Befreiungshalle. Diese entstand 1842 bis 1863 auf dem 100 Meter hohen Michelsberg als eindrucksvoller Kuppelbau von 45 Metern Höhe zur Erinnerung an die Befreiungskriege. Auch Kehlheim lohnt einen Besuch.

Am besten erkundet man den Donaudurchbruch bei Weltenburg per Schiff

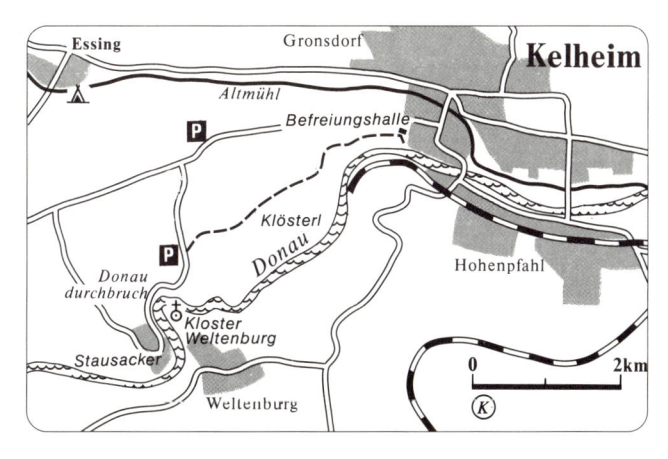

Anfahrt:
B 16 Regensburg–Ingolstadt; Abzweig aus südlicher Richtung in Abensberg, das auch auf der B 301 von Freising und auf der A 93 (Regensburg–München), Anschlußstelle Bachl, erreicht werden kann; außerdem auf der Altmühltalstraße über Dietfurt–Riedenburg nach Kelheim; Donaudurchbruch und Kloster Weltenburg liegen wenige Kilometer südwestlich von Kelheim an der Uferstraße nach Neustadt an der Donau.

Auskunft:
Touristik-Information,
Ludwigsplatz 2,
93309 Kehlheim,
Tel. 09441/701234.

Das Paradies Altmühltal mit seinem Naturpark

Der größte deutsche Naturpark trägt den Namen des Altmühl-Flusses, reicht aber nach beiden Seiten weit über die eigentliche Tallandschaft hinaus.

Anfahrt:
B 2 Nürnberg–Donauwörth nach Treuchtlingen oder B 13 Würzburg–Ingolstadt nach Eichstätt sowie A 9 Nürnberg–München (Anschlußstelle Altmühltal).

Auskunft:
Informationszentrum, Naturpark Altmühltal, Notre Dame 1, 85072 Eichstätt, Tel.: 0 84 21/67 33, Telefax: 0 84 21/67 36.

Öffnungszeiten:
Bürgermeister-Müller-Museum: Apr.–Okt. tägl. 13–17 Uhr, Nov.–März, Sonntag 13–16 Uhr od. nach Vereinbarung. Jura-Bauernhof-Museum: 15. 4.–15. 10. Di.–Fr. 14–15 Uhr, Sa./So./Feiertag 14–17 Uhr. Gruppen nach Vereinbarung. Jura-Museum in der Willibaldsburg April–Sept. 9–12 Uhr, 13–17 Uhr, Okt.–März 10–12 Uhr, 13–16 Uhr. Mo. geschlossen.

Vom insgesamt rund 220 Kilometer langen Lauf der Altmühl – sie entspringt bei Burgbernheim auf der Frankenhöhe – bilden etwa zwei Drittel die landschaftliche und touristische Hauptader des fast 3000 Quadratkilometer großen Naturparks Altmühltal, der auch fast alle Nebentäler der mittleren und unteren Altmühl umfaßt.

Zu den schönsten Teilstrecken des hier in jeder einzelnen Windung – und das sind nicht wenige – von der direkt am Wasser verlaufenden Talstraße begleiteten Flusses gehört der Abschnitt von Treuchtlingen über Eichstätt bis zur Autobahnanschlußstelle »Altmühltal«. Eine der schönsten Ausflugslandschaften in ganz Süddeutschland. Neben der landschaftlichen Schönheit des Juradurchbruchs mit seinen eindrucksvollen Felskulissen sind hier auch viele Uferorte mit ihren speziellen Sehenswürdigkeiten einen Besuch und Aufenthalt wert.

Das beginnt in der Sieben-Täler-Stadt Treuchtlingen, die zwischen bewaldeten Jurahöhen liegt, mit Oberer Veste und Unterem Schloß, setzt sich in Pappenheim mit etlichen alten Bauwerken fort und findet in Solnhofen einen besonderen Höhepunkt mit den berühmten Plattenkalk-Steinbrüchen und den

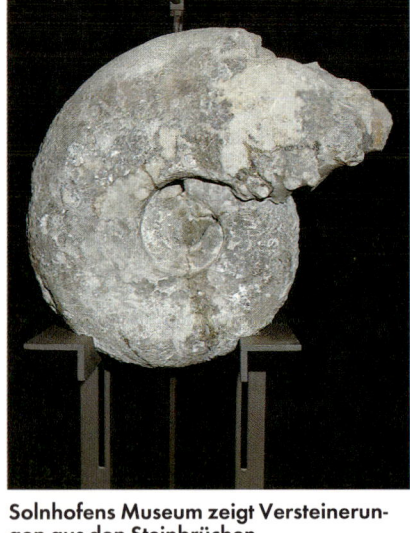

Solnhofens Museum zeigt Versteinerungen aus den Steinbrüchen

Die 12 Apostel sind die markanteste Felsformation im Altmühltal

in ihnen gefundenen Versteinerungen, die im Bürgermeister-Müller-Museum zu bewundern sind.

Ab Dollnstein ist das Altmühltal das alte Strombett der Ur-Donau, das für das Flüßchen etwas groß geraten scheint. In der »Großen Kreisstadt« Eichstätt, dem Hauptort des Naturparks, gibt es neben Dom und Willibaldsburg noch viele weitere Sehenswürdigkeiten. Im folgenden Abschnitt, zwischen Eichstätt und der Autobahn, kreuzt der Fluß den ehemaligen römischen Grenzwall Limes. Reste alter Kastelle gehören hier ebenso zu den gerne besuchten Ausflugszielen wie das Jura-Bauernhof-Museum Hofstetten oder die vielen Natur- und Kulturlehrpfade.

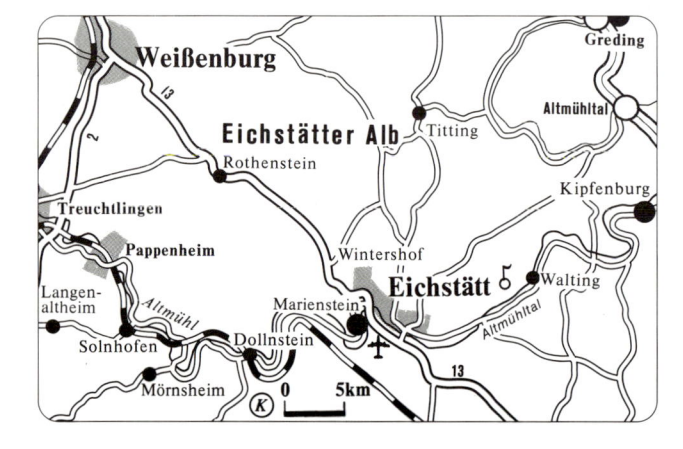

Tropfsteinhöhle, nach König Otto benannt

Drei Kilometer nordöstlich von Velburg liegt bei St. Colomann – direkt am Rande eines großen Truppenübungsplatzes – die König-Otto-Höhle. Sie ist vom Stadtrand aus auch auf zwei gut gekennzeichneten Wanderwegen zu erreichen, die zu einer Rundtour verbunden werden können. Ausgangspunkt ist der Parkplatz am 621 Meter hohen Burgberg, von dem eine Straße zum Waldlehrpfad hinaufführt, den die beiden Wegstücke gemeinsam bilden. Wo die Wege 1 und 2 kurz vor St. Colomann beim Treppenabstieg zusammentreffen, bietet sich ein weiter Ausblick. Hier ist auch der als »Schwammerling« bekannte, durch Auswaschung entstandene Dolomitfelsen zu bestaunen.

Am Südhang des Bockenberges (620 m) findet man dann den Eingang zur Tropfsteinhöhle, die zunächst nach ihrem Entdecker, einem Schäfer, »Federlhöhle« genannt wurde, dann aber bald den Namen König Ottos I. von Bayern erhielt und »mit Fäustling und Meißel« für Besucher begehbar gemacht wurde.

Durch Führungen in der Höhle mit Fackeln und die Ausleuchtung mit Magnesiumlicht kam es damals zu einer teilweisen Verrußung der Räume. Erst seit der Installierung einer elektrischen Beleuchtung nach dem letzten Krieg sind an verschiedenen aktiven Tropfstellen wieder neue, weiß und rostbraun glänzende Übersinterungen entstanden. Neben großen Sinterkaskaden zeigt die Höhle mächtige Stalakmiten sowie zahlreiche Sintersäulen und -becken. 1976 wurde ein neuer Durchgang zur Niederwaldgrotte geschaffen.

Aber schon vorher hatten Mitglieder einer Höhlenforschergruppe im Bockenberg eine farbenprächtige neue Höhle entdeckt. Da sie am ersten Advent 1972 zum ersten Mal betreten wurde, heißt sie »Adventhalle« und kann ebenfalls besichtigt werden.

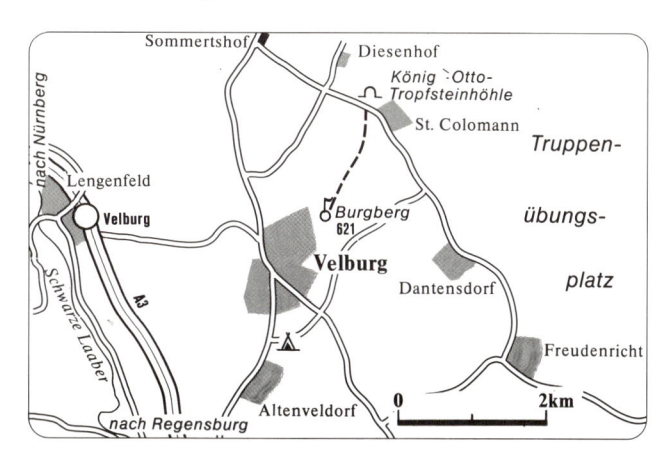

Die 1895 entdeckte König-Otto-Höhle bei Velburg im oberpfälzer Teil der Frankenalb ist eine der größten und schönsten Tropfsteinhöhlen dieser Landschaft.

Anfahrt:
A 6 Nürnberg–Regensburg (Anschlußstelle Velburg) oder auf Nebenstraßen zwischen den Bundesstraßen 299 Neumarkt–Amberg und 8 Neumarkt–Regensburg.

Auskunft:
Verwaltung der König-Otto-Höhle, 92355 Velburg, Tel.: 09182/446, 1607.

Öffnungszeiten:
April bis November tägl. 9–17 Uhr.

Die König-Otto-Höhle mit ihren Tropfsteinen fasziniert ihre Besucher

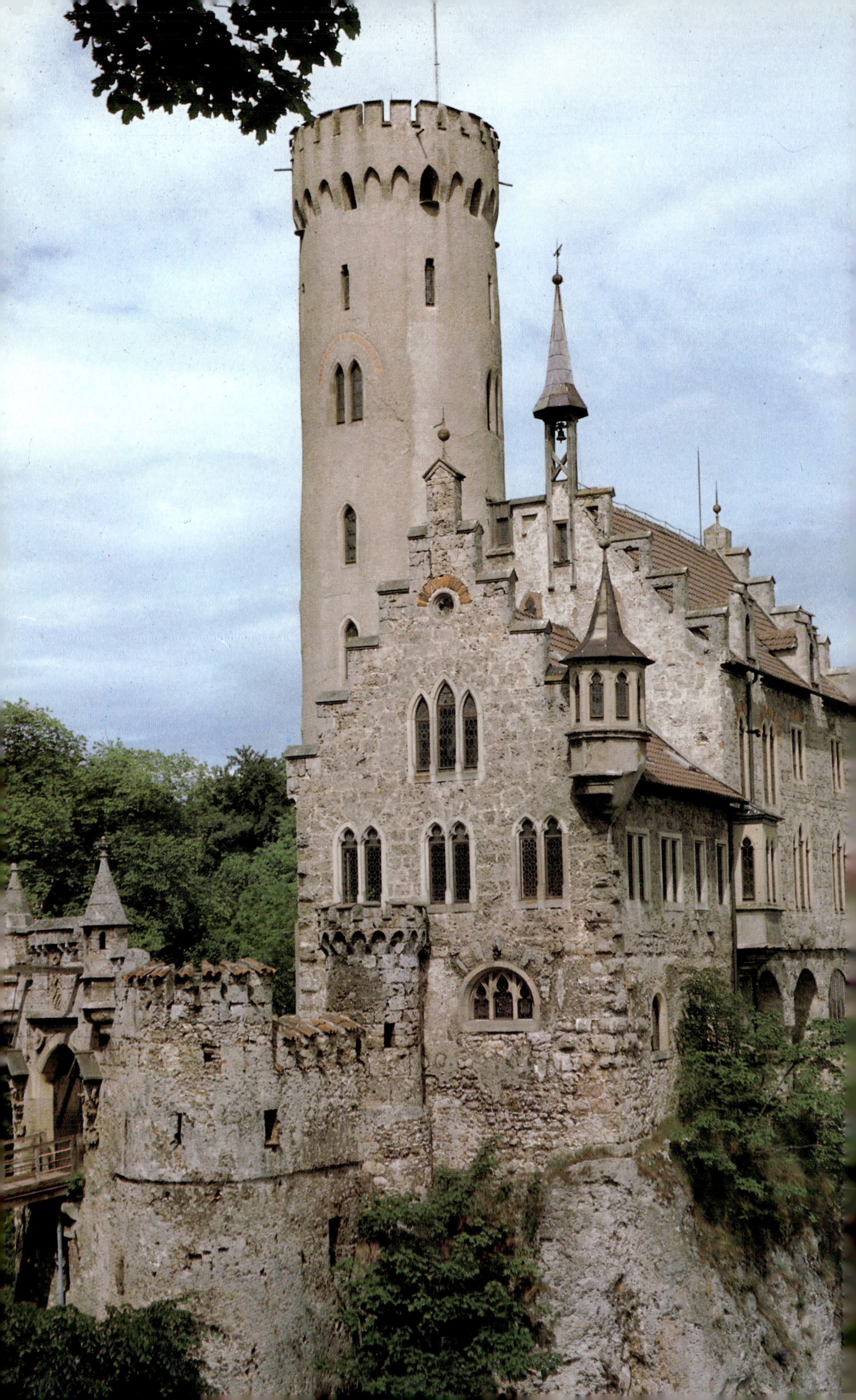

Schwarzwald, Kaiserstuhl und Schwäbische Alb

Viel besungen ist Deutschlands südwestlichstes und zugleich höchstes Waldgebirge, der Schwarzwald. Der Kaiserstuhl zählt zu den wärmsten Gegenden des Landes, das schwäbische Kalkgebirge hingegen zeichnet sich durch das fast vollständige Fehlen von Fließgewässern aus.

Der Schwarzwald ist auf der Landkarte als klar umgrenzter Höhenrücken, der sich im Osten des Oberrheins entlangzieht, zu erkennen. Berühmte Städte liegen hier: die Höhenkurstadt Freudenstadt, die Uhrenstädte Villingen-Schwenningen und Donaueschingen, Freiburg, Offenburg und schließlich noch das berühmte Baden-Baden am Rand der sonnigen Oberrheinebene. Aber eine einheitliche Landschaft ist der Schwarzwald deshalb nicht. Zum Teil ist das auf den unterschiedlichen geologischen Untergrund zurückzuführen: Die Berge im Süden und Westen, aus Granit und Gneis bestehend, verwitterten im Laufe der Jahrmillionen zu runden Kuppen; im Norden und Osten dagegen trägt der Buntsandstein weite Waldebenen. Überall aber stößt man auf tief eingeschnittene Täler und wilde Schluchten. Sehr bekannt sind die Wutachschlucht und das Höllental mit der Ravennaschlucht.

Die Schluchten sind eng benachbart zu den höchsten Gipfeln des Gebirges: Feldberg (1493 m), Herzogenhorn (1415 m) und Belchen (1414 m). Auch Seen hat der Schwarzwald eine Menge zu bieten: Im Süden unter anderen drei, die durch die landschaftlich reizvolle Dreiseenbahn verbunden werden: Titisee, Windgfällweiher und Schluchsee.

Besonders bekannt aber ist der Schwarzwald natürlich für seine ausgedehnten dunklen Wälder, in denen die legendären Schwarzwaldtannen und vor allem -fichten wachsen. In unmittelbarer Nachbarschaft des Schwarzwaldes liegt der Kaiserstuhl. Als eines der schönsten Weinbaugebiete Deutschlands ist dieser aus vulkanischem Gestein gebildete Höhenzug zu jeder Jahreszeit eine Reise wert.

Schloß Lichtenstein ist das schwäbische Neuschwanstein

Der Wildsee – ein unberührtes Stück Natur im Schwarzwald

Im Osten des Schwarzwaldes schließt sich eine Landschaft an, die wohl als einzigartig gelten kann: die Schwäbische Alb. Wie ein Riegel durchschneidet sie das Schwabenland von Südwesten nach Nordosten. Aufgebaut ist sie aus Jurakalk, der sich vor rund 150 Millionen Jahren am Grunde des Jurameeres aus den Überresten von Meerestieren bildete. Geologische Prozesse führten später dazu, daß das Kalkgebirge bis an die 1000-Meter-Grenze in die Höhe gehoben wurde. Blendendweiße Kalksteinfelsen ragen am steilen Nordwestrand der Alb, dem Albtrauf, empor. Manche Jurakalkschichten sind außerordentlich reich an Versteinerungen. Für Sammler ist die Alb deswegen ein Traumziel. Da Kalk ein wasserdurchlässiges Gestein ist, findet man auf der Albhochfläche nur selten Bäche und Flüsse. In den Albdörfern klagt man deshalb ständig über Wassermangel. Wasser wird daher als kostbares Gut in den »Hüllen«, kleinen Dorfteichen, gesammelt. Markant sind auch die vielen interessanten Burgen, die sich am Albtrauf, einem herrlichen Wandergebiet, erheben.

Auskunft:
Landesfremdenverkehrsverband Baden-Württemberg e. V.,
Postfach 10 29 51,
79025 Stuttgart,
Tel.: 07 11/23 85 80,

Fremdenverkehrsverband Schwarzwald e. V., Postfach 16 60,
79016 Freiburg,
Tel.: 07 61/3 13 17/18,
Telefax: 07 61/3 60 21.

Übersichtskarte Autotour und Sehenswürdigkeiten

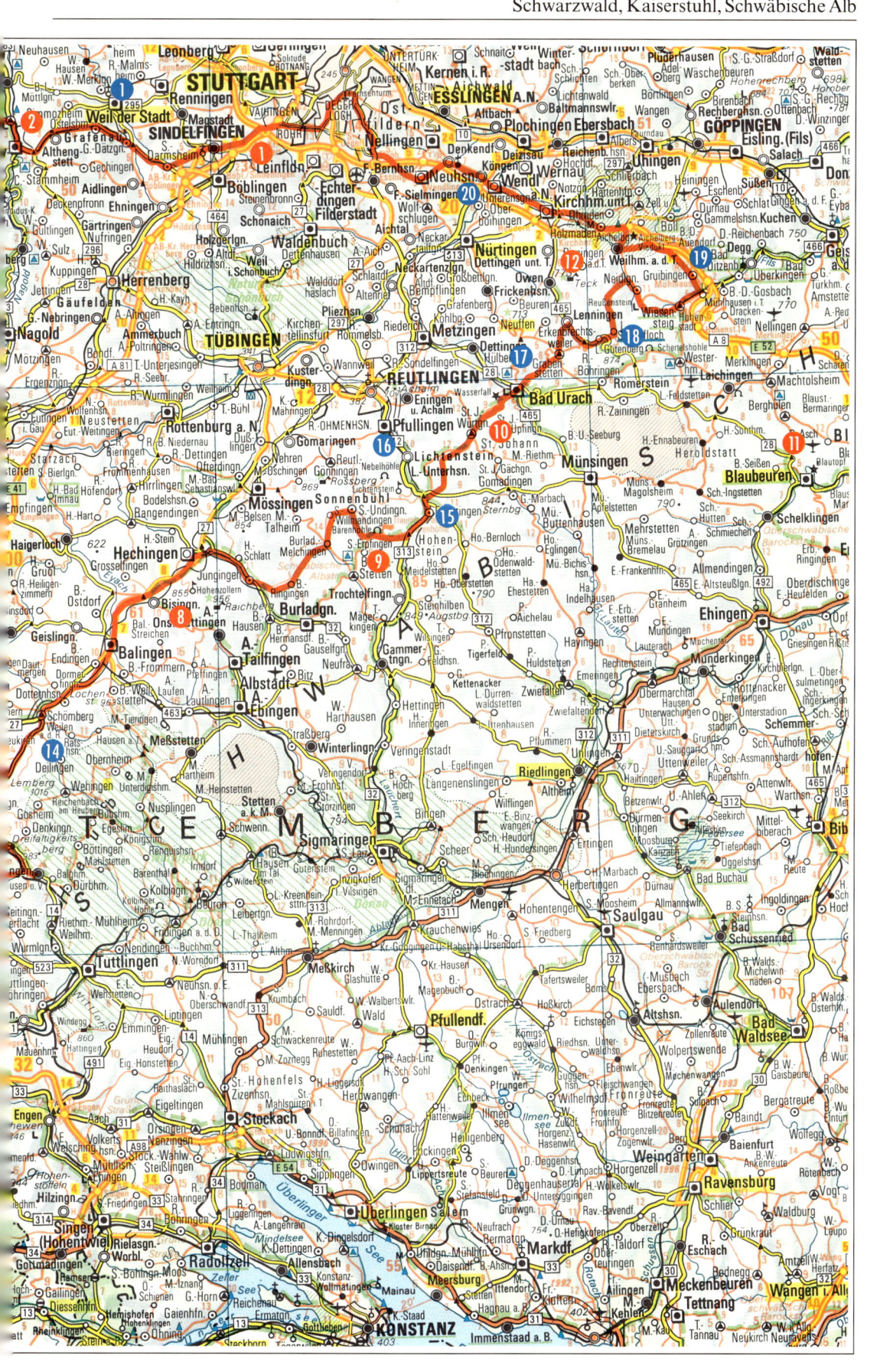

Schwarzwald, Kaiserstuhl, Schwäbische Alb

Die schönsten Ausflugsziele auf einen Blick

Die Autotour

Nicht nur im Schwarzwald gibt es viel zu entdecken. Auch die Schwäbische Alb hat einiges zu bieten, über und unter der Erde. Und ebenso ist für kulinarische Genüsse in dieser Region hinreichend gesorgt. Da sind nicht nur die Weine des Kaiserstuhls erwähnenswert, sondern auch die Schwarzwald-Spezialitäten.

Gesamtlänge der Autorundreise: 490 km

❶ Tourenvorschlag Stuttgart
Mit der Schwabenmetropole verbinden sich so bekannte Namen wie Robert Bosch und Gottlieb Daimler.

❷ Tourenvorschlag Hirsau
Die Ruinen des ehemaligen Klosters künden noch heute von der einstigen Bedeutung als geistiger Mittelpunkt Europas. Das Städtchen Calw präsentiert seinen Besuchern ein hübsches Stadtbild.

❸ Tourenvorschlag Schwarzwaldhochstraße
Vorbei an idyllischen Plätzen wie der Hornisgrinde, dem Mummelsee und der Alexanderschanze führt diese Touristenstraße, die ihren nördlichen Anfang im altehrwürdigen Baden-Baden nimmt.

❹ Tourenvorschlag Schwarzwaldmuseum
Der Vogtsbauernhof im Gutachtal ist ein Freilichtmuseum ganz besonderer Art: In dem typischen Schwarzwaldhaus sind Hausgeräte und andere Gegenstände aus vergangenen Zeiten ausgestellt.

❺ Tourenvorschlag Kaiserstuhl
Mitten im oberen Rheintal erhebt sich der von der Sonne verwöhnte, aus Vulkangesteinen gebildete Höhenzug.

❻ Tourenvorschlag Freiburg
Die Hauptstadt des Schwarzwaldes beherbergt eine Universität und gilt als wichtiges Zentrum im Dreiländereck. Über der pittoresken Altstadt erhebt sich das weltbekannte Münster.

❼ Tourenvorschlag Feldberg
Der mit 1493 Metern höchste Berg des Schwarzwaldes ist auf seinem Gipfel nur spärlich mit Vegetation bedeckt.

❽ Tourenvorschlag Hohenzollern
Weithin sichtbar erhebt sich auf einem markanten Berg das »Wahrzeichen der Alb«: die Burg Hohenzollern. Die prachtvolle Anlage entstand in großen Teilen erst im letzten Jahrhundert.

❾ Tourenvorschlag Bärenhöhle Sonnenbühl
Das Skelett eines hier gefundenen Höhlenbären gab der Tropfsteinhöhle auf der Reutlinger Alb ihren heutigen Namen.

❿ Tourenvorschlag Uracher Wasserfall
Über Terrassen aus Kalksinter stürzt der Uracher Wasserfall in die Tiefe. Neben diesem Naturschauspiel sollte man nicht versäumen, der malerischen Fachwerkstadt einen Besuch abzustatten.

⓫ Tourenvorschlag Blaubeuren
Eine der größten und stärksten Quellen Europas befindet sich unter der schönen Kleinstadt im Tal der Blau.

⓬ Tourenvorschlag Holzmaden
In einer Ausstellung sind versteinerte Saurier und andere Lebewesen zu besichtigen.

Die Bubenkapelle bei Obernheim

Weitere interessante Sehenswürdigkeiten entlang der Route

❶ Weil der Stadt
Im östlichen Vorland des Schwarzwaldes liegt diese ehemalige Freie Reichsstadt. Der Geburtsort des berühmten Astronomen Johannes Kepler hat ein reizvolles und gut erhaltenes Stadtbild vorzuweisen.

❷ Zavelstein
Hier erhebt sich die prächtige Burg, die vor allem zur Zeit der Krokusblüte ein beliebtes Ausflugsziel ist.

❸ Allerheiligen
Von Wald und Bergen eingeschlossen liegt die berühmte Klosterruine in dem kleinen Ort Lierbach im Ortenaukreis.

❹ Schiltach
Der kleine Luftkurort an der Schiltach war früher eine Gerberstadt und Hauptsitz der Kinzigflößer. Schmucke Fachwerkhäuser aus verschiedenen Epochen rahmen den mittelalterlichen Marktplatz ein.

❺ Schwarzwaldbahn
Die kleine Gebirgsbahn bei Triberg ist eine technische Meisterleistung und wurde von Robert Gerwig erbaut.

❻ Kandel
Über der Freiburger Bucht erhebt sich der mit 1243 Metern dritthöchste Berg des südlichen Schwarzwaldes. An klaren Tagen bietet sich von hier oben eine beeindruckende Fernsicht hinüber zu den Vogesen.

❼ Schauinsland
Der 1284 Meter hohe Berg gilt als Hausberg der Freiburger. Mit der Schauinslandbahn erreicht man ohne viel Mühe die 1220 Meter hohe Paßhöhe unterhalb des Gipfels. Hier beginnen mehrere interessante Wanderwege.

❽ Ravennaschlucht
Die einzigartige Klamm, früher unpassierbar, bildet das obere Ende des Höllentals.

Schwarzwald, Kaiserstuhl, Schwäbische Alb

⑨ Titisee-Neustadt
Der etwa zwei Kilometer lange Titisee erstreckt sich im Gletscherbett einer während der letzten Eiszeit ausgeschliffenen Hohlform.

⑩ Wutachschlucht
Dieses Flußtal gehört zu den eindrucksvollsten Naturräumen des gesamten Schwarzwaldes. Tief und steil hat sich die Wutach in das zum Teil harte Gestein eingeschnitten und verschwindet sogar zeitweise unter der Erdoberfläche. Teilweise abenteuerliche Wege führen durch das wildromantische Tal.

⑪ Blumberg
Zwischen den Bahnhöfen Blumberg und Weizen verkehrt an manchen Tagen die Museumsbahn Wutachtal. Auf der 26 Kilometer langen Strecke überwindet die Dampfbahn einen Höhenunterschied von über 200 Metern.

⑫ Schwenningen
Im Naturschutzgebiet Schwenninger Moos entspringt der Neckar. Das Quellgebiet ist Naherholungsgebiet und Naturrefugium zugleich.

⑬ Rottweil
Hoch über dem Neckartal liegt diese anmutige Stadt. Prächtige Baudenkmäler zieren die ehemalige wehrhafte Reichsstadt.

⑭ Lemberg
Über 1000 Meter hoch muß klettern, wer den höchsten Gipfel der Schwäbischen Alb bezwingen will. Belohnt wird der Aufstieg mit einer überwältigenden Aussicht auf die Umgebung.

⑮ Lichtenstein
Schloß Lichtenstein ist ein Juwel deutscher Romantik. Kühn erhebt sich die 1839 erbaute Burg auf einem Felsen.

⑯ Genkingen
Über ausgeschilderte Strecken erreicht man die sehenswerte Nebelhöhle, deren Tropfsteinschmuck im Fackellicht geheimnisvoll zu schimmern beginnt.

⑰ Bad Urach
Die kleine Kurstadt hat neben einem sehenswerten Residenzschloß aus dem 15. Jahrhundert ein stattliches Rathaus und viele Fachwerkhäuser zu bieten.

⑱ Reußenstein
Oberhalb von Weilheim steht die sehenswerte Burgruine.

⑲ Aichelberg
Ein Beispiel aus den Pioniertagen des Autobahnbaues ist das Viadukt am Albaufstieg der Autobahn von Stuttgart nach München.

⑳ Denkendorf
Am Rande der Filderebene erhebt sich die mächtige romanische ehemalige Augustinerkirche aus dem 12. Jahrhundert.

Geschichte und Kultur

Die Hohenzollern – Geschlecht deutscher Könige und Kaiser

Auf einem steilen Bergkegel der Alb, auf dem 866 Meter hohen Zollernberg, liegt die Burg Hohenzollern, nur einen Katzensprung von Hechingen entfernt. Sie ist der Stammsitz der Preußen-Könige und der letzten deutschen Kaiser.

Wann genau die Geschichte der Zollern begann, blieb bis heute ungeklärt. Von einem Grafen Thassilo war die Rede, der zur Zeit Karls des Großen lebte, und von den Herzögen von Alamannien, die im 10. Jahrhundert herrschten. Aber das alles läßt sich nicht beweisen.

Bunt wie die Geschichte der Burg ist auch die des Herrscherhauses, das von dort seinen Anfang nahm. Man nimmt an, daß die Zollern schon im 12. Jahrhundert zu den hervorragendsten Familien in Schwaben gehörten. Eingeleitet wurde die »Karriere« des Hauses in der zweiten Hälfte des 12. Jahrhunderts durch den Grafen Friedrich von Hohenzollern, der zum Stammvater der späteren Burggrafen von Nürnberg wurde. Im Jahre 1411 erhielten die Hohenzollern die Hauptmannschaft Brandenburg, 1415 aber die Kurwürde, womit die Hohenzollern in den Kreis der sieben Kurfürsten aufstiegen und zu den führenden Fürsten des Reiches gehörten. Brandenburg war jedoch ein sehr armes Land und es dauerte eine Weile, ehe sich die Hohenzollern durchgesetzt hatten.

Der erste, der den Namen Brandenburg weithin bekanntmachte, war Friedrich Wilhelm, der Große Kurfürst, der von 1620 bis 1688 lebte. Sein an sich schwacher, doch prunkliebender Sohn Friedrich I. übernahm eine Erbschaft, die es ihm möglich machte, sich die Königskrone aufs Haupt zu setzen, wenn auch nur die eines Königs in Preußen. Doch davon sprach später kein Mensch mehr; denn Friedrichs Nachfolger legten durch strenge Sparsamkeit (Friedrich Wilhelm I.) und Kriege (Friedrich der Große) den Grundstein für ein starkes Preußen, das auch durch die Napoleonischen Kriege auf Dauer nicht erschüttert werden konnte.

Höhepunkt der Geschichte des Hauses Hohenzollern war das Jahr 1871, als König Wilhelm in Versailles von den versammelten deutschen Fürsten zum deutschen Kaiser ausgerufen wurde – ein Werk Otto von Bismarcks, der den Bayernkönig Ludwig veranlaßt hatte, die Fürsten durch einen Brief zu einem solchen Schritt zu bewegen. Zum Schicksalsjahr der Hohenzollern wurde das Jahr 1888. Kaiser Wilhelm I. starb. Sein Sohn Friedrich folgt ihm nach 99 Tagen. Neuer Kaiser wurde der junge Wilhelm II., ein durch eine falsche Erziehung nicht eben in sich gefestigter Herrscher, der die Krone verspielte.

Am Ende sitzen die Hohenzollern wieder auf ihrer Burg bei Hechingen, ein angesehenes Geschlecht auch heute noch. Sie machten erneut von sich reden, als die Gebeine der beiden wohl größten Könige des Hauses, Friedrich Wilhelm I. und Friedrich der Große, von der Hohenzollernburg nach Potsdam gebracht wurden. Dort fanden die Könige in der Gedächtniskirche beziehungsweise im Schloß Sanssouci ihre nun wohl letzte Ruhe.

Ein berühmter Hohenzoller: der Große Kurfürst

Schwarzwald, Kaiserstuhl, Schwäbische Alb   Autotour (1)

Stuttgart – technisch betrachtet

Wer Stuttgart besucht, kommt um seine technischen Sehenswürdigkeiten nicht herum. Besichtigt man diese, sieht man auch sonst allerhand von der Stadt.

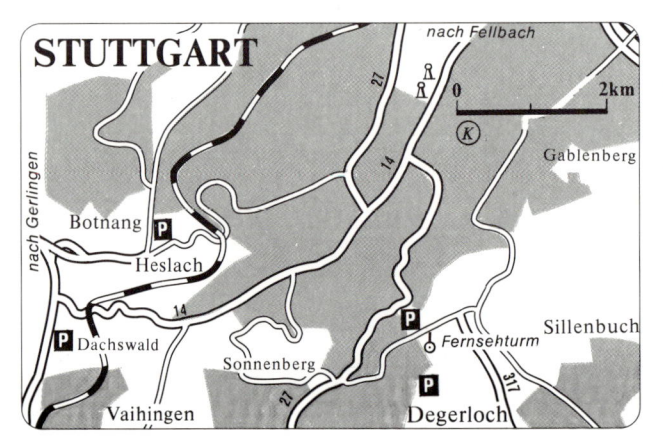

Hoch über der Stadt steht der erste Stahlbeton-Fernsehturm der Welt

Anfahrt:
Vom Stuttgarter Hauptbahnhof aus erreicht man den Fernsehturm mit der Straßenbahnlinie 15 (Richtung Heumaden), die Abfahrtspunkte der Zahnradbahn und Seilbahn mit der Linie 14 (Richtung Heslach).

Auskunft:
Stuttgart-Marketing GmbH, Lautenschlagerstr. 3, 70173 Stuttgart, Tel.: 07 11/22 28-2 29, Telefax: 07 11/2 22 82 05.

Öffnungszeiten:
Touristikzentrum »i-Punkt«
Mo.–Fr. 9.30–20.30 Uhr, Sa. 9.30–18 Uhr, So. 13–18 Uhr (1.11.–30.4.), 11–18 Uhr (1.5.–31.10.)

Abstecher:
Stiftskirche, Altes Schloß (Landesmuseum), Neues Schloß, Renaissancebauten um den Schillerplatz, Staatsgalerie, Wilhelma (Zoologischer Garten), Thermalquellen, Weinbaumuseum in Uhlbach, Grabkapelle Rotenberg.

Stuttgart, baden-württembergische Landeshauptstadt, ist auch ein Zentrum des beinahe sprichwörtlichen schwäbischen Gewerbefleißes. Man denkt an geniale Handwerker und Ingenieure wie Robert Bosch und Gottlieb Daimler. Stuttgarts wirtschaftlicher Erfolg ist aber auch wie in kaum einer anderen Stadt von den Leistungen seiner Ingenieure abhängig.

Eine Attraktion Stuttgarts ist auch eine Fahrt mit der Zahnradbahn

Der Stadtkern liegt auf moorigem Untergrund; die Häuser stehen daher auf Pfahlkonstruktionen. Als die Stadt sich im 19. Jahrhundert rasch ausdehnte, stieß man schnell an natürliche Grenzen: Die Hänge des Stuttgarter Talkessels sind nicht nur steil, sie bestehen auch teilweise aus Gipskeuper, einem Gestein, das nach Regengüssen quellen und Erdrutsche verursachen kann. Die Talhänge sind daher zum Teil unbebaut. Aber Straßen und Bahnen mußten gebaut werden, um die Stadt mit ihrem Umland zu verbinden. Diese Verkehrswege sind technische Attraktionen: Hauptstraßenverbindung in Richtung Süden ist die Neue Weinsteige (B 27), ein Werk des bekannten Straßenbauers Etzel. In die südöstlichen Vororte führt die steilste Straßenbahnstrecke Europas (Linie 15 Richtung Heumaden, zwischen Olgaeck und Heidehofstraße). Auf der Alten Weinsteige, zwischen dem Marienplatz im Stuttgarter Süden und dem Vorort Degerloch, verkehrt seit 1884 eine Straßen-Zahnradbahn. Zwischen dem Südheimer Platz und dem Degerlocher Waldfriedhof pendelt eine Standseilbahn. Benützt man einige dieser ungewöhnlichen Verkehrsmittel und -wege, hat man immer wieder hervorragende Ausblicke auf die Stadt (vor allem von der Zahnradbahn und der Neuen Weinsteige aus).
In der Nähe liegt auch das junge Wahrzeichen der Stadt: Stuttgarts Fernsehturm (217 m hoch) ist der älteste Stahlbeton-Fernsehturm der Welt mit einer prächtigen Aussichtsmöglichkeit.

Klosterromanik – Ruinenromantik

Kloster Hirsau, einst einer der geistigen Mittelpunkte des mönchischen Europas, ist heute als sehenswerte Ruine erhalten.

Calw ist ein besonders hübsches Fachwerkstädtchen in der Nähe

Bei Hirsau befindet sich ein uralter Übergang über die Nagold, den bereits Kelten und Römer nutzten. Im frühen Mittelalter (830) wurde hier das Kloster St. Aurelius gegründet.
Um Hirsaus Klostergeschichte auch wirklich in der historisch richtigen Reihenfolge kennenzulernen, sollten wir St. Aurelius zuerst besichtigen. Durch die kleinen Fenster der frühromanischen Säulenbasilika dringt nur wenig Licht ins Kircheninnere; so dunkel muß man sich romanische Kirchen im Urzustand vorstellen.
Kloster Hirsau wurde zunächst von wenigen Mönchen bewohnt. Große Bedeutung erlangte es in der zweiten Hälfte des 11. Jahrhunderts, als sich die Mönche der cluniazensischen Reformbewegung anschlossen.
Die Hirsauer führten strenge Ordensregeln ein. Im Investiturstreit standen sie auf päpstlicher Seite und stellten sich damit gegen den deutschen Kaiser. Hirsau war im 11. und 12. Jahrhundert Dreh- und Angelpunkt deutscher Kirchengeschichte. Das Beispiel der Hirsauer machte im mittelalterlichen Europa Schule. Filialklöster wurden überall in Mitteleuropa gegründet, und auch das Mutterkloster hatte starken Zulauf. Man sah sich veranlaßt, in Hirsau ein neues, größeres Kloster zu bauen. Dies ist das berühmte Kloster St. Peter und Paul, das nach französischen Zerstörungen im 17. Jahrhundert nur als Ruine auf uns gekommen ist. Von der Kirche blieb kaum etwas erhalten, als Wahrzeichen aber der Westturm, der sogenannte Eulenturm, mit den eigenartigen Fabelwesen auf halber Höhe. Sehr sehenswert sind auch die Reste des Kreuzganges mit wundervollen gotischen Maßwerkfenstern.
Im 16. Jahrhundert gelangte das Kloster in württembergischen Besitz. Die Fürsten aus Stuttgart bauten im ummauerten Klosterbereich das Jagdschloß im Renaissancestil. Es ist heute ebenfalls Ruine.

Wunderschön, auch als Ruine: der Kreuzgang von Kloster Hirsau

Anfahrt:
Hirsau ist Bahnstation an der Strecke Pforzheim – Horb. Von Calw aus erreicht man Hirsau auch mit dem Bus. Hirsau liegt verkehrsgünstig an der Kreuzung der Bundesstraßen 296 und 463 (Pforzheim – Calw).

Auskunft:
Verkehrsamt,
Aureliusplatz 10,
75365 Calw,
Tel.: 0 70 51/56 71,
Telefax: 0 70 51/5 16 08.

Bemerkung:
Hirsau liegt zwischen den bekannten Kurorten Bad Liebenzell und Bad Teinach. Calw ist der Geburtsort Hermann Hesses. Sehenswerte Fachwerk-Altstadt und alte Nagoldbrücke mit mittelalterlicher Brückenkapelle.

Abstecher:
Zavelstein (Burg) wird besonders wegen seiner Krokusblüte viel besucht. Kentheim besitzt eine frühmittelalterliche Dorfkirche, die mit bedeutenden Fresken ausgemalt ist.

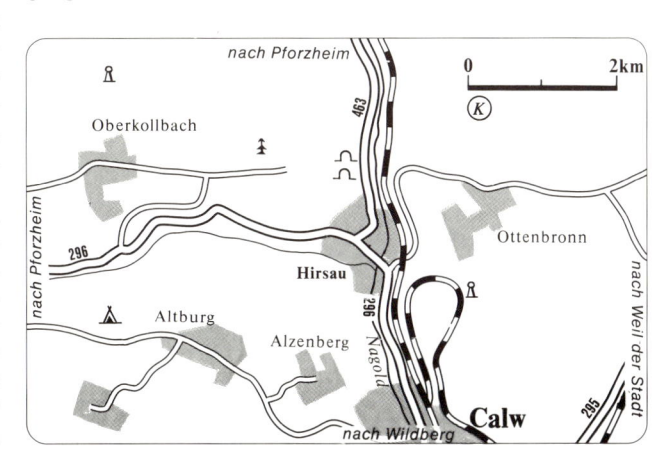

An der Schwarzwald-Hochstraße

Hornisgrinde, Kniebis, Mummelsee und Wildsee, Alexanderschanze, Unterstmatt und Hundseck sind Ausflugsziele, die jeder Besucher des Nordschwarzwaldes gesehen haben sollte.

Anfahrt:
Auf der B 500 (Schwarzwald-Hochstraße) Baden-Baden – Freudenstadt.

Auskunft:
Städt. Kurverwaltung, Am Promenadeplatz 1 72250 Freudenstadt, Tel.: 0 74 41/8 64 38, Telefax: 0 74 41/8 51 76.

Bemerkung:
Die B 500, die in Baden-Baden ihren Anfang nimmt, erschließt auch weiter südlich sehr reizvolle Gegenden des Schwarzwaldes.

Abstecher:
Baden-Baden ist vielleicht der berühmteste deutsche Kurort. Kloster Allerheiligen, von Zisterziensermönchen in einem abgelegenen Tal gegründet, ist heute nur noch Ruine. Freudenstadt ist eine planmäßige Stadtgründung der Renaissance (sehenswerte Stadtkirche), heute berühmter Luftkurort.

Der Nordschwarzwald ist eine Landschaft weiter Hochflächen und sanfter Kuppen. Die 1164 Meter hohe Hornisgrinde ist – aus der Nähe betrachtet – kein »aufregender Berg«, aber im Nordschwarzwald die höchste Erhebung. Die weiten Buntsandsteinflächen waren ehemals mit schier unendlichen Wäldern bedeckt, die dem Schwarzwald seinen Namen gaben. Große Teile dieser Wälder sind noch erhalten. Im Gebiet von Hornisgrinde und Kniebis wurde der Wald im Mittelalter gerodet, Almen wurden angelegt, auf die sommers das Vieh getrieben wurde. Als diese Sommerweiden in den letzten Jahrhunderten aufgegeben wurden, eroberte sie der Wald nicht vollständig zurück. Grinden entstanden, d. h. teilweise vermoorte, von Gras und niedrigen Büschen und Bäumen bewachsene Hochflächen. Durch diese reizvolle Landschaft windet sich die Schwarzwald-Hochstraße. In den Senken zwischen den Bergen führt sie durch Wald, im Ganzen durch eine außerordentlich abwechslungsreiche Landschaft, die zu jeder Jahreszeit und

Typisch für den Nordschwarzwald sind Karseen wie der Mummelsee

bei jedem Wetter ihre Schönheiten hat: Segelnde Sommerwolken und strahlendblauer Gebirgshimmel sind herrlich. Dichter Nebel, aus dem niedrige Birken auftauchen, Schnee und Rauhreif haben ihren eigenen Reiz.
Schneemassen sammelten sich in dieser Gegend vor allem in den Eiszeiten an. Aus den Karen bildeten sich zahlreiche Gletscher. Sagenumwobene Seen blieben in diesen Karen zurück, so der Mummel- und der Wildsee. Mummeln oder Nixen sollen im Mummelsee leben, angeblich schwimmen aber nicht einmal Fische in dem tiefen, schwarzen See. Gesehen haben muß man diese merkwürdigen Gewässer ebenso wie die prachtvollen Aussichtspunkte auf den Kuppen. Berühmte Ausflugslokale, Gasthöfe und Sporthotels liegen überall in dem sehr reizvollen Ausflugs-, Wander- und Wintersportgebiet.

Der Schwarzwald im Museum

Gutach mit dem Vogtsbauernhof ist gewissermaßen ein touristisches Zentrum des Schwarzwalds. Hier gibt es die vielleicht typischsten Schwarzwaldhäuser, die berühmten »Bollenhüte« der Schwarzwaldmädchen und die »Scheppelkronen« der Bräute. Hinzu kommt, daß Schwarzwalduhren im Gutachtal gebaut wurden und werden. Kein Wunder also, daß hier schon vor Jahrzehnten das bekannte Freilichtmuseum gegründet wurde. Nach und nach wuchs das Museum zu einem ansehnlichen Dorf heran. Mittelpunkt war von Anfang an der Vogtsbauernhof, der dem Ganzen seinen Namen gab. Kulturgeschichtlich bedeutende Häuser aus anderen Gegenden des Schwarzwaldes wurden dort abgetragen und hier wieder aufgebaut. Typisch für einen Schwarzwaldhof ist, daß die über dem Stall liegende Tenne durch ein großes Tor (die »Ifahr«) von den Erntewagen befahren werden kann. Diese Anlage ist außerordentlich praktisch, denn

Das Freilichtmuseum Vogtsbauernhof ist nicht nur wegen der prachtvollen Schwarzwaldhäuser sehenswert. Gezeigt wird auch das gesamte Hausgerät früherer Zeiten.

lichen Bevölkerung zeugt. Neben kleineren Werkzeugen entstanden sogar Wassermühlen mit all ihren Zahnrädern aus Holz. Die geniale Anlage der Öfen (»Kunscht«) guckten sich die Schwarzwälder bei den Hypocausten der Römer ab. Saßen sie an langen Winterabenden auf den wärmenden Ofenbänken, entstand gar mancherlei schönes Kunsthandwerk (u. a. Schwarzwalduhren).

Anfahrt:
Mit der Schwarzwaldbahn (Offenburg–Villingen) oder dem Bus. Der Vogtsbauernhof liegt direkt an der B 33 (Offenburg–Villingen).

Auskunft:
Verkehrsamt,
Postfach 10 52,
77793 Gutach,
Tel.: 0 78 33/2 18 od. 63 57,
Telefax: 0 78 33/12 03.

Öffnungszeiten:
1. April bis 31. Oktober 8.30–18 Uhr.

Abstecher:
Die Schwarzwaldbahn ist eine der technisch und landschaftlich bemerkenswertesten Bahnstrecken Deutschlands. Die zahlreichen Kehren, Tunnels und Brücken gehören zu den technischen Meisterleistungen des 19. Jahrhunderts.
Triberg besitzt den höchsten Wasserfall Deutschlands.

Das Musterbeispiel eines alten Schwarzwaldhofs: der Vogtsbauernhof

so ist das Einbringen der Heuernte sehr einfach. Durch ein Loch wird das Heu im Winter nach und nach hinunter in den Stall geworfen.
Bei der Anlage ihrer Häuser erwiesen sich die Schwarzwälder ebenso als findige Köpfe wie ganz allgemein bei der Verarbeitung des hier weit verbreiteten Rohstoffes Holz. Nicht nur die hölzernen Giebelfronten mit ihren hübschen Balustraden sind in dieser Hinsicht beeindruckend, auch das gesamte bäuerliche Hausgerät, das vom Erfindergeist und den technischen Fähigkeiten einer gewiß nicht hinterwäldlerischen bäuer-

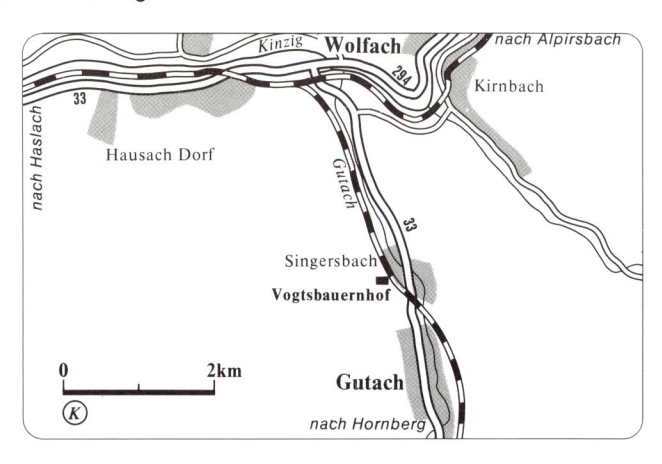

An Deutschlands Hitzepol

Rund um die winkligen Winzerdörfer des Kaiserstuhls reifen berühmte Weine. Auch sonst prägt üppigster Pflanzenwuchs die Landschaft dieses Lößgebirges.

Anfahrt:
Bahnlinien umschließen den Kaiserstuhl (Freiburg–Breisach; Freiburg–Gottenheim–Riegel–Breisach). Auf letzterer fährt an bestimmten Tagen der »Rebenbummler«, ein Museumszug. Autofahrer verlassen die A 5 in Riegel oder Freiburg-Mitte oder Teningen.

Auskunft:
Kaiserstühler Verkehrsbüro, Adelshof 20, 79346 Endingen, Tel.: 0 76 42/68 99 90, Telefax: 0 76 42/68 99 99

Öffnungszeiten:
Mo.–Fr. 9–12 Uhr, Mo./Fr. 15–17 Uhr.

Abstecher:
Etwas abseits vom Kaiserstuhl liegt dessen eigentliche, »heimliche« Hauptstadt: Breisach. Das romanische Breisacher Münster mit dem berühmten Schnitzaltar des Meisters HL und den Fresken von Martin Schongauer gehört zu den bedeutendsten Kirchenbauten am Oberrhein.

Vor vielen Jahrmillionen kam es in Mitteleuropa zu einer geologischen Katastrophe: Vogesen und Schwarzwald, uralte Gebirgsstöcke, brachen auseinander, der breite Oberrheingraben bildete sich zwischen ihnen. Durch die hier dünn gewordene Erdkruste trat glühendheißes Magma aus dem Erdinneren. Es bildete den vulkanischen Kaiserstuhl. Als später eiszeitliche Winde den feinstaubigen, fruchtbaren Löß aus den Schottern des Rheintals bliesen, blieb er an den vulkanischen Felsen des Kaiserstuhls hängen. Deutschlands mächtigste Lößdecken entstanden.

Vulkanfelsen und Löß heizen sich in der Sonne besonders stark auf. Auch die warmen Südwinde sorgen dafür, daß sich bei Ihringen am Südhang des Kaiserstuhls Deutschlands wärmster Punkt befindet. Fruchtbarster Boden und sehr warmes Klima bieten ideale Voraussetzungen für den Weinbau. Seltene Pflanzen aus dem Mittelmeergebiet erreichen ihre nördlichsten Verbreitungspunkte am Kaiserstuhl. Vor allem der vulkanische, kahle Badberg im Zentrum des Kaiserstuhls ist ein

Die Kulturlandschaft Kaiserstuhl mit künstlichen Rebterrassen

Orchideenparadies. Wärmeliebende Tiere wie die Smaragdeidechse und die Gottesanbeterin leben hier. Auch die Wälder um den Totenkopf und den Katharinenberg sind Heimat vieler seltener Pflanzen.

Die Dörfer und Städtchen werden sämtlich vom Weinbau geprägt. Kaiserstühler Wein trinken oder kaufen kann man natürlich überall. Aber es gibt auch Sehenswürdigkeiten ersten Ranges. Hervorgehoben seien der Schnitzaltar in der Niederrotweiler Kirche, die hübschen Stadtanlagen von Burkheim und Endingen, die Limburg, Freskenmalereien in den Kirchen von Bischoffingen und Oberschaffhausen, am südlich sich anschließenden Tuniberg die barocke Kirche von Merdingen und die Ehrentrudiskapelle bei Munzingen.

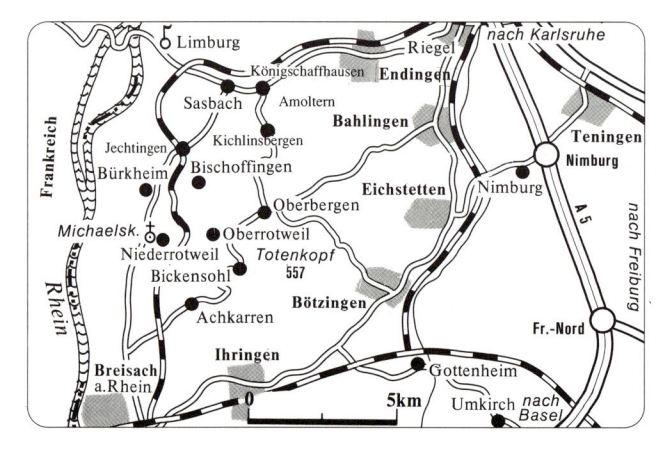

Die Hauptstadt des Schwarzwalds

Freiburg im Breisgau ist eine alte Zähringerstadt, Universitätsstadt, Fremdenverkehrsstadt, Kunststadt und Einkaufsstadt. Berühmteste Sehenswürdigkeit ist das weltbekannte Münster.

Freiburg besitzt den schönsten Turm der Christenheit

Dicht gedrängt an den Schwarzwaldrand gründeten die Zähringer im Jahr 1120 die Stadt Freiburg. Das bedeutende Herrschergeschlecht hatte seine Burg oberhalb des heutigen Vororts Zähringen. Wie alle Zähringerstädte hat auch Freiburg die »Bächle«: Sie fließen offen durch die Straßen und Gassen und dienten früher zur Lösch- und Brauchwasserversorgung.

Freiburgs Zentrum ist der Markt- und Münsterplatz mit vielen sehenswerten Bauten. Das Freiburger Münster hat angeblich den schönsten Kirchturm der Christenheit. Den 116 Meter hohen, vielfach filigran durchbrochenen gotischen Turm kann man besteigen und von oben aus eine prächtige Aussicht auf die Stadt genießen. Natürlich sollte man die Kirche auch von innen besichtigen. Berühmte Altäre und Skulpturen sowie herrliche Glasmalereien (gestiftet von den Zünften der Stadt, die auf den Fenstern dargestellt wurden) gibt es dort zu sehen.

Gegenüber vom Münster steht das alte Kaufhaus mit seinen hübschen Arkaden. Freiburg war von jeher wichtige Handelsstadt, ging doch von hier aus eine der wenigen Straßen vom Oberrheintal in den hohen Schwarzwald: die berühmte Höllentalstraße.

Freiburgs Innenstadt ist heute größtenteils Fußgängerzone, in der es sich wunderbar bummeln und einkaufen läßt. Rechts und links der winkligen Sträßchen verbinden sich Tradition und Neues auf angenehme Weise. Freiburg ist auch eine Museumsstadt. Eine berühmte Sammlung oberrheinischer Kunst (Malerei, Plastik) besitzt das Augustinermuseum. Die engere Umgebung der Stadt bietet vielerlei Kontraste: Im Osten ragen steil die Schwarzwaldberge auf. Den Schloßberg und den Schauinsland, Freiburgs höchsten Punkt (1284 m), erreicht man mit Seilbahnen.

Freiburgs Münsterplatz: Marktplatz und »Freilichtrestaurant«

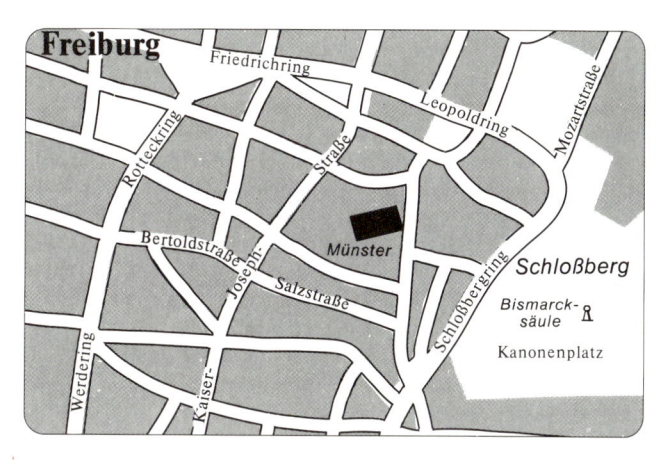

Anfahrt:
Autofahrer benutzen am besten die Abfahrt Freiburg-Mitte der Autobahn A 5 (Karlsruhe–Basel). In der Stadtmitte befinden sich mehrere Parkhäuser. Vom etwas außerhalb liegenden Hauptbahnhof erreicht man die Innenstadt in wenigen Minuten zu Fuß.

Auskunft:
Freiburg Wirtschaft und Touristik GmbH, Rotteckring 14, 79098 Freiburg, Tel.: 0761/3689090, Telefax: 0761/37003.

Abstecher:
In den Hochschwarzwald führen die B 31 und eine sehr malerische Bahnlinie durch das Höllental (mit Hirschsprung und Ravennaschlucht). Der Schauinsland, Freiburgs Hausberg, ist ein Wander- und Skiparadies ersten Ranges, dazu ein hervorragender Aussichtsberg.

Schwarzwald, Kaiserstuhl, Schwäbische Alb — Autotour ⑦

Der höchste Schwarzwaldgipfel

Beinahe anderthalb Kilometer über dem Meeresspiegel liegt der Feldberggipfel. Tier- und Pflanzenwelt des markanten Aussichtsberges sind alpin geprägt.

Ungetrübt ist die Gipfelansicht vom St. Wilhelmer Tal her

Anfahrt:
Der Bahnhof Feldberg-Bärental, der höchstgelegene Bahnhof der Deutschen Bundesbahn, liegt an der Dreiseenbahn (Titisee–Seebrugg). Von dort aus – wie von Todtnau – führen Buslinien zum Feldberg. Der Feldbergpaß wird von der B 317 (Lörrach–Titisee) erklommen.

Auskunft:
Tourist-Information Feldberg,
Kirchgasse 1,
79868 Feldberg,
Tel.: 07655/8019,
Telefax: 07655/80143.

Abstecher:
Der Titisee ist ein touristischer Höhepunkt im Hochschwarzwald (Bootsfahrten möglich). Bootsrundfahrten kann man auch auf dem Schluchsee machen. Fast noch bessere Aussichtsberge als der Feldberg sind das Herzogenhorn und der Belchen (berühmtes Alpenpanorama).

Man darf sich den höchsten Schwarzwaldberg nicht als felsigen, zerklüfteten Grat vorstellen. Er ist – wie sein Name sagt – ein »Feldberg«. Seine größtenteils weich abgerundeten Bergformen, aufgebaut aus Urgestein, Granit und Gneis, sind von grünen Bergmatten bedeckt, kurzgrasigen Wiesen und Weiden, die deutlich alpine Züge tragen. In der Gipfelregion des Feldbergs wird bereits die Waldgrenze überschritten. Um den 1493 Meter hohen Gipfel herum blühen Orchideen, Blauer Eisenhut, Katzenpfötchen, Enziane, Soldanellen und zahlreiche unauffälligere, aber seltene Pflanzen. Auch die Tierwelt erinnert an die Alpen. Vor einigen Jahrzehnten wurden im Feldberggebiet Gemsen ausgesetzt. Wegen der einmaligen Flora und Fauna sowie besonderer Landschaftsformen wurde der Feldberg unter Naturschutz gestellt.

Landschaftlich besonders bemerkenswert ist der Nordhang des Feldbergs: Hier finden sich nun tatsächlich steile Felsabbrüche. Am schattigen Nordhang sammelt sich im Winter der meiste Schnee an, der im Sommer erst spät (manchmal auch überhaupt nicht) wegschmilzt. Immer wieder reißen hier Lawinen Felsbrocken und Bäume in die Tiefe. Gebildet wurde die steile Feldberg-Nordwand in der Eiszeit. Das Feldbergkar war der Anfangspunkt eines mächtigen Gletschers. An seinem tiefsten Punkt entstand der klare, kalte Feldsee, der wie ein dunkles Auge zum Beschauer auf dem Feldberggipfel heraufgrüßt. Das Seebachtal, das den Feldberg in nordöstlicher Richtung verläßt, ist ein typisches Gletschertal, das U-förmig ausgehobelt wurde. Hinter einer Endmoräne staute sich der Seebach zum Titisee auf.

Der Feldberg kann von vielen Seiten her »erwandert« oder mit der Sesselbahn erreicht werden.

Das Feldbergmassiv »schmücken« leider diese beiden Antennen

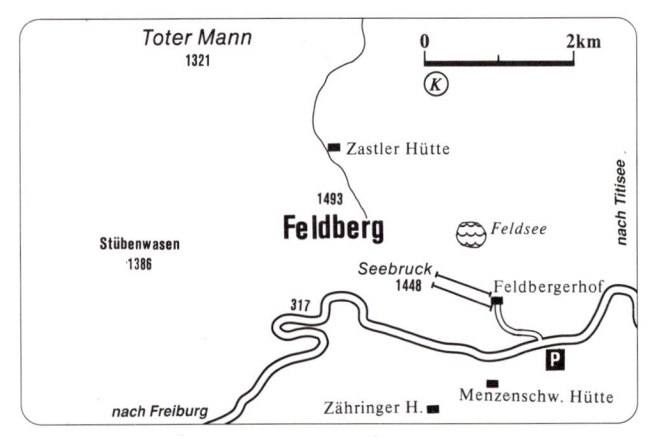

314

Hohenzollern – eine Märchenburg

Im 19. Jahrhundert entdeckte man schwärmerisch deutsche Vergangenheit. Das Zeitalter der Romantik brachte einerseits altes Kulturgut wieder zu Tage, schuf andererseits auch ein allzu »romantisches« Bild vom Mittelalter. Ausdruck davon sind zahlreiche im Stil der Neugotik aufgeführte Bauwerke: Zinnen und Zierate, Schwibbögen und spitze Fenster entstanden nicht nur an den Kirchen, sondern auch an »normalen« Häusern, die solchen Schmuck im Mittelalter eigentlich niemals getragen hatten. Burgen wurden neben Kirchenbauten als echte Zeugen heroischer Vergangenheit des alten Deutschland richtiggehend verehrt.

Die Hohenzollern, deren Geschlecht ursprünglich die Burg oberhalb von Hechingen zur Heimat hatte, waren im 19. Jahrhundert Könige von Preußen, ab 1871 Kaiser des Zweiten Deutschen Reiches. Dieses Herrschergeschlecht, das so bewußt an mittelalterliche Traditionen knüpfte, erinnerte sich nun an seine einstige Stammburg: Sie mußte in mittelalterlichem Stil prachtvoll erneuert und ausgebaut werden. Die Burg Hohenzollern in ihrer heutigen Gestalt ist das Ergebnis dieses Traumes vom Mittelalter. Nur wenige Teile der »echt« mittelalterlichen Burg blieben erhalten, so die sehr sehenswerte spätgotische Burgkapelle. Immer mehr gelangen aber die Kunsthistoriker dazu, auch die »pseudomittelalterlichen« Bauten der Neugotik als Kunstwerke von Rang anzuerkennen.

Schließlich ist schon die dreifach verschlungene Auffahrt zur Burg eine bauliche Meisterleistung, auch wenn sie erst vor etwas mehr als 100 Jahren ersonnen wurde. Und die siebentürmige Burganlage als Ganzes wurde zu einem Wahrzeichen der Alb, das vom steil abfallenden Albtrauf nicht mehr wegzudenken ist. Burg Hohenzollern ist nicht nur weithin sichtbar, sie ist auch ein hervorragender Aussichtspunkt mit einem Blick bis zum Schwarzwald.

Weithin grüßt der Hohenzollern, die zinnenbewehrte, siebentürmige Burg, vom Albrand herunter. Zum größten Teil ist der Bau erst wenig mehr als 100 Jahre alt.

Wahrlich ein echtes Märchenschloß: der Hohenzollern bei Hechingen

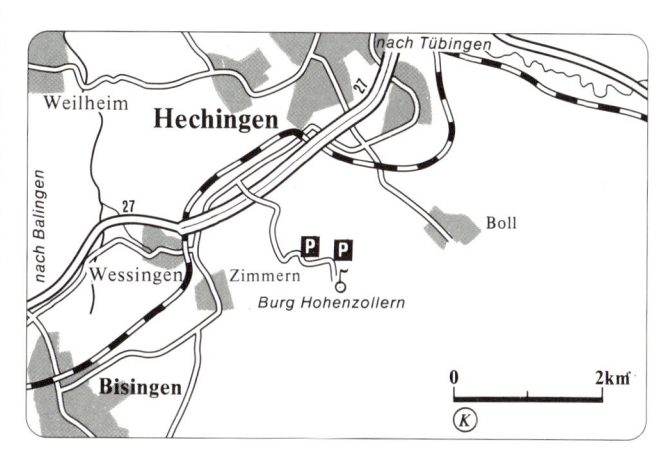

Anfahrt:
Auf der B 27 (Stuttgart – Rottweil). Südwestlich Hechingen auf einer kleinen Stichstraße steil hinauf zur Burg. Man kann auch die Autobahn (A 81) bei Empfingen verlassen und über Haigerloch–Hechingen zum Hohenzollern fahren.

Auskunft:
Verwaltung
Burg Hohenzollern,
72379 Hechingen,
Tel.: 0 74 71/24 28,
Telefax: 0 74 71/68 12.

Öffnungszeiten:
16.10. bis 15.3. v. 9–16,30, 16.3. bis 15.10. v. 9–17.30.

Abstecher:
Hechingen unterhalb der Burg besitzt bedeutende Baudenkmäler der Renaissance. Sehenswerte Schlösser liegen in Haigerloch und Weitenburg. Unweit von Weitenburg befindet sich die Autobahn-Hochbrücke über den Neckar, ein technisches Wunderwerk.

Schwarzwald, Kaiserstuhl, Schwäbische Alb   Autotour ⑨

Sonnenbühls düstere Grotte

In Sonnenbühl, einer neuen Großgemeinde auf der Reutlinger Alb, liegt die berühmte Erpfinger Bärenhöhle, die ihren Namen nicht zu Unrecht trägt.

Anfahrt:
Mit dem Bus von Reutlingen aus (Bahnstation der Strecke Stuttgart–Tübingen). Autofahrer folgen hinter Großengstingen von der B 313 (Reutlingen–Gammertingen) aus den Wegweisern zur Bärenhöhle.

Auskunft:
Fremdenverkehrsverein Sonnenbühl, 72820 Sonnenbühl, Tel.: 0 71 28/6 96, Telefax: 0 71 28/9 25 50.

Bemerkung:
Über der Bärenhöhle befinden sich ein Freizeitpark sowie Kinderspiel- und Rastplätze.

Abstecher:
Eine weitere bekannte Albhöhle ist die nahe gelegene Nebelhöhle. Anschließend kann man auch einen Ausflug zum Schloß Lichtenstein (mit Wilhelm-Hauff-Museum) unternehmen.

Die Schwäbische Alb ist eine Karstlandschaft. Das heißt: Kalkstein, in geringem Maße wasserlöslich und gleichzeitig stark wasserdurchlässig. Bäche oder gar Flüsse und Seen sind deshalb Raritäten auf der Albhochfläche, weil das Regenwasser sofort im Boden versickert. Durch Klüfte des Gesteins rieselt das Wasser in die Tiefe, löst dabei pausenlos Kalk und vergrößert so nach und nach die Klüfte.

An manchen Stellen im Kalkgebirge gibt es aber auch wasserundurchlässige Stellen, und hier hat das Rieseln durch die Klüfte ein Ende: Das Wasser sammelt sich, wäscht nochmals Kalk aus, fließt unterirdisch ab: Kalkhöhlen entstehen. Von oben nachsickerndes Wasser bildet in ihnen Tropfsteine. Diese wachsen, wenn gelöster Kalk ausgefällt wird und das klare Wasser von der Decke auf den Höhlenboden tropft.

Höhlen mit oft riesenhaften Hallen, gegliedert durch Tropfsteine, Kaskaden und Sintervorhänge, gehören zu den besonderen Charakteristika der Schwäbischen Alb. Eine der schönsten Höhlen ist die Bärenhöhle, die mit der Karlshöhle zu einem großen Höhlensystem verbunden ist.

Bemerkenswert ist die Bärenhöhle nicht nur als geologisches Schauspiel.

Sie bot auch Lebewesen der Vorzeit – gewissermaßen als natürliches Haus – Schutz. Spektakulär sind die Knochenfunde von Höhlenbären, die der Höhle ihren Namen gaben. Diese Knochen stammen von Tieren der Eiszeit, die hier vor 20 000 bis 50 000 Jahren das unterirdische Labyrinth bewohnten. Auch Löwen und Mammuts wurden als Gäste der Höhle nachgewiesen. In späterer Zeit, vor allem in der Eisenzeit, also wenige Jahrhunderte vor Christi Geburt, hielten sich Menschen in der Bärenhöhle auf. Knochen und Werkzeuge blieben als Spuren von ihnen erhalten.

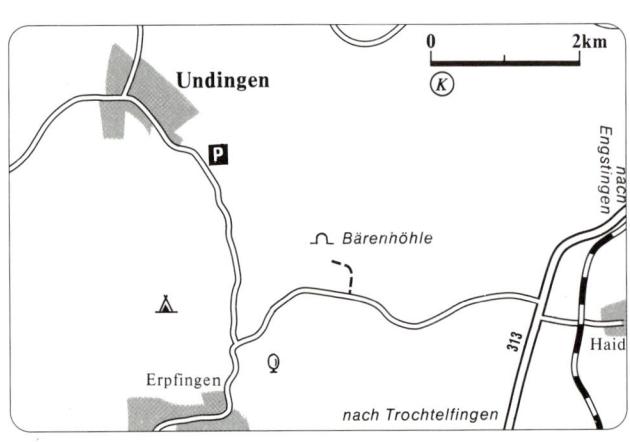

Die Alb besitzt zahlreiche Besucherhöhlen. Die Bärenhöhle erhielt ihren Namen nach dem oben abgebildeten Fund: ein Skelett des Höhlenbären

316

Autotour ⑩   Schwarzwald, Kaiserstuhl, Schwäbische Alb

Die Wasserfälle der Schwabenalb

Der berühmte Uracher Wasserfall und der nahe gelegene Gütersteiner Wasserfall haben sich selbst geschaffen. Über Kalk-Sinterterrassen donnert das Wasser zu Tal.

Trotz Wasserknappheit auf der Alb gibt es diesen Wasserfall, der ...

... nahe des Städtchens Bad Urach in die Tiefe stürzt

Wasser sammelt sich auf der Hochfläche der Schwäbischen Alb nicht in Bächen, sondern es versickert im wasserdurchlässigen Kalkstein. Unterirdische Flüsse bilden sich in den Höhlen (z.B. Bärenhöhle); in ungewöhnlich großen Quelltöpfen tritt das Wasser wieder zu Tage (z.B. Blautopf). Auch das Wasser der Fälle bei Bad Urach hat einen so charakteristischen Weg durch das Karstgebirge der Alb hinter sich. Wasser, das in der Nähe von Würtingen (etwa vier Kilometer vom Uracher Wasserfall entfernt) im Boden verschwindet, entspringt etwa 26 Stunden später einer Karstquelle und stürzt gleich darauf 37 Höhenmeter den Uracher Wasserfall hinab.

Diesen Wasserfall hat das Kalkwasser – ähnlich wie den nahe gelegenen Gütersteiner Wasserfall – selbst geschaffen. Bei seinem Weg durch die Klüfte und Höhlen der Alb hat es nämlich allerhand Kalk gelöst. Tritt das Wasser dann im Quelltopf an die Erdoberfläche, erwärmt es sich sehr rasch. Dabei setzt es den gelösten Kalk teilweise frei. Solch einen, vom Wasser ausgefällten Kalk nennt man Kalksinter; dieser Kalksinter sammelte sich unterhalb der Quellen an, er bildete eine sogenannte Kalk-Sinterterrasse. Über diese Terrasse, eine kleine Ebene, donnert der Wasserfall zu Tal.

Kalksinter wird ständig abgelagert. In der Nähe von Karstquellen überzieht er auch Steine und kleine Pflänzchen mit einem Kalkpanzer. Und die Sinterfläche der Wasserfälle wächst durch weitere Ablagerungen ständig in die Höhe und in die Schlucht hinein. So werden die Wasserfälle ständig größer.

Unterhalb des Uracher Wasserfalls (ihn erreicht man von Parkplätzen aus auf einem kurzen Spaziergang) liegt eine feuchte Schlucht. Das im Wasserfall versprühte Wasser hängt hier förmlich an den Blättern der Bäume.

Anfahrt:
Eine für den Kfz-Verkehr gesperrte Stichstraße zum Uracher Wasserfall zweigt von der Bundesstraße 28 (Metzingen – Bad Urach) ab.

Auskunft:
Städt. Kurverwaltung, Bei den Thermen 4, 72574 Bad Urach, Tel.: 0 71 25/9 43 20.

Abstecher:
Die Stadt Bad Urach sollte man unbedingt besuchen. Mit ihren Fachwerkfassaden (berühmt das Rathaus) ist sie eine der schönsten schwäbischen Städte. Sehenswert sind auch der Marktbrunnen, das Schloß, die Amanduskirche, das Stadtmuseum »Klostermühle« und die Burgruine Hohenurach.

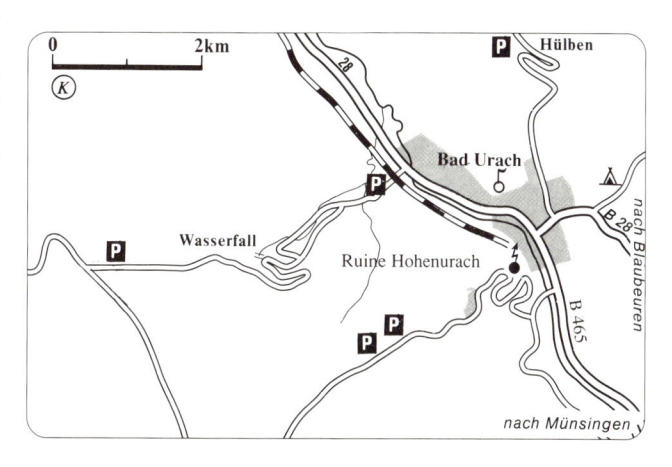

Schwarzwald, Kaiserstuhl, Schwäbische Alb   Autotour ⑪

Der Blautopf
und die Schöne Lau

Eine der größten Quellen Europas, der Blautopf, liegt gleich hinter Blaubeurens sehenswertem Benediktinerkloster.

Anfahrt:
Blaubeuren ist Eilzugstation an der Strecke Ulm – Sigmaringen. Die Bundesstraßen 28 (Ulm – Reutlingen) und 492 (aus Ehingen) führen in die Stadt.

Auskunft:
Bürgermeisteramt, 89143 Blaubeuren, Tel.: 07344/317, Telefax: 07344/1336.

Öffnungszeiten:
Heimatmuseum: 1.4.–31.10. Di.–So. 10–17 Uhr, 1.1.–31.3. geschlossen.
Hammerschmiede Mitte März bis 31. Mai, tägl. 10–18 Uhr, Sa. u. So. sowie an Feiertagen, 1. Nov. bis Mitte März v. 11–16 Uhr.

Abstecher:
Landschaftlich reizvoll ist das Hochsträß genannte Gebirge zwischen dem heutigen Donautal und dem ehemaligen Donaulauf (heute Blautal). Donauaufwärts liegen die prächtigen Barockkirchen von Obermarchtal und Zwiefalten.

Die Schüttung des Blautopfes ist so stark, daß man mit seinem Wasser...

... in früheren Jahrhunderten eine Hammerschmiede antreiben konnte

»Der Blautopf ist der große runde Kessel eines wundersamen Quells... Gen Morgen sendet er ein Flüßchen aus, die Blau, welche der Donau zufällt. Dieser Teich ist einwärts wie ein tiefer Trichter, sein Wasser ist von Farbe ganz blau...« Mit diesen Worten beginnt der Dichter Eduard Mörike seine berühmte »Historie von der Schönen Lau«, einem Teil des »Stuttgarter Hutzelmännlein«. Der Schönen Lau, der Quellnymphe, wurde am Rand des Blautopfes ein Denkmal gesetzt.

Das Wasser des Blautopfes, einer riesigen Karstquelle, stammt aus einem Fluß, der unter der Schwäbischen Alb von versickerndem Regenwasser gespeist wird und durch Höhlensysteme fließt. Mit großer Kraft sprudelt das Wasser aus dem über 20 Meter tiefen Quell so reichlich hervor, daß es sofort in der Lage ist, an Ort und Stelle eine Hammerschmiede zu betreiben (als historische Anlage wieder hergerichtet). Rätsel gab immer wieder die intensiv blaue Farbe des Wassers auf, die dem Quelltopf seinen Namen gab. Dieses Blau ist allein die Farbe ganz reinen Wassers, in dem sich das Sonnenlicht bis in große Tiefe hinein bricht.

Im Mittelalter gründeten Benediktinermönche gleich neben dem Blautopf ein Kloster. Unbedingt besichtigen sollte man vor allem den herrlichen spätgotischen Chor der Klosterkirche und den berühmten Hochaltar, der Ende des 15. Jahrhunderts von dem Ulmer Meister Gregor Erhart geschaffen wurde. Im Kloster wurde nach der Reformation ein »Seminar« eingerichtet, eine Schule, in der begabte Schüler auf das Theologiestudium vorbereitet wurden. Auch ein Rundgang durch die Stadt Blaubeuren ist lohnend (gotische Pfarrkirche, Fachwerkbauten). Wo sich heute die lebhafte Kleinstadt ausbreitet, zog ehemals die Donau ihre weiten Schlingen.

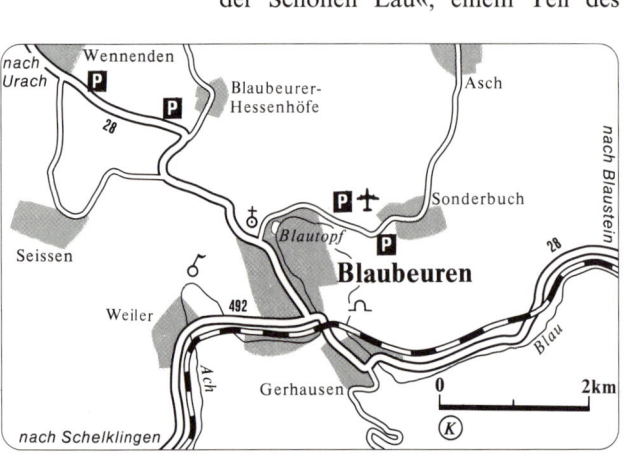

Ein Meer, zu Stein geworden

Holzmaden ist ein Begriff für Paläontologen und Fossiliensammler; in Ölschieferschichten rund um das Dorf fand man versteinerte Saurier. Trotz Fotografierverbot ein »Pflichtziel«.

Kalkstein bildet sich in der Regel am Meeresboden. Auch die Jurakalke sind Meeresablagerungen, entstanden im Jurameer, das sich vor rund 150 Millionen Jahren an der Stelle der heutigen Alb befand. Die Kalkablagerungen sind nichts anderes als die Überreste der Meeresbewohner. Blieben diese Reste zusammenhängend erhalten, sind dies die Versteinerungen, für die die ganze Schwäbische Alb berühmt ist: Muscheln und Austern, Schnecken, Ammonshörner und die »Donnerkeile« genannten Belemniten.

Neben diesen häufigen Bewohnern des Jurameeres lassen sich in den geologischen Schichten rund um Holzmaden aber auch noch weitere, ausgesprochene Raritäten, finden. Hier treten die Schichten des Ölschiefers zu Tage, einer Kalksteinabart. Zur Zeit seiner Bildung lagerten sich derart viele Tierreste am Meeresboden ab, daß außer Kalk auch andere Teile der Lebewesen nicht vergehen konnten. Chemische Verbindungen, die wir »Öl« nennen, blieben über die Jahrmillionen erhalten; man überlegte sich schon, ob man den ölhaltigen Schiefer zur Gewinnung von Erdöl abbauen sollte.

Im Holzmadener Ölschiefer sind urweltliche, versteinerte Lebewesen nicht nur besonders zahlreich, sondern auch in überaus großer Artenzahl erhalten geblieben. Die Fossilien ermöglichen uns eine Rekonstruktion des Lebens im Jurameer: In dem warmen Gewässer tummelten sich Saurier, die größten Lebewesen, die es jemals gegeben hat, ferner eine Fülle von Fischen. Auch Seelilien waren weit verbreitet. Mächtige Ammoniten, die mit den Tintenfischen verwandt sind, streckten ihre Fangarme aus.

Mitten in dem auf der Welt ohnegleichen gebliebenen Versteinerungsdorado, das Schutzgebiet ist (Sammeln von Versteinerungen ist verboten), kann man sich im Hauff-Museum in Holzmaden einige der schönsten Ölschiefer-Versteinerungen ansehen.

Anfahrt:
Auf der Autobahn A 8 bis Aichelberg, von dort aus den Hinweisschildern nach Holzmaden folgen.

Auskunft:
Verkehrsverein, Teck-Neuffen e. V. Max-Eyth-Straße 15, 73230 Kirchheim u. T., Tel.: 07021/3027, Telefax: 07021/480538.

Öffnungszeiten:
Di.–So. durchgehend geöffnet.

Bei Holzmaden wurde dieser versteinerte Saurier gefunden

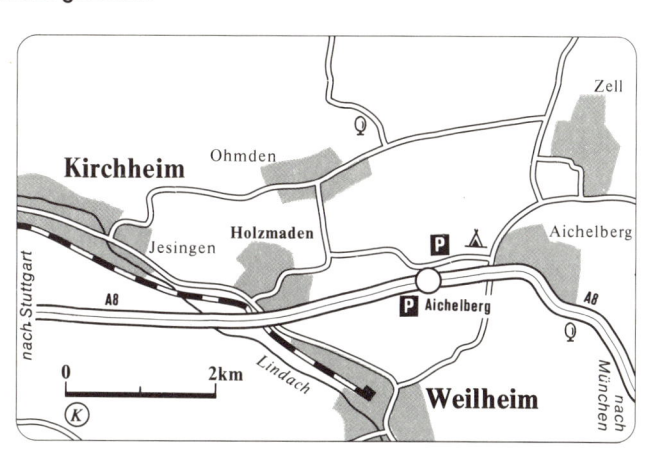

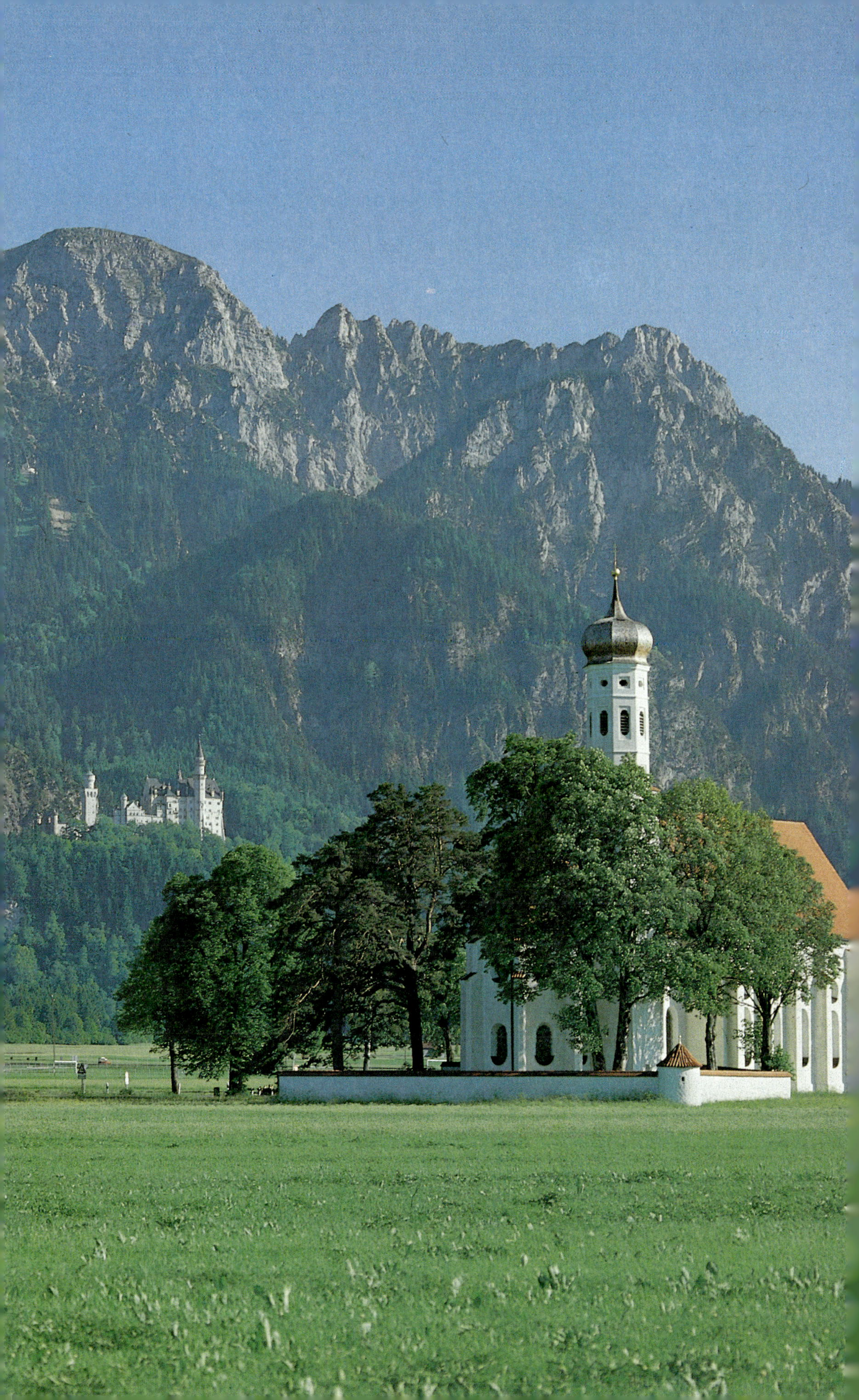

Vom Bodensee durch Oberschwaben ins Allgäu

Die größtenteils von Eiszeitgletschern geschaffene Landschaft des baden-württembergischen und bayerischen Alpenvorlandes ist reich an Hügeln und Seen, Mooren und herrlichen Barockkirchen, die mit dem Hügelland verwachsen zu sein scheinen. Unumstrittener Höhepunkt ist der größte Binnensee Deutschlands, der Bodensee.

Dieser Raum ist geologisch gesehen sehr jung. Zur Zeit, als sich die Alpen auffalteten, dehnte sich hier ein Meer aus, an dessen Grund sich als Gestein die Molasse bildete. Bei der Alpenfaltung wurde die Molasse schließlich auch noch ein Stück gehoben, und die Gegend fiel trocken. Später kam das Eiszeitalter mit mehreren starken Abkühlungen. Hierbei wurde das Land von bis zu 1000 Meter mächtigen Eismassen überfahren, die die Molassefelsen abhobelten. Nur wenige blieben stehen, so zum Beispiel der Bussen, der »heilige Berg Oberschwabens«, und die Höhen und Inseln am und im Bodensee.

Nach dem Abschmelzen des Eises blieben vielerorts große Löcher zurück, die sich mit Wasser füllten; dies war die Geburtsstunde von Boden- und Federsee sowie zahlreicher weiterer Seen. An anderen Stellen häuften die Gletscher große Schuttberge und -wälle auf, die Moränen, die heute als reizvolle Hügelzüge den Raum durchziehen.

Durchbrochen wird diese Landschaft von Flüssen, die ursprünglich alle nordwärts zur Donau zogen. Erst später zapfte der Rhein den Bodensee an, und dann wurde es für verschiedene Flüsse wie Schussen und Argen »attraktiv«, nun in umgekehrter Richtung nach Süden zu fließen. Die Täler, allesamt durch die ungeheuren eiszeitlichen Schmelzwassermengen sehr breit ausgeräumt, bildeten ideale Handelswege. An solchen Stellen entstanden Handelsstädte wie Biberach und Ravensburg. Handel blühte auch rings um den Bodensee: Lindau, Friedrichshafen, Meersburg und Konstanz waren »echte« Hafenstädte, an deren Kais Handelsschiffe be- und entladen wurden.

Im Allgäu, das politisch bereits zu Bay-

Blick von St. Koloman auf den Säuling. Davor Schloß Neuschwanstein

Blick auf die Allgäuer Alpen bei Oberstdorf

ern gehört, wird in vielen Teilen noch Schwäbisch gesprochen. Auch in ihren Bräuchen, ihrer Tracht und der Bauweise ihrer Siedlungen sind die Allgäuer viel mehr mit den Schwaben als mit den Bayern verwandt.

Der Süden des Allgäus wird von den Allgäuer Alpen beherrscht, die mit ihrem die 2000-Meter-Grenze weit überschreitenden Hauptkamm zu den höchsten und schönsten Berggruppen der Nördlichen Kalkalpen gehören. Berühmt sind die Allgäuer Alpen aber auch durch ihre zahlreichen Höhenwege und Klettersteige, die nirgendwo sonst in den nördlichen Ostalpen in solch einer Vielzahl vorhanden sind. Nach Süden zu reiht sich ein bedeutender Fremdenverkehrsort an den anderen, bis hin nach Oberstdorf. »Das oberste Dorf« des Allgäus, südlichste Marktgemeinde Deutschlands, gehört zu den renommiertesten bayerischen Fremdenverkehrsorten. Kulturelle Glanzlichter in dieser Region sind zweifellos die barocken Bauwerke in den Städten und die berühmten Königsschlösser Hohenschwangau, Neuschwanstein und Linderhof.

Auskunft:
Fremdenverkehrsverband Bodensee-Oberschwaben e. V.,
Schützenstr. 8,
78462 Konstanz,
Tel.: 0 75 31/2 22 32,
Telefax: 0 75 31/1 64 43.

Tourismusverband Allgäu/Bayerisch-Schwaben e. V.,
Fuggerstr. 9,
86150 Augsburg,
Tel.: 08 21/3 33 35,
Telefax: 08 21/3 83 31.

Übersichtskarte Autotour und Sehenswürdigkeiten

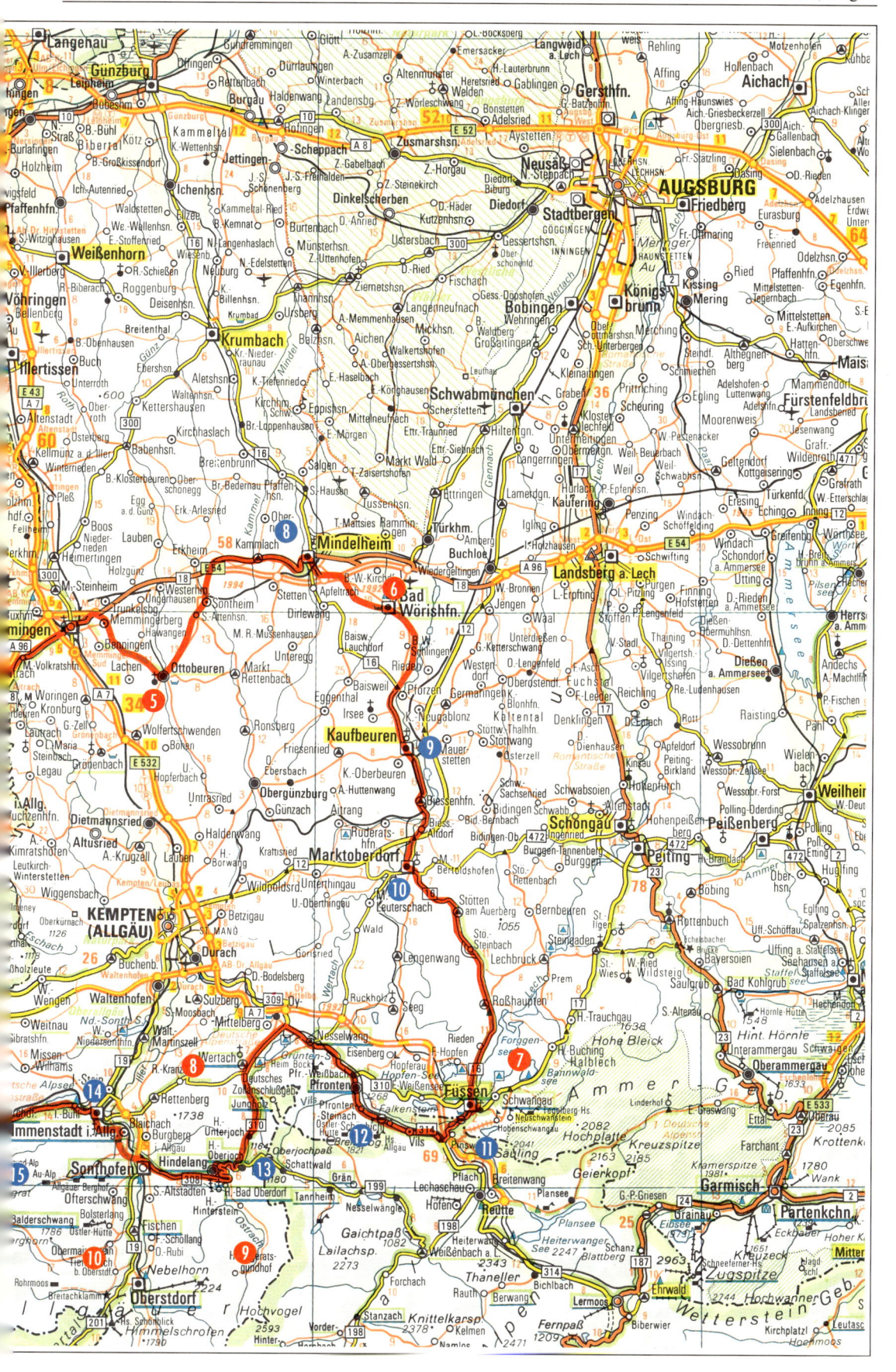

Bodensee, Oberschwaben, Allgäu

Die Autotour

Nirgendwo sonst in Deutschland scheint die Sonne so warm wie am Bodensee, und nirgendwo sonst findet man so viele prunkvolle Barockbauten wie in Oberschwaben. Aber auch die grandiose Naturkulisse – zerklüftete Bergketten und bizarre Schluchten – prägte diese Region.

Gesamtlänge der Autorundreise: 435 km

❶ Tourenvorschlag Mainau
Tropische Pflanzen wachsen auf der als Blumeninsel bekannten Bodenseeinsel Mainau. Zur Blütezeit fertigen die Gärtner überlebensgroße Figuren, zum Beispiel Tiere, aus Tausenden von Blumen.

❷ Tourenvorschlag Meersburg
Hoch über der Stadt liegt das Alte Schloß, das schon im 7. Jahrhundert gegründet wurde. Hier lebte und arbeitete die Dichterin Annette von Droste-Hülshoff.

❸ Tourenvorschlag Weingarten
In abwechslungsreicher Moränenlandschaft liegt die alte oberschwäbische Stadt. Der Ort ist Sitz der größten Barockbasilika nördlich der Alpen.

❹ Tourenvorschlag Federsee
Bad Buchau liegt am südlichen Rande des Federsee-Rieds. Der ehemals viel größere Federsee ist heute Lebensraum seltener Tiere und Pflanzen, die in den ausgedehnten Mooren leben.

❺ Tourenvorschlag Ottobeuren
Der kleine Allgäuer Ort besitzt mit seiner berühmten Benediktinerabtei eines der prunkvollsten Barockklöster Deutschlands.

❻ Tourenvorschlag Bad Wörishofen
Durch den Naturheiler Pfarrer Kneipp gelangte die Kleinstadt in den Ruf, ein besonderes Heilbad zu sein.

❼ Tourenvorschlag Neuschwanstein
Erst 1869 begann man mit dem Bau eines der prächtigsten Schlösser überhaupt. König Ludwig II. hatte es sich in den Kopf gesetzt, eine mächtige Ritterburg im Stil staufischer Burgen zu errichten.

❽ Tourenvorschlag Grünten
Der 1738 Meter hohe »Wächter des Allgäus« gilt als einer der schönsten Berge des nördlichen Alpenhauptkammes.

❾ Tourenvorschlag Nebelhorn
Der Hausberg der Oberstdorfer ist mit einer Großkabinen-Seilbahn zu erreichen. Im oberen Allgäu zählt der 2224 Meter hohe Kalkberg zu den beliebtesten Ausflugszielen.

❿ Tourenvorschlag Breitachklamm
Bis zu 100 Meter tief haben die Wassermassen eine der schönsten und größten Klammen Europas in das Gestein hineingegraben.

⓫ Tourenvorschlag Lindau
Die Inselstadt im Bodensee mit ihren verwinkelten Gassen, den historischen Kirchen und einem schönen Rathaus besitzt eine berühmte Hafeneinfahrt.

⓬ Tourenvorschlag Reichenau
Auf dieser Bodenseeinsel stehen drei berühmte Klosterkirchen, die darauf hinweisen, daß Reichenau im Mittelalter ein Zentrum der Klosterkultur war. Sie ist die größte der drei Bodenseeinseln.

Kinder mit Kranzrind bei der Viehscheide

Weitere interessante Sehenswürdigkeiten entlang der Route

❶ Unteruhldingen
Hier stehen die weltberühmten Pfahlbauten der Stein- und Bronzezeit. Sie sind das älteste und größte Freilichtmuseum dieser Art in Europa. Die strohgedeckten Häuser hat man aus Funden rekonstruiert.

❷ Ravensburg
Die mittelalterliche Handels- und ehemalige Reichsstadt liegt im Tal der Schussen. Historische Stadt- und Kirchtürme und gotische Bauten prägen den Charakter von Ravensburg.

❸ Bad Schussenried
Das vielbesuchte Zentrum des oberschwäbischen Barock hat als Attraktion das barocke Kloster mit der hübschen Klosterbibliothek des Dominikus Zimmermann zu bieten. Eine besondere Kostbarkeit ist das aus Nußbaumholz gefertigte Chorgestühl der Klosterkirche.

❹ Bad Buchau
Das Moorbad am Federsee hat eine schöne Stadtansicht. Das Stift Bad Buchau wurde bereits um 770 gegründet; der heutige Bau geht auf das 18. Jahrhundert zurück.

❺ Biberach
Das mittelalterliche Stadtbild lohnt schon allein einen Ausflug. Hinzu kommen die sehenswerte Stadtkirche und das bekannte Braith-Mali-Museum.

❻ Ochsenhausen
In wald- und seenreicher Umgebung liegt der Erholungsort im Tal der Rottum. Die ehemalige Benediktiner-Reichsabtei aus dem späten 13. Jahrhundert war im 18. Jahrhundert ein Zentrum der Wissenschaften und Künste.

❼ Memmingen
Altertümliche, malerische Stadt mit gut erhaltenen Türmen und Toren und einem der schönsten Marktplätze in Schwaben. Ihn

8 Mindelheim
Gut erhaltenes mittelalterliches Stadtbild. Reste der Stadtbefestigung sowie eine malerische Burg aus dem 14. Jahrhundert prägen das Städtchen. Das Turmuhrenmuseum lohnt einen Besuch.

9 Kaufbeuren
Bestens erhaltene mittelalterliche Befestigungsanlagen und viele bauliche Sehenswürdigkeiten. Im Städtischen Museum ist das Ostallgäuer Volkskundemuseum untergebracht.

10 Marktoberdorf
Mit zwei Museen zu ungewöhnlichen Sachthemen kann das kleine Städtchen aufwarten. Das Riesengebirgsmuseum informiert über die Bergkette und das andere über die Geschichte der Bügeleisen.

11 Hohenschwangau
In Anlehnung an italienische Pläne entstand im Jahre 1833 das als Sommersitz vorgesehene Schloß des Kronprinzen Maximilian II., den späteren König Max II.

12 Falkenstein
In der Nähe von Pfronten erhebt sich Deutschlands höchstgelegene Burgruine, Burg Falkenstein. An dieser Stelle wollte König Ludwig II. ursprünglich sein Neuschwanstein errichten.

13 Oberjoch
Das Oberjoch muß man nicht zu Fuß erklimmen. Man kann auch den Sessellift benutzen, um den Höhenunterschied von 450 Metern zu überwinden.

14 Immenstadt
Die Mittagsbahn ist die bequemste Verbindung zwischen dem Ort und dem Mittagsberg. Dort oben läßt sich bei gutem Wetter die Sonne am besten genießen.

15 Steibis
Hier verkehrt die Hochgradbahn. Von der 856 Meter hoch gelegenen Talstation gelangt man innerhalb weniger Minuten auf die 1600 Meter hohe Bergstation.

16 Hoher Ifen
Ein geologisch und botanisch interessantes Karrenfeld über dem Kleinen Walsertal, das man wegen seiner eigenartigen Form »Gottesackerplateau« nennt.

17 Lindenberg
Der kleine Ort ist vor allem wegen der Herstellung von Strohhüten bekannt. Hier befindet sich das einzige Hutmuseum Deutschlands.

18 Konstanz
Die Stadt gilt als Mittelpunkt des Bodenseegebietes und als deutsches Eingangstor zur Schweiz. 1982 wurde die Konstanzer Altstadt unter Denkmalschutz gestellt.

Geschichte und Kultur

Friedrichshafen — Das Zentrum der modernen Luftschiffahrt

Zwei Dinge bestimmen das Bild von Friedrichshafen: Zum einen verleiht die besonders reizvolle landschaftliche Lage in südländischer Umgebung dem Ort anmutiges Flair. Auf der anderen Seite prägen bedeutende Industriebetriebe das wirtschaftliche Leben der Stadt. Einer davon ist die Zeppelin-Werft, in der die riesigen, den Zigarren gleichende Luftschiffe gebaut wurden, die von hier aus zu kühnen Fahrten in alle Welt starteten.

Welche Bedeutung die Zeppeline für Friedrichshafen und die gesamte Region hatten, kann der Besucher im »Städtischen Bodensee-Museum« nacherleben. Die Ausstellung gibt einen umfassenden Überblick über ein Kapitel der Luftfahrt und erinnert an ihre Pioniere: Graf Zeppelin, Hugo Eckner, Karl Maybach, Claude Dornier und viele andere. An Anschauungsmaterial fehlt es nicht. Ein 7,5 Meter langes Großmodell des LZ 129 »Hindenburg« ist ebenso zu sehen wie Motoren und Fotos.

Schon immer sorgten die zigarrenförmigen Ungetüme für Aufsehen und lösten Begeisterung aus. Diese bis heute erhaltene Faszination ergab sich wohl aus der Kombination von Flugsicherheit, Bequemlichkeit, Schnelligkeit und der ungewöhnlichen Aura dieser fliegenden Giganten. An Bord eines Luftschiffes, mit dem man nicht flog, sondern »fuhr«, umfing den Gast ein Luxus, wie man ihn sonst nur von den großen Passagierdampfern kannte. Die ersten, ab 1937 in Dienst gestellten viermotorigen Propellerflugzeuge konnten diesen Komfort auf ihren Transatlantikflügen nicht bieten.

An Bord der »Hindenburg« reisten 40 Mann Besatzung mit, die das Schiff bedienten und sich um das Wohl der 72 Passagiere sorgten. Neben den mit Betten und fließend heißem und kaltem Wasser ausgestatteten Kabinen gab es eine Bar, einen Gesellschaftsraum, einen Speisesaal und mehrere Salons. Von den Wandelgängen aus hatte man einen freien Blick nach unten.

Angetrieben von vier Propellern und 4000 PS starken Motoren glitten die Zeppeline mit einer Höchstgeschwindigkeit von 135 km/h majestätisch durch die Luft. Eine Fahrt von Friedrichshafen nach New York dauerte nur noch zwei Tage und zwei Nächte. Als herausragendste der insgesamt 650 Fahrten galt die 1929 stattgefundene Weltreise der »Graf Zeppelin«, die rund um die Erde führte und ohne jeden Zwischenfall verlief.

Doch 1937 kam es in Lakehurst (USA) zu einer Katstrophe: Die »Hindenburg« geriet beim Landemanöver in ein Gewitter und fing Feuer. Bei dem Unfall verloren 36 Passagiere ihr Leben. Obwohl die Ursachen nie völlig aufgeklärt werden konnte, hielt man die nur von einer Aluminiumhülle umgebene Wasserstoffgasfüllung der Luftschiffe für zu gefährlich: der Zeppelin erhielt Startverbot.

Trotz dieses unrühmlichen Endes der Luftschiffahrt verlief die weitere Entwicklung Friedrichshafens positiv. Die ansässigen Industriebetriebe führen die Tradition des Leichtmetall- und Motorenbaus fort. Der Ursprung ist der Zeppelin.

Die LZ 129 »Hindenburg« flog regelmäßig nach Amerika

Bodensee, Oberschwaben, Allgäu   Autotour ①

Die Blumeninsel im Bodensee

Die Mainau könnte man als exotisches Inselreich bezeichnen: Im Barockschloß residiert ein Graf, tropische Pflanzen gedeihen am sonnigen Bodenseeufer.

Anfahrt:
Die Mainau liegt ein Stück nördlich von Konstanz. Vom Festland (Parkplätze) gelangt man zu Fuß oder mit Pendelbussen auf einem Steg zur Mainau. Die Insel kann man auch mit Bodenseeschiffen erreichen.

Auskunft:
Blumeninsel Mainau GmbH,
78465 Insel Mainau,
Tel.: 07531/303-117,
Telefax: 07531/303-273.

Öffnungszeiten:
Ganzjährig geöffnet.

Abstecher:
Die Mainau gehört zum Stadtgebiet von Konstanz. Ansehen kann man sich dort das romanische Münster, die verwinkelte Altstadt mit vielen sehenswerten Bauten, mehrere Museen, am Bodensee die Häfen Konstanz und Staad (Fährhafen nach Meersburg). Konstanz liegt auf der Ostspitze des Bodanrücks.

Neben der Blumenpracht fasziniert auch die Kirche der Mainau

Als während der Eiszeit Gletscher das riesige Becken des Bodensees aushobelten, blieb im Überlinger See ein Felsklotz stehen: die Mainau. Die Insel ist heute vor allem als Blumenparadies bekannt. Dies verdankt sie dem günstigen Klima am See: Das Wasser erwärmt sich langsamer als die Luft und kühlt sich auch langsamer ab. Daß es dadurch im Sommer etwas weniger heiß ist, ist nicht so entscheidend. Wichtiger ist vielmehr, daß es Frost auf der Mainau nur selten gibt, denn dafür müßte erst einmal der Bodensee zufrieren. Und das ist ein Jahrhundertereignis, die »Seegfrörne«. So können also auf der Mainau frostempfindliche Pflanzen wachsen: Palmen und Zitronenbäume, Bananen und Orangen. Bäume aus aller Herren Länder stehen auf der Insel. Zu Unrecht werden sie oft weniger beachtet als die Blütenschauen, die das Auge des Besuchers besonders gefangen nehmen. Direkt blütentrunken machen die Tulpen im Frühjahr, die sommerlichen Rosen und die Dahlien im Herbst. Diese Blütenvielfalt und die Sammlung der exotischen Bäume, von vielen Händen gehegt und gepflegt, sind das Inselreich des Grafen Lennart-Bernadotte. Der schwedische Graf hat zahlreiche europäische Regenten von Rang auf seiner Ahnentafel. Sein wundervoller Wohnsitz ist das herrliche Barockschloß auf dem höchsten Punkt der Insel.

Das Schloß und die daneben stehende Kirche sind Bauwerke des bekannten Barockbaumeisters Johann Caspar Bagnato. Der Bildhauer Joseph Anton Feuchtmayer schuf den Altar der Kirche, Franz Anton Spiegler malte ihr Deckengemälde.

Die Mainaugärtner, die auch für neue Ideen von Gartenpflanzen weit bekannt sind, haben sich für die vielen Besucher der Mainau noch etwas Besonderes einfallen lassen: Im »Mainau-Kinderland« nämlich entstanden überdimensionale Tiere aus Tausenden von Blumen, die viel bestaunt werden.

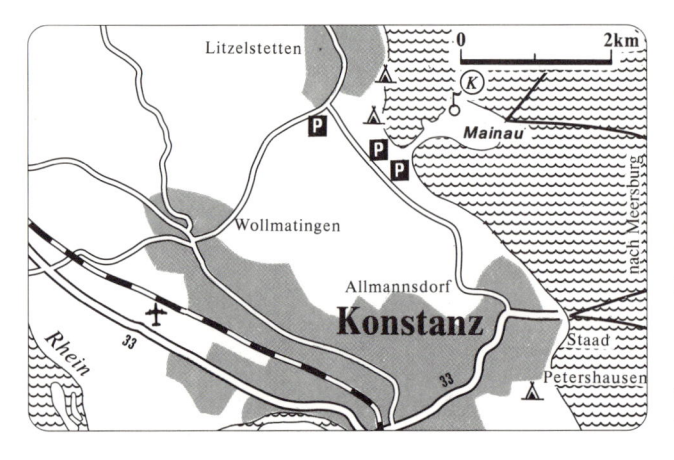

Autotour ② Bodensee, Oberschwaben, Allgäu

Badische Burg am Schwäbischen Meer

Sanfte Uferhänge umranden den Bodensee an den allermeisten Stellen. Anders in Meersburg, wo ein Molassefelsen steil über die Seefläche aufragt. Er war der ideale Standort für eine Burg. Sie, die Meersburg, das heutige »Alte Schloß«, ist wohl bereits im 7. Jahrhundert gegründet worden. Dagobertsturm heißt der Bergfried nach seinem Erbauer, einem bedeutenden Merowingerkönig. Strategisch diente die Burg verschiedenen mittelalterlichen Herrschergeschlechtern, die nach und nach weitere Gebäude an den Dagobertsturm anbauten. Konstanzer Bischöfen war die Burg ein geliebter Sommersitz. Im 19. Jahrhundert erwarb sie als Privatmann Freiherr Joseph von Laßberg, ein bedeutender Gelehrter (u. a. der Finder einer Handschrift des Nibelungenliedes). Seine Schwägerin, Annette von Droste-Hülshoff, verbrachte auf der Meersburg ihre letzten Lebensjahre. Heute ist die Burg als Museum jedermann zugänglich.

Eine uralte Burg, Wohn- und Sterbezimmer der berühmtesten deutschen Dichterin, Deutschlands größtes Mühlrad – Anregungen, einmal nach Meersburg zu fahren?

ihr gewidmetes Museum ist hier heute untergebracht.
Was Meersburg sonst noch zu bieten hat, sei hier wenigstens stichwortartig aufgeführt: 9 Museen, Deutschlands größtes Mühlrad (an der Schloßmühle), Weinbau (der berühmte Seewein stammt aus Meersburgs Umgebung), Blaufelchen (die Bodenseespezialität gibt es in den Restaurants), den belebten Fährhafen nach Konstanz.

Anfahrt:
Auf den Bundesstraßen 31 (Stockach – Lindau) und 33; von Konstanz mit der Fähre, aus verschiedenen Richtungen mit Bodenseeschiffen (»Weiße Flotte«) oder mit dem Bus.

Auskunft:
Stadt Meersburg, Marktplatz 1, 88709 Meersburg, Tel.: 07532/431115, Telefax: 07532/431120.

Öffnungszeiten:
Altes Schloß 9–18 Uhr (ganzjähr. geöffnet). Drostemuseum Fürstenhäusle tägl. 9–12 Uhr, 14–18 Uhr April–Oktober. Neues Schloß täglich 10–13 u. 14–18 Uhr. Alle Museen nur von April bis Oktober geöffnet.

Abstecher:
Nach Unteruhldingen (Pfahlbauten), Salem (gotisch-barocke Klosteranlage) und Birnau (barocke Wallfahrtskirche des Peter Thumb mit berühmten Putten, u. a. »Honigschlekker«).

Das Wahrzeichen Meersburgs ist sein Altes Schloß

Um die Burg herum entstand die sehr sehenswerte Meersburger Altstadt, zunächst die Oberstadt. Für die Unterstadt mußte man Neulandgewinnung betreiben; sie steht auf künstlich aufgeschüttetem Gelände. Neben dem Alten Schloß, vielleicht zu Unrecht in seinem Schatten stehend, wurde das Neue Schloß erbaut – nach Entwürfen von Balthasar Neumann und unter Mitwirkung vieler namhafter Barockkünstler. Genau ein Jahrhundert älter ist das anziehende »Fürstenhäusle« hoch über der Stadt. Das hübsche Gartenhaus erwarb Annette von Droste-Hülshoff, ein

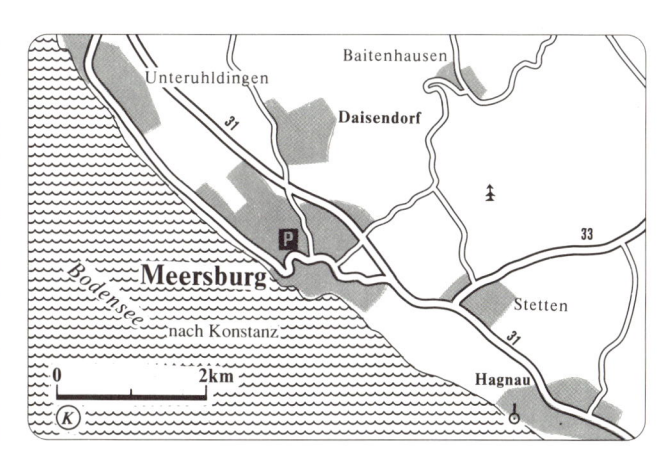

Bodensee, Oberschwaben, Allgäu   Autotour ③

Deutschlands größte Barockkirche

Hoch über dem Schussental entstand Kloster Weingarten um eine kostbare Reliquie herum als Barockbau vieler namhafter Künstler.

Anfahrt:
Eil- und Schnellzüge der »Schwäb'sche Eisebahn« (Stuttgart – Ulm – Friedrichshafen) halten in Ravensburg; von dort mit dem Bus nach Weingarten. Die Stadt liegt an der B 30 (Ulm – Friedrichshafen) und an der B 32 (Wangen – Saulgau).

Auskunft:
Kultur- u. Verkehrsamt, Münsterplatz 1, 88250 Weingarten, Tel.: 07 51/40 51 25, Telefax: 07 51/40 52 68.

Abstecher:
Mit Weingarten zu einem Verdichtungsraum zusammengewachsen ist Ravensburg, einst bedeutende Handelsstadt, von deren Macht die mittelalterliche Stadtkulisse zeugt. Schloß Waldburg liegt aussichtsreich auf einer Endmoräne (Museum); schönes Barock bieten Schloß und Kirche in Wolfegg. Das Pfrunger Ried ist ein bemerkenswertes Naturschutzgebiet (Heimat vieler seltener Vögel).

Kloster Weingarten wurde bereits im Jahr 940 gegründet und im 11. Jahrhundert auf den rebenbestandenen Martinsberg über dem Schussental verlegt. Der dortige Weingarten gab dem Kloster seinen Namen. Es gelangte zu großer Bedeutung, nicht zuletzt wegen der viel verehrten Heilig-Blut-Reliquie, die zu Ende des 11. Jahrhunderts nach Weingarten gelangte. Noch heute findet alljährlich eine bekannte Prozession zu Ehren der Reliquie statt: der Blutritt am Blutfreitag, dem Tag nach Christi Himmelfahrt. Im Zeitalter des Barock beschloß man, eine Klosterkirche zu bauen, die der kostbaren Reliquie würdig sein sollte. Auch das ganze Kloster sollte damals umgebaut werden, doch zur Ausführung dieser Pläne, die das bedeutendste Kloster nördlich der Alpen hätten entstehen lassen, kam es nicht.

Aber schon die Klosterkirche allein wurde zu einem der glänzendsten Bauwerke überhaupt. Über 200 Künstler von Rang lieferten Pläne dafür, bauten daran, stukkierten, malten, gestalteten das Bauwerk aus. Franz Beer und Johann Jakob Herkommer gelten als die entscheidenden Baumeister, die nach Plänen von Andreas Moosbrugger arbeiteten. Der Abschluß des Baues, unter anderem der Bau der herrlichen Türme und der großen Kuppel, lag in

Im prunkvollen Innenraum der Klosterkirche könnte man Stunden verbringen

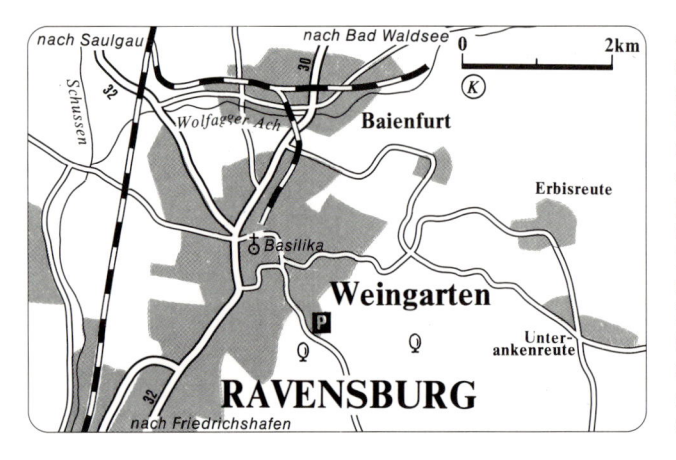

den Händen von Donato Guiseppe Frisoni. Franz Schmutzer, einer der berühmtesten Stukkateure seiner Zeit, arbeitete ebenso in Weingarten wie Cosmas Damian Asam, der die Decken mit den herrlichen Fresken bemalte. Das prachtvolle Chorgestühl stammt aus der Werkstatt des Joseph Anton Feichtmayer; die berühmte Weingartener Orgel schuf Josef Gabler (mit bekannter Vox Humana, einem Imitationsversuch der menschlichen Stimme). Von überallher gelangt Licht in den bewegten und doch so fest stehenden barocken Innenraum.

328

Der Federsee – ein verlandender Moorsee

In der Mitte ausgedehnter Moore, dem Federseeried, liegt als Rest eines einst viel größeren Gewässers der Federsee, Heimat seltener Pflanzen und Tiere.

Für die Bildung des Federseebeckens zeichnen eiszeitliche Gletscher verantwortlich. Sie hobelten unter dem heutigen See ein 144 Meter tiefes »Ur«-Federseebecken aus und riegelten dieses später, bei einem erneuten Eisvorstoß, durch eine Moräne im Süden ab. Diese Endmoräne, nördlich von Bad Schussenried, könnte man als die Staumauer des Federseebeckens bezeichnen. Das Wasser des Federsees suchte sich nun neue Abflüsse; heute wird das Seebecken teils zur Donau, teils zum Rhein entwässert. Die europäische Hauptwasserscheide verläuft hier.

Der flache, nur noch 1,80 Meter tiefe heutige Federsee füllte einst das gesamte Becken aus. An seinen seichten Ufern siedelten sich jedoch rasch Pflanzen an. Aus ihren unzersetzten Überbleibseln bildete sich Torf, der mehrere Meter mächtig aufwuchs – der See verlandete zusehends. Heute ist nur noch eine Wasserfläche von 136 Hektar vorhanden. Man kann sie von Bad Buchau am Rand des Moores aus auf einem Steg erreichen. Der Steg überquert alle Vegetationszonen des Moores, den Hochmoorgürtel mit seinen Torfmoosen, dann Flachmoor, wo Seggen (Sauergräser) vorherrschen, schließlich den Röhricht- und den Schwimmblattgürtel. Das große Moor (Naturschutzgebiet bietet seltenen Pflanzen und unzähligen Wasservögeln Heimat. Vom Aussterben bedrohte Vögel brüten oder rasten in den unzugänglichen Moorgegenden (z. B. Birkhahn, Fischadler).

Aber es gab auch schon Zeiten, in denen der Mensch sich mitten im Moor vor Feinden am sichersten fühlte: Rund um den Federsee lagen in der Jungsteinzeit mehrere Dörfer. Im Moorboden blieben selbst Reste von Holzhäusern über 5000 Jahre erhalten.
Über Geologie, Pflanzen und Tiere sowie urzeitliche Funde informiert umfassend das Federseemuseum.

Am Ende des Federsteges kann man Boote mieten

Anfahrt:
Auf der Strecke Riedlingen – Bad Buchau – Bad Schussenried verkehrt eine Buslinie. Am nördlichen Ortsrand von Bad Buchau stellt man auf großen Parkplätzen das Auto ab, um den Spaziergang über das Moor zum See zu beginnen.

Auskunft:
Städt. Kur- und Verkehrsamt,
Marktplatz 6,
88422 Bad Buchau,
Tel.: 07582/80810/12,
Telefax: 07582/80840.

Öffnungszeiten:
Federsee-Museum:
10. 6. (Wiedereröffnung), 31. 10. 9.30–17 Uhr, 1. 11.–15. 3. '96 Mo.–Mi. geschlossen.

Abstecher:
Bad Buchau und Bad Schussenried sind bekannte Moorbäder. Besonders sehenswert ist die Barockbibliothek in Bad Schussenried. Herrliche Aussicht auf das Federseegebiet hat man vom Bussen, dem heiligen Berg Oberschwabens.

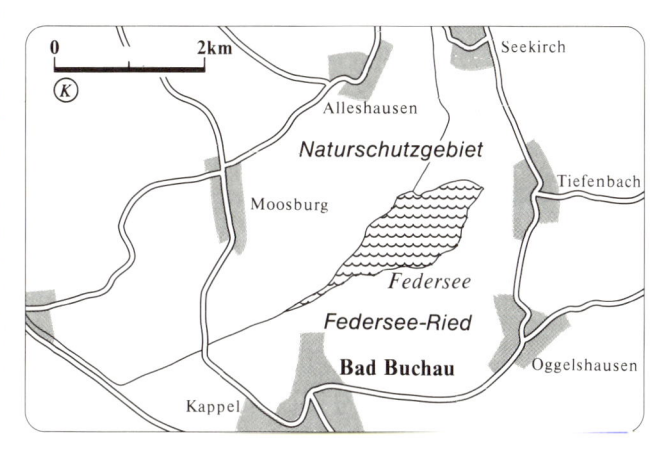

Barocker Prunk in Ottobeuren

Schon von weitem erkennt man die gewaltige Klosteranlage mit der alles überragenden Basilika, die zu den eindrucksvollsten deutschen Barockkirchen zählt.

Anfahrt:
BAB Ulm – Kempten, Ausfahrt Memmingen-Süd und weiter über Benningen (13 km). B 18 aus Richtung Landsberg – Buchloe bis Erkheim und von hier 7 km nach Süden.

Auskunft:
Kurverwaltung, Marktplatz 14, 87724 Ottobeuren, Tel.: 0 83 32/68 17, Telefax: 0 83 32/68 38.

Abstecher:
Nach Bad Wörishofen, etwa 25 km; nach Mindelheim, 25 km (siehe bei Bad Wörishofen); nach Kaufbeuren, 38 km (siehe bei Bad Wörishofen); nach Kempten, 30 km, mit gut erhaltener Altstadt.

Ottobeuren, eingebettet in die Hügellandschaft des bayerisch-schwäbischen Voralpenlandes, an der Ostroute der Oberschwäbischen Barockstraße und an der Schwäbischen Bäderstraße gelegen, ist Geburtsort des Pfarrers Sebastian Kneipp. Wie Bad Wörishofen, wo Kneipp später als Pfarrer tätig war, hat sich Ottobeuren zu einem bedeutenden Kneippkurort entwickelt, mit allen für die Physiotherapie erforderlichen Kureinrichtungen. Weithin bekannt wurde Ottobeuren jedoch durch seine Basilika, die zu der im Jahre 764 gegründeten Benediktinerabtei gehört. Mit dem Bau des berühmten Sakralbaus, einer der prachtvollsten Barockkirchen Deutschlands, wurde 1737 begonnen. Vollendet wurde das Gotteshaus 1766 durch den Münchner Hofbaumeister Johann Michael Fischer. Im Innern fesseln die malerische Wirkung der hervorragenden Raumgestaltung ebenso wie die prachtvolle Dekoration, die Kabinettstücke der Rokokokunst aufweist. Von überragender Schönheit ist das Chor-

Ottobeuren besitzt eines der prunkvollsten Barockklöster

Das manifestiert sich sowohl außen als auch im überladenen Innern

gestühl mit den vergoldeten Lindenholzreliefs. Besonders hervorzuheben sind die drei Orgeln, die beiden Rieporgeln, die zu den schönsten in Deutschland zählen, und die erst 1957 vollendete Marienorgel.

Die 1711 bis 1734 erbauten, äußerlich straff und klar gegliederten Klostergebäude sind von gewaltigen Ausmaßen. Im Innern befinden sich vortreffliche architektonische Raumschöpfungen mit künstlerisch wertvoller Ausstattung. Von den 250 Zimmern, 20 Sälen, sieben Treppenhäusern und fünf Prachtaufgängen sind besonders hervorzuheben die Klosterbibliothek mit ihren 15 000 Bänden, die Benediktus- und die Abtkapelle, der prunkvolle Kaisersaal mit 16 Statuen von Kaisern aus dem Hause Habsburg und der prächtig stuckierte Kapitelsaal.

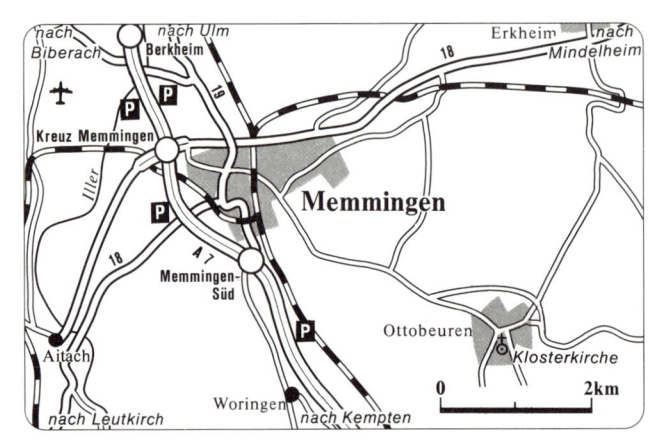

Autotour 6   Bodensee, Oberschwaben, Allgäu

An Pfarrer Kneipps Wirkungsstätte

Auf der schwäbisch-bayerischen Hochebene am Wörthbach gelegen, umgeben von Wiesen, Wäldern und mehreren Stauseen, ist Bad Wörishofen seit der Neubegründung des Naturheilverfahrens durch Pfarrer Sebastian Kneipp (1821-97) ein weltberühmtes Heilbad geworden, das alle Einrichtungen für die Anwendung der Physiotherapie nach Kneipp (Hydro-, Bewegungs- und Ordnungstherapie, Diätetik und Pflanzenheilkunde) in vollendeter Form aufzuweisen hat.

Das Ortsbild ist das einer ausgesprochenen Kurstadt ohne jegliche Industrie, die sich außerhalb, weitab vom Kurzentrum, angesiedelt hat. Andererseits aber bietet Bad Wörishofen Einkaufsmöglichkeiten, wie man sie sonst nur in größeren Städten antrifft. Durch die Eingemeindung mehrerer gepflegter Dörfer rund um die eigentliche Kurstadt bietet sich Bad Wörishofen nun auch als Urlaubsort an (z.B. »Urlaub auf dem Bauernhof«), in dem man preiswert Urlaub machen und gleichzeitig die Vorzüge eines vielgerühmten Kurortes genießen kann.

Von den zahlreichen Sehenswürdigkeiten seien genannt das im Dominikanerinnenkloster untergebrachte Kneippmuseum, das Kloster selbst mit der mit prachtvollen Wessobrunner Stukkaturen ausgestatteten Kirche, die historische Wandelhalle mit der ersten, von Pfarrer Kneipp errichteten Badestube. Am westlichen Stadtrand liegt der schöne, geräumige Kurpark, dem sich der von Kurwegen durchzogene Eichwald anschließt.

Der Neubegründung des Naturheilverfahrens durch den Pfarrer Sebastian Kneipp verdankt der Ort seinen Weltruhm als Heilbad.

Auch sonst bietet die reizvolle Umgebung viele Möglichkeiten zu kurzen Spaziergängen ebenso wie zu ausgedehnten Wanderungen.
Bleibt schließlich noch das reichhaltige Unterhaltungsprogramm zu erwähnen, das keine Wünsche offen läßt. Ausflugsfahrten in die Allgäuer Alpen, nach München und Augsburg und zu lohnenden Zielen wie die Basilika in Ottobeuren runden das Angebot ab.

Anfahrt:
B 18 Landsberg – Memmingen, Abzweigung bei Türkheim (5 km).

Auskunft:
Städt. Kuramt, Postfach 14 43, 86817 Bad Wörishofen, Tel.: 0 82 47/96 90-55, Telefax: 0 82 47/3 23 23.

Abstecher:
Nach Ottobeuren, etwa 25 km westlich; nach Mindelheim, 10 km Reste der alten Stadtbefestigung, Turmuhrenmuseum, sehenswerte Kirchen); nach Kaufbeuren, 16 km südlich (»Stadt der Türme«, Reste der alten Befestigungsanlagen, Rathaus im Renaissancestil, sehenswerte Kirchen); nach Schongau, 44 km südöstlich (fast vollständig erhaltene Stadtmauer mit Türmen, sehenswerte Kirchen und Profanbauten, Märchenwald mit Wildgehege).

Wörishofens historische Wandelhalle mit Kneipps erster Badestube

Bayerisches Märchenschloß

Nach dem Willen König Ludwigs II. sollte bei Schwangau »eine mächtige Ritterburg im monumentalen Stil staufischer Burgen entstehen«. Was den Baumeistern bestens gelang!

Anfahrt:
B 17 nach Hohenschwangau aus Richtung Schongau (von München); B 16 aus Richtung Kaufbeuren – Marktoberdorf (von Augsburg); B 310 (Deutsche Alpenstraße) aus Richtung Lindau – Kempten.

Auskunft:
Kurverwaltung Schwangau, Münchener Str. 2, 87645 Schwangau, Tel.: 0 83 62/8 1 98-0, Telefax: 0 83 62/8 1 98 25.

Öffnungszeiten:
Schloß Neuschwanstein: 1.4.–30.9. tägl. 8.30–17.30 Uhr, 1.10.–31.3. tägl. 10–16 Uhr.
Schloß Hohenschwangau: 1.4.–30.9. tägl. 8.30–17.30 Uhr, 1.10.–31.3. tägl. 10–16 Uhr.

Abstecher:
Nach Füssen, 4 km westlich (Hohes Schloß mit gewaltigem Bergfried, mehrere sehenswerte Kirchen, Lechklamm); an die zahlreichen Seen rund um Füssen; nach Pfronten, 18 km westlich (15 Ortschaften in einem Tal).

Schloß Neuschwanstein mit Alpsee und Schwansee

Bereits in jungen Jahren faßte König Ludwig II., der sich oft bei seiner Mutter in Hohenschwangau aufhielt, den Entschluß, auf der gegenüberliegenden Talseite am Pöllatfelsen eine neue Burg als Gegenstück zur anmutigen und bescheidenen Burg Hohenschwangau entstehen zu lassen. Wo einst die beiden Ritterburgen Vorder- und Hinterschwangau standen, sollte eine mächtige Ritterburg im monumentalen Stil staufischer Burgen erbaut werden.

1869 wurde der Grundstein gelegt und in den folgenden Jahren dann nacheinander der Torbau und der Palas hochgezogen. Noch während die vielen namhaften Künstler und Kunsthandwerker aus München mit dem Innenausbau beschäftigt waren, wechselte der König mehrmals die Bauleitung. Denn es ging ihm alles zu langsam, er entwickelte eine regelrechte Bauwut, vermutlich als erste Anzeichen dessen, was später zur Katastrophe führte und schließlich auf tragische Weise endete. Durch diese Tragödie, den Tod König Ludwigs in den Fluten des Starnberger Sees am 13. Juni 1886, blieb Neuschwanstein unvollendet. Der Frauenbau, die Kemenate, ist nach geänderten Plänen noch rasch fertiggestellt worden. Die Schloßkapelle mit dem Hauptturm aber wurde schon nicht mehr gebaut, und der zweite Stock des Palas blieb innen im Rohbau und ist es heute noch.

Mit seinem von Türmen und Zinnen überragten Gemäuer aus weißgrauem Füssener Marmor ist Neuschwanstein von weither zu sehen. Herzstück der weitläufigen, romantischen Anlage sind der in die Höhe strebende Bau des Palas mit dem Sängersaal, dessen Fresken an den Sängerkrieg auf der Wartburg erinnern, und dem prächtigen Thronsaal. Altan und Söller bieten einen herrlichen Blick auf das gegenüberliegende Hohenschwangau, hinab zur Pöllatschlucht zum grünblauen Alpsee sowie zu den Tannheimer Bergen.

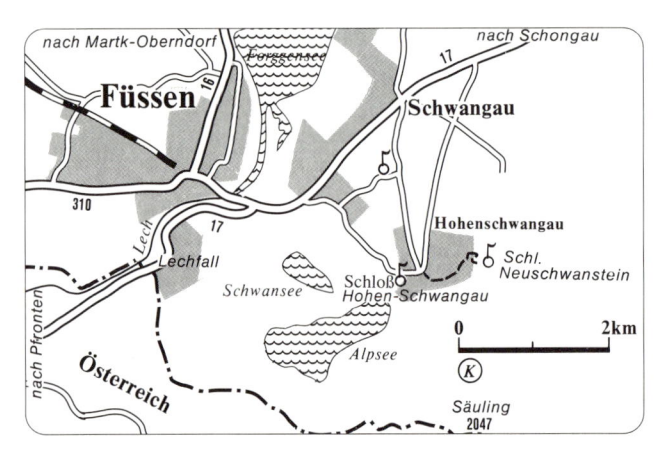

Autotour ⑧ Bodensee, Oberschwaben, Allgäu

Zum einsamen Wächter des Allgäus

Der Grünten ist einer der exponiertesten Allgäuberge. Obwohl er »nur« 1738 Meter hoch ist, bietet sich von seinem Gipfel eine unvergleichliche Aussicht.

Je nachdem, aus welcher Richtung man anreist, erblickt man den »Wächter des Allgäus« schon nahe bei Kaufbeuren, oder er steht am westlichen Horizont abseits der Allgäuer Berge, anscheinend zum Wetterstein- oder Karwendelgebirge gehörend. Vor viel höheren Bergen führt er ein isoliertes Dasein, im Blick auf diese eine ausgezeichnete Orientierung bietend. Auch das Aussehen des Grünten wechselt mit den Himmelsrichtungen des Betrachters, er verwandelt seine Gestalt vom mächtigen zerklüfteten Bergrücken über zackige Waldschrofen bis zu steil abfallenden Wiesenhängen, die hoch über dem Starzlachtal an die Südseite des Wendelsteins erinnern.

Seiner berühmten Aussicht wegen gehört der Grünten zu den vielbesuchten Gipfeln im oberen Allgäu. Aber mehr noch als die Aussicht und seine interessante geologische Beschaffenheit – zahlreiche Sand- und Kalksteinfunde mit Nummuliten und anderen Versteinerungen verleihen dem Grüntengebiet in geologischer Hinsicht eine besondere Bedeutung – gilt es, am Grünten den Pflanzenreichtum zu bewundern, der einem kräftigen Nährboden entsprießt und zwischen Wertacher Hörnle und dem Illertal ein ausgedehntes Landschaftsschutzgebiet begründet. Der dichte Waldbestand schließlich ist Ursache für das Vorhandensein von Rotwild, und auch Begegnungen mit Gemsen sind im Grüntengebiet keine Seltenheit.

Leider hat aber auch die Technik von diesem Berg übermächtig Besitz ergriffen. Seit vielen Jahren schon werden seine Nordhänge von Skischleppliften »geziert« – im Winter zweifellos sehr schön, in der schneefreien Jahreszeit jedoch kein erhebender Anblick. Die von Rettenberg zum Grüntenhaus führende Seilbahn wird allerdings nur mehr als bundeseigene, der Öffentlichkeit nicht mehr zugängliche Materialbahn betrieben (zur Versorgung der Fernseh-Sendeanlagen).

Typischer als hier vor dem Grünten kann Allgäulandschaft nicht sein

Anfahrt:
B 19 aus Richtung Kempten oder B 308 (Deutsche Alpenstraße) aus Richtung Lindau bzw. Berchtesgaden nach Sonthofen. Auf Landstraßen weiter nach Burgberg, Rettenberg oder Kranzegg.

Auskunft:
Gästeamt,
Rathausplatz 1
87527 Sonthofen,
Tel.: 08321/615-291 und 292
Telefax: 08321/615327.

Wandern:
Vom Endpunkt der Mautstraße, die von Kranzegg zum Gasthaus Jörgalpe (1175 m) führt, auf den Grünten (1 Std.); von Burgberg, Rettenberg oder Kranzegg auf den Grüntengipfel, je nach Wegwahl 2–3½ Std.; in den Naturpark Großer Wald, zwischen Grünten und Wertacher Hörnle, ca. 30 km markierte Wanderwege; von Burgberg in die Starzlachklamm (1 Std.); von Rettenberg oder Kranzegg hinauf zum Rottachberg, Überwanderung dieses Höhenrückens, je nach Wegwahl 2–4 Std.

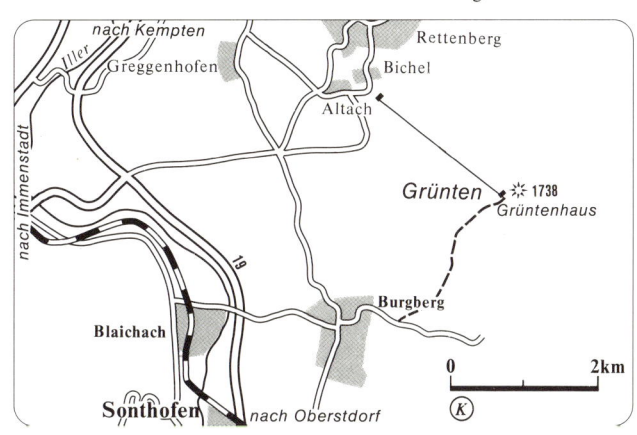

333

Auf Oberstdorfs Sonnenterrasse

Der wohl berühmteste Aussichtsberg des Allgäus ist ein landschaftliches Kleinod. Aber an den Wochenenden ist die Gipfelregion des Nebelhorns deshalb leider von Touristen überlaufen.

Anfahrt:
Nach Oberstdorf auf der B 19 aus Richtung Sonthofen – Kempten.

Auskunft:
Kurverwaltung und Verkehrsamt, Marktplatz 7, 87561 Oberstdorf, Tel.: 0 83 22/7 00-0, Telefax: 0 83 22/70 02 36.

Öffnungszeiten:
Großkabinen-Gipfelbahn und Gipfel-Sessellift täglich Mai–Oktober 8–17 Uhr, in den übrigen Monaten 9–16 Uhr, November–Mitte Dezember geschlossen.

Wandern:
Abstieg zur Talstation in Oberstdorf (2½–3 Std.); Rundwanderung von der Seilbahn-Bergstation zum Seealpsee und zurück (2½ Std.); von der Gipfellift-Mittelstation auf den Daumen oder zum Giebelhaus (jeweils etwa 2½ Std.).

Abstecher:
Zur Breitachklamm; mit Durchquerung der Klamm 1½ Std. (Tour 10).

Der altbekannte Aussichtsberg östlich von Oberstdorf ist das Ausflugsziel Nr. 1 im oberen Allgäu. Mitten aus dem weltbekannten Kurort schwingt sich die Nebelhornbahn, die mit ihren 70 Personen fassenden geräumigen Kabinen zu den schnellsten, sichersten und bequemsten Bergbahnen der Alpen zählt, zu den sonnigen Höhen der Bergwelt des Nebelhorngebietes. In zwei Sektionen schwebt die Kabinenbahn über die Mittelstation Seealpe in 1280 Meter Höhe zur 1932 Meter hoch gelegenen Bergstation. Von dort geht es per Sessellift weiter zum Koblat, 2060 Meter hoch gelegen, und dann zum 2224 Meter hohen Nebelhorngipfel. Unmittelbar bei der Bergstation der Nebelhornbahn liegen ein komfortables Berghotel und ein Panoramarestaurant mit ausgedehnten Sonnenterrassen. Auf dem Gipfel befindet sich eine bewirtschaftete Berghütte. Es sei jedoch noch einmal darauf hingewiesen, daß hier an den Wochenenden unausstehlicher Rummel herrscht.

Die Aussicht vom Nebelhorngipfel zählt zu den berühmtesten und umfassendsten in den gesamten Allgäuer Alpen. Zudem sind alle Seil- und Sesselbahnstationen des Nebelhorngebietes Ausgangspunkte unvergeßlicher Wanderungen.

Das Angebot reicht von kurzen Spaziergängen auf gepflegten Wegen bis zu

Das Oberstdorfer Nebelhorn ist ein unvergleichlicher Aussichtspunkt

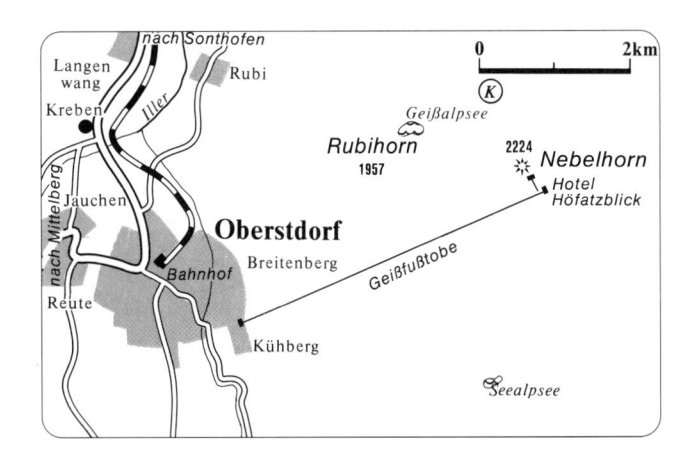

mehrtägigen Touren mit hochalpinem Charakter. Ein besonderer Leckerbissen – allerdings nur für erfahrene, absolut trittsichere und schwindelfreie Bergwanderer – ist der »Hindelanger Klettersteig«, der vom Nebelhorn zur Daumengruppe und bis nach Hindelang führt. Weniger Geübte können diese Wanderung auf dem reizvollen, aber völlig unschwierigen Panoramaweg machen, der den »Hindelanger Klettersteig« einige hundert Meter tiefer begleitet. Geübten empfiehlt sich der schöne Weg über das Laufbacher Eck zum Prinz-Luitpold-Haus.

In der tosenden Breitachklamm

Die Breitach, einer der drei Quellflüsse der Iller, durchbricht zwischen Oberstdorf und Tiefenbach, nördlich der bayerisch-österreichischen Landesgrenze, einen Felsstock aus Schrattenkalk. Nach dem Abschmelzen der eiszeitlichen Gletscher hat der Fluß in nur 10 000 Jahren dieses Wunderwerk geschaffen. Er besaß ein so starkes Gefälle, daß er sich 100 Meter tief einschneiden konnte.

Seit 1905, als die wilde Breitachklamm erschlossen wurde, ließen sich mehr als 5 Millionen Besucher von einer Wanderung durch diese urhafte Schlucht begeistern – ergriffen von der wilden Schönheit und Ursprünglichkeit, die hier auf sie einwirken.

Eine der schönsten und interessantesten Klammen ganz Mitteleuropas wartet auf Ihren Besuch. Ein bequemer Weg ermöglicht auch weniger geübten Wanderern ungetrübten Naturgenuß.

Stellenweise nur wenige Meter breit ist die wilde Breitachklamm

Aus der Helle eines blumenübersäten Wiesengrundes geht es hinein in den dunkleren Bergwald, der bald abgelöst wird von der düsteren Gewalt der zum Himmel emporstrebenden Felswände. Wenig später erregen Wandpartien und Abbruchstellen von Felsblöcken die Aufmerksamkeit des Betrachters. Bereits hier stürzen die Wasser über hohe Felsbänke schäumend herab in trümmerübersäte Kessel. Noch fallen vereinzelte Sonnenstrahlen hinunter in die Schlucht, bald jedoch rücken die senkrechten, teilweise überhängenden und bis zu 100 Meter hohen Felswände bis auf zwei Meter zusammen. Unten rauscht und brodelt wild die Breitach, und trotz der absoluten Sicherheit der Weganlagen mag sich mancher eines Gefühls ungeheurer Bedrängnis und und Düsterkeit nicht erwehren können. Doch bald ist der Zwingsteg, der die Felswände der Klamm miteinander verbindet, erreicht, hinter dem die beklemmende Enge urplötzlich einer befreienden Weite weicht. Die Felswände streben wieder auseinander und gewähren der Sonne Einlaß, nach der man in der Klamm vergeblich Ausschau gehalten hat. Das Orgeln und Brausen des Wassers verklingt, und durch schönen Bergwald geht es zur Walserschanze.

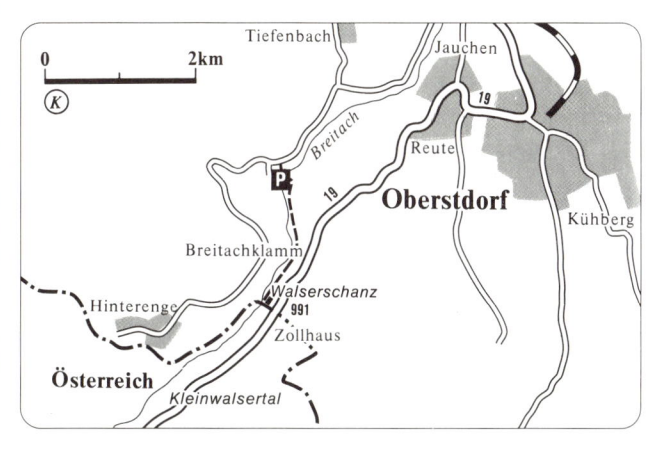

Anfahrt:
Nach Oberstdorf B 19 aus Richtung Sonthofen – Kempten.

Auskunft:
Kurverwaltung und Verkehrsamt, Marktplatz 7, 87561 Oberstdorf, Tel.: 0 83 22/7 00-0 Telefax: 0 83 22/ 70 02 36.

Abstecher:
Ins Kleine Walsertal mit den bekannten Fremdenverkehrsorten Riezlern, Hirschegg und Mittelberg, wenige Kilometer südwestlich (zahlreiche Wander- und Ausflugsziele, mehrere Bergbahnen, Spielcasino in Riezlern).

Wandern:
Die Wandertafeln im Oberstdorfer Verkehrsamt und in der Wandelhalle (Kurpark) weisen eine Vielzahl von Tal- und Bergwanderungen aus.

Bayerische Stadt am Schwäbischen Meer

Internationale Atmosphäre und kleinstädtische Behaglichkeit mischen sich am Hafen und in den mittelalterlichen Gassen der wunderschönen Inselstadt Lindau.

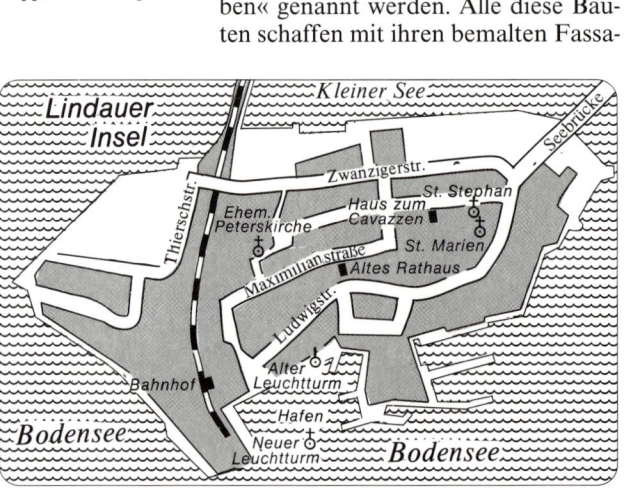

Ein Prunkstück ist Lindaus bunt bemaltes Altes Rathaus

Weltbekannt wurde die Hafeneinfahrt in Lindau

Anfahrt:
Lindau ist Bahn- und Straßenknotenpunkt; alle Verkehrswege bündeln sich auf dem »Festland«; Brücken führen von dort aus ins Zentrum der Inselstadt. Vor der Insel gibt es große Parkplätze. Von hier aus regelmäßiger Pendelbusverkehr.

Auskunft:
Verkehrsverein e.V., Ludwigstraße 68, 88131 Lindau, Tel.: 08382/26000, Telefax: 08382/260026.

Öffnungszeiten:
Städtische Kunstsammlungen Di.–So. 9–12 und 14–17 Uhr, So. 10–12 Uhr.

Abstecher:
In Langenargen sind die Barockkirche und Montfortschloß einen Besuch wert, außerdem die älteste Kabelhängebrücke der Welt. Hauptsehenswürdigkeiten Friedrichshafens sind das Schloß (Barock) und das Städtische Bodensee-Museum mit der Zeppelinabteilung.

Eine Insel im Bodensee, nicht weit vom Delta des Rheintales, das sich als natürlicher Verkehrsweg bis weit in die Alpen hineinzieht. Schon im Mittelalter war diese Insel ein bevorzugter Siedlungsplatz. Es wuchs, blühte und gedieh dort die Stadt Lindau, von einem natürlichen Wassergraben umgeben. Trotzdem fühlten sich die Stadtbewohner nicht sicher genug vor Angreifern. Sie bauten eine heute noch gut erhaltene Stadtmauer, die die vier bastionsartigen Stadttürme miteinander verbindet. Im Mittelalter, als auf dem Bodensee lebhafter Schiffshandel betrieben wurde, blühte die Stadt zu großer Macht auf. Zeugnis davon legen die herrlichen Lindauer Bauten ab: die Pfarrkirche Sankt Peter aus dem 11. Jahrhundert, Sankt Stephan (ursprünglich 12. Jahrhundert, später vielfach verändert) und die barocke Marienkirche als Bauten der Geistlichkeit. Daneben sieht man auch prächtige Profanbauten, so das Alte Rathaus (Gotik und Renaissance), das Neue Rathaus (Barock), das barocke »Haus zum Cavazzen« (sehenswerte Städtische Kunstsammlungen) und die Arkaden an der Maximilianstraße, die »Brodlauben« genannt werden. Alle diese Bauten schaffen mit ihren bemalten Fassaden ein buntes Stadtbild. Zum Wahrzeichen wurde der bayerische Löwe an der Hafeneinfahrt (1856), ein stolzes Denkmal für den einzigen Seehafen des Landes. Vom Leuchtturm gegenüber dem Bayernlöwen genießt man einen prachtvollen Blick auf die Stadt und den Bodensee.

Sollte einst die Wehrhaftigkeit fremde Besucher abschrecken, so ist es heute die einmalige Insellage Lindaus, die Besucher aus aller Herren Länder anlockt. International angehaucht ist Lindau an allen Ecken und Enden, von der Hafenpromenade über die Spielbank bis zum Abstellbahnhof.

Die Reichenau – eine reiche Au

Am Bodensee nennt man Inseln »Auen«. Die größte von ihnen ist die Reichenau. Das langgezogene Eiland besitzt drei Kirchen, die im frühen Mittelalter gegründet wurden, in einer Zeit, als sich das Christentum in Mitteleuropa erst gerade durchsetzte. Aus Sicherheitsgründen entstanden die ersten Klöster, die gleichzeitig Missionszentralen waren, auf Inseln. Das Reichenauer Kloster wurde zu einem der geistigen und geistlichen Zentren des mittelalterlichen Europa. Hier ansässige Baumeister und Künstler gaben dem Kirchenbau weit und breit Impulse. Des Schreibens kundige Mönche fertigten Kopien bedeutender Handschriften an. Der berühmte Mönch Walahfrid Strabo verfaßte in karolingischer Zeit ein Lehrgedicht über den Gartenbau, durch das wir über die Anlage mittelalterlicher Klostergärten unterrichtet sind. Solch ein Garten wurde beim Münster in Mittelzell rekonstruiert.

Reich wurden die Bewohner der Reichenau durch den Gemüseanbau; reich ist die Insel an kulturgeschichtlichen Sehenswürdigkeiten, die von Mönchen im Mittelalter geschaffen wurden.

Gästen geschützt werden. Es wurde die Burg Schopflen gebaut. Ihre Ruine steht an der Straße, die seit der Zeit um 1840 eine Landverbindung zur Reichenau schafft.

Wie zu Zeiten Walahfrid Strabos wird auch heute Gartenbau auf der Reichenau betrieben. Auf der fast frostfreien Insel gedeihen Intensivkulturen (Salat, Tomaten) besonders früh.

Anfahrt:
Von Radolfzell kommend biegt man kurz vor Konstanz von der Bundesstraße 33 nach rechts ab und fährt auf dem Verbindungsdamm zur Insel. Von Konstanz aus (Bahnhof) verkehrt ein Bus zur Reichenau. Auch mit dem Schiff kann man hierher kommen.

Auskunft:
Verkehrsverein Insel Reichenau, Ergat 5
78479 Reichenau,
Tel.: 0 75 34/2 76,
Telefax: 0 75 34/16 20.

Abstecher:
In Konstanz steht eine weitere bedeutende romanische Kirche der Gegend: das Münster. Außerdem gibt es hier eine hübsche Altstadt (bemalte Häuserfassaden, Konzilsgebäude) und mehrere Museen zu besichtigen. Nahe liegt auch die Blumeninsel Mainau, die ebenso wie die Reichenau vom Klima besonders begünstigt ist.

Eine der kostbarsten romanischen Kirchen steht in Mittelzell

Die drei Reichenauer Kirchen in Oberzell, Mittelzell und Niederzell gehören zu den bedeutendsten Denkmälern aus romanischer Zeit. St. Peter und Paul in Niederzell und St. Georg in Oberzell sind mit ganz hervorragenden Fresken ausgemalt, die allerdings nicht alle der romanischen Zeit entstammen. Mittelzells Münster besticht durch die romanische Anlage und Schatzkammer.
Zwischen dem Bodanrücken und der Reichenau liegt als Teil des Bodensees der Gnadensee, der am Ostende der Reichenau verlandet. Im Mittelalter mußte hier die Insel vor ungebetenen

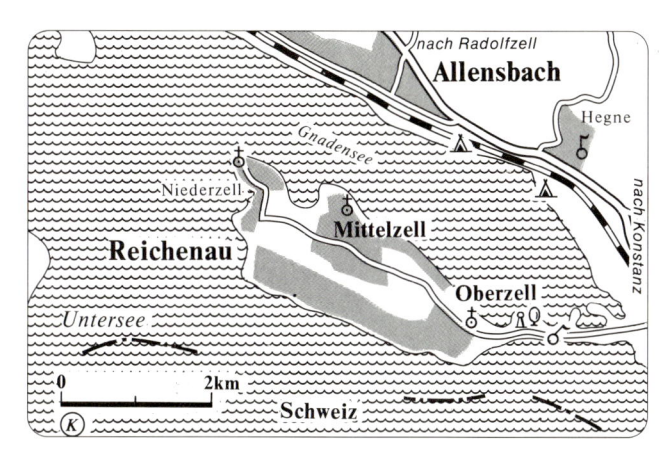

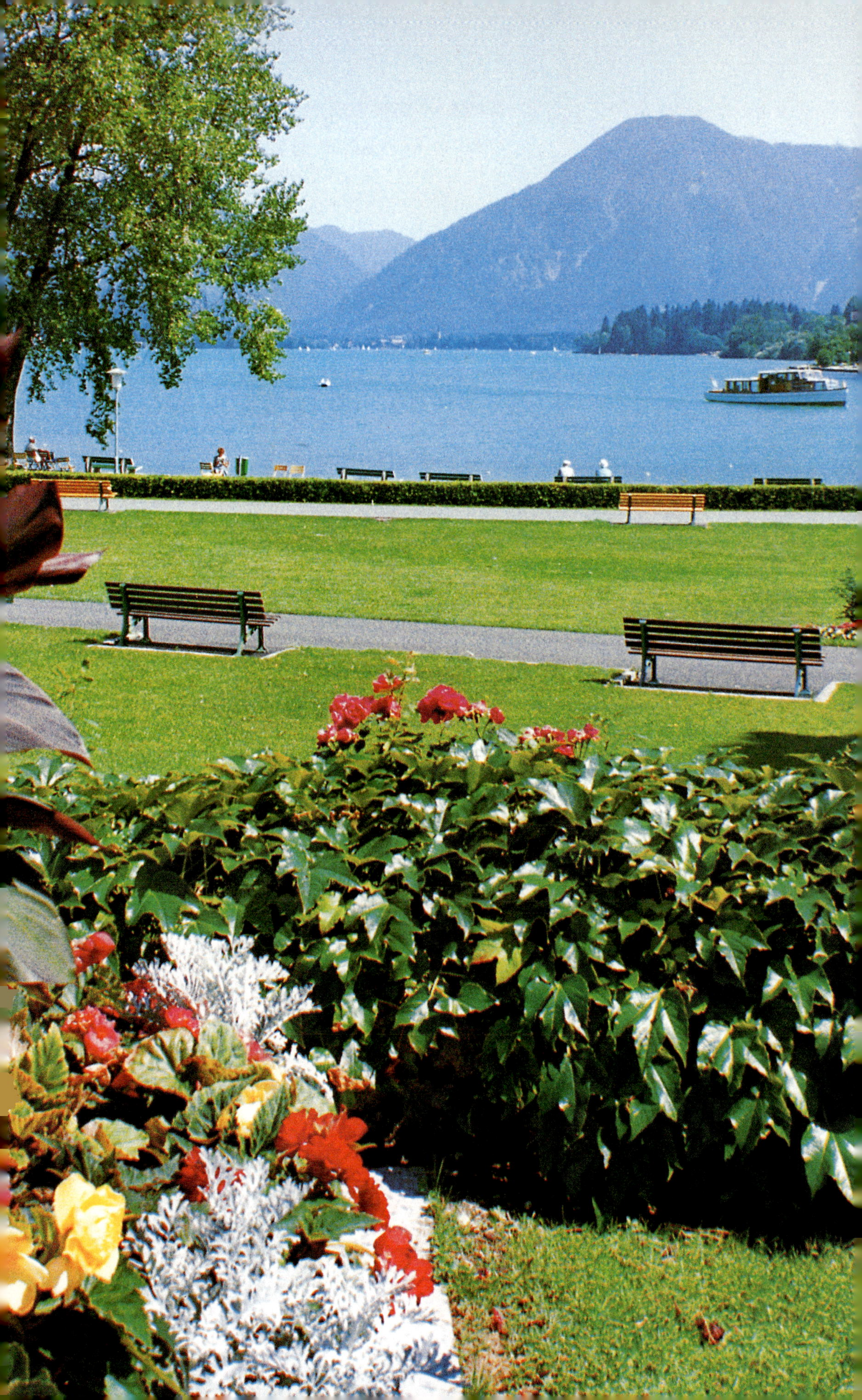

Oberbayern: von München in die Nördlichen Kalkalpen

Der bayerische Alpenraum erfreut sich bei Urlaubern größter Beliebtheit, weil die Naturlandschaft an Kontrasten kaum zu überbieten ist und die Bayern selbst ihr Bestes gegeben haben, um den Abwechslungsreichtum noch zu steigern. Und wer liebt nicht das typisch bayerische Brauchtum, das in vielen Gemeinden auch heute noch gepflegt wird.

Hier drängt sich vieles zusammen, was schön, großartig und erhaben, aber auch lieblich und anmutig ist. Da sind einmal die Berge: Von grünen Almen über stille Waldberge bis zum felsigen Hochgebirge reicht die Palette. Ja, sogar Gletscher sind in den höchsten Regionen vereinzelt anzutreffen. Dann die zahlreichen Täler, von denen diese Bergwelt kreuz und quer durchzogen wird, sie gehören mit zum Schönsten, was Bayern zu bieten hat. Und schließlich die Seen: große wie Chiemsee, Starnberger See und Ammersee, mittlere wie Schliersee, Tegernsee und Walchensee und zahlreiche kleine, vom stillen Moorsee bis zum einsamen Bergsee. Die meisten verdanken ihre Entstehung den vordringenden Eismassen während der letzten Eiszeit.

Aber auch das gehört zu Oberbayern: märchenhafte Schlösser, prachtvolle Kirchen und ehrwürdige Klöster, herrliche Werke des Barock und Rokoko; schmucke Dörfer mit einem noch unverfälscht bayerischen Charakter; alte Städte und Marktflecken mit Kulturdenkmälern, behäbigen Bürgerhäusern und interessanten Heimatmuseen; aber auch moderne Heilbäder und Kurorte mit internationalem Flair.

Und noch etwas ist kennzeichnend für Oberbayern: altes bodenständiges Brauchtum, das sich widerspiegelt in Musik und Tanz, im Volks- und Bauerntheater und in der Tracht. Allenthalben trifft man auf Vereine, die die alten Bräuche pflegen und am Leben erhalten. So sind die beiden ältesten Dorftheater Deutschlands ebenso hier zu finden wie die weltbekannten Oberammergauer Passionsspiele. Traditionelle Ereignisse besonderer Art sind das Aufstellen des Maibaumes in fast jeder Ortschaft, die Fronleichnamsprozession in Tegernsee, die Wallfahrt nach Andechs oder die Leonhardifahrten von Kreuth und Bad Tölz.

Landschaftlich ist Oberbayern keine geschlossene Einheit, sondern es besteht aus zahlreichen unterschiedlichen Einzelgebieten: Im äußersten Osten liegt das Berchtesgadener Land mit dem berühmten Königssee und seinen gewaltigen, sagenumwobenen und schönen Bergen.

Westlich schließt sich der Chiemgau an, eine alte Kulturlandschaft rund um den Chiemsee. Dann folgt das Gebiet der bayerischen Voralpen zwischen Isar und Inn mit dem lieblichen Tegernsee mittendrin. Es folgen Isarwinkel und Werdenfelser Land, die reich sind an Kulturdenkmälern sowie landschaftlichen Höhepunkten und wo auch einige renommierte Kurorte zu finden sind. Nördlich erstreckt sich ein liebliches Voralpenland mit Starnberger- und Ammersee. Südwestlich befindet sich der nach seinen vielen Kirchen und Klöstern benannte Pfaffenwinkel. Ganz im Westen schließlich kommt der ruhesuchende Wanderer im einsamen Ammergau auf seine Kosten.

An klaren Tagen sieht man von München aus die Alpen

Beliebtes Ziel im Alpenvorland ist der Tegernsee

Auskunft:
Fremdenverkehrsverband München-Oberbayern e. V.,
Sonnenstr. 10,
80331 München,
Tel.: 089/59 31 87.

Übersichtskarte Autotour und Sehenswürdigkeiten

Oberbayern

Die Autotour

Oberbayern gilt als beliebtestes Urlaubsziel in Deutschland. Trotz des Touristenansturms hat sich der weißblaue Freistaat seine sprichwörtliche Bodenständigkeit bewahren können. Auch die Alpenlandschaften haben von ihrem typischen Charakter nur wenig eingebüßt, und es gibt noch immer genug idyllische Flecken.

Gesamtlänge der Autorundreise: 540 km

❶ Tourenvorschlag Oberschleißheim
Ein sehr beliebtes Ausflugsziel steht vor den Toren der bayerischen Metropole: Schloß Schleißheim.

❷ Tourenvorschlag Andechs
Das berühmte Benediktinerkloster mit seiner spätbarocken Kirche aus dem 18. Jahrhundert ist das letzte Werk J. M. Fischers.

❸ Tourenvorschlag Wieskirche
Von außen sieht man es ihr nicht an, aber im Innern ist sie an Prunk nicht zu überbieten. Zu Recht gilt die Wieskirche als der absolute Höhepunkt des deutschen Rokokos.

❹ Tourenvorschlag Linderhof
Das Märchenschloß war der Lieblingsaufenthaltsort König Ludwigs II. Zu der romantischen Anlage, 1869–78 errichtet, gehören die berühmte Blaue Grotte, der Maurische Kiosk und der Monopteros.

❺ Tourenvorschlag Zugspitze
Der Gipfel ist der höchste Punkt Deutschlands. Der Berg beeindruckt durch seine Gestalt und Lage und ist jährlich das Ziel Hunderttausender von Touristen aus aller Welt.

❻ Tourenvorschlag Tegernsee
In landschaftlich einzigartiger Lage liegt der Tegernsee, eingebettet zwischen über 1500 Meter hohen Bergen.

❼ Tourenvorschlag Wendelstein
Mit der Bergbahn gelangt man innerhalb kürzester Zeit auf einen der eindrucksvollsten Gipfel der Bayerischen Alpen, den 1838 Meter hohen Wendelstein.

❽ Tourenvorschlag Chiemsee
Der Chiemsee ist der größte der bayerischen Seen. Auf der Herreninsel ließ König Ludwig II. das Versailles nachempfundene Schloß Herrenchiemsee errichten.

❾ Tourenvorschlag Kampenwand
Bei allen Aktivurlaubern gleichermaßen beliebt ist die Kampenwand, deren 1660 Meter hoher Gipfel majestätisch das Alpenvorland überragt.

❿ Tourenvorschlag Königssee
Der wohl schönste See der Ostalpen erinnert an einen norwegischen Fjord. Mächtige, über 2000 Meter hohe Berggipfel rahmen das Gewässer ein.

⓫ Tourenvorschlag Burghausen
Die malerisch an der Salzach gelegene Grenzstadt besitzt die größte Burganlage Deutschlands. Das über 1000 Meter lange Anwesen liegt auf einem nach drei Seiten steil abfallenden Bergrücken.

⓬ Tourenvorschlag Altötting
Der berühmte Wallfahrtsort hat seinen Mittelpunkt in der Gnadenkapelle, deren Bau im 8. Jahrhundert begonnen wurde.

Der Kehlstein mit dem »Adlerhorst«

Weitere interessante Sehenswürdigkeiten entlang der Route

❶ Haimhausen
Südlich von Schleißheim erhebt sich das prachtvolle Schloß mit Freitreppe und einer kleinen Kapelle.

❷ Fürstenfeldbruck
Anfang des 18. Jahrhunderts entstand hier nach einem Plan von Viscardi die überwältigend schöne Klosterkirche. Beachtlich ist die 54 Meter hohe Fassade. Die Kirche zählt zu den großartigsten oberbayerischen Barockbauten.

❸ Peißenberg
Als »Bayerischen Rigi« rühmt man den Aussichtsberg (988 m), der in die liebliche Voralpenlandschaft eingebettet ist. Über eine Autostraße kann man den Gipfel erreichen.

❹ Oberammergau
Hier finden alle 10 Jahre die weltbekannten Passionsspiele statt. Als Geschenke beliebt sind die Arbeiten der hervorragenden Oberammergauer »Herrgottschnitzer«.

❺ Großweil
An der Loisach, in der Nähe des Kochelsees, liegt der kleine Erholungsort. Hauptattraktion ist das Oberbayerische Freilicht-Bauernhausmuseum. Hier stehen Bauernhöfe mit historischen Bauerngärten. Wichtigste Einrichtungen sind eine Getreidemühle, das »Hirtenhäusl Kerschlach« und verschiedene Werkstätten.

❻ Bad Tölz
Die kleine Kreisstadt erstreckt sich malerisch zu beiden Seiten der Isar. Die am rechten Ufer liegende Altstadt zählt zu den baulich interessantesten Orten Südbayerns. Besonders sehenswert ist die Marktstraße. Bad Tölz verdankt seinen Weltruf als Kurbad den Jodquellen.

❼ Brauneckbahn
Von Lenggries kann man mit der Kleinkabinen-Sesselbahn auf das 1555 Meter hohe Brauneck fahren. Von hier oben bietet sich

ein überwältigender Blick auf das Alpenvorland bis hin zu Starnberger- und Ammersee.

⑧ Rotwandgebiet
Nahe der österreichischen Grenze liegen mehrere interessante Gipfel, die zum Rotwandgebiet gehören. Es ist eines der beliebtesten voralpinen Berggebiete.

⑨ Rosenheim
Schöne alte Bürgerhäuser mit Erkern und herrlichen Laubengängen sind unverwechselbare Kennzeichen der im Inn-Salzach-Stil errichteten Altstadt Rosenheims. Eine Stadtbesichtigung beginnt man am besten am prächtigen Max-Josef-Platz.

⑩ Herrenchiemsee
Zu Fuß sind es nur 15 Minuten von der Schiffsanlegestelle auf Herrenchiemsee bis zum prächtigen Schloß Ludwigs II. Aber auch die einzigartige Lage der größten Chiemseeinsel lockt zu ausgiebigen Spaziergängen rund um das Eiland.

⑪ Marquartstein
Über dem kleinen Ort in den Chiemgauer Bergen erhebt sich die im 11. Jahrhundert erbaute und im 19. Jahrhundert erneuerte Burg, die sich heute in Privatbesitz befindet. Bei Konzerten und Ausstellungen ist die Anlage zugänglich.

⑫ Berchtesgaden
Über der charakteristischen Silhouette der Berchtesgadener Kirchtürme erhebt sich als Wahrzeichen das gewaltige Watzmannmassiv mit seinen imposanten Zacken: Hocheck (2651 m), Mittelspitze (2713 m).

⑬ Laufen
Die malerische, im Inn-Salzach-Stil erbaute Stadt gibt beredtes Zeugnis für den auf dem Salzhandel begründeten Wohlstand der Bürger, zumeist Schiffer und Kaufleute.

⑭ Raitenhaslach
Schöne Kirche mit barockem Umbau und sehenswertem Prunksaal im Prälatenhaus.

⑮ Mühldorf am Inn
Die Gassen der im Inn-Stil erbauten Altstadt säumen geschlossene Häuserfronten. Erdgeschoß und Hinterhof öffnen sich zu Arkaden und Laubengängen.

⑯ Dorfen
Beachtenswert sind die drei spätgotischen Tore der Wallfahrtskirche.

⑰ Erding
Die altertümliche Stadt am Rande des Erdinger Mooses wurde bereits um 900 als Hauptort des Semptgaus erwähnt. Sehenswert sind die hübschen Kirchen und die malerischen Bürgerhäuser mit schmucken Giebeln und Erkern.

⑱ Garching
Hier befindet sich die Forschungsstätte für Kernphysik und Plasmaphysik der Max-Planck-Gesellschaft.

Geschichte und Kultur

König Ludwig — der bayerische Märchenkönig

Über einen Umweg wurde die uralte Linde im Garten von Schloß Linderhof zum Namensgeber des Schlosses. Denn dort, wo Ludwig II. es erbauen ließ, bewirtschaftete einst die Familie Linder, die ihren Namen von der Linde abgeleitet hatte, den Linderhof. König Max von Bayern besaß in der Nachbarschaft ein Jagdhaus, wohin er auch seinen Sohn Ludwig gelegentlich mitnahm, der sich in das Land verliebte.

Im Jahre 1864 bestieg Ludwig den bayerischen Thron. Drei Jahre später lernte er das französische Prunkschloß Versailles und die deutsche Wartburg kennen. Von beiden Anlagen war er so begeistert, daß er beschloß, sie in seinem Reich nachzubauen. Eine Mischung aus Versailles und Wartburg sollte die Burg Hohenschwangau werden, die heute als Burg Neuschwanstein zu den meistbesuchten Sehenswürdigkeiten Deutschlands gehört. Ein bayerisches Versailles aber sollte nach dem Willen des Königs in Linderhof entstehen. Am Ende wurde dann aber doch Herrenchiemsee als Standort gewählt. Aus dem Versailles in Linderhof wurde eine königliche Villa, die unter den Schlössern als einzigartig gilt.

Ludwigs Plan war es, sich mit Schloß Linderhof einen Ort der Zurückgezogenheit zu schaffen, wo er geträumte Vergangenheit als Gegenwart empfinden konnte. So ließ er im Maurischen Kiosk, Tschibuk rauchend, die Wunderwelt aus Tausendundeiner Nacht lebendig werden, und im goldenen Kahn spielte er auf dem See der Venusgrotte die Verzauberung des Tannhäuser nach. Das märchenhafte Verhältnis des Königs zu Linderhof fand seinen Ausdruck unter anderem darin, daß er stets in einem goldenen Rokokoschlitten dorthin gefahren wurde, begleitet von Kutscher, Vorreiter und Lakaien, die gekleidet waren in Kostüme der Rokokozeit.

Das Versailles des schwermütigen Königs aber entstand auf der im Chiemsee liegenden Insel Herrenchiemsee. Es sollte keine Kopie des französischen Vorbildes werden. Wohl aber übernahm man typische Teile von Versailles, so die Hauptfassade und die Gesandtentreppe, die in Versailles allerdings schon 1752 abgerissen worden war und an Hand von Stichen rekonstruiert wurde. Versailles konnte da keine Anregungen mehr geben, denn die Möbel waren in den Revolutionen von 1789 und 1848 verlorengegangen.

Der König, der ein schwärmerisches Verhältnis zu dem Komponisten Richard Wagner unterhielt, brauchte viel Geld. Als er im Jahre 1886 den bayerischen Landtag aufforderte, seine Schulden in Höhe von über 13 Millionen Mark zu übernehmen, verlor man in München die Geduld. Er wurde gefangengesetzt und nach Schloß Berg am Starnberger See gebracht. Am 13. Juni 1886 unternahm der König mit dem ihm beigeordneten Irrenarzt, dem Obermedizinalrat Dr. Bernhard von Gudden, einen Spaziergang an den See, von dem die beiden Männer nicht zurückkehrten. Bis heute weiß man nicht, unter welchen Umständen sie ums Leben gekommen sind.

Im Parkwald von Schloß Linderhof: die »Blaue Grotte«

Schleißheim – Schloß und Galerie

Vor Münchens Toren steht eines der prunkvollsten Schlösser Bayerns mit reicher Kunst, die weit über die Landesgrenzen hinaus berühmt ist.

Anfahrt:
A 9 von München oder Nürnberg mit Anschlußstelle Schleißheim oder A 92 mit Anschlußstelle Oberschleißheim. Mit der S-Bahn von München bis Station Oberschleißheim und 15 Min. Fußweg.

Auskunft:
Fremdenverkehrsamt, Sendlinger Str. 1, 80331 München, Tel.: 089/239 12 77.

Öffnungszeiten:
Außer Mo. täglich 10–12.30 Uhr und 13.30–17 Uhr, im Winter nur bis 16 Uhr.

Abstecher:
Dachau, Garching und Ismaninger Speichersee.

Das prunkvolle Schleißheimer Schloß ist ein beliebtes Ausflugsziel

Wenn von Schloß Schleißheim die Rede ist, muß man sich zunächst vergegenwärtigen, daß eigentlich drei Schlösser gemeint sind, die zusammen eine ausdrucksvolle Erscheinung höfischer Kunst des 18. Jahrhunderts bilden. Es handelt sich um das Alte Schloß, das auf der Grundlage eines väterlichen Herrenhauses von Kurfürst Maximilian I. ab 1616 als Sommersitz erbaut wurde; außerdem um das von Maximilian II. Emanuel in 1 Kilometer Entfernung errichtete Gartenschloß Lustheim und dann natürlich um den Höhepunkt des Ganzen, das Neue Schloß, das unter König Ludwig I. vollendet wurde. Insgesamt haben Bayerns Herrscher an Schleißheim rund 250 Jahre lang gebaut. Das Ergebnis kann sich sehen lassen und ist immer wieder Ziel bewundernder Besucher. Die während des Sommers stattfindenden Schloßkonzerte ziehen Musikfreunde aus nah und fern an. Das Neue Schloß ist mit seinem Hauptbau 169 Meter lang und stellt als Gesamtanlage eine der ausgedehntesten des europäischen Barock dar, wobei man an Sinn und Notwendigkeiten freilich gar nicht erst denken sollte. Hier wurde geltungssüchtig ein Reichtum zur Schau gestellt, dem die Realität nicht entsprach. Aber wen berührt das heute schon angesichts der Säle, des großartigen Treppenhauses, der Kunstwerke von Meistern wie Johann Baptist Zimmermann, Ignaz Günther, Cosmas Damian Asam und vielen anderen, zu denen Baumeister wie Enrico Zucalli und Joseph Effner traten!

Wer das Schlößchen Lustheim aufsucht, wird dort durch eine Sammlung schönsten Meißner Porzellans verzaubert werden. Das Neue Schloß enthält dagegen aus der Staatsgemäldesammlung vor allem Bilder aus der Zeit des Barock mit vielen so bekannten Namen wie Rubens, Tintoretto, van Dyck und Veronese.

Autotour ②   Oberbayern

Zu Gast im Biergarten des Klosters

Jeder Münchner kennt Andechs, hoch über dem Ammersee; kennt den Aufstieg durch das romantische Kiental und die einsamen Wanderwege über Felder und durch Wälder; die wunderschöne Andechser Kirche; das Bräustüberl mit seiner aussichtsreichen Terrasse; und natürlich auch den Klostergasthof, ein altehrwürdiges Gebäude aus dem 15. Jahrhundert, das richtiggehend zur Einkehr zwingt.

Der 711 Meter hohe »heilige Berg«, auf dem das berühmte Kloster mit weitem Rundblick über das Voralpenland und auf die Alpenkette thront, war schon in vorchristlicher Zeit eine Kultstätte. Später stand auf ihm eine Burg, unter deren Kapelle der »Schatz von Andechs«, u.a. die »Drei heiligen Hostien«, die der heilige Rasso im 10. Jahrhundert aus dem Heiligen Land mitgebracht haben soll, verborgen war.

Kaum ein Besucher von Kloster Andechs wird achtlos am berühmten Bräustüberl vorbeigehen können. Aber auch das Kloster selbst lohnt einen Ausflug!

Kloster Andechs: nicht nur des Biergartens wegen viel besucht

Mit der Auffindung dieses Schatzes 1388 beginnt die eigentliche Geschichte von Andechs als Wallfahrtsstätte. Die erste Kirche entstand 1419, der wenig später ein Stift und bald darauf ein Benediktinerkloster folgten. Nach einem alles zerstörenden Großbrand im Jahre 1669 wurde eine neue Kirche mit Kloster erbaut und 1755 in der heute noch existierenden Form umgestaltet. 1804 säkularisiert, knapp 50 Jahre später aber von König Ludwig I. den Mönchen zurückgegeben, beherbergen die Mauern seither wieder eine Benediktinerabtei.

Heute ist das Kloster Andechs mit seiner prächtigen, von Wessobrunner Künstlern ausgestalteten Kirche nicht nur Anziehungspunkt für Wallfahrer, sondern mehr noch für Bierliebhaber. Arm und Reich, Bauern, Geschäftsleute, Arbeiter, Angestellte und Beamte, kurz das ganze Volk, treffen sich im Bräustüberl, um den Alltag für eine Weile zu vergessen – beim Andechser Berg-Bock und dem Klosterkäse.

Anfahrt:
BAB München – Garmisch bis Abzweigung Starnberg und weiter bis Ausfahrt Percha. Dann B 2 nach Traubing und hier rechts ab nach Andechs.

Auskunft:
Kloster Andechs, Bergstr. 2, 82346 Andechs, Tel.: 08152/3760, Telefax: 08152/376260.

Abstecher:
Nach Herrsching (5 km nördlich) und zu den anderen Ammersee-Uferorten; nach Raisting, 15 km südwestlich (Satelliten-Erdfunkstelle der Bundespost); nach Weilheim (18 km südlich) sehenswerte Altstadt mit Brunnen und Stadtbefestigung, mehrere schöne Kirchen und weiter in den Pfaffenwinkel mit seinen zahlreichen Kirchen und Klöstern.

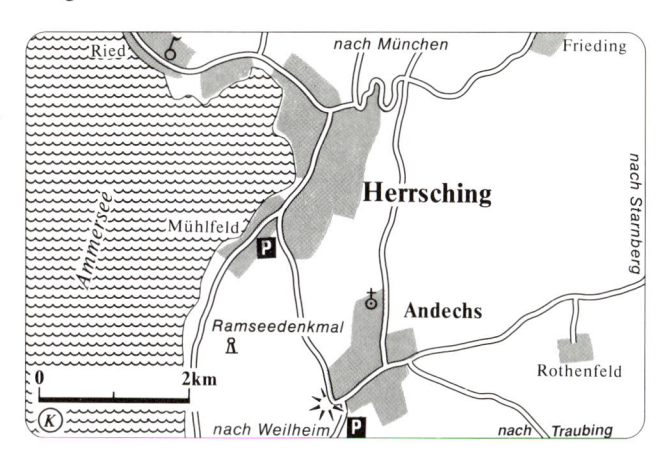

Wieskirche: Krönung einer Karriere

Das äußerlich sehr schlicht wirkende Bauwerk ist im Innern an Prunk nicht zu überbieten: Deutschlands Hauptwerk des Rokoko, Dominikus Zimmermanns Meisterstück.

Anfahrt:
2 km vor Steingaden von der Wildsteigstraße (Verbindungsstraße zwischen der B 17 und der B 23) abzweigen.

Auskunft:
Verkehrsamt,
86989 Steingaden,
Tel.: 0 88 62/2 00,
Telefax: 0 88 62/64 70.

Öffnungszeiten:
Täglich 8–18 Uhr.

Abstecher:
Nach Steingaden, 5 km nordwestlich (Welfenmünster, ehem. Prämonstratenser-Klosterkirche aus dem 12. Jh.); 5 km weiter westlich Lechbruck (3. Staustufe des Kraftwerkes Roßhaupten, stilreine klassizistische Pfarrkirche); nordöstlich der Pfaffenwinkel mit seinen zahlreichen Kirchen und Klöstern; 9 km östlich die Echelsbacher Brükke; auf den Hohen Peißenberg, 25 km nordöstlich (»Bayerischer Rigi«, Rundsicht auf die gesamten bayerischen Alpen und 11 Seen).

Auf einer weiten Waldwiese gegenüber den Trauchgauer Bergen liegt die »Wallfahrtskirche zum gegeißelten Heiland«, landläufig Wieskirche genannt. Äußerlich geradezu schlicht und einfach, stellt sie doch eine der ganz großen Sehenswürdigkeiten Oberbayerns dar, die als Hauptwerk des deutschen Rokoko, als der reifste Sakralbau dieser Stilepoche, als Kirche von abendländischem Rang, als »ein Kunstwerk, in dem Malerei, Stukkatur und Plastik mit der schwingenden und ornamental aufgelösten Architektur zu einem großen festlichmystischen Akkord zusammenklingen«, gilt. Selbst als Laie sieht man hier sofort, daß man es mit einer der schönsten Kirchen überhaupt zu tun hat – so phantastisch ist die Wirkung des prunkvollen Innenraums.

Wie die meisten Wallfahrtskirchen verdankt auch die Wieskirche ihre Entstehung einem Wunder, das sich um 1730 zugetragen haben soll. Nach neunjähriger Bauzeit vollendete der berühmte Wessobrunner Baumeister Dominikus Zimmermann im Jahr 1754 sein Spätwerk, das ihn berühmt machen sollte.

Das Deckengewölbe des Hauptraumes wird von acht Doppelsäulen getragen, die, durch einen schmalen Umgang von der Außenwand mit ihren reich und verschieden geformten Fenstern ge-

Die Wieskirche ist der absolute Höhepunkt – das Hauptwerk – des deutschen Rokokos

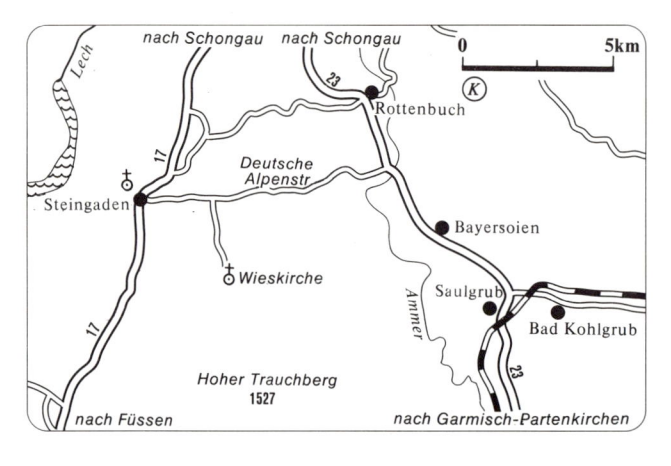

trennt, frei aufragen. Das Innere der Kirche schäumt über von Licht, Farben und Formen; Architektur, Stuck und Malerei sind so miteinander verschmolzen, daß man den Übergang von einem zum anderen nicht mehr festzustellen vermag. Man empfindet den Raum als »aufgelöst«, als eine Öffnung, die schnurstracks in den Himmel führt. Zu den schönsten und bemerkenswertesten Einzelheiten in der Wieskirche gehören die in Rosa und Gold prunkende, an ihrem Tragpfeiler emporschwebende Kanzel und ihr gegenüber die fast elegante Abtsloge.

Autotour ④ — Oberbayern

Schloß Linderhof, das Märchenschloß

König Ludwig II. war ein menschenscheuer Mensch, der es liebte, sich aus seiner Münchner Residenz in die Einsamkeit seiner Schlösser zurückzuziehen. Eines davon war Schloß Linderhof, das er im abgelegenen Graswangtal, 9 Kilometer von Ettal und 10 Kilometer von Oberammergau entfernt, erbauen ließ.
Viel kleiner und intimer als Neuschwanstein und Herrenchiemsee mit ihren großen Repräsentationssälen, war Schloß Linderhof – als einziges Schloß, das zu Lebzeiten des Königs fertiggestellt wurde – von Anfang an der Lieblingsaufenthalt König Ludwigs. Ursprünglich als italienische Barockvilla und in Anlehnung an das Schlößchen Petit Trianon von Versailles geplant, geriet es durch die ständigen Änderungswünsche des Königs jedoch zu einer eigenwilligen, unverwechselbaren Schöpfung.
Eine 32 Meter hohe Fontäne grüßt den Besucher, bevor er das von Marmorsäulen getragene Vestibül mit dem Reiterstandbild des vom König hochverehrten Ludwig XIV. betritt. Im Obergeschoß befinden sich zehn kostbar ausgestattete Räume. Besonders hervorstechend sind das Schlafzimmer mit dem königlichen Prunkbett und dem herrlichen Deckengemälde »Apollo im Sonnenwagen«, das Spiegelzimmer, das eine unendliche Flucht von Räumen vortäuscht, und besonders das Speisezimmer mit dem berühmten »Tischlein-Deck-Dich«, einer in die Schloßküche versenkbaren Speisetafel.

Ein Ausflug zum Lieblingsaufenthalt des Bayernkönigs Ludwig II. gehört für jeden Besucher Bayerns zu den ganz großen Erlebnissen.

Ludwig II. baute drei romantische Schlösser. Linderhof ist eines davon

Die nicht weniger prächtigen Gartenanlagen, deren Hecken und Kaskaden unmerklich in die Natur überleiten, enthalten zwei merkwürdige Kostbarkeiten: den für die Pariser Weltausstellung von 1867 geschaffenen »Maurischen Kiosk« und westlich davon die künstlich erbaute »Venusgrotte«, auf deren Teich sich der König bei wechselnder Illumination herumpaddeln ließ.

Anfahrt:
BAB München – Garmisch-Partenkirchen bis Autobahnende. Weiter B 2 bis Oberau. Dort rechts B 23 bis Ettal. Kurz dahinter links ab nach Linderhof.

Auskunft:
Verkehrs- und Reisebüro, Eugen-Papst-Str. 9 a, 82487 Oberammergau, Tel.: 08822/1021, Telefax: 08822/7328.

Öffnungszeiten:
Winter: 1.10.–31.3.
10–12.15 Uhr,
12.45–16 Uhr.
Sommer: 1.4.–30.9.
9–12.15 Uhr, 12.45–17.30 Uhr.

Abstecher:
Besuch der Benediktinerabtei Ettal (sehenswerte Klosterkirche); nach Oberammergau, 4 km von Ettal. Besichtigung des Passionsspielhauses, »Lebende Werkstatt« im Pilatushaus, von Juni bis Oktober. (Oberammergauer Holzschnitzereien!), prächtige Rokokokirche; Heimatmuseum.
An den Plansee jenseits der bayerisch-österreichischen Landesgrenze (14 km).

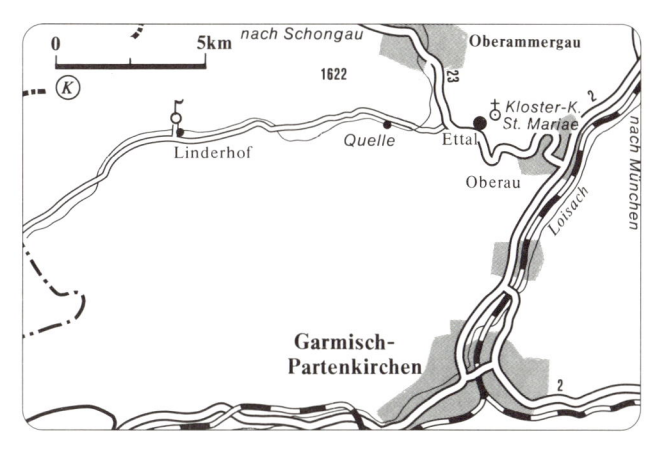

Zugspitze: das Dach Deutschlands

Mit der Bergbahn auf Deutschlands höchsten Gipfel, wo man sogar im Sommer Schneeballschlachten schlagen kann.

Anfahrt:
BAB München – Garmisch-Partenkirchen, dann B 2 weiter nach Garmisch-Partenkirchen.

Auskunft:
Kurverwaltung, Schnitzschulstr. 19, 82467 Garmisch-Partenkirchen, Tel.: 0 88 21/1 80-0.

Bergbahnen:
Schneefernerhaus nur noch bis Herbst 1992 Bahnstation. Ab dann neue 100 Personen-Gondel vom Sonn-Alpin zum Gipfel.

Betriebszeiten:
Zahnradbahn ganzjährig täglich 7.35–15.35 Uhr zu jeder vollen Stunde (Bergfahrt) bzw. 10–16 Uhr (Talfahrt). Zu- und Aussteigemöglichkeiten in Grainau und Eibsee. Gipfel-Seilschwebebahn im Sommer 8.30–17 Uhr und im Winter 9–16 Uhr, jeweils halbstündlich, bei Bedarf ständig. Eibsee-Großkabinenbahn halbstündlich, je nach Jahreszeit zwischen 8.15 bzw. 8.45 Uhr und 16.45 bzw. 18.15 Uhr.

Drei Bergbahnen fahren auf Deutschlands höchsten Gipfel, die Zugspitze

Die Zugspitze ist der höchste und bedeutendste Gipfel des Wettersteingebirges. Ihre hervorragende Stellung nach Höhe, Gestalt und Lage hat von jeher eine ungeheure Anziehungskraft ausgeübt, die durch die Bedeutung als höchster Berg Deutschlands zugenommen hat. Sie ist der am frühesten bestiegene Gipfel des Wettersteingebirges und in unserer Zeit Ziel Hunderttausender von Touristen aller Art. Fast die Hälfte aller Hütten im Wettersteingebirge und drei Bergbahnen (die 1928–30 erbaute Zahnradbahn von Garmisch, die 1961–63 erbaute Eibsee-Seilbahn und die 1926 in Betrieb genommene Tiroler Zugspitzbahn von Ehrwald) dienen ihrem Besuch. Neben diesen Bergbahnen führen drei klassische Anstiegswege auf die Zugspitze, von denen einer, der Weg durch das Reintal und über den Schneeferner, völlig unschwierig ist und von jedem gesunden und ausdauernden Bergwanderer begangen werden kann. Die beiden anderen Anstiege, von Nordosten durch das Höllental (mit Eisenleitern und Trittstifte, drahtseilgesicherte, längste durchgehende Klettersteiganlage der Nördlichen Kalkalpen) und von Westen über Wiener-Neustädter Hütte (ein gesicherter, aber sehr ausgesetzter Klettersteig), setzen jedoch große Bergerfahrung voraus und erfordern absolute Schwindelfreiheit.

Auf dem zweithöchsten Punkt des Berges, dem Westgipfel, steht das 1897 erbaute Münchner Haus des Deutschen Alpenvereins, an das drei Jahre später die heute noch existierende Wetterstation angebaut wurde. Auf dem Ostgipfel befindet sich das Gipfelkreuz und zwischen beiden liegt etwas unterhalb die Gipfelstation der Bayerischen Zugspitzbahnen. Das Zugspitzplatt, eine in manchen Jahren ganzjährig schneebedeckte Hochfläche, ist hochalpines Skigelände und einziges Sommerskigebiet in den Deutschen Alpen.

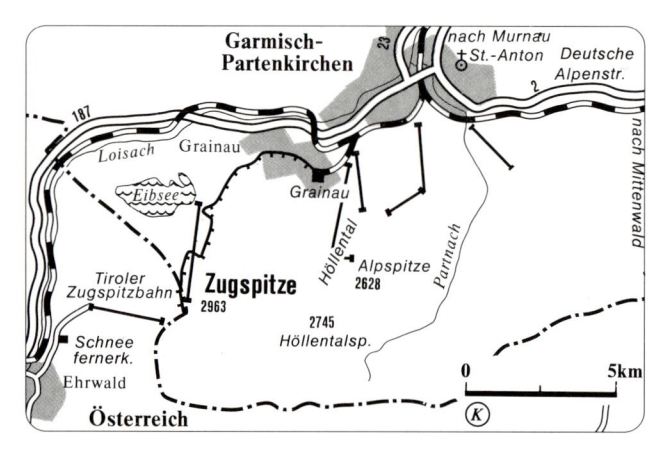

Der Tegernsee und sein Tal

Es gibt nur wenige Seen der Alpen, die es mit dem Tegernsee an landschaftlicher Anmut aufnehmen können. Kein Wunder also, daß an seinen Ufern schon viele namhafte Künstler gewohnt haben.

Das Tegernseer Tal ist eine der anmutigsten Talschaften in den Bayerischen Alpen, die nicht zu Unrecht als Schmuckkästlein des bayerischen Oberlandes bezeichnet wird. Die Lieblichkeit der Landschaft, die Heilquellen, die jahrhundertealte Kultur, die sich in Kirchen und Schlössern, aber auch in Tracht und Brauchtum widerspiegelt, und schließlich ein lebensfroher, künstlerisch begabter Menschenschlag – all das verleiht dem Tegernseer Tal eine Sonderstellung im bayerischen Alpenraum. Kein Wunder, daß gerade hier schon um 746 ein weithin berühmtes Benediktinerkloster entstanden ist und mehr als 1000 Jahre später gekrönte Häupter und Größen aus Kunst, Wissenschaft, Wirtschaft und Politik rund um den Tegernsee ihre Wahlheimat gefunden haben.

Über 7 Kilometer lang, bis zu 2 Kilometer breit und 72 Meter tief, ist der Tegernsee ein Geschenk der Eiszeit. Ein Gletscher hob das riesige Becken aus. Auf allen Seiten von Hügeln und Bergen umschlossen, die im 1722 Meter hohen Wallberg am Südende des Sees ihren höchsten Punkt erreichen, hat sich der See trotz der dichten Bebauung an seinen Ufern den ausgesprochen lieblichen Charakter bewahren können. Er ist das am stärksten besiedelte Seengebiet Oberbayerns, dessen südliche Hälfte von den aneinandergrenzenden berühmten Uferorten Tegernsee, Rottach-Egern und Bad Wiessee fast lückenlos umgeben wird.

Die Zuflüsse des Tegernsees sind im Süden die beiden Gebirgsbäche Weißach und Rottach, sein Abfluß im Norden ist die Mangfall. Zu den Hauptorten gehört neben den drei bereits erwähnten Kurorten im Osten, Süden und Westen die Ortschaft Gmund an der Nordspitze. Etwas abseits, aber ebenfalls noch zu den Tegerseer Talortschaften gehörend, liegen die Orte Kreuth im Weißachtal südlich des Sees.

Blick vom Tegernsee nach Bad Wiessee und Kampen

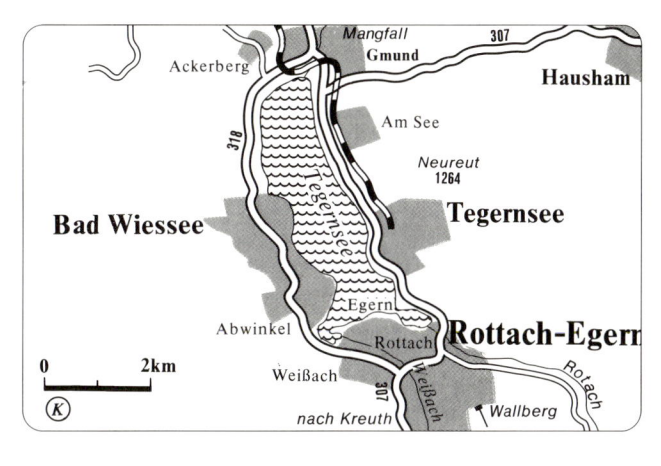

Anfahrt:
BAB München – Salzburg, Ausfahrten Holzkirchen oder Irschenberg, dann südwärts.

Auskunft:
Kuramt Bad Wiessee, Adrian-Stoop-Str. 20, 83704 Bad Wiessee, Tel.: 0 80 22/8 60 30, Telefax: 0 80 22/86 03 30.

Öffnungszeiten:
Mo.–Fr. 8–12 Uhr, und 14–17 Uhr. Mai–Oktober zusätzl. Sa. 9–12 Uhr.

Abstecher:
Schliersee, 12 km östrischzell (Seilbahn auf den Wendelstein); nach Bad Tölz, 15 km westlich.

Eine Fahrt zum Wendelstein

Neben der Zugspitze und dem Watzmann ist dieser »Beherrscher von drei berühmten Alpentälern« der bekannteste Berg in den Bayerischen Alpen.

Anfahrt:
Nach Brannenburg Inntalautobahn (A 93) bis zur Ausfahrt Brannenburg; nach Bayrischzell von Brannenburg über das Sudelfeld (streckenweise gebührenpflichtig).

Auskunft:
Kuramt Bayrischzell, Kirchplatz 2, 83735 Bayrischzell, Tel.: 0 80 23/6 48, Telefax: 0 80 23/10 34.

Öffnungszeiten:
Sommer: Mo.–Fr. 8–12 Uhr, 13–17 Uhr, Winter: auch Sa. u. So. 9–12 Uhr.

Betriebszeiten:
Zahnradbahn Mai bis Oktober 9–15 Uhr (stündlich) (b. Bedarf), Dez. bis April 9–13 Uhr stündlich (b. Bedarf). Großkabinen-Seilbahn täglich 9–17 Uhr (Sommer) bzw. 16 Uhr (Winter).

Bereits im 19. Jh. erfreute sich der Wendelstein größter Beliebtheit. Er ist einer der bekanntesten Berge in den Bayerischen Alpen und beherrschender Gipfel von drei berühmten Talschaften: dem Leitzachtal im Süden, dem Inntal im Osten und dem Mangfalltal im Norden. Für alle drei Täler ist er der dominierende Kulminationspunkt, nach allen Richtungen seine charakteristische, unverwechselbare Form zur Schau tragend.

Von Brannenburg aus führt seit 1912 die älteste deutsche Gebirgs-Zahnradbahn auf den aussichtsreichen Berg. 1969 trat eine in Bayrischzell-Osterhofen ausgehende Kabinenseilbahn in Konkurrenz zur Zahnradbahn. Tatsächlich ergänzen sich die beiden Bahnen auf hervorragende Weise; denn eines der schönsten Erlebnisse in diesem Gebiet ist die Bergfahrt mit der einen und die Talfahrt mit der anderen Bahn, um dann mit einem Linienbus an den Ausgangsort zurückzukehren.

Von der Berggaststätte, bei der sich auch die Bergstationen der beiden Bergbahnen befinden, führt ein gesicherter Kunststeig auf den Hauptgipfel. Oben befinden sich Sternwarte, eine Wetterwarte, eine Fernseh- und UKW-Sendeantenne und die kleine, St. Wendelin geweihte Gipfelkapelle von 1718. In halber Höhe des Gipfelaufbaues führt ein 2 Kilometer langer Panoramaweg rund um den Gipfel. Tiefer unten, östlich der Berggaststätte, grüßt das 1889 erbaute Wendelsteinkirchlein, Deutschlands höchstgelegene Kirche, ins Leitzachtal hinab. Hunderte von Hochzeiten haben hier schon stattgefunden, und jeden Sonntag werden Berggottesdienste gehalten.

Eine geologische Sehenswürdigkeit ist die 1864 entdeckte und zu einer Schauhöhle ausgebaute Wendelsteinhöhle nahe der Berggaststätte. Besonders eindrucksvoll sind im Innern die großartigen und eindrucksvollen Eisstalaktiten (Rieseneiszapfen).

Drei Talschaften werden von der Silhouette des Wendelsteins beherrscht

Kunst, Kultur und Wassersport

Der Chiemsee, das »Bayerische Meer«, ist Bayerns größter See, landschaftlich einzigartig gelegen. An seinen Ufern drängen sich sehenswerte hübsche Orte, und überall lädt das klare Wasser zum Bad ein.

Einst wurde das ganze Alpenvorland von einem riesigen Gletschersee bedeckt, der im Süden bis an den Fuß der Hochries heranreichte, im Osten das ganze heutige Mangfalltal ausfüllte und im Norden und Osten einen großen Teil des Chiemgaues bedeckte. Das bayerische Inntal, durch das die Eismassen, die später schmolzen und damit das Wasser für den See lieferten, aus dem Gebirge herausquollen, war ein Fjord dieses Sees, der bis in die Gegend von Oberaudorf reichte.

Die mit 73 Metern tiefste Stelle des Chiemsees befindet sich unweit der Fraueninsel, die größte Ost-West-Ausdehnung beträgt 14, die größte Nord-Süd-Ausdehnung 11 Kilometer.

Versailles stand beim Bau von Herrenchiemsee Pate

Die wunderschönen Uferorte rund um den See sind außerordentlich reich an kunst- und kulturgeschichtlichen Zeugen der Vergangenheit. Neben zahlreichen kleinen Ortschaften, romantischen Weilern zumeist, die ebenfalls viel Sehenswertes zu bieten haben, seien besonders genannt die Chiemseegemeinden Prien (dampfbetriebene Chiemseebahn zur Schiffsanlegestelle Stock), Grabenstätt (seit der Römerzeit bekannte Siedlung mit der 1100 Jahre alten Johanniskirche), Chieming (zweitältester Uferort, sehenswertes mittelalterliches Schloß), Seebruck (an der Nordspitze des Sees gelegener ältester Uferort, entstanden zwischen 41 und 54 n. Chr. unter Kaiser Claudius I., sehenswerte, aus Steinen des einstigen römischen Kastells errichtete Kirche aus dem 15. Jahrhundert, Museum mit Funden aus römischer Zeit), Gstadt (Kirche aus dem 12. Jahrhundert) und Breitbrunn (schönste und bemerkenswerteste Kirche des Chiemgaues). Nicht zu vergessen die beiden Inseln, die Fraueninsel mit ihrem Kloster, der Münsterkirche und der Torhalle mit Engelfresken und schließlich die Herreninsel, auf der das prächtige, von König Ludwig I. erbaute Schloß Herrenchiemsee steht.

Anfahrt:
BAB München – Salzburg, Ausfahrten Bernau, Übersee-Feldwies oder Grabenstätt.

Auskunft:
Verkehrsverband Chiemsee e. V.,
Alte Rathausstr. 11,
83209 Prien,
Tel.: 0 80 51/69 05 35,
Telefax: 0 80 51/6 10 97.

Öffnungszeiten:
Mo.–Fr. 7.30–12 Uhr,
Mo.–Do. 13–17 Uhr.

Abstecher:
Nach Rosenheim (westlich) oder Traunstein (östlich); südwestlich nach Aschau (Kleinkabinen-Seilbahn auf die Kampenwand); südlich über Marquartstein (Sessellift zur Hochplatte) nach Reit im Winkl (Ausflug zur Winklmoosalm).

Ausflugsziele:
Ausflugs- und Tanzfahrten mit modernen Chiemseeschiffen; mit dem Schiff zur Fraueninsel (Frauenchiemsee) oder zur Herreninsel (Herrenchiemsee).

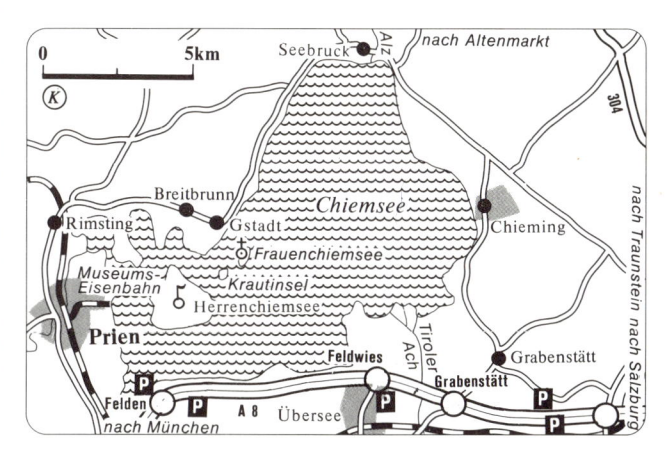

Oberbayern | Autotour ⑨

Die Kampenwand: Wächterin des Chiemgaus

Hoch über den Chiemsee erhebt sich dieser markante Gipfel, der bei Wanderern, Spaziergängern und Kletterern gleichermaßen beliebt ist.

Anfahrt:
Nach Aschau BAB München – Salzburg, Ausfahrten Frasdorf (5 km) oder Bernau (6 km), oder Deutsche Alpenstraße (B 305), Abzweigung bei Bernau.

Auskunft:
Kurverwaltung, Aschau i. Chiemgau, Kampenwandstr. 38, 83229 Aschau, Tel.: 0 80 52/3 92, Telefax: 0 80 52/47 17.

Öffnungszeiten:
Mi.–Fr. 8–12, 13–18 Uhr, Sa. 9–12 Uhr, So. 10–12 Uhr.

Betriebszeiten:
Die Kampenwandbahn verkehrt täglich (ausgenommen Mitte November–Mitte Dezember) durchgehend 9–17 Uhr (im Juli/August 8.30–18 Uhr). Talstation am Fuß des Hohenaschauer Schloßbergs, Bergstation beim Kampenwandhaus, 1470 Meter.

Wandern:
Rundwanderung siehe Orientierungsskizze.

Die Kampenwand ist einer der beliebtesten und deshalb auch meistbesuchten Berggipfel der Chiemgauer Alpen.
Zahllose Wege führen zu ihr hinauf, genauer gesagt an den Fuß ihres felsigen Gipfelkammes: vom bequemen »Reitweg«, der sogar mit kleineren Kindern und von Senioren begangen werden kann, bis zum steilen und beschwerlichen Bergpfad. Wer möchte, kann es sich sogar ganz bequem machen und mit der Seilbahn zum Kampenwandhaus in 1470 Meter Höhe fahren. Die Vielseitigkeit des Kampenwandgebietes wird von kaum einem anderen Berggebiet der Bayerischen Alpen übertroffen. Hier kommt der Spaziergänger ebenso auf seine Kosten wie der erfahrene, felsgewohnte Bergwanderer, bis hin zum ausgesprochenen Kletterer. Belohnt wird die geringe Mühe des Anstiegs durch eine großartige Aussicht zu vielen bekannten nordalpinen Gebirgsgruppen, im Süden gar zu den Eisriesen der Hohen Tauern.

Der zerklüftete Felsenkamm der Kampenwand, der sich etwa 10 Kilometer lang in Ost-West-Richtung zwischen

Die Kampenwand ist eines der beliebtesten Wandergebiete Oberbayerns

dem Tal der Tiroler Ache und dem Priental erstreckt, ist mit seinen im Süden stellenweise senkrechten Wandfluchten eines der meistbesuchten Klettergebiete der Bayerischen Alpen. Die besonders schwierige Südwand ist erstmals im Jahr 1920 durchstiegen worden. Die Kaisersäle, bizarre, kesselartige Geröllschluchten, die den Kamm vom Ostgipfel an in einen nördlichen und einen südlichen Felsgrat teilen, sind ein beliebter Klettergarten. Mit Ausnahme des Ostgipfels, der das 30 Zentner schwere, größte Gipfelkreuz der Bayerischen Alpen trägt, das zum Gedächtnis der Gefallenen des Chiemgaus errichtet wurde, bleibt die Besteigung aller Kampenwandgipfel dem erfahrenen Kletterer vorbehalten. Und auch die Überschreitung der Gipfel ist recht schwierig.

Königssee: Bayerns schönstes Kleinod

Eine Schiffsfahrt auf diesem wohl schönsten See der Ostalpen, der an einen norwegischen Fjord erinnert, gehört zu den ganz großen Erlebnissen.

St. Bartholomä vor der berüchtigten Ostwand des Watzmanns

Im Gegensatz zu vielen anderen Gebirgsseen ist das Königsseebecken nicht durch eiszeitliche Gletscher, sondern durch einen Einbruch entstanden, dessen Bruchlinie erst in nordsüdlicher, dann in südöstlicher Richtung verläuft. Es war also bereits ein Becken vorhanden, als der riesige Königsseegletscher dieses nur noch tiefer aushobelte. Das auf einer terrassenförmigen Hochfläche zwischen Königsseer und Ramsauer Ache gelegene Siedlungsgebiet der Schönau am Fuße des Grünsteins ist die Moräne, die der Königsseegletscher und der vom Hirschbichl kommende Seitenarm des Saalachgletschers vor ihrer Vereinigung bildeten. Während des Spätglazials taute der Königsseegletscher immer mehr ab, seine Reste beschränkten sich auf das Gebiet des heutigen Obersees. Der Zustand hielt einige Zeit an, so daß sich vor dem Obersee noch zwei Moränenwälle bilden konnten, wodurch die Trennung zwischen Königs- und Obersee eingeleitet wurde. Nach dem vollständigen Abschmelzen des Eises vor rund 10 000 Jahren blieben die Seen zurück.

Diese erdgeschichtlichen Vorgänge haben einen der schönsten Alpenseen geschaffen: die Harmonie zwischen Wasser, Wäldern und steilen Felsen ist vollkommen. Aus dem tiefgrünen Wasser steigen die Berge, die Ufer sind felsig, auf der Watzmannseite ragen die senkrechten Felswände stellenweise bis zu 200 Meter tief in das Wasser hinein. Aber auch am Ostufer, wo steile Waldhänge den See begrenzen, geht es über Felsblöcke rasch in dunkle Tiefen.

Weder Straße noch Fußwege führen um den 8 Kilometer langen und bis zu 1¼ Kilometer breiten, fjordartigen See. Elektro- und Ruderboote und in Wintern mit anhaltender Kälte das Eis bilden die einzige Verbindung nach St. Bartholomä, wo schon im Jahr 1134 eine romanische Kirche stand.

Anfahrt:
Nach Berchtesgaden BAB München – Salzburg. Ausfahrt Bad Reichenhall, dann weiter B 20.

Auskunft:
Verkehrsamt, Rathausplatz 1, 83471 Schönau a. Königssee, Tel.: 0 86 52/17 60, Telefax: 0 86 52/6 45 26.

Abstecher:
Auf den Obersalzberg (Tour I) und zum Kehlstein; nach Ramsau und zum Hintersee, auf der Deutschen Alpenstraße wenige Kilometer westlich.

Wandern:
Zum Malerwinkel, prächtiger Blick auf den See (½ Std.); Fußweg nach Berchtesgaden (1 Std.); mit der Bergbahn auf den Jenner (großartiger Aussichtsberg, Ausgangspunkt für mehrere lohnende und unschwierige Berg- und Höhenwanderungen) und Abstieg zu Fuß zum Königssee (2½ Std.); mit dem Schiff nach St. Bartholomä.

In der Fischunkelalm am Obersee. Eine urig gebliebene Einkehr

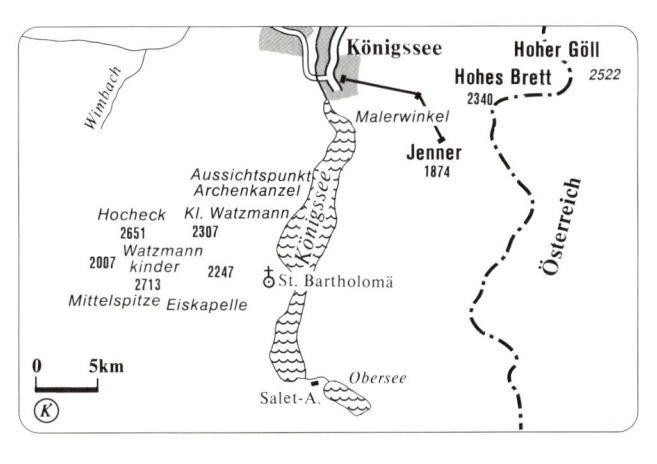

Oberbayern — Autotour 11

Keine deutsche Burg ist umfangreicher

Burghausens malerischer Markt wird von Deutschlands längster Burganlage eindrucksvoll überragt. Grund genug für einen schönen und interessanten Ausflug.

Anfahrt:
Von München auf der B 12 über Altötting. Bundesstraße 20 (Straubing – Berchtesgaden) »Blaue Route«.

Auskunft:
Verkehrs- u. Kulturamt, Stadtplatz 112–114, 84489 Burghausen, Tel.: 0 86 77/24 35, Telefax: 0 86 77/88 71 55.

Öffnungszeiten:
Burg: 1. April–30. Sept. 9–12 Uhr, 13–17 Uhr, 1. Okt.–31. März 10–12 Uhr, 13–14 Uhr. Stadtmuseum: 9–18.30 Uhr, 1. Okt.–1. Nov. 10–16.30 Uhr.

So malerisch Burghausens Stadtplatz mit seinen herrlichen Fassaden, unweit der Brücke über die Salzach nach Österreich gelegen, auch sein mag: Hauptsächlicher Anziehungspunkt der Stadt bleibt jedoch die Burg. Zu ihr führt die mit 12% ansteigende Straße aufwärts. Der Rundgang durch die Burg ist über 1 Kilometer lang, und auf ihm werden sechs »Abschnittsburgen« passiert, an die sich Gebäude verschiedener Art schließen. Die einzelnen Höfe stehen über Tore und Brücken miteinander in Verbindung. Immer wieder geht auch der Blick abwärts auf die Stadt.

Die ältesten erhaltenen Bauten der Burg stammen aus dem 13. Jahrhundert. Als im 15. Jahrhundert die Türkengefahr drohte, baute Herzog Georg der Reiche sie zielbewußt als gotische Festungsanlage aus. Die Wittelsbacher benutzten die Burg als Witwen- u. Frauensitz, zur Aufbewahrung von Schätzen und zur Festsetzung ihrer Feinde. Der Ingolstädter Ludwig der Gebartete fand hier 1447 als Gefangener den Tod. Die Schatzkammer mit ihren Sicherheit ausstrahlenden dicken Mauern wurde 1484 angelegt.

Schönster Raum der Burg ist die »Dürnitz«, in der sich im Mittelalter die Ritter und ihre Mannen an 38 Tischen versammelten, wobei im Winter der Kamin brannte. Heute dient der Raum stilvoll musikalischen Veranstaltungen

Der schöne Blick auf Burghausen vom österreichischen Salzachufer aus

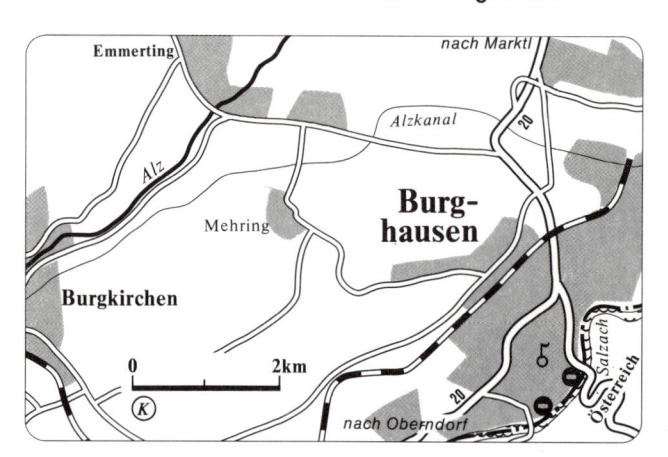

im Kerzenlicht. Die Räume des Herzogs im ersten Stock des Palas (Fürstenbau) und die Räume darüber enthalten heute Bilder und Gobelins, aus den Bayerischen Staatsgemäldesammlungen München. Münchens Alte Pinakothek hatte im Krieg ihre Schätze hierher ausgelagert. In der Burgkemenate befindet sich Burghausens Heimatmuseum. Die Schloßkapelle ist zugleich der älteste gotische Kirchenbau des süddeutschen Raumes – 1255 entstanden. Eine Restaurierung ließ wunderschöne alte Fresken zum Vorschein kommen.

Altötting und seine uralte Heilige Kapelle

Kein deutscher Wallfahrtsort ist volkstümlicher als Altötting mit seiner berühmten »Schwarzen Madonna«, deren wundertätige Kraft ungezählte Votivtafeln »beweisen«.

Beinahe unscheinbar steht inmitten des ausgedehnten Kapellplatzes von Altötting die berühmte Gnadenkapelle, eine der ältesten deutschen Kirchen, im Kern rund gebaut. In ihr befindet sich die prächtig gekleidete gotische Madonna »Unsere Liebe Frau von Altötting«, ganz aus Holz und vom Ruß der Kerzen geschwärzt. Wenn die singende Schar der Wallfahrer auf dem Kapellplatz eintrifft, füllt sich die kleine, durch ein Langhaus ein wenig erweiterte Räumlichkeit dicht mit betenden Menschen. Das ist ein Eindruck, der keinen gleichgültig läßt. Wie groß der Glaube an die wundertätige Kraft der Madonna ist, beweisen rings um den Umgang zahllose Votivtafeln mit Gelöbnissen und Danksagungen.

Über die geistliche Bedeutung der Kapelle hinaus sind hier in 21 Urnen die Herzen wittelsbachischer Herrscher beigesetzt. So kniet denn hier auch, in Silber gestaltet, Kurfürst Maximilian Joseph. Ebenfalls vertreten ist die kniende Gestalt des Bruder Konrad, eines heiliggesprochenen Altöttinger Mönchs, dem vor allem in den Bauernhäusern die Verehrung der Familien gilt. In der Bruder-Konrad-Kirche wird heute sein Schrein aufbewahrt. Altötting ist ein Ort der Kirchen. Dicht bei der Kapelle ragt die Stiftskirche (mit dem sensenschwingenden Tod von Ötting als Uhr) des Mittelalters empor. In ihr sind König Karlmann (Urenkel von Karl dem Großen) und Feldmarschall Tilly beigesetzt. Eine Schatzkammer bewahrt künstlerische und religiöse Kostbarkeiten auf. Im Jahre 1912 entstand in Altötting eine Basilika. Wer die Entwicklung der Altöttinger Wallfahrt seit 1489 kennenlernen will, findet die Informationen darüber in der Dioramenschau des Altöttinger Marienwerks. Auf dem Kapellplatz erinnert der Marienbrunnen des Salzburgers Santino Solari von 1637 daran, daß das Gnadenbild im Dreißigjährigen Krieg zweimal im Salzburger Dom Zuflucht vor den anrückenden Schweden fand.

Ungezählte Votivtafeln gläubiger Pilger zieren Altöttings Kapelle

Anfahrt:
Von München führt die B 12 nach Altötting.

Auskunft:
Wallfahrts- u. Verkehrsbüro, Kapellplatz 2a, 84503 Altötting, Tel.: 0 86 71/80 68/ 80 69, Telefax: 0 86 71/8 58 58.

Öffnungszeiten:
Schatzkammer in der Stiftskirche Mai–Oktober tägl. von 10–12 Uhr, 14–16 Uhr. Wallfahrts- und Heimatmuseum April–Oktober Di.–Fr. 14–16, Sa. 10–12 und 14–16 Uhr sowie So. 10–12 und 13–15 Uhr.

Abstecher:
Nach Neuötting (2 km): Straßenmarkt mit Laubengängen, zwei Tore des 15. Jahrhunderts und Stadtpfarrkirche der oberbayerischen Backsteingotik sowie zwei weitere Kirchen mit Glasmalerei. Außerdem Burghausen mit größter deutscher Burg, sowie 13 km westlich Mühldorf.

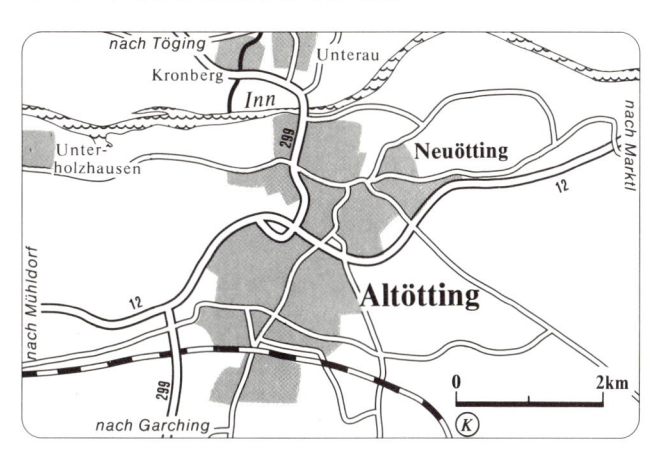

Register

A
Abtsroda 217
Ägyptisches Museum 170
Ahlhorner Heide 61, 74
Ahrenshoop 50, 53
Aichelberg 307
Aisch 278
Albrechtsburg 233
Alexanderplatz 162, 169
Alexisbad 147
Allenbach 257
Allerheiligen 306
Allgäuer Alpen 321, 334
Allgäuer Berge 333
Allgäu 321
Alpenrod 197
Alsfeld 190, 200
Alt Schwerin 98
Altastenberg 194
Altenau 149
Altena 112
Altenberger Pinge 226
Altenberg 222, 226
Altenbrak 155
Altenbruch 23
Altenburg 215, 222, 230
Altes Land 22
Althüttendorf 181
Altlandsberg 176
Altmark 79
Altmühltal 288
Altmühl 285, 300
Altötting 342, 355
Amberg 292
Ammergau 339
Ammersee 339, 345
Andechs 339, 342, 345
Anhalt 230
Anklam 50, 58
Ankumer Berge 61
Ankum 71
Annaberg-Buchholz 228
Annweiler am Trifels 254, 263
Ansbach 270, 275, 276
Arendsee 79, 83
Arnsberg 112
Arolsen 193
Artland 71
Ascheberg 40
Asel 193
Asendorf 64, 75
Assmannshausen 243
Attahöhle 195
Attendorn 195
Augustusburg 231
Aumühle 45
Aurich 11, 14, 26
Ausgebrannter Stein 210

B
Bacharach 239, 244
Bad Bergzabern 262
Bad Berleburg 190
Bad Bevensen 82, 85
Bad Blankenburg 207
Bad Brambach 219
Bad Bramstedt 41
Bad Buchau 324, 329
Bad Driburg-Dringenberg 131
Bad Dürkheim 255, 262
Bad Elster 219
Bad Ems 235, 241
Bad Essen 134
Bad Frankenhausen 152
Bad Homburg vor der Höhe 238
Bad Homburg 235
Bad Kreuznach 259
Bad Lauterberg 146, 151
Bad Liebenzell 309
Bad Marienberg 197
Bad Meinberg 136
Bad Mergentheim 271
Bad Münster am Stein 259
Bad Münster 254
Bad Nenndorf 133
Bad Neustadt a. d. S. 207
Bad Pyrmont 127, 131
Bad Sachsa 146, 151
Bad Salzig 244
Bad Schandau 225
Bad Schussenried 324, 329
Bad Schwalbach 241
Bad Schwartau 33, 42
Bad Segeberg 32, 41
Bad Stuer 99
Bad Sülze 51
Bad Teinach 309
Bad Tölz 339, 342
Bad Urach 307, 317
Bad Wiessee 349
Bad Wildungen 191
Bad Wimpfen 270, 282
Bad Windsheim 270, 278
Bad Wörishofen 324, 330, 331
Bad Zwischenahn 64, 67
Baden-Baden 303, 310
Bäderstraße 235, 238, 241
Bärenhöhle Sonnenbühl 306
Bärenhöhle 316, 317
Bakenberg 55
Baldeneysee 124
Baltrum 25
Balve 115
Bamberg 215
Bannesberg 37
Bardowick 82, 83
Barkhausen 134
Barmen 123
Barth 55
Baruth 177
Bassum 65
Bastei 225
Battenberg 190
Bayerisch Eisenstein 294, 295
Bayerischer Wald 285, 288, 294, 297, 298
Bayern 203
Bayreuth 214
Bederkesa 23
Behler See 40
Beilngries 289
Beilstein 239
Belchen 303, 314
Belvedere 162
Bensersiel 25
Berching 289
Berchtesgadener Land 339
Berchtesgaden 343
Bergen-Belsen 83
Bergenhusen 17
Bergisches Land 122
Bergpark Wilhelmshöhe 187
Berlebeck 136
Berliner Zoo 168
Berlin 159, 162, 163, 173
Bernkastel-Kues 256
Bersenbrücker Land 64, 71
Bersenbrück 65
Bevern 131
Biberach 321, 324
Biggesee 190, 195
Bingen 244
Birnau 327
Bischoffingen 312
Bischofshaube 294
Bischofsmais 289
Bitburg-Daun 238
Bitburg 247, 255
Blaubeuren 306, 318
Blautopf 317, 318
Blumberg 307
Bochum 125
Bodden 47
Bodemuseum 170
Bodenfelde 130
Bodenmais 285, 288, 294
Bodensee 321, 324, 326, 327, 336, 337
Bodenwerder 130, 131, 141
Bodetal 146, 155
Bode 155
Böhmerwald 285, 293
Börstel 71
Bonn 255
Boppard 239, 244
Bosau 40
Boselfelsen 223
Brandenburger Tor 159, 169
Brandenburg 173, 176, 179
Braubach 244
Braunek 342
Braunfels 238
Braunlage 151
Braunschweig 33, 79, 82, 83, 89, 149
Breckerfeld 114
Breisach 312
Breitachklamm 324, 334, 335
Breitach 335
Breitbrunn 351
Breite Luzin 99
Bremen 61, 64, 66
Bremerhaven 14, 15
Breungeshain 199
Brilon 194
Brocken 143, 146, 157
Brome 83
Bruchhausen Vilsen 75
Bruchweiler 257
Brunsbüttel 14, 21, 36
Buckower Land 182
Buckowsee 182
Buckow 176, 182
Bückeburg 130, 133
Bühler 267
Bünde 130
Bürresheim 249
Büsum 11, 14, 19
Bungsberg 32, 38
Burg Blankenstein 125
Burg Eltz 235, 238, 245, 249
Burg Hohenzollern 315
Burg Kemnade 125
Burg Klusenstein 115
Burg Lauenstein 222
Burg Linn 119
Burg Mylau 223
Burg Rheinstein 239, 244
Burg Schnellenberg 195
Burg Stahleck 244
Burg Stargard 99
Burgbernheim 300
Burghausen 342, 354, 355
Burgruine Liebenstein 207
Burgstaaken 37
Burgtiefe 37
Burg 37, 122
Burhave 24
Burkheim 312
Bursfelde 131
Busenberg 255
Bussen 329
Butjadingen 14, 24
Butzbach 191

C
Calw 309
Carolinensiel 25
Carwitz 99
Celle 79, 82, 90, 91
Chammünster 293
Cham 285, 288, 293, 297
Chiemgauer Alpen 352
Chiemgau 339, 352
Chieming 351
Chiemsee 339, 342, 351, 352
Cochem 246
Choriner Endmoränenbogen 181
Clausthal-Zellerfeld 143, 146, 150
Cloppenburg 64, 72
Coburger Land 215
Coburg 206, 216
Cochem 235, 238
Corvey 140
Creglingen 270, 281
Crottendorf 231
Cuxhaven 14, 23

D
Dachau 334
Dahme 33
Dahn 255
Dambeck 83
Dammer Berge 61, 73
Dannenberg 86
Danzig 33
Darß 47, 53
Daun 247
Dausenau 241
Dechenhöhle 109
Deggendorf 289
Deidesheim 262
Delmenhorst 61
Demmin 50, 59
Denkendorf 307
Desenberg 131
Detern-Stickhausen 64
Detmold 130, 135
Dettelbach 271
Detwang 277
Deutsche Edelsteinstraße 257
Deutsche Weinstraße 254, 262
Deutsches Bergbaumuseum 112
Deutsches Eck 240
Diamantene Aue 152
Dieksee 40
Dierhagen 50
Diesdorf 82, 87
Dietges 217
Dillenburg 191
Dinkelsbühl 276
Dipperz 217
Dithmarschen 20
Dömitz 101
Dörmbach 217
Döse 23
Dollart 11
Dollnstein 300
Donaudurchbruch 299
Donaueschingen 303
Donau 285, 299, 318, 321
Donnersberg 254, 260
Dorfen 343
Dormagen 121
Dornum 15, 25
Dortmund 109, 125
Dorum 23
Drachenhöhle 229
Drachenschlucht 206
Drechselberg 292
Dreifelder Weiher 197
Dreigleichen 207
Dreschvitz 56
Dresden 51, 219, 222, 224, 225
Drüsensee 44
Dümmer See 64
Dümmersee 73
Düsseldorf-Benrath 121
Düsseldorf 121, 198
Duhnen 23

E
Ebergötzen 131
Eberswalde-Finow 173, 176, 181
Ebnisee 270
Ebstorf 82
Eckernförde 32
Eckwarderhörne 24
Edenkoben 262
Edersee 190, 193
Edewecht-Westerscheps 64
Egestorf 83
Eggegebirge 138
Ehrenfriedersdorf 222, 228
Eibsee 348
Eichstätt 289, 300
Eidersperrwerk 14, 18
Eiderstedt 11
Eifel 235, 239, 248
Einhornhöhle 151
Eisenach 203, 206, 209
Eiserfeld 196
Elberfeld 123
Elbe 36, 219, 225, 233, 285
Elbsandsteingebirge 222, 225
Ellwanger Berge 267
Elspe 190
Eltville 243
Emden 14, 24, 25
Ems-Jade-Kanal 27
Emsland 61
Ems 61
Endingen 312
Enz 267
Erding 343
Erfde 17
Erfurt 206, 210, 211
Erse-Park Uetze 83
Erzgebirge 219, 227, 228
Essen 113, 124
Ettal 347
Eutin 32, 39
Ewiges Meer 26
Externsteine 130, 135, 136

F
Falkenstein 260, 325
Federseeried 329
Federsee 321, 324, 329
Fehmarn 29, 32, 37
Feldberger Seen 99
Feldberg 99, 303, 306, 314

Register

Fernsehturm 163
Festung Königstein 222
Festung Marienberg 280
Festung Rosenberg 213
Feuchtwangen 270
Fischerhude 65
Fichtelgebirge 285
Fischbach 254, 257, 258
Fischland 53
Flensburg 29, 32
Flügge 37
Fränkische Schweiz 215, 288, 291
Fränkischer Jura 285
Frankenberg 190
Frankenheim 276
Frankenhöhe 276, 300
Frankenwald 203
Franken 285
Frankfurt am Main 187, 198, 200, 238, 242
Frankfurt/Oder 176, 183
Frauenau 288, 296
Fraueninsel 351
Freiberger Mulde 232
Freiberg 219, 222, 232
Freiburg 303, 306, 313
Freinsheim 254
Freital 222
Freudenberg 187, 190, 196
Freudenstadt 303, 310
Freyung 297
Frickenhofer Höhe 267
Friedrichshafen 321, 325, 336
Friedrichshagen 171
Friedrichsroda 206
Friedrichsruh 32
Friedrichstadt 14, 17
Friesenhausen 217
Fritzlar 187, 191
Fürstenau 65
Fürstenfeldbruck 342
Füssen 332
Fulda 187, 203, 206, 208, 217
Funkturm 162

G
Gäuboden 298
Garching 334, 343
Garding 18
Garz 51, 56
Gederner See 199
Gedern 199
Gehlberg 210
Geiselhöring 289
Geisenheim 243
Geisingberg 226
Gelnhausen 131
Geltinger Birk 32
Genkingen 307
Genovevaburg 249
Gera 211
Gernrode 147
Gerolstein 238, 248
Gersfeld 207, 217
Gießen 187
Gifhorner Schweiz 88
Gifhorn 79, 82, 88
Glückstadt 14, 21
Gmund 349
Göhrde 82, 86
Göhren 51
Göttingen 131
Goldberg 98
Goldene Aue 152
Goldenstedt-Ambergen 65

Goslar 146, 148
Gottsbüren 139
Grabenstätt 351
Gräfenroda 210
Gransee 99
Greetsiel 25
Greifensteine 228
Greifswald 50, 51, 57
Greiz 223
Grienericksee 107
Grimmen 51
Grömitz 33
Gropiusbau 163
Groß Kirr 53
Großefehn 14, 27
Großenkneten 74
Großer Arbersee 294
Großer Arber 288, 295
Großer Klobichsee 182
Großer Müggelsee 171
Großer Rachel 285
Großer Wolfsstein 197
Großvaterstuhl 210
Großweil 342
Grünten 324, 333
Grunewaldsee 159
Grunewald 159, 162, 165
Gstadt 351
Guckaisee 217
Guderhandviertel 22
Güstrow 103, 95, 98
Gütersteiner Wasserfall 317
Gundelsheim 282
Gutachtal 311
Gutach 311

H
Habichtswald 192, 193
Hämelschenburg 131
Hagen 112, 114
Haigerloch 315
Haimhausen 342
Haithabu 34
Halberstadt 147
Halbinsel Darß 50
Haldenau 222
Hallenberg 194
Haltern-Lavesum 117
Hamburg 11, 29, 33, 41
Hameln 130, 131, 132
Hamminkeln-Ringenberg 113
Hanau 131
Hannoversch-Münden 131
Hardtberg 102, 95
Harz 143, 156, 157
Haselünne 65
Haßlach 213
Hattenheim 243
Hattstedt 14
Haubargen 18
Havel 164, 179
Hechingen 307, 315
Heckengäu 267
Hegekopf 194
Heidberg 102
Heide 14
Heikendorf 36
Heilbronn 271, 282
Heiligenberg 75
Heiligenhafen 33
Heiligenkirchen 135
Heinrichshöhle 115
Heldburg 207
Helden 195
Helgoland 19
Hellbachtal 33, 44
Helmarshausen 139, 83
Hemer 115
Hemfurth 193
Herbstein 187, 191

Herchenhainer Höhe 199
Herdecke 113
Hermannsburg 83
Hermannsdenkmal 135, 136
Herne 125
Heroldsberg 288
Herrenchiemsee 343
Herreninsel 351
Herrsching 345
Herrstein 254, 257
Herzberg 146, 151
Herzhausen 193
Herzogenhorn 303, 314
Hessen 187, 203
Hessigheim 271
Hessisch Oldendorf 133
Hessisches Bergland 127, 187, 193
Heuchelberg 267, 283
Hiddensee 47, 50, 55
Hiddensen 135
Himmerod 247
Hirsau 306, 309
Hirschau 288
Hirtscheid 197
Hitzacker 82, 86
Hochsträß 318
Höhbeck 82
Höhrath 122
Höllensteinsee 297
Höllental 303, 313, 348
Hönnetal 112, 115
Höxter 131, 140
Hohe Acht 248
Hohe Bracht 191
Hohe Tauern 352
Hohenloher Ebene 267
Hohenlohe 267
Hohenschwangau 321, 325, 332
Hohenstein-Ernstthal 223
Hohenzollern 306, 315
Hoher Ifen 325
Hoher Stein 210
Hoherodskopf 199
Hohwacht 33
Holm 36
Holsteinische Schweiz 29, 38
Holzappel 238
Holzhausen an der Heide 241
Holzmaden 306, 319
Hombroich 113
Homburg 251, 254, 264
Hornisgrinde 310
Hude 64
Hülchrath 120
Hümmling 70
Hüttener Berge 32
Hüven 70
Humboldt-Universität 163
Hundekehlefenn 165
Hunsrück 251
Husum 14, 16

I
Idar-Oberstein 254, 257, 258
Ihringen 312
Immenstadt 325
Imsbach 260
Inntal 350
Inn 339
Insulaner 163
Internationales Congreßcentrum (ICC) 162
Iphofen 270, 279
Isarwinkel 339

Isar 339
Iserlohn 115
Ismaninger Speichersee 334
Itzehoe 21
Ivenack 101

J
Jadebusen 11
Jagdschloß Grunewald 165
Jagsthausen 271
Jagst 267
Jever 15
Johanngeorgenstadt 223
Jork 15, 22
Juist 25

K
Kahleberg 226
Kahler Asten 190, 194
Kaiser-Wilhelm-Gedächtniskirche 163
Kaiserstuhl 303, 306, 312
Kampenwand 342, 352
Kandel 306
Kap Arkona 50, 56
Kappeln 32
Karlshafen 83
Karlshöhle 316
Karwendelgebirge 333
Kassel-Wilhelmshöhe 190
Kasselburg 248
Kassel 187, 191
Kaub 244
Kaufbeuren 325, 330, 331, 333
Kehltal 210
Kelbra 146
Kelheim 289, 299
Kellersee 40
Kellerwald 191, 193
Kemnade 125
Kempen 119
Kempfeld 257
Kempten 330
Kentheim 309
Kiedrich 243
Kiel 29, 32, 35, 41
Kindelsberg 191
Kirchheimbolanden 254, 260
Kirchnüchel 38
Kirn 258
Kirr 50
Kirschweiler 257
Kitzingen 279
Kleiner Arber 295
Kleiner Kranichsee 223
Kleines Walsertal 335
Klenow 105
Kleve 120
Klingenmünster 262
Klingenthal 219
Kloster Andechs 345
Kloster Chorin 173, 181
Kloster Corvey 130
Kloster Hirsau 309
Kloster Lüne 84
Kloster Maulbronn 283
Kloster Weingarten 328
Kloster Weltenburg 299
Kloster Wienhausen 90
Kloster Zinna 177
Kloster 55
Klotten 246
Klüsserath 256

Kniebis 310
Koblenz 238, 240, 244, 246, 255
Köln 121, 187, 33
König-Otto-Höhle 301
Königssee 339, 342, 353
Königsstuhl 244, 260
Königstein 225
Kötzting 297
Konstanz 321, 325, 326, 337
Korbach 190
Krebssee 44
Krefeld 112, 119, 121
Kremmen 176
Kreuth 339, 349
Kreuzberg 217
Kronach 206, 213, 214
Kronberg 238
Krügersdorf 177
Krukenburg 139
Krummhörn-Pewsum 25
Küchensee 43
Kulmbach 206, 214
Kummerower See 95
Kurfürstendamm 162
Kyffhäuser 143, 146, 152
Kyllburg 239

L
Laacher See 239
Laboe 32, 36
Lahnstein 241, 244
Lahntal 241
Landau 263
Landkirchen 37
Langenargen 336
Langenbaum 197
Langenberg 194
Langenburg ob der Jagst 270
Langeoog 15, 25
Langes Feld 267
Langwarden 24
Lauenburgische Seen 29
Lauf an der Pegnitz 288
Laufen 343
Lauffen am Neckar 271
Leer 64, 68
Leinsweiler 262
Leipzig 200
Leitzachtal 350
Lembeck 112
Lemberg 307
Lembruch 65, 73
Lemgo 130
Lenggries 342
Lennequelle 194
Lenne 194
Leonberg 267
Letmathe 112
Letschin 176
Leuchtenberg 288
Levern 134
Leybucht 25
Lichtenfeld 215
Lichtenfels 206
Lichtenhainer Wasserfall 225
Lichtenstein 307
Liedberg 120
Liepe 181
Lierbach 306
Liesertal 247
Lilienstein 225
Limberg 134
Limburg 197
Limpurger Berge 267
Lindau 321, 324, 336

357

Register

Lindenberg 325
Linderhof 321
Lippoldsberg 139
Listertalsperre 195
Löwensteiner Berge 267
Loitz 51
Lonau 151
Lorchhausen 243
Lorch 243, 244
Loreley 244
Losheimer See 251
Lossow 177
Lothringen 251
Luchte 55
Luckenwalde 177
Ludwigsburg 267, 270, 272
Ludwigslust 98, 104, 105
Lübbecke 130, 134
Lübbenau 173, 177
Lübben 176, 184
Lübeck 29, 32, 33, 34, 41, 42, 43, 83
Lüchow 82
Lüdinghausen 113
Lüdingworth 23
Lüneburger Heide 79, 85, 92
Lüneburg 79, 82, 84
Lütjenburg 38
Lüttauer See 44
Lunden 17
Lutherstadt Eisleben 147
Lutherstadt Wittenberg 176
Luxemburg 251

M

Mackenrodt 257
Märkische Schweiz 173, 176, 182
Magdeburger Börde 143
Magdeburg 146, 154
Mainau 324, 326, 337
Mainbernheim 270, 279
Mainfranken 267
Mainhardter Wald 267
Main 242, 267
Malchin 95
Malente-Gremsmühlen 40
Malente 33, 39
Manderscheid 239, 247
Mangfalltal 350
Mangfall 349
Marbach 270, 273
Marburg 187, 190, 201
Maria Laach 239, 249
Marienberg 223
Marienmünster 131
Marienthal 260
Mark Brandenburg 179
Markgröningen 271
Markneukirchen 219
Markt Erlbach 270, 278
Marktoberdorf 325
Marquartstein 343
Maulbronn 270
Maxsain 197
Mayen 238, 249
Mecklenburg-Vorpommern 95
Mecklenburgische Ostseeküste 47
Mecklenburgische Schweiz 95, 98, 102
Mecklenburgische Seenplatte 95, 105

Meersburg 321, 324, 326, 327
Mehring 256
Meißen 219, 222, 233
Meldorf 14, 20
Memmingen 324
Meppen 65
Merdingen 312
Merzig 255
Mettlach 251, 254, 265
Milseburg 203, 217
Mindelheim 325, 330, 331
Minden 130
Mittelrheintal 238
Mittelzell 337
Möckmühl-Dörzbach 271
Möhnesee 112, 116
Mölln 32, 43, 44
Möltenort 36
Mönchneversdorf 38
Mönkeberg 36
Mörschied 257
Moers 113
Molfsee 35
Moritzburg 224
Moseltal 235, 251
Mosel 235, 240, 246, 251
Müden an der Örtze 82, 92
Müden 149
Müggelberge 171
Müggelsee 159, 162
Mühldorf am Inn 343
München 83
Münden 131
Müngstener Brücke 112, 122
Münnerstadt 207
Münsterland 109
Münstermaifeld 245
Müritz 106, 95, 98
Müsen 191
Mummelsee 310
Munzingen 312
Murrhardter Wald 267
Murrhardt 270
Museumsinsel 162, 170

N

Naab 292
Nabburg 288, 292
Nahe 258
Nassau 241
Nationalpark Bayerischer Wald 296
Naturpark Altmühltal 285, 299, 300
Naturpark Arnsberger Wald 116
Naturpark Dümmer 61
Naturpark Elbufer-Drawehn 86
Naturpark Fränkische Schweiz 285
Naturpark Haßberge 203
Naturpark Holsteinische Schweiz 40
Naturpark Oberpfälzer Wald 292
Naturpark Stromberg/Heuchelberg 271
Naturpark Westensee 32
Naturpark Wildeshauser Geest 61, 74
Naturschutzgebiet Riddagshausen 89

Naturschutzpark Lüneburger Heide 93
Nebelhöhle 307, 316
Nebelhorn 324, 334
Neckartal 282
Neckar 267, 273
Nehrungen 47
Nennig 251
Nerother Kopf 248
Nesselberg 133
Neßmersiel 25
Netphen 191
Nette 249
Netze 193
Neu-Bringhausen 193
Neubrandenburg 100, 101, 95, 98
Neuendorf 55
Neuenrade 112
Neuharlingersiel 15, 25
Neuhaus im Solling 131
Neumagen-Dhron 256
Neunburg vorm Wald 288
Neuötting 355
Neuschwanstein 321, 324, 332, 347
Neustadt an der Weinstraße 255
Neustadt/Aisch 278
Neustadt 262
Neuwerk 23
Neuwied 239
Niddasee 191
Niederheimbach 244
Niederhof 51
Niederrheinische Bucht 239
Niederrheinisches Tiefland 109
Niederrhein 109
Niederwörresbach 257
Niederzell 337
Niemetal-Bursfelde 139
Nienburg 61, 76
Nistertal 197
Nördliche Kalkalpen 321
Nohfelden 254
Nonnweiler 254
Norddeich 25
Norddeutsches Tiefland 127, 143
Nordenham 24
Norden 15
Norderney 25
Nordfriesland 11
Nordhausen 143
Nordseeküste 11
Nordsee 285
Nordstrand 11, 14, 17
Nordwestdeutsches Tiefland 61
Nürburgring 239
Nürnberg 210, 285, 288, 289, 290

O

Oberammergau 342, 347
Oberbayern 339, 342, 346
Oberburg 122
Oberhausen 217
Oberhof 206, 210
Oberjoch 325
Obermarchtal 318
Obernheim 306
Oberpfälzer Wald 285, 288, 292
Oberpfalz 297
Oberschaffhausen 312
Oberschleißheim 342

Oberschwaben 321
Oberstdorf 321, 324, 334, 335
Oberviechtach 292
Oberwesel 244
Oberzell 337
Ochsenfurt 271
Ochsenhausen 324
Oder 182, 183
Oederan 223
Öhringen 271
Oestrich-Winkel 243
Offenburg 303
Oie 50, 53
Okerstaudamm 149
Okerstausee 146
Okertal 143, 146, 149
Oker 149
Olbernhau 222
Oldenburger Land 74
Oldenburg 61, 64
Olympiastadion 162
Oranienburg 176, 180
Orscholz 265
Osnabrück 127
Osterode 151
Ostfriesland 11, 61
Otterndorf 23
Ottobeuren 324, 330, 331

P

Paderborner Hochfläche 137
Paderborn 130, 137
Papenburg 64, 69
Pappenheim 300
Paulinzella 207
Pegnitz 290
Pellworm 11
Penzlin 99
Pergamonmuseum 170
Permin 55
Perschen 292
Pestruper Gräberfeld 74
Petersdorf 37
Pfälzer Wald 262
Pfaffenwinkel 339, 345, 346
Pfahl 288, 297
Pfalz 251, 262
Pfanntalkopf 210
Pfaueninsel 162, 164
Pfronten 332
Pfrunger Ried 328
Pinnau 44
Pirmasens 255, 263
Pirna 222, 225
Plassenburg 214
Plauen 222, 229
Plau 95, 98
Plöner See 40
Plön 32, 39, 40
Pöhlde 151
Pölich 256
Poppenhausen 217
Porta Westfalica 130
Poseritz 56
Potsdam-Sanssouci 176
Potsdam 177, 178
Pottenstein 288, 291
Prackenbach 297
Preetz 35, 40
Preißenberg 342
Prerow 53
Prichsenstadt 270
Prien 351
Pünderich 239
Pulvermaar 247
Puttgarden 37

Q

Quakenbrück 65

Quedlinburg 147

R

Raben Steinfeld 98
Raesfeld 113, 117
Raitenhaslach 343
Rappbodetalsperre 155
Rasdorf 206
Ratzeburger See 33, 43
Ratzeburg 32, 43
Ravennaschlucht 306
Ravensburg 321, 324, 328
Recknitz 98
Regensburg 255, 298
Regen 285, 289
Reichenau 324, 337
Reichsburg 235
Reichstagsgebäude 163
Reinhardswald 139
Rennsteiggarten 210
Rennsteig 203, 210
Reußenstein 307
Reuterstadt Stavenhagen 98, 101
Rezattal 275
Rhauderfehn 64
Rheinberg 113
Rheingau 243
Rheinisches Schiefergebirge 239
Rheinland 120
Rheinpfalz 260
Rhein 194, 240, 321
Rhens 244
Rheydt 113
Rhön 203, 217
Riedenburg 289
Riesling-Route 238
Rinteln 130, 133
Rochsburg 223
Rockenhausen 254, 260
Rodach 213
Roding 297
Romkerhaller Wasserfall 143
Rosenheim 343
Rosenthal 222
Roßtrappe 155
Rostock-Warnemünde 50
Rostock 47, 50, 52
Rotenfelswand 259
Rotes Moor 217
Rothaargebirge 190
Rothenburg ob der Tauber 267, 270, 276, 277, 278
Rottach-Egern 349
Rottach 349
Rottweil 307
Rotwandgebiet 343
Rübeländer Tropfsteinhöhlen 157
Rübeland 147
Rüdesheim 243
Rügen 47, 50, 55, 56
Ruhrgebiet 109
Ruhrquelle 194
Ruhr 194
Ruine Ehrenfels 244
Runkel 238
Rupsroth 217

S

Saarbrücken 255
Saarburg 255
Saarland 251, 265
Saarpfalz 264
Saarschleife 265
Saar 251, 265
Sababurg 130, 139

Register

Sachsenhausen 193
Sachsenwald 29, 45
Sachsen 230
Sächsische Schweiz 219, 222, 225
Sager Meer 74
Sahlenburg 23
Salem 327
Salzach 354
Salzwedel 83
Sangerhausen 146, 153
Saßnitz 47
Sauerland 109, 114, 116, 187, 194, 195
Schaalsee 33
Scharnebeck 82
Scharzfeld 146, 151
Schauinsland 306, 313
Schaumburg 130
Scheidenberg 231
Schellenberg 231
Schermützelsee 182
Schilksee 32
Schillingsfürst 270, 276
Schiltach 306
Schlangenbad 241
Schlaubetal 177
Schlepzig 177
Schleswig-Holstein 29, 35, 38
Schleswig 29, 32, 34
Schlettau 231
Schliersee 339, 349
Schloß Ballenstedt 147
Schloß Basedow 98
Schloß Benrath 121
Schloß Bürresheim 235
Schloß Burg 122
Schloß Charlottenburg 159, 162, 167
Schloß Clemenswerth 70
Schloß Dyck 112, 120
Schloß Egg 289
Schloß Ehrenburg 216
Schloß Falkenstein 223
Schloß Fürstenberg 99
Schloß Granitz 51
Schloß Hämelschenburg 127, 132
Schloß Herrenchiemsee 347, 351
Schloß Hohenzieritz 99
Schloß Ivenack 98
Schloß Köpenick 163
Schloß Lauenstein 222
Schloß Lembeck 117
Schloß Lichtenstein 303, 316
Schloß Linderhof 342, 343, 347
Schloß Ludwigsburg 51
Schloß Ludwigslust 105
Schloß Neuhaus 137
Schloß Niederschönhausen 163
Schloß Plötzkau 147
Schloß Ralswiek 51
Schloß Rheinsberg 107, 98
Schloß Sanssouci 177, 178
Schloß Schleißheim 334
Schloß Schwöbber 132
Schloß Stolzenfels 240
Schloß Strünkede 125
Schloß Tegel 162

Schloß Waldeck 193
Schloß Westerwinkel 112
Schloß Wilhelmshöhe 192
Schloßberghöhlen 264
Schluchsee 303, 314
Schmalkalden 206
Schmalsee 44
Schmidener Feld 267
Schmücker Grund 210
Schneeferner 348
Schönsee 292
Schönwalde 38
Schongau 331
Schorfheide 173, 181
Schussental 328
Schwäbisch Hall 270, 274
Schwäbische Alb 303, 306, 316, 317, 318, 319
Schwäbischer Wald 267
Schwalenberg 131
Schwalm 200
Schwandorf 292
Schwarzenacker 264
Schwarzenfeld 297
Schwarzer See 56
Schwarzes Moor 217
Schwarzwaldbahn 306
Schwarzwaldhochstraße 306, 310
Schwarzwaldmuseum 306
Schwarzwald 303, 306
Schwedeneck 35
Schweigen-Rechtenbach 262
Schwenningen 307
Schwenninger Moos 307
Schwerin 104, 95, 98
Schwielochsee 177
Sedemünder 131
Seebruck 351
Seedorf 43
Seelow 176
Seeth 17
See 44
Seiffen 219, 222, 227
Selters 197
Senheim 235
Sensweiler 257
Siebertal 146
Sieber 151
Siegen 114
Siegerland 187
Siegessäule 162, 169
Sielbeck 39
Sögel 64, 70
Soester Börde 116
Soest 112
Solingen-Schaberg 122
Solingen 122
Solnhofen 300
Sonneberg 207
Spandauer Zitadelle 166
Spandau 162, 166
Spangdahlem 247
Spiegelau 296
Spiekeroog 25
Spreewald 173, 184
Spree 171, 182, 184
St. Andreasberg 143, 151
St. Bartholomä 353
St. Colomann 301
St. Englmar 297
St. Goar 244
St. Martin 255
St. Peter-Ording 11, 14, 18

Stade 14, 22
Stadthagen 133
Stadtilm 207
Staffelberg 215
Staffelstein 215
Starnberger See 339
Staßfurt 147
Steibis 325
Steigerwald 279
Steinau 131
Steinbach 274
Steingaden 346
Steinkirchen 22
Steinthaleben 146
Störtebekerstraße 25
Stollhamm 24
Stralsund 47, 50, 54, 55
Straubing 288, 298
Stromberg 238, 267, 283
Stromburg 238
Stubbenkammer 47, 56
Stukenbrock 137
Stuppach 271
Stuttgart 267, 306, 308
Suhl 206
Sulzbach-Rosenberg 288
Surwold 65
Syrau 229

T
Tann/Rhön 206
Taubertal 267, 277
Tauber 267
Taufstein 199
Taunus 235, 238, 241
Tegernseer Tal 349
Tegernsee 339, 342, 349
Telegrafenberg 176
Templin 99
Teterower See 102
Teterow 102
Teufelshöhle 288, 291
Teufelsmoor 77
Teutoburger Wald 127
Thale 155
Thülsfeld 65
Thüringen 203, 211
Thüringer Land 230
Thüringer Wald 203, 206, 209, 210, 215
Tiefenbach 335
Tiergarten 169
Tilleda 146
Timmendorfer Strand 33
Titisee-Neustadt 307
Titisee 303, 314
Tönning 17, 18
Tossens 24
Totenmaar 247
Traben-Trarbach 256
Trappenkamp 41
Trendelburg 131, 139
Treptow 101
Treseburg 155
Treuchtlingen 300
Triberg 311
Trier 255, 256
Trifels 263
Tüchersfeld 291
Tuniberg 312
Twistestausee 190

U
Uelzen 82
Ürzig 256
Undeloh 83
Unnau 197

Unteruhldingen 324, 327
Upland 193
Upstalsboom 26
Uracher Wasserfall 306, 317
Urdenbach 121

V
Vacha 206
Varel 15
Veitsrodt 257
Velburg 288, 301
Vellberg 270
Venner Moor 113
Verden an der Aller 64, 76
Veste Coburg 216
Viechtach 289, 297
Vierzehnheiligen 215
Villa Hügel 112, 124
Villingen-Schwenningen 303
Vilseck 288
Vilshofen 298
Visbecker Braut 65
Visbek 74
Vitte 55
Vogelpark Walsrode 76
Vogelsberg 187, 190, 199, 200
Vogtland 219, 229
Volkspark Friedrichshain 163
Vorpommersche Ostseeküste 47
Vulkaneifel 235, 247, 248

W
Wahlsburg-Lippoldsberg 131
Walchensee 339
Waldeck 193
Waldenburger Berge 267
Waldsieversdorf 182
Wallerfangen 255
Wangerooge 25
Wannsee 159
Wanzleben 147
Warburg 130, 138
Waren 106
Wartburg 207
Wasserkuppe 203, 206, 217
Watzmann 350, 353
Weener 64
Weidelsberg 190, 193
Weiden 292
Weikersheim 281
Weil der Stadt 306
Weilburg 238
Weilheim 345
Weimar 198, 203, 206, 212
Weingarten 324
Weinsberg 271
Weißach 349
Weiße Elster 219
Weißenstein 197
Weitenburg 315
Weltenburg 288
Welzheimer Wald 267
Wendefurth 155
Wendelsteinhöhle 350
Wendelstein 342, 350
Werdenfelser Land 339
Werder 176

Wernigerode 143, 146, 156
Weserbergland 127
Weser 194, 61
Wesselburen 18
Westerhever 18
Westerstede-Ocholt 64
Westerwälder Seenplatte 190
Westerwald 197, 235, 238
Westfälische Bucht 109, 127
Westfalen 195
Wettelrode 153
Wetterau 187
Wettersteingebirge 348
Wetzlar 190, 198
Wewelsburg 137
Wiehengebirge 130, 134
Wienhausen 82
Wiesbaden 235, 238, 241
Wiesentheid 270
Wieskirche 342, 346
Wiesmoor 14, 27
Wildeshausen 61, 64, 74
Wildsee 303, 310
Wilhelmshaven 14, 15, 24, 61
Willingen 194
Wilseder Berg 82, 93
Wilsede 93
Wilster 14
Windberg 70
Windgfällweiher 303
Winterberg 194
Wischhafen 21
Witten-Bommern 125
Wittenberg 185
Witzhelden 122
Witzwort 18
Wolfenbüttel 147, 149
Wolfsburg 83
Wolkensteiner Schweiz 231
Worms 254, 261
Worpswede 61, 64, 65, 77
Wremen 23
Würzburg 270, 280
Wüstrow 53
Wuppertal 112, 123
Wupper 122
Wutachschlucht 303, 307

X
Xanten 109, 112, 118

Z
Zabergäu 267
Zavelstein 306, 309
Zechlin 99
Zehdenick 99
Zell 239
Ziegenhain 187
Zingst 47, 50, 53
Zons 112, 121
Zoologischer Garten Berlin 162
Zschopautal 222, 231
Zschopau 231
Züschen 191
Zugspitze 342, 348, 350
Zweibrücken 255
Zwiefalten 318
Zwischenahner Meer 67

359

Bildnachweis

4 FVV Allgäu-Bayerisch Schwaben e. V.
7 oben: Verkehrsamt Berlin
unten: Defa Kopieranstalt Berlin
8 oben: FW Rheinland-Pfalz
unten: Magistrat der Stadt Weimar
9 Verkehrsamt Frauenau
10 FVV Schleswig-Holstein e. V.
11 FVV Schleswig-Holstein e. V.
14 W. Waldmann
16 TI Husum
17 TI Friedrichstadt
18 Eiderstädter Werbe- und Verlagsgesellschaft
19 M. Twietmeyer
20 FVV Meldorf
21 W. Otto
22 Xeniel/Poguntke
23 Xeniel/Pundsack
24 W. Waldmann
25 Xeniel
oben: Mathyschok
unten Poguntke
26 VV Aurich
27 Verkehrs- u. Heimatverein e. V. Wiesmoor
28 FVV Schleswig-Holstein e. V.
29 FVV Schleswig-Holstein e. V.
32 FVV Schleswig-Holstein e. V.
34 FVV Schleswig
35 L. Bergmann
36 FVV Schleswig-Holstein e. V.
37 Insel-Info Burg a. Fehmarn
38 VVV Schönwalde am Bungsberg
39 FVV Schleswig-Holstein e. V.
40 Amt für Fremdenverkehr Plön
41 FVV Bad Segeberg
42 Xeniel
oben: Kruse
unten: Berger
43 FVV Schleswig-Holstein e. V.
44 KVW Mölln
45 W. Waldmann
46 W. Waldmann
47 A. Steenken
50 Pfefferkorn
52 Pfefferkorn
53 Pfefferkorn
54 A. Steeken
55 A. Steenken
56 W. Waldmann
57 Pfefferkorn
58 Koshofer
59 Pfefferkorn
60 Xeniel/Poguntke
61 W. Waldmann
64 VV Bremen
66 VV Bremen
67 Xeniel/Poguntke
68 Stadt Leer

69 W. Otto
70 Xeniel/Poguntke
71 Samtgemeinde Bersenbrück
72 Xeniel/Poguntke
73 Xeniel/Poguntke
74 Xeniel/Poguntke
75 Xeniel/Poguntke
76 Xeniel/Poguntke
77 Xeniel/Poguntke
78 FVV Lüneburger Heide
79 Gemeinde Bispingen
82 FVA Lüneburg
84 FVA Lüneburg
85 KV Bad Bevensen
86 Samtgemeinde Dahlenburg
87 Freilichtmuseum Diesdorf
88 links: M. Twietmeyer
rechts: TI Gifhorn
89 M. Goll
90 links: M. Twietmeyer
rechts: FVV Lüneburger Heide
91 oben: VV Celle
unten: A. Steenken
92 links: M. Goll
rechts: VV Müden/Ö.
93 M. Goll
94 A. Steenken
95 A. Steenken
98 Pfefferkorn
100 Pfefferkorn
101 Stadt Stavenhagen
102 A. Steenken
103 A. Steenken
104 B. Wurlitzer
105 Koshofer
106 Koshofer
107 Pfefferkorn
108 Arbeitsgemeinschaft Freizeit + Fremdenverkehr Xanten
109 A. Steenken
112 Arbeitsgemeinschaft Freizeit + Fremdenverkehr Xanten
114 Geobild/Dr. Moll
115 Geobild/Kromer-Adler
116 Geobild
links: Dr. Moll
rechts: Kromer-Adler
117 von Merveldt'sche Rentei
118 A. Steenken
119 Geobild/Dr. Moll
120 Geobild/Dr. Moll
121 Geobild/Dr. Moll
122 Geobild/Dr. Moll
123 Geobild/Dr. Moll
124 Geobild/Dr. Moll
125 Geobild/Dr. Moll
126 FVV Weserbergland-Mittelweser
127 A. Steenken
130 FVV Weserbergland-Mittelweser
132 Geobild/Dr. Moll
133 Geobild/Dr. Moll
134 Xeniel/Poguntke
135 Geobild/Kromer-Adler
136 Geobild/Dr. Moll

137 Geobild/Kromer-Adler
138 FVV Warburg
139 Geobild/Dr. Moll
140 Geobild
oben: Dr. Moll
unten: Kromer-Adler
141 FVA Bodenwerder
142 Geobild/Dr. Moll
143 M. Goll
146 VV Frankenhausen
148 Geobild
oben: Kromer-Adler
unten: Dr. Moll
149 Geobild/Kromer-Adler
150 Geobild/Dr. Moll
151 Geobild/Dr. Moll
152 oben: Pfefferkorn
unten: Defa Kopierwerk
153 FVV Sangerhausen
154 M. Goll
155 Pfefferkorn
156 Pfefferkorn
157 M. Goll
158 W. Waldmann
159 Pfefferkorn
162 VA Berlin
164 VA Berlin
165 VA Berlin
166 VA Berlin
167 VA Berlin
168 W. Waldmann
169 VA Berlin
170 Pfefferkorn
171 W. Waldmann
172 A. Steenken
173 W. Waldmann
176 FVA Buckow
177 Pfefferkorn
178 Markus
179 Pfefferkorn
180 Lehnartz
181 Pfefferkorn
182 FVA Buckow
183 Frankfurt/O.-Info
184 oben: Rapp
unten: Koshofer
185 Pfefferkorn
186 Geobild/Dr. Moll
187 FVV Marburg Biedenkopf
190 VA Marburg
192 Geobild/Dr. Moll
193 Geobild/Dr. Moll
194 Geobild/Dr. Moll
195 Geobild/Dr. Moll
196 VV Freudenberg
197 Geobild/Dr. Moll
198 VA Wetzlar
199 Geobild/Dr. Moll
200 Geobild
links: Kromer-Adler
rechts: Dr. Moll
201 VA Marburg
202 Pfefferkorn
203 Pfefferkorn
206 Pfefferkorn
208 Geobild/Kromer-Adler
209 Pfefferkorn
210 Pfefferkorn
211 Pfefferkorn
212 Stadt Weimar
213 VA Kronach
214 FVA Kulmbach

215 VA Staffelstein
216 FVB Coburg
217 Geobild/Dr. Moll
218 Pfefferkorn
219 M. Goll
222 Dresden-Info
224 B. Wurlitzer
225 B. Wurlitzer
226 A. Steenken
227 Pfefferkorn
228 Pfefferkorn
229 B. Wurlitzer
230 Pfefferkorn
231 W. Waldmann
232 Koshofer
233 Pfefferkorn
234 FHV Rheinland-Pfalz
235 FHV Rheinland-Pfalz
238 FHV Rheinland-Pfalz
240 Stadt Koblenz
241 Geobild/Kromer-Adler
242 Geobild
oben: Kromer-Adler
unten: Dr. Moll
243 Geobild
oben: Kromer-Adler
unten: Dr. Moll
244 FHV Rheinland-Pfalz
245 Geobild/Dr. Moll
246 FHV Rheinland-Pfalz
247 Geobild
links: Kromer-Adler
rechts: Dr. Moll
248 VA Gerolstein
249 VA Mayen
250 Geobild/Dr. Moll
251 FVV Saarland e. V.
254 Wittner
256 Geobild/Dr. Moll
257 Geobild/Dr. Moll
258 Geobild/Dr. Moll
259 Geobild/Dr. Moll
260 Foto Stepan
261 TI Worms
262 Geobild/Dr. Moll
263 Geobild
oben: E. Höhne
unten: Dr. Moll
264 VA Homburg
265 Gemeinde Mettlach
266 FVV Neckarland-Schwaben
267 FVV Neckarland-Schwaben
270 FVV Neckarland-Schwaben
272 Geobild/Dr. Moll
273 Geobild
oben: Kromer-Adler
unten: Dr. Moll
274 I-Amt Schwäbisch-Hall
275 Xeniel/Dr. Nittinger
276 Xeniel/Dr. Nittinger
277 M. Goll
278 Xeniel/Dr. Nittinger
279 Stadt Iphofen
280 M. Goll
281 oben: Xeniel/Dr. Nittinger
unten: VA Creglingen

282 VA Bad Wimpfen
283 Geobild/Kromer-Adler
284 Stadt Kelheim
285 Stadt Viechtach
288 FVV Pottenstein
290 VV Nürnberg
291 FVV Pottenstein
292 W. Otto
293 Xeniel/Dr. Nittinger
294 Xeniel/Dr. Nittinger
295 Xeniel/Dr. Nittinger
296 Xeniel/Dr. Nittinger
297 Xeniel/Dr. Nittinger
298 Xeniel/Dr. Nittinger
299 Xeniel/Dr. Nittinger
300 oben: Xeniel/Dr. Nittinger
unten: Verein Naturpark Altmühltal
301 Xeniel/Dr. Nittinger
302 Geobild/Dr. Moll
303 Geobild/Kromer-Adler
306 W. Waldmann
308 Xeniel
links: Dr. Nittinger
rechts: Mögle
309 Geobild/Dr. Moll
310 Geobild/Kromer-Adler
311 Geobild/Dr. Moll
312 Geobild/Kromer-Adler
313 Geobild/Dr. Moll
314 Geobild/Dr. Moll
315 Xeniel/Dr. Nittinger
316 Xeniel/Dr. Nittinger
317 oben: Geobild/Dr. Moll
unten: Xeniel/Dr. Nittinger
318 Xeniel/Dr. Nittinger
319 Xeniel/Dr. Nittinger
320 Xeniel/Dr. Nittinger
321 W. Waldmann
324 TI Oberstdorf
326 M. Goll
327 W. Waldmann
328 Geobild/Dr. Moll
329 Geobild/Dr. Moll
330 Geobild/Dr. Moll
331 Geobild/Dr. Moll
332 KV Schwangau
333 Xeniel/Dr. Nittinger
334 W. Waldmann
335 Xeniel/Dr. Nittinger
336 Geobild/Dr. Moll
337 Geobild/Kromer-Adler
338 KA Bad Wiessee
339 FVV München-Oberbayern
342 Xeniel/Dr. Nittinger
344 Geobild/Dr. Moll
345 Gemeinde Andechs
346 Gemeinde Steingaden
347 Xeniel/Dr. Nittinger
348 Xeniel/Dr. Nittinger
349 KA Bad Wiessee
350 Xeniel/Dr. Nittinger
351 Xeniel/Dr. Nittinger
352 Xeniel/Dr. Nittinger
353 Xeniel/Dr. Nittinger
354 Xeniel/Dr. Nittinger
355 Xeniel/Dr. Nittinger